선진화를 위한

한국경제론

이 천 우 저

도서출판 두남

머 리 말

한 나라의 경제성장은 그 나라가 보유한 생산요소의 축적, 신기술 개발, 사회적 잠재력, 고유한 문화, 신기술을 이용하려는 태도 등에 의해 좌우된다. 어느 국가나 기업이든 세계경제의 역동적 흐름에 참여하지 않고서는 전문화, 거대경제권에 대한 접근, 기술이전, 해외직접투자, 시장접근, 경영기술 등을 획득할 수 없다. 이제 선진권 경제는 글로벌 경제의 핵심이 되었다. 그렇다면 선진사회를 지향하는 한국사회가 향후 당면할 중요한 과제로 선진한국을 건설하여 인류의 번영과 발전에 적극 기여하는 것이라 할 수 있다.

한국은 1962년 제1차 경제개발계획에 시동을 건 지 58년이 경과했고, 1987년 6·29 선언 이후 33년이 지났다. 한국은 이 과정에서 산업화와 민주화를 가장 압축적으로 성취한 국가라는 높은 평가를 받고 있다.

한국의 산업화를 돌아보자. 조선·전자·반도체·철강·섬유·석유화학이 모두 세계 5위 안에 들고 있다. 한국은 2011년 12월 5일에 연간 무역 1조 달러를 달성했다. 1962년 제1차 5개년계획을 수립하여 수출주도 경제정책을 본격화한 지 50년만에 세계에서 단 8개뿐인 무역 1조 달러 클럽에 든 것이다. 무역규모는 1962년 4억 7,800만 달러에서 2,000배 이상 증가함으로써 세계 65위에서 9위로 올라섰다. 1인당 국민소득도 1962년 87달러의 세계 최빈국에서 56년이 경과한 2018년에 3만 1,349달러로 선신국 문턱에 다다랐다. 이와 같이 우리경제는 대외지향적 전략으로 고도성장을 달성하며 선신국 문턱에 도달했지만, 다른 한편으로는 소규모 개방경제라는 한계를 지니게 되었다. 즉, 대외적 환경변화에 아주 민감할 수밖에 없는 구조를 갖게 되었다는 것이다.

또한 압축적 산업화 과정에서 경제력 집중, 부와 소득격차의 확대, 계층의 고착화를 가져왔다. 인구가 5,000만 명 이상이면서 1인당 국민소득 3만 달러를 넘긴 중견 국가가 되었지만, 사회의 범죄율·자살률은 오히려 그 이전보다 훨씬 높아졌다. 민주화로 국민의 인권과 자유는 신장되었으나 국가 기능은 위축되고 있다. 개인과 이해집단의 목소리는 커지고 공동체의 방향에 대한 중요한 의사결정은 지연되거나 자주 실기하고 있다. 더욱이 외환위기를 맞아 외부의 힘에 의해 겨우 필요한 개혁이 이뤄졌다. 우리나라가 진정한 선진국으로 우뚝 서기 위해서는 문화적으로도 업그레이드 되어야 한다.

한국경제는 향후 불확실성이 커지고 있는 서구 선진국들의 경제상황, 중국경제 요인, 숙명이라 할 북한 관련 변수, 그리고 고령화, 저출산, 양극화와 같은 국내요인 등에 의해 크게 요동칠 것으로 전망된다. 산업화와 민주화를 함께 이뤄낸 한국사회는 이제 앞서간 선발자(First Mover)의 단순한 모방과 추격에서 벗어나 창의와 선도로 새로운 도약을 해야 한다.

최근 재계에서는 한국경제에 대하여 우려를 쏟아내고 있다. 한국경제가 저성장 기조 속에 정책, 투자 결정은 느려지고(Slow), 산업, 근로자들은 늙어가고(Old), 일본과 중국 사이에 끼어(Sandwiched) 좀처럼 활로를 찾지 못하고 잠재성장률은 자꾸 낮아지고 있다. 이 같은 저성장의 시대에 소규모 개방경제인 한국경제의 새로운 도약을 위한 발전전략은 어떻게 설정할 것인가?

이 책은 도입부에 이어 3부의 체계로 구성되어 있다. 제1부에서는 한국경제성장의 초기조건과 한국의 경제발전 과정을 살펴본다. 제2부에서는 한국의 경제발전 과정에서 정부가 채택하여 시행한 각종 경제정책들을 논의하면서 한국의 선진화를 위한 각종 과제를 제시하려고 했다. 제3부에서는 한국경제의 글로벌화와 선진화를 위한 과제로서 남북경제협력 문제, 세계적인 지역무역주의의 흐름과 한국의 정책적 과제, 한국경제를 둘러싸고 있는 주요한 이슈들의 심층 분석 후 선진화 과제 모색, 그리고 새로운 도약을 위한 경제주체의 혁신을 강조하고 있다. 이 제15장은 이 책의 결론이라고 할 수 있다. 다만 더 논의해야 하거나 보완할 내용은 각 장 적절한 곳에서 따로 보완하였다.

이 책을 집필하면서 저자는 많은 동료 연구자들의 연구결과를 참고하였다. 한국경제는 주요 변곡점마다 정부의 정책변화에 의해 결정적인 전환기를 맞곤 하였다. 이 같은 정부정책은 국내외 많은 연구기관과 동료 연구자들의 연구에 정리되어 있어 이들 연구결과물을 많이 참고할 수밖에 없었다. 저자는 한국이 명실상부한 선진국으로 우뚝 서며 선진국으로서 세계에 기여하기를 간절히 염원하면서 이 책을 집필했다. 그리고 저자는 대학 학부생, 대학원생, 나아가 일반인들이 널리 읽고, 이들이 함께 경제하려는 의지로 충만하여, 우리나라가 선진국으로 도약하는데 크게 기여할 수 있기를 바라마지 않는다.

이 책을 내면서 동료와 친지로부터 많은 격려를 받았다. 특히 이 책의 출판을 기꺼이 맡아주신 도서출판 두남 전두표 사장님께 감사드린다. 그리고 책을 집필하는 힘든 과정에서 사랑하는 아내 임정순의 격려가 큰 힘이 되었음을 밝힌다.

2020년 새해 벽두

저 자

차 례

Part II 한국의 경제발전과 경제정책

Part III 한국경제의 글로벌화와 선진화 과제

이 책의 목적과 내용 개관

이 책의 목적과 내용 개관

제1절 이 책의 목적과 범위

한국경제는 1960년대 이후 적극적인 대외개방전략을 채택하여 괄목할 만한 경제성장을 달성하였다. 여기에는 수출증대 및 산업발전 지원을 위해 환율, 금융, 산업, 무역제도, 정부조직 등에 걸쳐 단행된 광범위한 제도개혁이 뒷받침되었다. 또한 1980년대 말에는 민주화까지 이루어냈다. 이제는 선진화를 이뤄 명실상부한 선진국으로 자리매김해야 할 단계에 이르렀다.

그러나 산업화에 성공하고 민주화를 이루어낸 1980년대 말 이후의 경제적 환경은 많이 달라졌다. 재벌들은 산업과 시장을 장악했고, 노조는 강력한 힘을 발휘하고 있다. 특히 세계의 흐름은 규제완화, 범세계화로 빠르게 변모하고 있었으나, 국내에서는 기득권 세력들의 각축에 의해 환경변화에 걸맞은 제도개편을 이뤄내지 못했다. 그 결과 외환위기를 맞고 IMF 등에 의한 구조조정과 제도개혁이 이루어지게 되었다.

산업화와 민주화를 함께 달성한 한국사회는 새로운 제도개혁을 성취해야 할 것이다. 특히 최근 들어 잠재성장률 저하를 가속화시키는 저출산·고령화에 따른 인구구조의 변화, 빈곤층의 확대, 금융안정의 불확실성 증대, 중산층의 감소 등과 같은 사회적 안정을 위협하는 상황들이 부상하고 있다. 한국사회는 이들 문제를 해결하면서 국가경쟁력을 제고하여 선진화로 나아가야 한다. 이를 위해 한국사회는 새로운 발전전략을 수립하고 경제주체들은 새로운 도약을 준비해야 한다.

저자는 한국이 빠른 시일 내에 선진화를 이룩하고 지구촌 사람들을 위해 크게 기여하기를 바라고 있다. 저자는 한국사회가 이러한 염원을 실현하기 위한 실천방안으로서 먼저 한국사회(경제주체들)가 한국경제를 보다 명확히 이해해야 한다고 생각한다. 이 책은 보다 많은 사람들이 한국경제를 이해하기 쉽도록 본격적인 근대경제성장의 과정에 진입하기 전인 초기조건기부터 잠재성장률이 2%대에 머무르는 최근에 이르기까지 한국정부가 추진했던 주요 정책들과 새로 한국사회에 제기되는 현안들, 북한의 비핵화와 남북경제협력 문제, 자국 우선주의에 대응하는 지역무역주의의 최근의 흐름, 오늘날 한국경제에 큰 영향을 미치고 있는 대외 경제적 이슈들을 논의하고, 결론에 해당하는 제15장에서 경제주체들의 새로운 도약을 위한 혁신을 강조하고 있다.

제2절 이 책의 내용 개관

1. 한국경제성장의 초기조건과 한국의 경제발전과정

쿠즈네츠(Simon Kuznets, 1901~1985)는 18세기 중엽 이후 영국을 필두로 한 서구사회의 경제성장은 1인당 생산과 인구가 함께 급격히 성장하고, 산업구조가 급속히 변화하며 인구도시화가 일어났고, 이 같은 변화들이 장기간에 걸쳐 지속된다는 특징을 가진다고 하였다. 한국사회는 광복 후부터 1961년까지는 일제의 수탈에서는 해방되었지만, 국토의 분단과 6·25동란으로 인한 폐허 속에서 정치적·사회적 혼란의 와중에서 빈곤의 악순환으로 점철된 시기를 겪었다. 당시의 한국경제는 주로 외국의 원조에 의지할 수밖에 없었다. 이러한 한국사회가 1962년부터 정부가 주도하는 경제개발5개년계획이라는 종합경제개발계획에 착수하면서 근대경제성장 과정에 본격적으로 진입하게 되었다.

이 책의 제1부에서는 한국이 본격적인 경제발전의 과정으로 들어가던 당시의 초기조건과 본격적인 공업화로 이행하면서 행해진 정부의 대외지향적인 제도개혁을 심도있게 살펴보고 있다. 이 같은 한국경제의 초기조건을 살펴본 후, 전형적인 동아시아 경제발전 모델이라 평가받는 한국의 경제발전과정을 고찰하고, 다른 동아시아 국가들과의 유사점과 차이점을 살피면서 한국 경제발전의 특성을 논의하고 있다.

2. 한국의 경제발전과 경제정책

제2부에서는 한국의 경제발전과정에서 정부가 채택하여 시행한 경제정책들을 살펴보고 있다. 먼저 제3장에서는 한국의 경제발전과 정부의 역할을 검토하고 향후의 바람직한 과제를 제시하고자 하였다. 한국은 1960년대 초에 본격적인 정부주도의 성장전략을 채택하여 괄목할만한 경제발전과 사회발전을 이룩하였다. 또한 1인당 소득 3만 달러에 인구 5,000만 명인 '30-50 클럽'에 들고, 정치적으로도 민주적 사회질서가 정착되고 있다. 그렇다면 정부는 개발연대와는 다른 차원에서 시장의 거래규칙과 심판으로서의 역할에 보다 충실할 수 있어야 한다. 그런가 하면 글로벌 금융위기 이후 정부의 역할이 더 확대돼야 한다는 흐름도 확산되고 있다. 특히 국제적인 자금흐름에 대하여는 규제체제를 보다 강화하는 방향으로 가야 한다는 공감대가 힘을 얻고 있다. 여기서는 이러한 흐름을 정리하며 한국의 경제발전과정에서 시행된 주요 경제정책을 정리하고, 향후의 바람직한 정책방향을 모색하고자 하였다.

제4장에서는 한국경제의 중요부문인 한국금융의 현황을 살펴본 후, 향후의 바람직한 발전방향을 제시하고 있다. 제5장에서는 21세기의 경제적 기반이 지식정보화로 급진전되고 세계경제가 글로벌화로 가속됨에 따라 한국경제의 선진화를 위한 신산업정책을 살펴본다. 제6장에서는 개발연대 기간의 압축성장 과정에서 누적된 경제의 구조적 문제를 해결하기 위해 채택된 정부주도의 구조조정 관련 법제를 정리하고, 향후의 구조조정정책의 방향을 제시하고 있다. 제7장에서는 기업체 숫자로는 거의 99.9%, 종사자수는 87.7%에 이르는 한국 중소기업의 글로벌화를 다룬다. 그리고 제8장에서는 한국경제의 산업화 및 개방화 과정에서 그 위상이 크게 낮아졌지만 농업의 보다 적극적인 업그레이드를 위한 지속가능성을 논의한다.

한국사회는 산업화 이후 58년, 민주화 33년을 지나오면서 선진국 문턱에 들어섰지만, 근래에 들어 노사문제, 양극화, 빈곤층의 확대, 저출산·고령화, 계층의 고착화 등과 같은 문제점들이 확대되고 있다. 한국은 국가경쟁력을 제고하기 위해서는 이들 문제를 해결하지 않으면 안 된다. 제9장에서는 우리나라 고용구조의 특징을 살펴보고 향후의 과제를 살펴보고 있다. 그리고 제10장에서는 우리나라 노사관계의 변천과 신노사관계의 구축을 위한 과제를 모색하고자 하였다. 제11장에서는 한국의 소득불평등·양극화 현상과 관련된 이론적 배경을 정리하고, 한국의 소득불평등·양극화 완화를 위한 정책과제를 도출하고자 하였다.

사실 위에서 다룬 정책적 과제들은 사회적 저항과 갈등을 수반하기 쉽다. 그렇지만 이러한 개혁을 이뤄내지 못하면 내부 갈등이 확대될 수도 있어, 한국사회는 이들 과제에 대한 근본적인 제도개편을 검토해야 할 시점이 되었다고 하겠다.

3. 소규모 개방경제로서 한국경제의 글로벌화와 선진화 과제

제3부에서는 한국경제의 글로벌화와 선진화 과제를 다루며, 글로벌 경제체제 하에서 한국경제가 내실을 다지면서도 세계인들과 공존하며 발전하기 위한 협력방안을 모색하고자 하였다.

한국사회는 북한요인을 숙명이라고 받아들이지 않으면 안 된다. 따라서 한국경제가 지속적으로 발전하기 위해서는 북한 리스크가 낮아져야 한다. 결국 북한의 비핵화가 이뤄져 북한이 개방되고 국제사회로 나온다면 북한의 경제가 성장할 수 있도록 도울 수 있을 것이다. 이러한 긍정적 시각의 바탕 위에서 제12장에서 북한의 비핵화 문제와 남북한 경제협력 과제를 살펴보고 있다.

이어 제13장에서는 현재 부상하고 있는 지역무역주의의 특징과 우리나라의 정책적 과제를 정리하고 있다. 제14장에서는 한국경제를 둘러싸고 있는 대내외의 주요 경제적 이슈를 분석하고 한국경제의 선진화를 위한 과제를 모색하고 있다. 끝으로 제15장에서는 한국경제가 선진화로 새롭게 도약하기 위하여는 경제주체들의 과감한 혁신이 절실하다고 강조하며 마무리 하고 있다.

PART I

한국경제 성장의 초기조건과 한국경제의 발전과정

Chapter 1

한국경제 발전의 초기조건과 대외개방정책

제1절 초기조건기의 구분과 경제개발과정에서 정부의 역할

한국경제가 이제 선진국 문턱에 들어섰다. 한국은행이 발표한 '2018년 4분기 및 연간 국민소득(잠정)'치 발표에 따르면 2018년 1인당 국민총소득(GNI)은 3만 1,349달러로 집계되었다. 달러 기준으로 2006년(2만 795달러) 2만 달러를 돌파한 뒤 12년 만에 3만 달러 고지에 올랐다. 1인당 GNI는 한 나라 국민의 생활수준을 파악하는 지표로 국민이 국내외에서 벌어들인 총소득을 인구로 나눈 통계다. 1인당 국민소득 3만 달러는 일반적으로 선진국 진입 기준으로 여겨진다.

세계은행에 따르면 2017년 기준 1인당 GNI가 3만 달러를 넘는 국가는 세계에서 28개국에 불과하다. 경제협력개발기구(OECD) 회원국 중에는 23개국밖에 없다. 한국보다 인구가 많거나 비슷한 나라(인구 5,000만 명 이상) 중 1인당 국민소득 3만 달러를 웃도는 나라는 미국, 프랑스, 영국, 독일, 일본, 이탈리아 6개국뿐이다. 한국은 이제 세계 10위권의 중견 국가로 성장하였다.

이렇게 중견 국가로 성장한 한국의 본격적인 경제개발은 언제부터 시작되었는가? 이 물음에 답하기 위해서는 한국의 경제적 근대화가 본격화하기 이전인 초기조건(initial condition)부터 살펴보아야 한다. 또한 본격적인 근대화의 시점을 이해하기 위해서는 쿠즈네츠(Simon Kuznets, 1901~1985)가 제시한 근대경제성장으로 전환했다는 전환기(transition) 개념이 기준이 될 수 있다.[1] 전환기란 분명한 시발과 종말을 갖는 개념으로서, 근대경제성장이 국가적 목표로 수립된 시점과 근대경제성장이 실제로 착수된 시점 간의 기간이라 할 수 있다(조성환, 1987).

여기서는 이 기준에 따라 경제개발 5개년계획이 성공적으로 실시된 1962년부터 본격적인 근대경제성장에로 전환되기 시작했다고 보고,[2] 1945년 8월~1961년 기간을 초기조건기로 구분하기로 한다.

경제개발의 초기조건이란 특정국가나 지역의 경제가 근대적인 산업화 출발시점에 당초 주어졌던 자연적·사회경제적 제반 여건을 일컫는 개념이다. 따라서 산업화의 초기에 주어진 조건들은 경제발전의 방향과 전략, 그리고 성취도에 기본적인 영향을 미친다(김대환, 1977). 그렇다면 근대적 산업화의 초기조건 여하에 따라 특정국가의 산업화 방향이 어느 정도 규정된다고 할 수 있다. 이렇게 본다면 한 나라의 경제발전 과정을 고찰할 때 초기조건은 매우 중요한 의미를 가진다.

한국에서 1945~1961년 기간은 외국원조경제의 시기로, 일제의 수탈과 가난, 해방과 국토분단, 급격한 인구의 증가와 정치적·사회적 혼란, 6·25동란과 폐허, 식량난과 인플레이션의 지속, 빈곤의 악순환 등으로 점철된 시기였다. 따라서 한국경제는 이 시기에 미국의 원조에 크게 의지할 수밖에 없었다. 해방 직후의 미군정(AMG) 원조, 6·25동란 후 전재(戰災) 복구기의 미국을 비롯한 유엔 원조 등 약 31억 달러의 원조에 의해 겨우 지탱해왔다. 그러나 한국경제는 1962년부터 정부가 주도하는 종합경제개발계획에 착수하며 자립경제 기반을 조성하기 위해 매진하였다.

경제성장이 본격적으로 이루어지기 시작한 1960년대 초반의 상황은 자본이 절대적으로 부족했지만, 노동력은 상대적으로 풍부했고, 성장의 지속을 위한 내수시장의 기반은 매우 취약했다. 따라서 한국정부의 기본적인 경제성장 전략은 ① 부족한 자본은 외국에서 도입하고, ② 풍부한 노동력을 활용할 수 있는 공업화에 주력하며, ③ 생산된 상품은 외국으로 수출한다는 것 등으로 요약할 수 있다.

한국정부는 이러한 경제발전에 대한 기본전략을 주도적으로 수립하여 시행하였다.

---

1) 선진국들의 장기 통계를 분석한 쿠즈네츠(Simon Kuznets)는 18세기 내지 19세기 이래의 경제성장이 그 이전과 질적인 차이가 있다고 하고 근대경제성장이라 칭하였다. 쿠즈네츠는 근대경제성장의 특징을 ① 인구와 1인당 생산이 함께 급격히 성장, ② 산업구조가 급속히 변화하고 인구도시화가 일어나며, ③ 위의 변화가 장기간에 걸쳐 지속적으로 일어난다는 등의 특징을 가진다고 하였다(南亮進, 2001).

2) 대부분의 학자들은 이에 동의하고 있다.

1962~1981년까지 4차에 걸쳐 경제개발 5개년계획을 세워 추진했으며, 1982년부터는 그 명칭이 경제사회발전계획으로 바뀌었지만 여전히 정부주도로 추진되었다. 그리고 1982~1986년의 제5차, 1987~1991년의 제6차, 그리고 1992~1996년의 제7차 경제사회발전 5개년계획으로 이어졌다.

1960년대 초반 이후 정부가 주도하던 각 개발계획에서 달성하고자 한 기본목표는 경제·사회적 여건이 변하면서 많이 달라졌다. 제1차 5개년계획 때의 사회적·경제적 목표의 수립, 그리고 각 계획의 목표가 성취됨에 따라 새로운 목표가 제시되었지만, 제1차 5개년계획에서 제4차 5개년계획(1977~1981년) 때까지는 자립경제를 실현하기 위해 노력했다. 특히 지역개발의 균형을 이루겠다는 목표는 제3차 5개년계획부터 제시되었으며, 사회개발을 촉진하고 소득분배의 개선을 달성하겠다는 목표는 제4차 5개년계획부터 추진했지만 그 실적은 그리 높지 않았다.

한국경제는 광복 후 혼란과 6·25동란을 겪은 이후에도 만성적인 인플레이션에 시달렸다. 물가안정에 기반한 경제안정이라는 목표는 제5차 5개년계획 때부터 기본목표로 제시되었다. 제6차 5개년계획(1987~1991) 때에는 '능률과 형평을 토대로 한 경제선진화와 국민복지의 증진'이 새롭게 부각되었다. 특히 수정계획에서는 처음으로 소외계층과 낙후부문에 대한 중점지원을 중요과제로 제시하였다.

이상과 같은 기본목표를 달성하기 위한 한국의 경제개발전략은 첫째, 제2차 경제개발 5개년계획을 제외한 모든 계획에서 불균형성장 전략을 기반으로 하였으며, 둘째, 제1차 경제개발5개년계획에서는 경제발전전략을 제대로 수립하지 못했지만, 제2차 경제개발5개년계획을 수립하면서 대외지향적 공업화 전략을 정립하고 줄곧 공업화 전략을 추구해왔으며. 셋째, 제4차 경제개발5개년계획까지는 실현하지는 못했지만 자립경제와 일관성을 유지하도록 해외저축을 국제수지면에서 감당할 수 있을 정도로 도입하려고 했다.

한국은 1960년대 초 이후 이 같은 대외지향적 경제개발을 기본전략으로 세워 수출주도형 공업화를 일관되게 추진하였다. 그 결과 농업국에서 공업국으로 탈바꿈하고, 1인당 국민소득이 1962년의 87달러에서 2018년의 3만 1,349달러로 크게 증가하며 세계 10위권의 경제대국으로 부상하였다.

그러면 이렇게 발전된 한국경제의 초기조건(initial condition)기 전후를 검토해 보자. 한국은 1960년대 중반 이후 수출지향공업화 전략의 선택과 노동집약재 중심의 수출촉진정책에 의해 고도경제성장을 이룩하였다. 특히 고도경제성장을 이끌었던 노동집약재의 수출이 1960년대 초 당시 만연했던 방대한 잠재실업과 절대빈곤에서 벗어날 수 있게 했다. 한국은 이러한 경제개발과정에서 산업구조조정이나 요소가격 왜곡 등과 같은 시장의 실패 영역에 정부가 적절히 개입함으로써 배분의 효율성을 높일 수 있었다. 그 결과 높은 경제성장과 상당한 분배의 공정성을 실현했다고 평가받는다.

사실 나라마다 산업화가 이루어지는 시기가 달라 경제발전의 초기 형태는 달라질 수 밖에 없다. 그동안 정립된 이론은 산업화가 이루어지기 전에 농업생산이 획기적으로 증가하여 농업잉여가 축적되어야 한다는 것이었다(김용택, 2006.12). 즉, 농업잉여의 축적이 산업화의 전제조건이었다. 그렇다면 오늘날 선진국들은 농업잉여가 어느 시기에 산업화에 기여했는지에 따라, 농업혁명이 산업혁명 이전에 일어나 산업혁명을 가속화시킨 서구의 형태와 농업생산의 획기적인 증가와 함께 산업화를 진행시킨 일본의 형태 두 가지로 나눌 수 있다.

그러나 한국의 경제발전에서는 이들 두 가지 형태와 다른 방식으로 산업화 과정이 진행되었다고 할 수 있다. 한국은 정부가 주도적으로 경제발전을 위하여 수출 중심의 정책을 설정하고, 산업화에 필요한 재원은 외자도입으로 충당하며, 기술도 적극적으로 도입하는 산업화의 과정을 밟았다. 한국에서는 산업화 이전에 농업잉여는 거의 축적할 수 없는 수준이었다. 그렇다고 한국의 농업부문이 경제성장 초기에 기여하는 부분이 전혀 없지는 않았다. 경제성장이 본격적으로 진행되는 과정에서 농업부문이 필요한 양질의 노동력을 상당한 기간 지속적으로 공업부문에 공급하며 산업혁명을 가속화될 수 있게 했다.[3] 결국 산업화 과정에서 농업혁명이 촉진되고 농업잉여를 축적시킨 새로운 모델이라고 할 수 있다(김용택, 2006).

이상에서 살펴본 바와 같이 한국은 1960년대 초 이후 경제발전과정에서 정부의 역할은 절대적이었다. 한국 정부는 주도적으로 경제개발전략을 선택하고 각종 경제정책을 적극적으로 추진했다.

여기서는 한국이 경제개발 초기에 정부는 어떤 형태로 개입했으며 또 경제개발에 대한 정부의 정책적 개입은 어떤 기능을 했는가, 그리고 그 결과는 어떤 형태로 나타났는가를 살펴보기로 한다.

---

3) 이것을 뒷받침하는 근거로서, 첫째는 경제발전에 필요한 양질의 인력을 지속적으로 공급했다. 특히 높은 교육열을 가진 부모들은 농촌의 어려운 살림에도 불구하고 자녀들을 교육시켜 경제성장에 필요한 인적자본을 형성할 수 있게 했다. 이렇게 형성된 인적자본이 고도성장을 이끌었다. 둘째는 식량가격을 저렴하게 유지하여 도시 노동자의 임금을 낮게 유지할 수 있게 했다는 것이다. 또한 농업생산의 증가에 의한 소득증대는 원자재를 수입하는데 활용될 수 있게 하였다. 셋째는 농업성장으로 농촌경제가 부유해지면서 제조업의 안정적인 국내시장의 역할을 할 수 있게 했던 것 등을 들 수 있다.

제2절 한국 경제발전의 초기조건과 공업화전략

1. 저수준균형상태의 초기조건

한 나라의 초기조건 여하에 따라 그 나라의 산업화 방향이 규정된다고 할 수 있다. 한 나라의 역사적 변천과정에서 그 나라의 정치·경제·사회 등 각종 요인들에 의해 형성된 초기조건은 매우 중요한 의미를 가진다. 그렇다면 이러한 초기조건의 형성과정을 고찰하는 것은 한 나라의 경제발전 방향과 메커니즘을 이해하는데 크게 도움이 된다(김창남, 1997).

한국에서는 광복 후 혼란기와 6·25동란을 겪으며 전재 복구에 힘쓴 1953년부터 1961년에 이르는 기간에 절대적 빈곤 아래 있었고 정치적 안정도 이룩하지 못했다. 당시의 한국경제는 식민지 유산으로 남은 소규모의 근대적 경공업만이 존재했을 뿐 빈곤한 농업부문이 지배적이었다.[4] 그나마 6·25동란의 와중에 남아있던 공업시설 마저 대부분 파괴되었다. 6·25동란 후 1950년대 말까지 한국경제는 미국으로부터의 원조에 크게 의존하고 있었다. 특히 수입대체산업이었던 제분, 제당, 섬유 등 소위 삼백산업은 정부의 두터운 보호 아래 비효율적으로 운영되고 있었기 때문에 경제성장에 별로 기여하지 못하였다.

한편, 1950년부터 시작되었던 농지개혁은 식민지시대에 형성된 광범위한 소작제를 폐지하며 자작농의 실현을 의도하였다. 그렇지만 이 같은 자작농 체제로의 전환은 토지소유규모의 영세화를 초래하고, 절대적 빈곤상태에 머무는 영세농가와 토지상실 농민을 창출함으로써, 농민층의 하방분해를 더욱 촉진하는 요인으로 작용하였다.

당시 농촌에서는 1.0정보 미만의 소규모 영세농가가 대부분이었다. 거기에다 6·25동란 이후 연율 3.0%에 달하는 인구증가율로 인하여 토지는 더욱 영세화되었으며 농촌에는 많은 인구가 유휴상태로 있었다. 농업생산성을 향상시키기 위한 근대적 생산재의 투입여력이 없었으므로 노동생산성의 증가와 농가소득의 증대는 별로 기대할 수 없었다. 또한 농촌의 한정된 토지로부터 압출된 많은 농촌노동력은 도시에 유입되어 도시비공식부문에 체류하며 만성적인 실업상태에 있었다.

---

4) 한국은 1955년의 산업구조를 보면 농림어업이 GNP의 44.8%, 광공업이 12.2%, 서비스 기타가 43%로 전형적인 농업국가였다.

이렇게 하여 1960년대 초 빈농이 지배하는 한국경제는 노동과잉·자본부족이라는 개발의 초기조건을 형성하고 있었다. 최저생존수준 아래에서 허덕이는 노동력은 풍부하게 존재했으나 공업화를 위한 기술과 자본은 거의 축적되지 못한 상태에 머물렀다. 당시 1인당 GNP는 1백 달러 미만에 머물러 공업제품에 대한 국내시장은 매우 협소했다. 또한 노동과잉·자본부족이라는 요소부존상태 하에서 증가한 산출물은 인구증가에 의해 묻혀버리고, 한 나라의 후생수준은 저수준의 균형에 머물러 농업잉여는 발생할 여지가 거의 없었다.

일제 식민지시대 이래로 지속된 농민층 분해과정에서 창출된 영세농이나 토지를 상실한 많은 농민들은 위장실업상태에 있었다. 또한 해방이후 급속한 인구증가는 한정된 토지로 인해 인구·토지비율을 높여 과잉취업을 심화시켰다. 이러한 상황에서 농촌의 인구압력에 의하여 밀려난 노동력 인구의 상당수는 도시로 유입되어 도시비공식부문이나 실업상태로 있었다. 당시 한국경제의 상황은 제한된 농지에다 높은 인구증가율이 겹쳐 방대한 위장실업과 절대빈곤이 중첩되어 있었다.

요컨대, 한국경제 개발의 초기조건은 노동과잉·자본부족, 아주 낮은 기술수준, 광범위한 빈곤층의 존재, 그로 인한 국내시장의 협소함 등으로 규정할 수 있다. 이 같은 상태는 36년간의 일제 식민지 지배에다 광복 이후의 혼란과 6·25동란 그리고 정부의 경제운영 미숙이 빚은 결과라고 하겠다. 이와 같은 개발의 초기조건 하에서 경제를 발전시키기 위해서는 공업화 이외에 다른 선택의 여지는 없었다.

개발도상국에서 채택되었던 공업화전략은 수입대체공업화와 수출지향공업화로 대별된다. 수입대체공업화는 보호주의적인 공업화의 시도로서 대부분의 개발도상국들이 채택하였다. 국제시장이 자국에 불리하면 보호정책을 사용하여 자국시장을 국제시장으로부터 격리시켜 보호된 국내시장 안에서 공업화를 도모하는 것이다. 이는 높은 관세장벽, 수량통제 등의 수입제한정책으로 수입상품을 규제하고, 그렇게 창출된 국내시장을 위하여 국내생산으로 대체하는 방법이다.

이 당시의 수입대체는 일반적으로 비내구소비재와 내구소비재 등 최종제품으로부터 시작되었다. 모든 제품은 자본재를 수입하고 원료와 소재를 가공하여 중간제품 그리고 최종제품으로 완성해 나가는 우회생산과정을 거친다. 이 우회생산과정에서 원료·소재부문을 우회하여 생산하는 과정을 상류(up stream), 중간제품은 중류(middle stream), 최종제품은 하류(down stream)라고 한다. 천연원료를 제외하면 생산이 상류로 올라갈수록 최적생산규모는 커지면서 보다 높은 생산특화가 요구된다. 또한 상류에 있는 제품일수록 생산비는 주로 규모의 경제와 특화의 이익에 의해 좌우된다. 그렇다면 국내시장 규모와 산업특화의 정도가 낮은 개발도상국에서는 우회생산과정의 상류에서부터 공업화를 시작하기는 매우 어렵다.

따라서 대부분의 국가들이 공업화를 시작하는 초기에는 소재·중간제품, 자본재 등을 수입하여 조립·가공하는 과정을 거쳐 최종제품을 생산하는 방식(최종재의 수입대체)을 채택한다. 이어 최종재의 국내생산이 국내수요를 초과하는 시점에서 수출이 시작(최종재의 수출)되고, 다시 국내수요와 수출을 합친 최종재 총수요가 증대되면서 소재·중간제품·자본재의 수입이 유발된다. 그리고 수입규모가 「유효최소생산규모」에 다다른 시점부터 소재·중간제품·자본재 등을 국내에서 생산하는 공업화의 과정을 밟게 된다.

2. 수출지향공업화 전략으로의 전환

1960년대 이전까지 한국은 농업에 주로 의거한 폐쇄적인 경제였다고 할 수 있다. 1962년 한국의 1인당 국민소득은 87달러에 불과했다. 1960년에 집권한 민주당정부 아래에서도 심각한 기아와 고용 문제는 해결될 기미는 없고, 정부는 중심을 잡지 못하며 상황을 개선할 능력을 거의 상실한 상태에 있었다. 이러한 국가적 위기 속에서 1961년 박정희 장군은 5·16 군사 쿠데타를 일으켜 정권을 잡게 된다(곽승영·이영선, 2010.04).

군사정부는 1962년 이후 경제개발계획을 수립하고 은행을 국유화하며 자원배분을 주도하였다. 정부는 한일협정 등을 맺으며 적극적으로 외자를 도입하는 정책을 채택하면서 수출지향공업화에 본격적으로 나서게 된다. 특히 정부는 집권 초기 자주경제 건설을 위해 자립화정책을 추구하였다.[5] 그러나 1960년대 중반에 이르러서는 정부는 수입대체공업화정책에서 벗어나 수출지향공업화로의 정책의 대전환을 시도하였다. 이와 더불어 경제개발에서 민간기업의 주도권을 보장하고 개방체제를 지향하며 외국자본을 적극적으로 도입하는 정책으로 전환했다.

사실 새로운 정책이 시행되기 전까지의 한국은 다른 개발도상국과 같이 수입대체전략을 당시 공업화정책의 중심과제로 채택해 왔다. 수입대체공업화정책을 특징짓는 수입중요도 기준에 따른 수입수량통제, 차별관세방식, 원화의 과대평가, 저금리정책 등 일련

5) 1961년 5·16 쿠데타로 정권을 잡은 군부세력은 거사일 새벽에 방송된 혁명공약 4장에서 "절망과 기아선상에서 허덕이는 민생고를 시급히 해결하고 국가 자주경제 재건에 총력을 경주한다."고 선언하였다. 정부는 1962년 1월 제1차 경제개발5개년계획을 시행할 때는 혁명공약에서 표방한 바와 같이 자주경제 재건을 위해 자립화정책을 추구하고자 하였다(이완범, 2007).

의 보호주의적 수단이 다른 개발도상국 못지않게 철저한 편이었다. 그러나 수출지향공업화정책에로의 전환은 무엇보다도 보호주의적 정책을 자유화하는 시장자유화에서부터 출발한다. 여기 시장자유화란 환율과 금리의 현실화 정책, 수입통제의 자유화와 관세율 인하 등이 주요 내용을 이루고 있다.

시장자유화정책은 보호주의적 제반수단을 일거에 제거함으로써 노동과잉, 자본부족이라는 한국의 요소부존 조건에 알맞은 기술과 생산방법의 채택을 촉진시켜 노동집약재의 비교우위를 확보하고자 하였다.

한편, 이러한 자유화정책은 사실상 개발도상국에 있어서 가장 어려운 정치적 과제이기도 하였다. 보호정책이 일정기간 지속되면 보호 대상산업은 일종의 기득권을 가진다. 수입대체를 위해 시행되던 보호를 철폐한다는 것은 보호 대상산업의 기득권을 침해하는 결과로 이어진다. 이에 따라 거센 정치적 저항이 일어나게 된다. 이러한 기득권의 힘이 크면 클수록 그 기득권을 배제하는데 소요되는 사회적 비용은 커질 수밖에 없다.

어느 나라를 막론하고 누적된 기득권을 가진 세력이 큰 힘을 발휘하는 환경 하에서는 정부가 새로운 상황에 대응할 창의적인 정책을 시행하기 어렵다. 정책전환의 필요성이 긴급하더라도 정책선택의 여지는 상당히 제한된다. 그렇지만 한국은 남북분단과 군사적 대치라는 어려운 상황 하에서, 박정희 대통령의 강력한 뒷받침과 정부 내의 관료 테크노크라트(technocrat)에 의해 새로운 정책인 노동집약재를 중심으로 한 수출지향공업화 정책을 강력히 추진하였다.

수출지향공업화를 추진하기 위하여 정부는 개발의 최대 애로요인인 저축·투자 갭을 메꾸기 위하여 많은 노력을 기울였다. 한국의 경우 대규모 차관도입에 의하여 국책사업으로 선정된 각종 프로젝트별로 외자를 배분하였다. 또한 외자도입법에 의거하여 외자를 선택적으로 도입하였다. 이러한 외국자본의 도입은 결과적으로 국내자본형성과 기술도입에 크게 기여하였다. 특히 1970년대 초부터 추진되기 시작한 중화학공업화정책은 한국의 산업기반을 다지는 중요한 역할을 하였다. 한국정부는 1986년 공업발전법으로 단일화될 때까지 중점산업별로 제정된 각종 산업발전촉진법에 기초하여 주도면밀한 계획 하에 산업육성을 위한 정책지원을 강화하였다.

또한 중화학공업기지를 조성하여 지역적 집단화를 추진함으로써 집적의 이익을 극대화하고자 하였다. 창원 기계공업공단, 울산 석유화학공단, 온산 비철금속공단, 포항 제철 관련 공업공단, 옥포 조선공업공단을 비롯하여 각지에 산재해 있는 공단들은 모두 정부의 주도에 의해 조성되었다. 이들 공단에 대한 기업의 유치는 도로, 항만, 수도, 전력 등 하부구조를 먼저 정비한 뒤 이루어졌다. 특히 이들 공단 내에 입지하는 기업들은 세제, 금융상의 특혜를 받음과 동시에 기계설비 등 자본재의 수입에는 관세와 물품세를 면제하는 특혜가 주어졌다(金光模, 1988). 이러한 특혜를 입은 산업은 단기간에 국제경쟁력을 확보하면서 유력한 수출산업으로 발전할 수 있었다.

제3절 수출지향공업화의 정책체계[6)]

한국경제가 본격적인 성장궤도에 들어선 것은 1960년대 초 정부가 주도적으로 경제개발을 추진하기 시작한 이후부터다. 그로부터 한국경제는 다른 동아시아 국가들과 함께 빠른 성장을 달성하며 짧은 기간 안에 중진국의 대열에 올랐다. 이와 더불어 소득분배도 상당히 개선되는 효과를 가져왔다. 한국과 함께 홍콩, 대만, 싱가포르 등 동아시아 국가들의 이러한 경제·사회적 성과는 종종 기적으로 표현되기도 한다.

동아시아에서 일본이 빠른 경제성장을 이룩하자 한국은 일본의 후방기지로서 세계경제의 분업구조를 형성하며 보세가공 등에 치중하는 산업화를 추진할 수 있었다. 1961년까지는 2,000만~3,000만 달러에도 미치지 못하던 수출실적이 1962년에는 5,700만 달러, 1963년에는 8,300만 달러에 이르렀다. 특히 1963년에는 공업제품 수출이 32.4%를 차지하며 수위를 차지했다. 이 같은 실적은 1960년 중반 이후 더욱 가속화되었다. 이 시기 정부의 정책은 각종 수출촉진정책이 채택되었다. 이하에서 수출지향공업화과정에서 한국정부가 채택한 정책체계를 살펴보기로 한다.

1. 환율 및 금리의 현실화정책

한국의 시장자유화 정책은 1964~1965년에 극적으로 전개된 환율 및 금리의 현실화 정책으로 대표된다. 한국의 환율제도는 광복과 더불어 고정환율제도를 채택했지만, 1960년대 초반 수출주도의 성장정책을 추진하면서 사실상의 對미달러 고정환율제인 단일변동환율제도를 도입하였다. 그 후 1980년대 들어 단일변동환율제도 아래에서 환율이 국제수지조정역할을 원활히 수행하지 못하자 정부에 의해 환율이 결정·고시되는 복수통화바스켓제도로 개편되었다. 그러나 1980년대 후반에는 환율이 가격기능을 보다

---

6) 이 절을 작성하면서 김창남(1997)을 많이 참고하였다.

원활히 수행할 수 있어야 한다는 요구에 따라 1990년 3월부터 기준환율이 전일 시장의 거래량 가중평균치로 결정되는 시장평균환율제도로 이행하였다. 그 후 1990년대 말 외환위기를 맞아 환율제도는 관리변동환율제도에서 선진국형의 자유변동환율제도로 전환되며 오늘에 이르고 있다.

본격적인 원화의 평가절하는 1964년 5월에 이루어졌다. 당시의 공정환율은 130.0원에서 256.6원으로 대폭 평가절하 되었다. 이때의 평가절하는 비공식시장 환율의 90% 수준으로 공정환율이 조정되었다. 당시의 공정환율이 시장실세에 가까운 수준으로 조정되었다는 것을 의미한다. 이것은 한국경제정책의 기조가 1964년을 기점으로 하여 경제개발 정책의 기조가 종래의 수입대체공업화에서 수출지향공업화로 전환했음을 반영하는 것이다.

공정환율은 1964년부터 1980년대 후반까지 4차에 걸쳐 대폭적인 조정이 이루어지는 (1965년 213.7원에서 1986년 881.4원으로 두 시점 간에 무려 312%(연평균 14.9%나 평가절하됨) 과정에서 나타난 두드러진 특징은 무역수지의 적자폭이 크게 확대된 이듬해에 원화의 평가절하가 단행되었고, 또 평가절하가 행해진 이듬해에는 일반물가수준이 상승하는 현상이 반복되었다는 점이다. 원화의 평가절하는 수입을 억제함으로써 국제수지 불균형을 시정하는 가장 일반적인 환율정책이다. 그러나 여기에 수반한 물가 상승은 원화의 대외구매력을 약화시키고 이것이 다시 원화의 평가절하를 야기하는 과정으로 진행되었던 것이다.

특히 당시 정부의 환율정책은 주요한 수출진흥정책 가운데 하나였다. 정부는 1964년에 고정환율제도를 단일변동환율제도로 전환하고 기본환율을 130원/달러에서 255원/달러로 거의 두 배 인상하였다. 이후에도 명목환율을 적절히 조정함에 따라 구매력 패리티 지수로 조정된 실질환율은 안정적 수준을 유지하였다. 이러한 유연한 환율조정은 수출증대에 상당한 도움이 되었다. 이러한 환율정책은 금융 및 조세 지원보다 수출증대에 더 크게 기여한 것으로 보인다.

또한 1950년대에 시행되었던 한국의 저금리정책은 매우 강력하였다. 예금금리나 대출금리 모두 시장실세를 훨씬 밑도는 금리규제가 지속되었다. 이러한 저금리정책은 국민들의 저축의욕을 꺾어 저축량을 늘리지는 못했지만, 기업들의 은행자금에 대한 초과수요를 크게 창출시켰다. 저금리은행자금에 대한 초과수요는 은행 자금에 접근하지 못하는 계층을 양산했으며 이들은 사채시장으로 내몰리게 되었다. 사채금리는 실세금리를 반영하여 1960년대 전 기간에 걸쳐 연평균 56%의 고율이 지속되었다. 적어도 1960년대 당시의 한국은 두드러진 금리의 이중구조를 가졌던 것이다.

그러나 1960년대 중반에 시도되었던 일련의 시장자유화정책은 금리구조를 급속히 현실화시켰다. 바로 1965년 9월에 단행되었던 「금리현실화조치」는 금리수준을 시중금리 수준으로 접근시키고자 했던 정책이었다. 이는 환율의 현실화정책과 함께 시장자유화정책의 중요한 조치였다고 할 수 있다.

당시 명목예금금리에서 인플레율을 뺀 실질예금금리를 살펴보면, 1960년대 전반 한국의 실질금리는 사실상 마이너스였다. 적어도 1964년 이전의 예금금리는 시장균형금리로부터 크게 괴리되어 있었다. 이와 같은 예금금리의 대폭적인 인상에 의하여 저축액은 크게 증가하였지만, 투자는 저축수준을 훨씬 상회하였다. 실제로 1965~1970년 기간의 연평균 투자증가율은 32% 수준을 기록하였다.

금리수준의 대폭적인 인상에도 불구하고 은행대출액과 투자의욕이 높았던 이유는 투자수익률이 금리보다 더 높았다는 것을 의미한다. 제조업부문 자본의 연평균 투자수익률을 보면, 1962~1966년에는 최저 9%에서 최고 26%였으며, 1967~1971년에는 연율 16~38%, 그리고 1972~1976년에는 17~40%의 범위에 있었다(사공일, 1993).

1965년 들어 대폭적인 금리인상이 있었지만 여전히 저금리수준이었다. 일반예금금리와 상업어음 할인율은 공히 대폭적으로 인상되었지만, 정책금융인 수출 관련 금융의 금리는 낮은 수준에 머물렀다. 그리고 상업어음 할인율과 수출금융금리와의 금리차이가 수출업자로 하여금 금융비용의 부담을 경감시켜 수출확대를 꾀했다. 1965년에 시행된 고금리정책에 의하여 시중은행의 대출금리는 1971년까지 연율 25% 전후 수준으로 유지되었나. 그러나 시중은행의 대출금리는 사채금리의 절반수준에 불과했다. 그 만큼 한국은 자본의 초과수요 상태에 있었던 것이다. 그러나 지금조달의 사채의존도가 높다는 것은 기업경영 상태를 악화시키는 요인이 되었다.

정부는 1972년 8월 3일 「경제의 성장과 안정을 위한 긴급명령」을 발동하였다. 흔히 「8·3조치」라 일컫는 긴급명령에 의해 모든 기업들은 현재 부담하고 있는 사채(私債)를 신고하게 하고, 신고된 사채는 3년 거치 후, 월 1.35%(연율 16.2%)의 이자를 합하여 5년에 걸쳐 분할상환하거나, 사채업자가 대출금을 전액 해당기업에 출자하는 형태로 사채를 완전히 정리하도록 했다. 이 조치와 더불어 상업은행의 일반대출금리도 연 19.0%에서 15.5%로 인하되어 저금리정책으로 환원되었다. 8·3조치에 의하여 신고된 사채총액은 1972년 당시 3,456억 원으로서, 당시 통화량(M1)의 80%에 달하는 거대한 규모였다(변형윤, 1989). 이 8·3조치에 의해 사채시장은 거의 와해되면서 사채금리도 인하되었다. 그러나 일반시중은행의 대출금리가 동시에 인하되었기 때문에 양자 간의 금리격차는 1980년대 초까지 일정수준으로 유지되었다.7)

2. 수출인센티브정책

1964~1965년 이후 한국의 공정환율은 시장 실세에 가까웠지만, 1 달러당 원화로 표시된 수출보조금을 공정환율에 더한 실효환율로 계산된 원화는 1970년대 이후 여전히 과소평가되어 한국의 수출경쟁력에 크게 도움이 되었다고 할 수 있다. 수출보조금은 크게 직접보조, 관세감면, 관세환급, 각종 내국세 감면, 그리고 금리보조 등으로 구성된다. 그러나 실제의 수출보조는 이 보다 더욱 복잡한 항목을 포함하고 있다. 따라서 위 다섯 항목이 중심이지만 이 수치는 수출보조금 전체 액수에 비교하면 과소평가되었다고 할 수 있다.

한국의 수출촉진을 위한 조세지원정책은 내국세와 관세로 대별된다. 내국세에 대하여는, 1960년에 조세지원제도가 도입되었고, 1973년에는 종래의 법인세, 소득세, 물품세 등의 직접지원제도를 철폐하고 간접지원방식인 준비금제도를 도입하였다. 이에 의하면 각 기업은 수출총액의 1%에 해당하는 금액을 과세소득에서 공제시켜 주면서 해외시장 개척자금으로 적립할 수 있도록 하였다. 또 1977년에는 부가가치세제와 가격변동 준비금제도가 도입되어 수출촉진에 많은 도움이 되었다.

한편, 1962년 특별상각제 도입에 의하여 외화가득사업에 직접 사용되는 기계류와 장비에 대해서는 법정상각률보다 30%나 높은 감가상각률을 적용하도록 하였다. 이러한 내국세의 감면총액은 1960년대 중반 이후 크게 확대되었다.

수출지원과 관련한 관세 부문에서의 정책지원은 관세감면, 관세환급, 관세징수유예 등이 중심이었다. 1975년 이전 수출촉진을 위한 조세정책의 중심은 관세감면이었다. 1962~1974년간 조세지원 총액에서 차지하는 관세감면액의 비율은 연평균 58%라는 높은 비중을 차지하고 있었다. 반면, 1975년 이후는 관세 환급제도의 도입에 의해 관세감면 비중이 감소했으나 관세 환급 비중은 확대되었다. 1975년 이후 관세 관련 정책의 중심은 관세 환급으로 이동되었다.

수출촉진을 위한 금융지원정책의 중심은 금융비용을 경감시키는 데 있었다. 일반상업

7) 1982년 6월부터 수출금융을 대표하는 정책금융의 차별적 특혜금리제도는 철폐된 이후 금리체계는 일원화되었다.

은행에서 적용되는 상업어음 할인율과 수출어음 할인율과의 금리차가 수출촉진을 위한 주요 금융지원이었다. 이 같은 금리차를 수출 관련 총융자액에 적용한 금융지원액은 1960년대 중반부터 1970년대 초까지 급속히 확대되었다. 총수출지원액에 대한 금융지원액의 비율은 1983년에 금리우대조치를 완전히 철폐할 때까지 전 기간에 걸쳐 연평균 12.1%에 달하였다.

3. 수입자유화

사실 환율현실화정책은 수입대체공업화정책의 한 근간이었던 수입통제로부터 자유화되었다고 할 수 있다. 한국은 1967년에 GATT에 가입함과 동시에 수입관리방식을 포지티브·리스트방식에서 네가티브·리스트방식으로 전환하였다. 이것은 한국이 수입자유화의 제도적 기반을 정비함으로써 개방경제체제로 이행한다는 것을 내외에 천명한 것이다. 이러한 제도적 전환은 보호무역 아래 안주해 온 국내산업의 체질을 개선하고 국제경쟁력을 강화하여 수출을 촉진하자는 데 목적이 있었다. 이 제도 하에서 수입제한 품목과 수입금지 품목, 그리고 이들 품목에 대한 제한내용이 사전에 공포되었으며, 그 외의 품목에 대한 수입은 자동적으로 승인되었다. 또 1978년 이후 수입금지 품목은 완전히 철폐되었다. 더구나 관세법의 개정과 관세율의 대폭적인 조정이 이루어졌으며, 수입자유화에 따른 국내산업의 피해를 최소화하기 위한 탄력관세제도도 도입되었다.

수입자유화율은 1962~1966년에는 35~37% 수준에 머물렀으나, 1967년에는 60% 수준으로 제고되었다. 그러나 수입자유화율은 그 후 오히려 낮아지다가 1977년에 52.7% 수준이 되었다. 이처럼 수입자유화율이 장기간에 걸쳐서 제고되지 않았던 것은 1960년대 중반이후 생산재와 식량의 수입증가가 국제수지의 적자폭을 크게 확대시켰기 때문이다. 여기에 더하여 1970년대에 발발했던 석유파동이 세계경제를 불황국면으로 이끌면서 국제상품가격의 상승을 가져온 스태그플레이션으로 인해 한국이 수입규제를 강화할 수밖에 없었기 때문이다.[8)]

한편, 한국의 경상수지는 1977년을 기점으로 흑자로 전환되었다. 또한 1976년 이후 중동 건설 붐에 의하여 무역외 수지의 흑자폭이 크게 확대되었다. 더구나 세계수출시장에 대한 한국의 제품수출이 현저하게 증가하였고, 무역상대국에서 수입규제가 강화됨과 동시에 한국에 대한 시장개방 압력이 가중되었다. 이러한 일련의 대내외적 환경변화에

---

8) 여기의 수입자유화율은 총수입품목 수에 대한 수입자동승인 품목 수의 비율을 의미한다.

대응하여 정부는 1978년부터 실질적인 수입자유화를 추진하였다. 1978년의 수입자유화 조치는 5월, 7월, 12월 등 3회에 걸쳐 이루어졌다. 1978년 5월의 수입자유화 조치는 수입추천제, 수출입 링크제, 실수요자제 등의 행정적 규제를 철폐함으로써 산업합리화를 촉진하고 국제경쟁력을 제고시키고자 하였다. 제2차 자유화조치에서는 국내물가 안정을 최대의 목적으로 하면서 공급부족 상태에 있던 내수용 철강제품 등의 원자재와 화학섬유원료 등 수출용 원자재, 전자제품 등 일부 소비재에 대한 수입을 자유화하였다. 제3차 자유화조치에서는 기계류를 비롯한 일반소비재에 이르기까지 광범위한 제품이 자유화되었다. 그 결과 1978년의 자유화율은 64.8% 수준으로 높아졌으며, 1990년대 초에는 98% 수준에 이르러 거의 자유화되었다.

수입자유화에 대한 정책적 대응은 수입규제를 완화하는데 그치지 않았다. 수입자유화율이 높아졌는데도 불구하고 관세율이 높게 유지된다면 실질적인 수입자유화율은 낮아지게 된다. 이 기간에 평균관세율은 수입자유화율의 급속한 상승에 대응하여 빠른 속도로 낮아졌다.

차별관세라고 불리는 산업별 관세율의 격차 또한 시간의 경과함에 따라 크게 축소되었다. 1970년에는 평균관세율이 가장 낮은 석유·석탄의 14% 수준에서 가장 높은 음식료품의 180% 수준에 이르기까지 가공단계별 또는 산업별 관세격차는 매우 높게 나타났다. 이 시기에는 에너지 관련 부문과 자본재 및 중간재·원소재 등 소위 생산재의 평균관세율은 낮게 설정되는 반면, 완제품이나 최종소비제품에 대해서는 높게 설정되었다. 그러나 1980년에는 평균관세율이 전반적으로 낮아졌으며, 특히 섬유, 의복, 화학·고무류, 철강, 조립금속 등에서 낮은 관세율이 적용되었다.

이상과 같이 한국의 수입자유화가 본격적으로 추진된 기간은 1978년 이후였지만, 이 시기의 자유로운 생산재의 수입, 낮은 노동비용, 그리고 수출보조금 등에 의해 가격경쟁력이 유지되었기 때문에 수출이 크게 증가할 수 있었다.

4. 대외지향적 전략의 평가

1950년대 후반 이후 미국의 원조 감소에 따른 외자도입의 부진과 국내의 열악한 저축 상황에 직면한 정부는 수출과 외자유치가 유일한 해결책이라고 판단했다. 결국 대외지향적 공업화 전략은 박정희 정부가 적극적으로 선택한 것이었다. 이 전략이 성공한 데에는 무엇보다도 당시 최고통치권자의 판단이 무엇보다 탁월했지만, 기업가·관료의 호

웅과 노동자·농민의 피와 땀도 중요했으며, 공산주의에 대한 방벽을 쌓고 한국을 자본주의 발전의 기지로 만들려는 미국의 중요한 요인도 컸다(이완범, 2007). 따라서 대외지향적 전략의 성공은 대외적 호기를 잘 이용한 한국 국민들 모두의 유기적 성과였다고 할 수 있다.

한편, 수출중심의 대외지향적 공업화가 1960년대 후반까지 확고히 구축되었다고 할 수는 없다. 1966년까지는 섬유, 식료품, 연초, 의료 등 수입대체산업이 여전히 선도산업의 자리에 있었다. 제1차 경제개발5개년계획 기간 중 화학비료 공업이 확충됐고, 시멘트공장이 들어섰으며, 정유공장, 비스코스 인견사 공장 등도 건설되고 있었다. 제2차 5개년계획 기간에는 섬유, 합판, 가발, 신발류 등 경공업이 주로 진흥되었지만 점차 중화학공업으로 나아가게 되었다. 그리고 1970년 7월에 경부고속도로가 개통되며 지각변동이 시작되었다. 특히 1970년 4월에 기공식을 가진 후 1973년에 준공된 포항제철은 고도성장기의 철강수요를 충족할 수 있었다.

한국의 정책은 1960년대 초반에는 수입대체가 주류를 이루었지만, 1960년대 중·후반에 이르러 정책의 전환이 이루어졌으며, 1970년대에 들어 수출지향적 산업이 중심을 구축하며 고도성장의 기반을 형성했던 것이다.

제4절 한국경제의 선진화를 위한 과제[9)]

한국은 정부주도의 성장전략을 통해 높은 경제성장을 달성하였다. 한국의 수출주도형 공업화과정에서 수행한 한국정부의 역할은 지대하였다. 특히 세계화·지시기반경제화·도시화의 추세가 전 세계적으로 급속히 진행되고 있는 오늘날 한국 내에서도 선진국과의 기술격차 해소, 금융시장의 발달, 소득분배의 악화 등이 급속히 진행되고 있다.

한국은 그동안 특히 수출산업 및 중화학공업과 같은 특정 산업을 집중 지원하기 위해 금융억압(financial repression), 높은 수입 장벽, 독과점 보장 등의 수단을 동원하였다. 이러한 전략은 성과가 컸던 이면에 부작용도 적지 않았다. 중화학공업의 과잉투자, 재벌의 경제력 집중, 물가불안, 노동운동의 탄압이 그것이다.

9) 이 절을 작성하면서 고영선(2008.11), 『한국경제의 성장과 정부의 역할 : 과거, 현재, 미래』의 제4장의 제2절을 많이 참고하였다.

이제까지는 한국경제의 성장과정에서 정부는 어떤 역할을 수행해 왔는가? 그리고 최근의 대내외 여건 변화를 고려할 때 향후 정부의 역할은 어떻게 설정되어야 할 것인가?

과거 시장이 발달하지 않았을 때는 정부가 주도적인 역할을 수행하는 것이 바람직할 수도 있었다. 그러나 현재와 같은 상황에서는 시장주도의 경제성장이 보다 바람직하다는 것이다. 정부는 민간 경제주체들이 혁신·투자·근로·저축에 매진할 수 있는 환경을 조성해야 한다. 적어도 거시경제의 안정화, 미시적 유인구조의 개선, 혁신자원의 원활한 공급, 사회통합의 제고를 위해 노력을 경주해야 한다.

다른 한편으로 정부가 해서는 안 될 일들도 적지 않다. 경제위기와 같은 극단적 상황에서는 통화당국뿐 아니라 행정부가 재정·환율 등 여타 수단으로 경기조절을 시도할 수 있으나 이제는 통화당국에 경기조절을 맡겨야 한다. 또한 환율의 추세적 움직임을 바꾸기 위한 외환시장의 개입도 신중해야 할 것이다. 시장개입은 통화정책기조의 전환을 전제로 하지 않는 이상 실질적인 효과를 기대하기 어려운 것이다.

그리고 특정 산업을 육성하기 위한 산업정책은 정보 외부성과 같은 특정의 시장실패를 치유할 수 있을 경우에만 시행되어야 한다. 적어도 정부가 특정산업을 육성할 수 있다는 생각에서 탈피해야 한다. 또한 중소기업, 농업 등 생산성이 낮은 부문에 대한 각종 정부지원도 재고되어야 한다. 이제는 이들 분야에 대한 지원을 전면적으로 재검토할 필요가 있다. 특히 개발연대 이후 정치인, 관료, 그리고 일반국민들 사이에 자리 잡고 있는 정부만능주의에서 하루 빨리 벗어날 필요가 있다.

사회통합의 제고를 위한 정부의 능력도 한계가 있다. 지식기반경제의 도래 및 세계화의 확산으로 인해 소득분배의 악화는 더 지속될 수도 있다. 정부가 할 수 있는 일은 저소득층을 집중적으로 지원하여 사회적 이동의 가능성을 최대한 확대하는 것이다. 이를 위해서는 각종 사회정책의 대상계층을 점검하여 저소득층으로 좁히고, 정책을 연금 등 사후적 소득보장에서 교육·의료 등의 사전적 기회균등으로 초점을 맞출 필요가 있다.

경제성장과 사회발전은 이러한 각종 제도와 정책이 합리적으로 설계되고 제대로 발휘할 때 얻어지는 혜택이다. 이런 관점에서 보면 앞으로 한국경제의 지속적 성장과 안정을 확보하기 위해 가장 필요한 것은 정부가 해야 할 일과 할 수 있는 일을 국민 모두가 명확히 인식하도록 해야 한다. 정부 스스로 정부가 할 수 없는 일을 국민들에게 약속해서는 안 될 것이다.

참고자료

곽승영·이영선(2010.04), “한국경제의 이행과정과 선진국이 되기 위한 조건”, 『KOREA'S PRODUCTION DATABASE 1960~2007』, 산업연구원.

김광모(1988), 『韓國의 産業發展과 重化學工業化政策』, 지구문화사.

김대환(1977), “경제발전, 초기조건 및 농공균형발전”, 『경제논집』, 제14권 제4호, 서울대경제연구소.

고영선(2008.11), 『한국경제의 성장과 정부의 역할 : 과거, 현재, 미래』, 한국개발연구원.

김용택(2006.12), “경제발전 초기에서 농업잉여의 역할”, 『농업사연구』 제5권 2호, 한국농업사학회

김창남(1997.12), “동아시아국가의 경제개발전략과 발전유형”, 『經濟史學』, 제23호, 경제사학회.

변형윤(1989), 『한국경제론』, 유풍출판사.

서울신문, 2012년 3월 31일자.

안병직(2006), “한국의 정치경제동향”, 『시대정신』, 2006년 가을호, (사)시대정신.

이완범(2007.02), “한국경제 도약의 지렛대, 박정희의 수출 드라이브”, 『신동아』(통권 569호).

조성환(1987), “한국경제발전의 초기조건에 관한 소고”, 『경상논총』, 제14권, 서강대학교.

조윤제·박창귀·강종구(2012.01.10), “한국의 經濟成長과 社會指標의 변화”, 『금융경제연구』, 한국은행.

조장옥(2011.12), “한국경제를 위한 경제사의 교훈”, 『금융연구』, 제25권 제4호, 한국금융연구원.

허승오·김경란·조남준(2012.04), 『한국 농업 성장사』, 농촌진흥청.

南 亮進(2001), 『日本の經濟發展』, 東洋經濟新報社.

8·3 사채 동결 조치

1960년대 우리나라 경제는 제1, 2차 경제개발 5개년 계획을 거치는 동안 공업화와 수출증대를 기반으로 세계에서 유례없는 고도성장을 이룩했다. 그러나 자기자본보다 타인자본, 특히 사채 의존도가 높았던 기업 재무구조의 취약성과 통화량 증가, 물가 상승, 환율 상승의 악순환 등 고도성장에 따르는 부작용도 없지 않았다. 이런 부작용이 누적돼 1970년부터는 불황국면을 맞게 됐고 기업들의 생존이 위태로워지자 정부는 기업들에 대한 모든 사채를 동결한다는 8·3 사채 동결 조치를 발표했다. 여기에는 기업들의 장기자금 조달을 위해 제2금융권 개발을 추진하는 내용도 포함됐다.

사채 동결, 기업들 숨통을 틔우다.

기업이 생산활동을 하기 위해서는 장기 시설투자 자금과 단기 운영자금이 필요하다. 장기 시설자금은 주식처럼 상환 기한이 없거나 회사채처럼 상환 기한이 장기적이고 안정적인 자금이 이상적이고, 제품의 제조 판매과정에서 소요되는 단기 운영자금은 은행 대출 등에 의존하는 것이 바람직하다.

우리나라는 1960~70년대 물론 1990년대까지도 시장에서 자금 수요가 자금 공급을 초과했다. 경제가 고도성장하면서 많은 사람들이 돈을 빌려 사업을 하고 공장을 지어 기업을 설립하려 했던 것이다. 기업들은 차관이나 은행 대출을 받기도 했지만 그것이 여의치 않을 때는 사채까지 동원했다. 심지어는 장기 시설투자 자금을 사채로 쓰는 경우도 있었다. 1970년대 초 기업들은 사채를 많은 쓴데다 사채 이자가 몹시 비쌌다. 여기에 세계적으로 경제가 불황국면에 빠지자 김용완 전국경제인연합회 회장은 박정희 대통령에게 찾아가 "이대로 가면 기업들이 다 죽어난다."며 특단의 대책을 호소했다.

결국 정부는 1972년 8월 3일 '경제안정과 성장에 관한 긴급명령'을 선포했다. 8·3 긴급조치의 주요 내용은 기업과 사채권자의 모든 채권·채무 관계는 1972년 8월 3일 현재로 무효화되고 새로운 계약으로 대체된다는 것이었다. 자유시장경제 하에서는 상상하기도 어렵고 국내외를 통해 전무후무한 조치였다. 채무자(기업)는 신고한 사채를 3년 거치, 5년 분할상환(3년 후부터, 즉 4년째부터 8년째까지 5년 동안 나눠 상환) 조건으로 동결하고 월 이자는 1.35%(연 16.2%)로 했다. 당시 기업들이 쓰고 있던 사채의 가중평균금리가 월 3.84%였는데 긴급조치에 의해 기업의 사채이자 부담이 약 3분의 1로 경감된 것이다. 그리고 당시 기업주들이 자기 기업에 사채놀이를 해서 치부도 하고 탈세도 한다는 말이 많아 이 같은 위장사채는 자본금으로 강제전환 시키기도 했다. 또한 정부는 2,000억 원의 특별금융채권을 발행해 조달한 장기저리자금으로 단기

대출의 30%를 장기대출로 전환하게 했다.

사채신고 기간인 8월 3일부터 9일까지 7일간 신고된 사채는 3,456억 원에 달했다. 이는 당시 통화량의 80%, 국내 여신 잔액의 34%에 해당하는 금액이었다. 이 중 위장 사채는 총 신고사채 금액의 3분의 1인 1,137억 원에 달했다. 8·3 긴급조치가 선포되자 예상대로 기업들은 크게 환영했지만, 야당과 일부 언론의 비난은 혹독했다. 하지만 8·3 긴급조치의 효과는 바로 나타났다. 기업의 생산비 가운데 금융비용이 차지하는 비중은 1970년 8.8%에서 1973년 4.4%로 떨어졌고 기업이익률은 평균이자율보다 높아졌다. 자본시장을 통한 자금 조달이 1971년 39억 원에서 1973년 545억 원으로 급증했다. 1973년 1분기 실질 국민총생산(GNP) 성장률은 전년 동기 대비 19%로 상승했다.

제2금융권 개발 추진

정부는 사채 동결과 함께 사금융을 양성화하고 제도금융화 할 필요가 있다고 판단하고 8·3 긴급조치 직전인 8월 1일 단기금융업법, 상호신용금고법, 신용협동조합법, 기업공개촉진법 등 4개 법안을 통과시켰다. 시장원리가 작용하는 금융시장을 개발해 각종 사금융을 제도금융으로 흡수하는 동시에 기업들에게 장기투자금융이 길을 마련해 주기 위한 것이었다.

단기금융업법을 통해 사채자금 일부가 단기자금회사로 바뀌었고 정부는 은행에서 물러난 전 은행장들을 단자회사 사장으로 임명했다. 단자회사는 나중에 투자금융회사로 발전했다. 현재 우리나라 주요 은행인 하나은행도 투금사를 모태로 출발해 은행업을 허가 받았다. 상호신용금고는 영세사채를 건전한 제도금융기관으로 흡수해 영세 기업 및 서민의 금융편의를 도모하기 위해 육성됐다. 상호신용금고는 현재 상호저축은행이라는 이름으로 탈바꿈해 서민금융기관으로 역할을 하고 있다. 신용협동조합법은 서강대학교 신부들이 '크레딧 유니언'이라는 조직을 만들어 추진하고 있었던 저축운동을 법적으로 뒷받침 해준 것이다.

정부는 1972년 8·3 조치가 성공리에 마무리되어 가자 '기업공개 촉진법' 제정을 서둘러 그해 연말까지 입법화를 끝내고 1973년 1월 5일 시행했다. 기업공개(주식시장에 상장)를 통해 기업 재무구조를 개선하고 은행대출, 차관, 사채 등 간접금융에 편중된 기업 자금조달 체제를 주식발행의 직접금융으로 유도한 것이다. 국민들도 기업 주식을 소유함으로써 배당 등 기업 성장의 이익을 함께 누릴 수 있게 됐다. 이와 함께 '자본시장 육성에 관한 법률'을 개정해 주식을 상장할 때 총 발행주식의 10분의 1 또는 그 이하를 종업원이 원한다면 그들에게 우선적으로 배정하도록 의무화했다.

출처: 정재형, "8·3 사채 동결 조치", 『Click 경제교육』 2010년 05월호, KDI 경제정보센터.

Chapter 2 한국경제의 발전과정과 동아시아 모델

제1절 한국의 경제성장과 새로운 전략의 필요성

한국은 1962년 국가차원의 종합적인 경제개발계획을 세워 추진한지 50년이 경과하였다. 지난 반세기 동안 한국경제는 1인당 국민소득이 1962년 87달러의 세계 최빈국에서 56년이 경과한 2018년에 3만 1,349달러로 선진국 문턱에 다다랐다. 이 기간 수출과 제조업을 중시하는 적극적인 산업정책과 높은 저축율·투자율 등이 고도성장의 핵심적인 동인이었다. 그러나 고도성장을 지속하던 한국경제는 1997년 11월에 외환·금융위기를 맞아 IMF로부터 구제금융을 받고 IMF관리체제 하에 들어가며 경제발전전략에 대한 문제점이 지적되기도 했다. 한국은 IMF관리체제 하에서 구조조정을 하면서 영·미식 시장경제의 핵심요소들을 많이 도입하였다.

그렇지만 한국은 IMF관리체제에서 신속히 벗어났으며, 2008년 말의 글로벌 금융위기 와중에서도 다른 어느 지역이나 나라보다 빠른 회복세를 보여 한국경제의 발전모델이 새롭게 인식되고 있다.

한국은 개발 초기단계에 물적·인적 자원 및 금융이 제한된 상황에서 정부주도의 자원배분이 이루어졌다. 지원대상 산업과 기술을 선택하는 기준은 주로 수출 가능성 여부에 있었다. 좁은 국내시장을 고려하고 기술·자본재 도입에 필요한 외화획득을 위해서는 수출진흥이 필수적이었다. 그리고 수출경쟁력은 제조업 발전을 통하여 달성하고자 하였다. 이러한 한국경제의 발전모델은 동아시아 발전모델의 전형으로 평가되고 있다. 또한 한국은 고도성장기에 30~40%대의 높은 저축률에 기반을 둔 높은 투자율에 의해 급속한 자본축적이 이루어질 수 있었다.

그러나 1997년 말 이후 외환·금융위기를 겪으며 많은 사람들은 동아시아국가들이 채택한 전통적인 동아시아 모델[1]만으로는 지속적인 고도성장이 보장될 수 없다는 데 공감하였다. 특히 한국은 위기극복과정에서 영·미식의 구조조정을 진행함으로써 전통적인 동아시아 모델에서 다소 벗어나 영·미를 비롯한 서구모델의 장점을 절충·조화시키는 전략을 선택했다.

한편, 2008년 미국에서 발발하여 전 세계로 확산된 글로벌 금융위기에서 동아시아 국가들이 보여준 강력한 회복세는 서구 선진국들의 불안함과 대비되며 새롭게 조명되고 있다. 예컨대 2010년 경우 동아시아 국가들의 경제성장률은 중국 10.3%, 대만 10.8%, 한국 6.2%, 싱가포르 14.5%, 홍콩 7.0%로 높은 성장세를 보였다. 반면에 영·미를 비롯한 서구는 2009년 큰 폭의 마이너스 성장에 이어 2010년, 2011년 들어서도 미미한 회복세에 그치고 있다. 거기다 유로존(유로화 사용 17개국)의 재정위기는 유로존의 경기침체를 더욱 심화시키고 있다.

이제 한국경제는 시장기능에 주로 의거하되 정부역할의 보완, 제조업과 서비스업의 균형 발전, 수출과 내수의 적절한 조화, 적정 저축율의 유지, 동아시아 국가 간 경제협력 강화 등을 추구하는 새로운 성장전략이 요구된다고 하겠다.

---

1) 제2차대전 후 일본에서 시작되어 1960년대 초 이후의 대만과 한국, 그리고 1970년대 말 이후의 중국에 이르기까지 동아시아 대부분의 나라에 널리 적용된 경제발전모델은 수출과 제조업을 중시하는 적극적인 산업정책과 높은 저축·투자율 등에서 공통분모를 가진다. 이러한 동아시아 경제발전모델이 전후 이 지역의 장기적인 고성장의 주요 동인이었다고 평가받고 있다.

제2절 한국경제의 고도성장과 지속가능성[2)]

1. 6·25동란 후 60년간의 경제성장[3)]

제1장에서 한국이 본격적인 근대경제성장에로 전환된 시기를 1962년 이후로 보고, 그 이전인 1945년 8월~1961년의 기간을 경제발전으로의 전환을 준비하는 초기조건기로 보았다. 한국은 광복 후 일제가 남겼던 공업시설들이 6·25동란을 거치며 거의 파괴되었으므로 광복 후부터 6·25동란까지의 통계는 시계열적인 의미를 갖기 어렵다. 따라서 6·25동란이 끝나 복구를 시작한 1953년부터 시계열 통계를 작성하여 한국의 경제성장을 논의하며 시사점을 찾는 것이 유의미하다고 생각한다. 여기서는 조윤제 외(2012)의 연구와 한국은행의 최근 자료를 중심으로 살펴본다.

지난 1953년 이후 60년간의 경제성장률 추이는 〈그림 2-1〉에서 볼 수 있는 바와 같이 60년 기간에 한국은 평균 7.6% 고도성장을 달성하였으며, 1953년 222억 원(2005년 가격기준)에 머물렀던 실질GDP가 2010년에는 1,000조 원을 상회하고 있다.

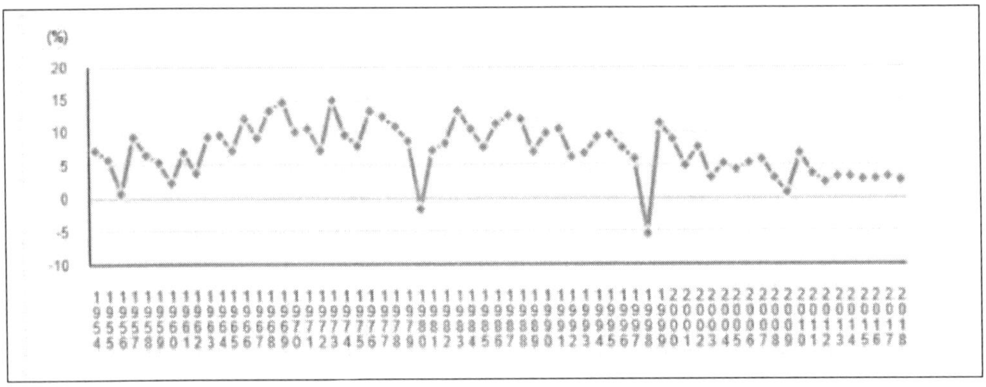

자료: 한국은행 「국민계정」.

| 그림 2-1 | 경제성장률 추이(%)

---

2) 이절을 작성하면서 조종화 외 3인(2011.12), 『동아시아 발전모델의 평가와 향후 과제: 영미모델과의 비교를 중심으로』의 제2장을 많이 참고하였다.

3) 조윤제·박창귀·강종구(2012.01.10), "한국의 經濟成長과 社會指標의 변화", 『금융경제연구』, 제II장 1절을 많이 참고하였다.

한편, 시기별로 구분하여 경제성장률을 살펴보면 〈표 2-1〉에서 보이는 대로 한국전쟁이 발발했던 1950년대에는 성장률이 5.6%에 머물렀으나, 1960년대에는 9.2%, 1970년대에는 10.3%로 성장률이 점차 높아졌다. 이는 해외차관을 기반으로 한 정부의 적극적인 경제개발 정책에 힘입은 데에 기인한 것으로 보인다. 그러다가 석유파동 이후 3저 호황을 겪은 1980년대에는 8.6%, 외환위기를 겪은 1990년대에는 6.7%, 글로벌 금융위기를 겪은 2000년대에는 4.6%로 점차 낮아지고 있다.

산업구조 측면을 보면 〈표 2-2〉에서 보이는 바와 같이 1953년에는 농림어업이 전 산업에서 차지하는 비중이 46.9%인 전형적인 농업국가였으나, 2010년에는 농림어업의 비중이 2.6%로 낮아지고, 제조업(30.6%)과 도소매, 금융·보험·부동산 등의 서비스업(58.2%)의 비중이 압도적으로 높은 산업국가로 변모되었다. 1953년 이후 2010년까지의 산업별 성장배율을 보면 농림어업은 4.2배에 그쳤으나 제조업은 664.3배로 확대되었다.

❙표 2-1❙ 연대별 경제성장률

(%)

구분	50년대	60년대	70년대	80년대	90년대	2000년대	전체평균
경제성장률	5.6	9.2	10.3	8.6	6.7	4.6	7.6

자료: 조윤제 외 2인(2012)에서 재인용.

❙표 2-2❙ 산업구조변동 및 성장*

(%, 배)

구분	농림어업	제조업	전가수**	건설업	도소매	운수보관업	금보부사업***	사회개인	기초GDP
1953	46.9	7.4	0.4	1.9	11.6	1.5	16.0	3.8	100.0
2010	2.6	30.6	2.0	6.5	8.5	4.1	19.0	18.0	100.0
2010/1953	4.2	664.3	1,349.4	98.6	55.8	245.5	69.2	76.6	55.5

주: * 연쇄지수 GDP는 하위 합이 상위 합과 불일치, 불변부가가치 기준 성장배율
** 전기, 가스, 수도업
*** 금융, 보험, 부동산, 사업서비스업
자료 : 조윤제 외 2인(2012)에서 재인용.

Ⅰ표 2-3Ⅰ 1인당 국민소득 추이*

(달러)

구분	1953	1960	1970	1980	1990	2000	2010	2018
1인당 국민소득	69	83	255	1,660	6,303	11,292	20,759	31,349

주: * 1975년 기준년 개편, GDP통계로는 1953년 67 달러, 1970년 243달러였으나 2005년 기준년 개편 기준을 소급적용하면서 1953~1969년 1인당 국민소득이 다소 상승함.
자료: 조윤제 외 2인(2012)에서 재인용 및 한국은행 보도자료(2019.03.05).

그 결과 1953년 69 달러에 불과하던 1인당 국민소득이 2010년에는 2만 달러를 상회했고, 2018년에는 3만 달러를 넘어섰다.

그리고 한국의 주요 수출상품의 변화를 보면 한국의 경제발전의 역사를 알 수 있다. 한국의 주요 수출상품은 〈표 2-4〉에서 볼 수 있는 바와 같이 10여 년마다 크게 변모되고 있다. 농업, 광업, 수산업 등 1차산업 위주였던 1960년대 초에는 철광석과 텅스텐, 오징어 등이 주요 수출품이었다. 이어 1960년대 중·후반의 섬유, 신발, 가발, 합판 등의 경공업제품, 1970년대 중화학공업육성정책이 추진되면서 제철소, 조선소, 석유화학공업 등이 건설되자 1980년대에는 철강, 선박, 텔레비전 등 중화학공업제품, 1990년대 이후는 반도체, 전자제품, 선박 등, 그리고 2000년대 이후는 1위인 반도체를 비롯해서 자동차, 선박, 휴대전화, 석유화학, 일반기계 등으로 고도화되었다(현은경, 2011). 이러한 흐름은 그대로 이어지고 있다. 2018년도 수출은 6,054.7억 달러, 수입은 5,349.9억 달러로 무역액 사상 최대(1조 1,405억 달러) 무역수지는 704.9억 달러로 10년 연속 흑자를 이어가고 있다. 여기에는 반도체 일반기계, 석유화학 품목이 크게 기여하고 있다. 우리나라는 미국, 독일, 중국, 일본, 네덜란드, 프랑스에 이어 세계 7번째로 수출 6,000억 달러를 달성하였고, 이를 통해 세계 6위 수출국의 위상을 공고히 하며 우리 경제의 성장을 견인하고 있다.[4)]

한국경제는 급속한 성장과정에서 위기를 여러 번 겪었다. 그 중 가장 큰 위기가 1997년 말에 발생한 외환·금융위기였다. 이러한 위기를 초래한 것은 저축에 비해 과다한 투자가 외환·금융위기의 직접적인 원인이었다고 할 수 있다. 순저축률이 플러스를 기록해 온 일본과 대만은 국내금융위기는 어느 정도 겪었지만 외환위기를 겪지는 않았다. 특히 위기를 수습하는 과정에서 금융 및 기업 부문에서 글로벌 스탠다드를 대폭 수용하며 정

4) 산업통상자원부 보도자료(2019.01.01).

책의 패러다임이 크게 바뀌었다. 그리고 자본시장이 크게 개방되고 외국인 직접투자가 확대되는 등 신자유주의적 경제질서를 대폭 수용하였다. 이는 시장거래의 투명성, 자율성, 개방성을 확대시킨 긍정적인 기능에도 불구하고 실업률 상승, 양극화, 상대적 빈곤층 확산 등의 부작용도 적지 않게 초래하였다.

| 표 2-4 | 5대 수출품목의 변화

구분	1960년	1980년	1990년	2000년	2010년	2018년
1	철광석	의류	의류	반도체	반도체	반도체
2	중석	철강판	반도체	컴퓨터	선박	석유제품
3	생사	신발	신발	자동차	일반기계	자동차
4	무연탄	선박	영상기기	석유제품	석유화학	평판디스플레이 및 센서
5	오징어	음향기기	선박	선박	자동차	자동차부품

자료: 지식경제부, 한국무역협회, 현은경(2011)에서 재인용 및 E 나라지표.

그러나 한국은 지난 60년 동안 다른 나라에 비해 높은 성장률을 달성했지만, 최근 20여 년 동안 소득분배, 살인율, 자살률 등과 같은 삶의 질과 관련된 사회지표는 매우 빠르게 악화되어 왔다. 특히 한국사회의 취약계층인 영세자영업자와 노인층의 빈곤이 심

| 표 2-6 | 순저축률의 추이(총저축률 − 총투자율)

(%)

구 분	한국	일본	대만
1970	−8.0	2.0	0.0
1990	−0.2	0.7	6.6
1995	−0.9	12	2.3
2000	2.3	2.0	2.7
2005	2.3	3.2	5.7
2010	2.8	−	9.4
평균	−0.62	1.97	5.48

자료: 각국 국민소득 통계, 현은경(2011)에서 재인용.

화되면서 높은 자살률로 이어지고 있다. 그런 가운데 재정의 복지기능은 OECD 국가들 중에서 여전히 가장 취약한 상태에 있다. 소득격차가 교육격차로 이어지고, 교육격차는 다시 고용격차로 이어지면서, 소득불균등이 확대되는 악순환이 초래되고 있다.

그러나 2010년 이후 경제성장률 하락이 뚜렷이 나타나면서 성장잠재력 확충을 위해선 구조개혁을 통한 생산성 향상이 무엇보다 긴요하다는 목소리가 높아지고 있다. 〈그림 2-2〉에서 우리나라의 실질GDP성장률 및 잠재성장률의 추이를 보면, 금융위기 이전 우리경제의 실질경제성장률은 2000~2007년 연평균 5.4%였으나 2012~2016년에는 연평균 2.8%로 절반으로 줄어들면서 잠재성장률 하락 논란이 계속되고 있다. 잠재성장률은 한 나라의 경제가 노동, 자본 등 생산요소를 총동원해 물가상승을 유발하지 않으면서 이룰 수 있는 최대 성장률을 뜻한다. 잠재성장률이 하락한다는 것은 경제의 기초체력이 떨어지고 있다는 의미다. 한국은행 추계 결과 잠재성장률은 2000년대 초반 5% 안팎에서 2010년대 3% 초·중반으로 하락한 뒤 2016년부터는 2%대 후반으로 떨어지고 있다.

글로벌 금융위기 이후의 잠재성장률 하락은 총요소생산성(TFP) 하락에서 주로 기인했다. 총요소생산성은 노동이나 자본으로는 설명되지 않는 기술이나 경영혁신, 자원배분 효율성, 법규 제도 등 전체 투입요소에 의한 생산성 증대효과를 설명하는 개념이다.

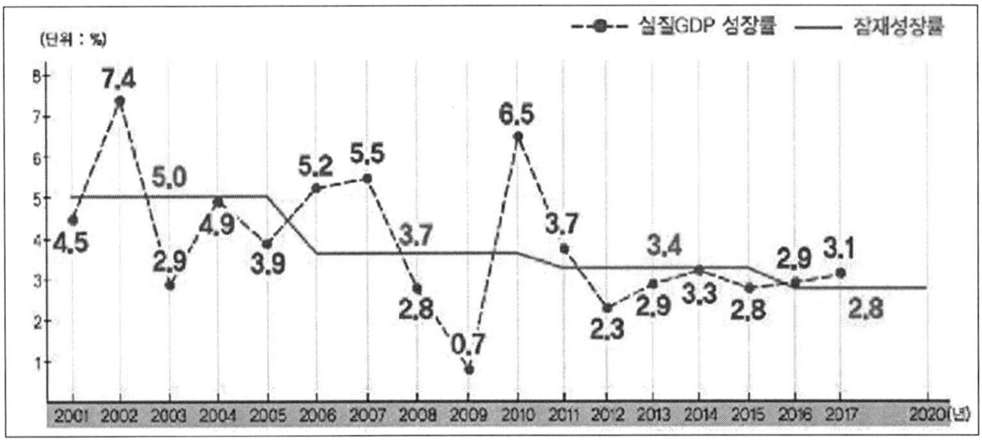

출처: 한국은행(잠재성장률은 생산함수접근법 적용한 추정치)

❙그림 2-2❙ 최근 우리나라의 실질GDP성장률 및 잠재성장률(전년 대비)

우리경제의 전반적인 생산성 둔화는 한계기업 증가, 노동시장 왜곡, 제조업 자원배분 효율성 저하, 서비스업의 저생산성 등에서 기인하는 것으로 지적되고 있다. 생산가능인구 증가세의 가파른 둔화, 주당 근로시간 감소, 실업률 상승 등이 주요 원인이다. 자본축적도 경제성장 초기에는 투자가 증가하면서 성장잠재력을 키우지만 선진국으로 갈수록 둔화가 불가피하다. 이미 우리나라의 자본축적 수준은 선진국 수준에 도달했다. 즉, 노동과 자본 등 투입요소에 의한 성장세가 제한적인 것은 선진국도 마찬가지지만 인구구조의 급격한 변화로 잠재성장률 둔화가 당초 예상보다 빠르게 진행되고 있다는 것이다.

잠재성장률의 제고를 위해 현재 우리경제에 가장 시급한 과제는 과감한 구조개혁과 규제철폐를 통해 공급부문의 생산성을 증대시켜 경제의 활력을 제고하는 것으로 판단된다. 또한 급속도로 진행되고 있는 인구구조의 변화에 맞서 노동시장 참여율을 증대시킴과 동시에 노동생산성을 진작시킬 수 있는 지원정책도 절실해 보인다. 수요적 측면에서는 잠재성장률 하락으로 인한 경제주체들의 기대치 조정이 총수요 감소로 전이되는 불상사를 차단하는 것이 불가피하다고 하겠다.[5)]

대표적인 신고전학파 성장이론인 솔로(Robert M. Solow, 1956)의 성장모형에 따르면, 한 나라의 경제성장은 토지를 비롯한 물적자본의 축적, 인구증가 등에 따른 노동력의 증대, 그리고 기술진보 등에 의해 이루어진다. 한국은 높은 저축률(자본축적률)을 바탕으로 적극적인 외국자본유입을 통해 자본투자를 확충해왔다. 또한 평균수명의 연장과 경제활동인구 증가에 따른 급격한 노동력의 증가도 한국의 고도성장에 큰 기여를 했다. 단순히 노동공급량의 증가뿐만 아니라 교육을 통한 노동공급의 질 향상도 중요한 성장요인이 되었다.

로머(Paul Romer, 1986)와 루카스(Robert E. Lucas, 1988)는 이러한 노동공급의 질과 관련한 이론적 근거를 제공하였다. 로머는 전통적인 생산요소인 자본과 노동에 지식이라는 새로운 생산요소를 추가했다.[6)] 여기서 지식은 노동에 교육 등의 투자에 의해

5) 이승석(2019), 『우리경제의 잠재성장률 추정 및 시사점』, KERI 정책제언 19-0, 한국경제연구원.
6) 로머는 단순히 노동 및 자본을 더 투입한다고 경제발전이 달성되지 않고, 기술의 진보라고 말할 수 있는 새롭고 나은 아이디어가 경제발전을 가능케 한다는 것을 수학적으로 증명한 신성장이론의 창시자이다.
전통적 경제이론은 기계, 토지 등 뭔가 만질 수 있는 것에 관심을 두었다. 그런데 이런 자원들은 희소하다. 인구가 증가하고 기존 자원을 사용함으로써 1인당 할당할 수 있는 자원의 양은 줄어들 수밖에 없다. 그렇지만 인류는 계속 경제성장을 이룩해왔다. 새로운 발명, 기술개발 등의 덕분이다. 이러한 아이디어(기술의 진보)의 경제학을 수학적으로 설명한 것이 신성장이론이다. 이러한 아이디어는 가격제도, 소유권의 보장, 경쟁이 이뤄지는 시장제도 아래에서 일어날 수 있는 환경이 된다. 하지만 그것만으로는 부족하며, 부족한 부분은 정부보조금을 통해 해결해야 한다는 게 정책적

체화됨으로써 긍정적인 외부효과(external effect)를 발생시켜 노동의 한계생산성을 증가시킨다. 이에 따라 노동자의 한계생산성은 체감하지 않고 체증하는 내부효과(internal effect)가 발생함과 동시에 다른 노동자의 한계생산성까지 높여주는 외부효과가 나타나 규모의 경제가 작동한다는 것이다. 특히 유교 문화적 배경을 가진 한국은 교육열이 매우 높고, 선진기술을 빠르게 습득하고 체화함으로써 노동공급의 질을 향상시켜 왔다.

선진국으로부터의 지식 흡수를 개발도상국의 주요 경제성장 요인으로 설명하는 이론으로서 후발국의 추격가설(catch-up hypothesis)이 있다. 이에 의하면 후발국은 선진국의 지식과 기술을 흡수·활용함으로써 선진국이 겪은 발전단계의 중간과정을 생략할 수 있어 성장속도가 빨라진다는 것이다. 한국은 선진국과의 적극적인 경제적 교류를 통하여 무역, 투자, 기술이전 등 선진지식을 흡수함으로써 선진국을 빠르게 추격할 수 있었다.

요컨대, 한국은 유교문화권의 배경을 가진 높은 교육열과 저축률을 바탕으로 한 인적 및 물적 자본의 축적, 수출주도형 경제개발과 적극적인 외국자본 유치, 그리고 장기적인 경제개발계획을 가진 정부주도형 경제개발 전략의 채택이 고도성장의 배경이었다고 할 수 있다. 그러나 2010년대 이르러 자본과 노동의 양적 확대를 통한 성장잠재력 확충이 한계에 다다른 상황에서 성장잠재력을 제고하기 위해서는 혁신을 통하여 경제의 생산성을 높이는 데 진력해야 할 것이다.

2. 외환위기와 기존 발전모델의 수정(1998~2007년)

1990년대 말 동아시아에서 외환위기가 발생하자 당시의 한국의 경제발전모델에 대한 비판이 대두되었다. 1980년대 후반부터 한국경제에서는 고도성장의 배경이던 투자와 외국자본유입이 과열되면서 자산가격이 급등했다. 거기다 기업들은 비효율적 투자 확대 및 중복 과잉투자 등에서 벗어나지 못하였다. 이러한 상황에서 1996년 태국 금융기관에서 대규모 채무불이행 사태가 발생하자, 국제투자자들이 아시아 지역에 대한 투자 축소 및 급격한 자금회수에 돌입하면서 아시아 외환위기가 발발하게 되었다.

한국은 1997년 11월 말 IMF로부터 구제금융을 받으면서 IMF관리체제가 시작됐다. 1997년 1월 한보철강을 시작으로 대기업들이 연쇄 부도를 일으키고, 금융시장에서는 자금이 해외로 이탈하고 환율이 치솟는 등 유동성 위기가 닥쳤다. 외국인의 국내 투자자

함의이다.

금 회수에 따른 신용경색 심화로 국내금리는 급등하였고 부실기업은 연쇄적으로 도산하였다. 이에 따라 투자는 급격히 위축되면서 고용사정이 악화되었다. 실업률은 높아졌고, 민간소비는 크게 감소하면서 1998년의 경제성장률은 -5.5%로 추락했다. 곧 이어 경제상황이 나아지면서 1999년부터 다시 플러스 성장률을 보였고 2001년 8월에 IMF 차관을 모두 상환하고 IMF관리체제에서 벗어났다.

동아시아 외환위기는 동아시아 지역의 국지적 위기의 성격이 강했다. 이에 따라 세계 총수요가 뒷받침되고 환율 급등으로 인한 수출가격 경쟁력이 높아져 한국의 수출은 빠르게 증대하면서 비교적 짧은 기간 내에 외환위기를 극복할 수 있었다. 이러한 외환위기를 계기로 한국과 동아시아 국가들은 IMF 등 서구 학계의 비판을 받아 영·미식 경제모델을 부분적으로 수용하였다.

동아시아 성장모델을 비판한 대표적인 학자로는 크루그만(Paul Krugman, 1953~)이 있다. 크루그만(1994)은 아시아의 성장은 총요소생산성 증가보다는 주로 노동이나 자본의 투입 증가에 의거했다고 했다. 따라서 투입할 자본이나 노동이 한계에 달한 데다 기술진보가 미약한 수준이므로 경제성장이 둔화될 것이라고 주장했다.

또한 IMF도 한국 등에 구제금융을 제공하면서 종래의 한국식발전모델에 대하여 비판하며 영·미식 경제모델을 도입할 것을 요구하였다. 영·미식 모델은 신고전학파 이론에 기반을 두고, 균형재정, 이자율과 환율의 현실화, 국제무역과 외국인 직접투자의 자유화, 공기업의 민영화, 규제 완화, 재산권 보장 등을 기반으로 한 경제의 민영화, 자유화, 세계화를 촉진하는 경제성장모델이다. 이에 따라 한국은 자유변동환율제도를 채택하고, 혹독한 구조조정을 거치며, 자유화 및 세계화를 표방하는 영·미식 모델을 일부 수용하는 등 발전모델에 수정을 가했던 것이다.

3. 2008년 이후의 글로벌 금융위기와 상대적 고성장

한국은 2008년에 발발한 글로벌 금융위기를 거치면서 다른 지역과 달리 빠른 성장을 달성하여 세계의 주목을 받게 되었다. 동아시아에서는 글로벌 금융위기의 여파로 투자심리 위축으로 투자자들이 자금을 대규모로 회수함에 따라 주가가 급락하고, 환율이 상승하며, 실물부문도 큰 타격을 받았다. 한국, 홍콩, 싱가포르, 대만 등은 글로벌 금융위기로 인해 성장률이 2008년 평균 1.8%, 2009년 평균 -0.8%까지 하락했지만, 2010년에는 평균 7.8%의 성장률을 보이며 V자형으로 빠르게 회복되었다. 반면에 주요 선진국들은 동아시아 국가들과 달리 뚜렷한 회복세를 보이지 못했다.

이렇게 동아시아 지역이 주요 선진국과 비교하여 월등히 빠른 회복세를 보이면서 2000년대 들어 동아시아 국가들이 본격적으로 수용했던 영·미식 모델에 대한 의문이 제기되기 시작하였다. 특히 영·미식 모델에서 추구했던 자산유동화 증권 발행 등 금융시장의 발전과 금융자유화가 금융기관의 심각한 도덕적 해이를 가져와 통제할 수 없는 금융위기를 가져왔다는 비판이 일었다.

글로벌 금융위기 이후 한국과 동아시아 국가들이 상대적으로 빠른 회복세를 보인 데는 상대적으로 적은 금융부실과 외환위기를 통한 위기대응능력의 개선, 중국의 부상으로 인한 파급효과, 통화의 저평가를 통한 수출회복, 공격적 통화·재정 확장 등의 배경이 있다.

동아시아는 금융시장의 규모가 선진국에 비해 크지 않아 금융부실이 상대적으로 적었던 데다, 1997년 말 외환위기를 겪으며 위기대응 능력을 키울 수 있어, 금융시장은 비교적 빠르게 회복될 수 있었다. 또한 한국 등은 외환위기 경험을 토대로 급격한 자본이탈과 환율상승을 막기 위해 전통적인 정책 외에 통화스와프 체결과 같은 다양한 안전장치를 구축하였다.

그리고 실물부문에서는 꾸준한 성장세를 유지하던 중국경제에 힘입어 수출이 빠르게 회복될 수 있었다. 수출중심의 동아시아 경제는 2000년대 들어 중국의 부상으로 인해 주요 교역대상국이 중국으로 확장되었으며, 위기 중에도 對중국 수출이 꾸준히 이어지며 동아시아 수출 회복에 크게 기여하였다(〈표 2-7〉 참조). 이에 따라 동아시아의 주요 수출대상국이 영·미, 유로지역, 중국, 아시아 역내 등으로 다각화되고 있다.

한국을 포함한 동아시아 국가들의 빠른 수출 회복에는 글로벌 금융위기로 인한 자국 통화가치의 평가절하도 주요한 요인이 되기도 하였다. 금융위기가 발생하자 국제투자자들이 디레버리징(deleveraging) 및 투자심리 위축으로 투자자금을 대규모로 회수함에 따라 자본시장이 급격히 위축되고 동아시아 통화가치가 하락하였다. 이는 동아시아의 빠른 수출가격경쟁력의 회복에 기여하면서 경기회복으로 이어졌다.

▌표 2-7▌ 중국의 주요 교역대상국

(십억 달러, %)

수 입			수 출		
1	일본	130.9 (13.0)	1	미국	221.3 (13.4)
2	유로지역	107.3 (10.7)	2	유로지역	174.4 (14.5)
3	한국	102.6 (10.2)	3	홍콩	166.2 (13.8)
4	대만	85.7 (8.5)	4	일본	97.9 (8.1)
5	미국	77.8 (7.7)	5	한국	53.7 (4.5)
6	호주	39.4 (3.9)	6	영국	31.3 (2.6)
7	말레이시아	32.3 (3.2)	7	싱가포르	39.1 (2.5)
8	브라질	26.3 (2.8)	8	인도	29.7 (2.5)
9	태국	24.9 (2.6)	9	호주	20.6 (1.7)
10	사우디아라비아	23.6 (2.3)	10	대만	20.5 (1.7)
11	러시아	21.3 (2.1)	11	말레이시아	19.6 (1.6)
12	싱가포르	17.8 (1.8)	12	아랍에미레이트	18.6 (1.6)
14	인도	13.7 (1.4)	14	러시아	17.5 (1.5)
15	인도네시아	13.7 (1.4)	16	인도네시아	14.7 (1.2)
19	필리핀	11.9 (1.2)	17	브라질	14.1 (1.2)
20	홍콩	8.7 (0.9)	18	태국	13.3 (1.1)

주: ( )은 중국 전체 수출입에서 차지하는 비중, 2010년 기준.
자료 : UN Commercials, 조종화·박복영·박영준·양다영(2011.12)에서 재인용.

4. 한국경제 성장의 지속가능성

동아시아의 괄목할 만한 성장세가 향후 뉴노멀시대 이후에도 지속될 것인지는 분명하지 않다. 글로벌 금융위기 이후 동아시아 국가의 급속한 경제회복의 주요한 요인으로는 주요 교역상대국으로 부상한 중국의 성장, 각국 통화가치 저평가 등에 따른 빠른 수출회복을 들 수 있다. 그러나 환율의 인위적 저평가는 국제사회로부터 비난을 초래할 뿐만 아니라 장기적으로 부작용을 발생시킬 우려가 있다. 한국, 홍콩, 싱가포르, 대만 등의 對중국 수출의존도는 10~50%로서 중국의 성장세 지속 여부가 이들 나라의 성장 지속가능성에 큰 영향을 미칠 것으로 전망된다.

최근 중국경제의 성장세 지속 여부에 대해서도 우려가 나타나고 있다. 중국은 금융위기 이후 과열된 부동산시장의 거품 붕괴 가능성, 투자의존적인 경제성장, 과잉투자로 인한 부실채권문제, 지방정부의 재정건전성 문제 등 구조적인 문제를 안고 있다.

글로벌 금융위기를 계기로 세계경제의 판도에 큰 변화가 온 것은 사실이다. 아시아개발은행(ADB)은 2011년 8월 「아시아 2050: 아시아 세기의 실현(Asia 2050: Realizing the Asian Century)」이란 보고서를 통해 2050년에는 아시아가 세계경제를 주도하게 될 것이라고 주장했다. ADB에 따르면, 전 세계 GDP에서 아시아가 차지하는 비중은 2050년에 지금의 두 배 수준인 52%를 기록해 산업혁명이 있기 이전인 1700년대 수준으로 돌아갈 것으로 전망됐다(〈그림 2-3〉 참조).

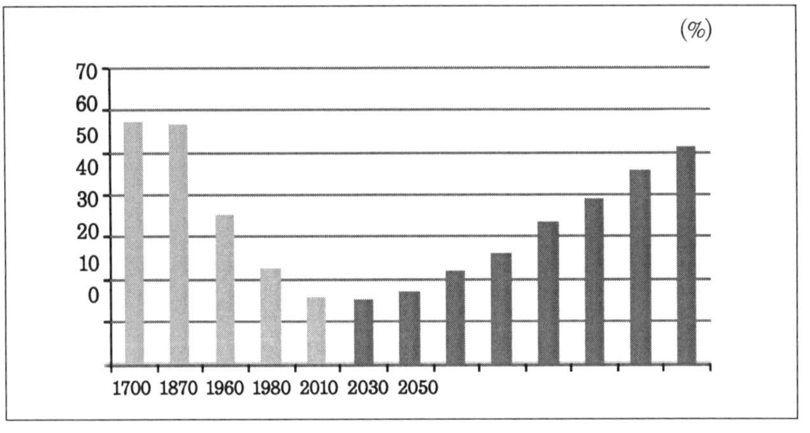

자료: ADB(2011).

❙그림 2-3❙ 세계경제에서 아시아의 비중

아시아개발은행은 특히 중국과 인도, 인도네시아, 일본, 한국, 태국, 말레이시아 등 7개 국가가 아시아의 번영을 이끌어갈 것으로 평가했다. 다만 이러한 전망은 이 주요 경제국들이현재의 성장속도를 그대로 유지할 것이란 전제에서 나온 것이며, 아시아 세기의 실현을 위해서는 강력한 정치적 의지를 필요로 하는 국내외 불평등 해소, 한정된 천연자원의 확보, 기후변화, 제도적 통치력 강화 등 장기적 도전과제들이 해결되어야 할 것이다.

아시아개발은행은 중국 등이 과거 중남미나 아프리카 국가들처럼 중진국 함정(middle income trap)에 빠질 우려도 있다고 지적하고 있다. 각국이 저비용 노동·자본을 바탕으로 한 자원투입형 성장구조에서 벗어나 생산성 향상 위주의 선진국형 성장구조로 진입하지 못한다면 중진국 수준에서 정체될 수 있다는 것이다.

오늘날 중국경제를 연구하는 학계에서는 중국이 중진국 함정을 극복할 수 있을 것인가에 대하여 많은 관심을 가지고 있다. 중국은 개혁·개방 이후 30년간 고도성장을 지속한 결과 1인당 GDP가 4,000달러를 넘어서면서 중진국 대열에 합류했다. 최근 중국정부는 12차 5개년 규획에 이어 13차 5개년 규획을 통해 경제발전 과정에서 준수해야 할 혁신(創新), 균형(協調), 녹색, 개방, 공동향유(共享) 등 5대 발전이념과 이를 실현하기 위한 추진 과제를 제시하고 있다. 이 기간에는 중고속 성장 유지,[7] 신성장산업, 지역균형발전, 지속적 개혁과 개방, 빈곤퇴치 등 민생 향상에 역점을 두고 있다(양평섭·박민숙, 2015). 그러나 중국의 근본적인 개혁은 환율, 금리 등의 결정에서 시장지향형 개혁과 소득수준 향상에 따른 정치민주화를 어떻게 수용하느냐에 달려있다고 하겠다.

5. 동아시아 역내 경제협력의 강화

세계자본주의 발달사의 시각에서 볼 때 한국은 후후발국에 속한다. 세계자본주의는 대체로 세 차례의 파동을 거치면서 확산·전개되어 왔다. 즉, 16세기 중엽의 제1파동으로 영국 등 대서양 지역을 중심으로 선발국이 성립하고, 19세기 중엽의 제2파동으로 독일, 이탈리아, 러시아, 일본 등의 후발국이 나타났으며, 20세기 중엽의 제3파동으로 NICs 등과 같이 저개발국으로부터 중진자본주의로 발전한 후후발국이 성립했던 것이다(안병직, 2006).

산업화·근대화의 후발국이었던 한국은 1990년대 후반 아시아 외환위기 이전까지 수출과 제조업 중시, 높은 저축률, 정부주도의 경제성장 등 기존 영·미의 발전모델과 차별화된 전략으로 빠른 경제성장을 이루어왔다. 특히 성장속도 면에서 서구국가들의 산업화·근대화 시기와 비교할 때 월등히 빨랐을 뿐만 아니라 지속성 면에서 중남미, 아프리카 등 다른 지역의 신흥국들에 비해 뛰어난 성과를 나타냈다. 그러나 동아시아 외환위기를 계기로 이러한 동아시아 발전모델에 대한 비판을 받으며 동아시아는 영·미식 경제모델을 부분적으로 수용하며 성장을 지속해왔다.

2008년의 글로벌 금융위기는 2000년대 들어 한국을 포함한 동아시아 국가들이 부분

7) 13차 5개년 규획에서는 목표 성장률 발표 없이 중고속 성장 유지 방침을 발표했다. 시진핑 수석은 13차 5개년 규획 기간에 6.5% 이상의 성장률 유지의 필요성을 언급했다.

적으로 도입했던 영·미식 모델에 대해 의문을 갖게 하였다. 동아시아 국가들은 영·미나 유로지역에 비해 상대적으로 빠른 경기회복세를 보이며 이른 기간 안에 금융위기에서 벗어났다. 특히 위기의 원인이 영·미식 모델에서 중요시했던 금융자유화가 한계에 봉착했다는 점이 동아시아의 향후 성장경로를 모색하는데 경종을 울렸다.

글로벌 금융위기 이후 동아시아의 빠른 회복은 주로 주요 교역상대국인 중국의 부상과 통화가치 저평가에 따른 수출 회복에 크게 기인했다. 각국의 통화가치는 이미 상승하여 수출증가에 기여할 수준을 벗어났다. 동아시아의 對중국 수출의존도가 높은 만큼 중국의 성장세 유지가 향후 동아시아의 성장지속 여부에 큰 영향을 미칠 것으로 보인다. 그러나 중국이 성장세 유지를 위해서는 고부가가치 산업으로의 구조조정, 내수 확대를 위한 경제구조 전환, 환율 및 금리 결정 메커니즘의 개혁, 소득수준 향상에 따른 민주화 등과 같은 과제가 해결되어야 한다.

한국을 포함한 대외개방도가 높은 경제구조를 지닌 동아시아 국가들은 불안요인이 상존하는 상황에서 동아시아 역내 금융협력체제 구축과 같은 위기대응체제를 강화할 필요가 있다. 나아가 동아시아에 유입되는 해외자본 관리, 금융기관 건전성 규제 등 평상시 금융시장구조를 안정적으로 관리할 필요가 있다. 또한 동아시아 국가들의 주요 수출대상국의 경기침체에 따른 수출부진이 예상됨에 따라 내수기반을 확대하는 것도 중요한 과제라 하겠다.

제3절 한국의 경제발전과 동아시아 모델[8)]

동아시아 경제발전모델은 제2차 세계대전 이후 일본에서 시작되고, 1960년대 초 이후는 한국 및 대만에서, 그리고 1970년대 말 이후에 시작한 중국에 이르기까지 동아시아 대부분의 나라에서 널리 적용되어 왔다.

나라에 따라 적용방식은 부분적으로 달랐지만, 수출과 제조업을 중시하는 산업정책과 높은 저축·투자율 등은 동아시아 국가들의 장기적인 고성장의 주요 요인이었다고 평가된다. 특히 한국경제의 고도성장은 동아시아 발전모델의 전형으로 인식되고 있다. 적어

8) 이 절을 작성하면서 조종화 외 3인(2011.12), 『동아시아 발전모델의 평가와 향후 과제: 영미모델과의 비교를 중심으로』의 제4장을 많이 참고하였다.

도 동아시아의 성장과정은 전형적인 발전도상국의 선진국 따라잡기 또는 소득수준의 수렴이라고 할 수 있다.

1. 동아시아 발전모델의 공통성

(1) 정부 개입

한국을 포함한 동아시아 4개국의 경제발전과정에서 공기업 소유에서부터 고율의 수입제한정책, 그리고 특혜금융 등 광범위한 분야에 이르기까지 정부개입이 있었다. 일본, 대만, 한국은 성공적인 산업성장을 유도하기 위해 적극적인 산업정책을 실시하였다. 이러한 정책은 일본의 통상산업성, 한국의 경제기획원, 대만의 경제건설위원회 등과 같은 정부부처에 의해 실행되었다. 중국은 계획과 통제 하에서 경제정책을 추진하였다.

먼저 일본은 정부에 의한 인프라 정비, 수출진흥정책, 산업정책의 성공적인 실시 등의 정책은 주로 1949년에 설치된 통상산업성의 주도 하에 추진되었다. 일본정부는 제2차대전 후 파괴된 일본경제의 신속한 재건을 최우선과제로 삼았다. 이에 따라 초기에는 철강과 조선업에, 이후에는 반도체와 같은 첨단산업에 자금조달비용 인하, 관세 면제 등 각종 인센티브가 지원되었다. 이후 고도성장기의 산업정책으로는 주로 1950년대에 실시된 자금배분 조정, 세제특별조치, 외화할당 등을 예로 들 수 있다.

이 과정에서 경공업 주도의 경제로부터 중화학공업이 주도하는 산업구조의 고도화를 실현하였다. 이러한 일본정부의 산업정책은 경제구조 자체를 선진국형으로 바꾸고 새로운 고부가가치분야에서 세계적으로 경쟁할 수 있는 기업을 만드는 것이었다. 일본정부의 이러한 경제발전전략은 다른 아시아 국가들의 참고사례가 되었다.

대만의 경우 일본과 유사하게 자국 산업의 보호를 위한 수입내체정색을 실시한 다음 수출진흥정책으로 전환하였다. 먼저 화학비료·시멘트·직물 등의 분야를 육성하기 위해 관세장벽을 높게 유지하는 전형적인 방식의 수입대체정책을 실시하였다. 그러나 이 정책은 작은 내수시장으로 인해 한계에 봉착한다. 이에 따라 대만정부는 1950년대 후반에 수출 주도형 성장모델을 도입하였다. 수출업자들에게 세제혜택과 저리대출을 해주는 새로운 외환시스템과 입주기업에 대한 원자재의 무관세 수입, 효율적인 투자 유치 등 다양한 혜택을 주는 수출자유지역도 도입하였다. 그리고 1960년대 말에는 매우 다양한 업종으로 구성되어 있는 복합산업이라 할 수 있는 전자산업의 육성을 적극적으로 추진하였다.

한국은 제1차 경제개발 5개년계획(1962~1966년)을 통해 양질의 노동력과 차관 도입을 바탕으로 수출주도형 공업화 전략을 추진하였다. 여기에서 정부는 수출부문에 대한 종합적인 유인체계 구축, 공공차관의 직접 도입과 선택적 배분, 민간기업의 외국차관 도입에 대한 인허가와 지급보증 등의 역할을 하였다. 아울러 인력개발을 위한 고등교육 기회의 확대, 사회간접시설 건설, 단일환율변동제도로의 환율체계 개편, 국내저축을 유도하기 위한 고금리정책으로의 전환 등을 추진하였다. 이를 통해 한국은 단기간에 압축성장을 달성할 수 있었다.

중국은 1949년 이후 사회주의적 중공업우선 발전전략을 추구하였다. 중국정부는 정부 소유 산업의 생산물에 대해서는 상대적으로 높은 가격을 책정하고 농업집체가 소유한 농산물에 대해서는 상대적으로 낮은 가격을 책정하였다. 이러한 가격체계 왜곡으로 인해 국유기업들은 매우 높은 수익을 올릴 수 있었다. 통제경제체제 하에서의 중국경제의 연평균 성장률은 1960년대 3.6%, 1970년대 6.2% 수준이었다. 그러나 이 같은 수치는 당시 동아시아 국가들의 경제성과와 비교할 때 실패나 다름없다.

한편, 중국의 경제발전은 1978년 개혁·개방정책이 시행되면서 본격화되었다. 중국 개혁의 시발점이 된 농가책임제를 1982년에 허용함으로써, 농촌에서의 생산량 급증과 함께 지역의 경제수준이 크게 향상되었다. 과거 정부가 절대적인 권한을 행사했던 가격 결정권도 점차 시장으로 이전되었다. 또한 중국은 경제 근대화에 필요한 자본과 기술을 도입하기 위해 글로벌 시장으로 진출했다. 외국인투자를 유치하기 위해 1979년 7월 중국 국무원은 선전(深圳과 주하이(珠海), 산토우(汕頭) 등 광둥성 세 곳과 푸젠성의 시아먼(廈門) 등 네 곳의 특별경제구역 개발을 승인하였다. 1979년 1월 미·중 국교가 정상화된 이후 미국은 1980년대 초반 중국에 대해 최혜국 지위를 부여하였다. 이것은 중국이 외국인투자를 유치하고 수출시장을 개척하는 데 중요한 전환점이 되었다. 이처럼 중국은 개혁·개방을 통해 동아시아 국가들과 유사한 수출주도형 성장모델을 도입할 수 있었다.

(2) 제조업 중시

동아시아 4개국은 농업국에서 공업국으로 전환하기 위해 제조업을 선택하며 산업구조 고도화를 통해 선진국을 추격할 수 있었다.

먼저 일본의 경우 제2차 세계대전 이후 최대 과제는 경제적 부흥과 자립이었다. 이를 위해 앞서 살펴보았듯이 1940년대 후반 정부주도의 경사생산방식을 통해 석탄·철강 등의 기간산업이 육성되었다. 이후 1950년대 전반에는 산업합리화정책에 따라 철강·석탄·해운·전략·합성섬유·화학비료 등의 산업에서 설비투자가 증가하였다. 1950년대 후반에는 성장산업 육성·진흥정책이 추진되면서 합성섬유, 석유화학, 기계부품·일반기계, 전자공업 등의 분야가 성장하였다.

대만의 제조업은 산업구조 전환뿐만 아니라 성장의 견인차 역할을 하였다. 1960년의 대만 제조업의 對GNP 비중은 19%를 기록하였다. 1965~1980년 GDP의 연평균 성장률이 9.9%였던 데에 비해, 제조업은 14.6%를 기록하여, 제조업이 공업화 기간에 성장의 견인차 역할을 보여주고 있다. 그러나 대만도 1980년에 이 비율이 36%로 급증했다가, 시간의 경과에 따라 제조업의 비중은 점진적으로 낮아지고, 서비스산업의 비중이 상승하고 있다.

한국도 1970년대에 걸쳐 중화학공업 육성정책을 통한 이 분야의 성장에 따라 제조업 비중이 지속적으로 증가하게 된다. 이에 따라 한편으로는 중화학분야에 대한 집중투자의 결과로 경공업투자가 낮아져 제조업부문 간 불균형이 초래되기도 하였다.

중국은 1949년 이후 사회주의적 중공업우선발전전략에 따라 경제에서 차지하는 제조업의 비중이 1960년에 이미 30% 수준으로, 같은 해 한국의 두 배 수준이었다. 중국의 제조업이 여타국에 비해 높은 수준을 보인 것은 높은 투자율, 산업성장을 촉진하려던 정부정책 및 세계화 속에서 외국인직접투자의 유입 확대와 연관되어 있다.

(3) 수출 중시

동아시아에서 부존자원 부족과 협소한 시장규모의 제약을 극복하면서 경제발전에 절대적으로 필요한 외화조달을 위해서는 수출주도형 발전모델이 추구될 수밖에 없었다. 일본은 동아시아에서 가장 먼저 1950년대에 수출주도형 공업화를 성공적으로 추진하였다. 앞서 살펴 본 1 달러=360 엔의 환율고정은 수출증대에 큰 역할을 하였다. 일본에 이어 대만과 한국은 1960년대 초 세계무역이 확장기에 접어들 때 수출지향정책으로 선회하였다. 양국은 먼저 환율제도를 정비하고, 수출우대금융·관세감면과 같은 다양한 수출유인정책을 실시하였다.

한국과 대만이 수출주도형으로 정책을 전환한 이후 성장의 견인차는 수출부문으로 옮겨갔다. 이들 나라의 수출의 성장기여도가 매우 높았다. 또한 수출이 현저한 수준에서 확대되는 가운데 수출산업의 구조도 섬유와 같은 노동집약적 초기산업에서 기계 및 수송기계와 같은 자본 및 기술집약형 후기산업으로 전환되었다. 이를 통해 수출을 통한 공업화가 순조로이 진행되었던 것이다.

한편, 중국은 1949~1978년 계획경제기간에는 수입대체전략을 실시했으며, 1978년 개혁·개방 이후 아시아 선발국을 모방하여 수출주도형 성장모델을 유지하였다. 또한 경제특구를 통한 외국인투자 유치를 통해 가공무역이 증대하면서 수출이 급증하였고, 특히 2001년 WTO가입 이후 수출은 대폭적으로 증가하였다.

중국의 1980~2005년 기간의 수출은 GDP성장률을 크게 상회하는 수준인 연평균 16.1%씩 증가하면서 대외경쟁력 제고, 국제수지 개선, 경제성장 견인 등의 중요한 역할을 하였다. 다른 한편 최근 중국은 대외무역정책의 변화를 도모하고 있다. 2007년 이후 미국을 비롯한 무역적자국의 위안화 절상요구에 대응하여, 중국은 제12차 5개년 규획에 이어 제13차 5개년 규획(2016~2020년)에서는 대외개방전략으로서 외국인투자 환경 개선(진입 전 내국민대우, 네거티브 리스트 제도 시행), 외환관리 완화 및 자본 항목 자유태환 추진, 일대일로(一帶一路)[9] 건설, 서비스 분야 개방 확대, 높은 수준의 FTA 추진(RCEP, FTAAP), 글로벌 거버넌스 구축 과정에서 중국의 발언권 확대 등을 추구하고 있다(양평섭·박민숙, 2015).

동아시아의 수출주도형 발전에는 미국의 역할이 매우 컸다. 동아시아 국가들의 경제성장 이면에는 냉전시기에 미국이 정치적으로 보호하고 경제적으로 수출시장의 역할을 했던 것이다. 또한 1960년대 미국이 중심이 된 국제무역 자유화의 흐름도 절대적인 영향을 미쳤다고 할 수 있다.

(4) 높은 저축률 및 투자율

동아시아 4개국의 경제발전에서 또 다른 중요한 특징은 높은 저축과 높은 투자에 의해 성장이 실현됐다는 점이다. 일본·대만·한국·중국은 고도성장기에 30~40%대의 높은 저축률에 기반을 둔 높은 투자율을 통해 급속한 자본형성을 달성하였다. 특이한 점은 한국의 경우 1980년대 초반까지 투자율이 저축률을 상회했던 것이다. 이것은 국내에서 상당한 저축을 동원하고 있었음에도 불구하고 투자를 충족하지 못해 결국 해외저축

9) 일대일로(一帶一路)란 중국과 중앙아시아, 유럽을 연결하는 육상 실크로드 경제권의 '일대'와 아세안 국가들과의 해상 협력을 기초로 동남아에서 출발해 서남아를 거쳐 유럽-아프리카까지 이어지는 21세기 해양 실크로드를 의미하는 '일로'를 합친 의미이다.

을 동원했다는 것을 의미한다.[10] 일본과 대만은 대체로 저축률이 투자율을 상회하였다. 중국은 2000년대 중반 이후 저축률이 50%를 상회하고 있다.

저축률과 투자율이 지속적으로 하락하고 있다. 한국은 1990년대 후반 이후 저축률은 35% 수준에서 하락세로 전환됐으며, 투자율은 30% 이하 수준에서 큰 변화가 없다.

다른 한편, 중국의 급속한 성장은 엄청난 투자활동과 긴밀히 관련되어 있다. 중국이 사회주의 시기의 빅푸시(Big Push) 전략을 포기한 이후에도 투자율은 상승하였다. 1970년대 말 총고정자본 형성은 이미 GDP의 30% 정도에 이르렀으며, 1990년대에는 35%, 그리고 2009년에는 45% 수준으로 증가하였다. 2000년대 들어서는 투자주도에 의해 성장이 가속화되고 있음을 알 수 있다.

2. 한국경제 발전모델의 특수성

일본·한국·대만·중국의 성장과정에서의 유사점이 이 국가들의 발전을 견인했던 요인이라면, 차이점은 이들 나라의 향후 발전 지속성 여부를 가늠할 수 있는 중요한 시금석이 될 수 있다고 할 수 있다.

(1) 대기업 중심의 발전전략

한국은 대기업 중심의 발전전략을 채택하였으나, 대만은 전형적으로 중소기업 주도형의 공업화를 추진하였다. 대만의 고도성장이 진행된 초기단계인 1971년에 종업원 20명 미만의 소기업이 제조업의 68%를 차지할 정도로 비중이 높았다. 대만이 중소기업 주도형 공업화를 추진하게 된 데에는 ① 일본의 식민지 공업화정책에 의해 주로 사탕수수를 원료로 하는 식료품(제당공업)을 중심으로 공업화를 진진시켰으며, ② 국제적 네트워크를 가진 화교자본을 활용할 수 있다는 배경이 있다. 이에 따라 대만경제는 부채비율이 낮은 견실한 중소·중견 기업으로 구성되어 아시아 외환위기와 같은 국제경제 환경의 변화에 기민하게 대처할 수 있었으나, 한국은 대기업 주도의 경제발전모델이었으므로 그렇지 못했다.

1970년대에 접어들어 한국정부의 산업정책은 재량적 개입을 통한 특정산업에 대한 선별적 지원형태로 전개되었다. 또한 1973년부터 중화학공업육성정책이 본격적으로 추진되면서 특성상 최소한의 국제경쟁력을 확보할 수 있는 규모가 보장되도록 정부가 지

10) 투자가 저축보다 크다는 것은 경상수지 적자를 의미한다.

원하는 특혜에 의거 대기업이 등장하였다. 그 결과 1970년대 전반에는 전기·전자, 수송용 기계산업과 섬유·의복 산업에서, 1970년대 중·후반에는 일반기계와 조립금속 산업에서 대기업이 형성되었다. 1970년 126개에 불과했던 30대 재벌의 계열기업 수가 1979년에는 429개로 증가하였다. 결국 1970년대 한국의 중화학공업화 전략과 대만의 지속적인 중소기업 우선정책은 양국 간 기업조직과 경제력 집중에 커다란 차이를 가져왔던 것이다.

(2) 금융 규율의 미확립

동아시아 발전모델에서 나타나는 중요한 차이의 하나는 금융규율 확립에 국가별로 차이가 있었다. 대만은 경제의 기초변수를 강력하게 유지하고 글로벌 금융현상에 능동적으로 대처하는 제도를 수립하였다. 대만의 금융기관들은 신바젤협약(BASEL II)이 체결된 이듬해인 1989년에 이미 BIS자기자본비율 요건을 제도화하며 금융기관의 건전성 유지를 위해 노력하며 위험관리를 보다 체계적으로 실시하였다.

그러나 한국에서는 1970년대 중화학공업화정책이 추진되는 과정에서 이(異)업종들에의 자금지원을 위한 저금리, 은행대출 확대 등 이른바 관치금융의 관행이 정착되었다. 그렇지만 금융감독체계는 선진국과 비교할 때 거의 형식적인 장치에 불과하였다. 한국의 금융기관은 산업정책을 집행하는 수단으로서 기능했으며, 금융기관은 감독기관과 기업들의 상호 보호막 속에서 외국금융기관과의 경쟁에 노출되지 않았다. 1980년대 말부터 시작된 금융세계화의 추세 하에서 국제금융시장의 변동성이 확대되었지만, 금융기강이 체계적으로 확립되지 못함에 따라 아시아 금융위기를 비껴가지 못했다고 할 수 있다(안충영, 2001).

(3) 낮은 외국인직접투자

한국은 일본과 마찬가지로 고도성장의 초기단계에는 외국인투자자로부터 국내기업을 보호하기 위해 외국인직접투자(FDI)의 유입을 별로 반기지 않았다. 대만도 이러한 경향을 보였다.[11] 이에 따라 한국의 고도성장기(1965~1990년)에 총고정자본 형성에서 차지하는 외국인직접투자의 비율은 1.6%로 매우 낮은 수준에 머물렀다.

---

11) 외국인직접투자가 총고정자본형성에서 차지하는 비율이 일본(1950~1975년)은 0.2%, 대만(1960~1985년)은 2.4%에 불과하였다.

제4절 한국경제의 정책과제

아시아개발은행이 2011년에 발간한 「Asia 2050: Realizing the Asian Century」에서는 2050년 아시아가 전 세계총생산의 52%를 차지하여 세계의 경제 중심은 아시아로 이동하게 될 것으로 전망하고 있다.[12] 그러나 아시아의 세기가 저절로 다가오지는 않을 것이다. 자본주의의 발달과정에서 보았듯이 대공황, 오일쇼크, 동아시아 위기, 글로벌 금융위기와 같은 충격이 향후 어느 순간 닥칠지 모른다.

아시아 외환위기 이후 한국은 거래의 자유화, 환율제도 변경, 은행 민영화 등으로 외환위기 이전에 비해 시장기능을 중시하는 방향으로 나아갔다. 그러나 자본유출입 과다를 우려한 규제방안의 도입 검토, 어느 정도의 외환시장 개입, 일부 금융기관의 높은 정부 지분, 영·미에 비해 강한 금융규제·감독 등으로부터 정부역할은 지대하였다. 그러나 향후 정부의 역할은 새롭게 자리매김 되어야 할 것이다.

1. 잠재성장률의 증진 방안 마련

한국은행이 발표한 '2018년 4분기 및 연간 국민소득(잠정)'치 발표에 따르면 2018년 1인당 국민총소득(GNI)이 3만1,349 달러로 3만 달러 문턱은 넘었지만,[13] 수출의존도가 높은 우리경제를 끌고 갈 성장엔진이 점차 식어가고 있다고 했다. 반도체와 조선 등 주력 산업의 부진이 이어지고, 저출산과 빠른 속도로 진행되는 고령화로 인해 잠재성장률이 떨어지고 있다. 새로운 먹거리 산업을 찾아 성장률을 끌어올려야만 1인당 GNI 3만 달러를 넘어 4만 달러까지 갈 수 있다.

한국은행이 우리경제의 구조변화, 대내외 여건 등을 종합적으로 고려하고 개선된 추정

12) AFP 통신 2011년 8월 3일의 보도에 의하면 미국 연방정부 부채는 14조 5천 800억 달러로 증가하여 2010년 말 기준 미국 GDP(14조 5천 300억 달러) 규모를 넘어섰다고 한다(조선일보, 2011.08.05). 이러한 엄청난 국가부채에다 제로에 가까운 저축률, 매년 수천억 달러에 달하는 무역적자, 이라크와 아프가니스탄에서의 전쟁 수행, 줄어드는 국민 소비, 지켜야 하는 달러가치, 중동에서의 전쟁 등의 난제를 극복하면서 미국경제가 활력을 되찾기까지는 상당한 시간이 필요할 것이다. 재정위기를 겪고 있는 유럽의 형편도 마찬가지이다.
미국과 유럽의 쇠퇴로 야기된 힘의 공백을 누가 메울 것인가? 중국을 포함한 아시아 국가들이 메울 수 있다. 아시아 경제는 가장 역동적이며 중국이라는 강력한 축이 있고 응용기술이 뛰어나므로 세계 경제성장의 엔진이 될 수 있다는 것이다.

13) 한국은행 보도자료(2019.03.05) 공보 2019-3-8호.

기법을 이용한 잠재성장률의 추정에 의하면, 2000년 대 초반 5% 내외에 달하였던 잠재성장률은 2010년대 들어 3% 초·중반으로 하락했고, 2016~2020년 중에는 2.8~2.9% 수준으로 나타났다.[14] 이처럼 잠재성장률이 하락 추세를 지속한 것은 총요소생산성 약화와 자본축적 둔화에 기인한 것으로 평가된다. 총요소생산성 약화는 서비스업 발전 미흡, 높은 규제수준 등으로 우리경제의 생산성이 약화된 것과 밀접한 관련을 갖는 것으로 보인다. 특히 경제의 성숙화, 불확실성 증대 등에 따른 투자 부진은 자본축적 둔화의 주요 요인으로 작용한 것으로 판단된다. 더욱이 향후 인구고령화의 급격한 진행과 생산가능 인구의 감소로 노동측 요인의 잠재성장률 하방압력이 더욱 커질 전망이다.

이같이 노동, 자본 등 투입요소에 의한 성장세가 제한된 상황에서 성장잠재력을 확충하기 위해서는 경기모멘텀 확보를 위한 거시경제정책과 함께 사회·경제적 구조개혁을 통해 경제체질을 강화하는 것이 무엇보다 중요하다 하겠다. 이를 위해서는 산업구조 조정, 노동 및 재화·서비스시장 개혁, 기술혁신 등 우리경제의 생산성을 높이는 노력을 지속해야 할 것이다. 아울러 중장기 시계에서 저출산·고령화 등 인구구조 변화에 대한 포괄적인 대책을 보다 적극적으로 수립·시행하는 한편 경제부문별 불균형을 완화시키는 제도적 장치도 마련해야 할 것이다.

2. 적정 수준의 저축률 유지

안정적인 경제성장을 위해서는 저축률 수준이 적정하게 유지되어야 한다. 가계저축률의 하락은 성장잠재력 저하, 거시경제의 안정성 훼손 등을 초래해 장기적으로는 정부의 경제정책 운영에 부담요인으로 작용하게 된다. 한국의 경우 가계저축률은 기업, 정부 등 여타 저축률보다 경제성장률과 상대적으로 높은 상관관계를 보이고 있어, 가계저축률의 지속적인 하락은 저성장을 고착화시킬 가능성이 크다. 특히 최근 부동산 경기의 침체로 인해 가계부채가 상당한 문제점으로 나타나고 있기도 하다.

나아가 한국의 인구고령화는 빠르게 진행되면서 가계저축률은 더욱 낮아질 가능성이 크다.[15] 그렇다면 현재의 낮은 가계저축률을 개선하여 안정적인 경제성장에 기여하는

14) 김도완·이은경·한진현(2017.07), 『BOK 경제전망보고서』, 한국은행.

15) 한국의 고령화율(65세 이상 인구의 비중)은 2010년 11.1%에서 2020년 15.7%(2010년 대비+4.6%포인트), 2030년 23.3%(2010년 대비 +12.2%포인트)로 급상승할 전망이다. 일본은 각각 22.7%, 28.4%(+5.7%포인트), 30.3%(+7.6%포인트)로, 미국은 13.1%, 16.2%(+3.1%포인트), 19.9%(+6.8%포인트)로 전망되고 있다. 중국의 경우에는 8.2%, 12.0%(+3.8%포인트), 16.5%(+8.3%포인트)로 전망된다. UN 홈페이지(http://esa.un.org/unpd/wpp/unpp/p2k0data.asp).

방향으로의 정책대응이 요구된다. 이를 위해서는 무엇보다도 가계소득 증대를 유발하는 일자리 창출이 필요하다. 여기에는 창업활동 촉진과 신성장동력산업 및 고부가가치 서비스산업의 육성을 통한 양질의 일자리 창출이 가능하도록 하는 정책적 지원노력이 요구된다. 또한 최근 분출하고 있는 사회복지 수요의 확대에 대처하기 위해서는 재정건전화 노력이 강구될 필요가 있다. 나아가 물가안정 노력의 지속과 더불어 금리수준이 실물경제활동 상황에 부합되도록 조화로운 통화정책의 운용이 필요하다.

3. 동아시아 국가 간 경제협력의 강화

동아시아 국가들은 지리적, 문화적 밀접성과 상호 무역의존도 증대에도 불구하고 여러 가지 장애요인으로 인해 경제협력 진행속도는 매우 더딘 편이다. 한·중·일 정상회담은 ASEAN+3 체제 하에서 진행되다가 2008년에야 별도로 개최되기 시작하였고, 1998년부터 논의되기 시작한 역내 FTA체결도 늦춰지고 있다.

이렇게 동아시아 국가 간의 경제협력을 저해하는 주요 요인으로 크게 경제적 요인과 비경제적 요인으로 나눌 수 있다. 먼저 경제적 측면의 장애요인으로는 민감한 산업분야의 존재, 역외 수출시장에서의 경쟁, 중·일 간 경제적 패권경쟁 등이 있다. 한국의 경우 중국과의 교역에서는 민감분야인 1차산품이 무역적자를 기록하고 있고, 일본과의 교역에서는 화학, 철강/금속, 기계 등 대부분의 주력 수출산업부문에서 무역적자를 지속하고 있다. 또한 최근 중국의 수출구조가 선신화됨에 따라 각국의 수출구조가 유사해져 세계시장에서 경쟁구도가 심화된 것도 동아시아 경제협력을 방해하는 요소로 작용하고 있다. 그리고 세계시장에서 중국의 부상은 중·일 간 경제적 패권경쟁을 심화시킬 수 있어 장애요인이 될 수 있다.

이러한 경제적 요인 외에도 북한의 불확실성, 동북아 영토 및 역사 분쟁 등 역사적·정치적 요인도 동아시아 경제협력의 장애가 되고 있다. 특히 2018년 10월 우리나라 대법원의 강제징용 배상에 대한 판결[16]로 인해 한일관계의 악화가 촉발되었다. 과거사를 둘러싼 한국과 일본 간의 갈등이 경제와 안보영역으로 확산되는 등 한일관계가 악화되며 양국 간에 많은 앙금을 남겼다.

그럼에도 불구하고 최근 금융분야에 대한 역내 협력의 증진은 동아시아 경제협력이 발전할 수 있는 가능성을 보여준다. ASEAN+3 차원에서 지역 금융안전망설립과 최근

16) 국가의 청구권은 소멸했을지도 모르지만, 개인의 청구권이 살아 있다는 판결이었다.

한·중, 한·일 간 통화스왑협정 규모 확대 등은 금융위기 중 역내협력을 강화할 필요가 있다. 나아가 동아시아 역내 무역·자본 거래의 확대추세를 감안할 때 동아시아 경제의 미래는 역내 경제협력에 의해 크게 영향을 받을 수밖에 없을 것이다.

4. 금융부문의 지속적인 개혁

1990년대 이후 국내·외를 불문하고 줄곧 등장하는 금융이슈가 금융규제 개혁이다. 금융규제 개혁 추진과정에서 일관된 패러다임은 금융회사 중심의 규제완화였다. 금융회사는 금융시장에서 자금을 공급하고 상품을 판매하는 공급자에 해당한다. 그동안의 금융규제 개혁은 금융공급자인 금융회사에 적용되는 규제를 완화하거나 폐지하는데 중점을 두었다. 이에는 금융산업의 경쟁력을 제고하기 위해서는 금융회사에 대한 규제를 완화해야 한다는 논리가 근저에 있다.

그러나 금융시장에서 일어난 일련의 사태는 금융공급자를 중심으로 한 금융규제 에 새로운 과제를 던져주고 있다. 2008년의 글로벌 금융위기와 2011년에 발생한 뉴욕 월가 시위는 금융공급자 중심의 금융규제 개혁의 한계와 문제점을 보여 준 대표적인 사건이다. 과도한 금융규제 완화에 편승한 금융회사의 투기적 행태는 엄청난 금융부실, 시장혼란, 그리고 실물경제의 침체를 초래하였다.

따라서 금융기관에 대한 규제완화는 신중하게 추진해야 한다. 특히 금융기관의 건전성 유지를 위한 금융규제를 완화할 경우에는 단편적·단기적 시각이 아닌 종합적·중장기적인 시각에서 검토하고 공론화의 과정을 충분히 거쳐야 한다. 그래야만 국민들이 금융부실의 부담을 떠안는 사태의 재발을 방지할 수 있다. 나아가 금융규제 개혁의 패러다임이 금융공급자 보다는 금융수요자 중심으로 추진되어야 한다. 이는 다수 국민의 지지를 확보해야만 금융규제 개혁이 성공할 수 있기 때문이다. 그렇다면 수요자 중심의 금융규제 개혁이 우리나라 금융산업의 경쟁력을 제고하는 길이라 하겠다.

참고자료

김도완·이은경·한진현(2017.07), 『BOK 경제전망보고서』, 한국은행.

박천익(2010), 『동아시아 경제모델의 재조명: 국제금융위기 이후 대안모델 모색』, 하계학술대회 자료, 한국동북아경제학회.

산업통상자원부 보도자료(2019.01.01).

송병락(2010), 『한국경제의 길』, 박영사.

서태종(2012.06.12), "금융규제 개혁의 방향", 공감코리아 정책기고문.

아나톨 칼레츠키(2011), 『자본주의 4.0』, 위선주 역, 컬쳐앤스토리.

안병직(2006), "한국의 정치경제동향", 『시대정신』, 2006년 가을호, (사)시대정신.

양평섭·박민숙(2015), "중국 13차 5개년 규획의 주요 내용과 시사점", 『KIEP 오늘의 세계경제』, 2015년 11월 25일, Vol.15, No.30, 대외경제정책연구원.

E 나라지표.

이승석(2019), 『우리경제의 잠재성장률 추정 및 시사점』, KERI 정책제언 19-0, 한국경제연구원.

장하준(2010), 『그들이 말하지 않는 23가지』, 부키.

정재형, "8·3 사채 동결 조치", 『Click 경제교육』 2010년 05월호, KDI 경제정보센터.

정형곤·방호경(2011), 『경제협력 강화를 위한 한·중·일 사무국의 역할과 과제』, 연구자료 11-12, 대외경제정책연구원.

조선일보, 2011년 8월 5일자.

조윤제·박창귀·강종구(2012.01.10), "한국의 經濟成長과 社會指標의 변화", 『금융경제연구』, 한국은행.

조종화·박복영·박영준·양다영(2011.12), 『동아시아 발전모델의 평가와 향후 과제: 영미모델과의 비교를 중심으로』, 대외경제정책연구원

조종화·박복영·박영준·양다영(2010), 『중국의 외환정책과 국제통화질서: 위안화의 절상과 국제화를 중심으로』, 정책연구 10-09, 대외경제정책연구원.

지만수·이승신·여지나(2010), 『중국·대만 ECFA의 주요 내용과 시사점』, 대외경제정책연구원.

한국은행 보도자료, 2019년 3월 5일 공보 2019-3-8호.

현은경(2011.12.07), 『대한민국 50년사 주요산업기술』, FIP-2011-0006(통권 제187호), 전국경제인연합회.

Asian Development Bank, 2011, "Asia 2050: Realizing the Asian Century."

Boltho, Andrea and Maria Weber, 2009, "Did China Follow the East Asian Development Model?", *The European Journal of Comparative Economics*, Vol.6, No.2, pp.267~286.

Krugman Paul, 1994, "Introduction to "Empirical Studies of Strategic Trade Policy"", *National Bureau of Economic Research*, Inc pp.1–10.

Lucas, Robert Jr., 1988, "On the mechanics of economic development," *Journal of Monetary Economics*, Elsevier, vol.22(1), pages 3–42, July.

Romer, Paul M, 1986, "Increasing Returns and Long-run Growth," *Journal of Political Economy*, University of Chicago Press, vol.94(5), pages 1002–1037, October.

국제개발협력(공적개발원조)과 MDGs

한 나라의 국민소득이 증가하면 그 나라 사람들의 복지와 자유를 증대시킬 수 있다. 그렇다고 사람들의 복지와 자유는 경제적·양적 성장만으로 증대·실현될 수는 없다. 교육, 의료, 정치적 자유, 그리고 인권의 신장 등과 같은 다른 조건들도 많이 있기 때문이다.

인도의 경제학자이자 철학자로서 1998년 아시아 최초로 노벨 경제학상을 수상했고, 불평등과 빈곤을 연구한 후생경제학의 대가로서, 경제학계의 테레사 수녀로 불리는 아마르티아 센(Amartya Kumar Sen, 1933~)은 개발을 인간이 향유할 수 있는 진정한 자유를 확대하는 과정이라고 하였다. 따라서 개발의 목적은 인간이 향유할 자유를 증진시키는 것이라고 했다. 그에게 개발의 과정은 인간의 자유 증진에 장애가 되는 요소들인 빈곤, 독재, 사회적 배제, 경제적 기회의 희소성, 공공시설의 부족, 그리고 다양성에 대한 이해의 부족 등을 제거하는 것으로 해석하였다.

지금까지 개인으로부터 국가단위로의 경제적·양적성장 중심의 발전관에서 인간의 자유와 복지의 증진에 이르기까지 다양한 개발의 패러다임은 다양한 형태의 협력체제를 낳았다. 이러한 다양한 협력의 형태 중에서 국가 간의 개발을 위한 협력체제를 국제개발협력(공적개발원조)이라고 한다. 특히 공여국이 수원국에 일방적으로 원조하는 관계를 국제개발원조라고 한다. 제2차 세계대전 이후 본격화된 국제개발원조는 냉전체제하에서 세력을 확대·유지하기 위한 자본주의권과 사회주의권에 의한 원조 경쟁의 형태로 발전했다. 그리고 이러한 원조 경쟁은 원조의 목적인 개발의 내용, 원조의 방법, 그리고 그 결과에 대한 평가를 둘러싸고 본격적인 논쟁을 야기하였다.

그러나 제2차대전 후 원조의 패러다임 역시 원조의 목적인 개발의 내용에서는 경제적·양적 성장의 관점에서 크게 벗어나지 않았다. 이 시기 국가의 거시경제에 대한 적극적인 개입에 의한 인프라 구축, 선도산업 육성, 계획경제 등과 같은 원조의 내용은 케인즈경제학에 근거한 국가주도의 개입주의적 거시경제 운용을 중심으로 하는 것이었다.

제2차대전 후 약 40여 년 간 원조체제의 지배적인 패러다임이었던 국가주도의 개입주의적 개발모델과 원조체제는 동아시아의 몇몇 국가를 제외하고는 괄목할만한 성과를 거두지 못했다. 국제개발원조가 급증했으나, 경제기반은 갖추어지지 않았고, 채무의 부담만 증가했던 것이다. 이러한 상황에 대해 종래의 국가주도의 개입주의적 개발전략에 대한 비판이 증가하기 시작하였다.

국가주도의 개입주의적 개발에 대한 회의는 1985년 소련을 중심으로 하는 사회주의권이 개혁·개방을 시작한 페레스트로이카 시기에 나타났다. 레이거노믹스, 내처리즘

등으로 대표되는 국가의 역할 축소, 시장경제 중시의 신자유주의적 경향이 원조체제에도 영향을 미쳤다. IMF, World Bank 등의 주도로 이른바 구조조정정책과 민영화가 강조되기 시작했으며, 워싱턴 합의(Washington Consensus)로 불리는 신자유주의적 흐름은 개발도상국에 대한 원조정책에 큰 변화를 가져왔다. 즉 국가주도의 개발원조에서 민간기업들의 자율성과 창의성에 기초한 시장중심의 경제성장 정책 및 시민사회와 NGO를 중심으로 하는 사회개발 중심의 정책으로 전환되었던 것이다. 정부의 강력한 역할 및 리더십보다는 투명성과 책임성이, 국가의 주도적인 역할보다는 조정자로서의 역할이 강조되는 국제개발협력 체제의 변화가 나타나게 되었다.

그러나 개발도상국의 빈곤 감소에 크게 기여할 것으로 기대했던 새로운 원조 패러다임은 큰 효과를 발휘하지 못했다. 특히 사하라 사막 이남 국가들의 경우 빈곤상태가 더욱 악화되는 등 지구적 경제규모의 확대에 반비례하여, 국가 간, 지역 간, 국민 간의 빈부격차는 더욱 커지고 지구적 빈곤상황은 더욱 심화되었다고 평가되었다.

그렇게 되자 이 같은 지구적 빈곤상황의 악화에 대하여 활발한 국제적 대응이 이루어졌다. 새로운 밀레니엄을 맞아 개최된 UN 새천년정상회의(United Nations Millennium Summit)에서 189개 나라의 정상과 정부 대표들은 새천년개발목표(MDGs, Millennium Development Goals)로 불리는 종합적인 빈곤감소계획을 수립하였다. 이 새천년개발목표(MDGs)에서는 2015년까지 세계의 빈곤을 절반으로 줄인다는 내용을 담고 있다. 그리고 빈곤을 단지 화폐소득의 과소만으로 해석할 수 없다는 다면적 인식을 기반으로 하고 있다. 소득·기아·질병·거주·교육·성차별·환경 등 다양한 부문에서 빈곤이 정의되었고, 한 분야의 개선은 바로 전체적인 빈곤의 감소로 연결된다는 빈곤감소의 총체적 사고가 자리 잡게 되었다. 빈곤의 체계적이고 종합적 개선을 도모한 새천년개발목표는 각 부문의 목표를 계량적 지표로 설정하고, 이를 2015년까지 성취하는 것을 목표로 삼았다.

특히 선진 공여국들은 현재 공여국 평균 GDP의 0.25%에 불과한 공적개발원조를 0.7%까지 증대시키자는 목표를 수립하는 등 새천년개발목표를 실천하기 위한 국제사회의 노력은 활발하게 이루어지고 있다. 이러한 각국의 노력은 아시아와 아프리카 지역의 여러 빈곤국에서 괄목할 만한 성공사례를 가져왔다.

그러나 UNDP의 '인간개발보고서'가 밝히고 있는 것처럼 인간개발지수(HDI)로 표현되는 저개발의 상태는 그리 크게 개선되지 않고 있다. 특히 빈곤지역의 대표라 할 수 있는 사하라 사막 이남 지역에서는 극빈층이 줄지 않고, 유아 및 임산부 사망률도 증가하고 있어, 새천년개발목표는 달성되기 어렵다고 보인다. 지속가능한 환경보존 부문, 남녀평등, 그리고 모자 사망률 등의 분야에서는 대부분의 개발도상국이 설정된 목표에 비해 현저히 더딘 발전을 나타내고 있다.

PART Ⅱ

한국의 경제발전과 경제정책

Chapter 3 한국의 경제발전과 정부의 역할

제1절 정부 역할의 변천과 시장

한국은 1987년의 6.29선언으로 근대화의 단계로부터 선진화(현대화)의 단계로 이행하기 시작하였다. 정치는 권위주의 체제로부터 민주주의 체제로, 경제는 경제개발 체제로부터 시장경제 체제로 이행하기 시작했다(안병직, 2006). 특히 이 시점에서 경제개발 5개년계획의 명칭이 제5차(1982~1986)계획부터 '경제사회발전5개년계획'으로 바뀌었으니 정부주도 경제로부터 시장주도 경제로 전환되는 시기였다고 할 수 있다.

자본주의체제에 있어서 자원의 배분은 시장을 중심으로 소비자와 생산자들 간의 자발적인 교환과 경쟁을 통하여 이루어진다. 시장이 경쟁적인 상태로 운영되는 한 효율적인 자원배분이 달성될 수 있다. 반면에 정부는 대부분의 나라에서 매우 중요한 역할을 수행하며, 국민경제 활동 가운데에서 상당한 부분을 차지하고 있다. 정부는 주로 시장실패의 교정, 가치재의 공급, 소득과 부의 재분배, 거시경제의 안정화기능 등을 수행하고 있다.

이와 같은 기능을 수행하는 시장과 정부는 경제라는 수레의 두 바퀴와 같다. 그렇다면 시장과 정부가 수레의 두 바퀴처럼 적절한 균형을 이루어야 경제는 순항할 수 있다. 또한 시장과 정부는 경쟁을 하면서도 긴밀한 협력관계를 유지해야 한다. 따라서 현대경제에서는 시장과 정부 사이의 건전한 균형을 이루어내는 일이 그 무엇보다 중요한 과제가 된다.

한국은 1960년대에 본격적인 정부주도의 성장전략을 추구한 이래 세계가 주목하는 경제발전과 사회발전을 이루었다. 한국의 국내총생산(GDP) 규모는 2017년 기준 약 1조 5,300억 달러로 세계 12위다. 수출은 전 세계에서 6번째로 많이 하고 외환보유액 규모는 세계 9위에 올라 있다. 한국은 2018년 1인당 국민소득(GNI)이 3만 1,349달러를 기록해 처음 3만 달러 고지에 올라섰다. 뿐만 아니라 인구가 5,000만 명 이상이면서 1인당 국민소득 3만 달러를 상회한 나라는 미국, 독일, 영국, 일본, 프랑스, 이탈리아, 등 6개국뿐이었는데, 한국이 일곱 번째로 '30-50 클럽' 국가가 된 것이다(한국경제신문, 2019년 3월 18일). 또한 정치적으로도 민주적 사회질서가 정착되어 가고 있다.

특히 한국을 비롯한 동아시아 국가들의 성공적인 경제성장의 이유에 대하여 여러 가지 견해가 표명되었지만,[1] 이들 국가들은 지속적으로 성장하면서 선진국과의 소득격차를 줄여가고 있다.

경제발전이 상당한 정도에 이른 오늘날, 종래와 같이 정부의 시장개입이 지속될 수는 없을 것이다. 적어도 경제개발이 진척되고 시장이 성숙한 후에는 더 이상 정부의 시장개입이 지속될 수 없으며, 시장이 보다 중요한 역할을 할 수 있도록 조정되어야 한다. 실제로 한국에서는 1980년대 들어 정부가 적극적 시장개입에서 점차 벗어나 본격적으로 대외개방을 추진해 왔다. 이것은 그동안 한국의 경제규모가 커지고 상품·금융·노동 등 각 부문의 시장이 심화됨에 따라 정부가 더 이상 시장을 통제할 수 없게 되었기 때문이다. 더욱이 1997년 말에 발생한 외환위기는 이러한 추세를 보다 가속화시켰다. 이렇듯 대내외적 경제여건이 변화됨에 따라 정부의 역할은 끊임없이 재정립되어 갈 수밖에 없는 것이다.

---

1) 시장친화적 견해(market-friendly view)로서 정부가 시장의 발전에 필요한 기초여건들을 충실히 제공했기 때문에 지속적 성장이 가능했다는 것이다. 이러한 입장인 World Bank(1993)는 동아시아 국가들의 성공요인으로 거시경제의 안정, 인적자원에 대한 투자, 국제무역을 통한 세계시장과의 통합, (비교적) 깨끗하고 효율적인 관료제도 등을 꼽는다. 이에 반해 개발국가적 견해(developmental-state view)를 지지하는 학자들은 개발도상국에 존재하는 광범위한 시장실패를 치유하기 위해 정부가 적극적으로 시장에 개입하였기 때문에 동아시아 국가들이 성공할 수 있었다고 주장한다. 또한 나라마다 직면하고 있는 성장저해요인이 다르기 때문에 때로는 정부의 적극적이고 재량적인 시장개입정책이 성장촉진에 더욱 효과적일 수 있다고 한다.

제2절 정부와 시장의 역할 재정립

한국경제가 본격적인 성장궤도에 들어선 것은 1960년대에 정부가 주도적으로 경제개발을 시작한 이후부터이다. 그 이후부터 한국경제는 빠른 성장을 이룩하여 짧은 기간 안에 선진국 문턱에 도달하였다. 아울러 소득분배도 비교적 양호한 상태를 유지해왔다(〈그림 3-1〉). 그렇지만 〈그림 3-2〉 근로소득과 전체소득의 상위 1%의 소득집중도에서 볼 수 있듯이 소득집중도(top income shares)[2]는 해방 후에 크게 떨어진 후 고도성장기에 낮은 수준에서 안정되어 있었지만, 1990년대 후반 이후 급속히 높아지는 U자형의 양상을 보였다. 다만 2010년대에 들어와 근로소득 소득집중도는 하락으로 돌아섰고, 그로 인해 전체소득 집중도는 정체한 점이 주목된다(김낙년, 2018.06).

정부가 수행하는 경제적 역할은 사유재산권의 보호, 시장실패의 교정, 가치재의 공급, 소득과 부의 재분배, 거시경제의 안정화로 구분될 수 있다. 각국은 이러한 각 영역에서 가능한 한 정부의 역할을 줄이고 민간의 역할을 확대하며, 정책의 예측 가능성을 높임으로써 시장기구의 원활한 작동을 돕는 방향으로 정책을 선회하고 있다. 예를 들어, 시장실패의 교정을 위해 설치한 공기업을 민영화하여 시장으로 돌려보내고, 상품시장·금융시장·노동시장의 규제완화를 추진하고 있다. 재분배를 위한 사회보장 및 사회서비스 공급에 대하여는 경쟁제체를 확내하는 추세이며, 거시경제정책에 있어서는 물가안정목표제, 중기재정관리체계, 자유변동환율제도를 도입하고 있다. 많은 분야에서 시장개입이 축소되고 있지만, 본질적으로 시상실패가 남아있는 분야에서는 오히려 강화되고 있기도 하다.[3]

특히 한국에서 정부의 일차적인 역할은 경제성장을 촉진하는 데 두어졌다. 개발연대 동안 정부는 금융·노동·상품 시장에 대한 광범위한 직접적 개입을 통해 빠른 성장을 달성하였다. 이러한 개입은 외부효과, 정보의 비대칭성, 금융시장의 미발달과 같은 시장실패의 논리에 근거한 것이었다. 정부의 시장개입은 수출과 투자를 촉진하여 급속한

2) 소득집중도는 상위 x%에 해당하는 자들의 소득(분자)을 전체 소득(분모)으로 나누어 구한다. 이 때 전체 인원수는 보통 20세 이상 성인 인구를 기준으로 한다. 예컨대 상위 1%의 소득집중도란 소득이 높은 순으로 성인 인구의 1%에 해당하는 자들의 소득이 전체 소득의 몇 %를 차지하는지를 보여주는 것이다.

3) 이러한 정책은 경쟁정책 및 금융시장감독이 대표적인 예라고 할 수 있다.

경제성장을 달성하였으나, 다른 한편으로 금융억압(financial repression)으로 인한 금융산업의 자생력 상실, 정부와 민간 사이의 위험공유(co-insurance)에 의한 기업부문의 부채누적과 금융부문의 부실화, 중화학공업화와 산업구조조정 과정에서 발생한 재벌로의 경제력집중 등의 부작용도 빚어졌다.

1997년의 경제위기는 기업 및 금융 부문의 부실을 뒤늦게 해소하고 위험공유체제를 청산하는 계기를 마련하였다. 또한 대외개방, 금융감독, 통화정책, 기업지배구조, 노동시장정책 등의 분야에서 그동안 미루어 왔던 개혁을 추진할 수 있는 동력을 제공하였다. 이러한 개혁은 정부와 시장의 역할을 재정립하는 데 초점이 두어졌다. 민간의 자기책임원칙을 확립하고, 시장경쟁을 활성화하며, 정부의 직접적 통제와 간섭을 줄이는 데 상당한 진전을 이루었다.

한편, 한국에서는 정부의 시장개입이 지나친 점도 적지 않았다. 즉, 1960년대의 수출촉진정책과 1970년대의 중화학공업 육성정책은 심각한 금융억압을 기반으로 하였으며, 높은 수준의 수입장벽, 자본이동 규제, 상품가격 통제 등과 같은 광범위한 시장개입이 이루어졌다.

향후 한국경제가 새로운 환경에서 선진경제로 도약하기 위해서는 정부가 세계적 추세에 맞추어 각 부문에서 불필요한 시장개입을 줄이고 반드시 필요한 역할은 강화해야 할 것이다.

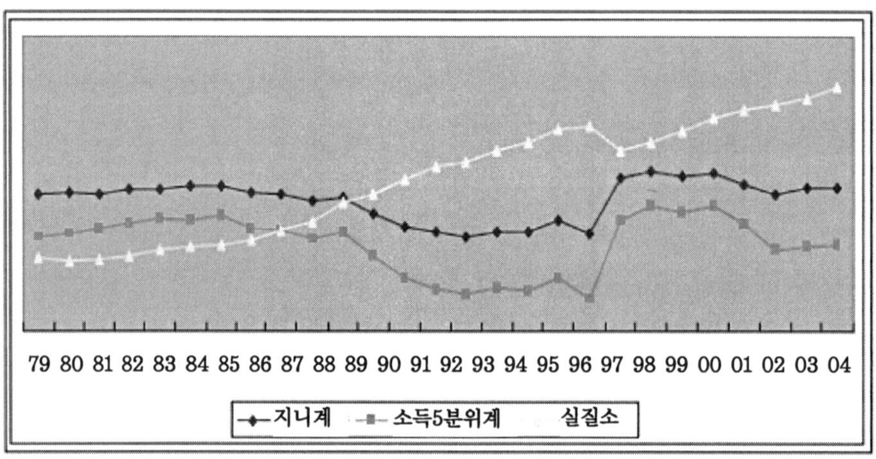

주) 실질소득은 도시가계근로소득의 2000년도 기준 실질가치.

▌그림 3-1▌ 한국의 실질소득 및 소득불평등의 추이

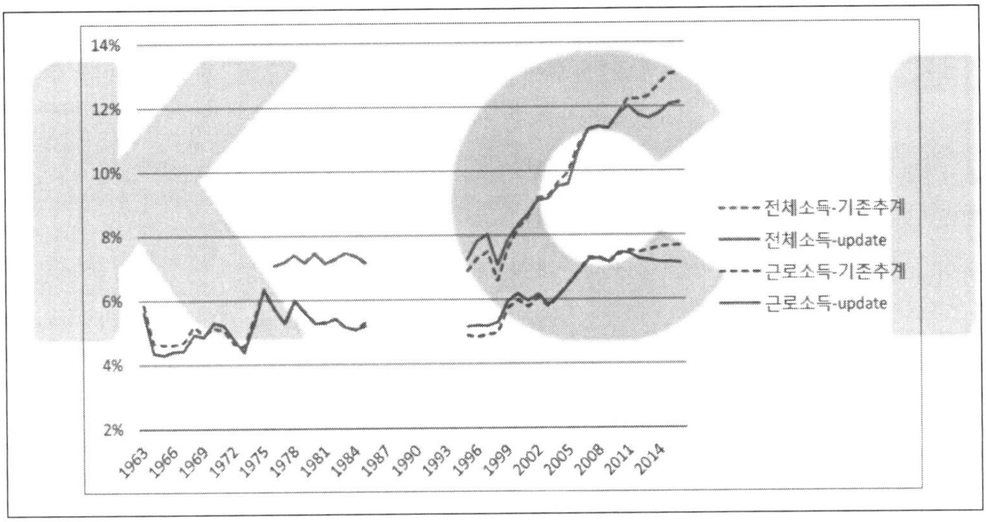

주: 1) 근로소득 집중도란 근로소득을 대상으로 전체 근로자 중에서 상위 x%(여기서는 상위 1%) 에 해당하는 자들의 소득이 전체 근로소득에서 차지하는 비중을 말한다.
2) 전체소득 집중도란 근로소득 이외에 사업소득과 금융소득을 더한 전체소득을 대상으로 소득 순으로 20세 이상 인구의 상위 x%에 해당하는 자들이 전체 소득에서 차지하는 비중을 말한다.
3) 점선은 기존 추계와 그 방식을 연장한 것이고, 실선은 update된 계열이다. 그래프와 범례의 순서가 대응하도록 맞추었다.

자료: 기존추계는 Kim and Kim(2014); update된 추계는 김낙년(2018:부표1, 2), 김낙년(2018.6)에서 재인용.

┃그림 3-2┃ 근로소득과 전체소득의 상위 1%의 소득집중도: 기존추계 vs. update된 추계

제3절 한국의 경제성장 과정에 있어서 정부의 역할[4]

1. 사유재산권의 보호

한국에서 근대적 의미의 사유재산권이 처음으로 확립된 시기는 일제강점기였다. 일제는 「조선민사령(朝鮮民事令)」을 통해 일본의 민법·상법 등을 조선에 도입하였으며 「토지조사령」에 따라 전국적으로 토지조사를 실시하고 일물일권(一物一權)의 재산권을 성

4) 이 절을 작성하면서 고영선(2008.11)의 제4장 제1절을 많이 참고하였다.

립시켰다. 해방 직후 미군정(1946~1948년)은 일본인들이 남기고 간 귀속재산을 조속히 불하하기 시작하였으며, 미군정 이후에도 사유화는 지속적으로 진행되었다. 그 결과 1958년경에는 대부분의 귀속 기업체와 부동산이 민간소유로 전환되었다. 이러한 과정을 거쳐 사유재산권이 확립된 후 지금까지 이에 대한 보호는 비교적 잘 시행되어 온 것으로 평가된다.

사유재산권의 보호와 관련하여 전반적으로 양호한 것으로 판단되지만 사법제도 및 치안체계를 개선시키기 위한 노력은 지속되어야 한다고 판단된다. 특히 법질서 확립을 위해서는 먼저 법·제도 가운데 불합리한 부분을 합리적으로 개편하는 동시에 소위 사회지도층을 포함한 사회 각 계층의 준법정신을 고양시키고 범법행위에 대한 처벌을 강화해야 한다. 이를 위해서는 사법 및 치안 부문의 예산·인력 확충 및 투명성 제고가 필요하다고 하겠다.

2. 자원배분의 조정

정부가 국민경제의 자원을 자신의 뜻에 따라 배분하는 수단에는 정책금융, 재정지출, 규제 등의 장치가 있다. 보통 재정지출이 가장 중요한 수단으로 사용되지만, 한국의 경우 개발연대에 큰 역할을 수행했던 것은 정책금융이었다. 1970년대 중 국내신용 대비 정책금융의 규모는 40~60%에 달하였다. 그 외에 1980년대 중 행해진 중화학공업 투자조정 및 산업합리화와 같은 정부규제가 자원배분의 조정에 있어 중요한 역할을 수행했던 것이다.

1960~1970년대는 수출진흥과 공업화에 매진했던 시기였다. 이에 힘입어 1960~1970년대 중 수출은 급격히 증가하였다. 또한 공업화와 더불어 GDP에서 차지하는 제조업의 비중은 1970년 18%에서 1990년 27%로 높아졌으며, 수출구조 역시 공산품 중심으로 변해 갔다. 특히 1954~1960년 중 연평균 3.8%에 불과하였던 경제성장률[5)]이 정부가 주도한 1960년대~1980년대 기간에는 매우 높은 수준을 유지하였다(〈그림 3-3〉).

5) 경제성장률 중심지표가 1970년대 이후 GNP→GDP로 변경되었다. 당초에는 거시경제분석의 초점이 소득측면에 있었기 때문에 GNP를 경제성장의 중심지표로 삼았지만, 1970년대부터 세계적으로 경제의 국제화가 급격히 진전되면서, 노동이나 자본의 국가 간 이동이 확대됨에 따라 소득지표에 가까운 GNP기준 성장률이 국내경기 및 고용사정 등을 제대로 반영하지 못하게 되면서 각국은 경제성장의 중심지표를 GDP로 바꾸기 시작했고, 우리나라도 이런 국제추세에 발맞추어 1995년부터 중심지표를 GDP로 변경하여 발표하게 되었다.

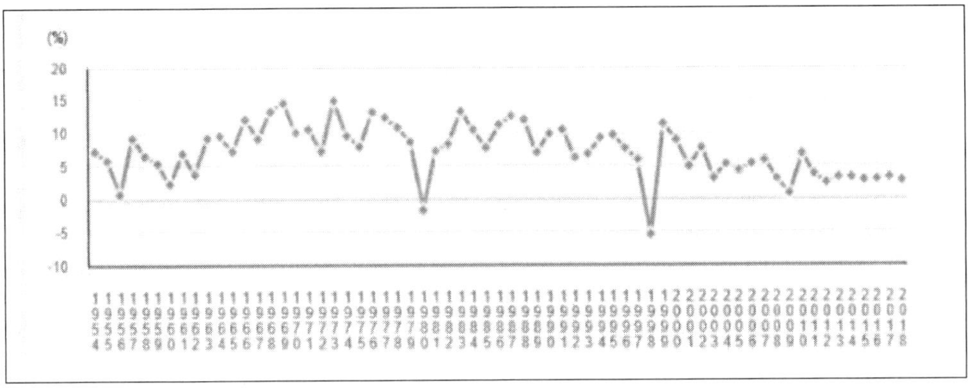

자료: 한국은행 「국민계정」.

❙그림 3-3❙ 경제성장률 추이

그러나 이러한 성과에도 불구하고 정부주도의 성장전략은 많은 문제를 낳았다. 무엇보다 높은 물가상승률이 지속되었다. 또한 1960년대 중반부터 차관도입이 급속히 늘어나면서 기업의 부채비율이 높아진 데다 수익성이 악화되어 이후 한국경제의 근본적인 취약점으로 작용하게 되었다. 이 같은 높은 부채비율은 상당 부분 정부와 민간 사이의 위험공유체제(co-insurance system)를 반영한 것으로 보인다. 1972년 8·3 조치가 취해지면서 정부는 기업의 과도한 투자에 대해 공동책임을 지는 모습을 보였다. 그리고 중화학공업화가 1970년대 말과 1980년대 초에 기업 및 금융 부문에 대규모 부실을 발생시켰을 때 정부는 중화학공업 투자조정(1979~1983년) 및 산업합리화(1980년대 중반)를 통해 정부와 민간 사이의 위험공유체제를 더욱 공고히 했던 것이다.

정부주도의 성장이 지속되면서 경제력 집중이 심화되어 갔다. 1960년대 하반기에 차관도입이 급증할 당시 정부의 지급보증 하에 차관을 배정받은 대기업과 차관을 배정받지 못한 중소기업 사이에 격차가 커지면서 산업 내 이중구조의 문제가 두드러지기 시작했다. 특히 1970년대에 추진된 중화학공업 육성정책은 중소기업의 희생 위에 대기업을 성장시키는 결과를 낳았다. 나아가 1970년대 말과 1980년대의 중화학공업 투자조정 및 산업합리화는 부실기업 처리과정에서 재벌기업에 의한 제3자 인수방식을 택함으로써 재벌의 영향력을 더욱 확대시켰던 것이다.

한편, 노동운동의 억압이 초래한 문제점도 적지 않았다. 1960~1980년대 노조활동에 대한 정부의 억압은 경제성장과 고용확대에 도움을 준 반면, 정치적 불안을 야기하고 사회통합을 저해하여 장기적으로 한국의 정치·경제·사회 발전에 부정적 영향을 미쳤다고 할 수 있다.

그리고 정부가 자원배분을 위해 활용할 수 있는 다른 수단으로서 규제를 들 수 있다. 많은 나라에서는 시장경쟁을 창달하고 금융시스템의 안정을 확보하기 위해 역할은 강화하면서 상품시장·금융시장·노동시장에 대한 규제는 완화함으로써 시장에 대한 정부의 직접적 개입을 줄이고 있다. 한국에서는 1997년 말 외환위기를 극복하면서 정부와 민간 사이의 암묵적 위험공유체제는 거의 해체되었다고 할 수 있다. 나아가 재량에 기초한 정부의 시장개입이 대폭 축소되고 대대적인 규제완화가 추진되었다.

그렇지만 한국에서는 국내적으로 진입규제가 적지 않고, 대외적으로는 상품·자본·인력의 교류가 OECD 국가들보다는 활발하지 못하다. 이는 경쟁 대 反경쟁 또는 시장 대 反시장의 대결구도 속에서 정책당국자 및 일반국민들이 아직도 경쟁 내지 시장의 가치를 충분히 수용하고 있지 못하기 때문이다.

위에서 살펴 본 문제점에도 불구하고 정부가 주도한 경제정책은 한국경제의 성장에 크게 기여했다고 할 수 있다.

이에 대하여는 먼저, 정부가 추진한 정책 가운데 수출진흥에 대해서는 긍정적인 평가를 내릴 수 있다. 당시 저개발 상태에 있던 개발도상국의 경우에는 자신의 비교우위가 어디에 있는지 거의 알 수 없었다. 이 때 어느 한 기업이 수출활동을 통해 비교우위가 있는 산업 또는 제품을 발견하게 되면 이 같은 발견의 결과는 바로 다른 기업으로 전파될 수 있었다. 나아가 수출은 제품개발·생산·마케팅 등 다양한 영역에서 귀중한 학습의 기회를 제공했던 것이다. 이러한 의미에서 경제발전 초기단계에서 수출은 정보 외부성을 가지며, 정부의 수출진흥정책은 이러한 정보 외부성을 성공적으로 시정했던 것이다.

또한 정부는 1964년에 고정환율제도를 단일변동환율제도로 전환하고 기본환율을 130원/달러에서 255원/달러로 거의 두 배 인상하였다. 이후에도 명목환율을 적절히 조정함에 따라 구매력 패리티 지수로 조정된 실질환율은 안정적 수준을 유지하였다. 이 같은 유연한 환율조정은 수출증대에 크게 도움이 되었다.

다음으로는 정부의 역할을 충실히 수행했다는 점을 들 수 있다. 적어도 다른 어느 개발도상국들에 비해 비교적 안정된 거시경제운영이 이루어졌던 것이다. 또한 사유재산권 보호의 임무를 비교적 효율적으로 수행해 온 사법제도, 교육, R&D, 주택·사회간접자본·보건 등 경제성장과 사회안정에 필수적인 공공서비스를 적절히 공급해 온 재정부문, 비교적 유능했던 관료제도 등이 중요한 역할을 수행했던 것이다.

국민경제의 자원배분에 있어 재정지출은 매우 중요한 역할을 수행한다. 한국의 재정지출규모는 1960년대 이래 GDP의 20% 내외에서 등락해 왔다. GDP 대비 20%의 재정규모는 선진국과 비교할 때 국민경제 전체의 자원배분에서 정부부문이 차지하는 비중이 상대적으로 낮았음을 의미한다. 이로 인해 민간부문에서 활용할 수 있는 국가자원이 많아져 경제성장이 촉진될 수 있었다.

3. 소득과 부의 재분배

정부는 1964년에 산재보험을 도입한 이래 주요 사회보험을 차례로 도입했으며, 1988년에는 의료보험이 전 국민에게 확대되었고 국민연금제도를 새로 도입되었다. 특히 1997년의 외환위기를 극복하고자 하는 과정에서 복지부문의 재정지출을 적극적으로 확대하기 시작하였다. 1998년 중에는 고용보험 적용대상이 급속히 확대되고, 2000년 10월에는 국민기초생활보장제도가 도입되었다. 이와 같이 제도가 확대됨에 따라 사회복지 및 보건 분야의 재정지출은 크게 확대되었다.

한국은 경제개발 초기에 노동집약적인 산업에 집중하면서 빠른 성장을 달성하면서 일자리 창출을 통해 소득분배를 크게 개선할 수 있었다. 그러나 1997년 말 외환위기 이후부터 한국의 도시 2인 이상 가구 기준 지니계수 추이는 〈그림 3-4〉에서 볼 수 있는 대로 뚜렷한 상승세를 보이고 있다. 도시에 거주하는 2인 이상 가구의 Gini계수 추이를 보면 1990년부터 1992년까지 감소하던 Gini계수가 1993년부터 상승 추세를 보이고 있었지만, 1997년 외환위기로 1997년 0.257에서 1998년 0.285로 급상승하였다. 1999년 0.288까지 상승하던 Gini계수는 2000년 0.266으로 하락한 후 2009년 0.295까지 다시 점진적으로 상승하였다가, 2010년 이후 감소하여 2012년 0.285로 외환위기의 영향이 반영된 1998년 또는 세계금융위기 직전인 2006년과 유사한 소득불평등 모습을 보이고 있다.

이러한 상승 추이는 빈곤층의 비중이 증가하고 중산층의 비중은 낮아진 것을 의미한다. 사실 불평등이 심화되면 사회적 갈등이 유발되어 경제성장을 저해하는 요인이 될 수 있으므로 빈부격차 해소 및 중산층의 육성이 매우 중요하다.[6)]

6) 반(反)월가 시위 등과 같은 기존 자본주의에 대한 반발 움직임의 배경에는 소득불평등이 자리하고 있다. 소득불평등 해소를 위해 사회에서는 기업의 사회적 역할 강조, 복지 시스템 개선, 조세 개혁 등을 논의하고 있다.

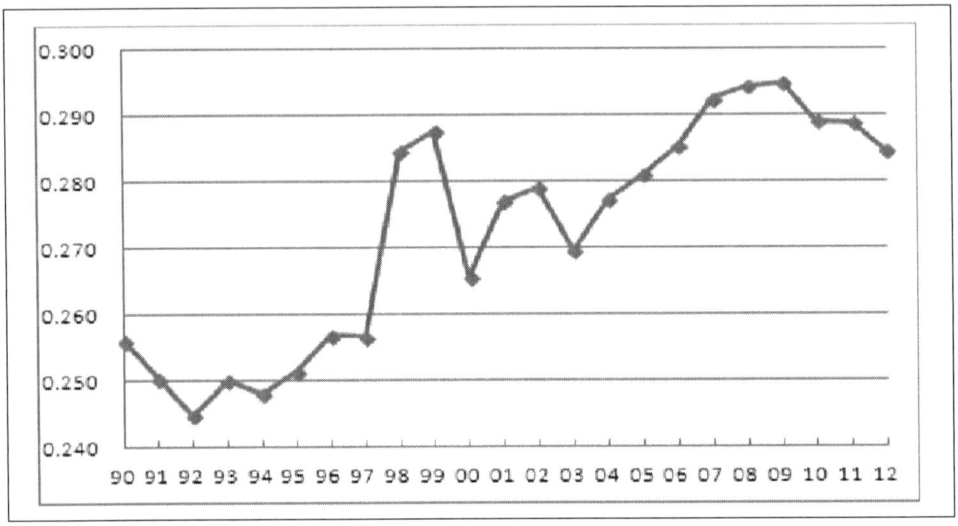

자료: 통계청, 박소현·안영민·정규승(2013)에서 재인용.

❙그림 3-4❙ 도시 2인 이상 가구 기준 지니계수 추이

한국에서는 외환위기 이후 소득불평등도가 빠른 속도로 상승하고, 계층 간 소득격차가 커짐에 따라 중산층의 붕괴에 대한 우려가 높아졌다.[7] 이와 같이 중산층 비중이 줄고 빈곤층 비중이 늘어나는 현상은 대부분의 나라에서도 목격되고 있다(고영선, 2005). 이것의 주요 요인으로는 교육 및 인적자본, 경제개방 확대, 정부의 복지정책, 직업 안정성, 자본소득, 노동시장 내 소득격차의 확대, 자신소득 증가에 따른 소득분배 악화 등을 들 수 있다(조윤제 외, 2012). 이러한 추세는 앞으로 지속될 것이며, 근본적 반전은 어려울 전망이다. 따라서 정부는 전반적인 소득분배의 개선을 위해 노력해야겠지만 어려움을 겪고 있는 빈곤층을 돕는데 우선해야 할 것이다.

---

7) 중산층에 대한 정의로서 첫째, 중산층의 가구비중으로, 전체 가구에서 중산층의 가구가 차지하는 비중이 어느 정도냐에 따라 정의하는 OECD 등에서 주로 사용하는 정의로, 가구소득을 기준으로 중위소득의 50% 미만, 50~150%, 150% 이상으로 구분하여 각각 빈곤층, 중산층, 상류층으로 정의하는 방법이다. 여기서는 중위소득의 50~150% 사이에 포함되는 가구의 비중이 중산층의 척도이다. 둘째, '울프슨(Wolfson) 지수'로, 중산층을 중위소득 부근의 인구계층으로 규정하고 중위소득으로부터 소득의 분산 정도가 클수록 중산층의 규모가 감소한다는 설정을 통해 중산층의 몰락 정도를 지수로 표시한 것이다. 셋째, 중산층의 소득점유율로 정의되는 기준으로, 전체 가구를 소득수준에 따라 20%씩 균등한 수로 5등분하였을 때 중간인 2, 3, 4등분에 속하는 60%의 가구를 중산층으로, 그리고 양쪽 끝에 있는 가구들을 각각 빈곤층과 상류층으로 구분하는 방법 등이 있다(최원, 2012).

4. 거시경제의 안정화

(1) 통화정책

개발연대 기간 중 통화당국의 일차적 임무는 성장통화를 공급하는 데 있었으며, 물가안정은 생필품에 대한 행정적 가격규제에 주로 의존하였다. 이는 통화당국이 여전히 독자적으로 통화정책을 결정할 수 없는 구조였기 때문이다. 1980년대에 들어 정책금융의 지원대상이 무역금융 및 중화학공업에서 중소기업으로 바뀌었지만 정책금융은 비슷한 기조를 유지하였다. 당시 한국은행은 중화학공업 투자조정 및 산업합리화, 농어가부채 경감, 투신사 경영정상화 등을 발권력으로 지원하는 임무를 맡았으므로 통화정책의 여지는 별로 없었다.

외환위기 발발 직후 단행된 제6차 한국은행법의 개정(1997.12)에 따라, ① 한국은행의 목적은 종전의 통화가치의 안정과 은행 신용제도의 건전화에서 물가안정으로 변경되었고, ② 금융통화운영위원회가 다시 금융통화위원회로 개칭되고 한국은행 총재가 의장을 맡게 되었으며, ③ 물가안정목표제를 도입하였고, ④ 은행·증권·보험 등에 대한 감독기능을 통합·일원화하는 방향으로 금융감독체계가 개편되어 한국은행의 통화신용정책과 관련된 제한적인 감독기능만이 남게 되었다.

한국은 1998년부터 물가안정목표제도[8]를 도입하였다. 도입 초기에는 한국은행이 매년 12월경 정부와 협의하여 다음 연도에 달성하려는 연간물가목표를 발표하였으나, 금년도 물가목표를 달성하기 위한 통화정책이 실제로는 금년의 물가수준에 아무런 영향을 미치지 못하고, 다음 년도의 물가에 영향을 미치는 문제점 등이 있었다. 이러한 문제점을 보완하기 위하여 2000년부터는 연간물가목표와 더불어 중기적으로 달성하려는 중기목표도 함께 발표하였으나, 실제로는 연간물가목표를 중심으로 운용되었다. 이후 2004년부터는 연간물가목표는 설정하지 않고 향후 3년 동안 달성하려는 물가목표 수준을 공표하는 방식으로 이행하여 현재는 중기물가목표제도를 운용하고 있다.

한편, 물가안정목표를 위한 인플레이션 기준지표로는 1998년 물가안정목표제를 도입한 이후 소비자물가지수에서 일부 불규칙한 변동을 보이는 품목을 제외한 근원 인플레이션율(underlying inflation)을 목표지표로 삼고 운영해왔다. 그러나 2007~2009년

8) 물가안정목표제는 중앙은행으로 하여금 연간 소비자물가(CPI) 상승률의 관리 범위를 정하고 이를 지키도록 하는 것이다. 경우에 따라서는 소비자물가 상승률 대신에 물가수준이나 핵심물가 상승률 등을 관리 목표로 삼기도 한다.

중 소비자물가지수가 국민들의 실생활에 가장 친숙한 물가지표인 점 등을 감안하여 소비자물가상승률 기준의 연평균 물가상승률로 목표지표를 변경하였다. 한국은행은 이를 달성하기 위해 매월 물가 동향, 경제활동 및 국내외 금융시장 여건 등을 종합적으로 고려하여, 금융통화위원회 회의에서 한국은행 기준금리(2008년 3월 콜금리 목표에서 한국은행 기준금리로 변경)를 결정한다.

한국은행은 물가안정목표제의 도입 이후 몇 차례에 걸쳐 물가안정목표의 대상지표와 목표수준을 변화시키며 물가안정목표를 달성하고자 노력했으나, 외환위기 이후의 통화 및 환율 정책에 대하여 신관호(2007)는 그다지 성공적이지 못했다고 평가하고 있다. 한국경제의 변동성이 여타 국가에 비해 큰 편이라서 한국의 물가안정이 다른 선진국 및 주요 신흥시장국가들에 비해 결코 양호하다고 볼 수 없다는 것이다. 그렇다면 향후에는 통화정책의 초점을 보다 명확하게 물가안정에 맞추어야 할 것이다.

(2) 환율정책

1964년에 단일변동환율제도가 도입된 이래 환율은 비교적 신축적으로 조정되었다. 그러나 정부는 외환시장에 지속적으로 개입하였는데, 이로 인해 필요한 조정이 늦추어져 환율이 급격히 변동하는 모습을 보이기도 하였다. 1997년 말 외환위기 직전에는 고비용·저효율의 경제구조를 개선하기 위해 정부는 10% 경쟁력 강화운동을 추진하면서 환율절하를 억제하였으나 외환위기의 발발과 함께 대폭적인 절하가 불가피해졌다.

외환위기 이후에도 정부의 외환시장 개입은 지속되고 있는 것으로 보인다. 물론 위기 직후에는 외환보유고 확충이 시급하였으므로 당시의 외환매입을 시장개입이라 할 수는 없다. 향후에는 환율의 추세적 변동에 영향을 미치기 위한 시장개입은 자제해야 할 것이다.

환율정책은 통화정책의 일부로서 시행되어야 하며, 그 수단으로는 시장개입이 아닌 금리조정을 사용해야 한다. 적어도 환율정책을 통화정책에 종속시키는 방향으로 나아가는 것이 외환시장의 불확실성을 줄이는 근본대책이라 하겠다.

(3) 재정정책

거시경제의 안정화는 단기적 안정화와 장기적 안정화로 구분된다. 재정수지가 경기동행적으로 움직이기 위해서는 재정수입은 경기동행적으로 움직이고 재정지출은 경기역행적(counter-cyclical)으로 움직여야 한다. 한국에서 재정수지가 경기동행적으로 움직이지 않는 것은 재정수입이 경기동행적으로 움직이지 않거나 재정지출이 경기역행적으로 움직이지 않기 때문이다.

한국에서도 2004년에 「국가재정운용계획」을 통해 중기재정관리체계[9]를 도입하였다. 그러나 그 후에도 재정지출의 경기동행적 움직임은 계속되고 있다. 따라서 국가재정운용계획이 소기의 목적을 달성하기 위해서는 지출상한선 설정 등의 조치가 필요하다고 판단된다.

한편, 한국정부는 1980년대 이후 재정을 건전하게 운영해 옴으로써 장기적 안정화에는 상당한 성과를 올렸다. 재정 운영에서 확립된 '세입 내 세출'의 원칙은 경기동행적 재정지출을 낳은 주요 원인이었으나, 동시에 강력한 재정규율(fiscal discipline)을 예산편성과정에 내재화시킴으로써 재정건전성의 확립 및 유지에 크게 기여한 것으로 평가된다.

이제는 시대 변화에 맞추어 정부의 분야별 역할이 재정립되어야 할 것이다. 적어도 ① 사법제도 및 치안체계를 더욱 강화할 필요가 있고, ② 자원배분의 조정을 위한 정책금융·재정지출·정부규제 등의 수단도 과감히 줄임으로써 시장에 대한 불신과 정부에 대한 과신에서 벗어날 필요가 있으며, ③ 외환위기 이후 분배가 악화된 현실을 감안하여 저소득층에 초점을 맞춘 제도개선을 보완하는 등 보다 적극적인 재정의 역할이 요구되고 있고, ④ 거시경제의 안정화를 위해 통화정책의 초점은 분명히 물가안정에 맞추고, 환율정책은 직접적인 외환시장 개입을 지양하되 통화정책과의 정합성을 높여야 하며, 재정정책은 재정지출의 경기동행성을 줄여 단기적 안정화기능을 강화할 필요가 있다고 하겠다.

---

9) 중기재정관리체계란 중기적 관점에서 하향식 접근방식을 통해 연도별로 예산을 편성하는 것을 말한다. 즉, 예산편성 초기단계에서 중기적 거시경제여건을 점검하고 중기적 재정운영전략을 수립하며, 이에 맞추어 예산연도에 대한 예산을 편성한다. 그리고 예산편성 초기단계에서 예시적이든 강제적이든 부처별 또는 분야별 지출한도를 정하여 이를 일선부처에 시달하고, 일선부처는 이를 기초로 예산을 요구한다. 이러한 중기재정관리체계는 우리나라 예산편성방식의 단점을 보완하는 동시에 정보의 비대칭성 문제를 대폭 완화시켜줄 것으로 기대된다.

제4절 경제환경의 변화와 정부의 새로운 역할10)

1. 새로운 성장전략에로의 전환 필요성

과거 개발연대 기간 동안 금융억압과 정부주도의 자원배분에 의해 급속한 성장을 달성하였다. 이러한 금융억압과 정부주도에 의한 자원배분에 의해 중화학공업의 발전기반이 마련되어 경제구조의 고도화가 가능하였다고 본다. 그러나 다른 한편에서는 수출진흥을 통한 정보 외부성이 효과적으로 해결됨으로써 시장이 원활히 작동했기 때문이라고 평가하기도 한다. 어느 쪽이 더 타당한지는 판단하기 어렵지만, 적어도 오늘날의 시점에서는 정부주도의 경제성장은 더 이상 바람직하지 않다는 것이다. 이제는 자원배분에 대하여는 금융시장이 담당해야 하고, 정부는 기본역할인 사유재산권 확립, 시장실패 교정과 시장경쟁 촉진, 사회통합 제고, 거시경제 안정화에 집중해야 한다는 것이다.

최근 정부의 경제정책을 갖고 지지자들 사이에서도 우려하는 목소리가 늘고 있다. 그동안엔 주로 소득주도성장, 아니 급격한 최저임금 인상을 갖고 시끄러웠는데 요즘은 거기에 부동산 문제가 더해졌다.

이 두 문제는 조금 성격이 다르다. 최저임금 인상은 정부가 일으킨 풍파다. 이에 비해 부동산 가격 상승, 보다 정확히 말해 서울권 아파트 가격 상승은 잠재해 있던 문제가 다시 머리를 치켜든 것이다. 전자는 없던 문제를 정부가 일으켰고, 후자는 있던 문제를 정부가 덮으려다 실패했다.

2017년에 집권한 문재인 정부는 가계소득을 증대한다며 추진한 소득주도성장과 최저임금을 단기간에 대폭 늘렸다. 또한 특정 지역 아파트 상승 억제를 목표로 한 부동산정책 등에서 지나친 정부의 개입이라는 비판이 적지 않다.

최근의 대내외적 환경변화는 시장주도 경제성장의 당위성을 높이고 있다. 특히 지속적인 경제성장을 확보하기 위해서는 시장주도의 성장전략을 보다 강화할 필요가 있다. 정부는 민간 경제주체들이 혁신·투자·근로·저축에 매진할 수 있는 환경을 구축하는 데 주안점을 두어야 한다. 경제성장이란 분야별 제도 및 정책의 개선을 통해 구축된 환경 위에서 민간 경제주체들이 경제활동에 진력하여 성장함으로써 얻어지는 결과이다. 성장

10) 이 절을 작성하면서 고영선(2008.11)의 제4장 제3절을 많이 참고하였다.

촉진을 위한 무리한 시장개입은 오히려 성장기반을 잠식하고 경제의 불확실성을 높일 수 있다.

2. 거시경제의 안정화

정부는 거시경제를 안정화함으로써 경제환경에 대한 예측가능성을 높여주어야 한다. 물가·환율·재정건전성 등의 불확실성이 높으면 투자·고용 등의 각종 경제활동이 위축된다. 이러한 불확실성은 소득분배에도 악영향을 미치는데, 예컨대 물가상승은 저소득층에 가장 먼저 타격을 준다. 또 재정건전성이 악화될 경우 저소득층 지원정책 역시 축소될 수밖에 없다.

먼저 통화정책은 향후 보다 명확하게 물가안정에 초점을 맞추는 것이 바람직하다. 개발연대뿐 아니라 경제위기 이후에도 한국은 물가안정에 관한 한 높은 점수를 받지 못하고 있는데, 이는 통화정책이 물가안정보다는 성장이나 환율을 더 중요한 요인으로 삼았기 때문이다. 향후에는 정책금리의 수준을 결정함에 있어 통화당국의 자율성을 제고시킬 필요가 있다.

다음으로 환율정책에 있어서는 외환시장 개입을 최소화해야 한다. 사실 세계 각국은 외환당국의 재량성을 배제하기 위해 변동환율제도 또는 경성 고정환율제도로 나아가고 있다. 환율의 추세를 바꾸고자 한다면 정책금리를 조절해야 한다. 이러한 정책금리의 조절 없이 시장개입만으로 환율의 추세를 바꿀 수는 없다. 이런 의미에서 환율정책은 통화정책과 정책수단을 공유하며, 통화정책의 일부로 수행되는 것이 바람직할 것이다.

마지막으로 재정정책은 중장기 재정건전성 확보를 통해 거시경제의 안정을 뒷받침해야 한다. 정부부채는 경제위기로 인해 급증하였으나 최근에는 GDP 대비 30% 수준에서 안정을 찾고 있다. 따라서 향후에는 인구구조의 변화 등과 같은 불안요인을 고려하여 재정규율(fiscal discipline)이 약화되지 않도록 해야 할 것이다.

3. 미시적 유인구조의 개선

정부는 민간 경제주체들의 혁신, 투자, 근로, 저축을 촉진시키기 위해 미시적인 유인구조를 개선해야 한다. 이들 미시적 유인구조는 경제성장에 가장 큰 영향을 미치는 요인이다.

한편, 자본주의의 핵심이라 할 수 있는 기업의 혁신활동은 지식기반경제의 도래에 따라 그 중요성은 더욱 높아질 것이다. 기업들의 꾸준한 혁신활동을 촉진하기 위해서는 이들 간의 경쟁을 심화시켜야 한다. 적어도 대외개방을 적극 확대하고, 가격 및 진입에 관한 규제를 대폭 정비하며, 경쟁정책을 보다 강화해야 할 것이다.

한 나라의 경제가 보다 활력을 가지기 위해서는 노동시장의 유연성이 제고되어야 한다. 이를 위해서는 상품시장의 경쟁 확대가 바람직하다. 노동조합의 교섭력은 기업의 독점력에 기반을 두는 경우가 많다. 독점력이 가져오는 경제적 지대를 기업과 노동조합이 공유하기 때문이다. 따라서 대내적 개방(진입규제의 철폐)과 대외적 개방(무역 및 투자 장벽의 철폐)을 제고하여 상품시장의 경쟁을 보다 강화함으로써 노동시장을 유연하게 해야 할 것이다.

또한 직업알선·교육훈련 등과 같은 적극적 노동시장정책(active labor market policy: ALMP)[11]의 실효성을 제고해야 한다. ALMP의 실효성을 확보하기 위해서는 정책대상을 적절히 선정하여 그에 적합한 차별화된 서비스를 제공할 필요가 있다. 최근 도입된 직업훈련계좌제는 이런 관점에서 바람직하다고 할 수 있다.

4. 혁신자원의 원활한 공급

한 나라 민간 경제주체들이 경제성장에 기여하는 혁신적 활동을 제대로 수행하기 위해서는 금융자원·인적자원·기술자원이 원활히 공급되어야 한다.

먼저 혁신을 뒷받침하기 위해서는 금융자원이 중요한 역할을 할 수 있게 해야 한다. 한국의 금융부문은 경제위기 이후 독자적 산업으로 빠르게 성장해 왔으나, 저축은행 사태에서 드러났듯이 금융중개기능이 여전히 효율적으로 이루어지고 있지 못하다. 현시점에서 특히 중요한 과제는 서비스업 및 제조업 분야의 지식기반형 중소기업에 자금이 원활히 공급될 수 있도록 다양한 방안들을 강구해야 할 것이다. 또한 벤처캐피털과 같은 혁신금융을 키우는 등 금융의 제도적 환경을 근본적으로 개선하는 것이 필요하다.

교육부문은 그동안 빠른 양적·질적 개선을 달성하였으나 아직도 많은 문제점을 내포하고 있다. 이러한 문제점은 교육서비스 공급자의 책무성과 수요자 지향성을 제고하는 데서 해결책을 찾아야 할 것이다. 특히 높은 청년실업과 관련하여 대학교육을 보다 충

11) 적극적 노동시장정책(active labor market policy: ALMP)이란 정부의 적극적인 개입에 따른 긴축정책을 통해 인플레를 억제하고, 한편으로는 실업에 처하거나 불안정 고용을 경험하는 이들에 대한 직업훈련과 취업알선 등을 제공함으로써 실업을 줄이고 경기를 부양하려는 노동시장정책을 말한다.

실히 할 수 있도록 힘을 모아야 할 것이다. 적어도 서비스 공급자들이 사회가 요구하는 교육을 실시할 수 있는 유인책을 마련해야 할 것이다. 한국의 경쟁여건은 기업의 혁신 유인뿐만 아니라 인적자본의 극대화를 통하여 제고될 것이기 때문이다.

한 나라의 R&D 투자는 무엇보다 중요하다. 이에 대하여는 정부와 민간의 역할분담을 합리화할 필요가 절실하다. 향후에는 개발연구에 대한 지원을 축소하고 기초·원천 연구에 대한 지원을 확대함으로써 정부·민간 간의 중복을 해소하고 보완관계를 강화해야 할 것이다.

5. 사회통합의 제고

세계화 및 지식기반경제가 심화됨에 따라 소득분배는 더욱 악화될 것으로 보인다. 이러한 상황에서 재분배정책은 사회통합을 제고하여 경제성장을 지원한다는 측면에서 바람직하다고 하겠다. 그렇다고 재분배정책의 강화하면서 복지지출을 무조적적으로 확대할 수는 없다. 복지지출의 지나친 확대와 이를 위한 과중한 조세부담은 경제성장을 저해하여 성장과 분배를 함께 지속 불가능하게 한다.

따라서 선진국에서 나타나는 최근의 동향을 충분히 고려하여, 한국의 향후 재분배정책은 다음과 같은 기본전략을 구축해야 할 것이다.

첫째, 사회적 이동성 제고에 최우선순위를 둔다는 것은 사후적 형평성보다 사전적 기회균등에 초점을 맞춘다는 것을 의미한다. 구체적으로는 저소득층에 대한 육아·보육·교육 지원을 강화하고, 고용안정서비스 및 직업훈련의 효과성을 제고하며, 사회보장제도 및 조세제도의 고용 및 취업 저해요인을 최소화해야 한다. 이와 더불어 고용창출이 최상의 사회보장정책이라는 관점에서 역동적 고용창출을 위한 여러 가지 정책을 종합적으로 운용해야 할 것이다.

둘째, 복지제도의 지속 가능성을 확보하기 위해서는 국민부담 및 재정지출의 급격한 증가를 막아야 한다. 특히, 국민연금제도의 근본적 개혁을 추진할 필요성이 높다. 단순히 소득대체율, 보험료율, 연금수급개시연령 등의 모수(parameter)만을 바꾸는 데 만족하지 말고, 스웨덴의 NDC(Notional Defined Contribution)제도[12]와 같이 개인의

12) 스웨덴은 1985~1998년에 걸친 논의 끝에 입법화된 연금개혁의 기본정신은 가입자 자신이 부담하는 보험료에 상응하는 연금액을 지급하는 것이다. 전문용어로 명목확정기여(Notional Defined Contribution, 이하 NDC)형이라는 새로운 제도를 통해 본인의 보험료 기여 실적에 GDP 증가율 만큼의 이자율이 부여되는 개인계정을 설정함으로써 '적당히 내고 적당히 받는' 연금제도로 전환

저축 및 근로 유인과 정부의 재정 부담에 중립적인 영향을 미치는 연금제도의 도입을 고려해야 한다.

현재 한국의 복지지출이 OECD 국가들의 평균적인 복지지출에 미치지 못한다. 그렇다고 OECD 평균수준의 복지지출은 한국이 적극적으로 달성해야 할 목표일 수는 없다. 국민연금제도가 성숙하고 고령인구가 증가함에 따라 자연히 그에 근접하게 될 것이다. 또 많은 OECD 국가에서 연금지출은 과도한 측면이 있다는 점도 고려해야 한다.

셋째, 저소득층에 초점을 맞춤으로써 한정된 재원의 효과성을 극대화해야 한다. 현재 한국에서는 이러한 원칙이 제대로 지켜지지 않는 경우가 적지 않다. 또 이러한 원칙에 충실하기 위해서는 먼저 소득파악체계를 혁신적으로 개선해야 할 것이다.

넷째, 시장과 재정의 적절한 역할분담을 모색하고 시장왜곡을 방지해야 한다. 먼저 역할분담 모색에 있어서 정부는 시장에서 충족되지 못하는 수요를 충족시킨다는 원칙을 확립해야 한다. 또한 소비자 선택권의 확대로 효율과 형평을 동시에 추구해야 하는데, 바우처 등의 시장형 기제(market-type mechanism)는 그 중요한 수단이 될 수 있다.[13)]

제5절 역사적 교훈과 한국의 과제

1. 정부실패와 시장의 실패

유럽의 재정위기의 중심에 있는 그리스의 상황은 방만한 재정의 운용에서 비롯된 것은 주지의 사실이다. 그리스의 2010년 GDP 대비 중앙정부의 부채는 147.8%로서 183.5%인 일본 다음으로 높다. 이는 OECD 국가들의 평균인 55.3%의 세 배에 육박하는 수치이다. 개인이든 국가든 간에 방만한 씀씀이는 재정의 악화를 가져와 결국에는 생활과 경제의 파탄을 초래하는 실감하고 있다.

국가의 재정문제는 결국 정부의 역할에 대한 시대와 사회의 인식에 따라 차이가 난다. 세계 경제의 진행과정을 역사적으로 고찰해 보면, 정부의 역할에 대한 사회의 인식

하였다. 스웨덴이 채택한 NDC제도는 향후 예상되는 평균수명 증가와 연금급여액이 자동적으로 조정되는 연계고리를 형성함으로써 고령사회에서도 지속 가능할 연금제도로 평가받고 있다.

13) 예컨대 대학교육에 있어 교육기관에 대한 직접지원은 대폭 축소하고 저소득층 대학생에 대한 학자금 지원 중심으로 재편해야 한다.

은 큰 정부를 지지하는 시기와 작은 정부를 지지하는 시기가 반복적으로 나타났음을 알 수 있다. 16~18세기 중상주의 시대에는 정부가 경제에 깊이 관여하는 시기였다. 이 시기는 유럽 국가 간 약육강식 형태의 정치·경제 질서가 팽배해 있었고 이러한 상황에서 자국의 경제적 이익을 확보하기 위한 경제적 민족주의가 중상주의로 나타났다. 이 시기는 유럽의 근대국가 건설 시기로 근대적 산업국가의 기초를 구축하기 위해서는 강력한 중앙정부의 역할이 필요하였다. 그 결과 정부의 경제에 대한 개입이 당연시 되었다.

중앙정부에 의한 경제운용은 자연스럽게 정부와 소수 대상공인 사이의 정경유착으로 이어졌고, 정부에 의한 인위적인 독과점이 발생하여 경제력집중의 폐해가 노정되었다. 또한 중상주의의 경제규제는 중소기업의 자유로운 경제활동을 방해하여, 당시 새로운 주도계급으로 등장하던 중소 상공인들의 불만을 초래하였다. 이들은 대자본에게만 유리한 정부의 규제에 반대하여 자유로운 경제활동을 주장하게 되었다. 이에 대한 이론적 근거를 제시한 것이 애덤 스미스(Adam Smith, 1723~1790)의 경제적 자유주의였다.

애덤 스미스는 특혜를 주거나 제한을 가하는 모든 제도가 완전히 철폐되면 분명하고 자연스런 자유의 체계가 스스로 확립된다고 보았다. 이러한 경제적 자유방임주의는 공정한 경쟁규칙을 제외한 모든 정부의 경제개입을 철폐할 것을 주장하면서 힘을 얻게 됨에 따라 19세기의 유럽은 전반적으로 정부의 역할을 최소화하는 자유방임 정책을 견지하였다.

19세기를 풍미한 자유방임주의는 19세기 말에 종말을 고하는데, 이는 시장의 힘을 지나치게 과신한 결과 초래된 시장실패에 기인한 결과이었다. 이러한 자유방임주의의 폐해를 해결하고자 등장한 것이 정부의 시장개입을 정당화하는 사조인 사회주의(socialism)와 사회적 자유주의(social liberalism)이다. 자본주의 자체를 부정하는 사회주의는 20세기에 종말을 고하였고, 사회적 자본주의는 자본주의체제를 인정하고 개인의 정치적 자유주의를 보장하면서 정부의 소득재분배정책을 통하여 빈곤문제를 해결하고자 하였다. 사회적 자본주의는 각국에서 다양한 형태로 전개되면서 정부의 역할을 정당화하였다.

미국에서는 1929년 10월 뉴욕 증권시장의 주식가격 폭락으로 촉발된 대공황이 시장에 대한 신뢰를 완전히 무너뜨렸다. 1929년에서 1932년 사이에 주식시장은 폭락하고, 국민소득, 고용, 공업생산이 모두 절반으로 줄어들었다. 이를 극복하기 위해 루즈벨트(Franklin Delano Roosevelt, 1882~1945) 대통령의 뉴딜정책이 수행되었고, 이론적으로는 유효수요를 중심으로 한 케인즈(John Maynard Keynes, 1883~1946)의 거시경제학이 정부에 의한 경제개입의 필요성을 역설하였다.

한편, 대다수 선진국들은 자본주의 시장경제를 기본으로 하지만, 정부의 적극적 개입으로 시장의 실패를 시정하고 복지국가를 추구하는 경제정책으로 인해 제2차 세계대전 이후 1970년대 중반까지 전례 없는 경제적 번영과 사회적 안정을 달성했다. 이때의 경제사조를 신고전학파종합이라고 부르는데 이는 케인즈의 유효수요 이론에 새뮤엘슨(Paul Anthony Samuelson, 1915~2009)의 시장실패 이론을 종합한 것으로, 불황과 실업을 타개하기 위한 확대 재정금융정책, 부의 양극화를 완화하기 위한 적극적 소득재분배정책, 독과점과 공해의 규제 및 공공재의 정부공급과 같은 정부의 적극적 경제개입을 주장하는 입장을 취한다.

신고전학파종합[14]에 근거한 정부의 적극적 개입은 점차 정부부문의 비대화를 초래하여 정부의 무능, 월권, 비리, 부패라는 정부의 실패가 크게 문제되기 시작하였다. 이에 대한 반성으로 1980대년 초 정부의 실패를 부각시키고 시장의 성공을 강조하는 신자유주의가 영미를 중심으로 지배적인 정책기조로 등장하였고 이에 근거한 자유방임 경제정책이 다시 부활하게 되었다. 예를 들어, 1979년에서 1990년까지 집권하였던 영국의 대처(Margaret Thatcher, 1925~2013) 수상과, 1980년에서 1988년까지 재임하였던 미국의 레이건(Ronald Reagan, 1911~2004) 대통령은 신자유주의에 입각하여, 규제철폐, 공기업 민영화, 노동시장 유연화 등의 정책을 실시하였고 이는 현재까지 세계적인 추세로 자리 잡고 있다.

그러나 신자유주의 또한 자본주의의 실패를 노정시키고 있다. 즉, 중산층의 몰락과 빈부격차의 확대, 실업과 비정규직의 확대, 금융위기의 빈번한 발생, 독과점화, 환경파괴, 공공재의 부족, 국가부채의 증가와 구미 각국 재정위기의 심화 등 다양한 문제점들이 나타나고 있다. 2008년 미국 서브프라임 사태 이후 선진국들이 천문학적인 구제자금을 투입했음에도 불구하고, 세계경제는 세계적인 금융시장 불안, 재정위기, 그리고 실물경제의 불황으로 이어지고 뚜렷한 회복의 기미를 보이지 않고 있다.

---

14) 미국은 제2차 세계대전의 승전국이 된 이후에 세계 정치와 경제의 중심국가로 부상했다. 또한 학문에서도 미국은 그 중심이 되었으며, 경제학도 예외가 아니었다. 1960년대 초 미국에서는 서로 대립되는 몇 개의 주제가 경제학의 주된 관심의 대상이었다. 이론을 중시하는 경제학자들은 일반균형이론과 게임이론에 대한 연구와 토론에 몰두했다. 시카고 대학교와 그 외곽에서는 프리드먼(Milton Friedman)교수와 그의 추종자들이 자유주의(libertarian) 노선을 추구했다. MIT와 그 외의 많은 미국의 대학들은 마셜주의 미시경제학과 케인즈의 거시경제학을 혼합한(신고전학파-케인지안 합성한 신고전파 종합)을 통한 실용적 연구에 주력하였다.

2. 역사적 교훈

위에서 살펴본 바와 같이 세계경제는 자유방임주의와 개입주의가 교대로 반복되어 왔다. 16세기에서 18세기까지는 전형적인 개입주의인 중상주의가, 19세기에는 자유방임주의가, 20세기 초부터 1970년대까지는 다시 개입주의인 신중상주의가, 1980년대부터는 또다시 자유방임주의인 신자유주의가 지배적인 경제사조가 되었다. 국가의 재정문제와 관련하여 이러한 역사적 고찰을 해 보면 현재 한국이 처한 현실에 대한 시사점을 도출할 수 있을 것이다.

우선, 자유방임주의는 시장의 실패라는 문제를, 경제에 대한 정부의 지나친 개입은 정부의 실패라는 문제를 낳는다. 따라서 최근에 나타난 신자유주의에 대한 이념적 측면에 대한 논쟁은 별로 생산적이지 못하고, 두 가지 입장을 다 취하되, 장점은 극대화하고 단점은 최소화하는 방안을 찾아야 할 것이다.

재정 건전성과 관련하여 신자유주의는 경제주체들로 하여금 국가의 실패를 인식하도록 하고 그동안 누적된 국가의 실패를 줄이기 위한 노력이 경주되도록 하였다. 수십 년간의 관치경제로 인하여 정부의 실패가 심각한 한국에게는 특히 시사하는 바가 적지 않다.

한국은 인구 고령화, 출산율 하락, 잠재성장률 저하로 다른 요인이 없더라도 재정 건전성이 악화될 가능성이 높다. 여기에다 복지국가를 지향하며 재정을 지나치게 투입한 선진국들의 실패사례를 보면서 시사점을 찾아야 한다. 지나친 복지제도는 정부의 재정적자를 확대시킬 뿐만 아니라, 근로의욕을 감소시키는 부작용을 일으킬 수 있다.

한국정부는 2011회계연도부터 국가재무제표를 작성해 국회에 제출하고 있다. 국가재무제표에 의하면, 2018년 국가부채가 사상 처음으로 1,700조 원에 육박했다고 한다. 공무원·군인연금 충당부채가 공무원과 군인 재직자 수와 근무기간 증가, 할인율 인하 등으로 인해 2013년 이후 급격히 늘어났기 때문이다. 재정지출을 뒷받침하기 위한 국채발행도 증가했다. 중앙·지방정부가 반드시 갚아야 할 국가채무(D1)는 680조 7천억 원으로 국민 1인당 1,319만 원에 달했다(매일경제신문, 2019.04.02).

문재인 정부는 2019년 4월 2일 2018년 말 중앙정부와 지방정부를 합한 일반정부 부채가 680.7조 원으로 GDP 38.2%라고 발표했다. 여기에 공무원과 군인 연금 장기충당금 939.9조 원 등을 합한 국가부채는 1,682.7조 원이라고 발표했다. 특히 큰 문제는 한국도 이미 국가부채/GDP 비율 기준으로는 100%를 육박하여 국가부채를 줄이기 위한 강력한 재정준칙 발동이 필요하다는 시점이라는 점이다.

사실 국가부채/GDP 비율이 100%를 넘어선다는 것은 재정위기 가능성을 예고해 주는 것이다.[15] 경제성장률이 낮고 국채이자율이 높은 경우에는 경제성장으로 국채이자 상환도 힘들어지게 된다. 마침내 국채발행도 어렵게 되어 재정지출을 하지 못하게 되는 국가재정위기가 발생하게 된다. 그리스에서 재정위기가 발생하자 국민생활에 가장 기초적이고 필수적인 의료비지출도 못해서 의사들은 외국으로 떠나고 약국도 폐업이 속출하는 사태가 발생했다. 이 때문에 국가부채/GDP 비율이 위험수위를 넘어서면 강력한 재정준칙을 발동해 정부의 재정지출은 줄이면서 세율은 올려서 국가부채비율을 안정적인 수준으로 낮추어야 한다. 이 과정에서 경제성장률은 낮아지고 일자리는 줄어들어 국민들의 고통이 가중된다(오정근, 2019.04.10).

정치 과정의 대리인 문제(agency problem)를 고려할 때 재정의 악화는 쉽게 빠질 수 있다. 이는 구미 선진국에서도 표를 얻는 데에 급급한 정치인들과 국가재정이 파탄 난 상황에서도 기존의 혜택을 포기하지 않으려는 국민들이 만들어낸 합작품이기도 하다. 한국이 이러한 전철을 밟지 않기 위해서는 엄정한 재정준칙을 설정하여 재정규율을 확립하여야 한다. 물론 자본주의는 항상 경기변동이 수반되기 때문에 단기적인 경기변동에 유연하게 대응하는 재정준칙을 확립하여야 하는데, 스웨덴, 네덜란드, 호주 등의 우량 재정준칙 국가들이 좋은 참고사례가 될 것이다.

재정건전성 유지가 매우 중요하긴 하지만, 동시에 한국의 경제발전 단계에서 복지국가에 대한 비전을 무시할 수는 없다. 따라서 정부의 시장개입을 일정 부분 인정해야 한다. 정부의 시장개입 정도에 관해서는 오위켄(Walter Eucken, 1891~1950)의 질서자유주의(Ordo Liberalismus)[16]가 한국사회에 주는 시사점이 크다고 생각된다. 오위켄은 정치적, 경제적 자유주의를 주창하였는데, 완전경쟁시장만이 생산의 효율성과 개인

---

15) 미국에서는 국가부채의 GDP에 대한 비율이 2011년에 100%를 넘어서자 '예산통제법'을 제정해 국가부채한도를 정하고 한도를 넘어서는 정부의 재정지출은 상하양원의 동의를 얻어야 가능하도록 했다. 2013년 예산을 앞두고 2012년에 '예산통제법' 문제가 대두되면서 의회의 동의가 없을 경우 재정지출의 큰 폭 삭감이 불가피한 재정절벽문제가 대두되었던 것이다. 2011년 유로존 위기가 발생했을 때 위기발생국 대부분이 국가부채/GDP 비율이 100%를 넘어선 국가들이었다. 2011년 그리스가 165.5% 아일랜드가 109.3% 이태리가 121.1% 포르투갈이 106.0% 등 이른바 피그(PIIG) 국가들의 국가부채/GDP 비율이 모두 100%를 넘었다.

16) 질서자유주의는 제1차 대전과 제2차 대전 사이에 독일에서 취해졌던 비참한 경제정책을 비판하면서 등장한 독일적인 자유주의 이념이다. 독일의 프라이부르크 대학의 발터 오이켄을 중심으로 한 교수들은 어떻게 하면 당시의 비참한 경제적 현실을 극복하고, 전후 독일의 경제질서는 어떠해야 하는가를 연구했다. 그 결과물이 독일적 신자유주의라 불리는 질서자유주의다. 이 이론의 방법론적 특징은 역사성을 중시하는 경제질서와 경쟁질서 구축을 위한 정부의 역할을 강조한다는 점에 있다(이병철, 2007).

의 자유를 보장하는 유일한 경제라고 보았다. 그러나 완전경쟁시장이 저절로 형성되지는 않기 때문에, 국가가 완전경쟁시장에 필요한 조건들을 만들어야 한다고 주장한다.

이러한 조건에는 세 가지가 있는데 규제철폐, 독점금지, 물가안정이 그것이다. 즉, 가격과 거래에 관한 모든 규제를 철폐하여 완전히 자유로운 경제활동을 보장하고, 철저한 독점금지정책으로 경쟁시장을 유도하며, 엄격한 통화관리정책으로 물가를 안정시켜서 가격기구가 효율적으로 작동하게 하는 것이다. 이러한 완전경쟁시장의 기반 위에 오위켄은 공공복지, 공해방지, 노동자보호 정책의 필요성을 인정하였다.

재정과 관련하여 서독은 물가안정이 건전한 시장경제의 기초라는 오위켄의 질서자유주의 원칙에 충실하여 엄격한 통화관리정책을 수행하였다. 그 결과, 서독은 제2차 세계대전 이후 수십 년간 물가가 안정되었고, 이러한 물가안정 바탕 위에 고용, 재정, 국제수지 등 여러 면에서 다른 구미국가들보다 월등한 성과를 실현했다. 반면, 여타 선진국들은 고용증대를 위해서는 다소의 물가상승이 불가피하다는 케인즈의 주장에 따라 총수요를 증대시키기 위하여 계속 통화를 증발시켜 왔다. 그 결과 인플레이션과 재정적자가 누적되어 신자유주의가 출현하는 빌미를 제공하였다.

이러한 역사적 경험으로 볼 때 정부는 단기적으로 가시적인 성과를 보이려는 유혹을 과감히 떨쳐버리고, 엄정한 물가관리와 재정운영으로 거시경제의 안정성을 확보한 바탕 위에서 사회안전망 마련을 위한 조치들을 실효성 있게 추진해야 할 것이다.

참고자료

고영선(2008.11), 『한국경제의 성장과 정부의 역할 : 과거, 현재, 미래』, 한국개발연구원.

김광석·김준경(1995), "경제발전의 종합평가", 차동세·김광석 편, 『한국경제 반세기: 역사적 평가와 21세기 비전』, 한국개발연구원.

김기완(2007), "정부 연구개발투자의 현황 진단과 효과적인 투자방향 모색", 고영선 편, 『우리 경제의 선진화를 위한 정부역할의 재정립』, 연구보고서 2007-03, 한국개발연구원.

김낙년 편(2005), 『한국의 경제성장: 1910-1945』, 서울대학교출판부.

김대일(2007), "외환위기 이후 노동시장의 변화와 분석", 『외환위기 이후 10년: 전개과정과 과제』, 한국경제학회 학술세미나(2007.06.11).

김영봉(2003), "중화학공업화시대의 산업정책연구", 『KDI 정책연구사례: 지난 30년의 회고』, 한국개발연구원.

김영세(2007.02), "경제성장, 소득분배 및 정치성향분화의 상호관계", 『財政論集』, 제1집 제2호, 한국재정학회.

김윤형·김광석(2005), "동태적 산업정책: 중화학공업 발전의 6가지 에피소드", 조이제·카터 에커트 편, 『한국 근대화, 기적의 과정』, 월간조선.

김정렴(2006), 『최빈국에서 선진국 문턱까지: 한국 경제정책 30년사』, 랜덤하우스중앙.

매일경제신문, 2019년 4월 2일자.

박소현·안영민·정규승(2013), 『중산층 측정 및 추이 분석 - 소득 중심으로』, 2013년 하반기 통계개발원 연구보고서.

박영구(2005), "구조변동과 중화학공업화", 이대근 편, 『새로운 한국경제발전사: 조선후기에서 20세기 고도성장까지』, 나남출판.

신관호(2007), "외환위기 이후 통화 및 환율정책의 평가 및 전망", 『외환위기 이후 10년: 전개과정과 과제』, 한국경제학회 학술세미나(2007.06.11).

아주경제, 2012년 1월 29일자.

안병직(2006), "한국의 정치경제동향", 『시대정신』, 2006년 가을호, (사)시대정신.

오원철(2006), 『박정희는 어떻게 경제강국 만들었나』, 동서문화사.

오정근(2019.04.10), "방만한 재정운영 재정위기 앞당긴다", 펜앤마이크 칼럼.

이대근 편(2005), 『새로운 한국경제발전사: 조선 후기에서 20세기 고도성장까지』, 나남출판.

이병철(2007), "오이켄의 질서자유주의와 사회적 시장경제의 본질", 인터넷 법률신문, 2007년 1월 8일자(제3520호).

정재형, "8·3 사채 동결 조치", 『Click 경제교육』 2010년 05월호, KDI 경제정보센터.

좌승희(2006), 『新국부론』, 굿인포메이션.

최광·이성규(2010.07), "우리나라 경제학원론 대학 교과서에서의 자본주의 시장경제와 정부의 역할에 대한 서술 현황과 대안모색", 『經濟學研究』, 제58집 제3호, 한국경제학회.

최원(2012.4), "지니계수를 통해 본 소득불평등", 『KiRi Weekly 포커스』, (2012.04.30.).

한국경제신문, 2019년 3월 18일자.

한국노동연구원(2007), 『2007 KLI 노동통계』, 한국노동연구원.

허석균(2007), "우리나라 재정정책의 유효성에 관한 연구", 『한국개발연구』, 제29권 제2호, 한국개발연구원.

Jessop, Bob, "Towards a Schumpeterian Workfare State?: Preliminary Remarks on Post-Fordist Political Economy," *Studies in Political Economy*, Vol.40, 1993, pp.7-39.

Lee, Jong-Wha, "Government Interventions and Productivity Growth in Korean Manufacturing Industries", *Journal of Economic Growth*, Vol.1, No.3, 1996, pp.391-414.

☞ 공짜 점심은 없는가?

우리는 매일매일 살아가면서 끊임없이 선택을 해야 한다. 인생은 선택의 연속이다. 하나를 선택하면 다른 대안들을 선택할 수 있는 기회는 포기해야 한다. 결국 선택된 하나의 비용은 포기한 다른 것에 대한 기회라고 할 수 있다. 경제학에서는 이러한 선택의 비용을 포기한 다른 선택에 대한 가치로 측정하고, 이를 기회비용(opportunity cost)이라고 한다.

경제적 행위에서는 선택의 대가로 지불해야 하는 기회비용이 반드시 발생한다. 경우에 따라서 '공짜'로 얻은 것도 실상 따져보면 포기해야 하는 다른 '공짜'가 반드시 존재한다. 그래서 경제학자들은 "공짜 점심은 없다"고 설명한다. 이것이 경제학의 기본 전제이다.

그런데 왜 '공짜 점심은 없는' 것일까? 우리가 원하는 두 가지 모두를 가질 수 없다는 사실은 우리가 가지고 있는 자원이 한정되어 있어 원하는 모든 것을 가질 수 없기 때문이다. 그래서 우리는 하나를 선택할 수밖에 없다. 선택에는 대가가 따르고, 그 대가는 기회비용으로 측정할 수 있다.

경제학에서는 기회비용을 생산가능곡선의 예를 들어 설명한다. 생산가능곡선이란 생산기술이 주어진 상태에서 우리가 가지고 있는 모든 자원을 사용하여 두 가지 재화만을 생산했을 때 최대로 생산가능한 변경(frontier)의 점들을 연결한 궤적이다. 생산에 투입되는 경제의 자원은 한정되어 있으므로 한 재화를 더 생산하기 위해서는 다른 재화의 생산을 줄여야 한다. 즉, 한 재화의 생산이 증가할수록 그 재화의 기회비용이 증가하는 이유는 생산에 투입되는 요소의 질이 다르기 때문이다. 사실 우리는 경제학을 이해하는 기본적인 개념인 기회비용을 현실에서 항상 접하면서 살아간다.

Chapter 4

한국 금융의 현황과 바람직한 발전방향

제1절 금융 역할의 중요성

1. 개발연대 기간의 금융의 역할

경제에 있어 금융과 실물은 동전의 양면이며 수레의 두 바퀴와 같다. 금융과 실물은 서로 연결되어 있을 뿐만 아니라 영향을 주고받으면서 경제는 성장해 나간다. 금융부문이 원활하게 작동하면 소비, 투자 등을 위한 자금의 융통이 활발해지고 실물 경제활동이 촉진된다. 그래서 금융은 곧잘 경제의 혈관에 비유된다. 혈관이 제대로 기능하여 피의 순환이 활발해야 몸이 건강한 것처럼 금융이 원활해야 실물 경제활동이 활발하게 이루어질 수 있는 것이다.

우리는 지난 외환위기 과정에서 금융부문이 제대로 작동하지 못하자 경제분야 뿐만 아니라 사회전반에 걸쳐 엄청난 충격이 가해지는 것을 생생하게 경험하였다. 더욱이 많은 개도국들의 개발경험에서도 금융발전이 경제 및 사회발전에 위해한 요소로 작용한 경우가 적지 않았다. 한 나라의 경제발전이 지속가능하기 위해서는 금융자유화 및 개방이 수반되어야 하지만, 많은 나라에서는 이러한 정책이 오히려 위기를 부추기며 안정적인 경제성장을 가로막는 요인으로 작용하기도 했다. 금융발전이 경제 및 사회발전에 긍정적인 영향을 가져오기 위해서는 각종 인프라가 견고하게 구축되어 있어야 한다.

대부분의 나라에서는 경제가 발전하고 금융산업이 발달함에 따라 금융연관비율(financial interrelation ratio: FIR)[1]이 증가하는 현상이 나타난다. 한국의 금융연관비율은 선진국에 비해 낮은 수준을 유지하고 있지만 비교적 높은 수준이다.[2]

한국의 금융산업은 개발연대 이후 경제개발계획을 뒷받침하는 중요한 정책수단으로 활용되어 왔다. 물론 경제개발과정에서 금융부문이 경제성장에 크게 기여한 것도 사실이다. 지난 개발연대 기간 동안 금융은 저축과 투자를 중개함으로써 산업자금을 원활히 지원하는 기능을 수행하며 경제발전을 촉진할 수 있었다. 경제발전 초기단계에서의 자금조달은 기업자의 자기자본 제약과 자본시장의 미발달로 인해 주로 간접금융에 의존했다. 한 나라가 지속가능한 경제성장을 위해서는 금융부문으로부터 안정적인 통화공급이 뒷받침되어야 한다. 금융부문의 성장통화 공급 기능은 금융중개기능과 더불어 은행금융기관의 주요한 특징 중의 하나이다. 이 같은 성장통화의 공급은 실질통화에 대한 수요를 유발함으로써 국민경제 전체의 실질통화에 대한 수요를 증대시키는 환경을 조성한다.

또한 대기업들에 의한 금융기관의 과점화현상이 두드러지는 문제점도 있었다. 소수의 대기업들에 의한 금융기관의 과점운영은 이들 대기업에 대한 금융기관의 특혜대출로 이어졌다. 이러한 현상은 결국 경제력의 집중현상을 초래하고, 경제의 불균형을 보다 심화시키는 역할을 하였다. 한편, 금융의 국제화를 추진하는 과정에서 많은 외국금융기관들은 국내에 진출하여 국내금융기관들을 제치고 풍부한 자본력과 경쟁력을 앞세워 많은 이익을 올리기도 하였다.

한국의 금융산업은 1990년대 후반 이후 구조조정을 통해 부실 금융기관과 부실자산을 대폭 정리함으로써 신속하게 건전성을 회복하고 외환위기를 극복하는 과정에서 디딤돌 역할을 할 수 있었다. 외환위기 이전에 제정된「금융산업 구조개선에 관한 법률」에 의거하여 부실금융기관의 퇴출, 인수 및 합병, 국유화 등 다양한 방식으로 구조개편이 이루어졌다.[3] 특히 금융산업의 구조개편이 추진되는 가운데 합병 등을 통한 대형화가

---

1) 금융연관비율이란 한 나라 안의 실물자산에 대한 금융자산의 비율〔금융자산(무형자산)/실물자산(유형자산)〕로서 경제성장과 금융구조의 관계(선진화 정도)를 표시하는 자료로 이용된다. 이 비율은 장기적으로 상승추세를 보이며 일반적으로 선진국이 개도국에 비해 높다.

2) 2008년 기준으로 한국의 금융연관비율은 8.4배로서 미국의 9.7배, 영국의 18.1배, 일본의 10.9배 등에 비해 낮지만 독일의 8.5배와 유사한 수준이다(김상조 외, 2010.10).

3) 외환위기 이후 구조조정의 결과 한국의 금융부문은 ① 금융기관의 수익성과 건전성의 개선, ② 금융시장의 인프라 개선, ③ 기업구조조정시장의 형성, ④ 기업지배구조 개선과 주식시장의 활성화, ⑤ 소비자금융의 확대 등의 성과를 거두었다(김인준·이창용, 2008). 그리하여 한국의 금융산업은 개발체제의 틀을 벗어나 건전성을 회복했으며 위험관리를 비롯한 내부시스템에서 상당한 진전을 이루었다.

이루어져 금융기관 경영의 효율성도 크게 높아졌다.[4] 정부는 구조개편의 과정에서 160조 원에 달하는 공적자금을 투입하며 주도적인 역할을 하였다.

한편, 정부는 금융기관의 건전성을 높이기 위해 금융감독체제를 재정비하고 기업 및 금융기관의 회계제도와 공시제도를 강화하였다. 정부는 금융감독위원회를 설립하여 금융감독체계를 일원화하였다. 금융감독기관은 금융기관 정리 단계에서부터 국제결제은행(BIS) 기준에 의거 건전성 기준을 강화하고 적기시정조치[5]를 은행, 종합금융회사, 보험회사 등에 단계적으로 적용함으로써 금융기관의 건전성을 높이고자 노력하고 있다.

금융기관이 정리되는 과정에서 금융기관의 소유·지배 구조도 크게 변화되었다. 정부는 건전한 금융자본을 육성하고 책임경영을 강화하고자 은행법을 개정하고 금융지주회사법을 제정하여 금융기관 소유에 대한 각종 제한을 완화하였다. 그 결과 여러 금융업종을 지배하는 금융지주회사가 새롭게 탄생하게 되었다. 이 같은 금융지주회사는 금융의 겸업화 내지 통합화를 촉진하고 있다. 이에 따라 은행, 증권, 보험으로 분리된 금융감독체계가 개편의 대상이 되었다. 또한 금융위기를 계기로 하여 증권시장제도가 정비되었다.[6]

이제 한국의 금융부문은 금융산업과 금융기관이 지닌 공공성과 외부성, 글로벌 금융위기 이후 달라진 금융에 대한 인식, 외환위기와 카드사태, 글로벌 금융위기로부터 겪은 경험, 국제통화를 가지지 못한 제약 등을 감안하며 향후의 환경변화에 걸맞은 발전

---

4) 은행산업의 경우 1997년 말 33개 은행 중에서 5개 은행이 퇴출되고 10개 은행이 합병되었다. 이후 합병 등을 거쳐 2012년 말 현재 7개의 시중은행과 6개의 지방은행으로 줄어들었다. 또한 30개에 달했던 종합금융회사는 대부분 퇴출되고, 일부는 다른 금융기관으로 전환하여 2005년에는 2개만 남았다. 그리고 상호저축은행 등 지역밀착형 금융기관도 2011~2012년의 저축은행 사태를 겪으며 내폭 정리되었다.

5) 적기시정조치(Prompt Corrective Action, PCA)란 금융기관의 건전성을 자기자본비율 등 경영상태를 기준으로 등급을 분류한 후, 경영상태 또는 일정기준이 특정 수준 아래로 내려가 금융기관이 부실화 위험에 처한 것으로 인식될 경우 단계별로 경영, 자본, 영업활동과 관련하여 시정조치(Corrective Action)를 부과하는 제도이다. 이 제도는 부실화 소지가 있는 금융기관에 대하여 부실화가 크게 진전되기 이전에 적절한 경영개선조치를 취하여 금융기관의 자산건전성을 강화하고 부실금융기관 처리에 소요되는 정리비용을 경감시킨다. 또한 이 제도는 금융기관의 재무건전성 등의 기준과 병행하는 제재조치를 자동적으로 발동되게 함으로써 정치권력의 영향이나 감독관의 재량권으로 인해 부실금융기관에 대한 조치가 지연되는 것(규제유예, Regulatory Forbearanc)을 막고자 한다.

6) 1999년 4월에는 선물거래소가 개장하였고, 2000년 3월에는 장외주식을 대상으로 하는 제3시장이 개설되었다. 2001년에 거래소 시장 종료 이후에도 거래가 가능한 전자장외증권시장(electronic communication network: ECN시장)이 개설되기도 하였다. 또한 직접금융을 통한 자금조달을 활성화하기 위한 자산유동화제도, 회사형투자수익증권(뮤추얼펀드), 모기지론제도 등이 새로 도입되었다.

방향을 모색해야 한다.

2. 새로운 환경변화에 걸맞은 금융의 역할

글로벌 금융위기 발생 1년여 후인 2009년 12월 월스트리트저널이 주최한 「금융이니셔티브의 미래」(Future of Finance Initiative)라는 회의에서 미국의 연방준 비제도이사회 의장을 역임한 폴 볼커(Paul Volcker)는 '지난 20년간 가장 중요한 금융혁신은 현금자동인출기(ATM : Automatic Teller Machine)이다.'라고 하며, 복잡한 유형을 띠는 금융부문의 혁신이 실제로 생산성을 높이고 경제성장에 기여했다는 증거를 찾기 어렵다고 보았다(이창선·김건우, 2011.11.09).

특히 리먼브러더스가 파산한 지 3년째인 2011년 가을에 발생한 월가의 反금융권 시위가 전 세계로 퍼져가며 금융권에 대한 대중들의 분노는 높아지고 있다. 이는 각종 금융파생상품의 개발과 거래 등으로 금융부문이 빠르게 확장되고 금융권 종사자가 자본주의 발전의 첨병으로 추앙받던 종래의 인식과는 많이 달라진 것을 의미한다. 금융의 과잉이 위기를 불러왔다는 인식 아래 글로벌 위기 이후 선진국에서는 금융규제가 강화되는 추세에 있다. 바젤 Ⅲ[7]를 통해 은행 자본건전성에 대한 요구사항이 높아지고 파생상품에 대해서도 규제가 강화되고 있다. 미국에서는 투자은행과 상업은행의 분리를 비롯, 은행산업에 대한 규제 강화, 대형화 억제 등을 중심으로 한 볼커룰(Volcker Rule)이 현실화되고 있다.[8]

한국에서도 금융산업을 새로운 성장동력으로 삼고 세계적인 수준의 금융기관 육성이 필요하다는 움직임이 있었다. 이를 위해 서울을 동북아의 금융허브 도시로 육성하고 금융기관의 대형화, 겸업화, 증권화를 통해 금융시장 및 금융산업을 선진화하고 발전시킨

---

7) 1988년 국제결제은행 산하 바젤위원회는 「International Convergence of Capital Management and Capital Standards(바젤 I)」을 제정하여 위험가중자산의 8% 이상을 자기자본으로 보유하도록 의무화하였다. 2004년 바젤위원회는 리스크관리 역량의 발달과 은행 간 격차로 인해 다양한 리스크 측정 방법의 필요성이 제기됨에 따라 바젤 Ⅱ를 제정하였다. 그러나 2008년 글로벌 금융위기에서 일부 은행들의 BIS자본비율이 충분히 높았음에도 유동성 리스크가 타 금융기관으로 전파되어 시스템 위기를 초래하자 바젤은행 감독위원회가 내놓은 개혁안이 바젤 Ⅲ(Basel Ⅲ, 은행자본 건전화방안)이다. 기존의 국제결제은행(BIS) 기준 자본규제를 세분화하고 항목별 기준치를 상향 조정하는 한편, 완충자본과 레버리지(차입 투자) 규제를 신설한 것이 골자이다.

8) 미국 오바마(Barack Hussein Obama Ⅱ, 1961~) 대통령은 2010년 1월 21일 TV연설에서 상업은행이 고수익을 추구하기 위해 자기자산이나 차입금으로 채권과 주식, 파생상품 등에 투자하는 행위를 제한하겠다고 발표한 은행자산운용 규제책이다. 이 은행개혁안은 폴 볼커(Paul Volcker) 미 백악관 경제회복자문위원회(ERAB) 의장의 생각이 그대로 반영되었기 때문에 볼커룰이라 부른다.

다는 복안이었지만 여의치 않았다. 그러나 한국의 금융기관들은 선진국에 비해 여전히 규모가 작고 금융규제도 높은 수준이기 때문에 선진국과는 달리 금융규제를 오히려 완화하거나 금융기관을 대형화할 필요성도 제기되고 있다.

한편, 위에서와 같은 금융부문 구조조정의 성과에도 불구하고 한국의 금융산업은 여전히 시장주도의 자원배분 기구로서의 역할을 충분히 수행하지 못한다고 평가된다. 이는 한국사회를 들끓게 했던 2011~2012년의 저축은행 사태에서 여실히 드러났다. 거기다가 글로벌 금융위기 이후 은행을 중심으로 한 금융산업은 건전해졌지만, 금융업의 지나친 위험기피적인 행태로 인해 실물경제에 충분한 활력을 주지 못하고 있다.[9] 금융산업 자체가 발전하면서 국민경제의 자원배분을 주도하기 위해서는 금융서비스에 대한 수요가 지속적으로 확충되어야 한다. 이제는 금융서비스 수요의 핵심인 기업부문의 금융수요가 지속적으로 확대되어야 할 것이다.

향후 한국의 금융산업은 시스템의 운영자인 동시에 경제의 역동성을 공급하는 역할을 다해야 한다. 이제 우리는 새로운 패러다임, 달라진 경제·금융환경 하에서 한국의 금융부문 내지 금융산업에 대한 발전방향을 새롭게 설정해야 할 시기라 하겠다.

제2절 금융발전과 경제성장 간의 관계

1. 금융부문과 실물부문 성장 간의 관계

금융발전과 경제성장 간의 관계는 많은 경제학자들 간에 오랜 논쟁거리였다. 이론적으로 금융발전은 금융거래에 수반되는 비용의 최소화를 통해 자원배분을 개선함으로써 경제성장에 영향을 준다. 여기서 금융발전이란 금융거래 수단, 금융시장, 그리고 금융기관이 각종 금융기능을 잘 수행함으로써 정보획득 및 계약이행 등 금융거래와 관련된 비용을 절감시킬 수 있을 때 발생한다.

이러한 금융기능은 자본축적과 기술혁신이라는 두 가지 경로를 통해 경제성장에 영향

9) 강종구(2005)는 은행의 금융중개기능 약화 원인으로 은행의 대형화, 겸업화에 따른 중소기업대출 관련 비용 상승, 단기 수익성에 치중함에 따른 장기대출 축소, 외국계 은행을 중심으로 가계대출 증가에 따른 기업대출의 상대적 축소, 안전자산 선호경향 심화에 따른 중소기업대출 및 장기대출 축소 등을 제시하고 있다. 김현정(2003)은 외환위기 이후 기업대출이 위축된 원인을 설비투자 저조, 은행들의 건전성 관련 규제 강화, 기업들의 재무건전성 강화 등으로 분석하고 있다.

을 준다. 여기에는 첫째, 금융중개기관이 투자기회에 대한 정보획득비용을 줄여줌으로써 효율적인 자본배분과 기술혁신에 기여할 수 있다는 것이다. 둘째는 금융기관이 기업 모니터링 및 지배권 행사를 통해 자본의 효율적 배분에 기여할 수 있다는 견해이다. 이 견해에 의하면 외부투자자가 개별적으로 기업의 투자수익을 확인하는 것은 큰 비용을 수반하므로 금융중개기관의 모니터링 및 지배권 행사 기능을 통해 이를 수행함으로써 비용을 줄이고 효율적 자본배분과 경제성장에 기여할 수 있기 때문이다. 셋째는 금융중개기관이 유동성 및 개별투자사업에 관련된 위험을 금융시장에서 거래, 분산, 관리함으로써 자본축적과 기술혁신을 가능하게 한다는 견해이다. 이밖에도 금융의 기본기능인 저축동원기능이 자본축적 및 기술혁신에 기여한다고 하였다.

요컨대, 금융발전은 경제주체의 금융제약을 완화하여 투자의 효율성을 높이고 자원배분을 개선하여 경제성장에 기여하게 된다는 것이다. 이러한 금융발전은 전반적인 경제발전의 주된 구성요소로서 경제성장의 결과이면서 동시에 경제성장을 촉진하는 요인으로 작용한다는 것이다(강환구, 2011).

1990년대 초반부터 본격화된 금융과 실물 간의 관계에 대한 많은 실증분석들은 일반적으로 금융발전이 경제성장을 견인한다는 주장에 힘을 실었다. 적어도 금융이 발전하면 기업의 금융제약을 완화하고, 새로운 투자기회를 개척함으로써 경제성장에 긍정적인 역할을 한다는 것이다. 금융기관의 신용창출 규모나 증권시장에서의 자금조달 규모가 경제성장을 촉진한다고 하였다.

금융이 경제성장에 미치는 긍정적인 경로를 보면, 금융부문은 먼저 거래비용과 정보의 비대칭성에서 기인하는 시장의 마찰을 줄일 수 있다. 또한 금융의 사전적인 선별기능과 사후적인 감시기능은 역선택과 도덕적 해이를 줄이고 시장의 효율성을 높여준다. 레빈(Levine, 2003)은 금융이 ① 투자기회 및 자본 배분에 대한 사전적 정보의 생산, ② 투자 대상 기업의 지배구조에 대한 사후적 감시, ③ 위험의 거래, 분산, 관리, ④ 저축의 동원과 모집, ⑤ 재화와 서비스의 거래 지원 등의 기능을 통하여 자본축적과 기술혁신을 촉진함으로써 경제성장에 영향을 미친다는 것이다.

그동안 미국이 유럽에 비해 생산성 증가나 산업혁신이 빠르고 보다 활력이 넘치는 경제를 유지할 수 있었던 것은 심화된 금융시장의 존재에 기인한다는 것이다. 실제로 미국에 존재하는 대규모 벤처캐피털은 신산업의 부상과 혁신기업의 등장을 가능하게 하는 주요 요인으로 꼽힌다.

그러나 경제성장에 대한 금융발전이 가지는 인식은 2008년 글로벌 위기를 전후하여 변화되기 시작하였다. 금융발전은 금융기술 혁신에 따른 위험의 분산 및 공유를 통해 경제성장을 촉진하기도 하지만, 다른 한편으로는 투자자들의 근시안적인 과도한 위험 추구로 인한 유인체계의 왜곡으로 시장참가자들의 집단행동(herd behavior)을 부추기고, 금융위기의 현실화 위험(tail risk)을 높이기도 한다는 것이다. 이와 관련하여 최근 연구에서는 금융위기의 실물경제에 대한 부정적 영향이 금융발전 단계가 높은 경제에서 외부금융의존도가 높은 산업일수록 더 크게 나타난다는 실증분석의 결과도 제시되고 있다(강환구, 2011).

한국의 경우에도 1990년대 대기업 및 금융기관들의 과도한 외부차입경영이 외환위기를 촉발하였고, 그 결과 성장률의 심각한 하락을 경험한 바 있다. 외환위기 이후에는 기업들의 재무건전성 강화, 은행들의 보수적인 대출행태 등으로 금융시스템의 안정성은 강화되었으나 실물의 성장을 뒷받침하는 금융중개기능의 효율성이 오히려 저하되고 있다. 특히 은행의 중소기업대출 및 장기대출 축소, 가계대출 증대 등으로 가계부채문제가 악화되고 자금배분의 효율성이 낮아지는 상황이 지속되고 있다(강환구, 2011).

과도한 금융팽창의 위험성을 지적하는 논의는 글로벌 금융위기 이전에도 있었다. 민스키(Minsky, 1974)와 킨들버거(Kindleberger, 1978)는 일찍부터 금융과 거시 변동성 간의 관계를 지적하였다. 또한 라구람 라잔(Raghuram Rajan, 2005)[10)]은 대규모의 복잡한 금융시스템의 존재가 재앙적 붕괴의 가능성을 높일 수 있다는 주장을 제기했다. 라잔은 혁신을 거듭한 금융부문에는 과도한 위험과 단기적 행태를 추구하는 왜곡된 인센티브 구조가 내재되어 있기 때문에 금융불안의 원인이 될 수 있다고 하였다. 2008년 글로벌 금융위기 이후 라잔의 지적과 같은 과잉 금융팽창의 부작용을 경고하는 목소리는 설득력을 얻고 있다(이창선·김건우, 2011.11.09).

과다한 규모의 금융산업은 정보의 비대칭성, 도덕적 해이, 단기수익 추구, 과도한 위험추구, 과다 레버리지 등과 같은 부작용을 야기할 수 있다. 사실 글로벌 위기의 경우는 전통적인 은행부문을 넘어 투자은행의 그림자 금융(shadow banking)[11)]을 중심으로 한 금융부문의 지나친 확장이 서브프라임 모기지 대출 확대로 이어져 위기를 가져왔다. 그

---

10) 2013년 9월 인도 중앙은행 총재에 취임한 라잔은 2005년 당시 IMF 수석이코노미스트로서 세계 중앙은행 연찬회(잭슨 홀 미팅)에서 글로벌 금융위기를 예견했던 유명한 경제학자다(중앙일보, 2013년 9월 5일자).

11) 그림자 금융(shadow banking)이란 구조화채권과 같은 고수익-고위험 채권을 사고파는 과정에서 새로운 유동성이 창출되는 시스템을 말하는 것으로, 손익이 투명하게 드러나지 않는다는 점에서 그림자(Shadow)란 말이 붙었다.

렇다면 금융의 지나친 발전에 따라 사적인 이득과 사회적 이득 간에 심각한 불일치 문제가 일어날 수 있기 때문에 이러한 괴리를 줄이기 위한 규제가 필요하다고 하겠다.

2. 국제적인 금융규제 및 감독의 강화

글로벌 금융위기 이후 과잉금융에 대한 반성과 교훈을 바탕으로 전 세계적으로 금융규제와 금융감독이 강화되는 추세에 있다. 1986년 영국의 빅뱅(Big Bang) 이후 20년 넘게 진행되어 온 금융규제 완화의 흐름이 근본적으로 뒤바뀐 것이다. 금융기관의 업무영역은 물론 차입, 보수체계 및 금융감독 등과 관련한 분야에 걸쳐 강도 높은 규제가 진행되고 있다.

은행에 대하여 요구되는 자기자본비율이 바젤 Ⅲ를 통해 국제적으로 더욱 강화되고 있다. 미국에서는 도드-프랭크(Dodd-Frank) 법안[12]을 통과시킴으로써 금융개혁에 시동을 걸었다. 법안의 주요 내용은 중요 금융회사에 대한 규제 강화, 금융감독기구 개편, 중요 금융회사 정리절차 개선, 금융지주회사 등에 대한 감독 강화, 지급결제 시스템에 대한 감독 강화 등을 담고 있다. 특히 금융지주회사에 대한 감독 강화와 관련하여 예금취급기관과 그 지배회사들은 자기자본 투자나 헤지펀드, 사모펀드의 지분 취득 및 경영지배를 금지하도록 했다. 이는 과거 대공황 이후 1933년에 도입되었던 상업은행과 투자은행을 엄격히 구분한 글래스-스티걸(Glass-Steagall) 법의 부활로 받아들여지고 있으며, 글래스-스티걸 법을 폐기했던 1999년의 GBL(Gramm-Leach-Bliley) 법[13]이 아이러니하게도 무력화된 것이다.

---

12) 도드-프랭크법이란 2010년 7월 21일 미국 오바마 대통령이 「도드-프랭크 월가개혁 및 소비자보호법(The Dodd-Frank Wall Street Reform and Consumer Protection Act)에 서명한 것으로서, 미국 오바마 행정부와 민주당이 주도하는 미국 금융시장 개혁작업의 산물이다. 금융감독체계의 개편, 금융시스템의 안정성 제고, 금융소비자 보호 등 미국 금융시장의 전반에 대한 개선방안을 제시하고 있는 중요한 법안이다. 도드-프랭크법은 1930년대 대공황 당시 상업은행과 투자은행의 업무를 분리한 글래스-스티걸법 이래, 미국의 금융규제 및 금융환경에 영향을 미치는 중요한 인식체계의 전환으로 평가받고 있다.

13) GBL 법(The Gramm-Leach-Bliley Act)은 소비자에 대한 새로운 프라이버시 보호를 폭넓게 규정하고 있다. GBL 법은 금융제도로 하여금 안전성 및 이름, 주소, 전화번호, 은행 및 신용카드 계좌 수, 소득과 신용의 역사적 상태, 그리고 사회적 안정성 숫자 등과 같은 소비자 기록의 보호를 요구한다.

제3절 한국 금융부문의 현황 분석

1. 시대별로 본 금융의 역할[14)]

1876년 2월 27일 조선과 일본 제국 사이에 체결된 불평등 조약인 강화도 조약 이후 은행이란 기관이 조선시대에 들어서기 시작했다. 박정희 정부 시절 재무부가 만든 『한국금융 30년』에 따르면, 우리가 흔히 말하는 근대적 의미의 금융은 1878년 6월 일본 제일은행 부산지점 설치가 그 효시이다. 이를 기점으로 보면, 한국의 금융 역사는 140년이 넘었다. 반면, 민족금융기관 최초로 설립된 지금의 우리은행 전신인 1899년 1월 대한천일은행 설립을 기점으로 보면 2019년은 한국금융 120주년을 맞는 해이다.

대한천일은행은 민관 합작은행으로 고종이 3만 원 정도의 황실자금을 출연해 만든 우리나라 최초의 은행이다. '대한'은 광무 황제의 대한제국 이름에서 따왔으며 천일은 하늘아래 첫 번째 은행이라는 의미가 담겨져 있다. 1901년에는 영친왕을 은행장으로 추대하고 "조선사람 이외에는 대한천일은행의 주식을 사고팔 수 없다"고 명시하는 등 민족은행으로서의 역할을 담당했다. 이후 일제의 금융 침탈에 맞서 1907년 국채보상운동을 대한천일은행이 앞장서 벌이기도 했다(박문, 2019.12.09).

우리나라 금융발전사를 보면 금융제도면에서 8·15해방 전과 이후로 나눌 수 있다. 8·15해방 이전은 일제 하의 금융시대를 말한다. 강제로 이식된 근대적 금융제도는 외관상으로는 체계적으로 정비되어 갔으나 이는 단지 일본의 산업정책과 대륙침략정책을 수행하는데 필요한 재원을 우리나라에서 조달하기 위한 방편에 불과했다. 따라서 일제치하의 우리나라 금융제도는 식민지금융기관에 불과했다.

본격적인 근대금융의 시작은 8·15 해방 이후부터 시작된다. 그러나 해방이 됐지만 6·25 동란, 4.19 혁명, 5·16 혁명 등 엄청난 대변혁의 사건들로 인해 인플레이션, 화폐개혁 등 금융산업은 혼란과 수습이라는 과제를 통해 조금씩 기틀을 마련했다. 더구나 해방 이후 미 군정의 지원 등으로 재정금융을 지탱했으나 1960년대 이후 미국원조가 대폭 감소하는 등 험난한 시기를 보내야 했다.

그 후 한국금융의 발전은 1960년대 개발연대로 들어오면서 의욕적인 경제개발계획을

14) 이 절을 작성하면서 이창선·김건우(2011.11.09), "한국금융의 바람직한 발전방향"의 제2장을 많이 참고하였다.

실시하면서 정부주도의 성장금융제도를 정비하고 내자동원의 극대화와 지역경제의 균형발전을 촉진하고자 지방은행 설립도 본격화 했다. 1970년대에는 경제규모가 팽창하면서 은행의 역할이 강화되었고 자본시장, 보험시장, 사금융영역까지 체제정비가 강화되었다.

한국의 금융부문은 개발연대 초기단계였던 1970년대까지 실물경제 발전을 보조하는 역할에 머물렀다. 당시의 금융과 금융기관의 역할은 가계를 중심으로 한 민간의 저축을 동원하여 자금이 필요한 기업과 산업에 중개해주는 것이었다. 더욱이 경제발전을 이끌었던 수출 및 실물거래를 원활하게 이루어지도록 지원하는 것도 금융산업 내지 금융기관의 몫이었다. 경제개발 초기단계에서 이러한 금융 및 금융기관의 역할은 사실상 정부의 주도하에 이루어진 것이다. 정부의 산업정책에 따라 산업과 기업별 자금배분이 이루어지고 산업발전을 위한 금융 부문의 지원도 정부의 정책방향이 중요했다.

1980년대 이후 금융자유화가 추진되면서 금융중개의 효율성과 시장의 자율성을 높이고자 의도하였다. 이러한 정부주도의 개발금융이라는 형태는 1980년대까지 이루어졌다. 그 과정에서 급속한 금융규제 완화와 금융시장 개방에 따른 부작용이 겹쳐 1997년 말 외환위기를 겪기도 했다. 이러한 금융자유화는 외환위기 이후 더욱 가속화되었다.

1990년대 중반까지는 성장금융시대로 개방화, 세계화, 국제화로 발돋음 하는 시기로 볼 수 있다. 특히 1996년 10월 19일 우리나라는 OECD 회원국이 됐는데. 이는 세계화와 개방화, 자본자유화의 첫걸음으로 평가받고 있지만 준비되지 않은 국제조약 가입은 후에 IMF 외환위기 원인이라는 분석이 제기될 정도였다. 하지만 1990년대에 접어들면서 대내외적인 환경의 변화를 맞으며 본격적으로 금융산업 및 금융시장 자체의 변화가 요구되며 변화의 소용돌이에 빠져들게 되었다. 특히 1997년 말에 닥친 외환위기는 '은행은 망하지 않는다'라는 믿음을 한 순간에 깨뜨렸다. 또한 외환위기는 한국금융의 패러다임을 점진적인 변화와 개방보다는 외부의 요구를 수용하는 형태로 급격한 국면전환을 가져왔다. 수십 년 동안 은행감독권을 가지고 한국은행과 재무부의 힘겨루기는 한 순간에 IMF가 정리해버렸다. 결국 은행, 증권, 보험 그리고 제2금융권을 총괄하는 오늘의 금융감독원이 출범하게 된 것이다.

2000년대에 들어서면서 한국의 금융산업은 질적인 변화를 가져오게 된다. 금융시장이 팽창하게 되고 금융의 국제화, 금융자율화가 빠르게 진전됐다. 2000년 이후 개방과 혁신이라는 화두를 받아들인 한국금융은 글로벌 금융위기라는 새로운 도전에 직면하여 나름 성공적으로 극복했다는 평가를 받고 있다. 또한 금융기관의 통합과 대형화를 통하여 세계적인 경쟁력을 지닌 금융기관을 육성하고자 하는 정책도 추진되었다. 그리고 2007년에는 자본시장법이 공포되어 영미식의 금융시장 규율이 본격적으로 도입되었으며, 2011년에는 헤지펀드 도입, 한국형 IB를 표방하는 금융투자회사의 설립이 추진되었다.

한국경제는 1997년 외환위기와 2008년 금융위기를 거치면서 금융산업도 빠르게 세계화로 나아갔다. 지금은 세계경제, 특히 미국과 중국경제와의 동조화로 인해 가치사슬로 엮이게 되어 과거와 전혀 다른 양상이 벌어지고 있어 한국의 금융산업도 이에 맞부딪혀야 한다. 사실 과거에는 고객중심이라는 말은 수사에 불과했으며 개발시대의 고객은 단지 허울뿐이었다. 이제 소비자금융이 본격적으로 부상하며 대부분 금융지주나 은행들의 경영전략에는 반드시 손님중심, 고객중심이라는 말이 자리 잡기 시작한 것이다. 또한 단순한 자금중개, 실물거래 지원 차원이 아니라 투자기회의 선별, 정보의 생산과 모니터링, 위험관리와 관련된 기능과 역할이 보다 중요해졌다. 이러한 차원에서 한국의 금융산업과 금융기관의 질적 발전을 위한 노력이 필요하다 하겠다.

2. 한국 금융부문의 국제경쟁력

한국의 금융부문은 흔히 선진국에 비해 규제가 많아 양적 및 질적으로 크게 낙후되어 있다고 인식되고 있다. 최근 세계경제포럼(WEF)이 발표한 국가경쟁력 평가 보고서에 의하면 한국 금융시스템의 부문별 순위는 〈표 4-1〉과 같다. WEF 관계자는 "한국은 선진국 중에서는 드물게 지난 10년간 순위가 하락하고 부문 간 불균형이 두드러진 국가다"라고 평가했다. 노동 및 금융 부문의 취약한 경쟁력이 역시 발목을 잡았다. 이는 뉴질랜드, 미국, 싱가포르, 영국 등 선두 그룹의 금융선진국들보다는 상당히 낮은 수준으로 평가받고 있다.

경쟁력(competitiveness)이라는 개념은 원래 미시적인 차원에서 기업의 경영 능력과 성과를 평가하는 개념이다. 기업이 재화와 서비스를 경쟁 회사보다 높은 품질과 낮은 가격으로 국제시장에 제공하기 위해 생산요소를 동원하고 효율적으로 활용할 수 있는 능력을 의미한다. 그러나 최근 글로벌화가 진전되면서 법·제도, 정책 운영 등의 차이가 국가 간 다른 경제성과를 초래하기에 '국가경쟁력'이라는 개념을 활용해 국가가 직면하는 문제점들을 진단하고 평가하고 있다.

국제기구 및 학계에서는 국가경쟁력을 성장 및 생활수준 향상을 위해 생산성, 효율성, 수익성 및 여타 역량이 제고되는 것으로 규정하고 있다. 성장 및 생활수준 향상은 실질소득, 무역, 투자, 고용 등 경제의 거시지표를 통해 측정하며, 생산성 및 효율성은 기업의 정량지표뿐만 아니라 사회 프레임워크(societal framework), 경영 관행(management practices), 태도 및 가치 등 정성지표에 의해서도 영향을 받는다. 이처럼 국가경쟁력은 거시경제지표, 기업의 성과지표, 기타 사회 제도적 요인에 의해 좌우되며 경쟁력 향상을 위해서는 '유효한 경쟁 기반(a foundation of effective competition)' 구축이 필수적이다.

❙표 4-1❙ 한국 금융시스템의 경쟁력 순위

항목	순위		항목	순위	
	2019	2018		2019	2018
민간부문 여신 (Domestic credit to private sector)	14	13	은행 건전성 (Soundness of banks)	62	74
중소기업의 재원조달 (Financing of SMEs)	37	45	부실채권 비중 (Non-performing loans)	3	2
벤처 자본 이용가능성 (Venture capital availability)	51	53	신용갭 비율(%) (Credit gap percentage points)	1	37
시가총액 (Market capitalization)	17	19	은행의 규제자본 비율 (Banks' regulatory capital ratio)	109	97
GDP 대비 보험료 (Insurance premium)	4	4			

자료: 기획재정부 보도참고자료(2019.10.09).

금융경쟁력은 국가경쟁력의 한 요소로서 경제 전체적인 측면에서 혁신 주도 기업 등에 자원을 효율적으로 배분할 수 있는 금융중개 역량을 일컫는다. 이는 금융부문 경쟁력, 금융산업 경쟁력, 국제금융 경쟁력으로 세분할 수 있다.

먼저 금융부문 경쟁력은 자금을 경제 내에 가장 생산적인 부문에 배분해 경제 성장을 촉진하는 금융 중개 기능의 효율성을 의미한다. 금융중개는 작은 의미로는 예금과 대출 중개를 의미하며, 큰 의미로는 흑자지출 경제주체와 적자지출 경제주체 간에 이루어지는 잉여자금의 거래를 의미한다.

금융중개기능이 원활하게 작동하기 위해서는 금융사가 자금수요자 및 자금공급자에게 제공하는 서비스의 질을 제고해야 하며, 금융시스템 또한 안정적이어야 한다. 가계 및 기업의 금융서비스 접근성을 확대하며 합리적이고 저렴한 가격으로 금융서비스를 제공해야 한다. 또한 실물 부문에 큰 폭의 부정적 영향을 미치는 금융교란(financial disturbance)을 막고 금융시스템의 안정을 도모해야 한다.

개별 금융사 또는 금융산업의 경쟁력은 여타 기업 또는 산업의 경쟁력과 같이 생산요소를 효율적으로 활용해 수익을 창출할 수 있는 역량을 말하며 효율성, 규모, 정보기술(IT), 자원관리 능력 등을 개별 금융사 또는 금융 산업의 경쟁력 구성요소로 활용한다.

금융의 국제경쟁력은 국내 금융의 해외 진출, 해외 금융의 국내 유치 등을 통해 금융중개기능을 국제적으로 확대해 개별 금융사의 수익 창출과 경제의 부가가치를 창출할 수 있는 능력을 의미한다. 특히 특정 지역이나 도시가 역외금융센터(offshore financial center) 또는 국제금융서비스센터(international financial services center)로서 경쟁력을 확보하기 위해서는 거시경제 안정, 물적·제도적 인프라 구축, 풍부한 인적자본 확보, 금융연관 산업의 발달 등 다양한 선결조건을 충족해야 한다.

WEF는 금융중개기능에 초점을 두고 효율성 및 신뢰성 측면에서 금융시장 발전 정도를 금융경쟁력으로 평가하고 있다. 세부적으로 금융서비스 이용 가능성, 금융서비스 가격 적정성, 국내 주식시장을 통한 자본조달, 대출의 용이성, 벤처자본의 이용 가능성, 은행 건전성, 증권거래 관련 규제, 법적 권리 지수 등 8개 항목을 7점 척도로 평가하고 평균 점수를 산정해서 금융시장 발전 정도를 나타낸다. 특히 각국 중소기업, 대기업 등 100개 기업의 최고경영자(CEO)에게 설문조사를 하고 평균점수가 높은 순서로 국제 순위를 부여한다.

WEF의 금융경쟁력 순위는 기업의 금융에 대한 주관적 만족도 평가라는 점에서 절대적 순위에 과도한 의미를 부여하는 것은 적절치 않다. 평가 대상이 확대된다고 해도 정량적 지수가 높기에 순위가 크게 하락할 가능성은 높지 않다. 또한 영국의 싱크탱크 지엔(Z/Yen)은 서울의 국제금융센터 경쟁력 순위를 전 세계 92개 도시 중 22위로 평가한다. WEF의 금융경쟁력 순위와는 다소 차이가 있는 평가다.

최근 우리나라 금융부문에 대하여 새로운 성장 동력을 창출할 수 있는 중소·벤처기업보다는 가계대출에 집중하고 담보나 보증 위주의 보수적 행태를 보인다는 비판이 거세다. 더군다나 한국금융은 지속적인 혁신을 통해 높은 부가가치를 창출하고 여타 산업의 혁신을 지원하는 금융선진국과는 달리 국내 시장은 천수답 영업에 안주하고 있다는 인식이 일반적이다.

근래에 들어 금융선진국의 금융기관은 기술 기업을 커다란 위협으로 느끼고 있다. 제이미 다이먼 미국 JP모건체이스 CEO는 "실리콘밸리가 다가오고 있다. 구글, 페이스북이 향후 우리 금융기관의 경쟁 상대다"라고 말했다. 안토니 젠킨스 전 영국 바클레이스 은행 CEO도 "기술을 무기로 하는 기술 스타트업은 대출, 결제, 자산관리 업무를 대형 은행보다 신속하고도 저렴하고, 또 우수하게 실행할 수 있다"며 "기존의 금융업계도 통신업계, 출판업계, 음악업계와 같이 디지털화의 파고에 휩쓸려 (기존 체계가) 붕괴하고 있는 것을 실감하고 있다"고 언급했다.

이러한 금융업의 패러다임 전환에 대해 글로벌 금융기관은 금융 서비스를 혁신하고 최신 금융 기술을 습득하기 위해 핀테크(FinTech) 랩을 신설해 핀테크와의 협업을 강화하고 있으며, 유망 핀테크에 대해서는 투자와 인수·합병(M&A)도 적극적으로 나서고 있다. 또한 규제적인 측면에서도 새로운 금융혁신에 대해 미국은 관망(wait and see)하는 자세로, 영국은 일정기간 기존 금융규제를 면제하는 규제 샌드박스(regulatory sandbox)[15]를 통해 금융혁신을 적극적으로 지원하고 있다.

우리나라 금융기관도 핀테크 등 기술 기업과 적극적인 협업을 통해 개별 금융소비자 수요에 부응하는 맞춤형 금융 서비스를 제공하는 등 금융 혁신에 노력해야 한다. 정부도 위험에 비례하는 규제 적용 등 규제 합리화와 현재 추진 중인 한국형 규제 샌드박스 '금융혁신지원법'의 조속한 입법을 마련해 금융 혁신을 일으킬 수 있도록 지원해야 할 것이다.

3. 한국 금융부문의 규모와 비중

한국의 금융산업이 경제에서 차지하는 비중은 다른 나라들에 비해 결코 낮다고 할 수는 없다. 부가가치 기준으로 GDP에서 금융업이 차지하는 비중은 2000년대 평균으로 한국의 경우 6.8%에 달해 OECD 국가의 평균인 6.3%에 비해 높다. 1980년대 한국 금융업의 비중이 4.2%에 불과하여 OECD 평균의 5.6%보다 훨씬 낮았던 것과 대조적이다. 1990년대 이후 금융부문이 한국에서 빠르게 확장된 것을 반영한다.

특히 2009년 기준으로 GDP에서 차지하는 한국 금융업의 비중은 6.9%로서 OECD

---

15) 규제 샌드박스(Regulatory Sandbox)란 신산업·신기술 분야에서 새로운 제품과 서비스를 내놓을 때 일정 기간 기존 규제를 면제하거나 유예시켜주는 제도를 일컫는다.

평균치인 6.6%보다 높다. 스페인(6.6%)을 비롯하여 일본(5.7%), 이탈리아(5.4%), 프랑스(4.6%), 독일(4.3%) 등보다 한국의 금융업 비중이 더 높다. 룩셈부르크(26%), 스위스(12.6%), 아일랜드(9.8%)가 예외적으로 금융업 비중이 크게 높은 나라들이고, 미국(8.3%)과 영국(8.3%), 호주(7.9%), 캐나다(7.7%), 네덜란드(7.5%), 포르투갈(7.5%) 등이 선진국 중에서 한국보다 금융업 비중이 높을 뿐이다. 선진국의 과다 금융이 지난 글로벌 금융위기를 유발한 배경이었다는 점을 감안하면, 한국의 금융산업 비중은 경제규모에 비해 아주 낮은 편은 아니다.[16)]

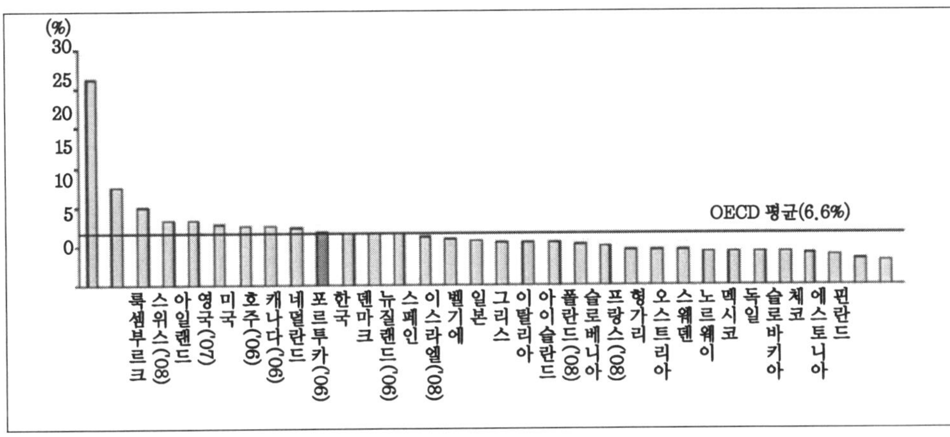

주: 국가 이름 옆이 ( )안은 해당국가 데이터의 기준년도.
자료: OECD, 이창선·김건우(2011.11.09)에서 재인용.

| 그림 4-1 | OECD 국가의 GDP 대비 금융업 비중(2009년 기준)

한편, 한국의 은행이 선진국 은행에 비해 규모가 작은 것은 당연하다고 하겠다. 선진국 은행들의 덩치가 큰 것은 무엇보다 국제적으로 통용력을 가지는 자국통화와 국제적 공용어 영어를 사용하는 데 제약이 없어 글로벌 플레이어로서 활동할 수 있기 때문이다. 그러나 한국의 은행들은 국내를 주무대로 영업할 수밖에 없어 규모를 확대하는데 한계가 있다. 한국의 개별 은행들의 규모가 작다 보니 상위 은행의 시장집중도 역시 낮

---

16) 크게 은행 부문과 증권시장 부문으로 나누어 보더라도 한국의 금융부문의 양적 규모가 작지는 않다. 세계은행(World Bank) 통계에 따르면, 2009년을 기준으로 한국의 예금은행을 통한 민간신용 규모가 GDP 대비 116%에 달해 세계 평균치인 63.1%보다 훨씬 크고 고소득국가의 평균치인 119%와 비슷하다. 주식시가총액의 경우는 한국이 GDP 대비 139%여서 세계 평균 107%보다는 높고 고소득국가의 평균 147%보다 약간 낮은 편이다(이창선·김건우, 2011.11.09).

은 수준에 머무르고 있다. 그렇지만 한국 3대 은행의 자산 규모가 GDP 대비 71%로서 브라질의 62%와 미국의 43%보다는 높은 것으로 나타나고 있다. 위와 같은 여러 한계들을 감안한다면 한국의 은행규모가 경제규모에 비해 작다고는 할 수 없다.

4. 한국 금융시스템의 현상 분석과 과제

글로벌 금융위기는 2008년 9월 리먼브러더스 파산 이후 글로벌 시스템위기로 확산되었다. 이러한 글로벌 시스템위기가 확산되는 과정에서 글로벌 대형은행의 과도한 레버리지의 확대가 글로벌 금융위기의 주된 요인이라고 지적되었다. 글로벌 금융위기 과정에서 나타난 글로벌 대형은행의 레버리지의 과도한 확대와 급격한 축소는 금융의 경기순응성(procyclicality) 효과에 따라 실물경기를 침체에 빠뜨리는 시스템위기로 확산되었다. 우리는 이 같은 높은 레버리지에 의한 첨단금융의 폐해가 심각하다는 것을 경험하였다.

이제 위기의 직접적 피해를 비켜온 한국의 금융부문은 향후 생존과 발전을 위해 선진화된 시스템을 구축해야 한다. 이를 위해서는 종래까지 한국 금융이 가진 문제점과 성장잠재력 등을 감안한 현재의 상황을 냉정하게 평가해야 한다.

2019년 7월 1일, 영국의 금융 전문 매거진인 The Banker誌는 FY2018년 글로벌 1000대 은행을 발표하였다. The Banker誌는 금융그룹 연결 기준으로 은행 실적을 집계하여, 집계된 실적 중 기본자본(Tier1 Capital)규모를 기준으로 순위를 산정하였다.

| 표 4-2 | FY2018년 글로벌 50대 은행 순위

#	Ch.	Banks	#	Ch.	Banks
1	-	ICBC	29	-	SocieteGenerale
2	-	ChinaConstructionBank	30	▼6	UniCredit
3	▲1	AgriculturalBankofChina	31	▲2	CreditMutuel
4	▼1	BankofChina	32	▼1	Sberbank
5	-	JPMorganChase&Co	33	▼1	BBVA
6	-	BankofAmerica	34	-	ING
7	-	WellsFargo&Co	35	▲2	IntesaSanpaolo
8	-	Citigroup	36	▲4	RoyalBankofCanada
9	▲1	HSBCHoldings	37	▲1	LloydsBankingGroup
10	▼1	MitsubishiUFJFinancialGroup	38	▼2	CreditSuisseGroup
11	-	BankofCommunications	39	-	ChinaEverbrightBank
12	▲1	CreditAgricole	40	▲3	UBS
13	▼1	BNPParibas	41	▼6	RBS
14	-	SumitomoMitsuiFinancialGroup	42	▲2	TorontoDominionBank
15	-	BancoSantander	43	▼1	RabobankGroup
16	▲1	GoldmanSachs	44	▼3	StandardChartered
17	▼1	MizuhoFinancialGroup	45	-	CommonwealthBank
18	▲10	NorinchukinBank	46	▲1	USBancorp
19	▲1	ChinaMerchantsBank	47	▼1	WestpacBankingCorporation
20	▼1	GroupeBPCE	48	-	Scotiabank
21	-	MorganStanley	49	-	ANZBankingGroup
22	▲1	PostalSavingsBankofChina	50	▲3	CapitalOneFinancialCorporation
23	▲3	IndustrialBank	59	-	KBFinancialGroup
24	▲1	ShanghaiPudongDevelopmentBank	63	▲3	ShinhanFinancialGroup
25	▼7	Barclays	64	▼3	KoreaDevelopmentBank
26	▲1	ChinaCiticBank	77	▲2	HanaFinancialGroup
27	▼5	DeutscheBank	91	▼2	WooriBank
28	▲2	ChinaMinshengBank	95	▼2	IndustrialBankofKorea

주: The Banker Database, a service from The Financial Times Limited 2019, 연상은·전상욱(2019.07.19)에서 재인용.

FY2018년 글로벌 50대 은행의 평균 기본자본과 자산규모는 국내은행의 3.7배 이상이며, 국내은행은 글로벌 50대 은행 대비 자산규모의 성장성과 건전성은 양호하나 수익성이 다소 낮은 상태였다. 비교대상 국내은행은 51~100위권 은행 6개 중 특수은행인 산업은행, IBK기업은행을 제외한 4개 은행(우리은행, KB금융그룹, 신한금융그룹, 하나금융그룹)이었다. 여기서는 글로벌 50대 은행 중 글로벌 41~50위 은행과 국내은행의 실적을 비교하였다.

이들 비교대상 국내은행은 자산이 전년 대비 3.8% 증가하고 NPL비율[17] 0.56%를 기록하며, 규모 차이가 가장 적은 글로벌 41~50위 은행의 평균 자산성장 −1.9%, NPL비율 1.39% 대비 성장성, 건전성은 양호하였다. 반면에 글로벌 41~50위 은행의 평균 ROA[18], ROE[19]는 각각 1.04%, 17.36%에 달했으나, 국내은행의 평균 ROA, ROE는 0.88%, 13.50% 수준으로 수익성이 낮았다. 국내은행의 낮은 수익성은 글로벌 은행 대비 대출비즈니스비중이 높은 가운데 평균 NIM이 낮은 데에서 기인했다.

국내은행은 전체 자산의 70.3%를 대출로 운용하나, NIM 수준(순이자 마진: net interest margin)은 1.93%로 41~50위 은행은 전체 대출 대비 국외 대출 비중이 24.08%에 달하는 등 이자 창출 여건이 우수한 국외 지역 비즈니스의 비중이 국내은행보다 높았다(국내은행은 6.13%). 또한 전체 영업수익 중 33.71%가 비이자 비즈니스에서 발생하는 등 경기여건 변동의 영향이 적어 대출 대비 안정적인 수익원인 비이자 비즈니스 비중이 역시 국내은행의 28.48%보다 높은 수준이었다.

특히 기본자본 규모가 글로벌 50대 은행의 1/3 이하 수준인 국내은행은 글로벌 은행의 비즈니스 전략을 참고할 필요가 있다. 그리고 국내은행은 수익성 확대를 위해 글로벌 50대 은행 대비 상대적으로 저조한 NIM을 제고하고 글로벌, 비이자 비즈니스의 확대를 준비해야 할 것이다. 다만, 국내의 열악한 이자 비즈니스 여건과 아직 취약한 국내은행의 글로벌 경쟁력 수준을 고려할 때, 대응방안은 중장기적 관점으로 마련되어야 할

---

17) NPL(Non Performing Loan)비율이란 부실채권 커버리지 비율이라고 하나 은행에서는 그냥 NPL Coverage Ratio라고 한다. 충당금 적립액/고정이하 여신(NPL 총액)이다. 여기 고정이하 여신이란 금융회사에서 대출을 구분할 때 정상, 요주의, 고정, 회수의문, 추정손실로 나누며, 추정손실 쪽으로 갈수록 대출이 부실화될 가능성이 높아 대손충당금을 더 많이 쌓게 된다. 고정이하 여신이란 고정, 회수의문, 추정손실을 의미한다.

18) ROA(Return on Assets: 총자산순이익률)이란 한 기업이 그들의 총자산으로 얼마나 많은 수익을 냈는지를 나타내는 대표적인 수익성 지표이다. ROA=순이익/총자산.

19) ROE(Return On Equity: 자기자본 이익률)이란 주주들의 돈을 얼마나 잘 굴렸는지를 나타내는 지표이다. ROE = (당기순이익/자기자본) × 100.

것이다.

한국의 금융은 글로벌 은행과 대비하여 첫째, 그 역할이 주로 부동산담보대출이라는 영역에 치중해왔다고 할 수 있다. 고용창출효과가 큰 서비스 산업의 자체적 생산성이 낙후된 상황에서 금융만의 역할을 강조할 수는 없다. 그러나 버블생성이 쉬운 자산담보부대출의 비중이 급격히 늘어난 부분을 통제하지 못한 만큼은 간접적인 성장잠재력 저하요인으로 작용하였다. 더욱이 실제 국내시장보호를 위해 유지해왔던 각종 규제나 인프라들은 다양한 참여자들의 진입을 차단하여 충분한 시장안정 효과나 고용창출에 기여하지 못했다. 금융부문에는 여전히 쏠림현상, 극단적 위험기피, 투기현상 등이 공존하고 있다.

둘째, 산업기반의 상당부분은 금융의 인질적 고리(captive link)로 연결되어 자발적 구조조정이 어려운 상태에 있다고 할 수 있다. 부채감당능력을 거의 소진한 시장여건은 여신규모의 조정여력이 크지 않다. 실제 한국의 금융부문은 부동산 관련 부문에 대한 대출비중이 지나치게 높은 상태로 유지되어 왔고, 기업부문 대출도 결국은 담보위주로 이루어졌다. 특히 담보라는 연결고리로 인해 실물부문과 금융부문의 밀착현상이 심화되면서 담보를 극복할 수 있는 산업부문과 그렇지 못한 부문 간의 괴리는 매우 커졌다. 시스템 위험이 수반됨에 따라 가격조정이 어려운 부동산의 역설적 안정효과는 상대적으로 커졌지만, 고용기반의 안정효과는 크게 낮아졌다. 이제 재정부담을 크게 늘린 상태에서 부동산 가격의 안정마저 위협받는다면 안정기조의 유지는 현실적으로 어려워질 수 있다.

셋째, 금융의 성장잠재력에 대한 기여는 위험요인이 고려되지 못한 단기실적 추구로 점철된 주식, 부동산, 파생상품 분야에 집중되었다. 혜택은 초기에 집중되고 비용은 후일 납세자들에게 전가되는 투기적 요소가 시스템 내에서 걸러지지 못할 경우 자원배분의 효율성은 저하될 수밖에 없다. 물론 제한적인 위험관리 차원에서 시장참여자들의 적극적 시장참여는 파생상품시장 발전에 크게 기여하였다.

그렇지만 옵션과 스왑 시장의 발전 측면에서 다양한 위험요인을 거래할 수 있는 시장은 아직 미흡한 상태이다. 외환위기 이후의 개방화 여건은 자체적 역량 구축이 지연되고 각종 인센티브가 왜곡된 환경에서 단기이익 추구로 대체되었다. 개방으로 겪는 새로운 위험요인에 대하여 주로 거시정책으로 대응하다 보니, 위험관리차원의 헤징은 점차 투기적 요소로 변모하였다. 특히 시장 자체적으로 다루지 못하는 위험요인을 파생상품과 정책개입만으로 해결할 수는 없다. 그 결과 외화유동성 비율의 안정 등 외환보유고 확보와 막대한 통안증권발행 등 안정화 비용지출은 지속적으로 증대하고 있다(하성근,

2008).

넷째, 금융소외지대인 서민금융이 정치적 요인으로 인해 제 기능을 다하지 못하고 있다. 사실 단순한 금융서비스 접근이 어려운 계층이 늘어나고 있으나 기존 금융시스템은 잠재성장기반의 축소를 수반하는 선택적 접근에 치중할 수밖에 없는 실정이다. 특히 새로운 기법과 금융자율화의 방향에 입각한 규제의 틀은 금융이용자들의 이익을 보호하기에 벅찬 위험관리부담을 양산해왔다. 금융자율화로 각종 대체투자기구(AIV)가 우후죽순처럼 생성되는 과정에서 납세자들의 위험관리는 실종되고 결국 엄청난 레버리지의 수익과 디레버리지의 고통이 서로 다른 계층에 집중되었다. 그 결과 양극화는 더욱 심화되고 이를 완화하기 위한 엄청난 재정투입을 수반하게 되었다.

우리나라 금융부문의 체제적 개선이 글로벌 충격을 이겨내기에 미흡하여 충격전달경로가 되풀이되는 현상이 반복되었다. 그 충격파를 완화하는 방법은 주로 재정지출에 의해 이루어지고 있다. 특히 글로벌 위기상황에서 외화유동성에 의존한 한국경제 자금흐름의 축이 흔들리며 금융안정이 크게 위협받았던 것이다. 이는 결과적으로 강도 높은 정부개입을 가져와 정부에 의존적인 금융시스템으로 귀결되게 되었다.

이상에서 살펴 본 바와 같이 종래 한국의 금융부문은 외형적 확대에 비해 내부적으로 위험을 파악하고 관리하는 내부장치가 미흡하였다. 특히 글로벌 시장에 의존하고 있는 한국의 성장패러다임 위에서 이러한 현상은 향후 되풀이 될 수도 있다. 또한 장기자본형성을 통한 성장잠재력을 제고하기 위한 지배구조를 구축하기도 쉽지 않다. 그 결과 자체적 금융기반이 취약한 채 개방의 일방적 혜택만을 강조하면서 내부적으로는 자본축적이 어려운 시스템을 키웠다고 할 수 있다.

그러면 미래 한국 금융시스템의 안정과 도약을 위해서는 어떻게 대처해야 할 것인가? 무엇보다도 위기의 진원지인 글로벌 금융환경 하의 대규모 금융기관(LCI: Large Complex Institution)인 은행부문에 대한 규제강화와 위험관리에 대한 관리를 보다 강화할 필요가 있다.

이제 위기를 유발한 것으로 지적되는 증권화에 기초한 레버리지 방식, 금융시장 간의 상호의존성, 경기순행적인 규제의 틀 등과 같은 핵심자본의 기반에 영향을 미칠 수 있는 위험추구행위에 대하여는 근본적으로 재검토해야 할 것이다. 그런데 오늘날 금융부문의 현실은 예대마진의 축소를 타개하기 위해 단기이익을 추구하고 있다. 이러한 단기적 이익 추구행위가 미래에는 더 큰 위기를 유발할 수도 있다. 위기상황이 재발하면 사회적인 안전판(social fabric)을 크게 약화시키기 때문이다.

향후 한국의 금융부문은 위기에 대하여 철저한 분석에 근거한 근원적 차원의 시정을 통하여 외부의 충격으로부터 성실한 납세자들을 보호하고 고용기반을 확충할 수 있는 시스템을 구축해야 한다. 나아가 한국의 금융부문은 강화되는 규제환경 하에서 안정적 수익을 확보할 수 있어야 한다. 이를 위해서는 무엇보다도 자본과 고급인력을 유치하여 자본시장의 토대를 튼튼하게 해야 할 것이다.

제4절 한국 금융의 바람직한 발전방향

1. IMF관리체제 하의 금융구조조정

한국경제는 1997년 말 외환위기를 맞으면서 가장 어렵고 비용이 많이 소요되는 구조조정을 겪었다. 1999년 말 당시 한국의 총 금융자산은 GDP의 300%를 초과하였다. 이는 비슷한 소득수준을 가진 국가들보다 훨씬 높고 일본, 영국, 프랑스 등 몇몇 구미국가를 제외한 선진국들보다 높은 수준이었다. 또한 금융기관 자산의 부실율도 상당히 높았다. 또한 기업의 영업이익으로 이자비용도 제대로 지불할 수 없는 기업들[20]의 채무가 전체 기업채무의 약 40%에 달하는 것으로 추정되기도 했다.

특히 한국은 금융위기를 겪었던 대부분의 다른 나라들과 달리 금융부실의 주요인이 부동산 버블에 기인하지 않고, 기업부문의 과다부채 및 채무상환능력의 결핍에서 비롯되었으므로, 한국의 금융구조조정은 기업의 생산성과 수익성을 제고시킬 수 있는 경제개혁 차원에서 이루어졌다. 또한 한국은 1997년 금융산업구조개선법을 제정하여 적기시정조치를 통해 부실금융기관을 정리하고 있다. 이러한 과정에서 정부는 금융부실을 정리하기 위해 100조 원 이상의 자금을 투입하였다.

한국은 외환위기 이후 비슷한 외환위기를 겪은 다른 나라들에 비해 훨씬 많은 개혁의 성과를 거두었다고 평가받고 있다. 당시에는 단기적 위기수습이 급박하여 미래의 금융산업구조 확립 등 장기적 문제들에 대처하는 조치는 별로 없었다. 그렇다면 향후 보다 튼튼하고 효율적인 미래의 금융시스템을 구축하는 일이 무엇보다 중요하다고 하겠다.

20) 이자보상배율은 기업의 채무상환능력을 나타내는 지표로서, 기업의 영업이익으로 금융비용(이자비용)을 얼마나 감당할 수 있는지를 나타낸다. 통상 이자보상배율이 1.5배 이상이면 이자지급 능력이 충분하다고 평가된다.

이를 위해서는 정부, 금융기관, 기업이 함께 각자의 역할에 충실하며 새로운 관행을 구축하지 않으면 안 된다.

2. 금융시스템의 안정을 위한 금융규제 및 감독의 강화

미래의 금융시스템을 어떻게 설정할 것인지는 향후의 구조조정작업에 있어서 대단히 중대한 사안이 된다. 여기서 한국의 금융산업과 금융기관이 금융시스템의 안정을 저해해서는 안 될 것이다. 국내은행들은 지난 1997년 말 외화부도 직전까지 몰린 데 이어, 2008년 9월에도 외화유동성 부족을 해결하기 위해 정부의 도움을 받았다. 더욱이 2000년대 초반 신용카드사들의 과당 경쟁으로 인해 발생한 2003년 초 카드사태 역시 정부의 개입으로 가까스로 수습될 수 있었다. 이렇듯 외환위기·금융위기가 발생할 때마다 신용경색이 확산되면서 실물경제도 큰 타격을 입었다. 그리고 정부는 부실해진 금융기관을 살리기 위해 각종 공적자금을 투입해야만 했다.

물론 금융기관이 부실해지거나 유동성 위기에 몰리는 것은 단순히 금융기관만의 탓으로 돌리기는 어려운 측면도 있다. 기업의 수익성을 무시한 과도한 투자라든가 너무 느슨한 금융규제 및 감독 등이 금융기관의 과도한 위험추구를 부추긴 배경이 되기도 했다. 그런 점에서 금융기관의 건전성과 관련하여 규제와 감독의 강도를 제고시킬 필요가 있다.

글로벌 금융위기 이후 전 세계적인 금융규제 강화 추세에 맞추어 한국에서도 일부 금융규제가 강화되어 왔다. 무엇보다 글로벌 금융위기 당시 문제가 되었던 원화와 외화 부문에서 은행들의 유동성 규제가 강화되었다. 또한 해외자본의 유출입 안정 방안으로 선물환 포지션 규제 강화, 외국인 채권투자에 대한 소득세 원천 징수 부활, 은행들의 외화차입에 대한 거시건전성 부담금 부과 등 자본유출입 규제 3종 세트가 2010년 이후 추진되었다. 앞으로도 금융거래세나 자본이득세 도입 등을 포함한 금융시스템의 안정을 위한 금융규제나 금융감독의 강화는 유지될 필요가 있다 하겠다.

3. 금융산업을 성장동력으로 활용

금융규제와 감독의 강도가 높아질수록 금융산업과 금융기관의 영업활동에 제약이 가해지고 수익성을 저하시키는 요인으로 작용하는 것은 분명하다. 그만큼 한국의 금융산업과 금융기관의 경쟁력에는 역으로 작용할 수 있다. 그러나 금융기관의 효율성에 의거한 경쟁력과 건전성 간에는 적절한 균형이 필요하다. 지난 글로벌 금융위기 당시 금융규제와 감독이 강했던 나라들일수록 금융기관의 레버리지와 위험투자가 비교적 작았다. 그 결과 위기에 따른 금융 및 실물 부문의 충격이 크지 않았던 것이다.

우리는 금융산업을 성장동력으로 접근하거나 금융기관의 대형화를 추구하는 경우 금융시스템의 안정 측면을 충분히 고려해야 한다. 금융부문의 부실과 실패로부터 나라경제의 붕괴를 가져온 아이슬랜드나 아일랜드의 예에서 보듯이 금융산업을 성장동력으로 활용하려는 시도는 많은 위험이 수반된다. 그러므로 효율성에 기반을 둔 금융경쟁력과 금융시스템을 안정화시키는 금융안정성의 균형이 중요하다 하겠다.

4. 실물경제의 지속적 성장 뒷받침

한국의 금융산업과 금융기관은 실물경제의 지속적 성장을 뒷받침할 수 있어야 한다. 단순한 자금중개의 역할로 충분했던 과거와는 달리 자금중개의 효율성을 높이고 고부가가치의 신성장 산업의 발전을 뒷받침하는 역할이 필요하다.

투자수요가 왕성했던 고도성장기와는 달리 투자수요에 비해 자금공급이 더 커진 금융환경 하에서는 금융기관의 자금운영이 더 어려워지고 있다. 그러므로 기업의 투자를 적절히 모니터링하고 그 과정에서 나타나는 정보의 생산과 유통이 금융기관의 중요한 역할로 등장할 수 있다. 또한 빠른 성장과 높은 수익을 낼 수 있는 투자 기회가 크게 줄어든 오늘날에는 자금중개의 효율성을 높이는 것이 필요하다.

그리고 IT(Information Technology), BT(Bio Technology), NT(Nano Technology), GT(Green Technology)와 이들의 융복합 산업 등 고부가가치의 미래형 산업을 금융산업과 금융기관이 지원하는 역할을 담당해야 한다. 과거 선진국을 따라가기에 급급했던 시기와는 달리 이제 한국은 선진국 기업 및 산업과 당당히 경쟁할 수 있는 수준에 올랐다. 이는 신규투자에 따르는 위험도가 그만큼 높아진다는 것을 의미한다. 따라서 기대수익이 높은 신성장산업 분야에서 연구개발과 시설투자를 위한 자금수요자와 투자에 따르는 위험을 감수할 의지가 있는 자금공급자 간의 자금중개가 원활하도록 하는 금융기관과 금융산업의 역할이 중요하다.

고부가가치 산업의 성장을 견인하는 역할을 담당하기 위해서는 전통적인 은행보다는 자본시장의 역할이 훨씬 커져야 한다. 장기적이고 고위험의 프로젝트에 필요한 자금조달 니즈를 충족시키는 데는 은행보다는 자본시장이 보다 비교우위를 지니고 있기 때문이다. 한국의 주식과 채권 시장의 양적규모 자체는 선진국에 비해 그리 작지는 않지만, 투자자들에 대한 적절한 정보제공, 투자자에 대한 보호기능이 여전히 미흡하다. 그렇다면 자본시장 내의 여러 미비점들을 개선함으로써 자본시장을 통한 자금중개가 보다 원활해지도록 하는 것이 필요하다.

5. 금융수요 변화에 대한 대응

금융기관들은 이제 다양해지는 금융수요에 충분히 부응하는 금융서비스를 제공할 수 있도록 노력해야 한다. 과거 투자자금 확보가 중요했던 시기와 달리 오늘날은 기업차원의 금융수요가 다양해지는 추세이다. 인수 및 합병이 일상화되고 기업공개(IPO)와 채권발행 등 자본시장을 활용한 자금조달 수요도 높아지고 있다. 국내기업들이 글로벌 기업으로 성장하면서 해외자금조달과 위험관리 등을 비롯한 글로벌 경영과 관련된 금융수요도 활발하다. 그렇다면 이들을 지원하기 위한 투자은행으로서 금융기관의 역할이 중요하다.

한국은 기업의 경영활동을 직·간접적으로 지원하는 역할과 기능이 여전히 부족한 실정이다. 그동안 기업 지원과 연관된 투자은행 업무는 대부분 외국계 금융기관에 의해 지배된 측면이 있다. 글로벌 플레이어, 고수익투자자로서의 투자은행의 역할보다는 기업의 경영활동을 실질적으로 도와주고 지원할 수 있는 능력을 갖추는 것이 필요하다.

이제는 기업뿐만 아니라 개인차원에서도 금융수요가 다양해지고 있다. 고령화와 관련된 시장이 대표적이다. 금융자산이 커지는 것과 아울러 고령화의 진전으로 인해 다양한 금융수요가 발생할 것으로 예상된다. 고령화는 퇴직연금뿐만 아니라 주택연금, 장기적인 금융자산 운용, 건강 및 의료 관련 보험, 신탁업무 등과 관련한 금융수요를 증대시키는 요인이 될 것이다. 이들 부문의 수요에 적절히 대응해 간다면 국내금융시장에서도 충분히 발전할 수 있다고 판단된다.

제5절 한국 금융산업의 과제

최근 세계적인 反금융 시위로 대변되듯이 글로벌 금융위기 이후 금융산업에 대한 시선이 곱지 않은 실정이다. 하지만 그렇다고 해서 금융부문의 역할이 중요하지 않다고 할 수는 없다. 한국의 경제발전과정에서 금융부문은 유동성과 예산제약을 완화해 주는 등 경제발전을 위한 막중한 역할을 수행하였다. 그렇지만 금융부문의 역할이 과도하게 커져서 실물경제를 압도해서는 곤란하다.

공공성과 외부성을 지닌 금융산업과 금융기관은 결국 규제와 감독이 불가피하다. 더욱이 한국은 1997년 말의 외환위기, 2003년 초 카드사태, 2008년 말 글로벌 금융위기, 2011~2012년 저축은행 부실 문제 등과 같은 여러 번의 위기를 겪은 바 있다. 거기다가 국제통화를 가지지 못하고 있다는 제약도 존재한다. 우리나라 금융이 이 같은 한계를 인정하면서 금융부문이 담당해야 할 역할을 정립해 나가야 할 것이다.

금융이 개방화된 상황에서 무엇보다 금융시스템의 안정이 중요하다고 하겠다. 2010년 1월 기준 OECD의 31개 회원국과 G20 국가를 포함하는 39개 국가 중 한국이 금융안정 영역에서는 외환위기와 글로벌 금융위기를 겪으면서 경험했던 바와 같이 30위 전후로 나타나 매우 취약한 구조를 가지고 있다(이영섭 외, 2010.12). 따라서 금융안정 측면에서는 한국 금융의 불안정성이 상대적으로 커서 금융안정성을 제고하기 위한 금융정책적인 고려가 필요하다. 또한 금융인프라 측면에서도 실물경제 영역과 금융발전에 상응하는 인프라 개선을 이루기 위한 투자와 노력이 필요하다.[21)]

끝으로 향후 한국에서는 장기금융(term finance)과 자본시장(equity finance)을 보다 활성화시키는 일이 가장 중요하다는 것을 명심해야 할 것이다. 그리고 종래 보험, 투신, 종금 등 한국의 비은행 금융기관들은 주로 단기자금을 동원하여 단기자산으로 운용하는 준은행적(quasibank) 역할을 해왔다. 이제는 이러한 금융기관들이 원래의 역할을 찾아 제 기능을 다할 수 있도록 해야 할 것이다.

---

21) 금융인프라 영역에서는 25위 전후로 중위권에 속해 있다. 반면에 제도 및 공공부문 거버넌스 영역의 경우에는 한국 순위가 22~29위로서 거의 중위권 아래에 위치하고 있다. 금융확대 영역은 한국은 금융규모나 금융활동성, 대외개방성 측면에서 비교대상국가의 평균에 비해 성장세가 빨랐던 것이 반영되어 1990년 이후 비교적 양호하게 증가하고 있다.

참고자료

강종구(2005), "은행의 금융중개기능 약화 원인과 정책과제", 『경제분석』, 제11권 제3호, 한국은행.

강환구(2011), "금융발전과 경제성장간 관계", 『조사통계월보』, 2011년 11월호, 한국은행.

김기원(2010), "금융위기와 레버리지규제", 『YGBL』, 제2권 제2호, 연세대 글로벌 비즈니스와 법 센터.

김상조 외(2010.10), 『금융백서: 한국 금융의 변화와 전망』, 서울대학교 금융경제연구원.

김인준·이창용 편(2008), 『외환위기 10년, 한국금융의 변화와 전망』, 서울대학교 출판부.

김현정(2003), "외환위기 이후 기업대출 위축의 원인과 정책과제", 『금융경제연구』, 제146권, 한국은행.

김홍기(2010), "미국 도드-프랭크법의 주요 내용 및 우리나라에서의 시사점", 한국금융법학회 2010년 하계(제19회) 학술발표회 자료(2010.9.4).

노택선, "브레튼우즈체제와 IMF", 『Click 경제교육』, 2009년 11월호, KDI 경제정보센터.

박문(2019.12), "한국금융 120년...소비자 금융시대 개막까지", 『우먼컨슈머』, 2019.12.09.

연상은·전상욱(2019.07.19), "글로벌 50대 은행의 경영실적과 특징", 『글로벌 금융회사 포커스』, 우리금융연구소.

이영섭 외(2010.12), 『한국 경제·사회 선진화의 조건(Ⅱ) 지속가능 금융발전지표』, 경제·인문사회연구회.

이창선·김건우(2011.11.09), "한국금융의 바람직한 발전방향", 『LG Business Insight』, LG경제연구원.

윤석헌(2009), "위기 이후 금융산업의 발전방향", 『한국경제포럼』, 제2집 제3호, 한국경제학회.

전선애(2006.06), "적기시정조치제도의 의의와 개선방안", 『규제연구』, 제15권 제1호, 한국경제연구원.

중앙일보, 2013년 9월 5일자.

Schumpeter, J. A., 1912, 『The theory of economic development』, Harvard University. Press.

The Banker Database, a service from The Financial Times Limited 2019.

곰과 황소가 힘을 겨루는 한국거래소 입구 전경

황소와 곰이 싸우면 누가 이길까? 황소는 뚝심이 있고 튼튼한 뿔이 있다. 반면에 곰은 힘이 세고 이가 날카로우며 앞발이 위력적이다. 흔히 금융시장에서 매수세와 매도세를 일컬어 황소와 곰의 싸움이라고 한다. 지구촌 금융시장에서는 시시각각 황소와 곰의 싸움이 치열하게 전개되고 있다.

한국거래소(韓國去來所, KoRea eXchange, KRX)는 대한민국의 유가증권, 선물 등의 거래시장의 개설 및 관리, 유가증권상장 등의 업무를 담당하는 유가증권 통합거래소이다. 2005년 기존의 한국증권거래소, 한국선물거래소, 코스닥증권시장, 코스닥위원회가 합병하여 한국증권선물거래소라로 출범했으나, 2009년 2월 4일 자본시장과 금융투자업에 관한 법률 개정에 따라 한국거래소로 명칭이 변경되었다.

Chapter 5 한국경제의 선진화를 위한 신산업정책

제1절 한국경제의 구조고도화와 산업정책[1)]

오늘날 대부분의 국가들은 자국 산업의 경쟁력을 높이기 위해 기업 경영환경 개선, 단일시장 강화, 산업부문 혁신 전략, 환경적 지속가능성 제고, 산업구조 변화의 원활화 등 통합적인 접근방식의 산업정책을 수립하여 시행하고 있다. 여기 산업정책이란 정부가 산업활동에 직접 또는 간접으로 산업성과에 영향을 미치는 일체의 정책을 포함한다. 이 같은 넓은 의미에 대하여, 정부가 특정산업에 대한 지원을 제공함으로써 특정한 경제활동을 자극하고 구조적 변화를 촉진하는 산업구조정책은 협의의 산업정책이다.

한 나라가 지속적으로 경제성장을 달성하기 위해서는 산업구조의 변화가 순조롭게 이루어져야 한다. 산업구조의 변화는 기업 내부의 구조조정과 사업전환, 산업내의 기업 간 구조조정, 산업 간 구조조정이 모두 원활하게 이루어져야 가능하다. 이러한 구조조정은 산업구조의 변화로 나타난다. 경제성장이란 이들 구조변화의 결과라고 할 수 있다.

시장경제 하에서는 시장에서 기업 간 경쟁을 통한 진입·퇴출이 원활하면 구조조정이 경제적 효율성을 가장 높이는 방향으로 진행된다. 그러나 기업의 규모조정이나 퇴출·진입의 경우 투자와 고용의 비가역성 및 각 생산요소의 특정 생산체제에 적응되어 있는 고유성 등으로 인해 생산요소시장은 매우 경직적이다. 그 결과 시장실패가 발생하기 때

---

1) 이 절은 시장경제연구원(2010.12)의 자료를 바탕으로 하여 작성되었음을 밝힌다.

문에 이에 대응할 산업정책이 필요하게 된다.

한국경제는 최근 민간의 활력이 떨어지면서 잠재성장률 하락이 지속되고 있다. 한국은행에 따르면 2019~2020년 연평균 잠재성장률은 2.5~2.6%로 2000년대 초반의 절반 수준에 불과하다. 이러한 성장잠재력의 저하는 한편으로는 설비투자의 부진과 고용창출능력의 저하에 기인하고, 다른 한편으로는 경제전체의 혁신을 의미하는 총요소생산성의 역할이 미흡한 데에도 일단의 원인이 있다. 더욱이 대외의존도가 높은 한국의 산업에서 최근의 성장잠재력의 약화는 부분적으로는 국제분업 구조상의 위상 변화에도 기인한다.[2)]

이렇게 볼 때 한국경제는 지식과 혁신에 기초한 신성장동력의 창출을 통하여 성장잠재력을 확충하고 국제경쟁력을 제고할 필요가 절실하다. 이를 위해 향후 정부의 산업정책은 총요소생산성을 향상시킬 수 있는 신성장동력 확충 전략, 투자의 활성화를 통한 자본축적에 기여하는 친기업적 환경의 조성 전략, 그리고 일자리 창출을 직접적으로 촉진하는 적극적 노동시장 전략을 적극적으로 추진해야 할 것이다.

제2절 산업정책·산업구조정책의 이론적 검토와 한국의 산업구조정책 전개과정[3)]

1. 산업정책·산업구조정책의 이론적 검토

정부는 지속가능한 경쟁력을 확보하고, 시장의 실패를 교정하며 특정 산업부문의 육성 등을 위해 산업정책을 실시한다. 한 때는 산업정책이란 용어를 금기시한 적도 있었으나, 오늘날 대부분의 국가들은 혁신을 통한 경쟁력 강화 등 외부효과를 감안하여 산업정책을 다시 시행하고 있다. 산업정책의 범위와 수단은 매우 다양하며 클러스터 육성, 외국인 투자유치 촉진을 통한 특정부문의 지원, 공공조달을 이용한 혁신 유발 등을 포괄한다.

그러면 산업정책이 이론적으로 정립되는 과정을 보면 그 나라의 경제발전 수준 및 당시의 정치경제적 배경과 밀접한 관련이 있다. 한 나라의 산업정책은 그 나라의 산업을

2) 한국이 처한 상황이 일본 등 선진국의 기술에 밀리기도 하고, 중국의 생산비용상의 이점에도 밀리는 소위 샌드위치적 위상 변화의 원인이자 결과일 가능성도 있다고 보인다.
3) 이 절은 오영석·조윤애·이건우·김인철·성열용(2011)의 제2장을 압축하여 재정리한 것이다.

발전시키기 위한 정부의 공식적이고 전략적 조치들이다. 정부는 자국 기업들의 경쟁력 증진과 구조적 변환을 촉진시키기 위해 다양한 조치를 취한다. 산업정책은 광범위한 거시정책과는 달리 특정 부문을 목표로 한다. 이를 주장하는 학자들은 종종 자유주의 경제학에 반대하는 개입주의자로 분류되기도 한다. 산업정책에는 그 나라의 무역정책과 재정정책이 추진되는 과정에서 다양한 개입의 형태로 나타난다.

이러한 산업정책에 대한 논쟁은 18세기로 거슬러 올라간다. 산업을 선택적으로 보호해야 한다는 당초의 유명한 논거는 리스트(Friedrich List, 1789~1846)의 저서와 미국의 경제학자이며 정치가인 알렉산더 해밀턴(Alexander Hamilton, 1755~1804)의 보고서(Report on the Subject of Manufactures)에 의거한다. 리스트 등의 주장은 이후 허쉬먼(Albert Hirschman, 1915~2012), 거센크론(Alexander Gerschenkron, 1904~1978)과 초기 발전경제학자들에 의해 채택되었다. 이들은 경제적 정체를 극복하기 위해서는 핵심 부문에 선택적인 지원책을 펴야 한다고 주장하였다. 즉, 경제발전은 매우 역동적인 과정이므로 시장기능에만 의존할 수 없다는 것이다. 특히 거센크론은 뒤에서 추격을 해가는 후진국으로서는 시장을 대체하는 정부의 역할이 중요하다고 하였다. 그러나 발전경제학자들은 국가의 개입을 주장하면서도 구체적인 개입방법은 제시하지 않았다.

신고전학파를 포함한 주류경제학은 외부성, 독과점 등과 같은 시장실패가 발생하는 경우에는 국가개입이 국민경제의 효율성을 개선할 수도 있지만, 자유경쟁시장이 보다 효율적이고 경제성장을 촉진한다는 입장이다. 신고전학파의 정책적 견해는 모든 개발도상국의 현실이 유사하며, 기본적으로 정부 간섭을 줄이고 시장을 강화하는 개발정책, 무역자유화 등과 같은 정책처방에 의해 경제발전이 가능할 수 있음을 강조하였다.[4] 여기에는 정부가 시장에 개입하기 위한 정보와 역량이 부족하며, 정부의 산업정책은 렌트 추구나 부정부패의 원천이 되기도 한다는 시각이 자리하고 있다.

한편, 산업구조정책은 크게 산업의 보호 육성정책과 사양산업정책으로 구분할 수 있다. 산업구조정책의 수단은 대체로 미시적이고 자유재량적인 성격을 띠고 있으며, 정책목표의 설정에 따라 수단의 선택도 달라진다. 산업구조정책이 본질상 특정산업의 보호·육성 또는 사양산업의 합리화라는 형식을 취함으로써 결과적으로 특정 민간기업이 보호되거

4) 세계은행, IMF 그리고 미국 정부는 개발도상국들의 경제개발 사업을 지원하면서 규제 철폐, 자유화 그리고 민영화를 일관되게 권고해 왔다. 워싱턴에 소재한 이들 기관들이 경제개발전략으로 내세우는 규제철폐-자유화-민영화의 처방을 경제학자 윌리엄슨(John Williamson, 1989)은 1989년의 논문에서 '워싱턴 합의(Washington Consensus)'라고 하였다.

나 정부가 이 분야에 투자하는 형태로 나타난다. 정책수단의 이러한 차별적 성격 때문에 그 사용이 지나쳐 특정기업이나 산업을 과보호할 위험이 있으므로 적절한 주의와 노력이 필요하다. 또한 정부는 항만·도로·철도·공업용지 등의 산업기반을 정비함으로써 간접적으로 지원하기도 한다. 그 밖에도 유통정책, 중소기업정책, 환경정책, 산업입지정책, 소비자보호정책, 자원에너지정책, 각종 사회복지정책 등도 산업구조에 영향을 미칠 수 있다.

이상에서 살펴본 바와 같이 산업정책·산업구조정책으로 인해 렌트 추구, 부정부패, 비대칭 정보 등과 같은 문제점이 존재하는 것이 현실이지만, 이러한 문제점들은 산업정책·산업구조정책을 한 나라의 특수한 과정으로 인식한다면 상당히 완화될 수 있다고 하겠다. 특히 오늘날 선진국에서도 네트워크 규제, 공공 인프라 건설, R&D 또는 정보의 비대칭성 교정 등과 같은 영역에서는 국가의 개입이 현실적으로 이루어지고 있다. 이에 따라 산업활동에 있어서 국가개입에 대한 극단적 비판론이 완화되면서 경제발전을 위한 미시적 기초를 다지는 정부정책의 역할에 관심이 높아지고 있다.

2. 주요국의 산업구조정책 사례

경제가 발전함에 따라 한 나라의 자원은 생산도가 높은 2, 3차 산업에 대한 배분 비중이 높아진다. 특히 최근에는 대중매체와 정보통신의 발달에 따라 정보를 적극적으로 활용하여 사회적 효율을 높이고 생산에 기여하는 경향이 두드러지고 있다. 정보산업을 중심으로 한 서비스 산업의 비중 상승이 선진경제의 중요한 특징으로 나타나고 있다. 이와 같은 산업구조의 변화는 장기적인 효율성을 위한 시장기구의 작동에 의한 자연적인 현상이다. 특히 변화하는 여러 조건에 대응하여 바람직한 경제성장을 이룩하기 위해서는 그 기초에 있는 산업구조를 적시에 적절하게 변화시켜야 하며, 이에 방해가 되는 비시장적 요소들을 제거하는 것이 필요하다.

주요 선진국들의 산업구조정책도 국가와 시대에 따라 다양하게 형성되었다. 먼저 미국의 산업구조정책을 보면, 미국정부는 특정 산업부문을 육성하는 직접적이고 미시적이며 선택적인 정책조치로서의 산업정책을 시행하지 않음을 표방하고 있다. 그러나 실제로는 미국정부도 산업특정적 영향(industry-specific impact)을 가지는 사실상의 산업정책을 시행하고 있다. 트럼프 행정부에서 첨단 산업 분야인 5G, AI, 첨단제조, 양자정보과학 등에 집중적으로 투자하겠다는 과학기술 정책에서도 잘 나타나고 있다(KISTEP,

2019.03.15). 이러한 정책의 주요 사례로는 과학기술정책, 경제개발 정책, 무역정책 등으로 구체화되고 있다.

EU의 산업구조정책을 보자. EU집행위원회에서는 산업정책의 목표를 경쟁력(competitiveness)과 경쟁(competition)을 일치시키는 데서 찾고 있다. EU집행위원회가 1994년 발간한 유럽의 국제경쟁력 백서에 의하면 EU국가 정부들이 상당한 내용의 산업정책을 시행하고 있다. 이 백서는 산업부문 지원이 시장을 왜곡하고 있음을 지적하고 있다. 이에 따라 효율적 자원배분을 위해서는 기업특정적 산업지원 수단을 일반적 투자촉진이나 성장산업 투자 또는 낙후지역 투자지원 등 수평적 정책수단으로 대체해 나가야 한다는 개선방향을 제시하고 있다.

한편, 일본의 경우는 워싱턴합의의 내용과는 대조적으로 산업부문 간 자원배분에 관해 비중립적 정책수단으로 구성되는 산업정책을 시행하여 성공한 대표적 사례이다. 일본경제는 1960년대에 이미 중후장대형(重厚長大型) 산업화로 규모의 경제를 달성했고, 1970년대의 석유파동기에는 자원절약형의 경박단소형 산업화로 경량경영의 범위경제를 이룩하였다. 그리고 1980년대에는 엔화절상 압력과 무역마찰 시기에는 기술·정보·지식을 활용하는 고기술·고감도(High-tech·High-touch) 산업화를 추진하며 성공적으로 대응해왔다고 할 수 있다.

그러나 최근에는 산업정책의 효과 부재에 대한 비판과 국내외 정책환경의 변화가 산업정책의 근본적 변화를 요구하고 있다. 특정산업을 보호하거나 육성하는 산업정책이 장기적으로는 기업가의 창의적 이니셔티브 발휘, 다양한 자원의 효율적 활용, 경제구조의 원활한 전환 등을 저해할 것으로 인식하고 있다. 이에 따라 일본 경제산업성도 산업금융 애로의 완화, 인적자원 개발과 고용촉진, 산업 재활성화, 기업가정신과 창업지원 등 수평적 정책기조로 전환하고 있음이 나타나고 있다.

3. 한국의 산업구조정책의 전개

산업구조정책은 최적산업구조를 형성·유지하며 산업구조의 적절하고 원활한 전환을 그 목적으로 한다. 즉, 부가가치가 높은 상품을 생산할 수 있는 방향으로 산업구조를 고도화하여 성장·분배·환경 등 생활의 질을 높이고자 한다. 로드릭(Dani Rodrik, 1957~)은 산업구조의 선진화를 위한 구조적 변화의 과정은 자동적으로 이루어지는 것이 아니며, 적절한 산업정책을 수행하는 정부의 역할 등을 통해 시장실패의 요인을 극복합으로써 바람직한 구조적 변화를 가져올 수 있다고 주장한다(Rodrik, 2011). 나아가 산업구조를 선진화하고자 하는 궁극적인 목적은 성장잠재력 확충, 일자리 창출, 그리고 사회후생 증진을 달성하는 것이라 할 수 있다.

한국은 1962년 이후 1950년대의 수입대체전략에서 탈피하여 수출주도형 성장전략으로 전환하였으며, 산업정책의 성격도 시대에 따라 변천되어 왔다. 1960년대에는 경공업 위주의 수출주도형 전략을 추진하였으며, 1970년대에는 중화학공업 육성정책을 시행하였다. 특히 1960년대 섬유, 신발, 가발 등 경공업 위주의 산업구조가 1970년대의 철강, 석유화학, 자동차 등 중화학공업 부문의 발전으로 국가정책 목표가 전환될 때, ① 강력한 국가기구인 중화학투자기획단이 추진한 산업정책에 의거하여 중화학 공업발전에 관한 개개 산업부문별 특별법이 제정되었고, ② 각 특별법이 수행될 수 있는 자원은 국민투자기금 등의 정책금융을 통해 조달될 수 있었기 때문에 가능하였다. 이러한 정책이 입안될 수 있었던 근본적인 배경은 당시 집권자의 강력한 정책선택성(政策選擇性)에 기인한다고 할 수 있다.

1980년대 들어서는 중화학공업분야의 과잉투자를 해소하기 위한 산업합리화정책을 추진하였고, 1980년대 후반부터는 경제의 자유화·개방화가 강조되면서 민간주도의 경제운용으로 선회하였다. 이러한 정책기조의 진화에 따라 산업정책도 정부의 선별적·직접적 개입에서 벗어나 산업중립적인 기능별 산업정책 기조로 전환되었다.

1998년부터는 외환위기의 발생과 IMF 구제금융 신청에 따라 경제운용에 대한 IMF 관리체제 하에서 경제위기 극복의 일환으로 적극적인 산업구조조정 정책이 추진되었다. 2000년대 들어서는 과거 자본투입 방식에 의한 성장전략에 한계가 있다는 인식에 따라, 이를 탈피하기 위한 혁신주도형 경제로의 전환이 추진되고 있다. 특히 2008년 이후에는 FTA 등 대외개방에 대한 선제적 대응과 미래 신성장동력 산업 육성을 위한 정책이 추진되면서 시장친화적 정책에 역점이 두고 있다.

향후는 글로벌 표준가 워싱턴 컨센서스에 기반한 일방향 영미식 스탠다드에서 각국의 특수성을 반영하는 쌍방향 스탠다드로 변모하게 될 것이다. 이 같은 국제적 정합성 내에서 한국의 특수성을 반영하는 산업정책을 수립할 필요가 있다. 또한 한국경제의 지속가능성(성장률 유지, 고용률 제고 등)을 담보할 수 있는 산업정책을 정립해야 한다. 즉, 기업 간 격차의 확대문제, 내수와 수출의 불균형 문제, 제조업과 서비스업의 불균형 문제 등을 지속적 관점에서 분석하고 대안을 제시하는 산업정책이 수립되어야 한다. 나아가 인구구조의 고령화, 중국의 부상, 남북대화 등을 고려한 실효성 있는 산업정책을 수립해야 할 것이다.

제3절 주요국의 경쟁정책과 한국의 경쟁정책 전개과정[5)]

1. 경쟁정책의 이론적 배경

완전경쟁시장이 사회적 후생을 극대화한다는 사실은 이론적으로 입증되고 있다. 그러나 기술이 복잡해지고 생산이 자본집약적으로 이루어지고, 다수의 산업에서 소수 기업에 의한 독과점이 일반화되면서, 소수 기업에 의한 경쟁제한적 행위가 문제점으로 등장하였다. 이에 대한 대응으로 경쟁법을 제정하고 계약의 자유와 자유경쟁을 보호하기 위한 다양한 조치들이 취해졌다. 이렇게 시장의 경쟁을 유지하기 위해 취해진 법과 제도, 규제와 행정조치를 포괄하여 경쟁정책이라고 한다.

경쟁정책은 기본적으로 사전적 시장구조에 중점을 둘 것이냐 아니면 사후적 시장성과에 따라 판단할 것이냐에 따라 구분된다. 전자는 원인금지주의, 후자는 폐해규제주의 입장이다.

원인금지주의는 시장행동이나 성과에 상관없이 독점 또는 독점화 자체를 원칙적으로 금지하는 입장으로서 시장주체에 반경쟁적 행위에 대하여 강력한 신호를 준다. 이는 사전적 규제로서 범위가 너무 넓고 경직적이므로 의도하지 않은 비효율적 결과를 가져올 수 있다. 한편, 폐해규제주의는 독과점의 폐해가 발생하는 경우에만 시장의 행동을 규제하는 입장으로서 시장에서의 행위와 결과에 따른 판단과 그에 따른 유연한 정책을 구사한다는 장점이 있다. 그러나 시장의 행위와 결과에 대한 측정과 판단이 상황에 따라 달라질 수 있어 정책방향의 일관성이 부족하다는 비판이 따른다.

경쟁정책의 기본 논거는 시장구조론이다. 이에 의하면 시장구조는 기업의 시장행동에 영향을 미치고 그것에 따라 시장성과가 결정된다는 것이다. 특히 시장구조에 결정적인 영향을 미치는 것은 공급자의 수이다. 독점기업은 독점이윤을 극대화하고자 생산량을 줄이고 가격을 인상하여 소비자후생을 잠식한다. 과점의 경우에는 기업들이 가격 담합 등을 통하여 독점기업과 같이 행동할 가능성이 높다. 따라서 경쟁정책은 이러한 독점과

5) 이 절을 작성하면서 오영석·조윤애·이건우·김인철·성열용(2011)의 제3장을 많이 참고하였다.

과점을 배제하는 경쟁적 시장구조를 만드는 것을 목적으로 한다.

이러한 시장구조론에 입각한 경쟁정책의 논거에는 독점적 경쟁이론과 경합시장이론의 측면에서 비판이 가해지고 있다. 독점적 경쟁이론에 따르면 시장구조가 독점적으로 보일지라도 대체제가 존재한다면 독점적 이윤은 사라지고 기업의 행태는 제품의 다양성으로 나타나기 때문에 사회적 후생에 해가 되지 않을 수 있다는 것이다. 경합시장이론에서는 독점기업도 잠재적 경쟁에 직면하므로 경쟁시장에서와 같은 행태를 보일 수 있다는 것이다. 이들 두 이론은 경쟁적이지 못한 시장구조가 반드시 소비자 후생의 감소로 직결되지는 않으며 시장 특성과 기업 행태를 사안별로 관찰하여 판단해야 한다는 것이다.

시장에서 경쟁이란 가격과 함께 다양성, 서비스, 품질 등과 같은 여러 과정을 거쳐 나타난다. 더욱이 동태적 경쟁이 중요하므로 시장구조나 시장행태에 대한 정부의 선별적 규제보다는 진입의 자유, 거래 및 계약의 자유 등 자유시장경제의 공정한 틀을 설정하는 것이 경쟁정책의 의무라고 볼 수 있다는 것이다.

한편, 정책적 관점의 차이에 따라 경쟁정책의 내용과 범위에서도 차이가 나타날 수 있다. 그러나 대부분의 국가에서는 원인금지와 폐해규제의 원칙을 동시에 적용하고 있다. 기본적으로는 시장구조론에 입각하여 시장경쟁의 조건을 갖추고자 하지만, 그렇지 못할 경우에는 사후적 폐해규제를 위한 정부의 개입을 허용하고 있다. 이외에 국가가 처해 있는 경제환경에 따라 다양한 임무가 경쟁정책에 주어지기도 한다.

2. 주요국의 경쟁정책 검토

미국 경쟁정책의 근간은 1890년 제정된 셔먼법[6] 및 1914년 제정된 클레이튼법과 연방거래위원회법[7]이다. 이 법은 거래의 제한과 독점화를 기도하는 것을 형사상 중죄로 규정하여 독과점을 원칙적으로 금지하고, 경쟁제한 행위를 당연위법으로 규정하여 강도 높은 원인금지적 경쟁정책을 규정하였다. 이렇게 경쟁범을 형사상 중죄로 규정한 것은

6) 셔먼법(Sherman Anti-trust Act)은 1890년에 제정된 미국 최초의 트러스트 금지법으로 오늘날 미국 반독점법의 기초가 됐다. 이후 미국의 반독점법은 1914년 클레이튼법, 1936년 로빈슨 패트먼법 등을 통해 수정 보완되어 오늘에 이르고 있다.

7) 연방거래위원회법(Federal Trade Commission Act)은 1914년 미연방의회가 셔먼법을 보완하기 위헤 제정한 反트러스트법의 일종을 말한다. 그런데 1938년 修正(휠러리修正)에 의하여 商業에서의 사기성 행위 등이 금지되었다. 이 법의 주요 내용은 연방거래위원회의 조직과 권한 그리고 불공정한 경쟁방법의 금지 등이다.

미국에서 경쟁정책이 시장에서의 기업의 경제행위에 대한 규정이지만 사인(私人) 간의 경제적 피해보상보다는 시장경제에서의 경쟁의 공공성, 기회의 균등, 경제력 집중의 배제라는 공적 목적을 가지고 있음을 시사한다. 이후 미국의 경쟁법은 몇 차례 개정되었지만 주로 경쟁 3법의 기본 원칙에 입각하여 제한규정의 구체화·집행력의 강화를 의도하였다.

그러나 이러한 미국 경쟁정책의 기조는 1980년대 이후 변화되고 있다. 경쟁정책의 엄격한 규정이 정부의 개입을 확대하고 시장에서의 자유거래를 침해한다는 논란이 일어나면서 점차 경쟁정책을 완화하는 조짐을 보이고 있다. 이는 1970년대 시카고학파의 자유시장주의의 영향을 받았기 때문이다. 이에 따라 기업결합 등에 대하여 효율성이 증진되는 효과가 큰 경우에는 허용하는 등 시장구조의 효율성 기준을 보다 많이 적용하는 쪽으로 변화되고 있다.

EU 경쟁정책의 기조는 1957년 로마조약[8]으로 시작된 EU 공동체법에서 찾을 수 있다. 이에는 공동시장 구축의 도구로서 회원국 간의 자유로운 경쟁을 유지하는데 초점을 두고 있다. 또한 EU의 경쟁정책은 회원국 합의에 의해 제정되었으므로 경쟁정책의 순수한 목적에 정치적 고려가 가미된 특징이 있다. 따라서 구조정책, 산업정책, 지역정책 등 다른 경제정책의 비경쟁적 요인과 경쟁정책이 상충되는 측면이 있다. EU는 반독점과 카르텔 금지를 경쟁정책의 최우선 순위에 두고 있지만, 미국과 달리 시장지배적 지위자를 실질적 지배가 있는 경우로 한정하고 있어, 폐해규제주의적 경향이 강하다.

한편, 로마조약 이후 체결된 새로운 조약에서는 산업, 환경, 사회, 지역 정책 등 비경쟁적 중요성이 부각되면서 EU 경쟁정책의 강도가 완화되는 경향을 보이고 있다. 특히 1997년 암스테르담 조약에서는 산업경쟁력 강화와 고용유지를 위한 조항 등이 삽입되어 경쟁정책의 강도가 더욱 완화되었다.

일본의 경쟁정책은 1947년에 제정된 독점금지법에서 시작되었다. 당초 이 법은 재벌을 해체시키고자 하는 미군정의 정치적 목적에서 엄격한 경쟁제도를 규정하였다. 그러나 제2차 세계대전 후 경제재건의 필요에 따라 통제관리 경제체제가 지속되는 과정에서 정부와 기업이 유착되는 일본식 경제시스템으로 정착되었다. 이렇게 볼 때 일본의 경쟁

---

8) 유럽 경제공동체(EEC)를 설립하기 위해 만들어진 조약(1957~93). 1993~2009년 유럽 공동체(EC)를 설립하기 위한 조약으로 계승되었으며, 2009년부터는 유럽연합(EU)의 기능에 관한 조약이 되었다. 유럽 원자력공동체(Euratom) 설립을 위한 조약과 함께 묶어 국제협약인 로마 협정으로 불리기도 한다. 2009년 리스본 조약의 발효와 함께 EC는 폐지되었고, 로마 조약은 '유럽연합의 기능에 관한 조약'으로 공식명칭이 바뀌었다.

정책은 미국의 반독점법을 기초로 하였지만 이후 경쟁정책의 작동은 미국과 큰 차이를 보였다. 한편, 1970년대 물가상승과 1980년대 무역마찰에 대응하면서 독점금지법 운영이 경쟁정책을 강화하는 기조로 전환되었다. 이에 따라 독점금지법의 운용기준과 집행절차를 강화하였다.

일본 경쟁정책의 특징은 다른 나라에 비해 적용제외 규정이 광범위하다는 점이다. 이는 급속한 경제발전과정에서 경쟁정책이 전후 일본의 부흥과 성장을 주도한 산업정책과 강력한 긴장관계를 유지하여 온 결과라고 하겠다. 이와 함께 모기업과 하도급기업과의 거래관계에 대한 규정이나 소비자보다 공급자를 우선하는 경향은 지금까지 이어져 오는 일본 경쟁정책의 특징이라 하겠다.

이상과 같이 경쟁정책에 대한 다양한 관점이 존재하고, 나라에 따라 경쟁정책의 범위나 내용도 큰 차이를 보이고 있다. 또한 경쟁정책의 내용은 다양한 사회문화적 요인에 의해 영향을 받기도 하였다.

3. 한국의 경쟁정책 전개와 평가

1960~1970년대의 경제개발 과정에서 정부주도의 적극적 산업정책이 시행되었다. 이러한 정부의 개입은 산업구조 고도화를 달성하기도 했지만 독과점의 문제를 야기하기도 하였다. 이렇게 발생한 독과점과 그에 따르는 비효율성의 문제들에 대한 인식에 따라 1980년대에는 「독점규제 및 공정거래에 관한 법률」이 제정되었다. 이처럼 정부주도의 경제운용이 야기하는 비효율성에 대한 문제제기에서 시작된 공정거래정책은 점차 정부주도·관리의 경제체제로부터 민간주도의 경쟁적 시장경제체제로 이행하였다고 볼 수 있다.

초기의 공정거래정책은 재벌에 대한 부정적 인식과 국민정서를 바탕으로 제도화되었으나, 1980년대 후반에 들어서는 재벌과 독과점 문제로 인하여 발생하는 각종 사회문제에 대응하기 위한 별도의 제도와 정책이 필요하다는 인식이 확산되었다. 이에 따라 직접적인 재벌규제를 중심으로 하는 경제력집중 억제제도가 도입되어 대규모 기업집단에만 적용되는 규제법이 제정되었다. 그리고 이 규제법에 적용되는 재벌규제의 범위가 점차 확대되었다. 특히 1997년 말의 외환위기로 재벌이 비판의 대상이 되면서 강도 높은 재벌개혁이 추진되고 경쟁법 집행도 크게 강화되었다.

그러나 이와 같은 재벌에 대한 규제가 기업의 성장에 상애요인으로 작용한다는 평기가 제기되면서 재벌에 대한 규제에 반대하는 주장과 계속 대립해 왔다. 최근에는 이와 같은 재벌에 대한 규제를 완화·철폐해야 한다는 주장이 확산되고 공정거래정책을 둘러싼 논란도 뜨겁다.

한국의 경쟁정책은 정부주도의 경제에서 시장주도로 경제의 주도권이 바뀌면서 경쟁정책이 점차 강화되어 왔다고 할 수 있다. 이는 재벌의 경제력 집중과 관련하여 발생하거나 발생할 가능성이 있는 시장경쟁의 저해요인을 해결하려는 일련의 과정이었다고 볼 수 있다. 그렇다면 향후 한국의 경쟁정책은 시장경제질서의 확립을 통하여 경쟁의 효율을 실현하고 경제의 선진화를 달성하는 것을 궁극적인 목표로 설정해야 할 것이다.

최근 들어 시행되고 있는 경쟁정책은 공정하고 자유로운 경쟁을 촉진하기 위해 진입과 퇴출이 자유로운 시장의 경쟁적 구조를 조성하기 위한 정책, 시장 내에서 경쟁을 제한하는 거래행위 규제 정책, 그리고 정보의 완전성을 도모하기 위한 정책 등으로 구분할 수 있다.

구조에 관한 정책에는 경쟁제한적 규제의 개선, 독과점적 시장구조의 개선, 기업 결합심사, 경제력 집중의 억제, 중소기업 자생기반 확립 등이 있다. 거래행위에 관한 정책에는 시장지배적 지위의 남용, 부당 내부거래, 부당 공동행위, 사업자단체 금지 행위, 불공정거래 행위, 재판매 가격 유지 행위 등의 규제가 있다. 그리고 정보의 완전성을 위한 정책에는 소비자 정보제공 및 교육 강화, 표시광고 및 약관 규제, 소비자 피해 예방 및 구제 등이 있다.

사실 경쟁정책이 실효성을 확보하기 위해서는 경쟁원칙 준수에 대한 사회적 인식이 확산되어야 한다. 또한 글로벌화가 확산됨에 따라 한국의 경쟁정책이 국제규범과 조화를 이뤄야 한다. 이러한 점에서 산업정책과 최근에 부각되고 있는 경쟁정책 간의 조화가 요구된다.

제4절 산업경쟁력 패러다임의 변화와 산업정책의 시사점[9)]

1. 경제성장이론의 발달과 산업경쟁력

경제성장에 영향을 미치는 요인은 노동, 자본 등 양적인 생산요소, 인적자본, 기술, 지식 등 무형의 질적인 생산요소, 사회적 자본, 시장 규율 등 성장환경요인으로 나누어 볼 수 있다. 양적인 생산요소에 대한 투자는 직접적으로 성장에 영향을 미치지만, 성장환경요인은 근본적인 경제활동의 유인을 조성하여 간접적이지만 근본적인 영향을 미친다. 직접적인 요인에 영향을 주는 정책은 영향이 빠르게 나타나지만 근본적인 요인이 변화하지 않는 이상 단기적인 영향만을 줄 뿐이다.

경제정책은 이들 성장요인에 모두 영향을 미친다. 경제정책 중 산업의 공급역량에 영향을 직접적으로 미치는 것은 산업정책과 경쟁정책이다. 경제발전 초기에는 경제규모가 크지 않고 시장이 미발달하여 시장실패가 발생할 여지가 크기 때문에 경쟁정책보다는 산업정책이 중시된다. 그러나 경제발전과 더불어 시장이 성숙해짐에 따라 정보의 비대칭성 문제가 줄어들고, 시장의 거래에서도 복잡성, 다양성, 유기성 등이 증대함에 따라 경쟁정책이 점차 중요해진다.

경제성장이론은 성장의 요인과 1인당 국민소득 성장의 관계를 규명한다. 솔로(Robert Merton Solow, 1924~)는 경제성장을 자본이나 노동 등 생산에 투입되는 생산요소의 양적 증가에 의한 부분과 기술진보에 의해 이루어지는 부분으로 나누어 분석하는 성장회계(growth accounting) 모형을 제안하였다. 성장회계모형은 경제성장률을 생산요소(노동과 자본) 투입 증가율의 가중 평균과 총요소생산성의 성장률의 합으로 측정한다. 솔로우의 성장이론에서는 기술진보를 외생적으로 결정된다고 보았으며, 측정 가능한 다른 변수(노동, 자본 증가율)의 잔차로 이해하였다. 따라서 경제성장을 위해 취할 수 있는 정부 정책의 여지는 별로 없었다.[10)]

---

9) 이 절을 작성하면서 오영석·조윤애·이건우·김인철·성열용(2011)의 제5절을 많이 참고하였다.

10) 현실에서는 기술진보가 생산 공정의 개선, 새로운 상품의 개발, 새로운 시장의 개척과 같은 혁신이라는 경제적인 요인을 통하여 발생하고 있다. 예컨대 기업은 원가를 더욱 절감할 수 있는 새로운 생산 과정을 찾아낸다. 또한 기업은 연구개발에 투자하여 새롭게 개발된 상품이 시장에서 성공적으로 판매되면 높은 이윤을 얻는다. 따라서 연구개발이나 사내 교육에 투자한 결과 발생하는 기술혁신은 이윤을 추구하는 경제적인 요인이 작용한다고 할 수 있다. 성장에 지대한 영향을 미치는

이에 대응하여 로머(Paul Michael Romer, 1955~) 등에 의해 발전한 내생적 성장이론에서는 경제성장을 가져오는 기술진보나 기타 요인이 내생적으로 결정되는 모형을 제안하였다. 내생적 성장이론에서 기술진보를 가져오는 요인으로 학습효과(learning by doing), 인적자본(human capital) 형성, R&D 및 지식재산 축적에 의한 기술진보 등의 유형으로 구분할 수 있다. 지식재산은 총요소생산성을 구성하는 다른 요인들과 직·간접적으로 관련을 맺고 있지만 특허 등 지식재산의 증가는 기술진보를 통해 총요소생산성의 향상을 가져와 경제성장을 가능하게 한다는 것이다.

이렇게 기술진보가 내생적으로 다루어짐에 따라 과학기술정책과 지적재산권의 형성 등이 중요한 성장요인으로 등장하며 법과 정책의 역할이 부각되었다. 그 결과 자본이나 연구개발 투자, 교육투자 등을 이끄는 사회적·제도적 인프라에 대한 관심이 높아졌다. 이러한 유인 구조를 결정하는 측면에서 과학기술정책을 포괄하는 산업정책과 시장 환경에 영향을 미치는 경쟁정책이 성장정책의 중요한 위치에 오르게 되었다. 나아가 이들 산업정책과 경쟁정책 간의 상충문제가 새로운 문제점으로 등장하게 되었다.

2. 산업경쟁력 패러다임의 변화

경쟁력이란 경쟁우위를 유지할 수 있는 역량을 의미한다. 기업경쟁력이란 기업이 시장평균이나 상대기업에 비해 높은 초과수익률을 유지하는 역량이며, 산업경쟁력이란 한 나라의 산업이 다른 나라의 동일 산업에 대해 가지는 경쟁우위를 의미한다고 하겠다. 흔히 한 나라의 산업경쟁력은 그 나라 산업에 속하는 국내기업의 세계시장 점유율로 표현된다. 그렇다면 한 나라의 산업경쟁력은 세계시장에서 경쟁하는 선도기업을 중심으로 협력관계에 있는 다수의 기업군들로 구성되는 산업기반에 의해 결정된다.

국가경쟁력은 한 나라가 다른 나라에 비하여 어떠한 경쟁우위를 갖느냐에 따라 결정된다. 하지만 비교우위론에 의하면 한 나라의 모든 산업이 경쟁우위를 가질 수는 없다. 그러면 국가경쟁력이란 국가의 산업구조가 국가의 장기적인 성장에 유리하게 구성되어 소득수준이 유사한 비교대상국보다 더 높은 성장률을 유지할 수 있는가에 달려있다.

1970년대 들어 선진국의 경제성장률은 둔화되고 신흥공업국이 크게 부상하게 되었다. 이에 따라 산업경쟁력 패러다임에 대한 이론이 발전하였다. 우선 전통적인 산업조

무역, 경쟁, 교육, 지적재산권, 조세 등에 관한 정책도 경제적인 요인이 작용하는 것이다. 따라서 기술의 변화는 경제외적인 요인이라기보다는 경제내적인 요인에 의해 결정된다고 볼 수 있다.

직론에서는 시장의 기초조건 및 시장 구조(Structure)로부터 시장 행태(Conduct)와 시장 성과(Performance)가 결정되는 인과관계를 중시해 왔다. 기업의 수, 진입장벽, 다각화 등에 의해 결정되는 시장 구조가 개별기업의 마케팅전략 등의 행태(conduct)에 영향을 미쳐 궁극적으로는 생산성, 이윤, 나아가 자원배분의 효율성 등과 같은 시장성과에 영향을 미친다고 보았다. 이와 같은 구조(S) → 행태(C) → 성과(P)의 단선적인 인과관계를 중시하는 전통적인 산업조직론은 흔히 SCP 분석패러다임으로 알려져 있다.

SCP 모형은 산업 내 기업의 행태를 결정하는 시장구조가 결국은 산업경쟁력으로 나타난다는 것이다. SCP 모형에서는 산업경쟁력을 제고하기 위해 진입규제의 완화, 수요자와 공급자의 시장지배력에 대한 규율 등과 같은 경쟁정책적 측면이 강한 정책도구를 사용한다. 이러한 전통적 산업경쟁력 패러다임은 특정 산업에서 경쟁우위를 달성할 기업전략을 분석하는데 초점을 두므로 산업연관을 통한 시너지 효과는 간과하고 있다. 위의 문제점을 보완하기 위해 기업단위의 산업경쟁력 패러다임을 산업 내 기업 간 생산관계로 확장시킨 것이 생산네트워크 이론이다.

생산네트워크 이론은 기업 간의 가격경쟁보다는 생산에 있어서의 연관관계를 강조한다. 생산네트워크 이론은 포터의 가치사슬이론을 산업으로 확장시킨 것이다. 가치사슬이론은 원래 기업의 부가가치 활동을 생산의 흐름에 따라 구분하여 기업경쟁력의 원천을 분석하였다. 그러나 최근 생산활동의 분화에 따라 생산과정에서 기업 간 연관관계를 포함하는 가치시스템으로 발전되었다. 이 가치시스템은 생산네트워크에 체화되며, 산업경쟁력은 한 기업이 아닌 산업에 속한 다양한 기업들이 하나의 네트워크로서 얼마나 효율적인가에 의해 결정된다는 것이다.

그러나 1980년대 이후 세계화의 확산과 더불어 국경을 넘는 글로벌 생산시스템이 구축됨에 따라 단순히 국내 생산시스템에 기반을 둔 산업 간의 경쟁력을 비교하기 어렵게 되었다. 그 결과 국가를 뛰어넘는 국제적 생산네트워크 위에서 산업네트워크의 기여도에 따라 해당 산업의 경쟁력이 결정되게 되었다. 그렇다면 글로벌 생산네트워크로 형성된 가치시스템 하에서의 산업정책은 자국에 위치한 생산네트워크의 효율성 강화, 나아가 글로벌가치사슬 하에서 자국 기업의 생산네트워크에서의 교섭력을 제고할 수 있는 핵심역량 강화에 진력해야 할 것이다.

한편, 위의 네트워크이론과 가치사슬이론은 시장 구조와 생산 연관이라는 측면을 고려하였지만, 성장이론의 핵심인 기술변화의 중요성을 간과하고 있다. 이러한 단점을 보완하고 생산네트워크의 동태적인 변화 및 생산네트워크 내에서의 기업의 핵심역량의 진화 등과 같은 산업경쟁력의 동태적 변화에 초점을 두는 혁신시스템 이론이 등장하였다. 사실 정보통신 및 운송기술의 급속한 발전은 기술, 산업, 시장 등과 같은 경제환경을 급속히 변모시키고 있다. 이러한 기술변화에 따라 산업구조의 변화에 적응할 수 있는 혁신역량이 기업과 산업의 경쟁력이 되고 있다. 이렇게 산업경쟁력의 중심은 혁신에 있고 혁신시스템[11]이 산업의 경쟁력을 결정한다는 것이다.

이상에서 ① 산업조직론에 입각한 전통적 산업경쟁력 패러다임에서는 주어진 시장구조 하에서 기업의 부단한 효율성 추구를 유인하는 경쟁을 산업경쟁력 향상의 핵심요인으로 보았고, ② 생산네트워크 이론에서는 가치시스템을 중심으로 한 기업 간 혹은 산업 간의 생산연관이 중요하므로 가치시스템 내에 있는 기업 간의 협력이 경쟁력의 관건이며, ③ 혁신시스템이론은 창조적 파괴가 지속되는 동태적 과정에서는 기업이나 기업이 모인 생산네트워크가 지속적인 혁신 없이는 살아남기 힘들다는 것을 시사하고 있다.

3. 산업정책에 대한 시사점

경쟁·협력·혁신 간의 조화라는 새로운 산업경쟁력 패러다임은 협력과 혁신을 지원하는 산업정책과 경쟁을 촉진하는 경쟁정책 간의 조화 필요성을 제기한다. 지금까지는 산업정책이 경쟁정책에 우위를 점유해 왔지만, 경제가 선진국 수준에 다다른 단계에서는, 산업정책과 경쟁정책의 적절한 조화가 요구된다.

그렇다면 새로운 산업경쟁력 패러다임을 고려하는 경우 종전의 대기업 정책은 재검토가 필요하다. 오늘과 같은 생산네트워크 하에서 산업경쟁력 제고를 위한 가치사슬 내의 기업 간 협력을 조정하는 대기업의 역할은 막중하다. 또한 정책당국의 경쟁·협력·혁신을 조화시키는 정책당국의 노력이 무엇보다 필요하다. 나아가 급격히 변화하는 여건변화에 대응할 산업정책의 요체는 통합적 접근에 있다고 하겠다. 이를 위해서는 산업구조정책, 경쟁정책, 그리고 무역정책 등을 포함한 넓은 의미의 산업정책을 아우르는 큰 틀의 통합적 산업정책 체계를 정립해야 할 것이다.

11) 프리만(Freeman, 1987)은 새로운 기술을 창조하고 도입하며 확산하는데 필요한 기업, 대학, 연구소, 금융기관, 공공기관, 규제·지원·경쟁 정책 등 사적·공적 제도의 네트워크를 혁신시스템이라고 지칭하였다.

제5절 새로운 산업정책의 체계화

오늘날 세계경제는 정보기술의 급속한 발전에 따른 지식정보화의 진전과 냉전체제의 해소가 가져온 글로벌화가 가속화되고 있다. 특히 2008년 이후의 글로벌 금융위기는 세계경제의 구조변화를 더욱 촉진시켰다.

세계경제는 아직도 글로벌 금융위기의 여파에서 완전히 벗어나지 못하고 있다. 미국을 필두로 시작한 양적완화 정책의 점진적인 종결이 어떤 파급효과를 가져올지 예측하기 어렵다. 유럽에서는 유로존 재정위기가 어느 정도 안정화되었으나, 영국의 브렉시트 결정에 의해 불확실성이 지속되고 있다. 고성장을 구가하던 중국경제도 이제 6%대 이하의 성장이 고착화되는 등 세계경제의 성장에 대한 기여가 현저히 축소되었다. 더욱이 보호무역주의가 횡행하고 있다. 이러한 경향에는 미국 트럼프 행정부가 주도한'자국이익 중심주의'와 '일방주의'가 커다란 역할을 하고 있다.

또한 기후변화가 세계경제를 위협하는 당면과제로 급부상하면서 에너지·환경 문제가 국가의 미래를 좌우하는 중요한 변수로 대두하고 있다. 이에 대응하여 각국은 온실가스 감축을 통한 저탄소 산업구조로의 전환을 주요 정책과제로 채택하고 있다.

한편, 통상환경 측면에서는 세계무역기구가 지향하는 전 세계 비차별적인 자유무역을 위해 만들어진 지역무역협정(Regional Trade Agreement, RTA)이 세계무역 흐름에 중요한 축으로 자리 잡고 있다.[12] 이는 WTO 가입국 대부분이 개별국가 간의 지역무역협정의 회원국으로 활동하고 있다는 사실은 이를 뒷받침 한다. 지역적 기반을 근간으로 개별 국가 간의 자유무역을 촉진하는 지역무역협정(RTA)은 다자간무역체제와 더불어 각국의 경제성장을 위한 시장 확대의 중요한 기반으로 자리매김하고 있다.

한국의 대내적 환경은 과거와 달리 저성장 기조가 정착되고 있다. 특히 인구구조의 고령화, 저출산, 30~40대 주력 생산인구의 감소세 지속, 주 52시간제와 같은 노동시간의 단축 등은 노동투입을 축소시키고 저축률을 저하시켜 기업의 설비투자를 위축시키고 있다. 또한 노동절약형 기술진보와 수출-대기업 중심의 성장은 저고용 성장구조를 심화시키고 있다. 이에 따라 한국경제의 성장잠재력과 고용창출력이 하락하는 현상이 지속되고 있다.

---

12) 이 책의 제13장에서 지역무역협정의 흐름을 상세히 논의하고 있다.

이제 한국경제는 이상과 같은 경제적 환경이 야기하는 저성장 국면을 타개하면서 혁신성장을 효과적으로 추진할 수 있는 시장친화적인 산업정책을 다시 구축해야 할 것이다. 또한 한국경제의 지속가능성(적정 성장률 유지, 고용률 제고 등)을 담보할 수 있는 산업정책을 정립해야 한다. 이에 따라 산업정책에 관한 현재까지의 체계를 검토하면서 최근의 새로운 논의를 반영하고, 향후 산업정책에 주어진 새로운 과제를 설정하여 산업정책을 다시 체계화해야 할 것이다.

참고자료

김기준(2011.04.14), 『21세기에도 산업정책은 필요한가?』, OECD 산업혁신위원회의 워크숍(2011.03.30일) 자료 요약본, 지식경제부.

김낙년(2018.06), "우리나라 소득불평등의 추이와 국제비교", 『사회과학연구』, 제25권 제2호(2018년 6월), 동국대학교.

박복영(2011.12), 『글로벌 금융위기 이후 국제경제환경의 변화와 한국의 대외경제 정책 방향(제2권)』, 연구보고서 11-07-02, 대외경제정책연구원.

박진호(2009.05.26), "글로벌 기축통화 논의 내용과 향후 전망", 『해외경제정보』, 제 2009-39호, 한국은행.

시장경제연구원(2010.11), 『세계경제의 구조변화와 새로운 성장 패러다임의 모색』, 시장경제연구원.

오영석·조윤애·이건우·김인철·성열용(2011), 『산업구조의 선진화와 산업정책』, 연구보고서, 산업연구원.

오영석·조윤애·이건우·김인철·성열용(2012.03), "산업구조 선진화와 산업정책", 『KIET 산업경제』, 산업연구원.

윤우진·김인철(2008), "산업정책의 새로운 패러다임과 시사점", 『e-KIET 산업경제정보』 2008.1.4, 산업연구원.

이경락(2005.12), "시장진입장벽에 따른 조세지원 효과의 행태변화에 관한 실증적 연구", 『규제연구』, 제14권 제2호, 한국경제연구원.

이재형 외(2009), 『한국의 기업활동 : 구조, 진략, 성과』, 통계개발원.

자본시장 연구원(2012), "글로벌 기축통화 논의와 달러회의 비중", 『자본시장 Weekly』, 2012-07호, 자본시장 연구원.

지식경제부(2009), 『한국경제의 발전과정과 나아갈 길』.

황인학(1997.10), 『시장구조와 경쟁효율』, 한국경제연구원.

KISTEP(2019.03.15), "이슈 분석 : 트럼프 정부 첨단산업 육성 정책 동향", 『과학기술&ICT 정책·기술 동향』, No.138, 한국과학기술기획평가원.

Bain, J. S(1951), "Relation of Profit Rate to Industry Concentration: American Manufacturing 1936-1940," *Quarterly Journal of Economics* 65, pp.293-324.

Hamilton, Alexander, 1827[1791]. Report on the Subject of Manufactures. Philadelphia, PA: William Brown.

http://www.scribd.com/doc/103924841/Hamilton-Alexander-1791-Report-on-the-Subject-of-Manufactures-Sixth-edition. Retrieved 25 August 2012.

List, Friedrich, 1909[1841]. The National System of Political Economy. London: Longmans, Green, and Co.

http://www.econlib.org/library/YPDBooks/List/lstNPE.html.

OECD, 2009, Competition Policy, Industrial Policy and National Champions: Contributions from Japan, Canada, France, Germany, Korea, Norway, and United States. Eighth Global Forum on Competition. February 19-20.

Rodrik, D., 2011, "Perspectives on the New Industrial Policy", International Conference Proceedings, Seoul : Korea Institute for Industrial Economics & Trade.

Silva, E. G. and A. A. C. Teixeira, 2008, "Surveying Structural Change: Seminal Contributions and a Bibliometric Account", *Structural Change and Economic Dynamics* 19, pp.273-300.

중화학공업 육성과 재벌기업 형성

우리나라는 1970년대에 중화학공업 육성 정책을 강력하게 추진했다. 중화학공업 업체에게는 시중금리보다 싸게 자금을 대출해줬고 세금을 적게 내도록 했으며 관세와 보조금 지급 등으로 국내 시장을 장악할 수 있도록 보호해줬다. 이를 기회로 대기업들은 대규모 설비투자를 할 수 있었고 계열사를 여러 개 만들어 사업을 확장해 그룹을 형성했다. 우리나라 주요 대기업 그룹들은 대부분 1970년대 중화학공업 육성 정책을 통해 도약할 수 있었다.

중화학공업 육성

우리나라는 제1, 2차 경제개발계획 기간인 1960년대에 값싼 노동력을 이용해 주로 섬유 합판 가발 신발 등 노동집약적인 경공업 제품을 생산해 수출했다.

1972년 5월 30일 무역확대진흥회의 직후 박정희 전 대통령은 당시 '국보(國寶)'라는 별명을 가진 오원철 경제수석에게 '수출 100억 달러'를 달성하려면 무슨 공업을 육성해야 하는지를 물었다. 오원철 수석은 "각하! 중화학공업을 발전시킬 때가 왔다고 봅니다. 일본 정부는 제2차 세계대전 후 폐허가 되다시피 한 경제를 소생시키기 위한 첫 단계로 경공업 위주의 수출산업에 치중했습니다. 현재의 우리나라 사정과 같습니다. 그 후 일본의 수출액이 20억 달러에 달했을 때 중화학공업화정책으로 전환했습니다. 그 때가 1957년입니다. 그 후 10년이 지난 1967년에 일본은 100억 달러의 수출을 하게 되었습니다."라고 대답했다. 박 전 대통령은 오원철 수석이 작성한 자료를 검토하고 중화학공업 육성에 대한 결심을 굳히게 되었다.

박정희 전 대통령이 중화학공업 육성을 추진한 것은 당시 안보상황도 영향을 미쳤다. 미국은 1969년 "미국이 세계의 경찰 노릇을 포기하고 앞으로 공산주의와 투쟁하는 다른 나라 일에 간섭하지 않는다."는 닉슨독트린을 발표하고 우리나라에서도 1971년 3월 미국 제7사단이 철수해 휴전선 155마일 경비를 국군이 담당하게 됐다. 박 전 대통령은 자주국방의 필요성을 절감했다. 자주국방을 위해서는 중무기의 미국 의존을 줄이고 국산화로 가야 하는데, 그것은 중화학공업이 없이는 불가능했다.

1973년 1월12일 박정희 전 대통령은 연두 기자회견에서 앞으로 중화학공업 육성에 중점을 둔다는 '중화학공업 선언'을 하고 철강 비철금속 조선 기계 전자 화학 등 6개 전략업종의 생산시설을 건설해 각 분야의 생산능력을 얼마까지 늘린다는 청사진을 발표했다. 이러한 1970년대 정부의 지속적인 중화학공업 육성 정책으로 중화학공업 제품이 수출에서 차지하는 비중은 1970년 12.8%에서 1980년에는 41.5%까지 늘어났다. 1977년에는 한국 전체 수출액이 100억 달러를 넘어섰다. 당초 정부는 중화학공업 투자로 1981년까지 1인당 국민총생산(GNP) 1,000달러와 수출 100억 달러를 달성하겠다는 목표를 내걸었는데 조기 달성한 것이다. 우리나라는 개발도상국이 엄두도 못 낸다는 중화학공업화에 성공하면서 노동집약적 산업구조가 기술집약적 구조로 전환됐다. 철강 비철금속 화학 등 공업이 필요로 하는 원재료를 국산화해 공업의 자립을 이룩하면서 고도산업국가로 도약할 수 있는 발판도 마련한 것이다.

그러나 중화학공업은 1980년대 초반 과잉투자의 폐해를 부르기도 했다. 1973년부터 1979년까지 전체 투자액 21조 5,650억 원의 19.3%에 달하는 4조 1,357억 원이 중화학공업에 투자됐고 심지어는 공장건설의 90%를 정부 의도대로 대출하는 정책금융에 의존한 사례도 있었다. 재벌기업들이 경쟁적으로 중화학공업에 투자했고 이로 인해 중공업에서는 생산이 너무 많은 반면 경공업에서는 생산 부족현상이 벌어졌다. 1979년 제2차 오일쇼크로 세계경제가 수요 감소에 직면하게 되자 과잉 설비에 대한 구조조정을 해야 했다.

재벌기업 형성

중화학공업 중심의 성장전략은 대기업의 성장과 맞물려 있다. 경제개발이 이뤄지기 전에 이미 사업의 기반을 다졌던 현대, 삼성, 럭키금성(현 LG), 선경(현 SK), 쌍용, 한진을 비롯해 많은 기업들이 조선, 자동차, 전자, 항공, 운수 등에 진출했고 정부의 도움으로 각 분야에서 독과점적 지위를 누리며 재벌기업으로 성장했다.

중화학공업은 대규모 투자가 필요하기 때문에 막대한 자본금이 투입되어야 했으나 당시 이 정도 투자를 할 만한 기업이 없었다. 그래서 가공의 자본금을 만들어 내기 위해 모회사가 자회사에 출자하고 자회사는 그 돈을 다시 다른 계열회사에 출자하는 순환출자 구조가 형성됐다. 실제 손에 쥔 돈은 1억 원인데 이런 식으로 몇 번 순환출자를 하면 마치 5억 원이나 10억 원이 있는 것처럼 자본금이 뻥튀기 됐던 것이다. 그룹 오너들은 지분을 1~2%만 보유하고 있어도 전 계열사를 경영할 수 있고 경영권을 유지하기도 쉬웠다.

경영상황이 좋은 주력회사가 초기 투자기간 동안 손실을 볼 수밖에 없는 자회사를 우회적으로 지원하는 선단체제를 유지할 수도 있었다. 초기 손실이 컸던 현대자동차는 현대건설의 지속적 지원으로 성장했고 삼성은 반도체 사업 초기에 그룹에서 번 돈을 대부분 반도체에 쏟아 부었다. 이는 재벌 오너체제, 선단경영 체제였기에 가능한 일이었다.

이 같은 구조는 한국 재벌을 부정적으로 보는 시각에선 언제나 비판의 대상이 돼 왔다. 그러나 당시 상황에서는 불가피했고 이를 통해 한국경제가 도약할 수 있었다는 게 최근에는 일반적인 견해로 받아들여지고 있다. 가난하고 자본이 없는 나라가 거대 자본을 만들어 나가는 과정에서 여러 가지 무리수가 발생했던 것이다.

출처: 정재형, "중화학공업 육성과 재벌기업 형성", 『Click 경제교육』 2010년 04월호, KDI 경제정보센터.

Chapter 6

정부주도 기업구조조정정책의 추진과 향후 정책방향

제1절 경제환경의 변화와 기업구조조정

우리경제는 개발연대 기간의 압축성장 과정에서 누적된 구조적 취약성과 이에 대처하는 구조개혁의 실패, 그리고 종래 성장을 주도하던 대기업 집단의 부실 등이 중첩되어 외환위기를 맞았다. 한국사회는 외환위기를 극복하는 과정에서 그동안 재벌체제로 대표되어온 한국형 기업시스템에 대하여 다시 생각하는 계기를 가졌다. 과거 한국의 대기업들은 정부의 경쟁제한적 내수시장 보호정책 하에서 급속한 성장을 달성할 수 있었지만, 1990년대 이후 새롭게 변모하는 환경에 적응하지 못하고 과도한 차입이나 외형위주의 비효율적 자본투자 등으로 인해 경쟁력이 크게 낮아졌다.

기업구조조정이라 함은 효율성 향상을 목적으로 기업이 가진 기존의 조직구조나 사업구조를 개편하는 것이다. 기업이 수행하고 있는 사업 중 상황변화나 수요 예측 오류 등으로 성장성이 낮아진 부문을 축소하거나 통폐합, 매각 등을 통해 효율성을 제고하는데 목적이 있다. 이 같은 기업구조조정이 지연되면 제한된 자원이 부실기업으로 유입되어 경제의 비효율성이 증가한다. 또한 기업 전반의 신용 위험에 대한 불안 심리가 확산돼 양호한 기업도 자금 조달에 어려움을 겪게 된다. 또한 채권금융기관 입장에서도 부실기업에 대해 구조조정 없이 자금이 지원된다면 부실기업을 연명시키는 역할만 하여 채권금융기관 내부에 잠재 리스크가 장기적으로 축적되는 결과를 초래할 수 있다.

여기에서 더 나아가 신사업을 시작하거나 발전가능성이 있는 기업이나 사업 분야를 매수하거나 제휴를 통한 기술개발 등을 추진하는 경우도 있다. 일반적으로 영리기업의 목적은 이윤극대화로 볼 수 있고 이러한 목적 하에 기업구조조정이 이루어진다. 기업구조조정의 주체는 원칙적으로 기업이지만 산업정책의 일환으로 정부주도로 행해지기도 한다. 그러나 정부는 개별기업 차원의 이익보다는 국가 전체 차원에서 산업의 체계를 구상하고 국가의 한정된 자원으로 상황변화에 대응 하여 지속적으로 경쟁력을 유지, 발전시키기 위해 생산성이 낮거나 발전가능성이 없는 산업에서 생산성이 높고 발전가능성이 있는 산업으로 생산요소를 이동시킨다. 이를 산업구조조정이라 하는 데, 이 과정에서 기업구조조정에 관여하게 된다. 특히 여러 이유로 산업이 독과점화 되어 있는 경우 정부의 산업구조조정은 그 대상 산업 내에서 몇몇 주도기업의 구조조정을 필연적으로 수반한다. 예를 들면, 최근에 문제가 불거진 조선업이나 해운업의 경우 상황변화에 관련 업계가 적절히 대응하지 못하여 공급과잉으로 인한 적자가 천문학적으로 늘어나 이들 두 산업에 대한 구조조정이 우리경제의 심각한 선결문제가 되었다.

조선업의 경우 현대중공업, 대우조선해양, 삼성중공업 3사 우리나라 조선시장의 대부분을 차지하고 있어 정부의 조선산업 구조조정은 이 3개사의 기업구조조정을 필연적으로 포함한다. 해운업의 경우도 현대상선과 한진해운이 100대 해운사 매출액의 절반 이상을 차지하고 있어 해운업 구조조정은 실제 이 두 기업에 대한 기업구조조정의 성격을 띨 수밖에 없다.

기업구조조정이든 산업구조조정이든 정부가 관여하는 것이 옳지 않다는 주장이 있다. 정부가 어느 산업을 키우고 어느 산업을 축소할지를 결정하는 것이 시장경제 시스템보다 효율적이지 않기 때문이다. 이를 가장 잘 할 수 있는 것은 결국 기업(시장)이므로 기업이 구조조정의 주체가 되어야 한다는 것이다. 이에 대한 반론으로는 기업의 모호한 소유구조나 지배구조로 인해 시장의 실패가 빈번히 발생하며 각종 규제 등으로 구조조정이 쉽지 않기 때문에 정부가 나서서 구조조정을 주도하는 것이 효율적일 수 있다는 주장이 있다.

그러나 특정 시점에서는 정부의 구조조정 관여가 불가피할 수 있다. 여기서 더 중요한 문제는 이러한 상황이 될 때까지 끌고 가서는 안 된다는 것이다. 기업의 사전적 구조조정이 중요한 이유이다. 2016년 8월 「기업활력 제고를 위한 특별법」(이하 기활법)이 시행되어 공급과잉 상태에 놓인 기업의 자발적인 사전적 구조조정을 지원하는 체계가 갖추어졌다.

그런데 워크아웃을 지원하는 기업구조조정촉진법은 2018년 6월 말로 일몰되었으나, 이 기촉법은 5년 한시로 재시행하면서 2018년 11월 13일 5년 한시법으로 부활했다(한국경제신문, 2018.08.28). 이에 따라 기촉법이 본격적으로 시행되고 있다. 최초 제정된 지난 2001년부터 다섯 차례나 실효와 연장이 반복되는 셈인데 현 경제·산업여건을 고려한다면 보다 근본적 해법을 마련해야 할 때가 아닌가 생각된다.

이 장에서는 우리나라의 기업구조조정 관련 법·제도를 정비해 온 연혁과 기업구조조정 제도 그리고 향후의 바람직한 기업구조조정 방향을 논의하고자 한다.

제2절 정부주도의 기업구조조정 관련 법·제도 정비[1]

아시아 금융위기 이전에는 사실상 우리나라에 기업 퇴출시장이 존재했다고 할 수는 없다. 기업의 도산절차에 대한 정부개입은 산업정책의 일환인 경제개발계획과 산업합리화조치[2]에 의거한다. 정부는 부실기업이나 부실산업을 선택하여 존속과 퇴출 여부를 정하고 부채원리금 유예, 감면, 구제금융, 조세혜택 등을 선택적으로 지원하였다.[3] 이러한 정부주도의 부실기업 정리가 기업 퇴출의 유일한 작동체계였고 관련 법이나 제도도 제대로 정비되지 않았던 시기였다고 볼 수 있다. 그러므로 부실기업의 구조조정을 위한 인수합병, 분할, 고용조정, 퇴출 등에 한계가 있을 수밖에 없었다.

1997년 아시아 금융위기를 겪으면서 기업구조조정이 필수적인 과제로 부각되었고 이러한 원칙 없는 기업퇴출 체계의 문제점이 노정되었다. 이에 정부는 법과 제도 정비의 필요성을 인식하고 구조조정의 다양한 수단을 강구하기 시작했다. 이후 기존의 파산법 등 도산 관련 법이 개정되었다.[4]

파산 혹은 도산[5]은 채무자가 변제기에 있는 채무를 일반적으로 변제할 수 없게 된 상

1) 이 절을 작성하면서 최현경(2016.12)의 pp.77-79를 많이 참고하였음을 밝힌다.
2) 제정법상 근거 없이 행해졌다는 비판이 있다(문호준(2013),『통합도산법』, p.269).
3) 문호준(2013), 『통합도산법』, p.268.
4) 도산법의 역사를 보면 초기에는 파산절차만을 규정하고 있었고 이는 청산절차였다. 이후 회생이라는 개념이 도입되면서 채권자와 채무자 간의 자율협의에 의한 채무조정이 화의라는 명칭으로 도산법제에 편입되었다. 내규모 기업인 채무자의 회생절차로는 회사정리절차가 형성되었다(문호준(2013), 『통합도산법』, p.250).
5) 영어의 bankruptcy는 파산, insolvency는 도산으로 구별하여 번역하기도 하지만 같은 의미로 쓰인다. 도산이 파산을 포함하는 더 큰 의미로 사용되기도 하나, 도산이라는 용어가 일본식 용어이므

태[6]를 말한다. 법적인 의미로는 경제적 파탄상태를 재판상 처리하는 절차 내지는 제도라는 의미로 사용된다.[7] 청산은 채무자의 총재산을 파악하여 총파산채권자를 위하여 배당재산을 배당하는 것이다.[8] 파산법은 1998년 2월 도산 관련 사건을 원활하고 합리적으로 처리할 수 있도록 개정되었고 같은 해 10월 세계은행(IBRD)의 구조조정 차관협상에서 권고된 기업퇴출절차 단축방안 이행을 위해 다시 개정되었다. 채무자의 회생 및 파산에 관련된 사항들이 여러 법에 분산되어 규율되는 것이 바람직하지 않다는 인식과 기존 제도만으로는 상시적 기업회생과 퇴출에 충분하지 않다는 문제의식 하에 분산되어 있는 법들을 일원화하였다. 법률안이 2003년 2월 국회에 제출되었으나 심의가 지연되자 당시 급증하는 개인채무자들의 회생을 위한 입법의 시급성에 따라 동 법률안에 포함되어 있던 개인채무자 회생에 관한 조항들을 「개인채무자회생법」이라는 명칭으로 독립된 법률안으로 2004년 3월 국회에서 통과되며 시행되었다. 그리고 채무자의 회생 및 파산에 관한 법률안은 16대 국회 폐회와 함께 자동폐기 되었다.[9]

이후 2006년 4월 시행된 「채무자 회생 및 파산 에 관한 법률」은 기존의 「파산법」, 「회사정리법」, 「화의법」, 「개인채무자회생법」에 나누어 규율되던 도산처리제도를 단일 법률에서 일원화하여[10] 다루고 있다. 이 법은 회생절차, 파산절차, 개인 회생절차를 포함한다. 또한 1999년 「산업발전법」이 시행되면서 구조조정 대상 기업의 인수·경영정상화·매각, 부실 채권 매입, 투자·자산 매입, 기업 간 인수·합병 중개, 회사정리·화의·파산절차 대행 기업구조조정전문회사(Corporate Restructuring Company : CRC) 제도가 도입되었다. 이어 2009년 「산업발전법」 개정에 따라 CRC는 폐지되고 기업구조개선 사모투자전문회사로 대체되었다.

아시아 외환위기 이후 2001년 기업신용위험 상시평가시스템을 도입하고 기업부실에 대해 예방적 감사체제를 구축한 것으로 이는 부실기업의 상시퇴출제도이다. 이전에는 정부가 연 2회 퇴출기업을 발표하는 체제였으나, 이 제도에 의거 금융기관의 자체적 판

로 바람직하지 않다는 주장도 있다. 파산이라는 용어를 파산절차의 대상인 협의의 파산과 파산절차, 회생절차의 대상이 될 정도로 재정상태가 악화된 광의의 파산으로 구분하면 도산이라는 용어와 혼동을 피할 수 있다(전병서(2016), 『도산법』).

6) 전병서(2016), 『도산법』.
7) 전병서(2016), 『도산법』.
8) 전병서(2016), 『도산법』.
9) 문호준(2013), 「통합도산법」.
10) 일원화라 함은 각종 절차를 일원화한 것이 아니라 단지 하나의 법에 여러 절차를 담았다는 의미로 형식적인 일원화를 의미한다. 그러므로 일반적으로 사용되는 명칭인'통합도산법'은 적절한 명칭이 아니라는 견해가 있다.

단에 따라 부실기업의 퇴출 여부를 상시적으로 판단할 수 있게 되었다. 채권은행은 은행업감독규정, 은행업감독업무 시행세칙에 의해 채권은행의 기업신용위험 상시 평가 운영협약에 따라 기업신용위험 평가를 실시한다. 여신 실행 이후 기업의 신용위험 변동 상태를 평가하고 관리하도록 하며[11], 감독규정에 명시된 여신사후관리업무에 관해 기업신용위험 상시 평가로 부실징후기업 여부를 판정하고 사후 조치하도록 하고 있다.[12] 이에 따라 은행은 상시평가 운영협약을 마련하여 기업신용위험 평가를 시행한다.

┃표 6-1┃ 우리나라 도산처리제도 관련 법

구 분	종전 규율	현행 규율 (채무자 회생 및 파산에 관한 법률)
청산형 절차	파산법	파산절차(법 제3편)
회생형 절차	회사정리법	회생절차(법 제2편)
	화의법	
	개인채무자회생법	개인회생절차(법 제4편)

자료 : 전병서(2016), 최현경(2016.12) p.78에서 재인용.

기업신용위험 평가 결과는 정상적인 영업이 가능한 기업(A등급), 일시적 유동성 위기로 부실징후기업이 될 가능성이 큰 기업(B등급), 구조적 유동성 문제가 있으나 경영정상화 가능성이 있는 기업(C등급), 부실징후기업 중 경영정상화 가능성이 없는 정리대상기업(D등급)의 네 단계로 구분된다. C등급의 경우 사적정리절차, D등급의 경우 청산 또는 회생절차를 진행한다.

11) 은행업감독규정 제78조 제3항.
12) 은행업감독업무시행세칙 제48조 제2항 제4조.

제3절 우리나라의 현행 기업구조조정 제도[13)]

현행 우리나라 기업구조조정 관련 법으로 기업구조조정 촉진법(이하 기촉법)[14)]과 채무자회생 및 파산에 관한 법률(이하 채무자회생법),[15)] 기업활력 제고를 위한 특별법(이하 기활법)[16)]이 있다. 또한 법적 근거는 없지만 기업구조조정의 수단으로 이용되고 있는 자율협약이 있다.

1. 기업구조조정 촉진법

기업구조조정 촉진법은 기업의 회계투명성을 제고하고 금융기관이 신용위험을 효율적으로 관리할 수 있는 체제를 마련하고 기업구조조정을 신속하고 원활하게 추진하기 위하여 필요한 사항을 규정하고 있다.[17)] 부실징후기업의 기업개선이 신속하고 원활하게 추진될 수 있도록 필요한 사항을 규정함으로써 상시적 기업구조조정을 촉진하고 금융시장의 안정과 국민경제의 발전에 이바지하는 것이 목적이다. "부실징후기업"이란 주채권은행이 신용위험평가를 통하여 통상적인 자금차입 외에 외부로부터의 추가적인 자금유입 없이는 금융채권자에 대한 차입금 상환 등 정상적인 채무이행이 어려운 상태에 있다고 인정한 기업을 말한다.

한시법인 기촉법은 2001년 최초로 제정된 후 현재까지 다섯 차례에 걸쳐 다시 제정되었는데 만료된 한시법을 수차례 재개정하는 과정에서 기촉법 상시화에 대한 찬반논란이 계속되었다. 현행 기촉법은 기존 기촉법의 단점으로 여겨졌던 기업개선 참여 채권자 범위를 채권금융기관에 한정하지 않고 모든 채권자로 하여 채권자 간의 형평성을 도모하였다. 또한 대상 기업의 범위를 금융기관 총신용공여액 500억 원 이상 기업으로 한정하지 않고 채무기업을 상법에 따른 회사와 그 밖에 영리활동을 하는 자 등 모든 기업으로 하여 대상 범위를 확대하였다.

---

13) 이 절을 작성하면서 최현경(2016.12)의 pp.79-82를 많이 참고하였음을 밝힌다.
14) 2001.9.15. 최초 시행.
15) 2006.4.1. 최초 시행.
16) 2016.6.13. 최초 시행.
17) 기업구조조정촉진법, www.law.go.kr

2. 채무자 회생 및 파산에 관한 법률

채무자의 회생 및 파산에 관한 사항이 회사정리법, 화의법 및 파산법 3개 법에 분산되어 있어서 각 법률마다 적용대상이 다르고, 특히 회생절차의 경우 회사정리절차와 화의절차로 이원화되어 있어 그 효율성이 떨어지므로 상시적인 기업의 회 생·퇴출체계로는 미흡하다는 지적이 있었다. 채무자 회생 및 파산에 관한 법률은 회사정리법, 화의법 및 파산법을 하나의 법률로 통합하고 여기에 개인채무자회생법도 통합하여 채무자의 회생 및 파산에 관한 법률의 체계를 일원화하고 기존의 회생절차 중 화의절차를 폐지하고, 회사정리절차를 개선하여 2006년 4월부터 시행하였다.[18]

기존의 회사정리법은 주식회사만을 적용대상으로 하는 문제점이 있었으며, 화의제도는 주식회사 등의 대기업이 이용하기 곤란한 문제점이 있어 이를 개선한 것이다. 개인과 중소기업, 대기업을 하나의 절차에 의하여 회생시키거나 퇴출시킴으로써 절차적 효율성을 높였다. 회생과 파산절차는 개인이나 법인의 구분 없이 모든 채무자를 대상으로 한다. 채무자회생법은 제정 이후 일곱 차례 개정되었다.[19]

가장 최근의 개정은 2016년 8월 시행된 것으로 2000년대 후반 세계적인 금융위기 이후 지속적인 불황으로 과다부채의 어려움에 처한 채무자의 구조조정 필요성이 상시화 되자 보다 공정하고 효율적인 구조조정 절차가 필요하여, 회생절차를 보완하고 원활한 신규자금 확보 유도와 상거래채권자의 보호를 강화하였으며 한국형 프리패키지 제도를 도입하였다.

3. 기업활력 제고를 위한 특별법

기업활력 제고를 위한 특별법은 기업이 자발적인 사업재편을 신속하게 추진할 수 있도록 관련 절차 및 규제 등을 개선함으로써 기업의 활력과 산업의 경쟁력을 제고하고 시장에서의 경쟁을 촉진할 목적으로 제정되었다. 기업의 자발적이고 선제적인 사업재편 활동을 촉진하기 위하여 상법 상 조직재편 활동에 대한 절차 간소화 특례, 지주회사 규제에 대한 유예기간 연장 등의 특례를 인정하고, 사업의 혁신활동을 지원하기 위하여 세제·금융, 연구개발 활동, 중소·중견기업의 사업 혁신 및 고용안정을 지원할 수 있는 근거규정을 마련한 것으로 3년 동안 유효한 한시법이다. 기촉법이나 채무자회생법과 달

---

18) 본 법은 개인채무자에 대한 회생절차나 파산절차도 규정하고 있고 국제도산절차에 관한 사항도 규정하고 있다.

19) 타법 개정은 제외한다.

리 기활법의 적용대상은 부실기업이 아니라 정상기업이다.

❙표 6-2❙ 기업구조조정 촉진법의 연혁

구분	제1차 제정	제2차 제정	제3차 제정	제4차 제정	제5차 제정
시행	2001.9.15	2007.11.4	2011.5.19	2014.1.1	2016.3.18
만료	2005.12.31	2010.12.31	2013.12.31	2015.12.31	2018.6.30
제정 목적	• 기업회계의 투명성을 높이고 채권금융기관의 신용위험을 효율적으로 관리할 수 있는 체계 마련 • 기업구조조정을 신속하고 원활하게 추진하기 위하여 필요	• 여전히 채권금융기관의 자율적인 합의를 통한 기업구조조정의 관행이 시장에 정착되지 않음 • 기업구조조정을 신속 하고 원활하게 추진하기 위하여 필요	• 워크아웃 추진 과정에서 기업의 자율성을 강화 • 채권금융기관 협의회의 의결에 반대한 채권금융 기관 및 소액채권금융기관의 권리 보호를 강화 하는 내용으로 보완	• 기업구조조정 수요 발생 시 신속하고 효율적인 기업구조조정을 가능하게 함	• 기존 법 만료로 구조조정에 대한 수요 존재하나 대안 부재
주요 내용	• 채권금융기관으로부터 500억 원 이상의 신용공여를 받은 회사와 직전사업연도 말의 자산총액이 70억 원 이상인 주식회사는 회계장부의 작성·보고 및 변경 방법 등에 관한 내부 회계 관리규정과 이를 관리하는 조직을 갖추도록 함 • 기업회계에 대한 내부 관리 체계를 규정	• 부실징후기업의 관리, 채권행사의 유예, 채권 재조정, 반대채권자의 채권매수청구권, 출자 및 재산운용에 대한 특례 등을 규정	• 워크아웃 추진 과정에서 기업의 자율성을 강화하고, 채권금융기관협의 회의 의결에 반대한 채권금융기관 및 소액채권 금융기관의 권리 보호를 강화하는 내용으로 보완	• 채권금융기관협의회의 소집절차 또는 결의 방법이 이 법에 위반된 때 에는 채권금융기관 또는 부실징후기업은 협의회의 의결이 있었던 날부터 14일 이내에 법원에 의결취소의 소를 제기할 수 있도록 함	• 이 법이 적용되는 채무기업을 상법에 따른 회사와 그 밖에 영리활동을 하는 자 등 모든 기업으로 확대 • 기업개선에 참여하는 채권자의 범위도 모든 금융채권자로 하여 채권금융기관에 국한되지 않도록 함

자료 : 산업연구원(KIET) 작성, 최현경(2016.12) p.79에서 재인용.

이 법 제4조에서는 기촉법에 따른 부실징후기업, 채무자회생법에 따라 회생절차를 신청한 기업과 파산신청을 한 기업, 금융산업구조개선에 관한 법률에 따른 부실금융기관 등을 적용범위에서 제외하고 있다. 사업재편계획에 관한 중요한 사항을 심의하기 위해 사업재편계획심의위원회[20]를 두고 심의기능을 수행한다. 사업재편을 추진하려는 기업이 이 법에 따른 지원을 받으려는 경우에는 사업재편의 필요성, 생산성·재무건전성 향상 목표, 사업재편에 따른 고용 및 투자 계획 등이 포함된 사업 재편계획을 작성하여 주무부처 장의 승인을 받아야 한다. 주무부처의 장은 심의위원회의 심의를 거쳐 신규 고용 및 투자의 창출가능성, 산업구조 고도화 가능성, 근로자의 이익을 부당하게 침해하는지의 여부 등을 고려하여 생산성·재무건전성 향상 목표를 달성할 수 있다고 판단되면 사업 재편계획을 승인한다.

기존 구조조정제도와의 가장 큰 차이점은 정상기업에 대한 구조조정 지원 수단이라는 것이다. 기활법의 목적은 공급과잉 등으로 어려움을 겪고 있는 정상기업이 빠르게 사업재편을 하여 경쟁력을 강화하도록 지원하는 것이다. 기업의 부실이 가시화되기 전 기업이 스스로 선제적으로 대응할 수 있으며, 상법상 조직재편 활동에 대한 절차 간소화, 지주회사규제에 대한 유예기간 연장, 사업혁신활동을 위한 세제·금융, 연구개발 활동, 중소기업 사업혁신 및 고용안정을 지원하는 근거규정을 두고 있다.

4. 자율협약

자율협약은 법에서 정하고 있지 않은 구조조정 수단으로 기업이미지 훼손과 시장충격을 최소화하면서 채권자의 권리보호가 가능하다는 장점이 있다. 자율협약은 법적 근거가 없는 구조조정 방식으로 채권단협약에 의해 진행된다. 그러므로 구속력이 약해 구조조정이 지연될 우려가 크다. 그러나 자율협약의 가장 큰 단점은 실제 기촉법이나 채무자회생법의 적용을 받아야 하는 정도의 부실을 가지고 있는 기업이 자율협약을 통해 구조조정을 하려는 유인이 크고, 그렇기 때문에 성공적이기 어렵다는 것이다. 법적 근거가 없어 협약의 조건이 드러나지 않아 책임을 지우기도 어렵다. 이러한 자율협약 방식은 주로 대기업에 적용된다. STX조선해양의 경우도 자율협약 시 4조 5,000억 원의 자율협약 지원을 받았으나 결국 회생절차에 들어갔다.

20) 사업재편심의위원회는 현재 국회 추천위원 4명, 정부위원 4명(산업통상자원부 차관, 기획재정부·공정거래위원회·금융위원회 1급), 민간위원 12명 등 총 20명의 위원으로 구성되어 있다.

우리나라 구조조정 관련 법/제도

기업활력 제고를 위한 특별법('기활법'), 기업구조조정촉진법('기촉법'), 채무자 회생 및 파산에 관한 법률('채무자회생법')이 있으며, 채권단 협약은 법적 근거는 없으나 구조조정 수단으로 활용

- 기활법: '과잉공급업종' 정상기업의 자발적 사업재편(합병, 분할 등) 지원
- 채권단협약: 채권기관-채무기업(정상기업) 사적 채무조정(출자전환, 이자감면 등) 지원
- 기촉법: 부실징후기업의 신속하고 원활한 기업개선 작업 위한 필요사항 규정
- 채무자회생법: 부실기업의 효율적 회생 또는 회생이 어려운 기업재산의 공정한 청산을 위한 필요사항 규정

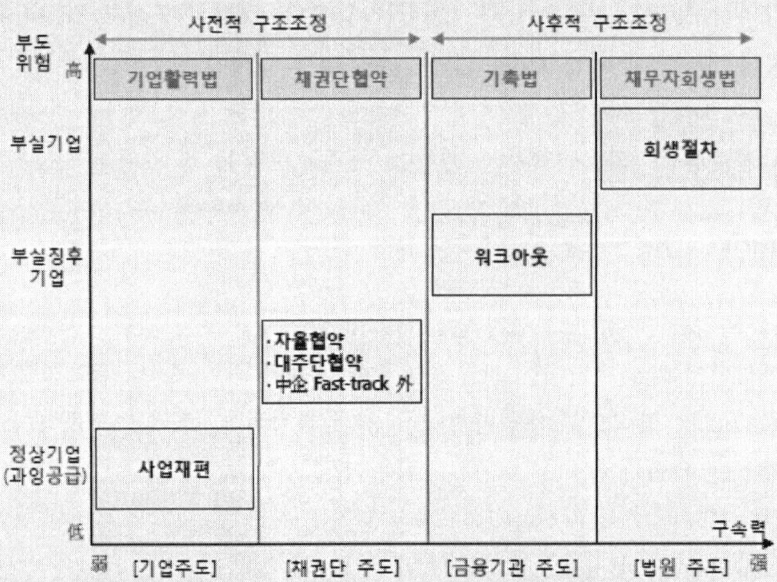

자료: 최현경·박진(2016), 『산업별 한계기업 현황분석과 시사점』, 산업연구원.

제4절 바람직한 기업구조조정의 방향

구조조정이란 비효율적인 부분을 털어낸다는 것과 채무를 재조정한다는 두 가지 의미로 사용된다. 또 구조조정을 하는 주체도 기업과 정부로 나누어 볼 수 있다. 개별 기업은 경영판단에 따라 비효율적인 부분을 털어 내고, 채권자와의 협상이나 법정절차를 이용하여 채무를 재조정한다. 정부는 정책적 판단에 따라 지원과 규제를 결정한다. 우리나라는 정부주도형 경제정책 하에서 정부가 직접 부실기업을 처리해 왔다. 특히 외환위기 이후 정부에 의해 추진된 각종 정책조치 중 부채비율의 축소, 노동·자본의 감축, 부실기업의 정리, 경영투명성 강화 등 사업구조·재무구조·지배구조 측면에서 제도적인 정비가 이루어졌다.

기업구조조정과 관련하여 제기되는 큰 문제점 중의 하나는 정부의 개입이다. 규모가 큰 대기업의 주채권은행은 산업은행이나 수출입은행 등 정책금융 국책은행인 경우가 많아 정부가 채권자의 역할을 하게 된다. 그러나 이 경우에도 정부의 개입은 기업에 대한 지분이나 정책금융지원 정도에 그쳐야 한다는 주장이 제기된다. 그러나 보다 근본적인 문제는 정부가 채권자로서의 권한을 행사 하더라도 통상의 기업지배구조와 달리 여전히 대리인 문제가 발생한다는 것이다. 왜냐하면, 정책금융은 세금으로 운용되는 것으로 기업의 지분을 가진 정책금융사나 정부는 대리인으로서의 역할을 하는 것이기 때문에 도덕적 해이 등 대리인 문제에 대한 해결책이 필요하다.

채권단 중심의 구조조정은 채권단의 이익에 따라 움식인나는 점이다. 즉, 채권단의 제일 목표는 기업의 성장보다는 원리금의 보전이다. 그러므로 채권단에 기업의 구조조징을 일임하는 경우 이를 관리하는 전담기구가 필요하다는 주장이 있다. 구조조정이 진행되면 실업의 문제가 발생한다. 불가피한 결과일 수 있으나, 이에 대한 체계적인 대책이 필요하고 기업의 구조조정이 인력구조조정 중심으로만 진행되지 않도록 할 필요가 있다.

구조조정에 따른 실업 발생에 대비하여 실업보험 등 관련 지원제도를 강화하고 인력재배치를 위한 교육이나 대체가능 업무에 대한 체계적인 일자리 정보 지원 등이 필요하다. 인력구조조정에 앞서 기존의 경영진이 어떠한 방식으로든 경영실패에 대한 책임을 지도록 하는 방안도 마련하여야 한다. 기업신용위험 평가로 구조조정 대상기업을 선정하는 것도 중요하나 현재의 구조조정에 대한 감시와 견제도 필요하다.

2016년의 신기촉법은 기업개선절차 시 주채권 은행이 기업개선계획 진행 상황을 매년 공개하도록 규정하고 있다. 이러한 제도개선에 따라 매년 기업의 구조조정 진행상황이 공개되면 보다 투명한 관리와 내·외부 견제가 가능해져 내실 있는 기업구조조정에 기여할 것으로 생각된다. 자율협약과 관련하여 제기되는 가장 큰 쟁점은 자율협약에 법적 근거를 마련해야 한다는 것이다.

법적 근거가 없는 자율협약이 주로 대기업의 구조조정에 적용되어 실제 그 성과도 없었던 경우가 많았다. 자율협약은 실패하더라도 법적 근거가 없고 협약의 내용도 비공개되므로 책임을 지우기도 어렵다는 한계가 있어 법적 근거를 마련해야 한다는 주장이 제기되는 이유다. 2016년까지 기업구조조정에 대한 법과 제도가 대체로 정비되었으나 자율협약에 대한 법적 근거 마련은 아직 요원하다. 본래 제도의 취지가 훼손되고 악용되는 사례가 증가하는 만큼 최소한의 제도화가 필요하다. 기촉법이나 기활법이 규정하는 수준까지는 어렵다 하더라도 최소한 자율협약을 통한 구조조정을 할 수 없는 경우를 명시하여 운용하도록 하여야 할 것이다.

기활법의 경우 2016년 8월 시행된 후 사업재편을 신청한 한화케미칼, 유니드, 동양물산기업이 9월에 신속히 승인을 받는 등 본격적으로 가동되기 시작하였다. 동년 10월에는 하이스틸(철강), 리진(조선기자재), 보광(섬유), 신성솔라에너지(태양광셀)가 사업재편 승인을 받았다. 그리고 11월에는 현대제철, 동국제강, 우신에이펙이 승인을 받아 사업재편 승인 기업이 늘어났다. 이 승인기업들의 사업재편 효과가 나타나려면 최소 2~3년이 걸릴 것으로 추정되나 기업의 선제적 구조조정을 정부가 지원함으로써 경제에 미치는 영향은 더 클 것으로 예상된다.

마지막으로 신용평가에 산업별 특성을 반영할 필요가 있다. 현재 세부평가 실시 여부를 결정하는 기준으로 3년 연속 영업흐름이 마이너스인 기업, 3년 연속 이자보상배율이 1 미만인 기업 등이 사용되고 있으나, 산업의 특성을 반영하여 업종별로 탄력적인 기준을 적용하는 것이 바람직하다. 물론 이러한 산업별 특성을 고려하여 적용되는 탄력적인 기준을 마련하기 위해서는 채권은행이 산업별 기준 판단을 위한 기본분석 능력을 갖추어야 한다.

최근 저성장과 글로벌 경쟁 심화로 주력산업 부진이 장기화하면서 선제적 구조조정의 필요성이 더욱 절실해지고 있다. 한국은행의 최신 금융안정보고에 따르면 3년 연속 영업이익으로 이자비용을 감당하지 못하는 한계기업 증가세가 이어지고 있다. 최근 저성장과 글로벌 경쟁의 심화로 주력산업 부진이 장기화하면서 선제적 구조조정의 필요성이 더욱 절실해지고 있다.

그런데 현행 기업구조조정제도가 부실예방과 경쟁력 제고, 나아가 생태계 혁신에 기여하지 못한다는 지적이 많다. 사실 기촉법 제정 이후 워크아웃 선정 및 졸업기업 재무성과를 살펴보니 재무안정성은 소폭 개선 징후를 보이나 영업이익률 등 수익성 지표는 뚜렷한 호전 양상이 없어 구조조정을 통한 사업경쟁력 개선 여부는 불확실하다고 할 수 있다. 특히 글로벌 금융위기 이후 기업부실은 대외여건 악화에 따른 일시적 어려움보다 주력산업의 구조적 문제와 얽혀 있어 개별기업 구조조정만으로는 해결이 어렵다.

현행 구조조정제도는 사후처리 위주 운용에 따라 선제적 대응체계가 미흡하다. 신용위험평가가 정확하며 시의성 있는 부실징후 정보를 제공하는지, 재무위험 외 산업·사업위험이 평가에 충실히 반영되는지 의문이라는 비판이 많다. 또한 불확실한 경영여건 하에 정상기업(A·B등급)의 선제적 사업재편이 더욱 중요해지고 있으나 기업활력제고특별법의 실효성이 부족하다는 의견도 있다. 대기업 특혜소지를 차단하기 위해 과잉공급 업종으로 지원대상을 한정하다 보니 업종제한으로 기대효과가 반감된다는 우려가 많다. 또한 주된 사업재편 사례가 주력사업 정리 이후 신사업에 진출하는 것이어서 우수기업의 업종 전환이 확산되면서 기존 생태계 저변의 약화 가능성도 존재한다.

자본시장을 활용한 구조조정은 국내에서는 운용 규제, 여건 미성숙 등으로 더딘 성장세를 보이고 있다. 특히 사모펀드 운용사는 투자자 다변화를 통해 높은 연기금 의존도를 낮추고 피인수 기업에 대한 가치제고 역량 강화를 통한 질적인 성장이 긴요하다.

채권금융기관과 법원이 채무조정에 집중하면서 기업 본원경쟁력 제고에 소홀하다는 비판도 있다. 최근 구조조정의 성패는 사업경쟁력에 좌우되는데 채권회수 극대화를 우선시하는 채권금융기관과 법원이 자산매각 등 다운사이징 위주의 구조조정에 집중하면 오히려 장기 사업경쟁력이 훼손되기도 한다. 또한 전문역량 부족으로 구조조정 기업의 사업구조 혁신에 대한 효과적 해법을 찾는 데도 한계가 있다.

나아가 산업정책과 구조조정제도 간 연계가 약하고 중소기업 구조조정 지원이 부족한 것도 문제다. 대기업 주도의 주력산업 육성정책은 빠른 산업화에 기여한 반면 불균형적 산업구조 고착화로 대기업 부실화가 생태계 전반의 위기로 전이·확산되고 있다. 산업정책과 구조조정제도가 상호 유기적으로 작동하도록 설계돼야 강건한 생태계 구축에 도움이 될 수 있을 것이다. 또한 생태계 비중, 고용 규모 등을 감안하면 중소기업 구조조정 지원은 더욱 확대돼야 하는데 실질적 도움을 줄 만한 구조조정 및 경쟁력 지원 프로그램이 부족한 실정이다. 중소기업은 자체역량 부족으로 사업진단이나 진로 컨설팅 수요가 많은데 정부지원 규모와 내용상 한계가 지적되고 있다.

그렇다면 기업구조조정의 바람직한 방향은 어떻게 나아가야 할 것인가. 구조조정제도 혁신의 관건은 선제 대응체계 강화와 생태계 차원의 통합 구조조정 방안을 마련하는 것이다. 자본시장 등 민간주도 구조조정시장 활성화, 기활법 지원 확대와 사업재편 유형별 지원 차별화로 기업의 자발적 구조조정 참여를 유도하는 한편 산업경쟁력 강화 방안 수립 등 구조조정 프로세스 전반에 민간 참여를 확대하면서 사업재편의 실효성을 높여야 한다. 아울러 주채무계열제도 재정비를 통해 기업집단 부실을 효과적으로 제어하고 중소기업 구조조정 프로그램을 내실화하여 생태계 강건화를 지원할 필요가 있다. 이를 위해 정부와 산업계는 지속적으로 함께 노력해야 할 것이다.

구조조정 관련 용어 정리

1. 상호지급보증: 그룹 계열사들이 여신을 일으키기 위해 서로간의 지급보증을 하는 행위를 말한다. 대출은 물론 회사채발행·신용장개설·해외공사하자 등을 모두 포함한다.
2. 워크아웃: 기업은 그 주력분야에 그 역량을 집중하는 등 사업구조를 조정하고 금융기관으로 구성된 채권단은 대상기업의 비정상적인 부채구조를 개선함으로써 기업의 경쟁력을 제고함 과 동시에 차입금 상환능력을 증대시키려는 기업과 채권금융기관 공동의 기업개선작업을 말한다. 즉, 기업구조조정작업과 부채구조조정작업을 통하여 기업의 가치회생과 금융기관 여신의 건전화를 도모하는 것이다.
3. 순환출자: 재벌기업들이 계열기업에 대한 지배력을 높이기 위해 동원하는 변칙적인 출자방법의 하나로 계열기업이 여러 개 있을 경우 A계열사가 B계열사에, B계열사가 C계열사로, 다시 C계열사가 A계열사에 출자하는 것을 말한다.
4. 부당내부거래: 대규모 기업집단 소속회사가 같은 계열사와의 거래에서 비계열사와의 거래보다 가격거래 조건 등에 차등을 두어 혜택을 주는 것을 말한다.
5. 기업결합: 복수의 기업이 경쟁의 제한, 시장의 독점, 경영의 합리화 등을 목적으로 결합한 것을 말한다.
6. 회사정리법: 재정적 궁핍으로 파탄에 직면하였으나 갱생의 가망이 있는 주식회사에 관하여 채권자, 주주 기타 이해관계인의 이해를 조정하며 그 사업의 정리·재건을 도모함을 목적으로 제정된 법률을 말한다.
7. 화의법: 기업이 파산에 직면할 때 법원의 중재감독 하에 채권자들과 채무변제협정(화의조건)을 체결, 어떻게 빚을 갚겠다는 계획을 세워 파산을 면하는 제도이다.
8. 파산법: 파산에 관한 재판상의 절차를 규정한 법률(1962.01.20, 법률 998호)로서 1962년 1월에 처음 제정된 이후 1991년 12월, 1997년 12월, 1998년 2월, 그리고

2000년 1월 등 4차례에 걸쳐 일부 조항이 개정되었다. 파산의 효력발생시기, 파산채권의 행사, 파산자의 파산선고 후의 법률행위·권리취득·선의 또는 악의의 추정, 파산사건의 관할, 민사소송법의 준용 등에 관하여 상세한 규정을 두고 있다(회사정리법, 화의법, 파산법을 도산3법이라 한다.).

9. 결합재무제표: 대기업집단 소속 계열사의 재무상태를 일목요연하게 표시해주는 재무제표를 말한다.
10. 사외이사제: 대주주와 관련 없는 외부 인사를 이사회에 참가시켜 경영에 대한 대주주의 전횡을 막기 위한 제도이다.
11. 대표소송권: 대표소송을 제기할 수 있는 것은 발행주식의 총수의 100분의 1 이상에 해당하는 주식을 가진 주주이며 이들이 행할 수 있는 권리를 말한다.
12. 감사위원회: 1인 감시체제가 아니라 3인의 위원회 형태로 구성해 합의체제로 운영하는 것. 감사 기능을 대폭 강화시킨 제도다. 3인 중 2인 이상을 외부에서 선발해 독립성을 제고해야 한다. 나스닥에 등록하려는 기업은 반드시 감사위원회를 설치해야 한다.
13. 소수주주권: 소수주주권은 대주주의 횡포를 막고 회사의 공정한 이익을 보호하기 위해 소액주주에게 주는 권리를 말한다.
14. 내부거래: 계열사끼리 물건을 사주거나 인력을 지원하는 등의 그룹 내 거래행위를 통틀어 일컫는 말이다. 특정 기업과 특별한 관계에 있는 사람이 자신의 지위를 이용해 회사 정보를 입수해 주식을 매매하여 이익을 챙기는 내부자거래와는 그 개념이 다르다.
15. 공익법인: 사회복지, 종교, 교육, 장학, 의료 등 사회일반의 이익을 목적으로 민 법 또는 「공익법인의 설립·운영에 관한 법률」에 의해 설립된 비영리 법인을 말한다.
16. 선임청구권: 경제부진 등으로 종업원을 해고하든가 휴직시키든가 할 때, 또는 승진 시킬 때 원칙적으로 먼저 채용한 고참자가 우대받는 권리를 말한다.
17. 출자총액제한제도: 한 기업이 회사 자금으로 다른 회사의 주식을 매입하여 보유할 수 있는 총액을 제한하는 제도. 정부가 출자총액 제한을 하는 것은 재벌그룹들이 기존 회사의 자금으로 또 다른 회사를 손쉽게 설립하거나 혹은 타사를 인수함으로써 기존업체의 재무구조를 악화시키고 문어발식으로 기업을 확장하는 것을 방지하기 위해서이다.
18. 기업구조조정위원회: 기업구조조정위원회는 각 금융권이 추천한 7명의 전문가로 구성되며 기업의 회생가능성 및 워크아웃 추진계획에 관한 이견조정과 채권기관간 자율합의사항 위반에 대한 처리 문제 등을 결정한다.
19. 대위: 일정한 조건하에서 이루어지는 권리 이전을 일컫는다.
20. 5 + 3원칙 : 1998년 국민의 정부 출범 당시 재계와 약속한 경영투명성 제고, 상호지급보증 해소, 재무구조 개선, 핵심기업 설정, 지배주주와 경영자 책임강화 등 5대 기본과제와 1999년 8월 15일 김대중 대통령이 광복절 경축사를 통해 제시한 금융지배 차단, 순환출자 억제, 부당내부거래근절 등 3대 보완과제다.

참고자료

강명헌 외(2002.12), 『외환위기 이후 기업구조 조정의 평가 및 과제』, 국회 재정경제위원회 정책연구용역보고서 2002-2.

김준경(2011.2), "글로벌 금융위기와 한국 기업부문의 구조조정 방향", 『금융경제연구 Working Paper 제458호, 한국은행.

공정거래위원회(2001), 『공정거래백서』, 공정거래위원회.

기업구조조정위원회(1999), 『기업개선작업해설』, 기업구조조정위원회.

문호준(2013), 『통합도산법』, 법률출판사.

송석근(2001), 『한국의 기업구조조정 현황과 과제』, 연세대.

서울신문, 2011년 4월 30일자.

오수근(2009.04.03), "기업구조조정의 올바른 방향", 『CFE Report』 No. 83, 자유기업원.

유진아(2011.05.09), "기업구조조정촉진법 재입법에 대한 시사점", 『KiRi Weekly』, 보험연구원.

원종현(2012.01.19), "자본시장 개방 20년의 의의와 향후 발전 방향 ", 『이슈와 논점』, 제366호, 국회입법조사처.

이병기(2008.10), 『외환위기 전후 기업의 구조조정과 성과변화 분석』, 한국경제연구원.

이지홍·문병순(2013.11.13), "기업 구조조정 제도, 선제적 대응 기능 높여야", 『LG Business Insight』, LG경제연구원.

전병서(2016), 『도산법』, 문우사.

최충규(2006.10), 『대규모기업집단시책의 개편논의 검토와 바람직한 정책방향』, 한국경제연구원.

최현경(2016.12), "우리나라 기업구조조정 제도의 현황과 발전방안", 『KIET 산업경제』, 한국산업연구원.

최현경·박진(2016), 『산업별 한계기업 현황분석과 시사점』, 산업연구원.

한국경제신문, 2018년 8월 28일자

황인학(1997.02), 『경제력집중 한국적 인식의 문제점: 국제비교분석』, 한국경제연구원.

개인의 신용등급 어떻게 결정되나

신용등급은 대출심사, 신용카드 발급 등 개인의 금융서비스 이용 기준으로 매우 중요하다. 또 거래당사자 간에 존재하는 정보의 비대칭성을 해소하는 데 기여한다. 만약 채무자의 신용등급 정보가 제공되지 않는다면 금융기관은 거래상대방을 신뢰하기 어렵고 채무상환능력에 대한 불확실성이 높아져 대출에 소극적일 수밖에 없다. 따라서 면밀한 신용평가를 통해 산출된 차주의 신용등급으로 인해 금융기관은 대출 시 발생 가능한 리스크 및 정보 획득 비용 등을 줄일 수 있다. 또 차주는 금융기관으로부터 자신의 신용상황에 맞는 적정금리로 대출을 받을 수 있게 된다. 차주의 신용활동에 영향을 주는 신용등급이 어떻게 결정되고 구분될까?

┃표 1┃ 신용등급 구분 기준

등 급	구 분	거래 실적	부실화 가능성
1~2등급	최우량	오랜 신용거래 경력을 보유하고 있으며 다양하고 우량한 신용거래 실적 보유	매우 낮음
3~4등급	우량	활발한 신용거래 실적은 없으나 꾸준하고 우량한 거래를 지속한다면 상위등급 진입 가능	낮음
5~6등급	일반	주로 저신용 업체와의 거래가 있는 고객으로 단기 연체 경험 있음	일반
7~8등급	주의	주로 저신용 업체와의 거래가 많은 고객으로 단기 연체의 경험을 비교적 많이 보유하고 있어 단기적인 신용도의 하락이 예상됨	높음
9~10등급	위험	현재 연체 중이거나 매우 심각한 연체의 경험을 보유	매우 높음

자료: NICE.

신용등급은 신용평가회사(CB)가 개인의 금융기관 거래 정보와 세금 체납 등 공공기관 보유정보 등의 신용정보를 평가하여 산정한 등급으로, 개인의 신용활동과 관련한 신뢰도를 점수 또는 등급으로 분류한 상대적 지표를 말한다. 신용등급은 신용평가회사별로 각기 다른 기준에 의해 결정되지만 일반적으로 상환이력 정보, 부채 수준, 신용거래기간, 신용형태 정보 등을 종합적으로 고려하여 산출된다.

상환이력 정보는 빚을 제때 갚았는지, 과거 채무상환을 미룬 적이 있는지 등의 연체

정보를 말한다. 부채 수준은 대출규모 및 신용카드 이용금액 등 현재의 채무보유 수준이다. 신용거래 기간은 신용카드 및 대출 등의 거래기간을 말하며 신용형태 정보는 고금리 대출 이용 여부, 대출 거래기관 수 등 신용거래의 종류 및 행태를 의미한다.

우리나라에서는 나이스신용평가정보(NICE)와 코리아크레딧뷰로(KCB)가 은행, 카드사, 보험사 등 금융기관에서 제공한 금융거래정보와 신용정보 집중기관인 전국은행연합회의 채무불이행 정보 등을 종합하여 개인의 신용등급을 평가하고 있다. 신용등급은 거래실적, 부실가능성 등을 고려하여 1~10등급으로 구분된다. 통상 1~4등급 고신용, 5~6등급 중신용, 7~10등급은 저신용으로 통칭한다.

2013년 11월 말 현재 고신용은 전체 가계신용활동인구(4,100만 명·NICE 기준)의 57.8%인 2,400만 명, 중신용은 1,200만 명(28.9%), 저신용은 600만 명(13.3%)이다. 금융기관은 이런 신용등급과 개인의 소득 및 재산 등을 합산해 대출심사를 진행한다. 만약 연체 등으로 저신용 차주가 되면 가계신용대출 시장에서 적용받는 금리가 급격히 높아지면서(금리단층 현상) 은행 대출시장 이용이 어려워지고 고금리 대출에 대한 의존이 높아질 수밖에 없다. 이에 따라 원리금 상환부담이 늘어나고, 다중채무자로 전락하는 등의 문제로 이어질 수 있다.

–중략–

저신용자 가계 차주 문제가 심화되면 금융기관 건전성 저하는 물론 정부의 재정부담 증가를 초래하는 등의 부담요인으로 작용할 수 있다. 신용등급을 높이는 방법은 어렵지 않다. 즉, 신용등급을 낮추는 요인들을 개선하면 된다.

첫째, 자신의 소득에 비해 과도한 부채를 만들지 않는 것이 바람직하다. 고금리 대출상품 거래비중이 높을수록 신용평점에 부정적 영향을 줄 가능성이 높으므로 대출상품은 가급적 금리가 낮은 유형부터 높은 유형으로 차례로 활용해야 한다.

둘째, 차주가 여러 금융기관에서 다수의 대출(다중채무)을 보유하는 것은 채무의 질적 저하를 의미할 수 있으므로 신용 평점에 악영향을 준다. 따라서 가급적 보유한 채무를 통합하여 이용 금융기관 수를 줄이는 것이 바람직하다.

셋째, 대출 및 카드 개설이 단기간에 급격히 늘어나는 것을 주의하고 필요한 신용거래만 골라서 개설할 필요가 있다.

마지막으로 신용관리의 핵심은 연체가 발생하지 않도록 노력하는 데 있다. 10만 원 이상의 대출을 5일 이상 연체할 경우 신용평가 시 부정적인 요소로 반영되기 시작하므로 소액이라도 연체하지 않는 습관이 중요하다.

–중략–

체크카드를 활용하는 것도 신용관리의 한 방법이다. 체크카드 이용실적은 신용평가에 긍정적으로 반영되므로 신용카드 발급이 어려운 저신용자의 경우에는 체크카드를 활용하여 소액이라도 꾸준히 사용하면 신용등급이 올라갈 수 있다.

출처: 이장연, "개인의 신용등급 어떻게 결정되나", 서울신문 2014년 02월 10일자.

Chapter 7

한국 중소기업의 글로벌화 전략과 정책과제

제1절 중소기업의 정의와 역할 강화

1. 중소기업의 정의

규모가 작은 사업장을 중소기업이라 일컫는다. 그러나 법적인 의미의 중소기업은 보호와 육성의 대상으로 법령에서 규정한 기업을 말한다. 중소기업 범위기준은 「중소기업기본법」 제2조 및 같은 법 시행령 제3조에서 상세하게 규정하고 있다. 「중소기업기본법」상 중소기업이 될 수 있는 대상은 영리를 목적으로 사업을 영위하는 기업, 즉 법인인 기업(상법상 회사 등)과 개인사업자이다(중소벤처기업부, 2018.02).

중소기업은 대기업과 비교하여 상대적으로 규모가 작다는 의미이다. 기업의 규모를 측정하는 방법에는 다양한 방법이 있지만, 보통 종업원 수, 자본금, 자산액, 매출액 등을 생각할 수 있다. 그리고 기업[1]이어야 하므로, 정부기관이나 비영리 단체는 제외된다. 또한 기업이란 영리를 목적으로 하는 독립된 의사결정단위여야 한다. 따라서 독립되지 않고, 다른 기업의 지배를 받거나, 종속되어 독립적인 의사결정을 하지 못하는 것은 기업이라고 할 수 없다. 그것은 다만 생산공장, 판매부서 등과 같이 독립된 기업의 하위부서일 뿐이다.

---

1) 기업이란 ① 영리를 목적으로 하고 ② 계획성·계속성을 가지며 ③ 재화와 용역을 공급하는 영업활동을 해야 하며 ④ 인적·물적 조직이 있어야 한다.

실제로 세계 각국은 위에서 언급한 중소기업 정의의 구성요소들을 기준으로 중소기업의 법률적 정의 또는 행정적 정의를 내리고 있다. 한국은 원칙적으로 종사자수, 자본금, 그리고 독립성을 기준으로 중소기업을 정의하고, 보완적으로 자본금을 사용하고 있다. 중소기업의 범위는 나라마다 다르다. 이는 각국의 경제발전단계, 경제구조, 중소기업정책 방향 등을 반영하기 때문이다.

한국은 중소기업육성시책의 대상이 되는 중소기업자는 업종의 특성, 상시근로자수, 자산규모, 매출액 등을 참작하여 그 규모가 대통령령이 정하는 기준 이하이고, 그 소유 및 경영의 실질적인 독립성이 대통령령이 정하는 기준에 해당하는 기업을 영위하는 자로 규정하고 있다.

| 표 7-1 | 업종별 규모기준 (양적 기준)

산업군	업 종	범위 기준
1	제조업	상시근로자 300인 미만, 자본금 80억 원 이하
2	광업, 건설업, 운송업	상시 근로자 300인 미만, 자본금 30억 원 이하
3	대형종합소매업, 호텔업, 정보처리 및 기타 컴퓨터운영 관련업	상시근로자 300인 미만, 매출액 300억 원 이하
4	어업, 전기·가스 및 수도사업, 연료 및 관련 제품 도매업, 여행알선·창고 및 운송 관련 서비스업, 통신업, 엔지니어링서비스업, 병원, 영화산업, 방송업 등	상시근로자 200인 미만, 매출액 200억 원 이하
5	도매 및 상품중개업, 통신판매업, 방문판매업, 산업용 기계장비 임대업, 전문·과학 및 기술서비스업, 산업지원서비스업, 유원지 및 테마파크 운영업 등	상시근로자 100인 미만, 매출액 100억 원 이하
6	그 밖의 모든 업종	상시근로자 50인 미만, 매출액 50억 원 이하

여기서 알 수 있듯이 양적 기준과 질적 기준을 결합하여 중소기업을 정의하고 있다. 양적 기준으로는 상시 근로자 수 또는 자본금(매출액) 기준 중 한 가지 요건을 충족하면 중소기업에 포함되는 택일주의를 사용하고 있다. 또한 제조업 등 업종에 따라 6개의 군으로 나누어 별도의 양적 기준을 적용하고 있다. 예컨대 제1업종군인 제조업에 대해서

는 상시근로자 300인 미만 또는 자본금 80억 원 이하인 기업을 중소기업으로 분류하고 있다. 그 외에 광업, 대형종합소매업, 어업, 도매업 등 업종에 따라 양적 기준이 〈표 7-1〉에서 보이는 바와 같이 다르다.

다만, 택일주의에 의하여 중소기업 요건에 해당한다 하더라도 대기업으로 볼 수밖에 없는 기업은 예외적으로 대기업으로 분류한다. 즉 상시근로자 1천 명 이상인 기업, 자산총액이 5천억 원 이상인 법인은 중소기업에서 제외된다. 또한 규모 확대 등으로 중소기업 범위기준을 초과하는 경우, 다음 연도부터 3년간 유예기간을 부여하여 중소기업으로 인정하고 유예기간 동안에 새로운 경영환경에 적응할 수 있게 여유를 주고 있다. 한국은 질적 기준으로서 독립성 기준을 사용하고 있다. 즉 양적인 기준을 충족함과 동시에 소유 및 경영의 실질적인 독립성이 확보되어야만 중소기업으로 분류된다. 자산총액이 5천억 원 이상인 법인이 발행주식의 30% 이상을 소유하고 있는 기업은 중소기업에서 제외하고, 또한 상호출자집단에 속하는 기업도 중소기업에서 제외함으로써, 대기업의 우회출자회사가 중소기업에 포함되는 경우를 방지하고 있다.

중소기업의 범위는 각 나라의 중소기업정책 방향에 따라 다르다. 한국의 「중소기업기본법」은 제2조 제4항에서 '시책별 특성에 따라 특히 필요하다고 인정할 때에는 중소기업협동조합법 기타 법률이 정하는 바에 따라 중소기업협동조합 기타 법인·단체 등을 중소기업자로 할 수 있다'고 규정하고 있다.

한국은 중소기업 중에서도 상대적으로 열악한 조건을 가지고 있는 작은 규모의 기업을 달리 규정하고 있다. 즉, 중소기업기본법에서 중기업과 소기업으로 구분하고, 다시 소기업 및 소상공인을 위한 특별지원법에서 소기업과 소상공인으로 나누어 규정하고 있다.

이상에서 살펴본 바와 같이 국가뿐만 아니라 각국 주요 기관들의 중소기업 정의는 다양하게 규정되고 있다(〈표 7-2〉).[2] 그러나 일반적으로 종업원, 매출액 등을 기준으로 중소기업을 분류하고 있다(〈표 7-1〉).

---

2) 현재 중국의 중소기업 분류는 2003년 공표된 중소기업기준 잠정시행규정(中小企業標準暫行規定)에 의거한다. 중국의 중소기업 분류기준은 여타 국가에 비교하여 상대적으로 규모가 큰 기업을 중소기업으로 분류하고 있어 실제로 중국 기준의 소형기업만이 다른 국가들의 중소기업 분류에 근접한 기준이다.

Ⅰ표 7-2Ⅰ 국별 중소기업의 정의

국가	중소기업 정의
미국	종업원 수, 연간 매출액에 따라 분류하나 산업에 따라 다양 일반적으로 통계상 편의를 위해 종업원 수 500명 이하의 기업을 중소기업으로 분류
중국	산업별로 기준이 다양 제조업의 경우 2,000명 이하 혹은 매출액 3억 위안 이하 혹은 자산 금액 4억 위안 이하를 의미
일본	업종, 자본금 및 상시 고용인원으로 분류를 하고 있음 제조업의 경우 자본금 3억 엔 이하, 상시고용인원 300명을 중소기업으로 분류
독일	종업원 500명, 대출 5천만 유로 미만의 기업을 의미
프랑스	공식화된 중소기업 정의는 없으나 기관별로 고용인원, 매출액, 자본금 등의 기준으로 분류 일반적으로 고용인원 250명 미만으로 대기업 자회사가 아닌 독립법인을 의미
영국	고용인원 249명 이하로 분류
이탈리아	종업원 수 250명 이하, 연간 매출액 5천만 유로 미만
한국	종업원 수 300명 이하의 기업
네덜란드	중소기업과 대기업을 구분하는 법적 기준은 없음 유럽연합 집행위원회 권고안을 통해 종업원 250명 이하인 기업을 중소기업으로 분류

참고: OECD는 250인 이하를 중소기업으로 규정.

중소기업의 정의는 다양하지만, 규모의 영세성, 인력부족, 낮은 기술수준, 자본부족, 마케팅 능력의 부재, 경영능력 부족 등과 같은 공통의 문제점을 가지고 있다. 사실 선진국들도 중소기업의 중요성을 인식하고 다양한 방향의 육성전략을 추진하고 있다. 미국은 수출진흥 목표를 달성하기 위해 중소기업청을 통해 자금조달, 수출금융, 기술, R&D 등의 분야에서 중소기업을 지원하고 있다. 일본은 자금, 기술 분야 지원뿐만 아니라 대기업과의 불공정 거래를 방지하기 위한 법규 및 관리 감독을 철저히 하고 있다. 그리고 독일은 중소기업의 경쟁력을 강화하는데 중점을 두고 있으며, 특히 주요 첨단분야에 대하여는 중소기업 하이테크 전략을 추진하고 있다.

한국은 중소기업청을 중소벤처기업부로 격상시켜 중소기업의 혁신역량을 강화하기 위한 정책을 전개하고 있다. 하지만, 중소기업을 기반으로 하는 성장전략 측면에서는 중소기업의 4차 산업혁명 시대로의 전환 부족, Fast Follower에서 First Mover로의 전환 미흡 등 다양한 문제들이 여전히 지적되고 있다.

2. 무역 1조 달러 시대 중소기업의 역할 강화

한국은 1960년대부터 정부주도 대기업 위주의 경제성장 정책을 추진함으로써 고도성장을 달성하였다. 국내총생산(명목GDP)은 1970년 81억 달러에서 1조 5,308억 달러를 기록하여 세계 12위였다. 무역규모는 1970년 수출이 8·35억 달러에서 2018년 6,011.5억 달러로, 수입은 19.84억 달러에서 5,431.9억 달러로 크게 증가하였다.[3] 특히 연간 수출이 6,000억 달러를 돌파(2018년 12월 28일)했다. 무역액은 1조 1,405억 달러로 사상 최대치였다.

2018년의 한국경제는 사상 최대의 수출실적과 무역수지 흑자를 기록한 동시에 세계 수출순위 7위를 기록하고 있다. 그러나 총 수출에서 차지하는 중소기업의 비중은 하락세에 머물러 있다. 한국경제는 빠른 성장을 위해 대기업 위주의 수출정책을 추진함으로써 경제의 중추가 되는 중소기업의 기반은 상대적으로 미약한 실정이다.

한국의 중소기업 비중을 보면 2018년 기업숫자로는 99.9%, 종사자수는 89.8%를 차지하고 있지만, 수출비중은 2010년 33%에서 2018년 18.9%로 지속적인 하락세를 보이고 있다.[4] 대기업 위주의 수출은 수출팽창시기에는 효과가 크지만, 수출 규모가 일정 수준에 도달하게 된 이후부터는 대기업 중심의 수출은 한계에 직면하기 쉽다.

실제로 한국의 주력 수출산업은 세계시장을 주도하는 위치에 도달했음에도 불구하고, 중소기업이 차지하는 입지는 오히려 위축되고 있다. 2018년 반도체, 석유제품, 자동차, 평판디스플레이 및 센서 등 10대 품목이 전체 수출의 58.5%를 점유하는데 반해, 중소기업 제품은 전체 수출에서 2016년 20.1%, 2017년 18.5%, 2018년 18.9%에 머무르고 있는 실정이다.[5]

따라서 중소기업과 대기업 간 협력관계를 구축할 필요성이 절실하다. 중소기업이 현재와 같이 내수시장에서 대기업의 자본, 기술에 종속되어 있는 상황에서는 정부가 아무리 노력해도 진정한 의미의 동반성장은 어렵게 된다. 중소기업이 적극적으로 해외진출을 시도하면서 실력을 함양하고, 나아가 해외진출을 통해 다양한 거래를 진행하며 대기

3) K-stat, 한국무역협회.
4) 중소벤처기업부, 중소기업통계.
5) e-나라지표.

업의 노하우를 배워간다면 자연스럽게 동반성장의 기반이 구축될 수 있을 것이다.

특히 2017년 기준으로 우리나라 수출의 11.2%(627억 8,700만 달러)와 제조업 일자리의 10.9%(40만 536명)를 책임지고 있는 자동차 산업 생태계가 뿌리째 흔들리고 있다. 한국GM 군산공장 폐쇄라는 직격탄을 맞은 군산·인천 GM 납품 부품공장은 절반이 적자로 내몰리고 있다. 거기다 급속한 최저임금 시행과 근로시간 단축이라는 이중고를 겪고 있다. 이는 현대자동차 납품사와 관련 중견업체도 휘청거리고 있으며, 글로벌 시장을 뚫었다는 중견 부품사도 여전히 경영상황이 악화되고 있다고 한다. 문제는 무너지는 자동차 산업 생태계를 되살릴 수 있는 별다른 방법이 없다는 점이다.

국내 완성차 제조사 실적이 하락하는데 국내 부품사가 국내 완성차에 지나치게 의존하고 있기 때문에 해결이 쉽지 않다. 그렇다면 기존에 완성차 업계에 납품하던 부품을 전자산업 등 다른 제조업에 응용할 수 있는 방법을 찾아 돌파해야 하는 수밖에 없을 것이다.[6]

이제 이러한 위기에 몰린 한국자동차부품산업의 글로벌화를 적극적으로 추진해야 한다.[7] 이를 위해서는 우선 국내기업 전속성 탈피를 통해 해외 거래선 다변화를 추진해야 할 것이다. 국내 자동차생산의 감소 및 해외시장에서의 실적 부진으로 자동차부품업체도 경영 애로에 직면해 있다. 국내 자동차업계는 생산의 77%를 담당하는 현대자동차 자동차그룹과 소규모 생산의 해외 업체로 구성되어 국내 자동차부품 거래의 전속성이 매우 높은 실정이어서 모기업이 불황일 경우 경영 상 어려움에 직면한다. 한국 기업의 해외 생산이 부진해지면서 동반 진출한 우리 부품업체의 경영상황이 더욱 악화되고 있다. 따라서 거래선을 해외 업체로 다변화하여 전속성을 탈피하는 것이 우리 자동차부품업체의 글로벌화 과제라 하겠다.

둘째, 부족한 기술력, 생산기반, 마케팅 능력 등을 제고해야 한다. 한국 자동차의 경쟁력은 가성비 높은 부품을 생산하는 국내 부품업체에 기인한다고 보면 한국 자동차부품업체의 해외시장 개척 가능성은 매우 높다고 평가된다. 다만 새로운 거래선에 대응할 수 있는 기술력, 생산기반, 마케팅 능력 등이 부족한 것이 관건이다.

셋째, 기업 간 동반성장뿐만 아니라 노동자들 간의 동반성장도 절실하다. 능동적 글로벌화가 기업 생존을 위한 필수조건이라는 점에서 기업의 노력이 어느 때보다 절실하

---

6) 중앙일보, 2018년 9월 4일자.

7) 조철(2018), "자동차 부품산업의 글로벌 성장전략", 국가미래연구원, 2018년 11월 15일 산업경쟁력 포럼 제35회 세미나 발표자료.

다 하겠다.

한편, 이를 뒷받침하기 위한 정부의 정책방향으로 첫째, 새로운 정책적 접근이 필요하다는 것이다. 글로벌화는 시장이 있으면 신산업, 기존 산업 상관없이 기회가 존재한다는 개념으로 접근해야 한다. 신산업이 모든 문제를 해결해줄 것이라는 환상에서 탈피해야 한다. 정책적 지원도 국내에서 어떤 산업을 할 것인지에 중점을 두는 것이 아니라 우리 기업이 생존 및 발전하기 위해서는 국내에서 정부가 어떤 역할을 할 것인지에 집중해야 할 것이다.

둘째, 해외마케팅을 위한 정부 지원을 더욱 강화해야 한다. 지금까지도 Global Partnership (GP) 사업, KAP(Korea Auto parts Plaza) 사업, KAPP(자동차부품공동사무소) 사업 등 다양한 해외마케팅 지원 사업이 존재했지만, 대부분의 부품업체들은 활용이 미미한 실정이었다. 따라서 이 같은 사업의 효율적인 운영과 함께 부품업체들의 적극적인 활용이 절실하다. 국내 거래선의 한계로 새로운 거래선 개척의 필요성이 높은 시점이기 때문에 지원에 대한 관심이 증가할 것으로 예산돼 정부지원 강화의 필요성도 높아질 것이다.

나아가 안정적인 일자리 확보를 위해서는 중소기업의 글로벌화가 절실하다 하겠다. 대기업들은 해외생산 확대, 공정의 자동화 등으로 인해 수출이 증가하더라도 새로운 고용창출 효과는 미미한 실정이다.

문재인 정부 출범 이후 포용적 성장(inclusive growth)에 대한 관심이 높아지면서 우리 경제에서 기업 수와 일자리의 대부분을 차지하고 있는 중소·중견기업의 중요성이 부각되고 있다. 새 정부 출범 이후 포용적 성장(inclusive growth)에 대한 관심이 높아지면서 우리 경제에서 기업 수와 일자리의 대부분을 차지하고 있는 중소·중견기업의 중요성이 부각되고 있다.

우리나라는 EU 등 주요국과 비교하여 기업의 신생률과 소멸률이 모두 높아 기업 생태계의 순환이 매우 활발하다. 이는 신생기업 의 출현에 따른 경쟁 촉진, 일자리 창출 등 긍정적 효과가 반감되고 있는 것으로 생각된다. 또한 우리나라는 고용인원을 기준으로 중소기업(종사자 수 300명 미만)이 차지하는 비중이 77.4%에 달하여 일자리의 대부분을 중소기업이 창출하고 있다. 특히, 기업 수를 기준으로 종사자 수 10명 미만의 소기업이 차지하는 비중이 96.1%로, 이들 소기업이 전체 고용에서 차지하는 비중이 42.6%로 매우 높다(김경훈, 2017.09).

우리나라 서비스산업의 부가가치와 고용 비중은 주요국에 비해 상당히 낮다. 서비스업 부가가치 비중은 59.1%(2018년), 고용 비중은 70.3%(2018년)으로 1인당 국민소득

3만 달러에 이른 다른 나라와 비교해서도 국내 서비스 산업은 크게 저조한 수준[8]이다(정책 위키, 2019.09.10).

서비스업의 기업 당 고용인원도 2.6명에 불과하여 서비스업의 고용 창출능력이 매우 저조하다. 이는 우리나라 서비스 기업의 규모가 영세하고 자영업의 비중이 높기 때문으로 해석된다. 우리나라의 중소기업 중 수출에 참여하는 기업의 비중은 1.6%(제조업은 7.9%)에 불과하며 전체 수출금액에서 중소기업이 차지하는 비중 또한 20.5%로 중소기업의 수출 참여율과 수출 비중이 모두 취약한 것으로 나타났다. 반면 우리나라의 수출금액 기준 상위 100대 기업이 차지하는 비중은 66.7%로 가장 높아 수출이 상위 대기업에 편중되어 있다(김경훈, 2017.09).

이러한 결과는 향후 우리나라의 중소기업을 위한 산업정책으로 다음과 같은 과제를 도출할 수 있다. 첫째, 우리나라는 높은 신생률에도 불구하고 신생기업의 생존율이 매우 낮으므로 이들 신생기업이 시장에 성공적으로 안착할 수 있도록 지원하는 정책이 필요하다. 둘째, 우리나라는 중소기업의 비중이 다른 나라에 비해 매우 높아 경기변동 등 외부충격에 영향을 받기 쉬우므로, 고용의 안정성을 유지하기 위해서는 이들 중소기업의 체질 개선과 경쟁력 강화에 정책적 역량을 집중할 필요가 있다.

셋째, 국내 서비스업이 영세성을 극복하고 국제적인 경쟁력을 갖출 수 있도록 관련 규제를 완화하는 한편, 신기술과의 융합을 통한 신규 서비스 창출을 적극 지원할 필요가 있다. 마지막으로, 전체 일자리의 약 80%를 창출하는 중소기업의 활로를 모색하기 위해서는 좁은 내수시장을 벗어나 수출을 통해 글로벌 시장으로 진출하는 것이 필수적이며, 이를 위해서는 제조업의 고부가가치화, 서비스업의 수출산업화, 제조업과 서비스업의 융합 등을 통해 중소기업의 수출 참여율과 수출 비중을 제고해야 할 것이다. 이렇게 중소기업이 해외진출을 통해 성장하게 되면 양질의 일자리 창출이 가능하게 되어 국내의 고용환경을 개선할 수 있는 것이다.[9]

---

8) 서비스업 부가가치 비중(%, 2017년)은 미국 79.5, 일본 69.5, 독일 68.1, 영국 79.2이며, 서비스업 고용 비중(%, 2017년)은 미국 79.9, 일본 72.6, 독일 74.5, 영국 82.4이다.

9) 미국 오바마 행정부는 9%에 육박하고 있는 실업률 해소를 위해서는 중소기업의 역할이 중요하다고 판단하고, 2010년 9월에 중소기업고용법을 제정하였다. 근래에 이르러 쌍둥이 적자로 어려움을 겪고 있는 미국은 중소기업의 자체적인 역량제고와 정부 및 유관기관의 지원을 통해 수출을 확대하기 위한 지원정책을 추진하고 있다. 일본 중소기업들은 대기업 납품을 통한 간접수출로 해외시장에 진출하는 방식이었으나, 1990년대부터는 대기업들이 해외에 공장을 건설하는 글로벌화로 나아가자 이러한 변화에 대처하지 못한 많은 중소기업들이 어려움을 겪고 있다. 독일에서는 규모는 작지만 히든 챔피언으로 불리는 다수의 글로벌 기업들이 2003~2008년 기간 세계 수출에서 1위를 달성하는데 중요한 역할을 하였다.

이제 무역 1조 달러를 달성한 이후 한국은 어떻게 무역 2조 달러를 준비해야 할 것인가? 향후는 중소기업이 중요한 역할을 해야 한다. 정부의 중소기업 정책의 중점을 중소기업들의 해외시장 기반을 구축하는 데 두어야 할 것이다. 실제로 해외시장에 진출함으로써 중소기업에서 중견기업으로 성장할 수 있는 가능성이 높아질 수 있다. 앞으로 무역규모 2조 달러, 국민소득 4만 달러의 선진화 시대를 앞당길 수 있는 지름길은 한국의 중소기업들이 해외에서 어떻게 활약하느냐에 달려 있다고 하겠다.

제2절 한국 중소기업의 글로벌화

1. 한국의 수출주도형 공업화와 해외시장 개척

한국경제의 성장모델은 수출주도형 공업화였다. 특히 1970년대 이후 중화학공업 중심의 산업화는 선진국 시장의 확대를 발판으로 하여 수출중심의 성장으로 이어졌다. 이 과정에서 한국의 내수시장 규모는 크게 확대되지 못했다. 더욱이 중화학공업 제품이 내수시장에서 소비하는 데에는 한계가 있었다. 그 결과 수출은 선택의 여지가 없는 필수사항이 되었다.

이러한 성장모델은 대기업과 중소기업 간의 협력이 핵심이다. 중화학공업 부문은 여러 소재와 부품이 한데 어우러져 하나의 제품으로 생산된다. 적어도 대기업이 중화학공업 제품을 생산하여 수출로 연결되기 위해서는 중소기업의 부품공급이 원활하게 이루어져야 한다. 대기업의 수출이 확대될수록 중소기업의 매출이 증가하는 구조였다. 대기업이 앞에서 끌고, 중소기업이 뒤에서 밀어주는 구조였던 것이다.

그러나 이러한 성장모델은 많은 문제점을 낳았다. 가장 대표적인 것이 중소기업의 높은 대기업 의존도라고 할 수 있다. 대기업의 수출이 어려워지면 그 어려움은 고스란히 중소기업에게 전가될 수밖에 없다. 특히 글로벌 경제가 침체에 빠지면 이러한 현상은 더욱 심해진다. 이제 한국의 중소기업들은 현재와 같은 환경을 과감히 탈피하며 스스로 해외시장에서 새로운 활로를 찾지 않으면 안 된다.

2. 한국 중소기업의 미래 SWOT 분석과 글로벌화

최근의 한국경제는 산업의 양극화, 고용 없는 성장, 성장잠재력 저하 등의 문제에 봉착해 있다. 또한 총요소생산성이 정체되거나 둔화되고 있고, 산업연관관계의 약화에 따른 수출-생산-고용-소득-소비의 선순환 고리가 점차 취약해지고 있다. 이는 한국경제의 구조적 문제로 정착되고 있다. 이러한 구조적 문제의 심층에는 바로 중소기업의 문제가 자리 잡고 있다. 그렇다면 중소기업의 미래 역동성 여하가 한국경제의 미래 성장성을 결정하는 중요한 요인이라고 하겠다.

그러면 한국 중소기업의 미래 성장성을 결정하는 국내환경의 SWOT 분석을 해보자. 한국의 중소기업에 있어서 가장 먼저 제기되는 과제는 중소기업 제품의 판로라고 할 수 있다. 한국의 중소기업은 생산측면에서는 강점요인과 기회요인을 적지 않게 확보하고 있다. 사실 한국 중소기업들은 무엇을 만들 것인가에 집중했다고 할 수 있다. 또한 근래에 이르러서는 기술개발 투자가 지속되면서 제품개발 기간이 크게 단축되고 있다. 이러한 진전은 중장기적으로 생산성 향상을 기대할 수 있게 한다.

그러나 판로측면에서는 약점요인과 위협요인이 두드러지게 나타나고 있다. 특히 한국 중소기업의 제품에 대한 국내수급의 의존도가 지나치게 높다는 문제점이 있다. 이러한 현상은 주문을 하는 모기업이 위험해지면 주문을 받는 중소기업도 위험에 빠진다는 것을 의미한다. 나아가 모기업과 중소 하청기업 간의 전통적인 '갑을관계'가 고착될 경우 영원히 '을'의 자리에 머물 수밖에 없다.

또한 한국의 중소기업에서 나타나고 있는 또 다른 문제점으로서 완제품의 납품이 계속 증가하고 있다는 사실을 들 수 있다. 이것은 중소기업이 판로개척을 하는데 역량이 부족하다는 것을 의미하는 표지라고 하겠다. 국내에서 형성된 중소기업과 대기업 간의 오래된 수급관계가 현실에 안주하고 중소기업의 판로를 개척하기 위한 역량을 저해한다는 것이다. 적어도 대기업에 대한 완제품의 납품비중이 지속적으로 증가한다는 사실은 중소기업의 역동적인 성장을 더디게 하는 것을 의미한다.

더욱이 국내시장에 대한 판로문제는 한국의 인구구조 변화와 연계되어 미래에 새로운 돌파구를 찾기 어렵다. 한국의 저출산으로 인한 인구감소와 고령화에 의한 노령인구의 증가는 국내시장의 제품판로에 상당한 영향을 미칠 것이다. 이 같은 인구구조 변화에 의한 저출산·고령화는 내수시장 규모를 정체시키거나 축소시키게 될 것이다. 적어도 내수에 대한 비중이 90%에 이르는 중소기업에게는 향후의 인구구조 변화가 크게 불리하게 작용할 것으로 보인다. 특히 한국의 내수시장은 무역의존도가 매우 높은 현실에서 규모가 크지 않다. 2009년 한국의 GDP 대비 수출비중은 43.4%로서 G20 국가 중 가장 높은 수준에 이르고 있는 사실에서 잘 나타나고 있다.[10)]

인구감소에 따른 생산가능인구의 부족 현상은 중소기업의 강점이 약점으로 바뀔 수 있는 심각한 문제라 할 수 있다. 오늘날 상당한 수준의 기술개발과 성과를 도출하고 있는 중소기업들은 구인난이 만성화되어 있다. 이러한 생산능력은 분명한 강점이지만, 장차 이것을 담당할 젊은 인력이 원활히 공급되지 않는다면 미래를 장담할 수 없게 된다.

한편, 한국경제의 구조가 고도화되면서 서비스업의 비중이 커지고 있는 점은 중소기업에 있어서 기회요인이 될 수 있다. 선진국과 비교하여 한국경제에서 서비스업이 차지하는 비중은 여전히 낮은 수준[11)]이지만, 서비스업의 성장률과 고용증가율이 높아질 것으로 전망되므로 향후 발전할 잠재력은 크다고 여겨진다.[12)]

다음으로 중소기업을 둘러싸고 있는 해외환경 요인을 보자. 우선 한국의 중소기업들이 해외시장에 진출할 수 있는 기회는 충분하다고 판단된다. 근래에 들어 브릭스와 같은 신흥국 시장이 확대되는 등 글로벌 시장이 확장되면서 교역이 증가하고 있다. 이는 국내시장에 집중하고 있는 한국 중소기업들에게는 확실한 기회요인이 되고 있다. 내수시장의 규모 확대가 여의치 않는 현실에서 글로벌 시장으로 확대할 수 있는 좋은 기회가 될 수 있다. 특히 한국과 지리적으로 가까운 중국시장이 급속하게 성장하고 있다는 것은 중소기업 제품의 판로를 꾀할 수 있는 기회의 장이 될 수 있다.

그러나 한국의 중소기업 제품이 글로벌 시장에서 경쟁하기엔 여전히 부족한 부분이 적지 않다. 한국 중소기업의 R&D 투자 등과 같은 강점이 있지만 이것은 어디까지나 국내시장 차원에서의 강점이지 세계시장 차원에서의 글로벌 수준은 여전히 높지 않다. 중소기업의 낮은 글로벌 경쟁력은 높은 수급의존도와 밀접한 관련이 있다. 글로벌 경쟁력을 갖추기 위해 노력하기보다는 주문을 하는 모기업의 기술 수준에만 맞추면 되기 때문이다.

이상과 같은 한국의 중소기업에 대한 국내외적 환경을 생산, 시장, 판로, 그리고 경쟁

---

10) 주요국의 GDP 대비 수출비중이 독일은 33.6%, 중국은 24.5%, 미국은 7.5%이다.

11) 서비스업 생산이 한국경제에 차지하는 비중은 58%로 제조업 강국인 일본(73%)과 독일(72%)보다 아직 낮은 수준이다(Global Insight, 2011).

12) 최근 10년간 한국 서비스업의 고용증가율은 OECD 30개국 중 10위였다. 이러한 서비스업의 높은 고용증가율은 생계형 창업이 증가하기 때문이다. 그러나 당장에는 자영업자 중심의 서비스업이 어려움을 겪고 있지만 새로운 혁신적 흐름이 중요 서비스 부문에서 일어나고 있으며 향후에는 서비스업 부문에서 새로운 혁신이 많이 일어날 것으로 보인다.

력 등의 기능적 측면에서 볼 때, ① 생산측면에서, 한국의 중소기업은 기회 및 강점요인인 기술개발과 생산성 향상을 충분히 기대할 수 있고, ② 시장측면에서 인구구조 변화 등은 위협요인이 되고 있지만, 이는 경제구조고도화에 따른 서비스업 부문 증가와 글로벌 시장의 확대에 의해 기회요인이 될 수 있으며, ③ 판로측면에서 한국 중소기업은 국내기업과의 수급의존도가 높으나 수출비중이 현저히 낮다는 약점이 있고, ④ 경쟁력 측면에서 중소기업은 지속적인 R&D 투자에도 불구하고 여전히 글로벌 경쟁력은 낮은 수준이라고 정리할 수 있다.

요컨대 중소기업의 미래 경영환경을 좌우할 핵심요인은 시장 확대와 판로 확보라고 할 수 있다. 특히 국내시장이 여의치 않다면 글로벌 시장으로 시장과 판로를 확대해야 한다. 물론 한국 중소기업들로 하여금 무턱대고 글로벌 시장으로 진출하라는 것은 공감을 얻기 어렵긴 하지만, 한국의 중소기업은 내수시장을 넘어 글로벌 시장으로 나아가 글로벌 기업을 지향하지 않으면 안 될 것이다.

3. 한국 중소기업의 성공모델 설정

1990년대 말부터 글로벌 스탠다드가 널리 통용되면서 글로벌화가 매우 빠르게 진행되고 있다. 글로벌 표준가 무역통상, 경제정책, 기업구조 등 다양한 분야에 걸쳐 영향을 발휘하고 있다. 무역통상 분야에서는 WTO, 도하개발어젠다(Doha Development Agenda: DDA) 등의 흐름이 글로벌화를 촉진시키고 있다. 이러한 무역통상의 흐름은 지역 또는 국가 시장의 장벽을 무너뜨리면서 세계를 하나의 시장으로 통합시키고 있다. 여기 하나의 시장이란 글로벌 표준에 의해 소비자의 글로벌 표준화가 이루어지고 있다는 의미이다. 이 결과 지역 또는 국내 시장에서 군림하는 기업보다는 글로벌 시장을 지배하는 기업이 성공한 기업으로 평가받게 된다.

이러한 글로벌 기업들의 글로벌 시장에로의 활동영역의 확대는 하나의 지구촌이라는 공간을 가능하게 한다. 그렇다면 현실적으로 국경의 개념이 존재하는 서로의 공간(국가 간)에서 글로벌화로 나아가는 것을 국제화(internationalization)로 정의할 수 있다.

기업의 국제화는 기업의 경영 활동이나 전략이 어떠한 형태로든 해외와 연결되어 진행된다. 전통적으로 국제화는 제품을 생산하여 다른 나라에 판매하는 수출 내지 시장 확대의 개념으로 이해했다. 그러나 최근에는 국제화 개념을 수출로만 보지 않고, 보다 싼 제품을 만들기 위해 원자재 및 부품을 수입하는 경우도 포함하고 있다. 또한 생산에 유리한 국가로 자본이 이동하여 공장을 짓고 제품을 생산하여 세계시장에 판매할 뿐만 아니라 인력도 국경을 넘어 이동하는 경우가 일반화되었다.

이 결과 기업의 국적을 특정하기 어렵게 되었다. 우리는 이러한 기업을 다국적 기업이라 한다. 이들 다국적 기업은 세계 각지에 자회사, 지사, 생산공장 등을 보유하고 범세계적 규모의 생산이나 판매활동을 수행한다. 특히 1990년대 후반부터는 침략적인 의미의 뉘앙스를 풍기는 다국적 기업보다는 글로벌 기업이란 용어를 주로 사용하고 있다. 오늘날 글로벌 기업의 일반적인 경향은 국내외의 기업활동에 구별이 없고 이익획득을 위한 장소와 기회가 있으면 언제 어디로든 진출한다. 이렇듯 전 세계를 하나의 단위로 보는 글로벌 기업들은 자신들이 수립한 전략을 세계 각국에서 수행하기 위해서 각국의 경영환경에 가장 적합한 현지화 전략을 추진하고 있다.

이 장에서는 한국형 성공모델이란 장기비전으로서 글로벌 시장에서 글로벌화에 성공한 삼성과 같은 글로벌 기업으로 설정하고자 한다. 사실 한국의 중소기업들은 수출과 투자를 통해 일정 수준의 국제화의 단계를 경험하였다. 이제 국제화의 다음 단계를 준비해야 한다. 국제화의 다음 단계는 다국적 기업으로 그리고 궁극적으로는 글로벌 기업으로 진전되어야 한다. 그렇다면 한국 중소기업의 한국형 성공모델은 삼성전자와 같이 다국적 기업을 거쳐 글로벌 기업이 되어야 할 것이다.

제3절 후발기업 삼성전자의 국제화 사례 고찰[13)]

이 절에서는 한국의 대표적 기업인 삼성전자의 국제화 과성을 동하어 글로벌 경쟁력을 구축하기 위해 노력한 과정을 살펴보고 향후 우리나라 중소기업의 국제화에 대한 발전 방향을 시사 받고자 한다. 여기서는 삼성전자의 창업부터 최근까지의 국제화 과정을 시대별로 구분하여 삼성전자의 추격 전략을 정리한 한 연구 결과를 정리하였다(박정민·김춘광·이재은, 2018.04).

우리나라를 대표하는 기업인 삼성은 고 이병철 회장이 지난 1938년 무역업으로 시작했다. 고 이병철 회장은 경북 대구시 수동(현 인교동)에 사업 근거지를 잡고 지하 1층, 지상 4층의 250평 남짓한 점포를 사서 '삼성상회'란 간판을 걸면서 시작되었다.[14)] 이렇

13) 이 절은 박정민·김춘광·이재은(2018.04)을 많이 참고했음을 밝힌다.

게 출발한 삼성의 역사는 한국 근대 산업사 및 기업의 역사로 해도 과언이 아니다. 무역업에서 제조업으로, 그리고 중화학공업과 전자산업을 거쳐 최첨단 반도체산업에 이르기까지 발전해왔다.

삼성전자를 비롯한 대부분의 한국 기업들은 역사적으로 산업화를 늦게 시작함으로써 대부분의 산업에서 선발기업의 지위를 누리기보다는 후발 기업으로 경쟁을 하는 경우가 대부분이다. 추격이란 후발자와 선발자 간의 기술 능력 및 시장점유율 등의 격차가 좁혀지는 과정을 가리키며,[15] 이는 기술추격과 시장추격으로 구분할 수 있지만 이는 서로 밀접한 연관을 가진다.

추격 모델에서 후발 기업과 선발 기업 간 경쟁우위의 차이는 이들이 보유하고 있는 지식의 차이로 정의하고 있다. 즉, 선발 기업들은 발명, 발견이나 기초 R&D 활동 등을 통해 산업을 개척했기 때문에 태생적으로 산업화가 늦은 후발 기업에 비해 높은 수준의 축적된 지식들을 보유하고 있으며, 후발 대 선발기업의간 차이에 대한 인식은 기업 간 이질성(heterogeneity)을 강조하면서 그러한 기업의 이질성의 원칙이 지식과 불완전한 학습에 있다고 본다. 이러한 관점에서 보면, 결국 후발 기업이 선발 기업을 추격하는 과정은 후발 기업이 지식을 습득하고 활용하는 학습을 통해 선발 기업과의 지식의 격차를 줄여나가는 과정이라고 정의할 수 있다(이근, 2014).

후발기업이었던 삼성전자의 선도 기업에 대한 추격을 통한 글로벌 전략을 역사적으로 살펴보면 한국의 후발기업들이 선진기업들을 추격 또는 추월하는 데에도 도움을 줄 수 있는 중요한 시사점을 얻을 수 있을 것이다.

1. 삼성전자의 설립과 전자산업 진출(1969~1988년)

1) 삼성의 전자산업 진출

한국의 전자산업은 글로벌 시장에서 크게 열세에 놓여 있었다. 한국은 1959년에 외국에서 들여온 부품으로 진공관식 라디오를 처음 조립하여 생산하기 시작했다. 1938년 설립된 삼성물산을 모태로 식품과 의복에 주력해 오던 삼성은 1969년 이병철 회장의'도쿄구상'을 통해 삼성전자를 설립하면서 전자산업에 진출하게 되었다. 삼성전자는 1969년

14) 이투데이, 2011년 10월 4일자.

15) 추격(catch up)이라는 표현은 Abramovitz(1986)가 The Journal of Economic History에서 발표한 "Catching up, Forging Ahead, and Falling Behind"라는 논문에서 처음 사용하였다(이근, 2014)

1월 13일, 자본금 3억 3,000만 원, 직원 36명으로 시작한 '삼성전자공업주식회사'가 모태가 되었다.

2) 기술 확보를 위한 전략적 제휴

삼성은 전자산업에서 핵심성공요인을 기술로 보고, 이를 확보할 수 있는 다양한 대안 중 해외 선진기업들과의 전략적 제휴(strategic alliance)를 가장 효과적인 방안이라고 판단하여 당시 세계적으로 전자산업을 이끌던 미국의 Zenith, Warwick, 일본의 산요전기, 마쓰시타전기, Sony, NEC, 유럽의 Grundig, Telefunken, Ericsson 등과의 제휴에 대한 검토를 시작하였다. 이에 따라 기존에 기술력 확보를 위해 합작했던 외국 선진기업들과의 제휴를 바탕으로 다양한 제품의 핵심부품들을 국내 공장에서 생산했다.

또한 KEMCO(Korea Engineering & Manufacturing Co.)와 미국의 현지법인 ICII가 합작 설립한 한국반도체의 지분 50%를 1974년에 인수하고, 이후 1977년에는 ICII의 지분도 인수함으로써 삼성반도체 주식회사로 상호를 변경하며 반도체 산업에 대대적인 투자를 시작하였다. 나아가 통신 산업에서도 NEC, 또는 미국 GTE와의 합작투자 시도 등을 통해 기술력을 얻을 수 있었다.

3) 해외직접투자를 통한 글로벌화

삼성전자는 TV 생산을 기반으로 카세트, 스테레오 등의 음향제품, 기타 전기전자 응용제품에 이르기까지 다양한 제품을 생산, 수출하였다. 생산하는 제품들이 다양해지면서 수출의 안정성이 중요해졌다. 따라서 현지에서의 집적판매를 통해 시장의 안정성을 높이고 삼성 브랜드의 인지도를 높이며 고객을 확대하고, 동시에 자재 및 설비를 원활하게 도입하기 위하여 삼성전자는 1978년 뉴욕에 미국현지판매법인 SEA(Samsung Electronics America Inc.)를 설립했다. 삼성전자는 1984년 미국생산법인(SII), 1987년 영국생산법인, 1988년 태국 생산법인(TSE), 멕시코 생산법인(SAMEX) 등을 차례로 설립함으로써 현지 생산체계를 강화해 나갔다. 삼성전자는 생산법인과 함께 현지 판매법인을 비롯한 해외지점과 서비스센터를 지속적으로 증설하고 확충해 나갔다.

2. 도약을 위한 준비(1989~1999년)

1) 경영승계

1980년대 말이 되자 세계 전자산업은 반도체와 정보통신기술의 발달로 제품과 기술수준이 복합화, 다기능화, 시스템화 되어가는 추세에 접어들었다. 1974년 이병철 회장은 한국반도체를 인수하며 반도체 사업에 진출하였다. 하지만 1979년 무렵 삼성반도체는 자본금이 잠식된 상태로 1980년 법인을 청산하고 삼성전자와 합병되면서 삼성전자의 사업부문으로 남게 되었다. 이건희 회장은 자율경영, 기술 중시, 인간존중이라는 3가지 덕목을 중심으로 제2의 창업이라는 새 슬로건을 선언했다. 여기에 더해 경영혁신의 일환으로 공장혁신, 기술혁신을 포함한 5개의 혁신운동을 진행했다.

또한 품질혁신이 경쟁력 강화를 이끈다는 인식으로 라인스톱 제도를 도입하여 공정혁신을 시도했으며, 개발부터 제조, 서비스에 이르는 SQA(Samsung Quality Award: 품질대상) 제도와 소비자 품질인증제도를 도입함으로써 품질향상에 지속적인 노력을 기울였다.

2) 신경영 선포와 품질 혁신

이건희 회장은 주요 임원과 해외주재원 200여 명을 프랑크푸르트에 불러 모아 SBC의 영상을 보여주며 임직원들을 질타하며 지금까지 지속되었던 양적 위주 경영에서 질적 중심 경영으로 전환하고 양과 질이 조화를 이루는 선순환의 경영구조를 선언했다. 심지어 '불량은 암'이라고 표현할 정도로 품질에 집착했다. 이건희 회장은 신경영 선언 이후 다시 제품의 불량 문제가 대두되자 이를 굉장히 심각하게 받아들였고, 1995년 1월 품질사고 대책과 향후 계획을 점검하면서 고객들에게는 사죄하는 마음으로 불량제품을 무조건 새 제품으로 교환해주는 특단의 조치를 취하도록 했다.

3) 글로벌 인수합병

후발주자였던 삼성전자는 기술적 열세를 극복하고 해외시장에서 경쟁력을 확보하기 위해서 자체 연구개발과 함께 해외 선진기업들과의 기술제휴를 맺음으로써 신제품 개발과 제품 성능 향상에 노력을 기울였다. 1990년 중반에 접어들어서는 전략적 제휴뿐만 아니라 해외기업 인수와 지분참여를 통해 적극적으로 기술을 확보하려 했다. 또한 수출이 성장세를 보이는 지역의 서비스와 지역 마케팅을 강화하기 위해 서비스 네트워크를 갖춘 회사를 인수함으로써 국제화도 함께 도모하였다. 삼성전자의 글로벌화는 오랜 글로벌화의 역사를 지닌 선진기업들에 비해 모든 면에서 열세였으므로 공격적인 글로벌화를 위해 선진기업들을 모방했다가 실패의 쓴맛을 보기도 했다.

4) 새로운 목적의 전략적 제휴

신규 사업 진출과 기존 사업을 강화하기 위해서 삼성전자는 1993년부터 본격적으로 해외기업 과 전략적 제휴를 맺기 시작했다. 기존의 전략적 제휴가 삼성전자의 기술적 열세를 극복하기 위한 성격이 짙었다면 이때의 전략적 제휴는 동등한 차원에서 기술을 공유하고 제휴 기업과 함께 발전하는 것이 주된 목적이었다(이위범·권영철, 2006).

삼성전자는 한국, 중국(쑤저우), 미국(오스틴) 3극 전략체제의 완성을 위해 미국 텍사스 오스틴에 오스틴 반도체 생산법인(SAS)을 설립했다. 22만평에 달하는 부지에 13억 달러의 엄청난 규모의 투자를 단행했다. 생산법인 입지로 오스틴이 선정된 이유는 주변 인프라가 잘 갖추어져 있고, 고급인력 수급이 용이하고, IBM과 같은 거래선이 인근에 밀집해 있었기 때문이다.

5) 글로벌화의 심화

1990년대에 들어서자 UR, WTO체제 출범 등으로 글로벌화가 세계적인 추세로 급물살을 탔다. 이러한 환경적 변화와 더불어 1993년 삼성의 신 경영 이후 기존의 경영방식을 쇄신하는 방향으로 전개됨에 따라 글로벌 전략은 변화하였다. 1993년 신경영에서 제시된 복합화와 국제화의 개념을 토대로 해외사업부를 본국 중심의 경영방침을 실행하는 기능별 조직 방식운영 방식에서 독립적 경영전략을 실행 가능한 지역경영을 추구하는 국제지역조직의 형태로 재조직하였다.

삼성전자는 1990년 중반 이후부터는 그룹차원의 국제화와 복합화 전략에 따라 해외생산 복합화에 힘을 쏟기 시작했다. 또한 생산을 복합화하면서 계열사 간 기술을 상호보완하고 규모의 경제를 통해 현지에 연구소나 연수원 등 개발센터를 운영할 수 있는 효과를 얻을 수 있었다. 북미자유무역협정(NAFTA) 이후 삼성전자는 국제경쟁력 확보와 지역의 블록화 현상에 대비해 1988년부터 가동 중이었던 삼성전자 멕시코 생산법인(SAMEX)를 중심으로 삼성그룹 최초의 복합단지를 조성했다.

특히 1995년 이후부터는 '1국가 1거점'이라는 원칙을 수립하고 선진시장뿐 만 아니라 신흥시장에도 진출을 확대하였다. 또한 저임금을 활용한 우회 수출지역 구축 및 현지 내수시장을 선점할 목적으로 생산거점도 해외 여러 지역에 진출했다. 이로 인해 삼성전자의 해외 거점 수가 5년 사이에 두 배 이상 증가하여 1997년 말에는 100개에 이르렀다.

3. 디지털시대 세계 일류기업으로 도약(2000~2007년)

1) 시장선도전략과 사업다각화전략

삼성전자는 시장선도전략(MDS: market driven strategy)을 통해 '브랜드 이미지' 제고를 추구하였다. 삼성전자는 후발주자의 이미지에서 벗어나기 위해 '선견(先見), 선수(先手), 선제(先制), 선점(先占)'으로 요약되는 일명 4선(四先) 사업전략을 펼쳤다. 이 전략은 시장 변화를 먼저 보고, 경쟁사보다 한발 먼저 움직여, 경쟁사를 제압해 시장을 먼저 차지하는 방식의 전략이다. 삼성전자는 실제 휴대전화, 디지털 TV, DVD 플레이어 등 시장이 원하는 기능과 디자인을 갖춘 제품을 경쟁사보다 빨리 시장에 출시해 '제값 받기'에 나섰다. 이로써 '고품질·고가전략'을 통해 물량 떼기 기업의 이미지를 벗고 '디지털 기업' 이미지를 심는데 성공했다.

2) 프로세스혁신과 윤리경영

2001년은 'Digital E-Company'를 실현하는 해로 정하여 프로세스 혁신을 가속하였다. 삼성전자는 6시그마운동을 지속해오면서 자체 추진 기반을 갖추었다. 따라서 2002년부터 이를 전 부분으로 확대·정착시키고 체질화함으로써 경영관리의 질을 일류 수준으로 높여 나갔다. 또한, 글로벌 업체들 간의 경쟁이 심화되면서 구매·재고·물류 등 전체 공급망을 효율적으로 관리하는 SCM(Supply Chain Management)이 경쟁력 강화의 핵심으로 떠올랐다. 또한 삼성전자는 2004년 11월 창립 35주년을 맞이하여 신성장 모멘텀 확보와 6대 분야의 혁신을 강력하게 추진하였다. 2003년 1월에는 전 세계 모든 생산법인·판매법인과의 비즈니즈 프로세스를 하나로 통합하는 'WTN(worldwide trading network)' 구축을 완료하였다. 이러한 WTN의 구축을 통하여 삼성전자는 본사 및 해외법인 간 거래를 실시간 자동화 체제로 바꾸어 줌으로써 주문에서 생산까지의 리드타임을 획기적으로 단축하였다.

3) 현지화 강화

해외 우수 두뇌를 적극 유치하기 위하여 미국·EU·일본·중국 등 해외 주요 거점에 연구소 설립을 더욱 확대 하고, 현지 우수인재 채용을 늘려 R&D 강화 등 현지경영 역량을 확충하였다. 2004년 기준 '글로벌 R&D'의 첨병 역할을 하는 해외 연구소는 모두 11개로, 1988년 미국 산호세연구소를 시작으로 하여 영국(1991년), 러시아(1993년), 인도(1996년), 이스라엘 및 일본(1997년) 등의 나라에 연구소를 설립하여, 각 지역에 맞는 현지밀착형 R&D 업무를 수행하였다.

삼성전자는 해외에 생산법인 26개, 판매법인 35개, 연구소 11개, 물류기지 2개, 지점 18개를 포함해 모두 92개의 법인을 운영하였으며, 이들이 전 세계적인 네트워크를 구성해 연간 65조 원의 매출을 올렸다. 순수하게 해외 법인을 통해 거둬들이는 매출만 45조 원으로 삼성전자의 해외법인은 현재의 삼성전자가 존재할 수 있게 하는 근간이 되었다(삼성전자, 2010).

4) 조직구조 개편

삼성전자는 디지털시대에 맞게 조직개편을 단행하는 등 경영체질을 개선하는 데 주력하였다. 그리고 글로벌경영을 보다 적극적으로 추진하기 위하여 제품생산위주(GPM)로 구성되었던 4대 총괄 조직 산하의 사업부를 GBM(Global Business Management) 체제로 전면 개편하였다. 삼성전자는 외형 확장기에 지역완결형 의사결정을 하고 있었다.

하지만 매트릭스 조직형태의 부작용으로 인해 본사와의 갈등과 비효율적인 비용 집행을 초래하여 삼성전자는 해외본사를 대신해 사장 직속의 시역총괄제로 바꾸고 지역별 판매법인과 지사만을 관할하게 하는 등 과감한 개혁을 통해 변화를 추구했다. 지역총괄제는 한국의 본사 개념을 해외 현지로 이동시킨 개념이며 본사에 속한 각 사업부들이 지역 본사에 포함되는 것을 의미하는데 한국 내 기존 사업부는 국내 시장만을 책임지며 해외시장에 대한 손익의 책임은 지역 본사가 담당하게 되었다.

이러한 방식으로 삼성전자는 지역총괄제를 채택하여 현지 상황에 최대한 밀착된 새로운 사업기회를 물색할 수 있게 되었다. 이 때 삼성전자는 과감하게 전략부분을 변화시켰으며, 이는 삼성전자가 글로벌화 하는데 중요한 시작점이 되었다. 이로써 삼성전자는 해외 생산법인을 본국의 제품사업부로 이관하여 제품별 생산과 연구개발, 영업 등의 모든 전략실행의 책임과 권한을 국내 사업부로 일원화 하는 GBM(Global Business

Manager)제를 도입하였다. GBM 제도는 지금까지의 삼성전자를 전 세계에 우뚝 서게 한 제도이기도 하다(삼성전자, 2010). 또한 이 제도는 Digital Convergence를 표방하며 제품의 개념을 산업의 개념으로 확대한 것이다.

5) 브랜드 마케팅 강화

삼성전자는 2004년 세계에서 21번째로 높은 브랜드 가치를 지닌 기업으로 선정되었는데 이는 당시 20위를 차지한 '소니'의 브랜드 가치를 위협하는 수준이었다(김영욱, 2013). 삼성전자의 경우 브랜드 전략에서 가장 시급한 것은 글로벌 CI(Corporate Identity)와 브랜드이미지의 확립에 있었다. 이 시기에 개방적이고 친근하면서도 첨단 디지털 이미지를 강조하는 'SAMSUNG DIGITall, everyone's invited'라는 슬로건을 도출하여 미국과 유럽 등 선진국을 최우선 투자 지역으로 선정하고 디지털 기업 이미지를 높이기 위해 정면 돌파 전략을 구사하였다. 가치 평가액이 125억 5,300만 달러로 1999년 산정액이 32억 달러 선이었다는 것을 감안하면 경이로운 성과였다. 삼성전자는 이들 해외법인을 통해 삼성의 브랜드를 높이는데 총력을 기울였으며, 전 세계적인 축제인 올림픽 공식스폰서로서 위상을 높였다

4. 글로벌 초일류 기업으로 부상(2008~2010년)

2007년부터 현재까지 마케팅부분과 전 사업부를 상호 협력하여 현재의 기업에 이르게 되었다(삼성전자, 2010). 2007년 삼성전자는 사상 최대의 경영실적을 달성하였으며 새로운 기술과 제품 을 지속적으로 선보임으로써 시장을 더욱 확대하였다. 이 시기는 글로벌 기업을 꿈꾸던 삼성전자에게는 초일류 글로벌 기업에 가까워지고 있는 시기였다. 이러한 성과로 삼성전자는 연구개발, 마케팅, 구매, 제조 등 전 부서가 서로 긴밀하게 상호 협력하여 효과적으로 시너지를 발휘하였다. 2008과 2009년에는 국제적인 의사결정, 사고방식, 문화를 중심으로 다양성도 중시하였다. 1998년 나가노 동계올림픽부터 공식 후원을 시작한 삼성전자는 2004년 아테네 올림픽부터 무선통신분야 탑 후원사 역할로 올림픽에 참여하고 있으며, 지난 2008년 베이징 올림픽에서는 '글로벌 올림픽 파트너'로 올림픽 무선통신분야 공식 후원사 역할을 맡았다. 그 결과, 시장점유율이 크게 상승하였다. 이는 삼성전자의 올림픽 마케팅 성공을 증명한 것이라 하겠다.

삼성전자의 최고경영진과 핵심임원들은 자기 자리에서 PC를 통해 매일 전 세계 법인

의 판매, 재고 정보를 확인하며 의사결정을 한다. SCM의 강점을 들자면 수요에서 원자재까지 공급망의 불확실성과 불투명성을 감소시켜 위험과 기회손실을 최소화한다는 점, 조직 및 프로세스 벽을 극복하는 판매→ 물류→ 제조→ 구매의 동기화 계획이 실현된다는 점, 글로벌 운영 최적화를 고려한 전략적 동시 공급 계획이 가능하다는 점이 있다.

5. 세계 전자산업을 주도하는 리더로서의 도전 (2011년~현재)

삼성전자는 2011년에 세계경제포럼에서 발표하는 지속가능경영 우수 100대 기업에 국내에서 유일하게 선정되었으며 온실가스 감축 등 우수한 녹색경영 성과 및 지속가능경영보고서에서 높은 평가를 받았다. 글로벌 IT업체들과의 크로스 라이센스 협력을 확대해 특허 동맹을 지속적으로 강화하고 있으며 미국 특허 등록 2위 등 파트너십을 통해 특허 역량을 확보하여 다양한 시너지 효과를 창출하였다. 이렇게 발전한 삼성전자는 2014년 사업부문별로 주요제품이 나뉜다. 특히 DS부문에서 삼성전자는 세계최초로 DRAM 20나노 제품의 개발과 양산 안정화를 완료해 기술과 원가 경쟁력을 바탕으로" 초격차전략"을 실현하고 있다.

2015년까지 삼성전자는 지속적으로 추구하던 친환경 제품, 동반 성장을 통한 생태계 구축, 제품을 통한 사회 공헌, 글로벌 네트워크 등을 강화시키면서 성장을 거듭하고 있다. 2016년에 삼성전자는 지역총괄, 글로벌 생산거점, 글로벌 연구개발, 글로벌 디자인 센터, 판매거점 등을 보유한 글로벌 기업이 되었다. 삼성전자는 사내 여러 조직 간의 정보 공유뿐만 아니라 시장변화에 신속하게 대응하며 성장하고 있다. 이러한 제도와 프로세스 관리를 통해 삼성전자는 치열한 글로벌 경쟁 환경 하에서 시스템 구축 시간을 단축하는 등 스피드 경영의 기반을 확고히 했다. 이렇게 삼성전자는 제품 개발, 부분 시장 1위를 통해 초일류 글로벌 기업으로서 Vision 2020 목표를 향해 나아가고 있다.

제4절 한국 중소기업의 글로벌화 전략[16]: 글로벌 시장의 강소기업

1. 강소기업(Small Giants)의 개념과 차별성

우리나라의 기업 역사는 대부분 60여 년을 넘지 못하고 있다. 중소기업 강국인 EU나 일본과 비교하면 기업의 역사는 매우 짧다. 그렇다 보니 한국에서 성공한 중소기업의 모델을 찾기는 쉽지 않다. 또한 많은 중소기업들이 정부의 지원책에 힘입어 성공한 측면도 있다. 그렇기 때문에 매우 획일적이고 공통적인 성공 유전자를 가졌다고 할 수 있으므로 독특한 특색을 찾기는 어렵다.

그동안 한국 중소기업의 성공모델은 강소기업이었다. 강소기업은 작지만 강한 기업을 의미한다. 이들 강소기업의 공통점으로서 크게 두 가지를 들 수 있다. 하나는 국내시장을 기반으로 하고 있다는 점과 다른 하나는 대기업과의 안정적인 수급관계를 유지하고 있다는 점을 들 수 있다. 그렇다 보니, 강소기업은 뚜렷한 비전과 전략이 별로 눈에 뜨지 않는다. 경영환경이 어려울수록 수급관계를 더욱 공고히 하는 것이 비전이자 전략이기 때문이다.

따라서 우리는 강소기업 자체를 성공모델로 볼 수는 없다. 앞서 고찰한 바와 같이, 강소기업의 대부분은 뚜렷한 비전과 전략을 가지고 성공한 기업이 아니다. 또한, 강소기업의 성장기반인 내수시장도 성장 한계가 도달할 것이란 우려가 큰 것이 현실이다. 미래의 성공을 확신할 수 없다는 의미이기도 하다. 이와 함께 동반성장 문제가 화두가 되고 있는 요즘 대기업과의 관계도 불안요인으로 작용하고 있어 성장의 한계는 더욱 분명해지고 있다.

사실 위에서 제시된 강소기업은 성공기업의 필요조건에 불과하다고 하겠다. 일반적으로 강소기업은 성공기업이지만, 역으로 성공기업은 강소기업이 아닐 수 있는 것이다. 벤처기업처럼 스스로 시장을 개척하여 강소기업에 오를 수 있다. 대기업과의 수급관계에 기대어 성장한 강소기업과는 분명히 다른 것이다. 바꿔 말하면, 강소기업과 성공기업 간에는 필요·충분조건이 동시에 성립하지 않는다. 즉 강소기업과 성공기업 간에는 필요조건으로만 성립된다. 그렇다면 '국내시장에서 구축된 강소기업'은 글로벌한 경쟁이

---

16) 이 절을 작성하면서 오동윤 외 3인(2011.12)의 제4장을 많이 참고하였다.

이루어지는 글로벌 시장에서는 성공기업이라고 하기 어렵다.

글로벌 시대에는 새로운 환경에 맞는 비전을 수립해야 한다. 이 같은 비전을 통하여 중소기업이 스스로 전략을 수립할 수 있어야 하고, 성공의 동기를 찾을 수 있어야 한다. 나아가 중소기업 강국인 선진국과 비교하여 한국 중소기업의 뚜렷한 특징이면서 강점을 창출해 내어야 한다. 중소기업의 경영환경은 더 이상 국내에만 머무를 수 없게 변모하고 있다. 이제는 글로벌 시장에서 생존하며 성장해야 한다. 이에 따라 변화 속도가 매우 빠를 뿐만 아니라, 변화의 방향을 예측하기도 쉽지 않다.

오늘날의 중소기업은 빠르게 변하는 글로벌 환경에 적극적으로 대처해야 한다. 적어도 한국 중소기업의 미래비전은 '글로벌 시장의 강소기업'일 수 있어야 한다. '국내시장에서 머무르는 강소기업'이 아닌 '글로벌 시장에서 생존할 수 있는 역동적인 강소기업'이 되어야 한다.

그렇다면 글로벌 환경 하에서의 강소기업이란 부족한 자금과 인력으로 출발했지만 기술, 비전, 그리고 마케팅 능력을 겸비하고 국내시장에서뿐만 아니라, 해외시장으로 진출하여 탄탄한 생존기반을 갖추고 지속가능한 경쟁력을 가진 작지만 강한 기업을 일컫는다고 해야 할 것이다.

한편, 2007년 독일의 경영학자 헤르만 지몬의 히든 챔피언(Hidden Champion)이 크게 주목을 받은 바 있다. 히든 챔피언은 세계3위 이내 또는 대륙 1위의 시장점유율, 매출액 40억 달러 미만이지만, 대중에게 잘 알려져 있지 않은 기업을 일컫는다. 스몰자이언츠와 지향하는 바가 가장 유사한 성공모델이라 하겠다. 그러나 히든챔피언 역시 미래의 성장가능성보다는 과거의 성과에 기반하고 있음에 유의해야 한다. 헤르만 지몬의 영향을 받아 한국형 히든 챔피언이 각광을 받았다. 중소기업청, 한국수출입은행, 한국거래소 등에서 경쟁적으로 한국형 히든 챔피언을 선정했다. 그러나 이들이 선정한 결과는 모두 과거의 경영성과에 기초하고 있다. 따라서 그동안 쓰였던 강소기업과 큰 차이를 발견하기 어렵다. 다만, 히든 챔피언의 기본적인 속성인 글로벌화를 중요하게 다루었다는 측면에서 가치가 있을 뿐이다.

중소기업청과 한국경제신문이 공동으로 선정한 히든 챔피언만이 글로벌화 관련 지표를 구체적으로 제시하면서 기업을 선정했다. 선정 기준은 수출액 3천만 달러 이상, 전체 매출액 대비 수출 비중 50% 이상, 세계시장 10위 이내였다. 그러나 기준이 높고, 현재의 수출 성과에 초점을 맞추었기 때문에, 미래의 비전을 활용하기에는 부족한 점이 있다. 한편, 한국수출입은행이 선정한 히든 챔피언은 기업의 성장잠재력과 CEO 역량을 높게 평가함으로써 미래지향성을 감안했다고 볼 수 있다.

일본의 대표적인 성공모델은 장수기업이라고 할 수 있다. 장수기업은 기업수명이 100년 이상인 기업을 말한다. 현재 일본에는 약 5만 개의 장수기업이 있는 것으로 추정된다. 장수기업이라는 의미 자체가 성공기업이 아니면 장수할 수 없음을 의미한다. 따라서 기업이 장수를 한다는 의미가 곧 성공기업의 개념으로 인식될 수 있다. 그러나 일본의 장수기업은 대부분 가업승계를 통해 전통을 유지하고 있기 때문에 미래의 비전으로 보기에는 무언가 부족함이 있다.

❙표 7-3❙ 주요 강소기업(Small Giants) 기준과 경영모델 비교

모델	제안자	형태	기준	해당기업
글로벌 시장 강소기업 (Small Giants)	중소기업연구원 중소기업중앙회 (2010)	비전	- 수급을 지양하는 독립성 - 미개척시장 진출의 과감성 - R&D투자의 도전성 - 고기술을 수출하는 가치성	모든 중소기업
'잘 나가는 강소기업'	매일경제신문 (2005)	경영 성과	- 영업이익률 - 매출액 증가율 - 시가총액증가율	코스닥 상장 중소기업
히든 챔피언	헤르만 지몬 (2007)	경영 성과	- 세계1~3위(대륙 1위) - 매출액 40억 달러 이하 - 대중에 알려지지 않음	2,000여 기업 선정
	수출입은행 (2009)	경영 성과	- 기술력 및 재무안정성 - 성장잠재력 - CEO역량	1차로 34개 선정
	한국거래소 (2009)	경영 성과	- 독일 히든챔피언과 동일 - 재무건전성과 수익성	코스닥 상장 중소기업
	중소기업청 한국경제신문 (2009)	경영 성과	- 수출액 3천만 달러 이상 - 수출비중 50% 이상 - 세계시장 10위 이내	1차로 22개 선정
일본 장수 기업		기업 특성	-100년 이상 기업	5만개로 추정
Small Giants	보 벌링엄 (2005)	인터뷰 결과	- 사업확장 기회를 버린 기업 - 존경과 모방의 대상 - 3자의 증언이 있는 기업	14개 기업 선정

출처: 오동윤 외 3인(2011.12)에서 재인용.

보 벌링엄이라는 작가는 작은 규모 기업의 성공 스토리를 정리한『스몰 자이언츠』에서 강소기업에 대한 많은 시사를 주고 있다. 다만 이 책에서는 작가의 개인적인 주관에 의해 선정된 14개 기업을 대상으로 인터뷰한 결과를 중심으로 서술되었다는 한계는 있다. 보 벌링엄이 이 책에서 스몰 자이언츠로 선정한 기준은 ① 사업을 확장할 기회가 있었음에도 다른 결정을 내린 기업들이고, ② 해당 업종에서 다른 업체들이 존경하고 벤치마킹 하고 싶어 하는 기업들이며, ③ 외부로부터 성과에 대한 찬사를 받는 기업들이라고 요약할 수 있다. 보 벌링엄은 성공기업을 선정할 때 작은 규모의 기업을 선정했기 때문에 스몰 자이언츠라는 이름을 붙였다는 것이다. 그러나 보 벌링엄은 저서에서 성공기업의 특성을 주로 소개했기 때문에 미래 지향적인 가치성에 대하여는 별로 논의하지 않았다는 단점이 있다.

위로부터 우리는 글로벌한 시대에 새로운 환경에 걸맞은 강소기업의 특성으로서 독립성, 과감성, 도전성, 미래 지향적인 가치성 등 4가지로 정리할 수 있을 것이다.

2. 글로벌 강소기업(Small Giants)의 성격과 조건

앞에서 논의한 글로벌 강소기업의 특성인 독립성, 과감성, 도전성, 그리고 가치성 등에 대하여 보다 깊이 있게 검토해 보자.

첫째, 독립성은 판로의 독립성을 의미한다. 국내수급 보다는 글로벌 시장에 진출하는 강한 독립성이 필요하다. 국내수급은 기업경영의 안정성에 크게 기여한다. 이에 반해 글로벌 시장은 변동성이 크기 때문에 경영의 안정성을 저해할 수 있지만, 국내시장의 성장 한계를 대비한다면, 그 대안은 글로벌 시장일 수밖에 없다. 현재 한국 중소기업들의 매출액을 기준으로 국내수급은 88%이고, 직접수출은 12%에 불과한 수준이다. 과감하게 국내수급과 직접수출의 비중을 각각 50% 수준으로 목표를 전환시킬 필요가 있다. 이러한 목표의 설정을 통하여 10년 후에는 대기업에 수탁하는 기업의 비중이 48%에서 30% 이하로 떨어져야 할 것이다.

둘째, 선진국보다는 신흥국과 같은 미개척 시장에 진출하는 과감한 중소기업이 필요하다. 우리는 미국발 글로벌 금융위기 및 유럽의 재정위기를 경험하면서 선진국 시장의 부침을 똑똑히 보았다. 선진국 시장에 의존한다는 것은 결국 선진국 시장이 어려워질 때마다 위기를 겪을 수 있음을 의미한다.

따라서 성장 가능성이 높은 중동, 중남미, 아프리카 등 미개척시장을 공략·선점하는 과감성이 필요하다. 현재 중소기업 수출에서 이들 시장의 비중은 13%에 불과하지만, 50% 이상으로 확대하도록 노력해야 한다. 이를 통해 10년 후 대륙 시장점유율 1위를 차지하는 기업이 많이 생기도록 노력해야 할 것이다.

셋째, 공격적인 R&D 투자로 글로벌 경쟁력을 높이는 도전성이 강한 중소기업이 필요하다. 국내시장에만 적합한 R&D는 더 이상 의미가 없다. 과거 대기업의 납품에 의존할 때는 대기업이 필요로 하는 수준만 맞추면 충분했다. 그러나 글로벌 시장에서 성공하기 위해서는 해당 시장의 기술수준을 알아야 하고, 시장 진출에 적합한 기술인증이 필요하다. 그렇다면 현재 매출액 대비 R&D투자 비중을 더욱 확대해야 한다.[17] 현재 2.06%에 불과한 투자 비중을 2배 이상으로 높여야 하며, 현재 24%인 기술개발 후 해외특허 등록률을 현재보다 3배 이상 확대하여야 한다. 이를 통해 현재 75%인 세계최고 대비 기술수준이 90% 이상으로 향상될 수 있을 것이다.

넷째, 고위기술품목 수출에 집중하는 가치성이 강한 중소기업이 필요하다. 우주·항공, 의약, 전자부품, 컴퓨터·사무기기, 정보통신·방송기기 등 고위기술품목을 생산·수출하는 기업이 다수 출현해야 한다. 이를 통해 현재 23%수준인 고위기술품목 수출비중은 50%까지 확대될 수 있을 것이다.

3. 글로벌 강소기업의 가치와 지향점

강소기업의 경영목표는 기업의 글로벌화로 설정되어야 한다. 독일의 히든 챔피언과 같은 기업을 지향하는 것이다. 히든 챔피언과 같이 야심찬 목표, 틈새시장 집중, 혁신, 고객과 친밀함, 경쟁우위, 그리고 강한 리더를 통하여 기업의 글로벌화를 추진해야 한다. 이를 위해서 제품과 노하우의 전문화와 세일즈 및 마케팅의 글로벌화를 벤치마킹할 필요가 있다.

향후의 10년여 년의 글로벌화는 히든 챔피언과 마찬가지로 기업생존의 필요조건이 되어야 한다. 히든 챔피언이 많은 독일은 여러 작은 나라가 모인 연방국가로서 주(州)마다 교역환경과 법규가 달랐다. 따라서 창업 초기부터 적극적으로 해외진출을 시도했다. 히

17) 정부가 2009년부터 추진하는 사업으로서 지식경제부와 KOTRA의 글로벌파트너링(GP) 사업이 있다. 정부와 관련 기관이 글로벌 기업의 수요를 발굴해 국내 중소기업과 연결하는 식으로 국내 부품업체들과 글로벌 기업 간 나아가 글로벌 기업의 제품개발 단계부터 참여할 수 있도록 지원하는 제도이다. 이렇게 유망 중소기업에 연구개발을 지원해주는 것은 부품 소재업체들의 기술역량을 글로벌 스탠다드 수준으로 향상시키는 데 크게 기여할 것으로 보인다(중앙일보, 2012년 11월 2일자, 강성욱 칼럼('히든챔피언 중소기업, 세계로 가는 지름길은').

든 챔피언 중에는 의외로 소비재를 생산하는 기업이 많다. 이는 기술력과 독창성만 있다면 소비재도 글로벌 경쟁력 확보가 가능함을 보여주고 있는 것이다.

강소기업의 경영 수단은 한국적 스피드 경영이 되어야 할 것이다. 미래를 예상하고 이에 대한 비전과 전략을 세우는 것도 스피드 경영이어야 한다. 높은 IT 수준과 단순화한 경영체계 등은 한국 중소기업의 경영 특색이라 하겠다. 이는 스피드 경영의 확고한 기반이 된다. 한국의 중소기업은 외환위기 당시 스피드 경영을 통해 벤처붐을 소화하면서 그 성과를 확인한 바 있다.

강소기업을 통해 얻을 수 있는 경영 결과는 기업의 지속성이라 하겠다. 강소기업은 지속가능 경영의 토대를 구축하는 계기가 될 것이다. 장수기업이란 통상 100년 이상 존속하는 기업으로 정의된다. 한국은행의 2008년의 조사보고서에 의하면 당시 200년 이상 존속한 장수기업은 총 41개국에 5,586개 중에서 일본기업이 3,146개에 달했다(정후식, 2008.05). 장수기업은 일본 중소기업의 가장 확실한 특징이자 장점으로 자리 잡고 있다.

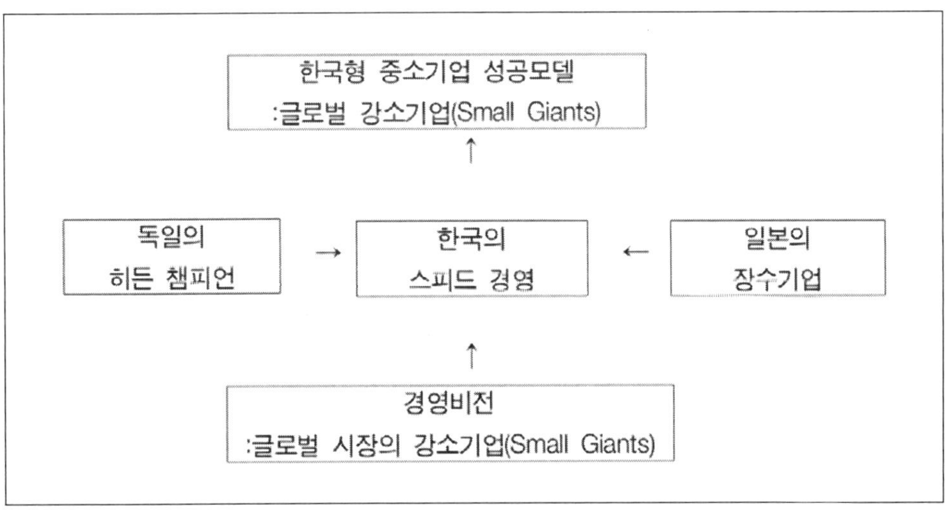

주: 재인용 자료에 글로벌 개념을 추가함.
출처: 오동윤 외 3인(2011.12)에서 재인용.

▌그림 7-1▐ 글로벌 강소기업(Small Giants) 개념도

일본 장수기업의 핵심은 전통을 고수하면서 혁신을 점진적으로 추구하는 것이다. 문화와 가치의 공존을 통하여 기업의 정체성을 확보하고, 지속가능성을 꾀하며, 가족경영과 기술·브랜드·제품의 전통을 중시한다. 소비자, 수급기업, 그리고 도급기업 간의 관계를 기술 습득의 기반으로 활용한다. 전통과 혁신의 균형을 통해 점진적인 변화를 택하며, 이 과정에서 새로운 경영기법을 채택하고, 새로운 고객을 찾고, 새로운 비즈니스를 창출하는 것이 특징이다.

특히 일본 장수기업의 글로벌화 수준은 높지 않다. 장수기업의 대부분은 식품, 요리, 술 등 생활밀착형 기업, 전통문화와 관련된 제품 생산 기업, 여관 등과 같이 가족단위로 운영되는 기업이 대부분이다. 일본은 근대화 초기부터 국내수요 충족이 중심이었다. 국내수요가 충분했기 때문에 해외시장에 대한 진출 동기가 별로 없었다.

위 논의로부터 우리는 한국의 스피드 경영, 독일의 히든 챔피언, 그리고 일본의 장수기업이 결합된 모형을 한국형 글로벌 강소기업의 성공모델로 설정할 수 있을 것이다. 글로벌 강소기업은 독일 히든 챔피언과 일본 장수기업의 장점과 한국적 경영특성인 스피드 경영이 어우러진 경영비전이라고 할 수 있다. 한국의 스피드 경영은 글로벌 강소기업이 되기 위한 기본 조건이고, 독일의 히든 챔피언과 같이 글로벌 강소기업이 되는 전략을 갖추어야 하며, 일본의 장수기업과 같은 특성을 두루 갖출 수 있도록 해야 할 것이다.

요컨대, 급변하는 글로벌 환경 하에서는 빠른 의사결정이 필수적이므로 스피드 경영을 기반으로 독일의 히든 챔피언은 좋은 시사가 된다. 히든 챔피언처럼 틈새시장을 적극적으로 공략하면서도 글로벌화에 합당한 경영전략을 수립해야 할 것이다.

제5절 중소기업의 글로벌화를 위한 정책과제

현재 「중소기업기본법」 14조 1항에서 '정부는 중소기업의 국제화를 촉진하기 위하여 중소기업의 수출입 진흥과 외국 기업과의 협력 증진 등 필요한 시책을 실시하여야 한다.'라고 규정하고 있다. 그리고 2항은 '정부는 중소기업이 국내외 경제환경의 변화에 능동적으로 대응할 수 있도록 중소기업에 대한 정보 제공 등 필요한 시책을 실시하여야 한다.'라고 적시되어 있다. 여기서 볼 수 있듯이 구체적인 비전이나 목표의 제시는 없다. 특히 중소기업의 미래지향적 목표인 글로벌화라는 표현보다는 국제화라는 협의의 개념을 사용하고 있다.

그렇다면 중소기업의 글로벌화를 위한 정책과제의 핵심은 법제화라고 하겠다. 〈그림 7-1〉에서 설정된 글로벌 강소기업은 비전으로서 가치를 두고 있기 때문에 중소기업의 글로벌화를 선도하는 것을 정책의 목표로 삼아야 한다. 이를 위해서는 「중소기업기본법」은 물론 글로벌화와 관련된 정책에 이를 명시함으로써 정책의 목표를 분명히 밝히는 것이 바람직하다. 이러한 과정을 통해 많은 중소기업들은 정책의 목표를 이해함은 물론 이를 토대로 기업의 비전을 수립하고 이에 맞는 경영전략을 수립할 수 있을 것이다.

이제 중소기업의 글로벌화는 기업이 성장하는데 더 지체할 수 없는 당면과제라 하겠다. 강소기업 법제화를 통해 이러한 분위기를 중소기업에게 전달할 필요가 있다. 또한, 정부도 다양한 글로벌화 정책지원의 목표를 구체화하여 보다 강력하게 글로벌화를 추진해야 할 것이다.

1. 중소기업의 수출 활성화를 위한 기반 제고

먼저 중소기업들이 수출을 활성화하기 위해서는 간접수출에 참여하고 있는 중소기업들로 하여금 직접 수출로 전환하도록 해야 한다. 대기업과 중소기업의 최종재 수출에 중소기업이 납품으로 기여하는 수준은 약 30% 이상인 것으로 추정된다. 또한 간접수출 규모는 한국 전체 수출의 13%를 차지하는 수준이다. 간접수출 역량을 가지고 있다는 점은 해당 중소기업이 직접 수출할 수 있는 역량을 충분히 가지고 있는 것으로 볼 수 있다. 따라서 수출역량을 직접적인 수출로 집중할 필요가 있다.

또한 한국은 선진국과 비교하여 중화학공업 비중이 높다. 한국 중소기업의 중화학공업 비중이 사업체는 65.4%, 종사자로는 68.4%로서 선진국의 50%, 60% 수준보다 높다.

그렇지만 한국 중소기업의 기술수준은 〈표 7-4〉에서 보이고 있는 바와 같이 세계 최고 대비 74.7%에 불과하다. 모든 기술 수준에서 대부분 74%대에 머물렀다는 의미이다. 첨단기술 업종은 다른 기술 업종에 비해 상대적으로 높은 수준이나, 여전히 세계 최고와 견주어 76.7% 수준이다. 제조 능력은 세계 최고의 수준과 상대적으로 적었지만 제품기획, 신기술 개발, 개발기술 사업화 등의 부문에서는 세계 최고와 여전히 큰 차이를 보이고 있다.

┃표 7-4┃ 중소기업의 기술수준별 능력 수준

(2009년 세계최고 =100)

구 분	평균	제품 기획	신기술 개발	제조 능력	개발기술 사업화
전체제조업	74.7	73.2	73.9	77.2	73.8
첨단기술	76.7	73.9	77.4	76.8	72.7
고기술	74.2	73.2	72.7	76.8	72.7
중기술	74.5	73.5	73.6	76.9	73.9
저기술	74.3	72.1	73.3	76.8	73.4

출처: 오동윤 외 3인(2011.12)에서 재인용.

이러한 현실을 감안하여 한국 정부는 개발도상국 등과의 FTA체결을 적극적으로 추진할 필요가 있다. 거대 경제권과의 FTA도 중요하지만, 경쟁력 격차를 고려하면 제3세계 국가들과의 FTA가 필요한 시점이다. 아세안 국가, 중남미, 중동, 아프리카 국가들이 중소기업을 위한 FTA체결 대상으로 적합할 것이다. 특히 중화학공업에 대한 수요가 많은 국가들을 집중 공략하는 것이 바람직하다.

사실 중소기업의 경우는 외국 대기업을 상대로 구매상담을 하기에 어려움이 따른다. 그렇다면 정부가 외국의 대기업을 초청하여 구매상담 기회를 제공할 필요가 있다. 오늘날 시행되고 있는 대·중소 동반성장을 활용하여, 한국 대기업이 외국 대기업과 한국 중소기업과 만남을 주선하는 것도 좋은 방법이 될 수 있다.

나아가 정부는 중기업(종사자수 50~299인) CEO를 대상으로 FTA 활용을 위한 프로그램을 적극 개발할 필요가 있다. 더욱이 기업들은 다양한 영역에서 FTA를 활용할 수 있지만 이에 대한 인식이 미약한 실정이다. 중소기업의 CEO들로 하여금 FTA활용'을 위한 프로그램들을 개발하여 활용하게 한다면 기업들에게 많은 도움이 될 뿐만 아니라 CEO들의 글로벌화 수준도 크게 제고될 것이다.

중소기업의 글로벌화를 추진하는 데 있어 현실적으로 가장 필요한 것은 전문인력의 양성이라고 하겠다. 중소기업이 무역인력을 채용할 경우 인센티브를 부여하는 것을 검토할 필요가 있다. 무역인력의 채용은 일자리 창출에 기여할 뿐 아니라 중소기업의 가장 큰 애로요인인 전문인력 부족을 해소할 수 있기 때문이다.

2. 해외투자 활성화를 위한 정보 제공

그동안 한국은 중소기업의 해외투자지원보다는 수출지원에 집중해 왔다. 수출은 매출에 긍정적인 영향을 미치고 고용창출에 도움이 되지만, 해외에 대한 투자는 산업공동화, 고용감소 등과 같은 부정적인 영향이 없지 않아 우려하는 시각도 있다. 그렇지만 기존 연구들에 의하면, 수출보다는 해외투자가 기업의 성과에 더 크게 기여하는 것으로 나타나고 있다. 기업규모, 수익, 자본투자, 생산성, 종업원 임금측면에서 수출기업보다 해외투자기업의 성과가 더 우수한 것으로 나타났다. 유럽의 경우 수출성과가 좋은 기업은 대부분 외국기업인데, 해외투자에 기반한 기업들의 수출성과가 두드러졌다. 한국의 경우도 비슷한 결과를 보였다. 사실 해외투자가 촉진되면 해외 현지법인과 한국의 모기업 간 교역이 확대된다(한국수출입은행, 2011).

그러나 한국 전체 해외투자에서 중소기업이 차지하는 비중은 2010년 36억 달러로서 15.4% 수준으로 2005년을 정점으로 지속적으로 감소하고 있다. 이러한 추세는 향후에도 지속될 것으로 보인다.

향후 중소기업의 해외투자는 업종 다양화, 투자방법 다양화, 투자지역의 다양화 등의 측면에서 접근해야 한다. 또한 서비스업의 해외투자에 대하여도 관심을 가져야 한다. 그리고 제조업 부문에 있어서는 해외에 생산공장을 세우는 그린필드(greenfield) 투자보다는 기업의 인수 및 합병(mergers and acquisitions: M&A) 투자에 더 중점을 둘 수 있도록 해야 할 것이다. 최근 해외직접투자 대상지역도 중국 중심에서 동남아시아, 일본, 남미 등으로 확대되고 있다.

여기서 가장 필요한 것은 이들 지역에 관한 정보라고 할 수 있다. 중소기업들은 투자지역의 현지인과 사업주의 개인적인 판단에 기초하여 투자를 결정해 왔다. 이에 반해 대기업은 자체인력과 외부 컨설팅 등을 통하여 투자 관련 정보를 취합하여 전략적으로 판단하고 투자를 결정했다. 여기에 중소기업과 대기업 간의 정보교류가 무엇보다 중요하다고 생각된다.

정부는 이러한 글로벌 시장의 현장에서 필요로 하는 정보를 지원하는 데 초점을 맞춰야 할 것이다. 특히 신흥시장에 대한 자원개발, 건설투자 등 중소기업의 해외투자 수요분야에 대한 정보를 적절히 제공할 수 있어야 할 것이다.

3. 글로벌 창업 유도

통계청과 경제협력개발기구(OECD)에 따르면 한국의 청년실업률은 2018년 기준 10.5% 수준이다. 2013년 9.3%에서 이듬해 10%로 올라선 뒤 계속 10%대를 유지하고 있다. OECD 회원국의 평균 청년실업률은 2014년 15.1%에서 2018년 11.0%로 낮아졌다. 미국은 2014년 13.3%에서 2018년 8.6%로 내려갔다. 같은 기간 일본도 6.2%에서 3.6%로 떨어졌다.[18)]

청년실업률이 이렇게 높은 원인으로 경제활력이 저하되면서 양질의 일자리가 줄어든 게 우선 꼽힌다. 경제활력의 약화는 잠재성장률 하락과 저출산·고령화 등의 여파라는 분석이다.

정책당국은 일자리가 누구에 의해 어떻게 만들어지는지를 특별히 점검해야 한다. 흔히 경기가 어려워지면 대기업은 신규채용을 늘리겠다고 발표하지만, 실상은 그렇지 못한 것으로 나타나고 있다. 취업포털 잡코리아가 매출액 상위 500대 기업을 대상으로 '2019년 하반기 대졸 신입사원 채용 계획'을 조사한 결과 248개 응답 기업 가운데 '대졸 신입사원 채용 계획이 없다'고 답한 기업이 34.2%로 나타났다. '신입 공채를 진행한다'고 답한 기업이 45.6%, '아직 채용 여부를 정하지 못했다'는 기업이 20.2%였다. 거기다 일부 기업은 정기 채용에서 상시 채용으로 전환하는 등 채용 방식과 규모가 크게 바뀔 것으로 예상된다. 업종별로는 금융·보험, 기계·금속·조선·중공업 부문이 채용 계획을 줄인 것으로 나타났다(중앙일보, 2019.08.26).

중소기업의 경우를 보면, 300만 개 중소기업 가운데 270만 개가 소상공인의 범주에 해당한다. 대부분이 생계형 자영업자이나 서비스업으로서 경기에 민감하다. 경기가 나빠지면 바로 실업이 발생할 여지가 크다. 또한 중소 제조업의 경우도 32만 개에 이르지만, 이 중 20만 개가 종사자 5인 이하의 영세기업들이다. 이들이 일자리를 창출하는 것은 쉽지 않다.

위 사실로부터 청년실업의 돌파구는 창업에서 찾을 필요가 있다. 현실적으로 보다 나은 기술이나 상품이 있어야 창업할 수 있지만, 작지만 독특한 아이디어에서 출발하는 새로운 창업도 가능할 수 있다. 아기들에게 인기가 아주 높은 '뽀롱뽀롱 뽀로로'를 비롯 '꼬마버스 타요', '치로와 친구들', '태극천자문', '제트레인저' 등 지속적으로 국산 창작 애니메이션을 제작해온 아이코닉스는 2001년 설립 이래 애니메이션 캐릭터를 기반으로

---

18) 한국경제신문, 2019년 10월 13일자.

출판, 완구, 음악, 공연, 테마파크, 라이선스, 뉴미디어 등에 이르기까지 다양한 캐릭터 산업 영역을 확장시키며, 전 세계에 우수한 창작 애니메이션을 수출하여 한국 애니메이션 산업의 세계화를 주도하고 있다.

뽀로로의 예에서 보는 바와 같이 청년창업은 글로벌 창업이 되어야 한다. 이들의 타깃시장은 아세안, 중동, 남미, 아프리카 등으로 개도국으로 확대되어야 한다. 한국의 IT 발전속도는 매우 빠르다. 한국에게는 어제의 기술이었지만, 아프리카에서는 내일의 기술일 수 있다. 즉, 기존의 IT기술을 활용하여 개도국 시장을 개척할 수 있다. 따라서 미지의 세계에서 기존의 아이디어에 작은 특성을 덧붙여서 새로운 시장을 창출할 수 있어야 한다.

그렇다면 정부의 창업정책은 보다 글로벌한 차원으로 바뀌어야 한다. 생계형 창업보다는 글로벌 청년창업을 적극적으로 지원해야 한다. 여기에 정부가 타겟시장에 대한 교육과 정보의 제공을 적극적으로 제공하는 것이 중요하다 하겠다. 나아가 대기업도 함께 나서야 한다. 대기업이 가칭 청년창업학교를 운영하며 대기업의 기술과 시설을 활용하여 창업을 지원하는 것은 좋은 본보기가 될 것이다. 이는 오늘날의 20~30대 청년들의 고민을 해결해주는 것이 가장 보람찬 사회적 기여라 하겠다.

참고자료

강동수·이준엽(2009.12), 『중국의 중소기업정책』, 한국개발연구원.
고광명(2008), 『일본의 기업과 경영특성 연구』, 제주대학교 출판사.
권선윤(2011a), 『한국과 EU의 중소기업 비교」, 『중소기업 이슈보고』 1호, 중소기업연구원.
권선윤(2011b), 『한국의 기업효율성 현황과 시사점』, 『중소기업 포커스』 12호, 중소기업연구원.
기획재정부(2011. 9). 『G20 주요 경제지표』.
김경훈(2017.09), "국제 비교를 통한 우리나라 기업 생태계의 현황 점검", 『IIT TRADE FOCUS』, 한국무역협회.
김범식 외(2009), "한국 서비스업 고용의 특징과 개선방안", 『Issue Paper』, 삼성경제연구소.
김승일(2009), 『독일 중소기업의 경쟁력 분석 및 정책적 시사점 연구』, 중소기업연구원.
김윤지(2011), 『중소기업 해외직접투자 현황과 시사점』, 『ISSUE Briefing』 2호, 한국수출입은행.
박정구(2005.5), "글로벌경쟁시대의 중소기업 경쟁력 제고방안", 『Machinery Industry』, 2005년 5월호, 한국기계산업진흥회.
박정민·김춘광·이재은(2018.04), "삼성전자의 국제화에 관한 역사적 고찰: 후발기업의 추격 모델을 중심으로", 『經營教育研究』 제33권 제2호, pp.369-400, 한국경영교육학회.
삼성전자(2010), 『삼성전자 40년 도전과 창조의 역사』, 삼성전자주식회사.
오동윤 외 3인(2011.12), 『중소기업의 글로벌화: 한국형 성공모델과 경영전략』, 중소기업연구원 기본연구 11-11, 중소기업연구원.
오동윤(2011), 『위기일수록 빛나는 중소기업의 수출역량』, 『중소기업 포커스』 18호, 중소기업연구원.
오영주(2011.6), 『중국, 요식업 진출의 다음 기지는 광저우』, kotra.
유하림(2010.4), 『인도에서 뜨는 락앤락의 마케팅 사례』, kotra.
이 근(2014), 『경제추격론의 재창조』, 오래.
이위범·권영철(2006), "글로벌 기업의 동태적 능력과 전략적 제휴: 삼성전자를 중심으로", 『Korea Business Review』, 9(2), pp.63-86.
이준호 외(2007. 6), 『글로벌 가치사슬(Global Value Chain)과 중소기업의 국제화 과제』, 중소기업연구원.
이준호(2007. 12), 『글로벌 경쟁시대의 중소기업 국제화』, 중소기업연구원.

이준호(2010), 『중소기업의 수출기여도 실증분석』, 중소기업연구원.
이투데이, 2011년 10월 4일자.
정재형, "경부고속도로 건설과 새마을운동", 『Click 경제교육』 2010년 03월호, KDI 경제정보센터.
정후식(2008.5), "일본기업의 장수요인 및 시사점", 『한은조사연구』 2008-13, 한국은행.
정책 위키, 2019.09.10.
정후식(2008), 『일본기업의 장수요인 및 시사점』, 『한은조사연구』 2008-13, 한국은행.
조선일보, 2013년 11월 26일자.
중소기업청·중소기업중앙회(2010), 『중소기업기술통계 심층분석 및 정책과제 도출』, 중소기업청.
중소기업특별위원회(2007), 『한국경제와 중소기업의 미래』, 중소기업특별위원회.
중소벤처기업부(2018.02), 『2018 개정판 중소기업 범위 해설』.
중앙일보, 2012년 11월 2일자 및 2019년 08월 26일자.
한겨레신문, 2011년 1월 5일자.
한국경제신문, 2019년 10월 13일자.
한국수출입은행(2011), 『해외투자의 수출입유발효과 분석 및 정책 시사점에 관한 연구』, 한국수출입은행.
Global Insigh(2011), World Economic Overview.
Kotra(2011.12.12), 『무역 1조 달러 시대와 중소기업 역할 강화』, Global issue report 11-010, kotra.

경부고속도로 건설과 새마을운동

우리나라의 경제개발 시대에서 큰 사건을 꼽으라고 하면 여러 가지를 꼽을 수 있겠지만 꼭 들어가는 것이 경부고속도로 건설과 새마을운동이다. 경부고속도로는 철도 중심의 육상운송을 도로 중심으로 바꿔 산업 근대화의 주춧돌을 놓았다고 볼 수 있다. 새마을운동은 쉽게 말하자면 정신개조 운동이다. 후진국에서 전형적으로 보이는 나태하며 의존적인 특성의 한국인이 근면하고 절약하며 열정과 소명의식이 있는 근대적 인간으로 바뀌는 계기가 됐다.

경부고속도로 건설

1960년대까지 우리나라의 육상운송은 철도 중심이었다. 일본강점기 때 부설된 철도들이 전국에 깔려 있었기 때문이다. 제1차 경제개발 5개년 계획(1962~1966년) 기간 동안에 사회간접자본(SOC) 확충을 위해 노력했으나, 대부분 산업철도 건설에 치중해 상대적으로 도로개발이 부진했다. 도로사업은 대도시 지역의 도로포장사업, 지역 간 도로의 선형개량사업 등에 한정됐다. 그 결과로 우리나라 경제는 계획보다 초과 성장한 데 반해 도로 부문의 저조한 투자로 수송문제가 경제발전에 걸림돌이 되기 시작했다.

정부는 지속적 고도성장에 따른 육로수송문제를 해결하기 위해 1967년부터 고속도로를 건설하기로 했다. 1964년 12월 박정희 전 대통령이 서독을 방문했을 때 에르하르트 서독 수상의 조언이 계기가 됐다. 에르하르트 수상은 "경제발전은 공장 건설뿐 아니라 도로나 항만 등 SOC 기반시설이 정비돼야 한다"며 "나는 아우토반을 이용할 때 마음속으로 감사 경례를 한다"고 말했다. 서독의 '라인강의 기적'이 고속도로 건설에 기반했다는 사실에 주목한 박 전 대통령은 본-쾰른 구간을 수차례 왕복하면서 고속도로를 관찰했다고 한다. 박 전 대통령은 직접 고속도로 구상도를 스케치할 정도로 고속도로 건설에 열의를 보였고 서둘러 고속도로 건설 10개년 계획을 세우라는 지시를 내렸다. 정부는 1968년에 도로 관련 세입 중 자동차 통행세와 유류세를 도로 사업에 투자하도록 하는 「도로정비촉진법」과 「도로정비사업 특별회계법」을 제정했다.

1968년 12월 21일 우리나라 첫 고속도로인 서울-인천 간 경인고속도로가 24㎞, 4차선으로 개통됐다. 1968년 2월에 착공한 428㎞, 4차선의 경부고속도로는 2년 5개월 만인 1970년 7월에 완공됐다. 총연장 대비 공사기간을 따져 보면 세계에서 가장 빠른 시간 안에 완공됐다고 한다. 고속도로 건설 관련 장비, 인력 및 경험 등이 턱없이 부족한 1인당 국민총생산(GNP) 164달러의 최빈국에서는 상상하기 힘든 대역사였다.

그러나 무리한 공사일정과 경험 부족으로 공사 기간 중에 77명의 인부가 사망했고 부실한 공사로 1990년 말까지 보수비만 1,527억 원이 들어갔다. 공사를 빨리 끝내려고 한겨울에도 일을 계속했고 얼어 있는 땅 위에 도로포장을 하는 등 무리수를 둔 때문이었다. 어쨌든 경부고속도로 개통을 계기로 철도 위주의 수송 구조가 도로 위주로 바뀌었고 전국이 일일생활권으로 연결됐다. 공업단지가 전국 곳곳에 건설됐고 산업생산성도 높아졌다. 고속도로 건설은 '한강의 기적'이라는 신화 창조에 중요한 역할을 담당한 것이다.

새마을운동

'새벽종이 울렸네. 새아침이 밝았네 / 너도 나도 일어나 새마을을 가꾸세……'
'잘 살아 보세. 잘 살아 보세 / 우리도 한번 잘 살아 보세……'

1970년대에 새마을운동이 시작되면서 가장 많이 들을 수 있었던 노래가 '새마을 노래'와 '잘살아 보세'였다. 초기의 경제개발계획은 도시 중심의 공업화 위주로 진행됐다. 그래서 경제가 성장했다 해도 1970년대 전체 인구의 70%가 살았던 농촌의 살림살이는 별로 나아지지 않았다. 박정희 전 대통령은 유달영이 쓴 『새 역사를 위하여』를 읽고 실의에 빠진 덴마크를 부흥시켰던 국민운동가 그룬트비와 달가스에게 큰 감동을 느꼈다.[19] 그는 농민들에게 '근면-자조-협동' 정신을 일깨우고 이를 실천하는 새마을운동을 일으켜 농촌을 부흥시키기로 마음먹었다.

새마을운동은 초가집 없애기, 블록 담장으로 바꾸기, 마을길 넓히기, 다리 놓기, 마을회관 건립, 상수도 설치 등 환경개선 운동과 축산, 채소와 과수, 특용작물 재배 등 농가소득을 높이는 쪽으로 진행됐다. 1970년대 중반에는 새마을운동과 정신개혁, 국가발전과 생활윤리, 가치 있는 생활방법, 새역사 창조와 우리의 사명 등 정신계발 등이 상대적으로 중요해졌다.

새마을운동은 국민에게 자신감과 불굴의 의지를 불어넣었고 경제기적에도 크게 기여했다. 새마을운동은 초기에는 국가가 주도했지만 대중들이 초가집이 바뀌고 마을길이 뚫리는 것을 보면서 신바람이 나서 참여했다. 김형아 호주국립대 교수에 따르면 박정희의 '할 수 있다'는 정신은 산업화뿐만 아니라 민주화로까지 이어졌다. '할 수 있다'가 유신체제가 들어서면서 '안 되면 되게 해'로 바뀌며 국가권력이 도덕성을 상실했고 애초 '할 수 있다'가 가진 도덕성은 민주화 세력으로 넘어갔다. 당시 대학생들은 죽음 각오로 독재체제에 맞서 투쟁했고 그런 대학생들 중 근면하지 않은 사람이 없었다는 것이다.

그렇게 해서 산업화의 주역과 민주화의 주역이 일란성 쌍생아처럼 함께 태어났다. 입장과 철학은 달랐지만 진정성과 헌신, 열정과 소명의식으로 무장한 한국인이 출현한 것이다.

출처: 정재형, "경부고속도로 건설과 새마을운동", 『Click 경제교육』 2010년 03월호, KDI 경제정보센터.

---

19) 덴마크가 1864년 프로이센과의 전쟁에 지고 국민들이 실의에 빠져 있을 때, 민족의 어두움을 어둠으로 보지 않고 여명의 시간으로 본 두 사람의 영웅이 나타났다. 바로 새마을 운동의 모델 엔리코 달가스(Enrico Mylius Dalgas, 1828~1894)와 덴마크 중흥의 아버지 그룬트비(Nikolai Grundtvig, 1783~1782) 목사다. "밖에서 잃은 것을 안에서 찾자"고 국민들에게 용기를 불어넣으면서 황무지 개간에 앞장섰다. 이들의 열성에 감동한 국민들이 이들과 함께 모래땅에 나무심기를 거듭한 끝에 거친 국토는 푸른빛으로 바뀌었으며 덴마크 부흥의 기틀이 다져졌다.

Chapter 8

한국 농정의 전개과정과 지속가능성을 위한 전환 필요성

제1절 기로에 선 한국 농업의 다원적 기능 문제

한국의 농업은 1993년 우루과이라운드 타결 이후 시장개방의 물결 속에서 어려움이 이어지고 있다.[1] 이에 따라 농업경영의 여건은 악화되면서 국내총생산에서 차지하는 농업의 비중은 지속적으로 감소하고 있다. 또한 〈표 8-1〉에서 보이고 있는 바와 같이 한국의 농가인구, 농촌인구, 경지면적, 1인당 경지면적이 지속적으로 감소해왔다. 여기에다 근래에 들어 수시로 발생하는 구제역, 조류독감, 기상재해 등으로 인해 축산업을 넘어 농업 전반으로 어려움을 가중시키고 있다. 그리고 농가구입가격도 줄곧 상승세로 농가교역조건은 점차 악화되며 농가소득 향상은 한계에 봉착하고 있다.[2] 특히 농촌에서는 농가인구 감소와 고령화가 진행되면서 농촌이 공동화되거나 실질생산력의 감소로 이어져 농업의 지속가능성에 대한 우려가 증대되고 있다.

거기다가 한국은 이제 더 이상 세계무역기구(WTO) 내 농업분야 개발도상국 지위를

1) 허승오·김경란·조남준(2012.4)은 오늘날의 한국 농업이 질풍노도의 시기에 해당한다고 하며 변동이 심하겠지만 긍정적으로 보고 있다. 인생의 질풍노도기(疾風怒濤期) 또는 사춘기(思春期)는 심신 양면으로 성숙기에 접어드는 청소년기를 의미하며, 정신적으로 커다란 변화가 생기는 시기로서 주변인, 제2의 탄생 등으로도 표현한다. 미국의 심리학자 스탠리 홀(G. S. Hall)이 청소년기를 꿈과 이상, 실망과 좌절이 교차하는 격정적인 상태라 하여 질풍노도기라 정의하였다.

2) 농가교역조건(농가판매가격/농가구입가격) 변화를 보면 1990년 127 → 2000년 112 → 2009년 84로 줄곧 악화되고 있다.

유지할 수 없게 되었다. 한국의 국가 위상이 크게 올라가 더 이상 개도국 특혜를 주장할 수 없는 대외적 여건을 고려하지 않을 수 없게 된 것이다.

이에 따라 위기에 처한 한국 농업이 실제로 수행하는 기능과 역할이 사회 수요에 부응하기 위해서는 향후의 농정 방향은 어떻게 나아가야 할 것인가? 이러한 문제의식 속에서 농업의 다원적 기능을 확충하여 경제·사회·환경 측면의 지속가능성을 높이는 선순환 구조를 가져올 수 있는 방안을 검토할 필요가 있다.

❙표 8-1❙ 한국 농업의 주요 거시 지표

지 표	2013년	2014년	2015년	2016년	2017년
농업 GDP(백만 달러)	27,800 (2.1)	29,973 (2.1)	28,831 (2.1)	27,272 (1.9)	30,020 (2.0)
농림축산식품부소관 지출규모(억 원)	135,268 (4.0)	136,371 (3.8)	140,431 (3.7)	143,681 (3.7)	144,887 (3.6)
농업보조금(백만 달러)	1,440	1,472	1,705	2,150	2,898
고정직불금(백만 달러)	663	758	783	758	774
PSE(GFR 대비)	52.90	49.50	52.30	51.07	53.55
TSE%(GDP 대비)	2.14	1.90	1.92	1.75	1.79
농가인구(천 명)	2,847	2,752	2,569	2,496	2,422
농촌인구(천 명)	8,745	8,734	8,719	8,700	8,676
경지면적(천 ha)	1,711	1,691	1,679	1,644	1,621
1인당 경지면적(ha)	3.39	3.33	3.29	3.21	3.15
농업임금(원)	91,917	96,777	101,220	105,510	110,141
농약 사용량(kg/ha)	10.7	11.3	11.6	11.8	12.2
비료 사용량(kg/ha)	262.0	258.0	261.0	268.0	270.0
트랙터 보유대수(대)	277,649	277,234	282,829	285,968	290,146
유기농업 면적(ha)	21,210	18,306	18,136	20,165	20,700
유기농업 면적 비중(%)	1.14	1.05	1.04	1.15	1.18
유기농업 농가 수(호)	13,963	11,633	11,611	12,896	12,896

주 1) 농림어업 GDP 안의 괄호는 총 GDP 대비 비율이며, 농림축산식품부소관 지출규모 안의 괄호는 국가 총지출규모 대비 비율임.
2) 농업임금은 1일 성인남자 농업노동임금임.

자료: World Bank, World Development Indicators Online, 농림축산식품부.「농림축산식품 주요 통계 2018」, OECD Database, 농림축산식품부「2019년 예산개요 및 기금운용계획 개요」.

이제 한국농업이 새로운 돌파구를 찾아 재도약 할 수 있을 것인지 기로에 있다. 그렇다고 여건이 어렵지만 희망의 기운도 적지 않다. 소농 중심의 농업은 규모화를 통한 가격경쟁에는 불리하지만, 다품목 소량 소비시대에는 사업의 기회가 증대될 수 있다. 더욱이 사람들의 소득 증대에 따라 농식품의 구매결정 요소가 양 → 질 → 영양 → 감성으로 변화하고 있어 새로운 도약의 전기가 될 수 있기 때문이다. 그렇다면 경쟁력의 요소를 가격중심에서 품질 중심, 소비자 안심, 디자인 등과 같은 다양한 요소로 확장할 필요가 있다.

농가소득의 감소 내지 불안정 문제는 세계 농업이 직면한 공통의 문제이며 이를 극복하기 위해 세계 각국은 다양한 노력을 경주하고 있다. 미국은 지속적인 규모화를 통한 가격경쟁력 확보, 자유무역의 확대를 통한 세계시장 확대라는 농업경쟁력의 강화 전략을 유지하고 있다. 특히 지속적 인수합병을 통해 규모를 키운 세계 최대의 종자 및 곡물 유통 회사를 무기로 하여 세계시장의 점유율을 확대해가고 있다.

유럽은 규모화를 통한 가격경쟁보다는 농업의 다원적 가치에 기초한 차별화를 통한 소규모 농업의 지속가능성을 강조하고 있다. 상품과 서비스의 차별화를 통해 작은 농업의 약점을 다각경영과 유연성이라는 장점으로 만들어가고 있다. 프랑스는 소규모 농가 위주의 사업다각화를 통한 지속가능성을 확보하고자 노력하는 것이 돋보인다. 독일 연방정부는 「농업의 10가지 기능(농업, 우리가 살기 위해 그것이 필요하다)」을 발간하여 농업의 중요성을 국민들에게 홍보하고 있고, 일본은 농업·농촌의 6차 산업화, 도농 교류의 활성화를 통한 관광 촉진, 농업인의 창의성을 바탕으로 특색이 있는 경영을 유도하고 있다.

한국도 농업에서 새로운 희망을 찾기 위해 규모화 전략과 차별화되는 한국형 전략을 수립해야 할 것이다. 종래의 농촌에는 토지+노동+자본에 기반한 가격중심의 경쟁이었다면, 향후는 창의적 아이디어를 활용하여 새로운 가치를 창출할 수 있는 품질과 서비스 중심의 경쟁력을 활용할 필요가 있다고 하겠다. 특히 최근의 농촌은 농촌의 촌스러움이 다시 해석되고 상품화되면서 어메니티 자원[3]의 보고로 인식되고 있다(강승진 외, 2008.6). 나아가 귀농·귀촌하는 세대들과 결혼이민자들이 늘어나는 등 다양한 사람들이 어우러지며 농촌 마을의 풍광도 변화되고 있다(허승오 외, 2012.4).

그렇다면 농업은 종래 1차산업의 생산부문을 넘어서 특산품 가공·직접판매·도농교류·

---

3) 어메니티(amenity)란 인간이 생태적·문화적·역사적 가치를 지닌 환경과 접하면서 느끼는 매력·쾌적함·즐거움이나 이러한 감정을 불러일으키는 장소를 일컫는다. 농촌의 경우 맑은 강이나 산 등 자연환경, 특산품, 토속음식, 지방 고유의 축제나 문화, 야생 동식물 등이 어메니티 자원이 될 수 있다. 농촌어메니티 자원이란 농촌공간에 존재하면서 사람들에게 친근감과 쾌적함을 주는 모든 소재들과 그것이 연출하는 이미지를 일컫는 말이다.

지역사회에 필요한 각종 서비스의 제공 등과 같은 다양한 영역으로의 연계와 확산을 꾀하는 6차산업화를 추진할 필요가 있다.[4] 농업의 6차산업화로의 성공적인 정착은 향후 우리나라의 복지농촌을 실현하는 시금석이 될 수 있을 것이다.

이제는 변화하는 농촌의 특성을 살린 한국만의 특성과 전통을 갖춘 고유한 제품과 서비스를 개발하여 사업의 외연을 확장할 수 있을 것이다. 한국의 소비자도 점차 가격보다 가치를 추구하는 경향이 높아지면서 감동을 주는 상품을 요구하는 계층이 늘어나고 있다. 그렇다면 한국의 소규모 가족농에서 창의적 아이디어를 결합할 수 있다면 새로운 대안을 찾을 수 있을 것이다.

제2절 우리나라 농업의 기능과 역할 변화[5]

농업·농촌 인구 감소와 고령화 심화, 농가소득 정체, 수입 농산물과의 경쟁 심화 등 농업 부문 안팎의 여건은 점차 악화되고 있고 농업인과 농촌주민의 삶도 더욱 어려워지고 있다. 그동안 국내 농업경쟁력을 강화하고 스마트팜 등 새로운 시도를 꾀하는 이유도 이러한 어려움을 극복하려는 노력의 일환이었다. 한국 농업의 위기 또는 지속가능성 문제를 제기하는 목소리는 오래 전부터 나왔다. 실질 농가소득은 줄어들고 있고, 농업에 종사하거나 농촌에 사는 사람 수도 빠르게 감소하고 있다. 이에 더해 조류인플루엔자(AI)·구제역 등 대규모 가축질병 발생이 더 이상 낯선 이야기가 아니며 식품안전 문제도 심심치 않게 접할 수 있다. 기존에 제기되던 수질 및 도양 오염(양분수지) 문제에 더해 최근에는 축산 악취를 둘러싼 갈등도 심화되고 있다.

이에 한국 농업의 지속가능성을 어떻게 확보할 것인가? 에 대한 문제를 농정과 농업인이 함께 숙고해야 할 필요가 있다. 지속가능한 농업을 이루는 요소는 경제적으로 재생산할 수 있고, 농업 부문을 비롯한 보다 넓은 사회와 관계를 유지하며, 자연자본(natural capital)을 지속적으로 활용할 수 있게 유지하면서 환경·생태 부담을 과중하

---

4) 농업의 6차산업화란 ① 고령자를 포함한 주역주민의 주도로, ② 지역에 부존하는 농산물·자연자원·인재·역사·문화 등과 같은 다양한 자원의 활용, ③ 생산에서 가공·판매·교류 등을 수직적으로 통합하는 생태계를 형성하여 새로운 가치를 창출하는 비즈니스를 말한다. 농림축산식품부는 농업의 6차산업화를 농정의 핵심과제로 선정하고, 2013년 10월에 「농업·농촌 및 식품산업 발전계획」에서 농업의 6차산업화의 추진과제를 제시하였다(김응규, 2014.01).

5) 유찬희·조원주·김선웅(2018.10.01) pp.3-7을 많이 참고했음을 밝힌다.

게 지우지 않는다는 뜻을 함께 담고 있다〈표 8-1〉.

영농 활동을 하면서 경제·사회·환경 측면 지속가능성을 모두 충족하는 것이 가장 바람직하나, 현실에서 부합하는 사례를 찾기는 쉽지 않다. 따라서 경제적으로 재생산할 수 있으면서, 농업 부문 안팎 사회와 필요한 기능을 주고받거나 환경·생태 부담을 과중하게 지우지 않는 방식을 지속가능한 농업이라고 볼 수 있다.

한국 농업의 지속가능성 약화에 영향을 미친 주요 원인으로 시장 개방, 농가교역조건 악화 등이 거론되어 왔다.[6] 이러한 외부 여건 변화도 농가 살림살이와 영농 방식에 영향을 분명히 미쳤지만, 농업의 기능과 역할이 적시에 여건 변화에 맞추지 못했기 때문일 수도 있다(유찬희, 2018). 〈그림 8-1〉에서 보이는 바와 같이 농업 부문은 다양한 기능과 역할을 수행해 왔지만, 오랜 기간 그 핵심 기능은 식량 생산이었다.

우리나라에서도 1970년대 초반까지 주곡 자급을 달성하고자 증산(增産)에 주안점을 두었던 이유도 식량 생산을 늘리면 농업인 소득을 올릴 수 있고 나아가 농촌 지역 경제도 살릴 수 있으며 사회 수요(안정적 식량 자급)도 충족할 수 있다고 판단했기 때문이다.[7] 다시 말해 특정 시기에는 농업 부문이 식량 생산이라는 본연의 기능에만 충실해도 경제적 지속 가능성을 확보하면서 사회 수요를 충족할 수 있었다(〈그림 8-1〉의 왼쪽).

1970년대 후반 쌀 자급을 달성한 이후 한국 농업은 식량의 안정적 공급이라는 전통적인 역할을 충실히 수행해 왔다. 농업 부문이 GDP와 고용에서 차지하는 비중도 감소했다는 점은 역설적으로 농업이 경제발전 단계 초기에 제 역할을 충실히 수행했다는 사실을 뒷받침한다.

경제가 발전하면서 농업의 역할과 기능 외연이 점차 넓어졌다(〈그림 8-1〉의 오른쪽). 예를 들어 1970년대 중후반까지 농업 부문의 주된 역할이 식량 증산과 노동력 제공이었다면, 이후에는 친환경 농식품·로컬푸드, 특색을 지닌 특산물(distinctive artisanal regional products), 농촌 관광 등으로 외연을 점차 넓혀 왔다.

이러한 변화는 한편으로는 사회 구성원이 농업 부문에 기대하는 역할과 수요가 다양

---

6) 투입재를 점차 외부에서 구입해 사용하면서 국제 원자재 가격 변화가 농업 부문 생산비에 직접 영향을 미치는 한편 농산물 수입이 늘어나면서 국내산 농산물 경쟁이 심해졌고 가격 천장(price ceiling)을 형성하고 있다. 실질 농가소득이 지속적으로 증가하지 못하는 가운데 농업소득은 오히려 감소하고 있고 농가교역조건도 악화되어 왔다(유찬희·김태후 2018). 이정환 외(2012)가 지적한 성장과 소득 괴리, 소득 압박(income squeezing) 등도 이러한 맥락에서 이해할 수 있다.

7) 이 시기에 환경 문제는 거의 주목받지 못했다. 환경오염과 자연파괴 문제를 일깨우고자 환경운동이 전 세계적으로 시작된 시기는 1960년대였다. 1970년대 들어서야 일부 선진국을 중심으로 환경오염을 정책적으로 통제하기 시작하였다.

해지고 있다는 징후로 이해할 수 있다.[8] 즉, 사회 구성원(소비자)이 농업·농촌을 전통적인 식량 공급 공간으로만이 아니라 환경 관련 서비스를 제공하는 공간으로 인식하고 있다고 볼 수 있다. 다시 말해 한국 농업부문도 식량생산 역할에 더해 보다 다양한 재화와 서비스를 제공해야 한다는 요구를 점차 강하게 받고 있다.

농업의 역할과 기능 범위가 넓어지면서 기존 기능만으로는 다양한 요구를 충족하기 어렵고 영역 간 불화(不和)가 빚어지기도 한다〈그림 8-2〉. 농업인은 자신이 경작하는 땅에서 농산물을 최대한 많이 생산하여 소득을 증대시키려고 하지만, 이 과정에서 환경 부하가 늘어나거나 식품안전성 문제가 발생할 가능성이 높아진다. 그렇게 되면 이는 지속가능성의 사회·환경 측면에서 바람직하지 않다. 반대로 환경 보전이나 식품안전성을 강조하여 농업인으로 하여금 유기농업·축산 확대나 동물복지 기준 적용으로 영농 방식을 바꾸도록 유도하더라도 비용 때문에 수용하기 어렵다. 이제는 농업의 역할과 기능 중 어느 부문에 우선순위를 둘 것인가? 라는 선택의 문제가 점차 중요해지고 있다.

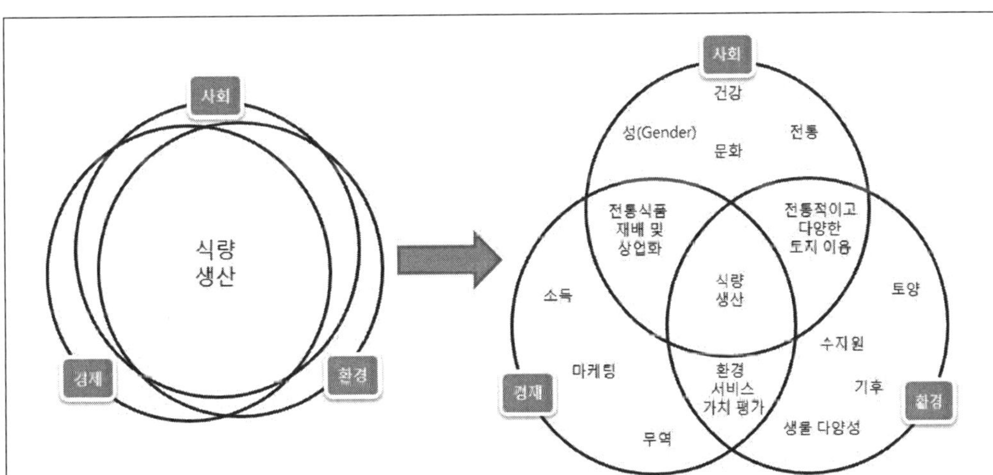

주: 박성재 외(2007)는 농정 영역을 농업·농촌·농업인으로 나누어 접근하였으나, 여기서는 농업의 기능을 경제·사회·환경 측면으로 나누었음.
자료: IAASTD(2007) 및 박성재 외(2007: 17)를 수정 및 재구성, 유찬희·조원주·김선웅(2018.10) p.3에서 재인용.

▌그림 8-1▌ 농업의 기능과 역할 변화

---

8) 경제·사회·환경 문제는 각각 소득(Profit), 사람(People), 환경(Planet) 문제로 이해할 수도 있다.

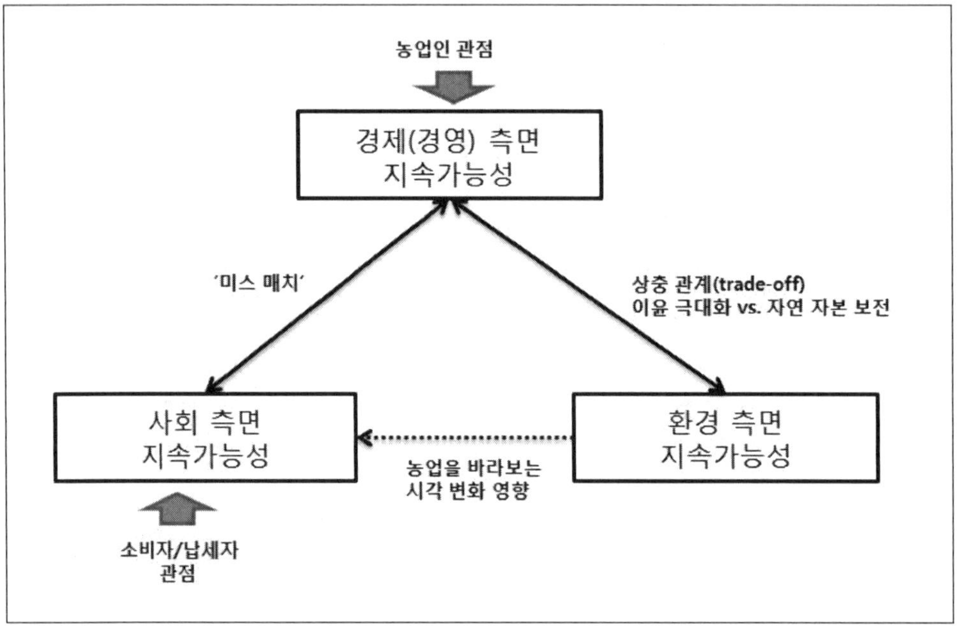

자료: 유찬희·조원주·김선웅(2018.10) p.5에서 재인용.

| 그림 8-2 | 경제·사회·환경 측면 지속가능성 간 상충 가능성

한국 농업의 역할과 기능에 대한 수요는 언제, 어떠한 식으로 변화했을까? 그리고 농업 부문과 농정은 여건과 사회적 수요 변화에 어떻게 대응하였을까? 앞서 논의한 것처럼 1970년대 초까지는 한국 농업이 주로 수행하는 증산 주도형의 역할과 이에 대한 수요가 대체로 일치하였다(〈그림 8-1〉의 왼쪽, 〈그림 8-3〉의 1단계).

1970~1980년대에 걸쳐 수출주도형 산업을 육성하면서 비농업 분야 취업기회가 늘어나는 가운데, 소득 격차가 확대되면서 이촌향도가 가속화되었다. 1970년대 말부터 기존 고미가 중심의 가격지지를 저곡가 정책으로 전환하여 저임금 체계를 유지하고자 했으며, 농업 부문에 가해진 충격을 농가소득 증대 정책으로 완화하고자 하였다.[9] 이 시기부터 농업의 역할과 사회 수요 간 간극이 벌어지기 시작했으며(〈그림 8-3〉의 2단계), 시간이 지나면서 더욱 확대되었다(〈그림 8-3〉의 3~4단계). 농산물 시장 개방화 등을 거치면서 농업 부문은 사회 내 다른 부문의 영향을 이전보다 훨씬 크게 받게 되었다.[10]

9) 1977년 수립한 제4차 경제개발 5개년 계획은 농정 기조에도 영향을 미쳤다. 농업 정책에서 지속적 성장, 안정적 식량 공급, 농가소득 증대, 농산물 가격 안정, 유통 근대화, 생활환경 개선 등을 강조하였다(한국농촌경제연구원, 2015, p.75).

이후 사회 수요와 농업 역할의 간극이 더욱 넓어졌다. 이 시기 한국의 농업에 대한 사회적 수요는 〈그림 8-3〉의 3단계 또는 3단계에서 4단계로 넘어가는 과도기에 걸쳐 있었다고 볼 수 있다. 반면에 농업 부문이 실제로 제공하는 기능과 서비스 그리고 농정은 사회 수요에 비해 더디게 변화해 왔다. 이 결과 농업 부문과 사회 전반의 관계(인식)가 악화되며 농업 부문 내부 문제도 심각해졌다고 할 수 있다.

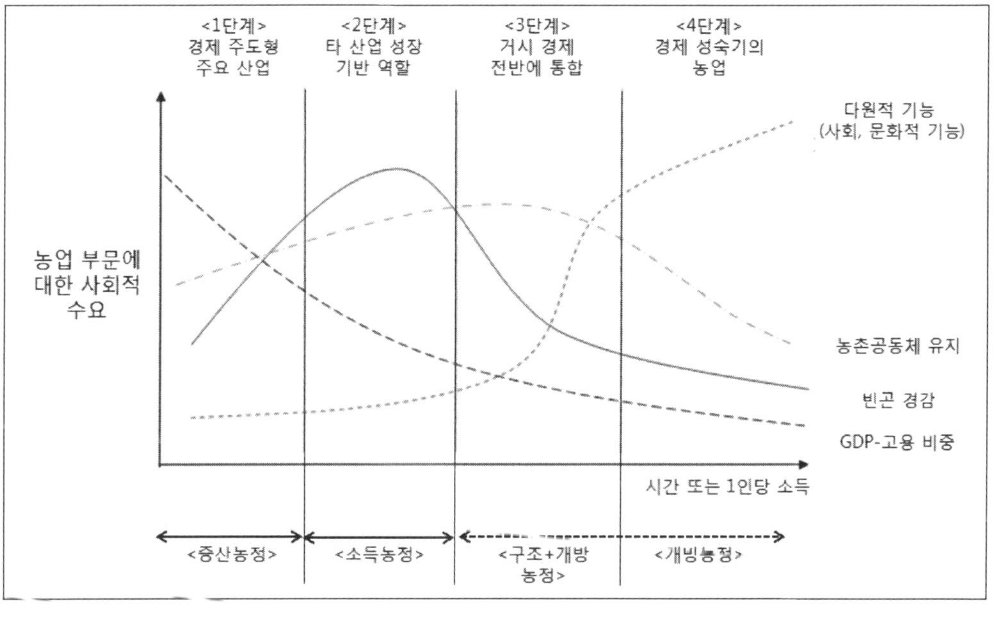

자료: Zawojska(2013)를 재구성, 유찬희·조원주·김선웅(2018.10) p.6에서 재인용.

┃그림 8-3┃ 경제발전 단계별 농업에 대한 사회적 수요 변화

오늘날 우리나라 농업 부문이 직면한 수많은 과제 중 "농업의 지속가능성을 어떻게 확보할 것인가?"라는 질문은 "경제적·사회적·환경적 지속가능성 간에 균형을 어떻게 조정할 것인가?"라는 문제로 이어진다. 요약한다면, 이제는 농업 부문에서 수행하는 농업의 기능과 역할 그리고 농정 방향의 전환을 모색해야 할 시점이라 하겠다.

10) 이태호(2017, p.66)는 농산물 시장 개방 이후 농업생산의 시장화(농업인이 스스로 소유한 생산요소뿐만 아니라 타인의 생산요소까지 시장에서 조달하여 농업생산에 사용하는 현상)가 진전되었다고 평가하였다. 이 결과 정부 정책과 시장이 모두 농업 생산 구조에 영향을 미쳤다고 주장했다.

제3절 우리나라 농정의 전개 과정과 지속가능성 실태[11)]

이 절에서는 농산물 시장 개방에 대응하고자 농정 방향 논의가 활발하게 이루어진 1980년대 중후반 이후의 이른바 '구조 농정'과 '개방 농정' 시기를 중심으로 농정이 농업의 지속가능성에 미친 영향을 분석하였다. 이 시기 이후로 농업의 역할 및 농정 방향과 사회적 수요 사이 격차가 커지기 시작했기 때문이다〈그림 8-3〉. 물론 각 시기 농정 기조는 현안 과제에 대응하면서 중장기 농정 목표를 설정하여 산적한 문제를 해결하고자 노력한 산물이었다.

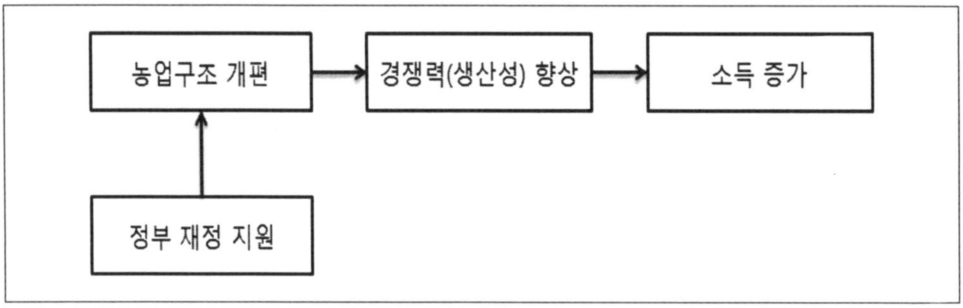

자료: 이정환 외(2012: 26), 유찬희·조원주·김선웅(2018.10)에서 재인용.

┃그림 8-4┃ 구조 및 개방 농정기 농정의 암묵적 기본 인식

특히 구조 농정기부터 본격적으로 추진해온 구조조정(체질 개선)은 규모의 경제를 실현할 수 있는 농가를 중심으로 전업농을 육성하여 농산물 시장에 대한 개방 충격을 흡수하려고 했다. 과거 3차례 이루어진 대규모 투융자[12)]도 농업·농촌이 당면한 문제를 해결하면서 개방화라는 충격으로 손실을 본 농업인에게 보상(compensation)을 제공하려는 성격도 지니고 있었던 것이다.[13)]

11) 유찬희·조원주·김선웅(2018.10.01) pp.11–25의 내용을 많이 참고했음을 밝힌다.
12) 1991년 '농어촌 구조개선 대책'에 포함된 42조 원 규모의 투융자 계획, 1999~2004년 이루어진 45조 원 규모의 투융자 계획, 2004년 '농업·농촌 종합대책 기본계획'을 토대로 이루어진 119조 원 투융자 계획이다.
13) 김윤식·고갑석(2015)은 공리주의(Utilitarianism)와 롤스주의(Rawlsianism) 관점에서 이 문제를 해석하였다. 농산물 시장을 개방하여 소비자가 얻는 이익(소비자 잉여 증가)이 생산자가 입는

농업의 다원적 기능을 중심으로 한 농업 보전과 농업의 경쟁력을 높이려는 방향으로 추진하면서 '(가격) 경쟁력 있는 농산물을 생산하는 농업'을 지향하면서 핵심 목표로 설정한 구조조정과 경쟁력 강화를 꾸준히 추진해 왔다. 특히 구조 농정기에는 구조조정을 본격적으로 추진하여 경쟁력을 강화하려 하였다. 동시에 "낮은 경쟁력을 정부의 선별적 자원 배분을 통해 효과적으로 높일 수 있다."는 인식 하에, 농업 생산 및 유통 주체, 지원 방식 등을 중앙정부가 주도·관리하는 설계주의 방식을 채택하였다.[14] 이러한 과정은 구조조정을 진행하면서 규모의 경제를 실현하고 생산성을 높여 가격 경쟁력을 확보하면, 농가소득 증대도 꾀할 수 있다는 판단 하에 이루어졌다〈그림 8-4〉.

1. 기존 구조 농정 및 개방 농정의 성과

그러면 그 성과는 어떠했는가? 시기별로 비중은 달랐지만, 구조 농정 및 개방 농정 기조는 공통적으로 구조정책과 소득 및 경영안정 정책을 병행해 왔다. 농산물 시장 개방에 앞서 농산물 수입이 본격화되는 과정에서 국산 농산물 가격 경쟁력을 확보하고자 한 정책 기조는 농가소득 및 경영 안정이라는 또 다른 중요한 정책 목표와 맞닿아 있었기 때문이다. 구조조정을 추진하여 체질을 개선((가격) 경쟁력을 강화)하고, 농업 생산자가 직면할 수 있는 위험을 완화하여 안정적인 소득을 마련해 농업 부문의 경제적 지속가능성을 강화하려는 노력의 일환이었다. 이러한 정책을 추진한 결과, 어느 정도의 성과는 거두었다.

손해(생산자 잉여 감소)보다 크다면 "최대 다수의 최대 행복" 측면에서 정당화할 수 있다는 것이 공리주의 입장이다. 반면, 롤스주의는 시장 개방이 이루어지더라도 '약자'의 후생이 이전보다 나아지고, 전개 과정이 공정(fair)하다면(절차적 정의) 정당성을 확보할 수 있다고 본다. 또한 소득 분포를 분석하여 시장 개방이라는 변화를 공리주의 측면에서는 바람직하다고 평가할 수 있지만, 롤스주의 기준을 적용하면 '약자'의 후생이 감소하였기 때문에 비판의 여지가 있다고 주장하였다. 이러한 맥락에서 '약자'인 농업인(생산자)에게 보상한다는 주장은 타당성을 지닐 수 있다.

14) 1960년대까지 농업 생산기반 자체가 취약하여 자체적으로 농업 부문 자본 형성이 어려웠기 때문에 초기에 정부 개입이 불가피했다. 시대별 여건에 맞추어 1970년대까지는 농기계와 기술 개발 위주로 투융자를 실시했고, 동시에 농업 투입재 위주의 단기성 투융자에 중점 투자했다. 1980년대부터 구조조정과 소득 및 경영 안정을 두 축으로 하여 투융자 정책을 집중 추진하였다.

┃표 8-2┃ 기간별 총요소생산성 성장률 추이

연도	총요소생산성 성장률	총산출 성장률	총투입 성장률
1981~1990년	0.026	0021	-0.005
1991~2000년	0.029	0.025	-0.003
2001~2010년	0.014	-0.002	-0.015
2011~2014년	0.002	-0.002	-0.004
1981~2014년	0.020	0.013	-0.008

자료: 황의식 외(2016: 40), 유찬희·조원주·김선웅(2018.10)에서 재인용.

첫째 성과로서, 경쟁력 강화 농정을 꾀하면서 농업 생산성은 꾸준히 늘어났다(〈표 8-1〉)는 것을 들 수 있다. 특히 1990년대에는 총요소생산성과 총산출 성장률이 각각 연평균 2.9%, 2.5%를 기록하여 1980년대 평균 수준을 웃돌았다.[15]

(단위: 십억 원)

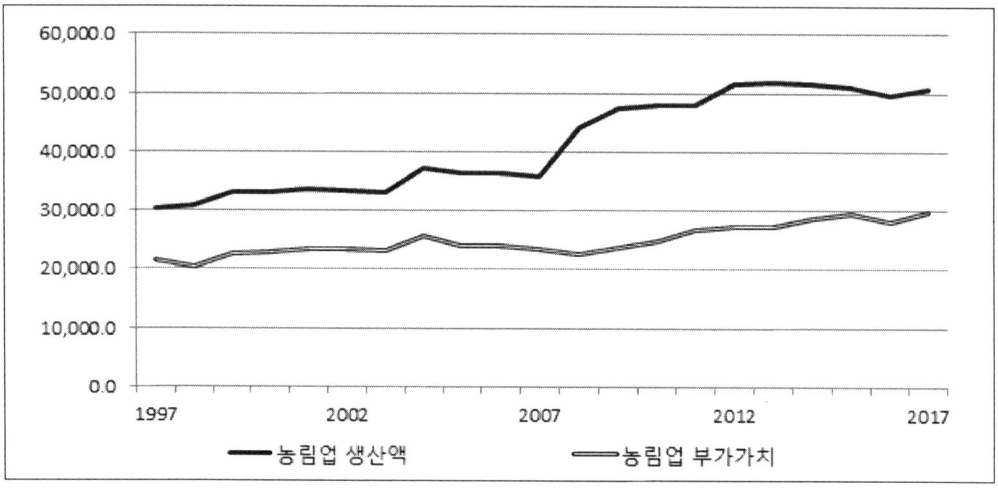

주: 2017년 부가가치는 잠정치임.
자료: 농림축산식품부, 농림업생산액 및 생산지수 및 한국은행 국민계정; e-나라지표 (http://http://www.index.go.kr: 2018. 10. 18)에서 재인용.

┃그림 8-5┃ 1997~2017 기간 한국 농림업 생산액 및 부가가치 추이

15) 황수철(2015, p.183)은 추정 결과를 토대로 한국 농업이 초기에는 요소 투입 중심방식으로 성장하다가 1990년대 초반을 기점으로 생산성 증가에 의존하는 방식으로 전환하였다고 주장했다. 개방 농정 초기에 생산성을 높여 농산물 시장 개방 충격에 대응하고자 했던 시도가 논의되고 이루어졌던 시기와 비슷하다.

둘째로 들 수 있는 것은 화석연료를 기반으로 한 기계화·시설화·집약화가 매우 급속히 진전되면서 한국 농업부문의 생산액과 부가가치도 꾸준히 늘어났다(〈그림 8-5〉). 농림업 생산액은 1997년 30조 3,880억 원에서 2017년 50조 6,810억 원(잠정치)으로 늘었고, 같은 기간 부가가치는 21조 5,790억 원에서 29조 8,590억 원으로 증가했다.

셋째는, 구조 농정과 개방 농정에서 경쟁력을 높이고자 추진한 핵심 정책중 하나인 구조조정(체질 개선)도 진전을 이루었다는 점이다(〈표 8-2〉). 예를 들어 논 3ha 이상인 농가 비중은 1990년 1.2%에서 2015년 4.6%로 3.8배 늘어났고, 같은 기간 해당 농가 경작면적 비중은 6.3배 증가했다. 이러한 현상은 시설농업과 축산 부문에서 더욱 두드러졌다.

❙표 8-3❙ 농업 생산 규모화 추이(1990~2015)

비 중		1990	2000	2005	2010	2015
경작지 3ha 이상	농가 수	2.5	5.9	7.3	8.2	8.1
	면적	10.9	22.7	33.3	43.6	43.5
논 3ha 이상	농가 수	1.2	3.8	4.0	4.3	4.6
	면적	7.1	20.0	29.5*	37.7*	44.4
시설농업 2천 평 또는 0.7ha 이상	농가 수	6.1	12.7	10.4	17.0	15.2
	면적	25.5	47.1	52.9*	50.7*	51.2*
한·육우 50두 이상	농가 수	0.1	1.8	3.7	9.1	18·3
	두수	4.2	26.8	32.5*	47.8*	63.2
낙농 50두 이상	농가 수	1.8	26.4	48.5	60.7	71.7
	두수	10.9	54.1	71.6*	82.8*	88.5*
양돈 1,000두 이상	농가 수	0.2	9.8	25.2	37.3	54.7
	두수	18.4	62.1	77.9*	88.4*	91.0

주 1) 시설농업을 제외하면 총 농가 기준임.
2) *은 황수철 외(2018: 48) 〈표 6〉을 인용하였음.
자료: 통계청 농림어업총조사
(http://kosis.kr/statisticsList/statisticsListIndex.do?menuId= M_01_01&vwcd=MT_ZTITLE&parmTabId=M_01_01&statId=1962003&themaId=F#F_4.2: 2018.10.10); 황수철 외(2018),p.48), 유찬희·조원주·김선웅(2018.10)에서 재인용.

2. 기존 구조 농정 및 개방 농정의 한계와 문제점

개방 농정을 시행하면서 농산물 시장 개방이라는 변화와 충격에 대응하고 경쟁력을 강화하겠다는 농정 방향의 설정은 일정부분 성과를 거두었다. 그렇지만 이 과정에서 당초 목표를 충분히 달성하지 못했으며 해결해야 할 과제를 많이 떠안게 되었다.

여기서는 (1) 그동안 이어온 농정 기조가 오늘날에도 여전히 공감대를 얻을 수 있는지, (2) 당초 의도했던 구조조정과 경쟁력 확보 과정에서 어떤 문제점이 파생되었는가를 살펴본다.

개방 농정기 동안 지속적으로 추진해 온 구조조정[16]과 소득 및 경영안정 정책은 내적 정합성이 부족했다. 위 두 정책은 선행 관계 또는 보상 관계를 갖추어야 원활하게 작동할 수 있었지만 사실상 모순관계에 있었다. 구조조정을 추진하고자 했다면 주요 대상인 소규모 농가로 하여금 전직하거나 탈농하도록 유도하고, 기존 농가가 경작하던 농지를 다른 농가가 이용할 수 있도록 집중시켜야 했다. 그러나 농공단지, 고소득 작목 육성, 6차 산업화 등 다양한 시도가 행해졌지만, 다수 소규모 농가는 여전히 영농 활동을 계속했다(〈표 8-3〉). 작목 전환이나 6차산업으로의 다각화 역시 시간이 소요되고 전환과정에서 위험이 컸으므로 안정적인 소득원으로 기능하지 못했다. 더욱이 영농 활동을 중단하고 지역에서 다른 소득 활동을 하도록(탈농재촌) 유도하고자 하는 정책을 소규모 농업인이 수용하기는 어려웠다고 판단된다.

▌표 8-4▐ 경지 규모별 농가 수 비중 변화

(단위: %)

구 분	1ha 미만	1.5ha 미만
1990	59.5	79.4
2000	60.2	76.1
2010	65.7	77.8
2015	69.1	79.5

자료: 통계청. 각 연도, 농림어업총조사.
(http://kosis.kr/statisticsList/statisticsListIndex.do?menuId=M_01_01&vwcd=MT_ZTITLE&parmTabId=M_01_01&statId=1962003&themaId=F#F_4.2: 2018. 10. 10.).

16) 1990년대 전까지는 농가 육성 정책이 사실상 전무하였고, 1990년대 들어 농업구조개선 대책을 논의하면서 자립 경영할 수 있는 전업농 육성을 규정하고 시도하였다. 농가 생활안정을 도모한다는 목표를 고려하면 전업농 육성과 자립경영 육성은 다를 것이 없고, 이는 영세소농 구조 위주의 경영을 대농 경영으로 전환하는 것이다. 이에 정부에서 전업농 기준과 목표치(예를 들어 쌀 6ha 7만 호 육성)를 설정하고, 정책 수단 역시 결정한 뒤 재정을 집중적으로 투자하였다.

또한 개방 농정기 내 시기별로 소득 및 경영 안정 정책과 구조조정 정책의 우선순위가 달라 정책 일관성이 부족했고 효과도 떨어졌다. 1980~1990년대 7차례 이루어진 부채 경감 대책, 각종 소득 정책은 구조조정 정책과 상황적 모순 관계에 있었다고 볼 수 있다. 소득 및 경영 안정은 농가가 활동을 유지할 수 있게 하는 중요한 정책이지만, 동시에 구조조정 대상 중 하나였던 '한계농가'도 계속 영농 활동에 종사할 수 있도록 했다. 보다 넓은 맥락에서 개방 농정기 비전은 한편으로는 "다원적 기능을 살려 국민의 삶의 터전이 되도록" 농업을 보전하는 방향과 농업을 "시장 경제 속 하나의 산업으로서 미래 성장동력이 될 수 있도록 경쟁을 통한 성장"이라는 방향을 동시에 추구해 왔다.

생산성이 향상되고 농업 생산액은 지속적으로 늘어났지만, 농가소득 증대로 이어지지 못하였다. 1990년대 초반까지는 농업 부문 산출과 소득이 함께 증가했으나, 농산물 시장 개방 이후 농업 생산은 증대되었으나 실질 농업소득은 줄어들었다. 1995~2012년 실질 농업총생산은 연평균 1.1%씩 늘어났지만, 실질 농업소득은 같은 기간 평균 2.6% 감소하였다(〈그림 8-3〉).

주: 농림어업 총생산 기준으로, 실질 농업 총소득은 한국은행 국민계정의 농림어업 영업잉여를 가계소비지출 디플레이터로 실질화하였음.
자료: 유찬희·조원주·김선웅(2018.10.01) p.22에서 재인용.

▍그림 8-6▍ 한국 농업 총생산과 실질 농업 총소득의 괴리

이러한 현상이 발생한 이유 중 하나는 판매 가격조건이 악화되는 반면 투입재 가격은 상승했기 때문이다.[17] 농업 성장과 소득의 괴리 문제는 특히 고령 소농 집단[18]에 심각하게 영향을 미쳤을 것으로 보인다. 같은 기간 고령 소농집단에 속하는 농가 호수 비중이 41.2%에서 52.2%까지 늘어났기 때문에 이 문제는 앞으로 더욱 심각해질 수 있다(〈표 8-5〉).

❙표 8-5❙ 연도별·유형별 농가 수 변화

구 분	농가 수(호)					증감률(%)	
	2013	2014	2015	2016	2017	연평균 증감률	2017/2013 증감률
SY	581	593	567	512	447	−6.3	−23.06
LY	439	435	403	378	344	−5.9	−21.64
SO	968	1,144	1,206	1,269	1,350	8.7	39.46
LO	359	428	424	441	447	5.6	24.51
합계	2,347	2,600	2,600	2,600	2,588	−	−

주: SY는 표준 영농규모 2ha 미만, 경영주 연령 65세 미만; LY는 표준 영농규모 2ha 이상, 경영주 연령 65세 미만; SO는 표준 영농규모 2ha 미만, 경영주 연령 65세 이상; LO는 표준 영농규모 2ha 이상, 경영주 연령 65세 이상인 집단을 뜻함.

자료: 유찬희·김태후(2018), 유찬희·조원주·김선웅(2018. 10. 1) p.23에서 재인용.

외적 정합성 부족은 농업 부문과 사회 수요 간, 그리고 농업 부문 내부에서도 나타났다. 즉, 정책 결정자−시행 주체−정책 집단 간 소통이 이루어지고, 이에 따라 인식과 태도가 순차적으로 달라지는 데 시간이 걸린다는 점을 충분히 고려하지 못한 채 정책을 추진했다. 중앙정부 정책 결정자는 "농림부의 정책 결정 사항이 지방자치단체까지 즉각적으로 전파되고 이행될 것이라는 인식을 가지고 있었다."(김형성·황성원, 2009). 그러나 이러한 암묵적인 전제는 현실에서는 많이 다르게 나타났다. 실제로 정책이 집행되는 단계에서는 단계별로 정책 담당자가 바뀐 제도나 정책 내용을 정확하게 파악하고 이에 맞추어 기존 체계를 정비하는 데는 필연적으로 시간이 걸릴 수밖에 없다. 정책 대상자

17) 농업인은 투입재를 소매가격으로 구매하고 생산물을 도매가격 또는 농가판매가격 수준으로 출하한다는 특성(Magdoff et al., 2000: 12)도 영향을 미친다.

18) 표준 영농규모 2ha 미만, 경영주 연령 65세 이상 집단을 뜻한다(김미복·오내원·황의식, 2016: 5−6).

들에게도 역시 비슷한 문제나 나타났다.[19] 이러한 현실적인 제약 때문에 제도나 정책 변화가 실제 정책 대상 집단에게 전달되어 변화를 가져오는 시간은 길어질 수밖에 없다.

예를 들어 2003년부터 지속적으로 추진해 온 '맞춤형 농정'도 농가특성에 따라 유형을 분류하고 이에 맞는 최적의 정책을 도입·적용하겠다는 시도였다. 그러나 품목·규모·연령·소득원천이 상이한 개별 정책 대상 실태를 제대로 파악하지 못한 상태에서 정책을 추진하였을 뿐만 아니라, 유형을 분류하는 것도 한계를 드러낼 수밖에 없었다.

요컨대, 구조 농정 및 개방 농정기 동안 추진한 정책은 당시 상황에서 합리적이고 타당한 선택이었지만, 30여 년 동안 외부 여건의 변화만큼 농정의 기본 방향은 크게 바뀌지 않았다.[20] 이 과정에서 갖가지 한계와 의도하지 않았던 영향이 누적·연계되면서 결과적으로 한국 농업의 지속가능성은 경제·사회·환경 측면에서 모두 약화되었다고 할 수 있다.

제4절 농업의 다원적 기능 확충과 지속가능성

1. 다원적 기능 개념 등장과 발전 과정

다원적 기능을 둘러싼 논쟁이 시작된 것은 1980년대 세계 각국에서 농업 정책 개혁이 본격적으로 이루어지면서 부각되었다. 1980년대 후반부터 WTO 협정 논의가 진전되면서 다원적 기능에 대한 논쟁이 본격화되고 개념과 정의도 발전하였다. 다원적 기능의 정의 또는 개념이 최초로 공식 등장한 것은 1992년 '지속가능한 개발에 관한 리우 선언(Rio Declaration on Sustainable Development)'에서였다. 리우 선언 이후 OECD에서 본격적으로 논의를 시작하여 2001년 잠정적 정의(working definition)를 제시하였다(OECD, 2001).

OECD는 다원적 기능을 ① 영농활동을 하면서 상품 산출물(commodity outputs)과

---

19) 이 과정에서 지방자치단체 담당자의 순환 근무가 이루어질 수도 있고, 많은 정책 대상자는 이장 등을 거쳐 정책 관련 내용을 접하게 된다.

20) 이 원인 중 하나는 정책의 '경로 의존성(path dependency)' 때문일 수 있다. 일단 특정 정책을 시행하면 이후에 변경하기가 어렵다는 뜻이다. 특히 많은 예산 을 투입하거나 정책을 시행해 온 기간이 길수록 그리고 정책 대상이 해당 정책 에 많이 의존할수록 정책을 바꾸거나 없앴을 때 예상되는 반발과 저항이 크기 때문에 변혁을 꾀하기 쉽지 않다.

비상품 산출물(non-commodity)을 결합생산(joint production)하고, ② 비상품 산출물이 외부효과나 공공재 성격을 지니지만, ③ 비상품 산출물에 대한 시장이 없거나 제대로 기능하지 않는 것'이라고 정의하였다(유찬희 외, 2016: 102에서 재인용).

▌표 8-6▌ 한국 여건을 고려한 다원적 기능 범위(긍정적 외부효과)

구분	경제		사회			환경			
	안정적 식량 공급	농촌 활성화	여가 정서	문화 유산	식품 안전성 향상	환경 보전	경관 보전	생물 다양성 증가	동물 복지 개선
포함	○	○	○	○	○	○	○		
향후 포함 가능								○	○

자료: 유찬희·조원주·김선웅(2018. 10. 1) p.49에서 재인용.

2. 다원적 기능

1) 경제 기능

안정적 식량 공급은 위급한 상황이 발생했을 때 필요한 식량을 비축해 놓거나 공급할 수 있는 기능[21]으로, 식량안보에서 양(量) 측면을 더 강조한다. 일정한 수준 이상[22]의 식량을 생산할 수 있는 기반을 유지하여 '국방'과 같은 기능을 수행한다면 다원적 기능 범주에 포함시킬 수 있다고 판단된다. 농촌활성화는 농업을 유지하면서 생기는 고용효과와 농촌경제에 기여하는 기능을 뜻한다.[23]

21) 한국의 잠정 식량자급률은 2016년 50.8%에서 2017년 48.9%로 1.9%p 하락했다(농림축산식품부 2018a).

22) FAO는 연간 소비량의 17~18%(2개월 소비 물량)만큼을 비축물량으로 확보할 것을 권고하고 있다.

23) 2015년(충청남도 시·군은 2012년) 기준 154개 시·군(특·광역시 제외) 지역 총생산(GRDP) 부가가치를 분석한 결과, 농림어업이 차지하는 비중이 10% 이상인 시·군은 54개(34.8%)였다(통계청, 경제활동별 총부가가치와 요소소득(2010년 기준)). 해당 시·군 부가가치 중 농림어업 부문 비중은 평균 17.7%였다. 농림어업이 국가 전체 부가가치에서 차지하는 비중이 2015년 2.1%, 2016년 2.0%에 불과하지만, 많은 지역에서는 여전히 중요한 역할을 하고 있고, 할 수 있다. 그리고 충남 보령시 장현 마을과 청양군 화암 마을 사례 조사를 실시하면서 다원적 기능을 확충하여 경제·사회·환경 기능을 강화할 수 있는 가능성을 확인하였다〔유찬희·심영규·이관률(2018) 제3장 참조〕.

2) 사회 기능

사회·문화 및 규범(norms)은 지역에 따라 결이 다르기(context-dependent) 때문에 사회 기능은 국가와 기관별로 관점이 다르다. 그럼에도 삶터와 쉼터로서 농촌 공간이 공통적으로 제공하는 가치가 있고, 이러한 가치의 형성은 일정 부분 농업부문 활동에서 파생된다. 영농 방식을 "땅을 비롯한 자연 자원(natural capital)을 관리한다."고 보다 넓게 해석하면 경관 보전도 다원적 기능에 포함시킬 수 있다. 영농 활동에서 결합 생산되는 비상품 산출물이고, 공공재이며(특히 비배제성), 경관 가치를 평가하는 시장이 매우 제한적이기 때문이다.

여가·정서 기능은 농업 생산을 유지하면서 생성되는 경관에서 직접 파생되거나, 이를 체험 활동 등에 활용하여 여가·정서에 기여하는 기능을 뜻한다. 영농 방식에 따라 농촌 경관 역시 달라질 수 있기 때문에 특정 영농 방식을 시행하여 형성된 농촌 경관은 체험 관광 등에 활용할 수 있는 자원으로서 가치를 지니고, 지역을 방문하는 불특정 다수의 심미적 감각에도 영향을 미칠 수 있다. 즉, 농촌 경관은 농업의 영향을 받아 형성된 결과물이자 자원으로, 다양한 대상에게 외부효과를 미친다. 그리고 이 영향은 공공재 특성을 지니기도 한다.

문화유산 기능은 농업 생산 과정에서 전통 농경사회의 유·무형 특성을 유지하는 기능을 뜻한다. "농업·농촌 자원의 구조와 기능을 통해 형성되는 다원적 가치는 전승 가능성과 미래 가치를 통해 농업유산으로서의 가능성을 가진다." 한국에서 2013년부터 국가중요농업유산제도를 도입·운영하기 시작한 것도 농업 부문에서 파생되는 문화유산 가치를 보전하려는 노력의 일환으로 볼 수 있다.[24)]

식품 안전성 향상은 농산물을 생산 과정부터 관리하여 안전성을 최대한 확보하는 기능을 뜻한다. 농식품 안전성은 소비자가 구매하여 소비한 뒤에도 알 수 없기 때문에, 안전성 관리 체계를 믿고 구매 여부를 결정할 수밖에 없다. 이런 점에서 어떠한 방식으로 농산물을 생산하는지 여부가 식품 안전성 및 소비자 신뢰에 영향을 미칠 수밖에 없다. 특히 국산 농산물에 대한 소비자 신뢰는 신토불이로 받아들이며 농업과 사회 간 관계로 해석할 수 있기 때문에, 식품 안전성을 농업의 다원적 기능 중 사회 측면에 포함시킬 수 있다.

---

24) 농림축산식품부는 2011년 국가중요농업유산제도 도입을 추진하면서 "보전·전수·활용이 필요한 농어업, 농어촌 자원을 발굴, 지정하여 브랜드 및 관광자원으로 활용함으로써, 지역경제를 활성화하는 방안"이 될 수 있다고 주장하였다(국회입법조사처, 2014: 3).

3) 환경 기능

환경 보전은 영농활동을 하면서 환경부하를 줄이거나 생태계에 이로운 작용을 하는 기능을 뜻한다. 대기 정화, 수질 정화, 홍수 방지, 수자원 함양, 토양 유실 방지 등이 예이다.

경관 보전은 영농활동을 매개로 경관을 유지하거나 가꾸는 기능을 뜻한다. 경관은 "경치, 특색 있는 풍경 형태를 가진 일정한 지역 또는 풍경의 지리학적 특성으로, 자연 및 문화 경관으로 나눌 수 있다." 농촌 경관은 배경이 되는 산림, 하천 등 자연·생태적 요소, 경작지 등 생산요소, 오랜 기간 인간과 자연이 상호작용한 결과 나타나는 역사·문화 요소가 복합적으로 결합한 결과물로 형성된다. 농업부문 활동이 농촌 경관에 영향을 주는 요인이고, 영농 방식에 따라 농촌 경관이 달라질 수 있음을 뜻한다.

경관 보전은 환경 보전에 비해 지역 공공재 성격을 지니고, 의식적인 노력이 필요할 수 있다. 그리고 생물 다양성(biological diversity 또는 biodiversity)은 "육상·해상 및 그 밖의 수중 생태계와 이들 생태계가 부분을 이루는 복합 생태계 등 모든 분야의 생물체 간 변이성을 말하며, 이는 종 안에서의 다양성, 종간의 다양성 및 생태의 다양성을 포함"한다고 정의된다(「생물다양성 협약 제2조」). 한 지역 내 종의 다양성 정도(종 다양성), 농경지를 비롯한 생태계의 다양성(생태계 다양성), 같은 종 내에서도 다양한 집단이 있거나 개체가 유전적으로 변하는 것(유전다양성)을 모두 포함한다.

동물 복지는 특정 시점에서 살아 있는 동물의 질을 잠재적으로 계측할 수 있는 과학 용어로 많이 쓰이지만, 동시에 지속가능성 맥락에서도 다양하게 해석되고 있다. 동물 사육 과정 등에서 자원을 지나치게 착취하거나, 밀집 사육 등으로 동물 이용 시스템이 제대로 작동하지 않거나, 일반 대중이 해당 시스템에 부정적 인식을 가질 때(예를 들어 '강아지 공장') 지속가능성이 저하될 수 있다고 본다. 동물복지와 생물다양성은 EU를 중심으로 강조하고 있다.

3. 지속가능성

농업의 다원적 기능 확충은 영농 방식을 바람직한 방식으로 바꾸도록 공공 부문에서 유인을 제공하여 긍정적(부정적) 외부효과를 증대시키는(줄이는) 식으로 농정 방향을 전환한다는 뜻을 담고 있다. 즉, 농업의 다원적 기능 확충을 '영농 방식을 바꾸도록 공공 부문에서 유인을 제공하여 농업부문에서 발생하는 긍정적 외부효과를 늘리거나 부정적 외부효과를 줄이고, 이 결과로 사회적 수요와 실제 농업 부문 역할 간의 간극을 좁히면서, 사회적 투자 관점에서 반대급부를 지급하는 것'으로 할 수 있다.

농업의 다원적 기능 확충이란 개념 속에는 다원적 기능이 지속가능성의 한 갈래이지만 동시에 지속가능성과 상호작용을 한다는 뜻을 담고 있다. 그렇다면 농업의 다원적 기능과 지속가능성은 어떠한 관계 속에서 상호작용을 주고받을까?

그동안 한국 농업부문의 최대 목표 중 하나는 생산량 증대였다. 이 과정에서 만연했던 집약적 농법은 자연자본(natural capital)을 대상(objective)으로 보고 이용하는 방식이었다. 이는 상품 산출물을 보다 많이 생산하여 시장에서 평가 받아 보다 많은 대가를 지급받는 것이다. 이 같은 상품 생산을 늘리고자 하는 과정에서 환경부하가 늘어났고, 다원적 기능을 확충할 수 있는 기반이 약화되었다.

또한 농업부문에서 제공할 수 있는 상품과 다원적 기능이 제한되면서 사회 수요에 부응하지 못하였다. 자연을 이용하는 기능은 비교적 원활하게 공급되었지만 사회후생과 같은 질적 측면에서는 한계가 있었다. 다른 한편으로는 가축질병이나 식품안전성 문제까지 불거지면서 사회 지속가능성을 약화시키는 사회적 인식에 영향을 미쳤다. 동시에 시장에서도 다원적 기능을 비롯한 농업 부문의 '상품 외 산출물'이 지닌 가치를 제대로 평가하지 않았다. 다원적 기능이 지닌 사용가치를 평가하지 않고, 교환가치도 매우 낮게 평가하는 형태로 진행되어 시장실패가 발생하였다. 그 결과 농업부문에서 제공하는 기능이 제한되고 시장과 공공 부문이 다원적 기능과 관련된 문제를 충분히 해소하지 못하면서 농업부문 기능과 사회 수요 간의 간극 역시 확대되었다.

그렇다면 지속가능성 차원에서 영농 방식을 바꾸어 다원적 기능을 확충하는 방향으로 이동하는 단계를 살펴보자. 여기 '지속가능한 영농 방식'이란 환경부하를 줄이고, 인적 역량(농업인의 지식과 기술 등)을 활용하면서, 집합 역량(collective capacities)을 활용하는 방식으로 정의한다.[25] 지속가능한 영농 방식을 수용·확대하는 과정은 상품(농산물, 농식품) 외에도 다원적 기능을 확충한다는 뜻이기도 하다. 농업 부문 생산자가 지속가능한 영농 방식을 받아들여 환경과 생태 질을 개선시키는 데 기여한다면 부정적 외부

25) Pretty(2008: 451)는 지속가능한 농업을 ① 생물학적, 생태적 측면(자원 순환, 질소 고정, 토양 재생, 타감 작용(allelopathy: 서로 다른 종류의 생물이 화학물질을 체외로 배출하여 그 물질의 화학적 작용을 통해 상호 영향을 미치게 하 는 현상), 천적 이용 등)을 식량 생산 과정에서 고려, ② 환경에 악영향을 미칠 수 있는 재생 불가능한 투입재 사용 최소화, ③ 농업인의 지식과 기술을 토대로 인적 자원 활용 증가, ④ 사람들의 집합적 역량(collective capacities)을 활용하여 병충해 방지, 수로 관리, 관개 등을 수행하는 원칙을 지키는 농업이라고 정의하였다(유찬희 외, 2016: 103에서 재인용).

효과를 줄일 수 있을 것이다. 이 과정이 축적되고 사회 구성원이 변화를 인지하기 시작하면 사회적 인식도 달라질 것이다.

다음 단계는 다원적 기능을 확충하여 농업부문 지속가능성을 높이는 방향으로 나아가야 한다. 지속가능한 영농 방식을 확산하는 식으로 농업부문 기능이 원활하게 변하거나 변화가 이루어지는 과정에서, 생산자가 영농 방식 등을 전환하여 사회후생을 늘릴 수 있다면 적절한 대가(remuneration)를 지급할 필요가 있다. 영농 방식을 변화시키는 과정에서 생산자는 일정한 위험을 감수할 수밖에 없다. 즉, 생산자 스스로의 노력만으로 영농 방식 변화를 추진하는 데 한계가 있기 때문에 공공 부문에서 적정한 대가를 지급하여 영농 활동을 계속할 수 있는 기반을 제공하여야 한다.

요컨대, 지속가능한 영농 방식을 확산시켜 농업부문의 다원적 기능을 확충하고(1단계), 이에 대한 공감대를 형성해야 한다. 이어 공공부문에서 정당한 반대급부를 지급하는(2단계) 과정을 거치면서 다원적 기능과 농업의 지속가능성을 함께 제고할 수 있어야 할 것이다. 이는 단편적으로 끝나는 과정이 아니라 서로 영향을 미치면서 반복되는 과정이기 때문에 '농업의 지속가능성과 다원적 기능 간 선순환 구조'를 형성할 수 있게 될 것이다.

제5절 한국 농정의 전환 필요성

이제 4차 산업혁명 시대를 맞아 농정은 농업부문만이 아니라 서로 영향을 주고받는 국가 시스템 전반까지 포함하여 분석해야 한다. 〈그림 8-3〉에서 볼 수 있는 바와 같이 농업에 대한 사회적 수요가 특정 시점(3단계)에 이르면 거시경제 전반에 통합된다는 점도 반영할 수 있어야 한다. 이명기 외(2017)는 정책 분석틀을 적용한 설문 조사 결과를 분석하여 몇 가지 한국 농업의 지속가능성을 경제적 측면, 환경 측면, 일반 경제, 시장 및 제도, 인적·물적·사회적 자본, 사회적 측면, 혁신 역량 등의 순으로 농업의 지속가능성 달성에 영향을 미칠 수 있다고 했다.

그리고 경제적 측면에서 총요소생산성은 비교적 성과를 거두었으나, 농가교역조건, 호당 경지면적, 고령화 등은 오랜 기간 누적되어 온 심각한 문제라고 했다. 또한 환경 측면에서 식품 안전성 문제를 다각적으로 강력하게 해결하고, 물이나 투입재 등 환경부하에 영향을 미치는 문제를 우선 개선해야 한다. 이 과정에서 농업 자원 및 환경 규제·정책을 강화하는 방안도 고려할 수 있다. 끝으로 사회적 측면에서 소득불평등, 사회 안전망, 정주 여건 등을 지속적으로 개선하여야 할 것이다.

그렇다면 한국 농업의 지속가능성은 경제적인 측면뿐만 아니라 사회 및 환경 측면에서도 검토해야 한다. 많은 농가는 생산성을 높이고 시장에 팔 수 있는 물량을 늘리고자 해왔으며 농정 당국도 경쟁력 강화를 강조하는 방향으로 정책을 추진해왔다. 농가와 농정이 당시 이러한 선택을 한 근거는 일리가 있었지만 이 같은 의사결정이 반복되면서 사회·환경 측면의 지속가능성을 약화시켰던 것이다. 그렇다면 기존 농정의 방향과 수단을 재검토하고 지속가능성을 강화할 수 있는 방향으로 전환할 필요가 있다.

기존 농정에서 강조했던 체질 개선과 구조조정 역시 중요하다. 그러나 오랜 기간 구조조정을 추진하였지만 여전히 다수의 소규모 농가가 '탈농을 할 수 없다면' 이들이 실천할 수 있는 역할을 부여하고 상생하는 것이 바람직하다.

또한 생산성 향상을 위한 기존의 농정도 이러한 관점에서 재검토할 필요가 있다. 생산성을 높이고 혁신을 꾀하는 것은 필요하지만 모든 대상에게 이를 강조하는 것은 적절하지 않다.

나아가 농업 부문 외부와의 관계에서도 정합성을 높여야 한다. 무엇보다 농업부문에서 사회 구성원이 원하는 다양한 기능과 역할을 수행할 수 있도록 해야 한다. 정합성을 높이는 활동을 농업부문 참여자가 수행할 수 있어야 하고, 환경 부하까지 줄일 수 있도록 유도할 필요가 있다.

공공 부문에서도 소비자·납세자가 이러한 실천 결과를 믿을 수 있도록 기반을 마련하여야 한다. 더불어 이러한 활동을 할 때 수반되는 노력과 비용을 소비자가 인지하고 정당한 대가를 지불할 수 있도록 인식을 바꾸어 나가야 한다. 여기서는 이러한 방향을 담아낼 수 있는 대안이 농업의 다원적 기능이라고 판단한다. 따라서 향후의 농정 방향은 이러한 다원적 기능을 확충하는 방향으로 전환할 필요성이 있다고 하겠다.

참고자료

강승진 외(2008.6), 『제주지역 농촌어메니티자원 활용방안에 관한 연구』, 정책연구 2008-2, 제주발전연구원.

김윤식·고갑석(2015), "농업인은 경제적으로 약자인가?", 『농업경제연구』 56(3), pp.29-46.

김응규(2014.01), "농업 6차산업화의 국내외 추진 동향과 과제", 『CEO Focus 324호』, 농협경제연구소.

서세욱(2012.2), 『농업·농촌 중장기 투융자계획 운용 현황과 개선과제』, 예산현안분석 제40호, 국회예산정책처.

유찬희(2018), "농업의 다원적 기능: 이론적 검토", 『농정연구』 65(2018 봄), pp.92-118.

유찬희·조원주·김선웅(2018.10.01), 『농업의 다원적 기능 확충방향과 과제』, 한국농촌경제연구원.

이명기·유찬희·허정회·우성휘(2017), 『OECD 정책분석틀을 적용한 한국 농식품 분야의 현식, 생산성 및 지속가능성 연구』, 농림축산식품부.

이태호(2017), "한국 농업의 생산구조와 농정 방향", 『농정연구』 60(2016 겨울), pp.65-102.

최순영(2016.06), "브렉시트의 배경과 향후 전망", 『자본시장 Weekly』, 2016-24호, 자본시장연구원.

한국농촌경제연구원(2015), 『농업·농촌 70년』, 한국농촌경제연구원.

황수철·이명헌·장민기·유리나·박윤지(2018), 『지속가능성과 다기능성 기반의 농업 발전 전략 연구』, 농림축산식품부.

황의식·한석호·서홍석·김충현·이연옥·이수환(2018), "2018년 농업 및 농가경제 동향과 전망", 『농업전망 2018: 국민과 함께하는 농업·농촌의 미래』, 한국농촌경제연구원.

허승오·김경란·조남준(2012.4), 『한국 농업 성장사』, 농촌진흥청.

Pretty, J. 2008. "Agricultural Sustainability: Concepts, Principles and Evidence", Philosophical Transactions of the Royal Society of London, Series B, *Biological Sciences* 363(1491): 447-465.

물가지수와 체감·지수 물가의 괴리

우리들은 생활에 필요한 재화와 서비스의 대부분을 시장에서 구입하여 사용한다. 그런데 시장에서 거래되는 상품은 매우 다양해 같은 시간에도 어떤 것은 가격이 오르고 어떤 것은 내린다. 그러다 보니 전반적인 상품가격의 변화를 종합적으로 살펴볼 필요가 있다. 이러한 필요에 의해 만들어진 개념이 물가와 물가지수다.

물가란 시장에서 거래되는 모든 상품의 가격을 일정한 기준에 따라 평균한 종합적인 가격수준을 일컫는다. 물가지수(price index)는 물가의 변동 폭을 알아보기 위하여 기준시점과 비교시점의 물가를 비교해 수치로 나타낸 것이다. 기준이 되는 시점의 수치를 100으로 하여 비교시점의 수치를 나타낸다.

개별 상품의 가격을 종합한 물가는 경제 전체의 총수요와 총공급에 의해 결정된다. 물가가 상승하는 경우는 크게 총수요가 늘어 총공급을 초과하거나, 상품이나 서비스를 생산하는 데 필요한 원재료나 임금 등의 비용이 상승하여 총공급이 총수요를 초과할 때 일어난다. 또한 유통구조나 경쟁과 같은 경제구조적 요인과 정부의 가격관리정책 등과 같은 제도적 요인도 물가에 영향을 준다. 이러한 물가의 변동은 한 나라의 모든 경제활동의 결과를 반영하므로 경제동향을 분석하거나 경제정책을 수립하는 데 필수적인 기초통계가 된다.

현재 한국에서 작성되는 물가지수는 생산자의 국내 시장 출하 단계에서 재화와 서비스의 평균적인 가격변동을 측정하기 위한 생산자물가지수(Producer Price Index : PPI), 소비자가 소비생활을 위해 구입하는 재화의 가격과 서비스 요금의 변동을 측정하는 소비자물가지수(Consumer Price Index : CPI), 수출입상품의 가격동향을 파악하고 그 가격변동이 국내물가에 미치는 영향을 측정하기 위해 작성되는 수출입물가지수(Export and Import Price Index) 등이 있다.

이 가운데 서민생활과 밀접한 것은 소비자물가지수다. 소비자물가지수의 산출 대상에는 식료품, 주거비, 교육비, 의료비, 농축산품, 공공서비스와 개인서비스 등이 포함된다. 그리고 이상기후나 시황에 따라 가격이 급등락 하는 식료품과 석유류 가격을 제외하고 산출한 소비자물가지수를 근원물가지수라고 한다. 근원물가지수는 물가의 장기적이고 기조적인 추이를 보여준다.

최근 소비자물가가 1%대로 2009년 7월에 1%대 중반을 기록한 이후 최저수준을 나타냈다고 한다. 물가안정 목표치인 3.0±1%를 크게 하회한 값이다. 하지만 가계가 느끼는 체감물가는 지수물가와 괴리가 크나. 서민들이 실생활에서 느끼는 체감물가는 상대적으로 높게 나타나 지수물가와 격차를 보이고 있다. 왜 이와 같은 괴리가 발생하는가?

첫째는 물가 불안심리라고도 볼 수 있는 인플레이션 기대심리가 연평균 3.0%대 중반으로 높은 수준을 기록하고 있기 때문이다. 소비자들은 원유 등 원자재 가격의 상승이 현실화됨에 따라 향후 '수입물가-생산자물가-소비자물가'로 이어지는 가격전이 경로를 따라 물가가 상승할 것으로 우려하고 있다. 특히 원유나 해외곡물가격 상승으로 인한 인플레이션 압력이 크다. 미국, 러시아, 남미의 가뭄으로 국제 곡물가격이 급등해 해외의존도가 높은 국내경제의 가격상승으로 이어질 가능성이 높다.

둘째는 물가산정 시 품목 개수와 특징의 차이가 존재하기 때문이다. 소비자물가지수는 소비자가 자주 구입하는 상품 및 서비스 등 481개 품목으로 구성돼 있는 반면, 가계의 체감 물가인 장바구니물가는 과일, 채소 등 식품 위주의 품목이고 가격 변동도 크다. 개별 가계의 장바구니에 포함되는 품목은 20개 혹은 30개 내외로 제한적이다.

셋째는 가계가 체감물가는 구성항목이 생활에서 자주 접하는 품목들이 많기 때문이다. 따라서 상품 구입 시 느끼는 주관적인 물가이므로 자주 구입하는 품목의 가격 변동에 민감하다. 개별 가계의 지출비중에 따라 가중치가 고려해서 산정되는 것이 아닌 주관적인 체감물가는 지수물가에 비해 과대 계산될 가능성이 크다.

넷째는 물가지수 산정 시 품목비중과 실제 가계소비 품목별 비중 사이에는 차이가 존재하기 때문이다. 소비자물가에서 차지하는 지출목적 비중은 최근에는 주택, 수도, 전기 및 연료, 식료품 및 비주류음료, 음식 및 숙박, 교육 순이다. 반면 가계의 소비지출을 보면 임료 및 수도광열, 기타, 식료품 및 비주류음료품, 교통 순으로 소비자물가 지출 비중과 괴리를 보인다.

다섯째, 기술적 변화 등의 영향으로 체감물가가 소비가물가보다 높게 나타나기 때문이다. 기술혁신 등에 따라 빠른 속도로 신형 제품이 나오는데 구형 제품을 기준으로 물가지수를 산출하여 신제품에 대한 가격상승을 반영하지 못한다. 예를 들면, 스마트폰, 3D TV 등은 첨단기술의 적용으로 가격이 비싸지는데, 이것이 제품에 바로 반영되지 못하고 있다.

그렇다면 물가불안 심리를 완화하기 위한 방안이 취해져야 한다. 이상기후로 인한 농산물 가격의 불안정은 장바구니 물가상승 등 저소득층 물가부담으로 이어지고 있어 이에 대한 대책이 요구된다. 또한 스마트폰 등 기술혁신을 반영할 수 있는 제품 구성도 고려해야 할 것이다.

Chapter 9 우리나라 고용구조의 특징과 과제[1)]

제1절 고용증가세의 둔화와 구조적 요인들

근래에 들어 고용증가세가 크게 둔화되면서 그 배경과 고용 관련 정책에 대한 논의가 활발해지고 있다. 문재인 정부는 2017년 7월 경제정책방향을 확정하며, 반세기 남짓 동안 수출·대기업 중심의 성장 전략을 취해온 경제정책의 패러다임에서 가계소득을 늘리고 소비를 활성화하여 투자·고용을 창출하는 소득주도성장으로 바꾸었다. 문재인 정부 출범 3년을 맞은 시점에서 이러한 경제정책 패러다임 전환의 결과는 크게 미흡했다는 게 중론이다. '일자리 정부'를 표방할 만큼 일자리 창출에 공을 들였지만 내수 경기 활성화로 이어지기까지는 요원해 보인다. 특히 고용이 둔화되고 있을 뿐만 아니라 청년실업 증가, 노동시장 이중구조 심화 등 고용의 여러 측면에서 어려운 문제는 중첩되고 있다.

그런데 이와 같은 고용상의 문제는 우리경제가 성장하면서 오랜 기간 쌓여온 구조적 요인들이 복합적으로 작용한 결과이기도 하다. 그렇기 때문에 한두 가지 요인으로 설명하거나 단편적인 해결책으로는 접근할 수 없을 것이다.

우리경제가 그동안 성장하면서 경제활동인구가 늘고 고용률이 높아지는 등 고용이 양적으로 꾸준히 성장하였다. 그러나 생산가능인구(15~64세)가 2017년부터 감소하기 시작하였고 여성 및 청년층의 고용은 특히 부진하다. 비임금 근로자(자영업자+ 무급가족

1) 이 장을 정리하면서 장근호(2018.11) 및 장근호(2019.5.31)를 많이 참고했음을 밝힌다.

종사자)의 비중이 소득수준이 비슷한 다른 나라에 비해 크게 높은 수준이다. 또한 임금근로자 중 비정규직 비중과 소규모 기업에 종사하는 근로자의 비중이 높다. 이와 같은 우리나라 고용의 특징에 비추어 시급히 개선되어야 할 고용구조의 문제는 노동시장 이중구조 심화, 청년실업 증가, 여성 고용의 부진, 저생산성의 과도한 자영업 비중 등으로 정리할 수 있다.

노동시장 이중구조가 심화된 데는 글로벌화에 따른 경쟁 심화, 대기업 우위의 원·하청관계, 대·중소기업 간 생산성 격차, 기업규모별 노동조합의 교섭력 격차 및 기업단위 노사협상 등의 제도적 요인이 복합적으로 작용한 것으로 판단된다.

청년 실업 및 구직기간 장기화는 1990년대 이후 대학진학률 상승으로 대졸자들이 크게 증가한 반면 노동시장 이중구조화로 1차 노동시장 규모가 증대되지 않은 데다 대졸자들의 2차 노동시장 기피현상이 심화된 것이 주된 배경으로 보인다. 낮은 여성 고용률과 고용의 질적 수준의 저하는 결혼·출산 이후의 뚜렷한 경력단절에 기인하며 가정과 직장생활을 병행하기 어렵게 하는 제도와 문화가 근본 바탕이라고 생각된다. 생산성이 낮은 자영업자가 과다한 데에는 임금근로자 일자리가 부족하고 노동시장 이중구조로 인해 양질의 임금근로자 일자리를 얻기 힘들다는 점이 주요한 배경으로 보인다.

이 장에서는 우리나라의 고용문제를 근본적으로 개선해 나가기 위해 우리나라 고용구조의 특징, 구조적 문제 및 배경 등을 살펴보고 나름의 정책방향을 도출하고자 한다.

제2절 우리나라 고용구조의 특징과 문제점

1. 우리나라 고용 현황

우리나라의 전체적인 노동력 규모와 고용구조는 〈그림 9-1〉과 같다. 2018년 현재 전체 생산가능인구(15세 이상 인구)는 44,182천 명인데 이 가운데 63.1%인 27,895천 명은 경제활동인구이며, 36.9%인 16,287천 명은 비경제활동인구이다. 경제활동인구 가운데 96.2%인 26,822천 명이 취업자이며 나머지 1,073천 명은 실업상태로 실업률은 3.8%이다. 또한 취업자를 임금근로자와 비임금근로자로 나누어보면, 74.9%인 20,084천 명이 임금근로자이며 25.1%인 6,739천 명은 비임금근로자(자영업+무급가족종사자)이다. 임금근로자 중 67.0%인 13,431천 명이 정규직이며 33.0%인 6,614천 명은 비정규직이다.

또한, 〈그림 2-1〉은 우리나라의 고용구조가 지향해야 할 방향을 제시해 준다. 바람직한 고용구조의 방향이란 고용을 늘리고 질적으로 개선하는 것이다. 이 방향으로 정부의 고용정책이 추구해야 할 것이다. 즉, 경제활동인구 및 취업자를 증가시켜 고용규모를 확대하고 임금근로자 및 정규직 비중을 높이는 것이 큰 틀에서 고용구조를 개선하는 방향이라 하겠다.

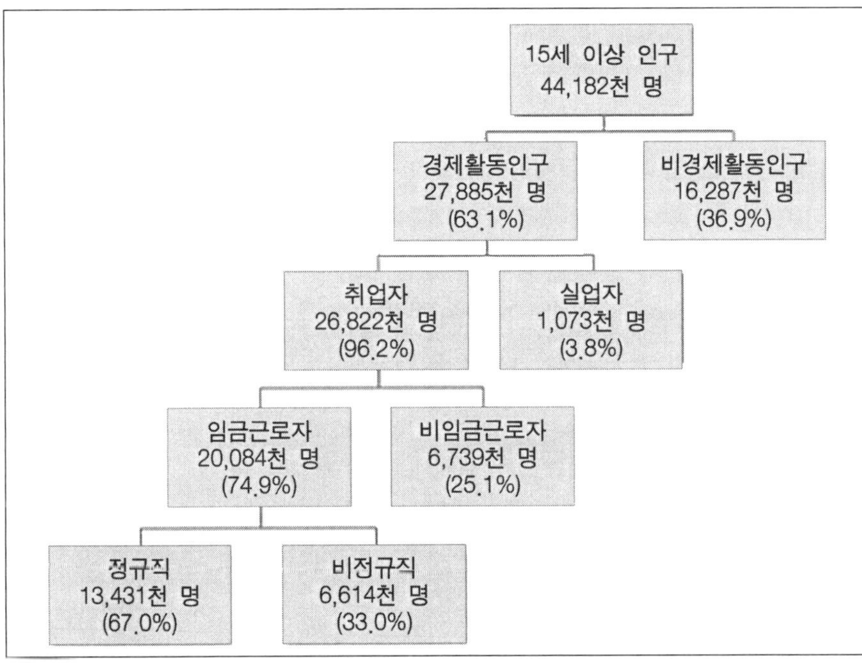

※ 경제활동참가율(=경제활동인구/15세 이상 인구): 63.1%
고용률(=취업자/15세 이상 인구): 60.7%, 실업률(=실업자/경제활동 인구): 3.8%

주: 1) 정규직과 비정규직 근로자 숫자는 2018년 8월 기준 경제활동인구조사 근로 형태별 부가조사 기준

자료: 통계청 경제활동인구조사, 2018년 기준통계청 경제활동인구조사, 장근호(2019. 5.31) p.3에서 재인용.

❙그림 9-1❙ 우리나라의 생산가능인구 규모 및 고용구조(2018년)

한편, 우리나라의 고용구조를 악화시키는 배경 내지 요인으로서 저출산 및 고령화를 들 수 있다. 이는 우리 경제의 노동력 증가, 즉 생산가능인구의 성장을 제약하는 요인으로 작용하고 있다. 경제활동참가율 제고의 애로요인으로 여성의 경력단절, 청년 니트(NEET: Not in Education, Employment or Training) 현상 등이 지적되고 있으며, 취업률 제고를 위해서는 노동수급 미스매치, 기술진보 등에 의한 일자리 감소 등이 극복해야 할 과제로 대두되고 있다. 생산성이 낮은 자영업 비중을 줄여나가기 위해서는 양질의 임금 일자리 부족이 과제이고 정규직 고용을 확대하는 데 있어서는 노동시장의 이중구조 고착화, 노동시장을 둘러싼 여러 사회제도적 제약 등이 장애요인으로 지적되고 있다.

2. 고용구조 변화 추이 및 특징

1) 인구보너스 효과의 소멸

한 나라의 잠재적인 노동력 규모를 나타내는 생산가능인구를 OECD 기준에 따라 15세 이상 64세까지의 인구로 보면 우리나라의 생산가능인구는 그동안 지속적으로 증가하다가 2017년부터 감소하기 시작하였다. 생산가능인구는 앞으로도 낮은 출산율과 급속한 고령화 등을 감안할 때 감소세가 더욱 확대될 것으로 보인다. 이와 함께 노동시장의 주축을 형성하는 핵심 노동연령층(30~54세) 인구도 빠르게 감소할 것으로 전망된다. 이러한 점에 비추어 인구규모의 증가 및 연령별 구성 변화는 그동안 성장 및 고용에 긍정적인 영향, 즉 "인구 보너스" 효과로 작용하여 왔으나 생산가능인구가 감소함에 따라 인구요인은 앞으로 고용규모를 축소시키는 요인으로 작용할 것으로 예상된다.

2) 경제활동참가율의 꾸준한 상승

우리나라의 경제활동인구는 그동안 생산가능인구(15~64세 기준)가 증가하고 경제 활동참가율도 높아지면서 꾸준히 증가해 왔다. 경제활동참가율은 1980년대 중반 55% 내외였으나 여성들의 경제활동이 늘어나면서 꾸준히 상승하여 2018년에는 63.1% 까지 상승하였다. 그러나 OECD 다른 나라에 비교해 보면 우리나라는 생산가능인구(15~64세 기준) 가운데 학업이나 가사 등으로 경제활동에 참여하지 않는 비경제활동인구 비중이 2018년 현재 36.9%로 여전히 높은 편에 속한다.

3) 여성·청년층의 고용 부진과 노동시장 내 세대 간 양극화 심화

고용률[2) 추이를 보면 외환위기 직후 큰 폭으로 하락하였다가 꾸준히 상승하면서 2018년

---

2) 고용률은 15세 이상 인구 중 취업자의 비율로 실질적인 고용 창출 능력을 나타내는 지표이다. 고용률은 실업률 통계에서 제외되는 비경제활동인구를 포함하므로 구직을 단념한 사람이 포함되지 않아 실업률이 과소 추정되는 문제를 보완할 수 있다. 반면 실업률은 경제활동인구 중 실업자의 비율

현재 외환위기 직전 최고 수준에 근접하고 있다. 국제비교를 위해 우리나라의 고용률을 OECD 기준1)(15~64세 기준)에 따라 비교해 보면 2018년 현재 60.1%로 OECD 평균 68%에 못 미치고 있다. 다만 유럽 선진국들이나 일본의 경우 고용률이 75%대인 점을 감안하면 우리나라는 고용률을 높일 여지가 충분히 있는 것으로 판단된다. 성별로 볼 때 여성의 고용률은 꾸준히 상승하면서 전체 고용률 상승에 기여하여 왔다. 그러나 다른 나라와 비교해 볼 때 우리나라의 여성 고용률은 2018년 현재 50.9%로 10년 전 대비 2.0%p 상승하였으나 OECD 평균(60.1%)에 비해 낮은 수준이다. 그러나 남성 고용률(70.8%)과 비교해 볼 때 여성 고용률은 20%p 가까이 낮다. 이에 따라 남녀 고용률 갭이 OECD국가 중 4번째로 높은 수준이다.

청년(15~29세) 고용률은 42.1%로 OECD 평균(53.3%)에 비해 10%p 이상 낮으며 청년 실업률이 2008년 7.1% → 2018년 9.5%로 빠르게 상승하고 있다. 청년인구가 1990년대 초반부터 감소하고 있음에도 불구하고 청년 실업률은 상승하는 추세에 있다. 통계청에 따르면, 연간 단위 통계가 작성된 2000년 이후를 보면 고용률은 2000년 58.5%에서 2018년 60.7%로 2.2%포인트, 실업률은 같은 기간 4.4%에서 3.8%로 0.6%포인트 각각 개선됐다. 그러나 실제 취업할 의사가 있는 경제활동인구 중 일자리를 얻지 못한 실업률을 기준으로 하여 연령대별 상황을 살펴본 결과, 연령대별 양극화 경향이 뚜렷이 나타났다.

20대는 2000년 이후 실업률이 크게 악화된 빈면, 40·50대는 실업률이 개선됐다. 20대 실업률은 2000년 7.5%에서 2018년 9.5%로 2.0%포인트 악화됐고, 40대와 50대는 같은 기간 실업률이 각각 1.0%포인트, 0.7%포인트 개선(감소)됐다. 30대는 이 기간 실업률이 3.6%에서 3.4%로 0.2%포인트 줄어들었다. 직장의 정년보장 추세와 여윳돈 있는 중년의 창업으로 40·50대 고용은 어떻게든 유지된 반면에 후세대로 갈수록 취업 의사가 있어도 취업하지 못한 이들이 늘어나 노동시장 내 세대 간 양극화가 심해지고 있다는 것이다(매일경제신문, 2019.06.17).

을 나타내며, 일할 의지와 능력이 있지만 일자리가 없는 사람이 차지하는 비중으로서 스스로 취업을 포기한 사람은 비경제활동인구로 분류돼 경제활동인구에서 제외되므로 실제보다 고용사정의 어려움이 과소 추정되는 문제가 발생할 수 있다.

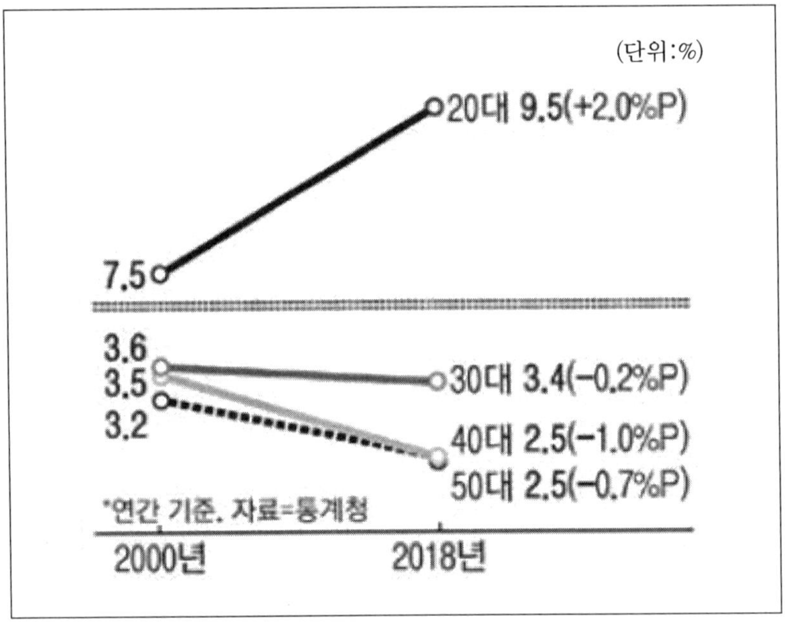

자료: 매일경제신문, 2019.06.17.

┃그림 9-2┃ 연령대별 실업률

4) 과도하게 높은 자영업 근로자 비중

취업자를 종사상 지위별로 나누어 보면 1980년대 이후 임금 근로자 비중이 계속 상승한 반면 비임금근로자의 비중이 꾸준히 하락하는 추세를 보였다. 비임금근로자란 자영업자나 무급가족 종사자를 의미하는데 2018년 현재 전체 취업자의 25.1%를 차지하고 있다. OECD 국가들과 비교해 보면 우리나라는 비임금근로자 비중이 우리보다 산업화가 덜 진행된 그리스, 터키, 멕시코, 칠레 다음으로 높다. 한편 자영업자 비중은 소득이 증가할수록 하락하는 경향이 있는데 우리나라의 자영업 비중은 소득이 비슷한 나라에 비해 월등히 높은 실정이다.

5) 높은 비정규직 근로자 비중

다음으로 임금근로자를 고용형태에 따라 나누어 보면 2018년 현재 전체 임금근로자 가운데 67%가 정규직 근로자이고, 33%가 비정규직 근로자이다. 정규직과 비정규직에 대한 정의는 2002년 노사정위원회 합의에 따른 것으로 고용기간을 정하는지 여부에 따라 고용기간을 정하지 않고 계속 고용하면 정규직, 기간제 근로나 시간제 근로, 또는 파견·용역·호출 등의 비전형 근로자는 비정규직 근로자로 분류하고 있다. OECD가 조사하는 임시직 근로자(temporary worker) 비중을 보면 우리나라는 동 비중이 한국이 20.6%에 달해 OECD 평균 11.2%에 비해 크게 높다. 반면, 시간제 근로자 비중은 13.3%로 OECD 평균인 15%보다 다소 낮은 수준이다. 그러나 시간제 근로자 가운데 비자발적 이유로 시간제 일자리를 선택한 근로자의 비중은 다른 국가에 비해 높은 편이다.

6) 기업규모의 영세성

근로자를 취업중인 기업 규모별로 보면, 종업원 수 300인 미만 중소기업 취업자 비중이 85%를 상회(2016년 기준 85.7%)하여 다른 나라에 비해 중소기업 종사자 비중이 높은 수준4)이다. 중소기업 가운데서도 10인 미만 기업 취업자 비중이 40%를 상회하고, 20인 미만 기업 취업자 비중은 50%를 상회하여 과반수이상의 근로자가 종업원 수 20인 미만 소기업에 종사하고 있다.[3)]

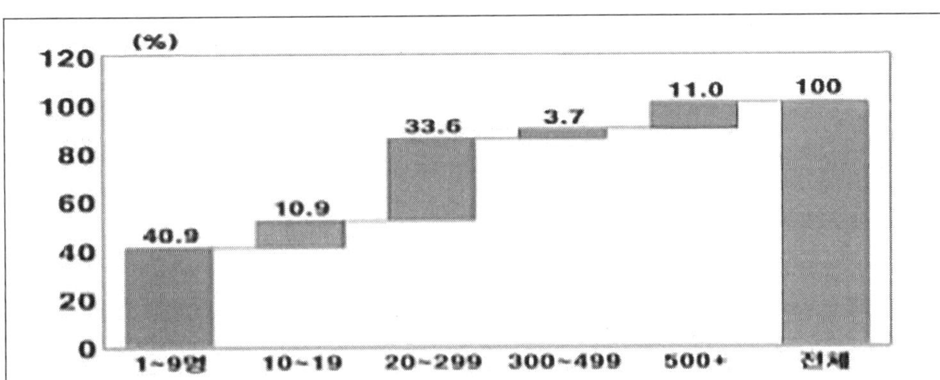

주: 1) 2017년 기준
자료: 통계청 전국사업체조사.

| 그림 9-3 | 종사자 규모별 취업자 비중[1)]

---

3) 통계청 전국사업체조사에 기반하여 비영리 법인 등을 제거한 후 작성한 중소벤처기업부의 종사자 규모별 종사자수 통계에 의하면 2015년 현재 종업원 수 300인 미만 중소기업 취업자 비중이 88.1%이다. 10인 미만 기업 취업자 비중이 46.4%, 10~19인 기업 취업자 비중은 10.6%, 20~299인 기업 취업자 비중은 31.1%이고, 300~499인 기업 취업자 비중은 3.2%, 500인 이상 기업 취업자 비중은 8.7%이다.

제3절 우리나라 고용구조의 과제

우리나라 고용구조의 특징에 비추어 시급히 개선되어야 할 문제점으로서 ① 노동시장 이중구조, ② 청년실업, ③ 여성고용, ④ 과도한 자영업 비중 등의 과제를 안고 있다. 이를 살펴보기로 하자.

1. 노동시장의 이중구조 심화

앞에서 우리나라 노동시장의 특징으로 대다수의 임금근로자들이 중소기업에 근무하고 비정규직 비중이 높다는 점을 지적하였다. 그런데 우리나라 노동시장이 대기업·정규직 노동시장과, 중소기업 또는 비정규직 노동시장으로 이원화되고 양 시장 간 근로조건 격차가 확대되는 가운데 이동가능성이 제약되는 등 노동시장의 이중구조화가 심화되고 있다. 통상 임금수준과 직업안정성이 높고 근무환경이 양호한 시장을 '1차 노동시장'(primary sector)이라 하고 임금수준과 직업안정성이 낮고 근무환경이 나쁜 시장을 '2차 노동시장'(secondary sector)이라고 부른다. 1차, 2차 노동시장을 명확하게 구별하는 합의된 기준은 없으나 여기서는 임금근로자를 대상으로 대기업 정규직에 속하면 1차 노동시장으로, 비정규직 또는 중소기업에 속하면 2차 노동시장에 속하는 것으로 정의하였다[4].

이와 같은 기준에 따르면 〈표 9-1〉에서 보이는 바와 같이 2018년 8월 현재 대기업 정규직에 근무하는 1차 노동시장 종사자는 216만 명으로 전체 임금근로자의 약 10.8%이고, 2차 노동시장 종사자는 전체 임금근로자의 약 89.2%인 1,788만 명에 달하고 있다. 2000년 이후 2차 노동시장 종사자 비중 추이를 보면 동 비중이 90% 전후의 높은 수준을 유지하고 있다. 2차 노동시장 종사자 비중은 2004년 90.1% → 2011년 90.7% → 2018년 89.2%를 보이고 있고, 비정규직 비중은 2004년 37.0% → 2011년 34.2% → 2018년 33.0%로 완만히 하락하는 모습을 보이고 있다.

---

4) 노동시장의 이중구조는 Doeringer and Piore(1971)에 의해 최초로 제시되었다. 한편, 이인재(2009) 등에서는 대기업·정규직·유노조 부문에 속하는 노동시장을 1차 노동시장으로 보고 나머지를 2차 노동시장으로 분류하였다.

┃표 9-1┃ 1·2차 노동시장 근로자수 및 비중

(명, %)

구 분	기업규모	종사상 지위	인원	비중
1차 노동시장	대 기 업	정 규 직	216만	10.8
2차 노동시장	대 기 업	비정규직	37만	1.9
	중소기업	정 규 직	1,127만	56.2
	중소기업	비정규직	624만	31.1
	소 계		1,788만	89.2
합 계			2,005만	100.0

자료: 경제활동인구조사 근로형태별 부가조사(2018.8월), 통계청.

1) 1·2차 노동시장 간 근로조건 격차 확대

우리나라는 1차 노동시장과 2차 노동시장의 근로조건이 임금, 직업안정성, 퇴직연금 등 여러 면에서 격차가 큰 상황이다. 2017년 현재 1차 노동시장 종사자의 월평균 임금은 398만 원으로 2차 노동시장 종사자의 월평균 임금(225만 원)의 약 1.8배에 달한다. 특히 대기업 비정규직 월평균 임금이 중소기업 정규직과 비슷할 정도로 대기업과 중소기업의 임금격차가 큰 것으로 나타났다.

┃표 9-2┃ 1·2차 노동시장 간 월임금 및 근속연수 격차

(만원, 년, 2017.8월 기준)

구 분	기업규모	종사상 지위	월임금	근속연수
1차 노동시장	대 기 업	정 규 직	398.1	12.2
2차 노동시장	대 기 업	비정규직	257.7	4.0
	중소기업	정 규 직	263.8	6.7
	중소기업	비정규직	151.5	2.5
	소 계		224.5	5.2
합 계			243.0	5.9

자료: 통계청 경제활동인구조사 근로형태별 부가조사(2017.8월) 원시데이터를 이용하여 한국은행 조사국 계산, 장근호(2018. 11) p.11에서 재인용.

근속연수에 있어서도 1차 노동시장 근로자와 2차 노동시장 근로자 간의 격차가 크게 나타나고 있다. 1차 노동시장 근로자의 평균 근속연수는 12.2년으로 2차 노동시장 근로자의 5.2년의 2.3배 수준이다. 국민연금, 퇴직급여, 상여금 수혜율 등 여타 근로조건에서도 1, 2차 노동시장 간에는 상당한 격차가 존재한다. 1차 노동시장 근로자의 경우 국민연금, 퇴직급여, 상여금의 수혜율이 95% 이상인 반면, 2차 노동시장 근로자의 경우의 수혜율은 70%를 하회한다.

2) 1·2차 노동시장 간 이동의 단절

1차 및 2차 노동시장 간 격차가 심하더라도 근로자의 생산성이나 성과에 따라 양 시장 간 이동이 활발하다면 문제가 크지 않을 수 있다. 그러나 우리나라는 1, 2차 노동시장 간 이동이 매우 제한적이다. 1년 6개월 초과 근속 비정규직 근로자의 정규직 전환율이 2016년 16.8%에 불과할 뿐만 아니라 점차 하락하는 추세를 보이고 있다. 국제기준에 비추어 보더라도 우리나라의 경우 임시직의 3년 후 정규직 전환율이 22%에 불과해 16개 OECD국가 중 가장 낮은 수준으로 나타났다. 2차 노동시장은 이직률 및 해고율이 1차 노동시장보다 크게 높아 고용안정성이 낮다.

또한 임시직에서 정규직으로의 이동확률이 4.8%로 매우 낮은 것으로 나타났다(Schauer, 2018). 이에 비추어 우리나라는 비정규직이 정규직으로 옮겨 가기 위한 가교(stepping stone or bridge) 역할을 하기보다는 한 번 비정규직에 종사하면 고용 안정성이 낮은 2차 노동시장에서 벗어나지 못하는 비정규직 함정(trap)에 가까운 모습을 보이고 있는 것으로 판단된다.[5)]

고용불안과 열악한 노동환경에 놓인 비정규직 근로자의 고용안정을 위해 공공부문에서 상시·지속적 업무에 종사하는 비정규직 근로자를 정규직으로 전환한다는 명분으로 문재인 정부는 출범하면서 공공부문 비정규직의 정규직화를 정책적으로 강하게 추진했다.[6)] 이 정책은 노동계로부터 일단 환영받고 있지만 재원마련, 형평성 문제, 민간부문

---

5) 학계에서는 비정규직의 역할에 대해 다양한 논의가 진행되어 왔다. 대부분의 국내연구에서는 우리나라의 비정규직이 정규직으로 가기 위한 디딤돌보다는 함정에 가까운 역할을 한다는 결과를 제시했다. 다만, 유경준(2004)은 40세 미만의 청장년층 고학력 남성의 경우 비정규직이 정규직으로 입직하기 위한 디딤돌 역할을 어느 정도 하는 것으로 분석하였다.

6) 문재인 대통령은 취임 후 인천국제공항공사를 찾아(2017.5.12) 비정규직 근로자와의 대화를 가진 자리에서 "정부와 공공부문부터 모범사용자가 되어야 하고, 공공부문부터 먼저 비정규직 문제를 해결할 수 있도록 특단의 조치가 필요하다"고 선언하며 이 정책이 추진되었다. 이후 정부는 2017년 7월 20일 6개 기관 합동으로「공공부문 비정규직 근로자 정규직 전환 가이드라인(이하, 가이드

에로의 확산 문제, 채용비리 등의 문제를 안고 있어 정책의 지속가능성에 적지 않은 문제점이 제기될 수 있다.

문재인 정부의 공공부문 비정규직의 정규직화

고용불안과 열악한 노동환경에 놓인 비정규직 근로자의 고용안정을 위해 공공부문에서 상시·지속적 업무에 종사하는 비정규직 근로자를 정규직으로 전환한다는 명분으로 문재인 정부는 출범하면서 공공부문 비정규직의 정규직화를 정책적으로 강하게 추진했다. 고용노동부의 발표에 따르면 2018년 12월 31일 기준으로 공공부문 8,533개 기관에서 17만 4,868명의 정규직 전환이 결정되었다. 정규직 전환이 결정된 17만 5천 명 중 정규직 전환이 완료된 인원은 13만 3천 명이다. 고용형태별로 보면 기간제 노동자는 7만 110명의 전환 결정이 이뤄졌으며, 6만 6,030명은 전환이 완료됐다. 파견·용역 노동자는 10만 4,758명이 전환 결정됐고, 6만 7,407명이 정규직으로 전환되었다. 정규직 전환이 완료된 인원의 전환방식을 살펴보면 기존 비정규직 근로자가 정규직으로 전환된 비율은 84.3%이고, 경쟁채용으로 전환된 비율은 15.7%이다(정책위키, 2019.11.12).

그런데 이러한 공공부문 비정규직의 정규직화는 보다 구체적으로 들어가면 다음과 같은 문제들이 있다.

1) 재원 마련의 문제

현재 공공기관 전체 인력의 약 30~35%가 비정규직 간접 고용으로 추산된다. 이들을 모두 정규직으로 전환하고 일괄적으로 임금을 정규직 수준 가까이 인상한다면, 추가적으로 매년 8조 원 가량의 인건비가 늘어난다. 공기업 중에서는 현재 흑자를 보고 있는 기업들이 있고, 적자를 보고 있는 기업들이 있는데, 후자의 수가 전자보다 약 2배가량 많다. 적자를 보고 있는 기관들은 늘어난 인건비를 감당하기 매우 어려운 상황인데 결국엔 그 부담이 세금이나 공공서비스 사용료 인상 등의 형태로 국민에게 전가될 가능성이 크다. 공공부문의 특성상 인건비 부담은 시간이 지날수록 늘어날 수밖에 없고, 그 결과로 인한 인프라 투자 축소, 신규 채용의 하락 등의 부작용도 염려되는 상황이다.

2) 기존 정규직과의 형평성 문제

일반적으로 공공기관의 정규직들은 어렵게 취업을 준비하는 과정에서 스펙을 쌓고 시

라인)」을 발표했다. 그 내용은 크게 정규직 전환의 추진 배경, 정규직 전환 추진 방안, 그리고 추진체계 및 후속조치로 구분할 수 있다. 정부는 사회양극화 완화 및 고용-복지-성장 선순환 구조를 위해 공공부문이 선도적으로 정규직 전환과 차별개선을 추진할 필요가 있다는 점을 지적하였다.

험도 보면서 치열한 경쟁을 뚫고 입사한다. 그에 비해 비정규직들은 그 정도의 경쟁을 뚫고 들어온 사람들이 아니다. 이들을 동일한 수준으로 대우한다는 것은 능력과 재능, 노력을 더 많이 투자한 정규직들에 대한 역차별이며, 지금 이 순간에도 공공기관에 입사하기 위해 시험 준비와 스펙 쌓기에 매진하고 있는 취업 준비생들의 의욕을 꺾는 행위다.

또한 재원 마련 대책이 불확실한 상황에서 공기업 경영진 입장에서는 비정규직 근로자들의 처우를 개선하기 위해 정규직 근로자들의 임금을 삭감해야 하는 희한한 상황이 벌어질 수도 있다. 이는 정규직 노동자와 비정규직 노동자 간 노-노 갈등을 유발할 수도 있다.

3) 민간부문 정규직 전환의 한계

정부가 공공부문의 비정규직을 정규직으로 전환한다고 하여 이 흐름이 바로 민간으로 이어지는 것은 아니다. 공공기관의 경우 재원마련 문제를 나중으로 떠넘기고 정부의 정책 기조에 동참할 수 있다. 하지만 민간기업을 대상으로는 정부가 이런 정책을 강제로 추진할 수도 없고, 그렇게 해서도 안 된다. 민간에서는 기업의 경영 상태를 거스르고 새로운 경제적 부담을 떠안으면서까지 정규직 전환 및 종신고용을 하려고 하지 않기 때문이다.

결국 공공부문과 민간부문의 일자리 격차는 더 확대되어 갈 가능성이 크다. 공공에서 정규직 일자리를 더 많이 채용할수록, 청년들의 공공부문 일자리에 대한 선호 현상은 더욱 심화될 것이며, 중소기업의 청년 구인난은 더 심각해질 수 있다.

4) 채용 과정에서의 비리

공공부문 비정규직의 정규직화가 실행된 이후 실제로 어떤 일들이 벌어지고 있을까. 정규직 전환을 앞두고 인천공항의 용역업체에서는 친·인척을 부정으로 채용하고 있다는 얘기도 나온다. 어떤 직원을 선발할 것인가? 선발과정에서 허점을 악용한 부정부패가 생겨날 수밖에 없다. 특정 노조 간부의 자녀들, 용역업체 사장의 지인들 ... 공식적인 시험과 채용 경쟁을 통해 정규직이 되는 것이 아닌 다른 방법으로 비정규직을 정규직으로 전환시키니 정부가 부정부패와 채용 비리를 정책적으로 지원하고 있는 셈이 되는 것이다.

항상 그렇듯이 문재인 정부의 정책은 도덕성과 선의라는 명분을 내세웠지만, 그 실상을 파헤쳐보면 문제가 적지 않았다. 표면적으로는 달콤한 유혹이었는데 나중에 뒷수습이 문제가 되는 경우가 많다. 현실에서 문재인 정부의 정책은 구체성이 매우 부족하고, 재원 마련 대책도 미흡하며, 절차와 정의를 무시하는 경향이 있고, 갖가지 부작용을 만들어내고 있다.

왜 지난 정부는 이 같은 달콤한 유혹을 몰랐을까? 정책의 장기적인 지속가능성을 고민해야 할 시점이라고 생각된다.

3) 노동시장 이중구조 심화의 배경

그동안 우리나라 노동시장의 이중구조가 심화된 데는 글로벌화에 따른 경쟁심화, 대기업 우위의 원·하청관계, 대기업·중소기업간 생산성 격차 확대 및 기업 단위 중심 의 노동조합 활동 등의 제도적 요인이 복합적으로 작용하였다.

(1) 글로벌화에 따른 경쟁 심화

우선 세계경제의 글로벌화가 진행되면서 우리나라 노동시장 이중구조화가 심화되는 환경이 조성되었다. 1990년대 들어 중국 등 신흥시장국이 세계 경제에 본격 등장하면서 세계 무역질서는 글로벌 밸류체인으로의 통합이 진전되었다. 이에 따라 기업들은 원가절감을 위해 핵심업무만 남기고 생산공장의 해외이전을 늘리는 한편 아웃소싱을 크게 확대하였다.

2000년대 이후 우리 기업들이 중국, 베트남, 멕시코 등을 중심으로 해외직접투자를 크게 확대하면서 제조업의 해외 생산비중이 2003년 4.6% 에서 2017년에는 19.1%로 4배 이상 상승하였다. 이와 같은 생산공장의 해외이전과 외주화 확대를 통해 수출 대기업들은 경영의 유연성을 확보하고 생산원가 및 노무관리 비용을 절감할 수 있었으나, 대기업으로부터 아웃소싱을 위탁받은 중소기업들은 원가절감을 위해 비정규직 고용을 확대하거나 더 작은 규모의 중소기업에 재하청을 주는 방식으로 대응하였다.

(2) 대기업 우위의 원·하청 관계

대기업의 외주화가 크게 확대된 상황에서 대기업 우위직 원·하청관계는 1차 노동시장과 2차 노동시장 간의 격차를 확대시키는 요인으로 작용하였다. 우리나라 대기업들은 생산물시장에서 대체로 독점도가 높은 경향이 있다. 이는 생산과정에서 하청기업에 대해 수요독점적 지위로 나타난다. 원청기업의 수요가 독점적인 경우 원청기업은 원·하청관계에서 우월적 지위를 갖게 되고 이를 바탕으로 하청기업인 중소기업에 비용요인을 전가하려는 유인이 높아진다.

특히 대기업들은 하청기업에 대한 경영정보를 바탕으로 납품단가 인하를 빈번하게 요청함에 따라 1차 하청기업은 2차·3차 하도급을 통해 비용인하 압력으로 대응하였다. 즉, 하도급의 아래 단계로 갈수록 임금 지불능력의 격차가 확대되면서 근로조건이 열악해지게 되었다.

(3) 대기업 중소기업 간 생산성 격차

대기업과 중소기업 간 생산성 차이도 노동시장 간 격차가 벌어지는 요인으로 작용하였다. 대외적 경쟁 심화에 대응하여 대기업들은 외주화를 통해 원가절감을 꾀하는 동시에 생산성 제고를 통해 경쟁력을 확보하려 하였다. 대기업들은 성장하는 과정에서 글로벌 경쟁에 더 많이 노출된 데다 인적자본 및 R&D 투자자원이 상대적으로 풍부하기 때문에 생산성 향상을 상대적으로 빠르게 도모할 수 있었다. 수출제조업을 중심으로 한 대기업 선도부문과 내수 중소기업과의 생산성 격차 확대는 노동시장 간 임금 등 근로조건 격차를 보다 크게 한 것으로 보인다.

(4) 기업규모별 노동조합의 교섭력 격차 및 기업단위 노사협상

우리나라는 대기업을 중심으로 노동조합 활동이 활발한 데다 기업 단위로 단체교섭이 이루어지고 있다. 이러한 노사관계 시스템 상의 특징이 노동시장 간 임금 등 근로조건의 격차를 확대시키는 역할을 하였다. 2015년 현재 우리나라의 노조 가입률을 기업규모별로 보면 30인 미만 소기업은 0.1%로 노조결성이 거의 이루어지지 않았지만, 300인 이상 대기업은 63%에 달했다.

대기업의 노조가입률만 높은 상황에서 노사협상이 기업단위로 이루어지다 보니 내부자-외부자(insider-outsider) 구조가 조성되었다. 즉, 1차 노동시장에 속하는 내부자인 대기업 노조는 자신들의 고용안정과 근로조건 개선을 우선시하게 되고 기업들은 정규직 고용을 최소화하고 외주생산을 확대함으로써 비용부담을 2차 노동시장으로 전가하였다. 반면, 노조조직률이 낮거나 조직화되어 있지 않은 중소기업과 비정규직 근로자들의 이해는 제대로 대변되지 못하였다. 한편 노사협상이 기업단위 보다는 산업별 또는 상급단체에서 이루어지는 북유럽 국가들은 유사 직무에 대해 기업규모별 임금격차가 크지 않은 실정이다. 우리나라는 노사협상의 상급단체 집중도가 낮은 국가에 속한다. 이와 같이 기업단위 노사협상에 대한 사회적 조정 기능이 부족함에 따라 유사 직무에 대해서도 기업에 따라 임금격차가 나타나게 되고 노동시장 이중구조가 심화되는 결과를 초래하였다.

4) 노동시장 이중구조 심화의 영향

(1) 소득 불평등 심화

우리나라는 앞서 살펴본 바와 같이 1980년대 후반부터 대기업·중소기업 간, 원·하청 기업 간 임금격차가 지속적으로 확대되었다. 이는 소득불평등 확대에 상당부분 기여했을 것으로 보인다. 국제기준에 비추어 보더라도 우리나라는 임금격차가 큰 편이다.

OECD에서는 근로자의 임금 분포를 '분위수 배율'(Decile Ratio) 지표로 발표하고 있는데, 분위수 배율은 전일제근로자의 임금분포를 십분위로 나누고 분위별 경계값을 임금이 낮은 쪽부터 높은 쪽으로 D1~D9로 정의한 후 이들의 배율로서 D5/D1, D9/D5, D9/D1 등을 보여주는 것이다. 이 중에서 2013년 기준 우리나라의 D9/D1은 4.7이며, OECD 22개국 중 3번째이다. 우리나라 가계는 소득 가운데 근로소득의 비중이 높은 점을 감안할 때 1980년대 후반 이후의 임금격차의 확대는 소득불평등 확대로 이어졌을 가능성이 크다 하겠다.

▌그림 9-4▐ 국가별 D9/D1 분위수 배율 (2013년)

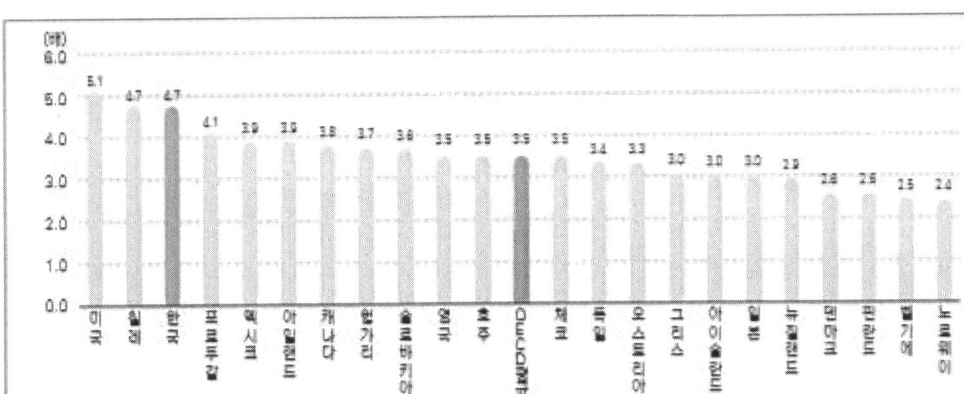

자료: 고용노동 관련 OECD 국제비교 통계, 고용노동부.

(2) 인적자본 축적 및 생산성 향상 저해

노동시장 이중구조가 심화되면 인적자본 투자에 부정적 영향을 줄 수 있다. 2차 노동시장은 비정규직 근로자 비중이 높으므로 근로자들의 근무연한이 짧다. 이러한 상황에서 기업들은 근로자들의 장기근속을 기대하기 어려워 근로자에 대한 교육투자를 할 인센티브가 크지 않고 근로자들도 근속 가능성이 낮은 직장에 특화된 업무지식을 습득할 유인이 작다. 또한, 2차 노동시장에 근무하는 종사자들은 취업 동기가 생계나 대안적 일자리 부족 등으로 비자발적으로 일자리를 선택하는 경향이 높은 것으로 나타났다. 이런 경우는 근로자들이 업무에 몰입하기 어렵기 때문에 노동생산성도 낮아지고 숙련도가 축적되기 어렵다.

한편, 1차 노동시장에 속한 근로자들은 노조의 배타적 이권 보호를 통해 지대를 추구할 수 있으므로 인적자본 투자유인이 약화되게 된다. 우리경제에서 노동시장 이중구조가 개선되지 않을 경우 혁신적인 신기술 개발이나 노동생산성 향상을 기대하기 어려워 노동시장 이중구조는 성장잠재력을 유지 확충해 나가는 데도 장애요인이 될 것으로 예상된다.

(3) 고용안정성 저하로 인한 사회적 비용 증가

우리나라의 2차 노동시장 종사자의 비중이 높은 만큼 근로자들의 이직률과 입직률이 높다. 이에 따라 근로자 입직률과 이직률의 합으로 정의되는 노동이동률[7)]이 OECD 국가 가운데 가장 높다. 노동이동률이 높으면 그만큼 노동시장의 유연성은 제고되는 반면 근로자들의 직업안정성(job security)은 저하되게 된다. 실업에 대한 사회적 보장이 충분하고 구인·구직시장이 효율적이면 직업안정성이 낮더라도 근로자들의 고용안정성(employment security)이 확보될 수 있을 것이다.

그러나 우리나라는 실업급여의 소득대체율이 매우 낮고 노동시장의 효율성도 높다고 볼 수 없어 근로자들의 고용불안으로 인한 사회후생 손실이 작지 않을 것으로 보인다. 또한 잦은 실업이 전체적인 실업급여 지급규모 증가를 초래하여 재정의 부담으로 작용할 가능성이 크다.

2. 청년 실업의 증가

청년실업률이 높은 것은 우리나라뿐만 아니라 많은 선진국에서 관찰되는 일반적인 현상이다. 그러나 최근 우리나라의 청년실업 증가는 구조적 실업의 측면이 강하다는 점, 구직기간이 장기화되고 있다는 점, 대학졸업자 등 고학력자 중심으로 실업이 증가하고 있다는 점 등이 문제로 지적되고 있다.

---

7) 입직률(기준시점에서 1년 이내에 입직한 근로자의 비중)과 이직률(기준시점에서 1년 이내에 이직한 근로자의 비중)의 합을 일컫는다.

청년실업률은 2000년대 들어 경기상황 변화에 관계없이 전체실업률에 비해 지속적으로 높아졌다. 15세 이상 29세 이하 청년층의 실업률은 2000년에 전체실업률에 비해 1.8배 정도 높았으나 이후 지속적으로 상승하면서 2017년에는 청년실업률/전체실업률 비율이 2.7배로 높아졌는데 이는 OECD 평균인 1.7배에 비해서도 크게 높은 수준이다.

경기변동에 따라 청년실업률이나 전체실업률이 함께 상승 또는 하락하므로 구조적 실업이 늘지 않았다면 동 비율은 일정한 수준을 전후로 움직이는 거의 수평적인 모습을 보일 것이다. 청년실업률/전체실업률이 지속적으로 상승하였다는 것은 그동안 청년실업률 상승이 구조적 실업에 크게 기인하고 있음을 나타내는 것이다. 또한 청년층은 비경제활동인구 비중도 다른 연령층에 비해 높아지고 있다. 청년실업이 늘어나다보니 실업자 가운데 구직활동을 중단하고 비경제활동인구로 유입된 사람들이 늘었을 가능성이 크다.

이에 따라 비경제활동인구 중 구직활동을 하지 않고 있으나 기회가 주어지면 취업을 원하는 잠재경제활동 인구의 비중이 높다. 따라서 청년층이 실제 체감하는 체감실업률은 실제 실업률보다 훨씬 높다고 판단된다.

청년층은 실업률이 높아졌을 뿐만 아니라 구직기간이 늘어나고 있다. 청년들이 학교를 졸업(중퇴)하고 첫 직장을 찾아 취업할 때까지의 기간이 2004년에는 12.3개월이었으나 2017년에는 14.4개월로 늘어나 첫 직장을 갖기까지 청년들은 대부분 1년 이상 구직활동을 하는 것으로 나타났다. 또한 취업 준비기간의 직업군별 기간을 보면 청년층이 선호하는 일자리인 교육직의 경우 2년 정도(21.6개월) 걸리는 것으로 나타났다.

청년의 취업이 어려워지고 구직기간이 장기화되다 보니 일을 하지도 않고 일할 준비도 하지 않은 청년, 소위 니트(Not in Education, Employment or Training)가 지속적으로 늘고 있다. 청년인구 가운데 니트 비율이 2008년 7.8%에서 2016년에는 9.9%로 상승하였다. 특히 이들이 장기화되면 비노동력화될 가능성이 큰 비구직 청년 니트가 2008년 53.4만 명에서 2016년에는 60.6만 명으로 증가하였으며 비구직 니트 가운데 6개월 이상 장기 니트 비율이 증가하는 추세를 보이고 있다(김종욱, 2017).

청년기에 니트를 경험하면 그 영향은 현재에 그치는 것이 아니라 중장기적으로 고용가능성을 낮추고 고용의 질을 나쁘게 한다. 따라서 이 같은 청년층 니트 증가 추세가 지속되면 향후 우리경제 노동력의 질이 저하되면서 성장잠재력이 훼손될 우려가 크다고 하겠다.

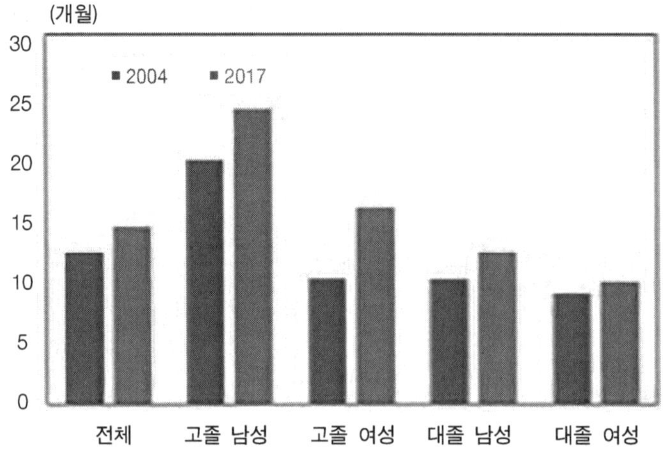

주: 1) 통계청 경제활동인구조사 청년층 부가조사 원시데이터를 이용하여 계산
자료: 한국개발연구원(2017), 장근호(2019.05.31) p.26에서 재인용.

❙그림 9-5❙ 첫 일자리로의 이행기간[1)]

3. 여성 고용의 부진

우리나라는 앞에서 여성 고용률이 선진국에 비해 크게 낮고 남성과의 고용 격차가 크다는 특징이 있음을 보았다. 또한 여성 고용을 내용 면에서 볼 때 다른 나라에 비해 고학력 여성의 고용이 부진하고, 여성들이 고용된 일자리의 질이 좋지 못하다는 점이 문제로 지적되고 있다. 우리나라의 학력별 남녀 고용률 격차를 OECD 국가들과 비교해 보면 교육수준이 높을수록 고용률 격차가 확대되는 모습을 보이고 있다. 많은 자원을 투자하여 키워낸 고숙련 여성 노동력을 활용하지 못하는 것은 사회 전체적으로 볼 때 큰 손실이 아닐 수 없다.

특히 우리나라 여성들은 비정규직이나 중소기업에 근무하는 비중이 남성에 비해 월등히 높다. 또한 대기업·정규직 중심의 1차 노동시장에 근무하는 여성 근로자의 비중은 6.6%에 불과해 남성근로자의 13.9%의 절반에도 못 미치고 있는 실정이다.

이와 같이 여성들이 비정규직이나 중소기업에 근무하는 경우가 많다 보니 보수, 고용안정성 등 근로조건이 남성에 비해 열악한 것으로 나타났다. 통계청이 2019년 1월 30일

발표한 '2017 임금근로 일자리별 소득(보수) 결과'에 의하면, 여성의 임금이 남자의 63.2%에 그쳐 남녀 임금 격차가 미세하게 커진 것으로 나타났다.

남성의 평균소득은 337만 원, 중위소득은 262만 원, 여성의 평균소득은 213만 원, 중위소득은 167만 원으로 나타났다. 2016년 남성은 325만 원, 여성은 206만 원으로 남녀임금격차는 63.3%였다. 특히 여성의 임금은 연령대별로 19세 이하 72만 원, 20대 190만 원, 30대 269만 원, 40대 251만 원, 50대 209만 원, 60세 이상 114만 원이었다. 이와 같이 여성의 경우 경력 단절로 인해 30대를 정점으로 나이가 들수록 근로소득이 감소하는 경향을 보였다.

우리나라는 저출산·고령화로 인해 2017년부터 생산가능인구가 감소하기 시작하였다. 앞으로 인구구조 고령화에 따른 노동력 감소에 대비하기 위해서는 상대적으로 경제활동참가율이 낮은 여성과 청년층의 노동시장 참가를 늘려야 할 것이다. 현재와 같이 여성들의 출산 후 경력단절을 초래하는 제도 및 문화를 개선하지 않는다면 우리경제는 급격한 노동력 감소와 성장잠재력 저하에 직면하게 될 것이다.

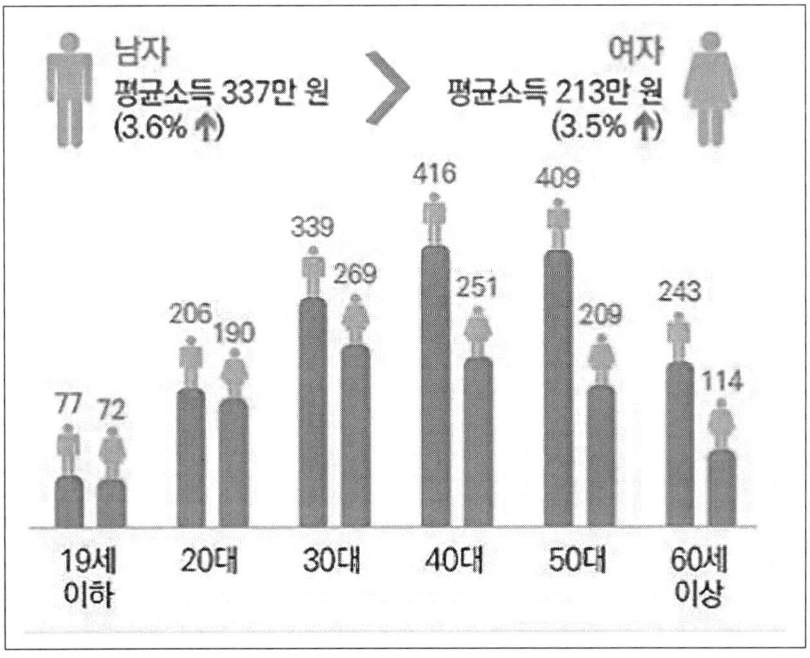

자료: 여성신문, 2019년 01월 31일자.

┃그림 9-6┃ 연령대별 성별 임금격차

4. 저생산성 자영업의 과도한 고용 비중

우리는 앞 절에서 자영업 비중이 우리경제의 소득수준에 비해서 높은 것으로 나타난 것을 보았다. 이를 내용면에서 보더라도 자영업 고용의 질이 좋지 않은 것으로 판단된다. 자영업자들이 주로 운영하는 산업의 분포를 보면 2015년 현재 도소매업(25.1%), 부동산임대업(22.7%), 숙박·음식점업(13.6%), 운수(12.6%), 건설(5.9%) 순으로 이들 생계형 서비스업 업종의 비중이 거의 절대다수를 차지하고 있다.

그러나 자영업이 주로 영위하는 업종들은 서비스업 가운데 수익성이 낮은 업종에 속한다. 더욱이 자영업이 진입하기 쉬운 일부 업종에 집중되다 보니 특정 업종의 경쟁이 지속적으로 심화되고 있다. 새로운 자영업이 진입할수록 사업자당 인구수 가 줄어드는데 편의점, 치킨집을 포함한 패스트푸드점, 부동산중개업소, 여관업, 인테리어 등에서 사업자당 인구 하락이 뚜렷하게 나타나고 있다.

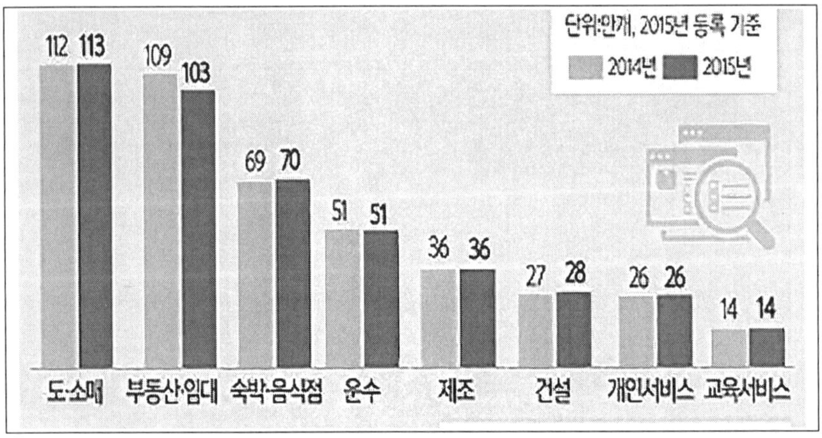

자료: 통계청.

▌그림 9-7▐ 자영업 산업분류별 규모

일반적으로 경제발전과 더불어 산업화가 진행되면 농업 등 1차 산업에 종사하던 노동력이 도시의 임금근로자로 편입되면서 자영업 비중이 줄어들게 된다. 우리나라도 1960년대 이후 빠르게 산업화되면서 취업자 가운데 자영업자의 비중이 줄어들어 왔으나 소득수준이 비슷한 다른 나라에 비해서 자영업 비중 하락이 충분하지 못했다. 이는 산업화 과정에서 많은 사람들이 농촌을 떠나 도시로 유입되었으나 임금근로자로 취업할 기회가 충분하지 못하자 자영업으로 진출하였기 때문일 가능성이 높다고 하겠다.

노동시장 이중구조의 심화 현상도 자영업 비중이 높은 원인 가운데 하나로 작용한 것으로 보인다. 베이비부머 세대의 은퇴연령 진입으로 정규직에서 은퇴하는 퇴직자가 늘어나고 있지만 정규직 재취업 기회는 크지 않기 때문에 은퇴자가 선택할 수 있는 취업 기회는 2차 노동시장이거나 자영업으로 제한적이다. 그러나 2차 노동시장에 건실한 중소기업이 부족하고 소기업들은 임금이나 고용안정성이 낮기 때문에 자영업을 선택하는 경우가 많은 것으로 보인다. 그리고 자영업자 가운데 50대가 가장 많은 것은 이 같은 열악한 2차 노동시장 상황이 배경인 것으로 판단된다.

제4절 고용구조 문제 해결을 위한 정책방향

이상에서 우리나라 고용구조의 현황과 문제점 전반을 파악하기 위하여 우리나라 고용구조의 주요 특징을 정리하였다. 우리나라 고용구조의 문제점으로 노동시장의 이중구조, 청년실업 증가, 여성 고용의 부진, 저생산성의 과도한 자영업 부문 등으로 압축할 수 있었다. 이들 문제들은 구조적 요인을 배경으로 하고 있는 것으로 판단된다.

첫째, 대기업·정규직의 1차 노동시장과, 중소기업 또는 비정규직 2차 노동시장으로 이원화되고 양 시장 간 근로조건 격차가 확대되면서 양 시장간 이동이 단절되는 노동시장의 이중구조화가 심화된 것으로 나타났다. 이 같은 노동시장 이중구조가 심화된 데는 글로벌화에 따른 경쟁 심화, 대기업 우위의 원·하청관계, 대·중소기업 간 생산성 격차, 기업규모별 노동조합의 교섭력 격차 및 기업단위 노사협상 등의 제도적 요인이 복합적으로 작용한 것으로 판단된다. 노동시장의 이중구조는 소득불평등을 심화시키고 인적자본 축적 및 생산성 향상을 저해함으로써 사회적 비용을 크게 발생시키게 된다.

둘째, 최근 우리나라의 청년실업 증가는 구조적 실업의 측면이 강하고 구직기간이 장기화되고 있다. 또한 대졸자 등 고학력자 중심으로 실업이 증가하는 특징을 보이고 있다. 이는 1990년대 이후 대학진학률 상승으로 대졸자들이 크게 증가한 반면 노동시장 이중구조화로 1차 노동시장 규모가 늘지 않은 데다 대졸자들의 2차 노동시장 기피현상이 심화되었기 때문이다.

셋째, 고학력일수록 여성고용이 상대적으로 부진하고 여성 고용의 질이 남성들의 일자리에 비해 열악한 것으로 나타났다. 이러한 여성 고용률과 낮은 고용의 질적 수준은 결혼·출산 이후의 뚜렷한 경력단절에 기인하며 가정과 직장생활을 병행하기 어렵게 하는 제도 및 문화가 근본적인 원인으로 보인다. 이제 교육분야에서 여성과 남성의 격차가 거의 해소된 만큼 여성 고용구조상의 문제를 개선하고 고용격차를 해소해 나가지 않는다면 경제 전체적으로 자원배분의 효율성은 악화되고 성장잠재력이 약화되는 결과를 초래할 것이다.

마지막으로, 우리나라의 자영업 비중은 경제 발전단계에 비해서 크게 높으며 내용 면에서 보면 자영업 고용이 도소매, 음식·숙박업 등 생산성이 낮고 진입하기 쉬운 생계형 업종에 집중됨에 따라 경쟁이 지속적으로 심화되었다. 이렇게 생산성이 낮은 자영업자가 과다한 데에는 임금근로자 일자리가 충분하지 않은 점과 노동시장 이중구조로 인해 양질의 임금근로자 일자리에 취업하기 힘들다는 점이 주요한 배경으로 작용한 것으로 보인다.

이상에서 살펴본 우리나라 고용구조의 문제점과 배경에 비추어 볼 때, 고용확대를 제약하고 고용구조를 악화시킨 주된 구조적 요인은 노동시장 이중구조 심화인 것으로 판단된다. 즉, 노동시장 이중구조 심화로 양질의 안정적인 일자리가 부족해지고 근로조건의 격차가 확대되면서 청년실업과 자영업이 늘어나고 있다. 이는 나아가 경력단절 문제와 맞물리면서 여성 고용의 양과 질을 악화시킨 것으로 보이기 때문이다. 따라서 당면한 고용문제를 근본적으로 개선해 나가기 위해서는 노동시장 이중구조 완화에 정책 역량을 집중해야 할 것으로 생각된다.

우선, 1·2차 노동시장 간 근로격차를 줄여나갈 필요가 있다. 노동시장간 격차를 확대시킨 가장 큰 요인 가운데 하나가 대기업 우위의 원·하청 관계였던 만큼 도급거래가 최대한 공정하게 이루어 질 수 있도록 하여야 할 것이다. 이를 위해서는 중립적이고 엄정한 시장감시자 및 공정거래 질서 유지를 위한 법집행자로서의 정부의 역할을 강화할 필요가 있겠다. 또한 대기업 지배적 원·하청관계는 근본적으로 원청기업의 수요독점적 시장질서에서 비롯된 것이므로 독점적 시장질서를 완화할 필요가 있다.

이를 위해서는 중소 하청기업들이 기술개발과 생산성 제고를 통해 대내외 경쟁력을 높임으로써 대기업과의 관계에서 협상력을 높여나갈 수 있는 환경을 조성해야 할 것이다. 또한 현재의 기업단위 노사협상에 결여된 사회적 조정기능을 보완하기 위하여 업종별·지역별 교섭 등을 통해 단체교섭에서 배제된 중소기업, 비정규직 등 2차 노동시장 근로자의 권익을 어떻게 반영할 것인지 고민할 필요가 있다.

아울러 청년실업 문제 완화를 위해 대졸자 중심의 청년 노동시장의 효율성을 제고할 수 있도록 직업훈련 및 고용지원서비스 제도를 개선하고, 여성 고용 부진문제를 개선하기 위해 출산휴가, 육아휴직 지원 내실화, 보육시설 확충 등 여성들이 일과 가정이 병행할 수 있도록 하는 제도적 보완을 지속해 나가는 것도 중요하다 하겠다.

참고자료

김종욱(2017.04), "최근 청년층 니트(니트)의 특징과 변화", 『월간 노동리뷰』, 2017년 4월호, 한국노동연구원.

노광표(2015.04.06), "문재인 정부의 공공부문 비정규직 정규직화 정책 진단 및 평가", 『KLSI issue paper』. 제72호, 한국노동사회연구소,

매일경제신문, 2019.06.17.

박진우(2019.01.30), "2017년 임금근로일자리별 보수(소득) 결과", 대한민국 정책브리핑.

여성신문, 2019년 01월 31일자.

이인재(2009), "고용위기와 노동시장의 구조개혁", 『월간 노동리뷰』, 2009년 6월호, 한국노동연구원.

장근호(2018. 11), "우리나라 고용구조의 특징과 과제", 『BOK 경제연구』, 한국은행.

장근호(2019.5.31), "우리나라 고용구조의 특징과 문제점 – 배경 및 국제비교", 한은 금요강좌 자료, 한국은행.

정책위키, 2019.11.12

Doeringer, P. B., and Piore, M. J. (1971), "Internal Labor Markets and Manpower Analysis," D.C. Heath, Lexington, MA.

글로벌 식품으로서 새로운 시장 할랄(Halal)

1. 할랄 시장 부상 배경

최근 할랄 식품이 국내외적으로 조명을 받고 있는 배경으로는 크게 ① 전 세계 16억 명에 이르는 글로벌 무슬림 인구의 증가와 이들의 구매력 향상에 따른 할랄 소비시장 확대, ② 무슬림의 문화 정체성 중시 현상, ③ 보호무역과 글로벌 기업의 마케팅 등 3가지를 들 수 있다.

2. 할랄의 정의 및 기준

할랄이란 아랍어로 허용된 것, 신이 허락한 것의 의미를 가진다. 이슬람 율법상 무슬림이 먹고 사용할 수 있도록 허용된 것으로 주로 식품, 의약품, 화장품에 대한 인증을 뜻한다.

3. 할랄 인증제도 및 절차

할랄 인증은 할랄 시장에 진출하기 위해 취득해야 할 필수요건이다. 전 세계에 150~200개의 할랄 인증기구가 존재하는 가운데 공신력 있는 할랄 인증기구에서 획득한 할랄로고가 시장진출에 유리하다. 말레이시아의 JAKIM, 인도네시아의 MUI, 싱가포르의 MUIS가 공신력 측면에서 세계 3대 할랄 인증기구로 꼽힌다.

4. 할랄 시장 선점 글로벌 기업

오늘날 할랄 시장을 선점한 글로벌 기업은 대부분 비무슬림 국가의 기업들로서 전체 할랄 식품 시장의 80%를 장악하고 있다. 세계적 패스트푸드 기업 맥도날드(McDonald's), 스위스의 종합 식품 대기업인 네슬레(Nestle), 영국의 대형 유통기업 테스코(Tesco) 등이 주도권을 잡기위해 전략적 움직임을 보이고 있다.

5. 할랄 인증 추진 국내기업과 할랄 관련 국내정책에 주는 시사점

한국의 할랄 관련 농식품 수출액은 2014년 6억 8,000만 달러에서 2017년 12억 3,000만 달러로 확대될 것으로 전망된다. 현재 청정원, 농심, 오리온, 풀무원 등의 국내기업을 중심으로 담배, 커피, 과자, 라면 등 가공식품 중심의 수출이 이뤄지고 있다.

할랄 식품을 신규 비즈니스로 육성하려는 기업으로서는 첫째, 이슬람 윤리관을 이해하고 무슬림에 대한 신뢰를 구축해야 하고, 둘째, 할랄 인증제도를 심층적으로 숙지하고 전략적으로 대응해야 하며, 셋째, 할랄을 엄격히 준수하여 진정성 있는 할랄 식품을 수출할 수 있도록 중장기적 계획을 수립해야 할 것이다.

출처: 김범석·이광열·이효정(2015.06)의 pp.1-2.

Chapter 10 노사관계의 변천과 신노사 관계의 구축을 위한 과제

제1절 노동 관련 제도의 정비와 노동방식의 변화

1. 새로운 노동 관련 제도의 시행[1)]

한국의 노동시장은 외환위기를 수습하며 고용조정제 및 근로자파견제를 시행하는 등 노동 관련 제도를 정비하는 과정에서 구조조정이 본격화 되었다. 이 과정에서 실업률은 높게 유지되고 시간제 근로자와 임시·일용직 근로자의 비중이 상용근로자보다 빠르게 증가하고 있다. 노동시장이 이렇게 구조적으로 변모되는 과정에서 한국의 노사관계는 이에 걸맞은 제도적 틀을 완전히 구축했다고 할 수 없다.[2)]

1991년 12월에 ILO에 가입한 한국은 노동과 무역을 연계하려는 선진국의 움직임에 효과적으로 대처하기 위해 노동 관련 제도를 국제기준에 맞도록 정비하는 계기가 되었다. 또한 전통적으로 노동시장이 유연한 미국과 노동시장의 유연화를 일찍이 추진한 영국, 뉴질랜드, 네덜란드 등 유럽 선진국들이 경제성장과 고용 측면에서 다른 나라보다

---

1) 이 절을 작성하면서 임윤상(2000.07)의 내용을 많이 참조하였다.
2) 노사관계는 기본적으로 협조와 대립이라는 양면성을 지닌다. 즉, 생산을 위해서는 노사가 힘을 합쳐 협조해야 하지만, 생산결과의 파이가 노동자에게는 소득이 사용자에게는 비용이 되므로 대립할 수밖에 없다. 그런데 대립적인 분배문제에서 서로 합의가 이루어져야 생산에서 협조가 가능하므로 협조와 대립은 불가분의 관계이기도 하다. 따라서 노사 간의 갈등과 대립을 합리적으로 풀고 그 과정을 제도화하는 것이 산업사회의 가장 주요한 과제라 할 수 있다.

좋은 성과를 보이고 있는 점이 한국 노동시장의 유연성을 높여야 한다는 필요성을 제기하였다.

❙표 10-1❙ 노동시장 유연성 관련 제도의 주요 내용

구 분	주요 내용
고용조정제 (1998년 2월 시행)	o 해고요건 및 절차 명시 – 긴박한 경영상 이유(도산직면, 경영악화를 방지하기 위한 사업의 양도, 인수, 합병 등) – 노조 및 근로자대표와의 성실한 협의를 의무화 – 해고회피노력 및 합리적이고 공정한 기준에 의한 대상자 선정 o 일정규모 이상 해고 시 해고계획을 노동부에 신고(30일 전) o 2년 이내 근로자 신규채용 시 해고자 우선 재고용
근로자파견제 (1998년 2월 시행)	o 파견업체가 고용 중인 근로자를 사용업체에 일정기간 파견하여 사용업주의 지휘·명령을 받아 업무를 수행토록 하는 제도 – 상시파견 : 컴퓨터전문가, 비서 등 26개 업무(최장 2년) – 일시파견 : 건설공사현장 업무, 하역업무, 선원업무, 유해·위험업무 등을 제외한 모든 업무(노동조합과 협의를 거쳐 최장 6개월) o 쟁의행위로 중단된 업무수행을 위한 경우와 경영상의 이유로 근로자를 해고한 후 파견근로자의 사용을 금지
탄력적 근로시간제 (1997년 3월 시행)	o 노사가 일정한 요건 하에 2주 또는 1개월 이내의 기간을 단위기간으로 하여 근로시간을 다양한 형태로 변경하여 운영하는 제도 – 2주 단위: 취업규칙에 의해 단위기간 중 1주 평균 44시간 이내, 특정주 한도 48시간 이내(주별 최고한도는 1주 48시간, 다른 1주 40시간 형태이며 1일 근로시간 한도는 없음) – 1개월 단위 : 노사의 서면합의에 의해 단위기간 중 1주 평균 44시간 이내, 특정주 한도 56시간, 특정일 한도 12시간(주별 최고 한도는 2주 56시간, 다른 2주 32시간 형태) o 15세 이상 18세 미만 근로자와 임신 중인 여자 근로자는 대상에서 제외 o 사용자는 기존의 임금수준이 저하되지 않도록 임금보전방안을 강구

이에 따라 정부는 1996년 5월 노·사·정이 함께 참여하는 노사관계개혁위원회를 설치하고 노동 관련 제도의 개선을 추진한 결과, 1997년 3월 노동관계법[3]의 제·개정이 이

3) 근로기준법, 노동조합 및 노동관계조정법, 근로자 참여 및 협력증진에 관한 법률, 노동위원회법 등이다.

루어졌다. 새로운 노동관계법의 시행으로 탄력적 근로시간제가 도입되고 경영상의 이유에 의한 고용조정이 제도화[4]되었다. 더욱이 외환위기를 계기로 정부는 1998년 2월 노·사·정 합의를 통하여 고용조정을 당초 예정보다 앞당겨 허용하고 파견근로제를 새로 도입하는 등 노동시장의 유연성을 높이기 위한 제도를 〈표 9-1〉과 같이 재정비하였다. 이와 아울러 노동시장의 구조조정이 급속히 진행되는 과정에서 발생하는 부작용을 최소화하기 위한 제도[5]들도 함께 마련되었다. 우리는 〈표 10-1〉에서 노사관계 주요 지표의 변화추이로부터 노사관계 변화를 어느 정도 가늠할 수 있다.

2. 정보통신기술의 발전과 노동방식의 변화[6]

21세기에는 지식의 창출, 확산, 활용이 개인과 기업뿐만 아니라 국가의 부를 창출하는 원천이 되는 시대이다. 여기서 지식이란 무엇을 할 수 있는 능력과 그러한 능력을 조직화하고 체계화한 기술과 정보를 모두 포괄하는 새로운 아이디어를 일컫는다.[7]

특히 지식의 확산과 활용에 있어 정보기술(Information Technology)의 발전이 중요한 역할을 한다. 정보기술의 발전으로 인터넷이 폭넓게 활용됨에 따라 지식과 기술의 활용에 따르는 비용이 종전보다 크게 줄어들었다. 또한 정보기술의 급속한 발전은 새로운 상품을 출현시키거나 새로운 생산방식을 도입할 수 있게 하였다. 이에 따라 노동시장에서의 인력수요가 변화되고, 고용이나 근무형태도 다양해지고 있다.

이 같은 지식을 기반으로 하는 지식기반 산업의 비중은 전 세계적으로 날로 증대되고 있다. 한국에서도 경제성장에서 지식과 기술의 진보가 기여하는 비중이 점점 커지고 있다. 〈표 10-2〉에 따르면 1970~1980년 기간 동안 경제성장에서 기술진보가 기여한 부분은 잠재성장율 8.2% 수준에서 0.6%에 머물렀다. 그러나 1980~1990년 기간에는 기여율이 1.1%로 증가하였다. 더욱이 그 이후에는 잠재성장률이 더 낮아졌지만 기술진보

---

4) 고용조정은 대법원 판례로써 인정되고 있었지만, 「경영상의 이유에 의한 해고」의 요건과 절차 등에 관한 법적 기준이 없어 근로자의 해고과정에서 노사 간의 마찰이 발생할 소지가 상존하고 있었으나, 이를 관련 법에서 명문화하였다.

5) 실직자에 대한 구직급여의 상향 조정, 구직급여 지급기간 연장 등을 주요내용으로 하는 고용보험법을 개정하고, 고용정책기본법도 개정하여 대량실업의 해소를 위한 대책사업의 법적 근거를 마련하였으며 파견근로자 보호에 관한 법률도 제정하여 파견근로자의 권익보호를 도모하였다.

6) 이 절의 내용은 이병희(2008)의 내용을 참조하였다.

7) 구체적으로는 생산현장의 노하우, 고객서비스 노하우, 일선 경영지식 등 현장경험 지식에서부터 기술 특허, 소프트웨어, 데이터베이스와 같은 제품개발과 디자인, 마케팅 분야의 실용적 지식과 기초과학기술 등 학문적 지식을 모두 포함하는 개념이다.

가 경제성장에 기여하는 부분은 1.2%로 증가되었다. 이처럼 지식기반경제로의 이행이 빠르게 이루어지는 것은 지식이란 생산요소의 고유한 특성과 밀접하게 관련되기 때문이다.

20세기 후반 이후의 급속한 정보화는 인간의 노동을 근본적으로 변화시키고 있다. 거시적인 관점에서 정보화는 노동의 경제사회적인 환경을 구성한다. 그리고 정보의 국경 없는 이동은 사회 전 분야에 걸쳐 보다 높은 수준의 경쟁을 야기한다. 이러한 환경은 노동시간, 노동계약 형태, 고용조정 등의 분야에서 노동유연성을 높이도록 압력을 가한다. 미시적으로도 정보화는 작업도구로 활용되고 노동과정을 형성하며 작업의 구체적인 조건을 조성하여 노동의 유연성에 영향을 미친다.

최근 들어 정보통신 기술의 급속한 발달은 지식기반경제로의 이행을 가속화시키며, 정보 관련 산업인 정보기술 생산산업(Information Technology Producing Industries)과 정보기술 사용산업(Information Technology Using Industries)의 고용과 임금을 크게 증가시키고 있다. 또한 정보기술의 발달과 전자상거래의 확산으로 기업조직이 유연해지고, 영업의 효율성이 증가하는 등 경영방식도 변화시키고 있다.

▮표 10-2▮ 한국의 경제성장 요인별 기여도

(%)

구 분	1970~1980	1980~1990	1990~2000	2000~2010	2010~2020
실질성장률	7.6	9.1	5.4	-	-
불규칙 요인	-0.6	1.1	-1.4	-	-
삼재성장률	8.2	8.0	6.7	5.1	4.0
요소 투입	5.2	4.5	3.4	2.4	1.8
노동	3.1	2.6	1.5	0.3	0.1
자본	2.1	2.0	1.9	2.1	1.7
생산성 증가	3.0	3.5	3.4	2.7	2.2
규모의 경제	1.5	1.7	1.5	0.9	0.7
자원재배분	0.9	0.8	0.7	0.6	0.4
기술진보	0.6	1.1	1.2	1.2	1.1

자료 : 한국개발연구원.

지금까지 진행된 여러 연구 결과들에 의하면, 정보통신기술 및 정보화가 노동에 미치는 영향은 그 목적과 수준에 따라 달리 나타났다. 벤드라민과 발렌덕(Vendramin & Valenduc, 2002)[8)]에 따르면 작업장에서 나타나는 정보통신기술의 영향은 ① 화상회의, 전자결재와 같이 가장 단순한 수준으로 변화를 용이하게 하는 역할(facilitator), ② 무인 ATM을 이용한 금융거래 비중의 급속한 증가 등에서 발견할 수 있는 조직 발전에 필수적인 변화를 지지하는 기반 역할, ③ 인터넷과 미디어 관련 정보통신기술 진보에 따른 전자책 및 온라인 신문 등 각종 멀티미디어 관련 제품에서 볼 수 있는 혁신 촉발(inciter to innovation) 기능, ④ 전사적 자원시스템(ERP) 등에서 찾을 수 있는 추상적인 수준의 조직변화를 구체적으로 체화시키는 전환자 역할 등으로 정리할 수 있다.

그리고 정보통신기술 및 정보화가 노동에 미치는 변화 모습의 양태와 정도는 사전적으로 정해지지 않고 긍정적인 영향과 부정적인 영향을 함께 사후에 미칠 수 있다. 이는 정보통신기술이 노동방식을 변화시키는 주요 요소이지만 그 자체만으로는 변화를 줄 수 없는 가능요소이기 때문이다. 예를 들어 화상회의, 전자결재 등 정보통신기술을 활용한 의사소통 방법은 정보소통에 따른 시간과 비용을 크게 줄일 수 있다. 이러한 변화를 반영하여 실제 노동시장에서는 일자리를 창출하는 동시에 일자리를 파괴하는 효과(churning effect)도 동시에 나타나고 있다. 그리고 경우에 따라서는 직장과 가정의 구분을 모호하게 하여 결국에는 노동시간의 연장을 가져올 수도 있다.

이와 같이 정보통신기술이 고용관계, 작업조직 등 노동에 미치는 영향도 정보화에 따른 긍정적 영향과 부정적 영향이 집단 간에 불평등하게 나타날 수 있다. 따라서 정보통신기술의 부정적 영향을 최소화하면서 긍정적 영향을 최대화하고 긍정적 영향이 여러 집단 간에 고르게 분포되도록 노력해야 할 것이다.

제2절 한국 경제발전과정에서의 노사관계

광복 후부터 오늘날에 이르기까지 한국의 노사관계는 경제발전과정을 중심으로 볼 때 공업화 추진 이전과 본격적인 공업화 이후 1980년대 후반에 이르는 개발연대 기간(적어도 1987년의 6·29선언까지), 그리고 1980년대 후반부터 외환위기를 맞기까지의 기간과 외환위기 이후 구조조정기로 뚜렷이 구분된다고 할 수 있다. 여기서는 각 기간별 노사 및 노정 간의 관계에서 나타나는 특징을 중심으로 살펴본다.

8) Vendramin P. & Valenduc G.(2002).

1. 공업화추진 이전의 노사관계

광복 후 사회적 혼란의 와중에 1946년 3월 10일 용산공작소, 경성철도공장, 경성전기 등 15개 직장에서 48명의 대표가 참석하여 대한독립촉성 노동총연맹(대한노총)을 창립하였다. 대한노총은 좌익계인 조선노동조합 전국평의회에 대항하여 직장 내에서 조직이 급격히 확장되었다. 1954년 4월에는 노동조합법에 의거 노동조합 중앙연합체를 결성하고 각종 산하 노조도 산업체별로 조직화되면서 전국노동자를 대표하는 유일한 지위를 차지하게 되었다.

노동관계법규는 1953년에 노동법, 노동조합법, 노동쟁의조정법, 노동위원회법, 근로기준법 등이 제정되었다. 그러나 6·25동란 기간을 통해 산업이 위축되고 실업이 만연했던 데다 민주주의적 법질서도 존중되지 못하여 노동관계법은 지켜질 수 없었다.

한편, 6·25동란 후부터 자유당정권 말기까지의 노동조합은 반공단체적인 성격을 띠고 자유당정권의 하수인에 머물러 그 기능이 제대로 발휘되지 못하였다. 이 당시의 기업가들은 관권과 밀착하여 부정행위와 저임금에 의한 이윤추구를 일삼고 노동자들에게는 강압적인 수단을 사용하기 일쑤였다. 그러나 4·19 혁명으로 노동계도 개혁을 위해 부조리를 청산하는 자기정화를 시도하였지만, 민주화 요구의 물결 속에서 노사관계의 질서를 제대로 형성하지 못하였다.

2. 개발연대의 권위주의 노사관계

5·16쿠데타로 집권한 군사정부는 경제개발 5개년 계획을 추진하는데 인력관리가 중요한 전략적 요소임을 인식하고 노동행정을 노동보호행정에서 인력개발행정으로 전환하였다. 1961년 12월에 근로기준법 중 퇴직금제 등의 규정이 개정되고, 1963년 4월에는 노동조합법, 노동쟁의조정법, 노동위원회법이 1차 개정되고, 동년 12월에 2차 개정이 있었다. 이 개정에서 노동보호입법과 사회보장법이 강화되고, 노동조합의 조직은 산업별 체제로, 그리고 노동쟁의에 대하여는 제약을 가하되 노사협의제를 신설하였다. 이어 1969년 12월 외국인 투자기업의 노동조합 및 노동쟁의조정에 관한 임시특례법이 제정되어 외국인 투자업체에서 노동쟁의에 대한 제약이 가해졌다. 그리고 1971년 12월 27일에는 국가보위에 관한 특별조치법이 공포되어 단체교섭권과 단체행동권이 봉쇄되었다.

한편, 유일한 노동단체이던 대한노총은 5·16 직후 군사혁명정부에 의해 해산되었다. 그 후 1961년 8월 3일 사회단체 등록에 관한 법률 중 개정법률 및 노동자의 단체활동에 관한 임시조치법에 의거 동년 8월 30일 한국노동조합총연맹이 결성되었다.

1970년대에 들어 안보를 우선하며 중화학공업화를 강력히 추진하기 위해, 정부는 1971년 12월 비상사태를 선포하고 국가보위에 관한 특별조치법을 공포하였다. 그리고 1972년 12월에는 유신헌법에 의거 노동관계법이 개정되었다. 이때 노동3권은 제약을 받아 노동운동은 규제를 하되 근로복지향상과 인력개발의 확충은 많이 배려하였다. 1973년 3월 노동조합법, 노동쟁의조정법, 노동위원회법이 각각 개정되고, 1974년 12월에는 근로기준법, 노동조합법, 노동쟁의조정법이 다시 개정되어 노사협의회의 설립이 의무화되었다.

한편, 그동안 압축성장에 의해 억압되었던 정치·사회발전의 모순은 급기야 1979년 10·26사태를 야기하고, 사회질서가 혼란스런 와중에 권위주의체제가 집권하였다. 그 결과 노동운동이 더욱 억압되는 방향으로 노동관계법이 개정되었다. 즉, 1980년 12월 30일 근로기준법, 노동조합법, 노동쟁의조정법, 노동위원회법 등이 개정되고, 노사협의회법이 새로 제정되어 노동조합 조직형태가 산업별 노조에서 기업별 노조조직으로 전환되고 노사협의제가 의무화되었다. 그리고 1981년 1월 노동조합법이 다시 개정되어 기업단위 노조화, 고충처리위원회의 설립규정, 노동조합의 설립에 제3자 개입금지 등이 규정되었다.

이 시기 노동정책의 방향은 국가안보와 선성장·후분배 정책으로 일관하여 단체행동권의 제약을 가하고 협력중심의 노사관계 유지를 위해 노사협의회의 기능을 강화하는 등 정부에 의해 주도되었다. 즉, 개발연대의 권위주의 노사관계는 노사관계 제도가 아니라 정부의 노동운동에 대한 규제와 탄압에 의해 지탱되었다고 할 수 있다. 그러니 노사관계는 실종되고 노정관계가 지배했다고 할 수 있다.

한편, 한국경제는 1970년대 중반을 지나면서 노동시장 사정이 무제한 노동공급에서 제한적 노동공급으로의 중대한 구조적 전환을 맞게 된다. 그리고 1970년대 후반까지의 압축성장 과정에서 고도성장을 뒷받침했던 후발성의 이익이 사실상 사라지고, 종래와 다른 새로운 차원의 기술을 개발하고 생산성 향상을 가져오지 않으면 안 되게 되었다. 따라서 노동시장의 구조적 변동과 경제발전 단계의 조건변화에 걸맞은 새로운 차원의 노동정책과 노사관계의 정립이 요구되었다.[9)]

9) 1980년대 중반을 지나면서 국민들의 의식이 형평의 증진을 중시하는 재분배촉진형 성장으로의 전환으로 이행하고 있음이 각종 여론조사에서 나타나고 있다.

3. 민주화와 대립적 노사관계

(1) 민주화와 노사관계환경의 변화[10)]

1987년의 민주화 과정에서 겪었던 노사분쟁과 사회비용은 경제사회 발전과정에서의 통과의례였다고 볼 수 있다. 큰 고통과 비용이 뒤따랐지만 그것 자체가 위기는 아니었다. 사회적 민주화를 이룩한 1980년대 후반 이후의 노사관계는 상당히 동태적인 성향을 보이고 이전과는 다른 변화의 조짐을 보이고 있다. 이 절에서는 거시적으로 정치적·정책적 측면, 경제적·기술적 측면, 그리고 사회적·문화적 측면으로 나누어 노사관계 환경의 변화를 보고자 한다.

첫째, 정치적·정책적 환경의 변화로서 1987년의 6·29선언이 노사관계에 미친 영향은 지대하다. 6·29선언 이후 바로 산업현장에서 노사분규가 봇물처럼 분출되는 과정에서 노동운동에 대한 국가통제력이 유보되고, 노동자들 스스로도 자신들의 집단적 힘을 확인했다는 측면을 지닌다. 특히 노사관계에 있어서는 노사 간의 역학관계가 재편되기에 이르러 1987년 11월에는 노동관계법의 개정이 있었다. 노동운동 측면에서도 신생 민주노총 등이 주축이 되어 과감한 정치투쟁까지 병행하기에 이르렀다. 그 결과 노동자측의 단결권, 단체행동권, 그리고 단체교섭권이 크게 강화되어 노사 간의 자율적 관행의 정착이 경제발전에 필수적이라는 것을 공감하는 계기가 되었다.

둘째, 경제적·기술적 환경도 크게 변화하였다. 경제적·기술적 환경의 변화가 노사관계에 미치는 경로는 크게는 노동경제의 구조 및 조건의 변동을 통해, 작게는 특수한 기능과 교육·훈련을 요하는 노동력의 수급변동을 통해 이루어진다. 이 같은 변화는 1980년대에 들어 뚜렷한 변화의 양상을 보이고 있다. 개발연대의 노동집약적 구조에서 기술집약적 산업구조로 구조전환을 가져온 1980년대에는 노동시장에서 취업구조의 변화로 이어져 노사관계의 변화를 가져왔다.

셋째, 1980년대 후반에 들어 노사를 둘러싼 사회적·문화적 환경도 크게 변하였다. 사회적·문화적 변화는 산업화의 진전과 더불어 끊임없이 진행되고 이것이 노사 당사자의 의식과 욕구구조의 변동을 가져와 노사관계에 영향을 미쳤다. 1960년대 초 이후 산업화가 급속히 진행되면서 유교적 전통의식이 퇴조하고, 합리적인 개인주의의식이 새로운 세대의 가치기준으로 정착되어 갔다. 또한 세대 간 욕구구조의 차이도 현저하게 나타났다.

10) 이 절을 작성하면서 신유근(1988)을 많이 참고하였다.

(2) 노사대립과 신노사관계의 모색[11)]

① 사용자지배적 노사관계의 붕괴

1987년 6·29선언 이후 개발연대의 사용자지배적 권위주의 노사관계는 급속하게 붕괴되기 시작하였다. 이는 권위주의 노사관계제도의 정통성이 근로자계층의 성격 변화로 인해 크게 약화되었기 때문이다. 사용자지배적 노사관계는 정당성이 미약했지만 주로 농촌출신의 순종적인 1960~1970년대의 근로자로부터는 소극적 또는 암묵적 정통성을 인정받았다고 볼 수 있다.

그러나 1980년대 이후 산업현장의 중심세력이 된 신세대 근로계층은 도시지역에서 성장하여 공동체의식이 약하고 자아실현 동기가 높아 舊근로계층과는 전혀 다른 성향을 보이고 있었다. 따라서 개발연대의 권위주의 노사관계와 근로계층 사이의 갈등은 이미 내연하고 있었다고 할 수 있다. 결국 6·29선언으로 舊노사관계에 대한 보호막이 일거에 제거되자 권위주의 노사관계는 붕괴될 수밖에 없었다.

1987년 이후 한국의 노사관계는 성격이 명확하게 구분되는 네 개의 시기로 구분해 볼 수 있다. 제1기는 1987년 7월부터 1989년까지로, 노동운동이 폭발적으로 고양되던 시기이다. 이 시기에는 노동조합과 노사분규가 폭발적으로 증가하고 정부는 직접개입을 지나칠 정도로 자제하였다. 제2기(1990~92년)는 정부가 산업평화를 기치로 내세우고 적극적인 노사관계정책을 편 시기이다.

제3기(1993~97년)는 정부가 노사정 협의를 중시하고 신노사관계의 제도적 발전을 모색한 시기이다. 이 시기에는 노사관계가 전반적으로 안정기조를 유지하였다. 제4기(1998년 이후)는 경제위기 아래에서 한편으로는 구조조정의 추진으로 노사 간 및 노정 간 갈등이 심화되고, 다른 한편으로는 노사정위원회의 발족을 통해 사회적 협의를 제도화한 시기이다.

그러면 1987년 이후 노사관계의 특징을 노동조합조직과 노동운동, 기업의 노사관계 전략 및 인적자원 관리, 노사교섭 및 분규, 정부의 노동정책 등의 측면에서 살펴보자.

② 노동조합조직과 노동운동

한국의 노동조합조직은 1960년대 중반의 단위노조 수 2,000여 개, 조합원수 30여만 명에서 꾸준히 확대되어 왔으나 1971년의 「국가보위에 관한 특별조치법」에 따라 노동조

---

11) 이 절을 작성하면서 이원덕(2001.10.23.)을 많이 참고하였다.

합의 조직은 크게 위축되고 노동조합운동도 부진할 수밖에 없었다. 그러나 6·29 선언과 함께 노동조합이 폭발적으로 증가하였다. 1987년 7월 이후 1989년 말까지의 2년 반 동안에 조합원 수는 1,050천 명에서 1,932천 명으로, 조직률은 11.7%에서 18.6%로 급격히 증가하였다.

한편, 급격한 증가세를 보이던 노동조합조직이 1990년 이후 감소세로 반전되었다. 그 결과 1999년 말 조합원수 1,481천 명, 조직률 11.7%에서 2003년에는 조합원수 1,550천 명, 조직률 10.8%, 그리고 2005년에는 조합원수 1,506천 명, 조직률 10.3%로 조직화가 점차 낮아졌다.

2018년 12월에 집계된 2017년 노동조합 조직현황(고용노동부, 2018)을 보면, 조합원 수는 208만 9천 명으로 전년(196만 7천 명)보다 12만 2천 명 증가하였다. 조직률이 19.8%로 가장 높았던 1989년(193만 2천 명)보다도 15만 6천여 명 많다. 2017년 조사 시 법외노조로 분류된 전국공무원노조 조합원 중 4만 7천여 명과 전국교직원노조(4만 9천여 명), 대리운전기사 등 특수고용노동자들의 노조 등이 포함되지 않았다는 점을 감안하면 실제 조합원 수는 최소 10만 명 이상 더 많은 것으로 추정된다. 조합원 수 증가에 힘입어 2017년 조직률은 10.7%로 전년(10.3%)보다 0.4%p 상승하였다.

한국의 노동조합 조직형태는 철도, 체신, 교원, 항운노조 등과 같이 특성상 산별노조 형태가 원천적으로 적합한 경우를 제외하면 기업별 노조가 원형이다. 현실적인 조직형태도 기업별 노조가 압도적이다. 전국규모의 산별단위 노조는 1996년 말 26개에서 1997년 41개로 크게 증가했으나, 그 이후는 1999년 43개, 2005년 42개로 거의 비슷한 수준이다. 그러나 1990년대에 들어 노동조합 조직의 증가가 정체되고 노조의 정치적 영향력이 강화되면서 조직형태의 변화도 일어나고 있다. 특히 초기업단위 노조 조합원 증가세가 확인된다. 2016년과 2017년을 비교하면 전체 조합원 가운데 기업별노조 조합원 비율은 44.7%에서 43.4%로 줄어든 반면 초기업노조 조합원 비율은 55.3%에서 56.6%로 늘었다.

이 같은 조직형태 변화는 기업별 교섭이 지배적인 한국에서 초기업단위 단체교섭 활성화를 위한 주체의 노력과 제도적 뒷받침의 필요성을 제기하고 있다. 이러한 변화는 산별체제를 지향하고 있으나 현실적으로는 소산별 또는 업종별 노조로 귀착되고 있으며 전반적인 조직률은 거의 2005년 수준에 머무르고 있으나 조합원 수는 꾸준히 증가하고 있다는 것을 확인할 수 있다(이정희, 2019.01).

(단위:%, 천명)

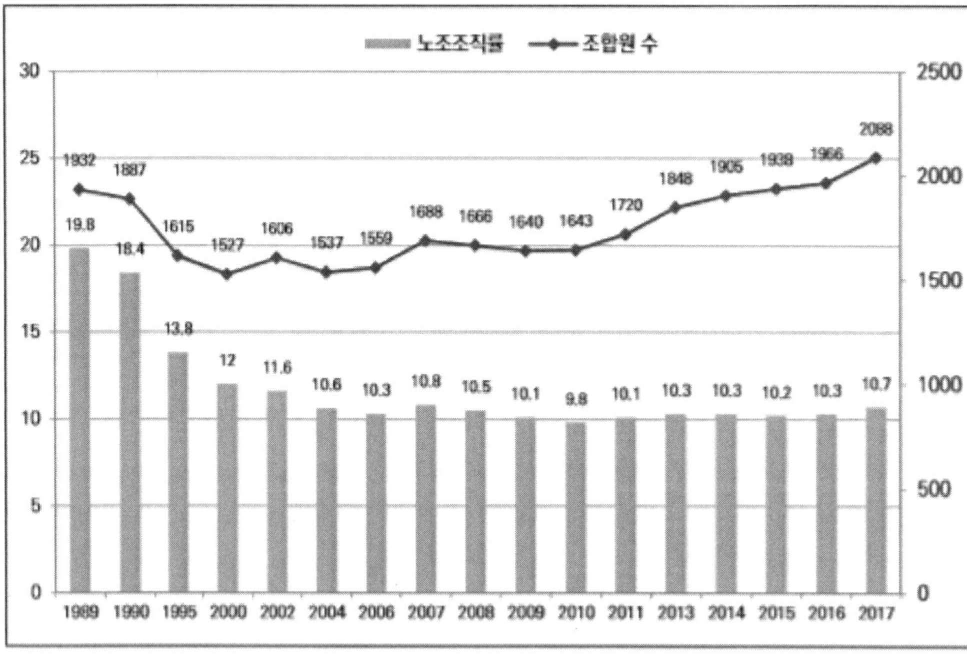

자료:고용노동부(2018).

▌그림 10-1▐ 노동조합 조직률 및 조합원 수 추이

③ 기업의 노사관계 전략 및 인적자원 관리

한국 기업가들의 대부분이 1980년대까지는 창업세대로서 노사 간의 조직 대 조직의 대화와 교섭을 위한 사용자의 조직과 교섭기법은 별로 발전하지 못하였다. 더욱이 1987년 이후 1990년대 초까지 노동조합이 불법적인 행위와 과다한 요구를 하자 기업 경영자들은 노동조합에 대하여 적대적이거나 비판적인 시각을 더욱 강하게 가졌다. 특히 노동조합의 연대쟁의가 활발해지자 기업도 공동으로 대응할 필요가 강하였다. 이러한 필요에서 경영자 측에서는 1989년 12월 경영 6단체를 비롯한 업종별, 지역별 경제단체 등 87개 단체가 가입하여 「전국경제단체연합회」(경단협)를 발족하고 1990~1991년에는 노조에 대한 사용자 측의 공동 대응기구로서의 역할을 했으나 이후 유명무실해졌다.

1990년대에 들어 경제위기감이 확산된 데다 정부의 노조에 대한 강경대응으로 인해 노동조합운동의 신장세가 주춤해지자, 일부 기업은 경영권 강화와 생산현장에서의 통제력 재구축을 위해 노조에 대한 적극적이고 공세적인 대응과 새로운 인사전략을 추진하기도 하였다. 1990년대 이후 일부 기업에서는 노사대립에서 협력으로, 그리고 노동배제에서 참여로 전환하는 새로운 노사관계 및 인적자원 관리전략이 시도되었다.

또한 1990년대 중반 이후 무한경쟁의 파고가 높아지자 노사 모두는 생존을 위해서는 협력해야 한다는 의식이 강해져 일부기업의 노동조합에서는 무쟁의선언, 무교섭타결 등을 수용하여 적극적인 노사협력이 추진되기도 하였다. 이와 함께 팀제와 성과급 및 연봉제 도입 등 인적자원 관리의 혁신도 추진되었다. 그러나 아직까지는 참여적 관행을 정착하기에는 미흡한 점이 적지 않다.

④ 노사교섭 및 분규

노동조합조직의 폭발적 증가와 세력 강화에 따라 임금을 비롯한 근로조건의 결정은 노사교섭을 통해 이루어지게 되었다. 그리하여 한국의 노사관계는 전략적 수준 및 작업장 수준에서의 참여·협력에 비해 단체협상의 중요성이 지나치게 강하였다. 또한 협상중심의 노사관계는 노사가 제로 섬 게임을 하기 때문에 대립관계가 불가피하였다. 노사관계에서 많은 변화를 가져 온 6·29선언 이후 10여 년 간 노사교섭의 특징과 문제점은 다음과 같다.

첫째, 노사 전국중앙조직의 임금인상률 결정논리가 확립되었고 당해 임금 교섭년도 초에 사용자 측의 임금인상 제시율과 노동조합 측의 임금인상 요구율이 발표되어 기업별 임금교섭에서 노사의 중요한 준거가 되었다. 그러나 사용자 측의 국민경제 생산성원리(임금인상률 = 취업자 1인당 국민생산증가율)와 노동조합 측의 생계비보상원리(임금인상률 = 생계비 상승률)가 논리적으로 각각 타당성이 있었으나, 실제 임금인상 제시율과 요구율을 산정하는 과정에서 이용되는 자료의 신뢰도에 문제가 있거나 공식을 편의대로 해석하여 진통을 겪기도 하였다.

둘째, 임금교섭에서 타 기업과의 비교임금이 중요한 준거가 되고, 타 기업 임금교섭 결과에 따라 임금교섭을 타결하려는 눈치보기 현상이 만연하여 임금교섭 타결이 상당히 지연되었다. 임금교섭에서 이러한 비교임금의 중요성 때문에 타결임금 인상률에 크게 영향을 미치는 임금교섭 선도기업이 등장하였다. 그리고 이들 기업은 상대적으로 지불능력이 높은 기업이었으므로 전국적으로 고율의 임금인상 분위기가 지배하였다. 이러한 문제점을 개선하기 위해 1980년대 후반부터 업종별 공동교섭이 추진되었으나 큰 성과를 거두지는 못하였다.

셋째, 임금교섭 관행의 미 정착으로 교섭의 규범과 질서가 확립되지 못했다. 사용자는 기업경영 성과에 대하여 불성실하게 공개하거나 결정권이 없는 대표를 교섭에 참석시키는 등의 문제를 보였다. 한편, 노동조합의 경우도 너무 많은 요구조건과 무리한 임금인상을 동시에 요구하며 완전쟁취를 주장하며, 대화와 교섭을 통한 절충보다는 투쟁을 통한 승리만을 고집하는 경우가 허다하였다.

노사분규 건수를 보면 1987년 민주화 과정에 갑자기 증가했다가, 1988년, 1989년을 지나면서 분규건수는 크게 줄었으나, 분규가 장기화·대형화하는 추이를 보였다. 그리고 2000년대 이후는 대체로 근로손실일수 및 생산차질액이 2003년을 분수령으로 하여 크게 줄어들고 있다.

그렇지만 분규건수의 감소에도 불구하고 생산차질액 등으로 평가한 분규의 강도는 아주 높아졌다. 1987년 이후 1989년까지는 신고절차 및 냉각기간 미 준수, 구속자석방 - 재협상 - 인사 참여 요구 등 불법쟁의의 비율이 압도적으로 높았다. 이것은 정부가 1989년 하반기 이후 노사자율원칙을 수정하여 불법분규에 대한 강경책을 취하게 한 원인이 되기도 하였다.

노사분규의 원인으로는 1990년대 초까지는 임금인상의 비중이 가장 높았다. 그러나 1993년 이후에는 임금 관련 분규의 비중은 크게 줄어든 반면, 단체협약 관련 분규의 비중이 늘어났다.

단체협약 관련 쟁점은 1990년대 초까지는 파업기간 중 임금지급, 노조전임자수, 인사·징계위원회 참여, 근무시간 중 노조활동 보장, 유니온샵 등이 중요하였다. 그리고 1995~1996년에는 민주노총 건설을 추진하는 노동진영에서 사회개혁 투쟁을 전개하여 새로운 쟁점이 되었다. 1996년 이후에는 고용보장, 근로시간 단축 등이 쟁점으로 등장하였다. 특히 1997년 3월 노동법 개정으로 정리해고가 입법화되면서 정리해고 시 노사합의, 고용안정위원회 설치 등이 중요한 쟁점으로 부상하였다. 그리고 1998년 이후에는 경제위기 아래에서 구조조정 관련 분규가 급증하였다.

파업건수 및 근로손실일수를 살펴보면, 2019년 11월 말 기준 파업건수는 123건으로 2018년 같은 기간(91건)보다 많았다. 조선업 등 구조조정 사업장, 비정규직 정규직 전환 및 인력 충원 등으로 갈등을 빚고 있는 공공기관 및 병원 사업장 등에서 파업이 발생한 결과인 것으로 보인다. 하지만 근로손실일수는 51만 5,347일로 전년 같은 기간(62만 3,381일)보다 줄었다. 이는 최근 들어 산업·부문별 연대파업이나 대기업·공공부문 사업장에서의 장기파업이 상대적으로 적었기 때문인 것으로 보인다. 2000년 이후 근로손실일수가 가장 많았던 때는 박근혜 정부 마지막 집권기였던 2016년인데, 당시 정부의 성과연봉제 추진에 반대하는 공공부문의 파업, 방송산업 노동조합들의 공정방송 과 경영진 퇴진을 요구하는 파업, 자동차산업을 중심으로 한 임금을 둘러싼 파업 등이 장기화되었기 때문이다. 현장 노사관계는 이처럼 정부의 노동정책 내용과 방향에 따라 차이를 보인다.

한편, 파업건수는 집계방식의 변화를 감안하여 해석할 필요가 있다. 기존에는 사업장별로 파업건수를 집계하였으나 2000년대 후반부터는 산별노조의 파업에 복수의 사업장 단위 지부가 참여한 경우에도 1건의 산별노조 파업으로 집계하고 있다. 따라서 파업건수보다는 근로손실일수의 변화가 노사관계를 더 객관적으로 보여준다고 볼 수 있다(조성재·이정희, 2017)

(단위: 건, 천일)

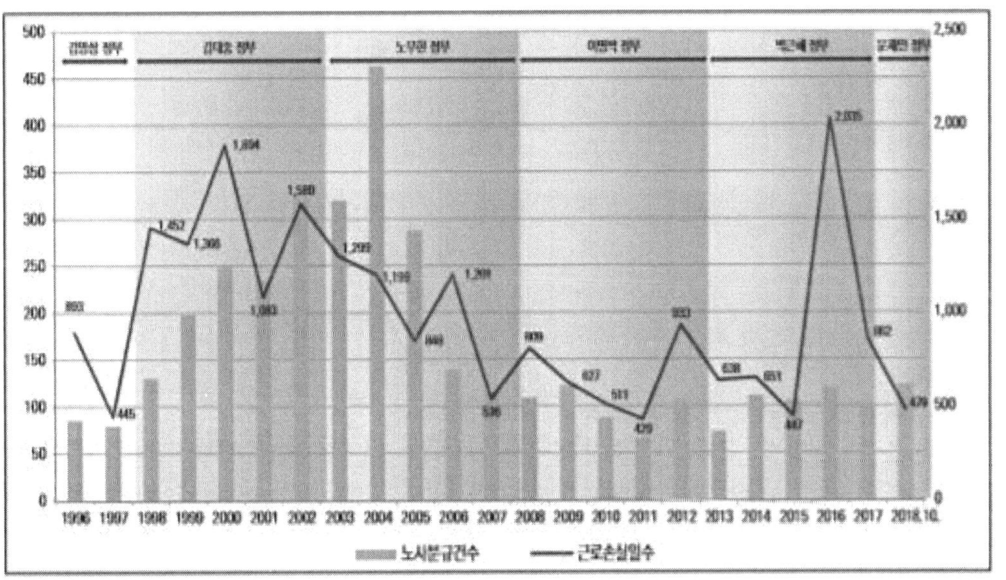

자료: 고용노동부, 지방노동관서의 노동동향보고서 및 근로손실일수 보고서.

▌그림 10-2▐ 파업건수 및 근로손실일수

⑤ 정부의 노동정책

개발연대 정부정책의 최우선이 경제성장에 두어졌으므로 당시의 노동정책은 노동행정전문가가 아닌 성장정책 담당자에 의해 좌우되었다. 더욱이 노사분쟁이 치안대책의 차원에서 이루어져 근로자를 위한 노동정책은 없었다. 또한 정부는 효율적인 분쟁예방·조정기구를 발전시키지 못하고 노사관계 전문인력의 양성에도 소홀하였다. 그러나 6·29 선언 이후 노사관계에 대응하는 정부의 정책은 크게 변하였다. 정부는 노사자율원칙을 세우고 개별노사분규에 대하여는 개입을 자제하였다. 그리고 노동법도 전향적으로 개정하였다.

1987년 11월에는 노동조합 설립형태에 대한 제한을 철폐하고 노조설립의 기본요건(조합원 30인 이상 또한 조합 가입대상 종업원의 5분의 1 이상)도 폐지하여 근로자의 단결권을 신장시켰다. 근로기준법과 관련해서는 변형근로시간제가 폐지되고 임금채권 우선변제가 강화되었다.

그러나 1990년 1월 전노협 발족에 따른 노동계의 연대강화에 대응하여 정부는 불법분규에 대한 엄정한 대응, 노조에 대한 업무조사권 발동, 파업기간 중 임금지급 규제 등 강경하고 적극적인 노사관계 정책으로 전환하였다. 그리고 1990~1991년의 한 자릿수 임금정책, 1992년의 총액임금제 등 임금교섭에도 개입하여 과도한 임금인상으로 인한 국가경제의 경쟁력 약화를 방지하고자 하였다. 1993~1994년에는 우리 경제에 대한 위기감이 고조되는 가운데 한국노총과 경총이 임금에 관한 중앙합의에 성공하였으나, 1995년 이후에는 이 합의가 지속되지 못하였다. 그리고 1996년 5월에는 노사관계개혁위원회가 노사 간 주요 쟁점의 협의장소로 발족하였다. 이러한 노력과 경험이 축적되어 1998년 2월에 역사적인 노사정 대타협과 사회협약이 체결될 수 있었다.

정부의 노사관계 발전을 위한 노력은 노동관계법의 개정에서 나타났다. 노동권을 신장하고 기업경쟁력을 강화하여 ILO 가입에 따른 국제노동기준에 부합하는 노동법 개정의 필요성은 1990년대 초부터 제기되었다. 노동법 개정과정에서 총파업 등의 우여곡절을 겪은 후 1997년 3월의 노동법 개정은 1953년 노동법 제정 후 최초의 대폭적인 개정이었다. 여기에는 집단적 노사관계와 관련하여 복수노조 허용, 노조 정치활동 금지규정 삭제, 제3자 개입금지 규정 삭제 등 노동권의 괄목할만한 신장이 이루어졌다. 또한 노사협의회에 의결사항을 신설하고 근로자 참여를 확대하였으며, 노동위원회의 조정·심판기능을 강화하고 정부가 노사관계에 직접 개입하는 것을 자제하도록 하였다. 그리고 정리해고제, 변형근로시간제 등이 입법화되어 노동시장의 유연성도 높아졌다.

특히 1998년 이후 노동관계법 개정은 노사정 대타협에 기초하였다. 1998년 2월 노사정 간의 '경제위기 극복을 위한 사회협약'에 의거한 1998~1999년의 노동법 개정은 일부 사항에 국한되어 있긴 하지만, 1987년 이후 10년에 걸친 노동법 개정의 대장정을 마무리하는 의미가 있다. 더구나 노동계가 오랜 기간 동안 도입을 저지해 왔던 파견근로제와 1996~1997년 노동법 파동의 핵심쟁점이었던 정리해고 관련 규정을 노사합의·여야합의로 처리했다는 것은 매우 중요한 정치적 의미를 갖는다. 법 개정 방식과 내용면에서 1998년의 노사정 대타협은 완결성을 갖추는 것이다. 1987년 이후의 시행착오로부터 얻은 교훈이 이같은 발전을 가능하게 하였다고 할 수 있다.

여기서는 교원노조가 합법화되고, 공무원에게 직장협의회 형식의 단결권이 보장되었다. 정리해고의 요건은 완화하는 대신, 절차는 구체화하고 파견근로제를 입법화하여 노동시장의 유연성을 높이고자 하였다. 그리고 2011년 7월 1일부터 사업 또는 사업장 단위에서 복수노조를 설립할 수 있게 되었다. 이에 따라 초기업단위의 노동조합뿐만 아니라 기업단위에서도 2개 이상의 노동조합이 자유롭게 설립되게 되었다.[12)]

한편, 2006년 11월 30일에 국회를 통과하고 2007년 7월부터 시행하는 비정규직보호법이 시행된 지 만 10년이 지났다. 비정규직보호법은 외환위기 이후 비정규직 근로자 수가 크게 증가하고 비정규직 고용의 질이 정규직 근로자에 비해 떨어진다는 주장이 제기되면서 비정규직의 처우를 개선한다는 취지에서 도입되었다. 비정규직보호법이라는 법령이 따로 존재하는 것은 아니며 '기간제 및 단시간 근로자 보호 등에 관한 법률', '파견근로자 보호 등에 관한 법률', '노동위원회법' 등을 포괄하여 통상 비정규직보호법이라고 칭한다.

비정규직보호법의 내용은 크게 비정규직에 대한 차별금지와 비정규직의 사용규제로 구분할 수 있다. 요컨대 비정규직보호법은 비정규직에 대한 차별금지 규정을 신설하여 기간제, 단시간, 파견근로자에 대한 차별처우를 금지하고 있다. 또한 비정규직 근로자의 남용을 방지하고 비정규직 근로자의 정규직 전환 의무를 규정하고 있다.

과연 비정규직보호법은 비정규직을 보호하는데 도움이 되었는가? 한국경제연구원이 2013~2015년 기간을 대상으로 한 분석결과 비정규직보호법은 오히려 전체 취업확률을 5.9% 포인트 감소시키는 것으로 분석되었다. 이를 세부적으로 살펴보면 비정규직보호법은 비정규직 취업확률을 6.7% 포인트 유의적으로 감소시키는 것으로 나타났으며 정규직의 취업확률에는 유의적인 영향을 미치지 못하는 것으로 나타났다(유진성, 2018.03.22). 정규직 취업확률은 증가하지 않은 채 비정규직 취업기회만 감소하여 기존에 일할 수 있

12) 2011년 7월 1일 도입된 복수노조와 교섭창구 단일화 제도가 시행 1년을 맞으며, 정부는 노조 난립이나 노조 설립 관련 분규가 별로 눈에 띄지 않는 등 제도가 성공적으로 안착했다고 평가했다. 이날 고용노동부에 따르면 무분별한 노조 추가 설립은 별로 없었으며, '교섭창구 단일화제도'의 이행률도 97%를 넘어 거의 창구단일화가 이뤄졌다는 것이다. 복수노조제에 대한 기업의 반응은 긍정적이었으나, 노동계는 부정적인 입장을 보이고 있다(중앙일보, 2012년 7월 2일자).

었던 비정규직 일자리마저 잃게 했던 것이다.

비정규직보호법이 고용에 미치는 부정적인 영향을 감안하면 향후 비정규직보호법을 개정할 필요가 있는 것으로 생각된다. 비정규직보호법은 불합리한 차별금지에 중점을 둘 필요가 있으며 기간제 및 파견근로자의 사용기간 제한은 2년에서 4년으로 완화하는 방안을 고려할 필요가 있다. 이와 함께 정규직 고용보호도 완화하여 정규직과 비정규직의 이중구조를 해소할 필요가 있으며, 기업이 정규직 일자리 창출 유인을 높일 수 있도록 고용친화적인 환경을 조성할 필요도 있다고 생각된다.

⑥ 신노사관계 구축의 실패와 경제위기

1987년 6·29민주화 선언 이후 노동운동이 활성화되고 노사분규가 대형화 장기화되면서 경제성장의 견인차 역할을 해 온 수출의 증가율이 둔화되면서 무역수지 적자폭이 급속하게 증가하면서 마침내 1997년 말 외환위기로까지 이르며 IMF관리체제 하에 들어갔다.

어쩌면 6·29민주화 선언 이후 개발연대의 권위주의 노사관계에 대한 저항과 신노사관계의 창출을 모색하는 시기였다고 할 수 있다. 이 시기에는 노사관계의 발전에 상당한 진전이 있었다. 근로자들의 노동권도 크게 신장되었고 기업경영과 국가정책 결정에서 노동계의 위상과 역할도 크게 높아졌다. 기업의 노동조합의 역할 및 인적자원으로서의 종업원의 가치에 대한 인식도 사용자 중심의 노사관계가 지배하던 1980년대 중반과는 크게 달라졌다. 정부도 사회적 합의를 추진하고 노동관계법을 국제적 규범에 부합할 정도로 개정하는 등 신노사관계의 제도적 틀을 마련하기 위해 노력하였으나, 노사관계 주체로부터의 정통성과 경제사회제도와 정합성을 갖춘 신노사관계는 구축하지 못했다.

이제 우리는 선진국 진입을 바라보면서 불확실한 기업환경에 대비하고 지속적인 기업발전을 도모하기 위해서는 무엇보다도 조직구성원들 간의 긴밀한 협력을 통한 생산성의 지속적인 향상과 노사 간의 대화와 협력을 통한 신뢰관계를 구축하여 산업평화를 유지할 수 있어야 한다.

제3절 지식기반산업화와 신노사관계의 구축

1. 지식기반산업화와 신노사관계

21세기에는 지적자본이 중요한 생산요소가 되는 지식기반산업화가 빠르게 진전될 것이다. 물론 과거에도 기술수준과 노동력의 질 등으로 나타나는 지적자본은 개별 경제주체 및 국민경제의 생산성을 결정하는 중요한 변수였다. 특히 지식기반산업화가 급속히 진전되는 21세기에는 지식기반산업화의 성공적인 구축이 한국사회의 국가적인 과제가 될 것임은 의문의 여지가 없다.

현재 한국에서는 지식기반화를 위한 자원은 많이 투입되고 있지만, 지식기반화는 여전히 미흡한 수준에 머물고 있다. 사실 지식기반화는 경제사회정책을 포괄적으로 인도하는 지표라고 할 수 있으나, 지식과 정보를 창출하고 활용하는 주체인 인적 자원을 개발하는 것이 무엇보다 중요한 과제라 하겠다.

지식기반산업화는 지식·정보를 창출하고 배분하는 과학자와 전문가만으로 이루어지는 것이 아니라 지식·정보를 직접 생산활동에 적용하는 산업현장에 있는 근로자의 역할도 크다. 산업현장에서는 소비자의 다양하고 변화하는 수요에 부응하고 보다 높은 정보기술의 발전이 뒷받침되어 다품종 소량생산체제가 확산되고 있나. 또한 생산방식도 위계적 조직질서에서 유연한 수평적·통합적인 조직질서로 바뀌고 있다. 이러한 변화는 일선 근로자의 직무범위가 확대되고 직무의 난이도가 높아진다는 것을 의미한나. 직무범위가 넓어지고 직무의 난이도가 높아실수록 근로자의 직무능력이 생산성에 미치는 영향력은 커지게 된다.

한편, 관료적·분업적 조직질서가 네트워크 질서로 전환됨에 따라 근로자 및 단위 부서간의 원활한 의사소통과 상호협력이 조직의 성과에 미치는 영향력도 커지게 된다. 따라서 조직구성원의 자율성이 존중되고 창의성을 발휘할 수 있는 조직문화의 형성이 조직의 성과를 높이는 중요한 요소가 된다.

종래 개발연대 기간에는 노사분규 건수를 줄이는 데에 온 힘을 쏟았으나, 21세기의 지식기반사회에서는 근로자의 능력을 개발하고 조직몰입도를 높여 지식기반산업화에 부응하는 조직문화를 구축하는 데에 초점이 두어야 한다. 따라서 노사관계도 산업화시대의 적대적 대립관계가 아닌 지식기반산업화 시대의 협조 가능한 상대적 대립관계로의 새로운 노사관계상을 확립해야 할 것이다.

2. 노사관계 환경의 변화와 새로운 노동정책

1980년대 후반 이후 한국사회는 개발연대의 권위주의 노사관계를 대체할 새로운 노사관계를 창출하기 위해 부단히 노력하고 있으나, 아직 성공하지 못하고 고통과 비용을 많이 치르고 있다. 그렇지만 노사관계를 둘러싸고 있는 환경이 급속히 변화되고 있다.

최근의 노사관계는 노사정 관계가 재정립되고, 산업현장 노사관계 전반에 큰 영향을 주는 굵직한 제도 변화가 수반되는 전환기적 양상을 보였다. 2018년 상반기에 근로시간 단축 법안이 국회를 통과한데 이어 하반기에는 고율의 최저임금 인상, 최저임금법 시행령 및 산업안전보건법 개정, ILO핵심협약 비준 추진과 같은 굵직한 이슈들이 있었다.

정부는 근로시간 단축법 시행, 고율의 최저임금 인상 등 소득주도성장 정책을 뒷받침하기 위한 정책을 추진하면서 고용상황 개선을 위한 근로시간 단축 계도기간 부여, 최저임금 산입범위 확대 등 후속대책을 마련했다. 노동계는 노동계 우호적인 고용노동정책 실행을 강하게 요구하면서 투쟁 분위기를 조성하고 조직 확대에 주력하는 모습을 보였다.

그렇지만 우리나라의 경제상황은 기초체력 약화로 어려움을 겪는 가운데 노동 관련 법제도 변경 및 최저임금 인상 논의 등으로 산업현장의 불확실성이 훨씬 높아지고 있다. 문재인 정부의 대표적인 정책은 근로시간 단축이었다. 2018년 2월 실근로시간을 1주 최대 68시간에서 52시간으로 단축하는 근로기준법 개정안이 국회를 통과했다. 개정법은 2018년 7월부터 300인 이상 사업장에 적용되고 있고, 규모별로 3단계에 걸쳐 단계적으로 적용된다. 근로시간 제한을 받지 않는 특례업종은 기존 26개에서 보건업, 육상운송업(노선여객운송사업 제외)을 포함한 5개로 축소됐다.[13] 문제는 근로시간 단축만을 먼저 시행하다 보니, 법이 시행된 지 1년이 넘도록 기업이 필요로 하던 근로시간 유연화를 위한 제도개선은 이루어지지 못하고 있다.[14]

고율의 최저임금 인상 정책도 이어갔다. 2019년 적용 최저임금은 시급 8,350원(월 환산액 : 주 40시간 기준 1,745,150원)으로 결정됐는데 2018년 적용 최저임금(시급

13) 우리나라의 경우 2018년 7월부터 300인 이상, 2019년 1월 1일부터 300인 미만 중소기업이 근로시간을 단축해야 한다. 이에 따라 근로시간 활용에 유연성을 높이는 것이 시급한 과제다.

14) 현행 유연근로제도는 ① 탄력근로제 : 단위기간 3개월, ② 선택근로제 : 단위기간 1개월, ③ 재량근로제 : R&D 등 전문업무, ④ Whit-collar exemption 없음 등이다(최종석, 2019.10.04.).

7,530원)에 비해 820원(전년 대비 10.9% 인상) 오른 금액이다. 2000년부터 2019년까지 물가상승률이 연평균 2.5% 오른데 반해 최저임금은 같은 기간에 연평균 9.1%나 상승했다.

이로 인해 최저임금의 직접영향을 받는 근로자 비율은 2000년 1.1%(5.4만 명)에서 2019년 25.0%(500.5만 명)로 크게 늘었다.

경기침체와 더불어 근로시간 단축, 고율의 최저임금 인상 등의 영향으로 고용상황은 어려워졌다. 정부는 후속대책을 통해 고용상황 개선을 모색하고, 근로시간 단축에 대해서는 6개월의 계도기간을 부여했고, 탄력적 근로시간제 개선도 추진하고 있다. 또한 최저임금의 경우 매달 지급하는 상여금과 현금성 복리후생비 일부를 산입범위에 포함하는 내용으로 최저임금법을 개정했다.

그러나 정부의 후속대책은 산업현장의 부담을 줄이기에 부족하다는 지적이 많다. 특히 유연근무제 활성화를 위한 제도개선을 통해 산업현장 부담을 완화해야 한다는 목소리가 크다. 유연근무제는 업무 사정에 따른 탄력적인 근로시간 운영이 가능하나, 현행 유연근무제는 제도 도입 취지가 무색할 만큼 단위기간이 짧고 도입요건도 까다롭기 때문이다.

이러한 이유로 2018년의 한국노동연구원 조사결과에 따르면 탄력적 근로시간제를 도입한 기업은 3.22%에 불과했다. 유연근무제 활용도를 높이기 위해서는 단위기간을 최대 1년까지 확대하고, 도입 요건도 '개별 근로자와 합의'로 완화해야 할 것이다.

한편, 정부는 노동존중사회 실현을 위해 ILO 핵심협약 비준을 추진하고 있다. 2017년 11월 공식 출범한 경제사회노동위원회(이하 '경사노위')에서 관련 논의가 진행 중이다. 경사노위 산하 '노사관계 제도·관행 개선위원회'는 2018년 11월 20일 'ILO 기본협약 비준을 위한 공익위원 합의안'을 내놓았는데 해고자 노조가입 허용, 소방공무원과 5급 이상 공직자 노조 가입 허용, 특수형태종사자 노동권 보호방안 모색이 주요 내용이다.

향후 노사 간 힘의 균형을 회복하고 노사관계 선진화의 틀을 갖출 수 있도록 과도한 노동권 보호조항을 개정하는 논의가 이뤄져야 한다. 특히 대체근로 허용, 부당노동행위 제도 폐지, 사업장 내 쟁의행위 금지 등 글로벌 표준에 맞는 제도 개선 논의가 시급히 이루어져야 할 것이다.

화이트칼라 이그젬션 제도의 이해

최근 고용노동부의 '일자리 창출을 위한 노동시장 구조개선 방안'과 관련해 제시되고 있는 정책 중 하나로 화이트칼라 이그젬션 제도에 대한 정확한 이해가 필요하다. 근로시간유연화를 위한 제도는 큰 틀에서 볼 때 간주근로시간제, 탄력적 근로시간제, 선택적 근로시간제, 근로시간, 휴일 및 휴게 면제로 구분할 수 있다. 정확한 근로시간 측정이 불가능해 노사가 합의한 시간을 근무한 것으로 간주하는 것이 간주근로시간제이다. 탄력적 근로시간제는 업무량 변동주기에 따라 2주, 1개월, 혹은 3개월 간 등과 같이 일정한 기간을 평균하여 1일 또는 1주일 간 근로시간이 법정근로시간을 초과하지 않게 설정하는 것을 말한다. 선택적 근로시간제는 근로시간의 단축과 효율적 배분을 위해 일정기간의 단위로 정해진 총 근로시간 범위 내에서 업무의 시작 및 종료시각 및 1일 근로시간을 근로자가 자율적으로 결정하는 제도이다. 근로시간, 휴일 및 휴게 적용제외 제도는 사업의 성질 또는 업무의 특수성으로 인해 업무의 시작과 종료시각을 엄격하게 정할 수 없거나 근로시간, 휴일 및 휴게 적용이 적절하지 않다고 판단되는 업종, 직종, 근로형태에 한해 관련 조항을 배제하는 것이다.

재량근로제도는 엄격한 근로시간관리가 어려울 경우 노사 합의를 통해 정해진 시간만큼 근로한 것으로 간주한다는 것이다. 따라서 노사가 정한 근로시간의 범위를 넘어서는 연장, 휴일 근로에 대해서는 근로기준법이 적용된다. 정한 시간 외 근무는 초과수당을 지급해야한다는 것이다. 재량간주시간제의 활용률이 낮은 이유는 노사합의 과정을 거쳐야 할뿐만 아니라 초과수당 지급에 관한 문제로 인한 결과로 볼 수 있다. 그러나 화이트칼라 면제제도의 경우 특정조건을 만족하면 수당에 대한 지급 의무가 없다. 그러므로 노사 간 분쟁의 소지가 있는 재량근로 대신 면제제도를 통해 고연봉 사무직 근로자에게 근로시간에 대한 자율성을 보장하고 기업의 수당지급에 대한 의무를 면제하는 것이다. 이 제도를 통해 초과수당에 대한 노사갈등의 소지를 사전에 차단할 수 있다. 한마디로 현재 재량 근로제의 문제점을 보완한 것이 화이트칼라 이그젬션 제도로 볼 수 있다.

그리고 화이트칼라 면제제도의 기준에 관해서 이해할 필요가 있다. 미국에서는 4인 가족 기준 최저생활비를 측정해 주당 $455, 연봉으로 환산할 경우 $23,660 이상이면서 연봉제 혹은 월급제 근로자 중 법에서 정하고 있는 사무직 근로자를 대상으로 면제하고 있다. 하지만 미국에서도 주당 $455가 너무 낮게 책정되어 있다는 비판을 받고 있어 한국에 도입할 경우 보다 현실적인 기준 마련이 필요하다. 그 대안 중 하나로 기간제 및 단시간근로자 보호에 관한 법률에 저촉되지 않는 기준인 전문직 상위 25%이상 근로자 임금수준을 적용하는 방안이 논의되고 있다.

| 표 1 | 재량간주근로제도와 화이트칼라 이그젬션 비교

구 분	재량간주근로제	화이트칼라 이그젬션
노사합의 여건	필요	없음
초과수당 지급	지급의무 있음	지급의무 없음
임금수준 기준	없음	기준 있음
근로시간기준	합의한 시간만큼 근로할 의무가 있음	시간기준 없음 정해진 성과달성을 위해 자율적으로 활용

자료: KERI Facts, 2015.01.15.

3. 선진국 노사관계의 유형과 시사점

위와 같이 빠르게 변화하고 있는 노사관계 환경에 적절히 대응하면서 한국의 국가경쟁력을 높일 수 있는 새로운 노사관계를 어떻게 창출할 것인가? 이를 위해 선진국 노사관계의 유형을 개략적으로 살펴보고 시사점을 찾고자 한다.

선진국 노사관계의 유형은 크게 미·영식의 임의주의모형(voluntary model)과 서유럽 모형(European model)으로 나누어 볼 수 있다. 임의주의모형은 근로조건과 근로복지 등을 노사의 임의적인 교섭·협의로 결정하게 하고 정부의 정책적인 개입을 최소화하는 노사관계모형으로서 미국이 대표적이다. 여기에는 정부의 노사관계입법은 노사의 교섭절차나 방식 등을 규정하고 있으며 기업별 분산교섭이 주축이고 노조는 근로자의 경제적 이익보호에 치중하므로 노사관계가 대립적이다. 근로조건과 근로복지에 대한 사회적 규범이 미흡하므로 기업별로 지불능력, 노조 유무 등에 따른 근로조건의 격차가 크다.

서유럽 모형은 근로조건과 근로복지설정에 정부의 입법적 관여가 상대적으로 크다. 산업별·국민경제단위의 통합적 교섭이 주축이며 노조는 근로자의 경제적 보호와 사회적 형평을 함께 추구한다. 그러나 서유럽 모형은 일정 수준의 근로조건과 근로복지가 기업실정과 무관하게 균등하게 결정되는데 따른 유연성이 떨어진다는 비판도 있다. 서유럽 국가들 중 영국, 네덜란드, 덴마크의 실업률이 EU 평균(11%)의 절반수준인 5~6%대로 낮고 경제성장률과 물가상승률 등의 경제지표들도 아주 건전하게 나타나고 있어

주목이 되고 있다.[15)]

한편, 일본의 노사관계모형은 임의주의모형과 서구식 모형을 혼합한 제3의 모형으로 볼 수 있다. 일본은 기업별 분산교섭이 주축이지만 노사관계·고용정책을 통한 정부의 공식적·비공식적 관여가 크고 각급 노사협의 제도를 통해 노사관계가 협력적이다. 일본 모형의 노사협의 채널을 보면, 한국과 같이 기업별 노조, 기업별 교섭을 주축으로 하지만 기업별 체제의 취약성이 한국과 같이 크지는 않다.[16)]

노사관계유형이 경제사회에 미치는 영향력에 대하여는 최근 많은 논의가 이루어지고 있다. 1980년대 이후 구조조정을 통하여 지난날 중병을 앓던 경제를 치유하는데 성공한 영국·미국·네덜란드의 사례가 주목되고 있다. 영국과 네덜란드는 노동시장의 유연성 강화라는 제도개혁을 중심으로, 미국은 제도보다 기업의 리엔지니어링을 중심으로 추진되었다. 영국은 특히 노동배제적 방식으로 정부가 구조조정을 주도하였고 네덜란드는 노·사·정 합의에 기초하여 구조조정을 추진하였다. 그 결과 영국은 구조조정에 성공하였지만 10여 년에 걸친 노정대립과 사회갈등을 경험하였다.

이에 비해 네덜란드는 사회통합을 크게 해치지 않으면서 구조조정에 성공하였다. 미국 기업들의 경우에도 기업혁신을 사용자가 일방적으로 추진한 경우보다 노사가 파트너십을 맺어 함께 추진할 경우 성공할 가능성이 높았던 것을 보이고 있다. 그런데 미국의

---

15) 서유럽 모형 중 실업률을 반으로 줄인 영국과 네덜란드의 사례를 보자. 영국에서는 제2차 세계대전 이후 산업 구조조정에 실패하고 노동자 파업이 빈번히 발생하면서 영국병으로 일컬어지는 낮은 생산성과 이에 따른 높은 실업률에 시달렸다. 1979년 마가렛 대처 수상이 이끄는 보수당 정부는 18년의 집권기간 동안 부실에 허덕이던 국영기업들을 민영화하고 조세부담을 대폭 감면했으며 기업 활동에 대한 각종 규제를 완화하는 등 경제·사회 전반에 걸친 개혁을 단행하였다. 클로즈드숍과 2차 파업을 금지했으며, 불법 파업에 대해서는 노조의 배상책임제를 도입하였다. 그 결과 보수당 집권기간 동안 500만 명에 이르는 조합원이 노동조합을 탈퇴하고, 총 파업일수도 1979년 2천 9백만 일에서 1997년 1천 1백만 일로 크게 줄어들었다. 이후 집권한 노동당의 토니 블레어 수상은 기존의 보수당 개혁기조를 대부분 그대로 유지하였다.

네덜란드 경제는 지난 1993~1998년간 평균 3% 이상의 성장률을 기록했으며, 실업률은 1997년 말 당시 5.3%로 EU 평균치의 절반 수준에 머물렀다. 네덜란드 경제의 이와 같은 성공 요인은 고도로 발달한 협력주의에 근거한 노사관계에 있다. 네덜란드에서는 노동조합, 사용자 그리고 정부가 대화를 통해 갈등의 해결방안을 함께 모색하는 타협의 전통이 일찍부터 자리 잡았기 때문이다. 네덜란드에서 노사정 간의 협력은 제2차 세계대전 이후 설립된 '노동재단'과 '사회경제위원회(SER)'라는 기구를 통해 제도화되었다.

16) 일본의 노사와 정부는 「산업노동간담회」를 설치하여 국민경제단위에서 노사와 정부 사이에 협의를 정례화하고 있다. 노동대신의 자문기구이지만 수상과 관계장관이 수시로 참여하여 사실상 수상의 자문기구로 기능하고 있다. 그리고 「산업별노사회의」를 주축으로 산업·업종단위에서 노사협의 및 노사의 정책참가가 활성화되고 있다. 산업레벨에서 노사의 정보와 의견교환(노사협의)의 장이지만 산업정책상의 문제에는 정부도 참여하고 있다.

경우 실업률은 상대적으로 낮으나 근로자의 직장에 대한 불안감은 오히려 크다. 그리고 근로자 간의 임금격차가 확대되고 저임금 근로자가 크게 늘어나는 것도 서유럽의 실업문제 못지않은 문제점으로 지적되고 있다.

한국의 노사관계는 영미와 같이 기업별 분산교섭이 주축이지만 근로조건 등에 대한 입법적 관여가 적지 않으므로 일본모형에 가깝다고 할 수 있다. 그러나 일본에 비해서 기업별 교섭을 보완하는 협의채널이 미흡하고 노사관계는 상당히 대립적이라고 할 수 있다.

한 나라의 노사관계는 노사정(勞使政) 3주체와 이 주체들의 행위를 제약하는 환경 여건 및 지금까지 축적되어 온 노사관계의 제도와 규범 등에 의하여 결정된다고 할 수 있다. 따라서 선진국의 노사관계가 한국에 그대로 이식될 수는 없으나 한국 노사관계의 발전 방향을 모색하는데 중요한 준거틀이 될 수 있다. 그 점에서 기업별 분산교섭에 따른 문제점을 보완해 온 일본의 노사관계 모형과 경제사회적인 형평성을 추구해 온 서유럽식 노사관계모형은 우리에게 좋은 시사가 될 수 있다.

4. 21세기 신노사관계의 발전 방향

(1) 신노사관계의 구축 방향

한국경제가 21세기 선진화로 나아가기 위해서는 새로운 노사관계의 구축이 필수적이다. 성합성과 정통성을 확보한 신노사관계를 조기에 정착시켜야 경제성장의 새로운 에너지를 창출할 수 있을 것이다. 신노사관계는 적어도 다음과 같은 점이 고려되어야 할 것이다.

첫째, 대립을 지양하고 협력을 추구해야 하며, 둘째, 국가경영이나 기업경영에서 노동배제정책을 지양하고 참여를 확대해야 하고, 셋째, 노사관계를 분배중심에서 생산중심으로 전환시켜야 한다. 분배위주의 노사관계 아래에서는 노사가 제로 섬 게임을 벌이기 때문에 갈등과 대립이 수반된다. 반면에 생산지향적 노사관계는 미래지향적이고 노사 모두에게 보다 큰 이익을 가져다주는 사항을 다루는 포지티브 섬게임이 되어 공존·공영의 노사관계를 발전시킬 수 있다.

21세기 신노사관계의 핵심은 신노사협력주의라고 할 수 있다. 과거의 노사협력이 강요된 것이라면 신노사협력은 자발적·능동적이며 대등한 참여가 보장된 협력이다. 이러한 신노사협력은 기업경쟁력을 높이고 근로자의 고용안정과 일하는 보람을 증진시키는 노사 공생·공영의 기초이다. 이제 신노사관계는 협력, 참여, 생산의 원칙에 따라 노사관계 제도와 관행, 노사의 의식과 문화, 노동정책과 노동법 등을 혁신하여야 한다. 그리하여 하나의 자기완결적인 노사관계 시스템을 창출해야 한다.

(2) 사회적 합의의 제도화

21세기에 선진화를 위해 한국사회가 지향하는 노사관계의 기본틀은 노·사·정 간의 참여와 협력의 제도화라고 하겠다. 이러한 참여와 협력은 기업·지역·업종·전국단위에서 중층적으로 다양하게 이루어지지 않으면 안 된다. 이를 위해서는 노·사의 각 단계별 상응조직이 필요하며 각 조직의 위상이 조직구성원 간에 확립되어야 한다. 그리고 이러한 노사의 상응조직과 정부·공익을 포함한 4주체가 공식·비공식의 다양한 접촉창구를 개설함으로써 현실에 대한 공통인식과 이해관계의 공통분모에 대한 합의를 형성해 나가야 한다.

기업단위에서는 노사가 생산성 향상과 성과배분, 종업원훈련과 산업안전 및 복지증진을 위해 상호협의·협력을 해야 한다. 또한 업종·지역단위에서는 노사의 상응조직과 관련 정부·공익이 모여 산업구조정책, 지역개발정책 등을 협의하며, 업종이나 지역의 발전을 위한 정책을 공동으로 건의하거나 업종·지역별교섭에서의 준거지표를 합의하여 제시할 수도 있다.

전국적인 중앙차원에서는 노사의 전국중앙조직 대표와 정부·공익대표가 모여 거시적 시각에서 국민경제전체의 이익과 근로자이익의 조화를 추구해야 한다. 나아가 합리적인 임금인상 수준과 임금격차 축소방향, 근로자의 보편적 복지증진정책, 그리고 국가경제가 위기를 맞을 때 노·사·정의 공동대응과 각자의 역할분담을 논의해야 한다.

이상과 같은 노·사·정·공익 사이의 참여·협력관계는 기업 등 하부단위와 전국단위가 균형적으로 발전되어야 한다. 기업단위에서의 참여·협력이 가져올 미시적 유연성과 전국단위에서의 참여·협력이 가져오는 거시적 형평성이 균형과 조화를 이루어야 하며 상호 적절한 견제가 필요하다 하겠다.

(3) 교섭구조 및 교섭문화의 개선

임금협상에는 중요한 두 가지 측면이 있다. 하나는 정치적 과정의 성격을 띠는 협상과정 그 자체이고, 다른 하나는 협상결과인 임금인상률이 지니는 의의이다.

먼저 협상과정은 정치적 과정이므로 공정해야 하고, 가능한 분쟁을 최소화하면서 합의를 이루어야 한다. 이를 위해서는 ① 협상당사자의 교섭력이 균형을 이루어야 하고,

② 교섭력이 행사되는 메커니즘이 적절해야 하며, ③ 노사의 교섭자세와 관행이 합리적이어야 한다.

다음으로 교섭결과 노사합의로 결정되는 임금인상은 경제적·사회적으로 중요한 의의를 지닌다. 따라서 임금인상은 경제적 정합성을 지녀야 할 뿐만 아니라 임금은 사회적 정합성도 가져야 한다. 여기서 경제적 정합성이란 임금이 다른 경제지표와 조화를 이루면서 상승되어야 한다는 것이고 사회적 정합성이란 경제수준에 걸맞은 임금수준이 모든 근로자에게 고루 보장되어야 함을 의미한다.

이와 같이 임금이 경제적·사회적 정합성을 지니기 위해서는 새로운 임금교섭 구조의 모색이 필요하다. 이를 위해서는 첫째, 〈그림 10-3〉에서 제시되고 있는 바와 같이 업종 및 기업특성에 따라 다양한 유형의 중앙교섭과 기업별 교섭을 연계하는 효율적인 다층 임금교섭체계를 구축하여야 한다. 여기에는 노·사·정이 함께 노력해야 한다.

둘째, 각 교섭단계 사이의 임금교섭의 대상 및 합의방향에 관한 조정이 사전에 이루어져야 한다. 중앙교섭에서는 국민경제적 시각에서 임금수준인상률과 임금격차조정목표에 합의하고 경제·사회의 발전 및 근로복지증진, 기업경쟁력 강화를 위한 정책건의에 관한 합의를 주된 내용으로 해야 한다. 업종별 공동교섭에서는 중앙교섭의 범위 내에서 업종의 특수성을 감안한 조정치에 합의하고, 산업정책에 관한 건의에 합의할 수 있다. 기업교섭에서는 상급교섭의 범위 내에서 기업의 특수성을 고려한 조정치에 관한 건의에 합의할 수 있다.

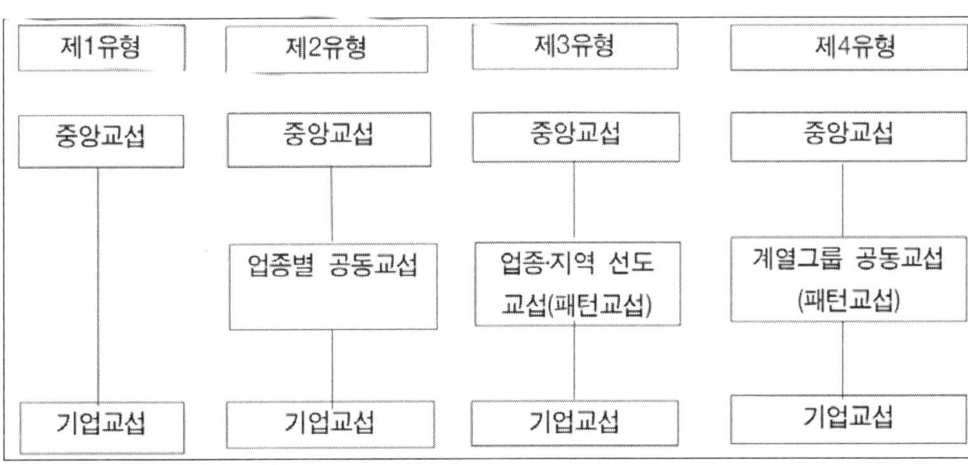

▎그림 10-3▎ **다층 임금교섭체계 모형**

셋째, 각 단계별 임금수준교섭에서 노사가 임금인상률 결정을 공식화하고, 이에 필요한 지수도 표준화할 필요가 있다.

넷째, 각 단계마다 중립적인 전문가의 연구를 활용할 필요가 있다. 특히 중앙교섭의 역할이 중요해 질수록 중립적 전문가의 전문적 견해가 중요한 참고사항이 될 수 있다.

다섯째, 노사 간의 모든 문제가 교섭대상이 되어서는 산업사회의 안정과 생산의 효율성을 가져올 수 없으므로 교섭대상의 합리적인 설정이 필요하다. 마지막으로, 단체교섭제도의 정착과 발전을 위해서는 일단 합의한 단체협약 기간 중에는 노사가 함께 협약을 준수하고 평화의무를 철저히 지켜야 할 것이다.

(4) 참여적 경영의 발전

근로자의 참여제도는 소유참가, 성과참가, 의사결정참가 등 다양한 형태가 있다. 그런데 이들 참여제도에는 기업경영 정보의 노사공유와 기업생산성 향상에 대한 노사협력이라는 공통적인 특징을 가진다. 선진국의 노사관계에서는 근로자 참여제도가 노사협조와 생산성 향상의 가장 중요한 원천으로 인식되고 있으나 한국에서는 노사갈등과 생산성 저하의 주된 원인이 되어 왔다. 이는 한국의 사용자들이 근로자들의 경영참여 요구를 무조건 거부하는데 비해 노조는 합리적인 제도의 개발을 통한 참가관행의 정착보다는 강화된 조직력의 행사를 통해 경영에 참여하려 하기 때문이다. 경영에는 본질적으로 신뢰와 협력이 전제되어야 하며 대립과 투쟁이 있는 곳에는 성공할 수 없다.

먼저, 의사결정참가는 노사협의제를 활용하는 것이 바람직하다. 노사협의제를 통한 의사결정참가 관행을 발전시킨다면 합리적인 한국적 참가모형이 정착될 수 있을 것이다.

근로자의 주인의식 함양과 근로자 욕구의 제도 내 수렴을 위해서는 합리적인 소유참가와 성과참가제도를 개발하는 것이 필요하다. 소유참가제도의 발전을 위해서는 종업원지주제와 스톡옵션제가 활성화되어야 한다. 성과참가제는 임금교섭에서 이미 생산된 파이를 서로 많이 차지하기 위해 대립하는 것을 지양하고 파이 자체를 더 크게 하기 위한 생산에 공동으로 노력하고 공정하게 나누어 가진다는 인식을 가지는 것이다.

또한, 작업현장에서 근로자 참가를 위한 작업장 혁신도 추진되어야 할 것이다. 근로자들의 참가에 의해 혁신이 추진된다면 근로자의 일하는 보람과 일에 대한 헌신을 높일 수 있고, 나아가 생산효율과 품질을 향상시킬 수 있는 원천이 될 수 있다.

마지막으로, 참여적 경영에는 노사의 기업경영에 관한 생산적 대화능력을 증진시키는 것이 중요하다. 기업경영에 대한 충분한 이해 없이 이루어지는 경영참가제도는 기업경영의 효율성을 떨어뜨리고 노사 간 갈등만 초래하게 되는 것이다.

(5) 노동행정의 재구축

개발연대의 권위주의 노사관계 아래에서 정부는 중립적 조정자·심판자가 아니라 직접적 당사자 역할을 하였다. 그리하여 노사관계는 실종되고 노정관계만 존재하였다고 비판받았다. 1987~1997년 기간의 노동정책은 사회적 합의의 추진, 노동관계법의 정비 등과 같은 방향성을 가지고 있었으나, 때로는 일관성을 지키지 못한 경우도 적지 않았다. 이제 정부는 노사관계 개선사업에 대한 투자를 대폭 확대해야 한다. 노사관계 개선을 위해 경영자가 주도하되 노조도 함께 협력하도록 정부가 유도해야 한다. 오늘날 또는 가까운 미래의 근로자상은 과거와 달리 자신이 팔 수 있는 지식과 기술을 갖추고 있고, 사용자와 거의 대등한 교섭능력을 가지고 있어 결코 무력하지도 않다.

따라서 21세기 신노사관계의 구축을 위해 정부는 노사관계의 공공재를 생산하여 노사에게 신속하게 전달하는 역할을 해야 한다. 이를 위해서는 첫째, 노사관계의 비전과 원칙을 설정하고 제시해야 한다. 정부가 이러한 역할을 해야만 나라 전체의 통일된 노사관계 이념과 가치를 공유할 수 있게 되는 것이다.

둘째, 분쟁조정제도를 더욱 발전시켜야 한다. 노사자율 원칙이 정착되기 위해서는 공정성과 전문성이 확보된 분쟁조정기구가 충분한 역할을 할 수 있어야 한다.

셋째, 노동관계법을 정비하여야 한다. 1997년 3월과 1998년 노사정 대타협에 의한 법 개정으로 한국의 노동법은 노동권과 노동시장 유연성 측면에서 국제기준에 상당히 부합하는 수준에 도달했다고 보인다. 그러나 집단적 노사관계 부문에서 공무원의 단결권 문제, 사업장 복수노조 및 노조 전임자 급여지급문제 등의 합리적 해결과 개별적 노사관계 부문에서 법정근로시간 단축과 주 5일 근무제도의 이행, 비정규직 근로자 보호와 고용유연성의 조화 등을 추진해야 할 것이다.

넷째, 정부는 기업단위 노사관계 혁신을 촉진하는 역할을 해야 한다. 개별 기업의 혁신에는 많은 어려움이 따른다. 따라서 기업이 혁신을 추진하는 과정에서 벤치마킹할 수 있는 모범사례를 발굴하고 확산시킴으로써 개별 기업들이 혁신의 시너지 효과를 누릴 수 있도록 해야 할 것이다.

제4절 한국형 노사관계 구축을 위한 과제

한국의 노사관계는 경제발전단계 및 정치권력구조의 변모 등과 같은 노사관계 환경의 변화에 따라 크게 변화해왔다. 돌이켜 보면 지난 개발연대의 찬란한 경제발전은 노동억압 위에 이루어졌다고 할 수 있다. 그러나 1987년 이후 10년간에도 한국은 개발연대의 권위주의 노사관계에서 벗어나 새로운 노사관계를 창출하지 못함으로써 노사관계가 불안해졌고 경제 각 부문의 경쟁력은 크게 약화되었다. 그 결과 한국경제는 건국 이후 최대의 경제위기를 맞게 되었다. 한국은 힘든 구조조정기를 겪으면서 노동시장이 유연한 미국과 구조조정을 통하여 중병으로 허덕이던 경제를 치유하는데 성공한 영국, 뉴질랜드, 네덜란드와 같은 선진국의 사례에 주목하게 된다.

우리나라의 노동시장은 경제위기 이후 실업자 수가 크게 증가하고 실업률도 높은 수준으로 유지되고 있다. 그리고 시간제 근로자와 임시·일용직 근로자의 비중도 크게 높아졌다. 그리고 1998년 이후 새로운 노동 관련 제도가 도입되어 시행되면서 한국의 노동시장의 유연성이 높아지긴 했지만 고용구조는 상당히 불안해지고 있다. 그리고 2007년 7월부터 비정규직 근로자 보호법이 시행되면서 노동시장에 상당한 변화를 가져왔다. 거기다가 지식기반사회가 크게 진전되면서 노동시장에서도 고용구조, 임금, 기술자격요건 등의 변화를 야기하고 있다.

더욱이 2011년 7월 1일부터 사업 또는 사업장 단위에서 복수노조의 설립이 허용됨으로써 초기업단위뿐만 아니라 기업단위에서도 2개 이상의 노동조합을 자유로이 설립할 수 있게 되었다. 또한 2012년 하반기부터 임금체불 사업주에 대한 명단이 공개되고, 퇴직금 중간정산이 엄격하게 제한되며, 1년 미만의 계약직 근로자에 대한 최저임금이 수습기간 동안에도 전액 적용되는 등 노동행정에 많은 변화가 예상된다.

글로벌 경영위기에서 생존하고 협력적인 노사관계를 구축하기 위해서는 무엇보다도 노사가 함께 간다는 공동체의식을 가져야 하며, 문제해결을 위한 적극적인 자세로의 전환은 물론, 서로를 존중·배려·양보하는 노력이 계속되어야 할 것이다. 한국경제가 선진화로 진입하기 위해서는 끊임없는 구조조정의 고통을 감내하면서 신노사관계를 구축하지 않으면 안 된다. 한국의 노사가 자기 완결적인 신노사관계를 구축할 수 있다면, 글로벌 경쟁시대에 한국경제의 선진화를 앞당기는 새로운 엔진의 역할을 할 수 있을 것이다.

참고자료

강순희(1988), 『한국의 노동운동: 1987년 이후 10년간의 변화』, 한국노동연구원.

고용노동부(2018), 『2017년 노동조합 조직현황』, 고용노동부.

권순우(2002.11.27), "외환위기 5년, 한국경제의 흐름과 과제", 『CEO Information』, 삼성경제연구소.

김어상(1999.11), "한국노동계의 현황: 노동구조 및 생산구조의 변화를 중심으로", 『가톨릭사회과학연구』, 가톨릭사회과학연구회.

노동부, 『노동백서』, 1987~2001, 각 호.

박덕제(1998.3), "노사관계정책의 방향", 한국노동경제학회 춘계정책토론회.

_____(1998.4), "선진국 산업별 노조운동의 특징과 전망", 한국노동연구원.

박병관(1998), 『주간경제』, 468호(1998.05.27), LG경제연구원.

배무기(1994), "세계화와 새로운 노사관계 패러다임의 모색", 경쟁력강화와 근로자 참여에 관한 토론회, 한국노동연구원.

산업연구원(1998a), 『새정부의 산업정책방향 - 경제위기극복을 위한 장단기 정책과제』.

__________(1998b), 『21세기를 대비한 산업구조 개편 - 지식기반산업을 중심으로』.

신유근(1988), 『한국의 경영노사관계』, 대한상의 한국경제연구센터.

신태곤(2003), 『한국경제론』, 법문사.

유진성(2018.03.22), "비정규직 보호하지 않는 비정규직보호법", KERI 칼럼, 한국경제연구원.

이규창(2000.01), "노사관계의 신패러다임", 『2000년 동계정책세미나』, 한국생산성학회.

이병희(2008), 『비정규직 보호법과 일자리 창출』, 한국노동연구원 2008년 1월 8일자 보도자료.

이선(1999.10), "지식기반산업화에 부응한 노사관계의 구축방향", 한국직업능력개발원 세미나자료.

이원덕(1998), "IMF 시대의 노동정책", 한국노동연구원.

_____(2001.10.23), "한국 노사관계의 회고와 전망", 서울대 노사관계연구소 주최 국제학술세미나 발표 논문.

이정희(2019.01), "'임중도원'의 노사관계 : 2018년 평가와 2019년 전망", 『월간 노동리뷰』 2019년 1월호, 한국노동연구원.

이천우(1990.2), "한국의 경제발전과 노동문제", 『노사문제연구』, 창간호, 창원대학교 노사

문제연구소.

임윤상(2000.07), “노동시장의 구조변화와 그 영향”, 『조사통계월보』, 한국은행.

장광수 · 한재준(1999.12), “경기순환에 대한 고용의 반응과 최근의 고용회복”, 『조사통계월보』, 한국은행.

조성재 · 이정희(2017), “2016년 노사관계 평가와 2017년 전망”, 『고용 · 노동브리프 68』, pp.1-8.

전재식(2011.08), “고학력화와 학력별 취업구조 변화”, 『The HRD REVIEW』, 2011, AUTUMN.

중앙일보, 2012년 7월 2일자.

최종석(2019.10.04), “일본의 '근로시간제도 개혁' 동향과 시사점”, 『대한상의 브리프』 제108호, 대한상공회의소.

통계청, 『한국의 사회지표』, 각 년도.

______, 『경제활동인구조사』 원자료, 각 년도.

______, 『경제활동인구 부가조사』, 2003년 및 2004년 원자료.

한국경영자총협회(1989), 『노동경제 40년사』, 한국경영자총협회.

한국노동연구원, 『노동통계』, 각 호.

____________(2000.01), 『한국의 노동법 개정과 노사관계』, 한국노동연구원.

____________(2004), 『2004년 임단협 및 임금체계 변화실태 종합분석』, 한국노동연구원.

현대경제연구원(1998), 『국내경제의 지식기반현황과 과제』, 현대경제연구원.

ILO, World Labour Report : Industrial Relations, Democracy and Social Stability, 1997-1998.

KERI Facts, 2015-01-15.

Vendramin P. & Valenduc G., Technologies et Flexibilite Editions Liaisons, Paris, 2002.

정보의 비대칭성과 역선택

1960년대 MIT에서 새뮤얼슨(Paul Samuelson) 교수와 솔로(Robert M. Solow) 교수의 지도를 받으며 경제성장의 수학이론에 대한 박사학위 논문을 쓴 애컬로프(George A. Akerlof)는 1966년 가을 학기부터 캘리포니아 주립대 버클리 캠퍼스에서 약관 26세에 교수직을 수행하기 시작했다. 그는 중고 자동차시장에서의 정보문제와 중고차 판매가 변동이 심한 전체 자동차 판매에 어떤 영향을 미치는지에 대하여 자신의 생각을 정리했다.

애컬로프 교수는 버클리 대학에 도착한 지 1년여 만에 소비자들이 신뢰가 가는 중고차에 대해서는 프리미엄을 지불할 의향이 있음에도 불구하고 중고차시장에 '레몬'(독일 자동차회사인 폭스바겐이 어느 해에 생산한 '뉴비틀' 가운데 결함이 많은 것이 유독 레몬색이라서 말썽 많은 자동차를 레몬이라 부르기 시작함)이 존재하며, 경우에 따라서는 성능이 좋은 중고차가 시장에서 자취를 감추게 되는 과정을 나타내는 논문을 완성했다. 애컬로프 교수는 "중고차 시장에서 거래되는 대부분의 중고차는 레몬이다. 좋은 중고차는 시장에서 거래되지 않는다. 결국 나쁜 중고차가 좋은 중고차를 축출해버린다"라고 결론지었다. 결국 비대칭 정보 하에서 정보를 갖지 못한 측이 기피하고자 하는 상대방과 거래할 가능성이 높아지는 현상이 발생한 것이다. 애컬로프 교수는 이를 역선택(adverse selection)이라고 했다.

어떻게 역선택이 발생하는지에 대하여는 쉽게 이해할 수 있다. 판매자 가운데 일부 또는 다수는 자신이 소유한 말썽 많은 자동차를 팔려고 한다. 이러한 가능성을 염려하는 구매자들은 판매자가 요구하는 가격에 응하지 않는다. 성능이 좋은 중고차 판매자는 자신의 자동차에 문제가 없다는 점을 잠재적 구매자를 설득할 길이 없다. 따라서 성능이 좋은 중고차의 판매자는 시장에서 팔기를 포기한다. 결국 중고차 시장에서 판매되는 자동차는 말썽부리는 '레몬'뿐이다.

이러한 정보의 비대칭성은 중고차 시장에 한정되지 않는다. 예를 들어 건강보험에서도 정보의 비대칭성이 존재한다. 건강보험을 구입하는 보험가입자는 자신의 건강상태에 대해서 보험을 판매하는 회사보다 훨씬 더 잘 알고 있다. 건강보험을 판매하는 보험회사는 가능하면 건강한 사람들이 많이 가입하기를 원한다. 반면에 보험가입자의 경우에는 건강상태가 나쁜 사람일수록 보험가입에 적극적이다. 만약 보험가입자들의 다수가 질병에 걸려 있다면 생명보험회사는 막대한 손실을 보전하기 위하여 보험료를 인상하게 된다. 인상된 보험료로 인하여 건강한 사람들은 더욱 보험가입을 기피한다. 최악의 경우에는 보험가입자의 대부분은 건강이 나쁜 사람들로 구성될 수도 있다. 이것이 역선택이다.

이와 같이 정보가 비대칭적일 경우 시장이 취할 수 있는 대책 가운데 하나는 신호주기(signaling)이다. 즉, 레몬을 두려워하는 거래 상대방에게 레몬이 아니라는 점을 알려주기 위하여 감추어진 특성을 검증할 수 있는 지표를 상대방에게 제공하는 것이다. 중고 자동차 판매상이 중고차에 대해서 일정기간 수리를 보증해주고, 건강보험 가입자가 본인이 현재 건강상태가 양호함을 나타내는 건강진단서를 제출하는 것이다. 노동시장에서 구직자와 구인자 사이의 비대칭정보를 해소하기 위해 구직자가 자신의 과거 해외연수, 논문 수상, 인턴 경력, 자격증 보유 등을 구인자에게 알려주는 것도 신호주기에 해당된다.

Chapter 11 한국의 소득불평등·양극화 문제와 소득불평등·양극화 완화

제1절 경제발전과 소득불평등 현상의 심화

전 세계적으로 지난 수십 년간 개방화가 진전되면서 국가 간 소득격차는 점차 줄어든 반면 국가 내에서의 소득분배는 지속적으로 악화되었다. 소득불평등 문제가 사회적 이슈가 되면서 기술진보, 재분배 정책 실패와 같은 내내직 원인뿐만 아니라 자유무역, 이민 및 다문화 문제, 국제 자본이동 등의 대외적 원인도 주목받기 시작했다. 그 결과 미국, EU 등 주요국에서 보호주의와 反이민정책이 부상하였다. 특히 우리나라에서도 소득불평등 문제는 관심이 크게 높아시고 있다. 이는 근래에 들어 심화된 중산층의 쇠퇴 현상과 관련이 깊다고 여겨진다. 특히 전통적인 지니계수 등의 소득불평등 지수[1]가 소득분포의 변동을 반영하지 못한다는 문제의식에서 양극화(bi-polarization) 개념이 등장하였다.[2]

1) 이들 지수 중 십분위분배율, 로렌츠곡선, 지니계수 등은 소득의 불평등 정도를 측정하기 위해 쓰이는 개념이다. 십분위분배율은 하위 40% 소득계층의 소득액을 상위 20% 소득계층의 소득액으로 나눈 비율이며, 이 값이 낮을수록 소득분배가 불공평하다는 의미다. 단점은 중간 계층의 소득이 어느 정도인지 알기 어렵다는 것이다. 로렌츠곡선은 가로축에는 소득액으로 정렬한 가계 숫자의 비율을, 세로축에는 이들의 누계소득 전유율을 표시한 선이다. 소득분배가 불공평해질수록 로렌츠곡선이 볼록해진다. 지니계수는 로렌츠곡선의 양 끝을 연결한 대각선과 로렌츠곡선으로 둘러싸인 부분의 면적의 크기를 지표로 나타낸 것이다.

2) 양극화란 특정 분포를, 예컨대 상위집단과 하위집단의 둘로 나눌 때 양 집단의 집락성이 더 커지는

소득불평등도는 사람들의 소득과 관련된 여러 측면에서 서로 차이가 나기 때문에 발생할 수밖에 없다. 개인 간 차이는 교육과 같은 인적자본, 거주지역, 물적자본의 소유 여부, 기술수준, 교역 등에 따라 다양하게 발생한다. 이러한 차이는 경제적 환경을 통해 소득의 차이로 나타난다. 양극화도 크게 다르지 않다. 중산층이 줄어드는 대신 고소득층과 저소득층이 증가하거나, 일부 고소득층이 중산층으로 추락하고 일부 중산층이 저소득층으로 하락하면 양극화는 심화된 것으로 나타난다. 특히 근래에 이르러 세계화와 기술변화에 대한 적응력 격차, 국내 산업의 높은 부품소재의 해외 의존도로 인한 산업 간·수출 내수 간 연계성 약화로 경제 부문별로 양극화는 심화된다. 이 같은 경제의 양극화는 원인이 결과로 이어지고 그것이 다시 원인으로 이어지는 악순환 구조를 이루게 된다. 그 결과 경제적 양극화 심화는 중산층 붕괴와 빈곤층의 양산, 나아가 정치사회적 갈등의 확산으로 나타난다.

사실 중산층은 사회적 리더는 아니지만 실제로 그 사회를 움직이는 중심적 역할을 하기 때문에 한 나라에서 중산층은 매우 중요하다.[3] 중산층은 부유층과 빈곤층 두 계층 사이의 갈등을 완화하는 역할을 할 수 있고, 구매력을 가진 소비계층으로서 경제발전에 기여할 수 있으며, 중산층의 비율이 높을수록 소득분배의 불균등을 완화시키는 등의 사회경제적으로 중요한 역할을 한다(박소현·안영민·정규승, 2014.5).

소득불평등에 대한 일반적인 척도라 할 수 있는 소득불평등 지수는 주어진 모집단에서 개인 간의 소득격차를 수치로 나타낸다. 이는 분포의 산포도(dispersion)를 나타낼 뿐 분포의 변화를 고려하지 못한다. 이에 따라 양극화의 정도를 파악하기 위해 다양한 지수들이 개발되었다.

사회 일각에서 교육의 양극화, 대기업 중소기업 간 양극화, 소득분포의 양극화 등 다양한 각도에서 양극화 문제를 논의하고 있으나, 양극화의 개념, 양극화의 실태 및 원인, 그리고 양극화의 결과에 대한 체계적인 분석은 부족한 실정이다. 양극화란 그 논의 대상 변수가 무엇인가에 따라 다양한 차원에서 논의될 수 있지만, 경제학적인 관점에서는 소득분포의 양극화를 가장 중요하게 다루어야 할 사안이다.

한편, 소득분포의 양극화란 소득의 불평등화와는 다른 개념이다. 양극화란 하나의 사회가 두 개의 사회로 분리되어가는 현상으로 이해할 수 있다. 이 양극화 개념은 소득불

것을 가리킨다. 여기 양극화 개념에 대한 설명은 전병유·김혜원·신동균(2006)의 제3장, "소득분포의 양극화 추이"를 많이 참고하였다.

3) 중산층을 정의하기 위해서는 의식, 자산, 학력 등의 다양한 요소들이 두루 고려되어야 하지만, 여기서는 소득을 기준으로 한 정의를 일컫고 있다.

평등 척도로는 나타낼 수 없는 특별한 분포의 변동을 반영한다. 그러므로 양극화 지수는 소득불평등 지수와 비교하여 사회갈등 혹은 불안을 보다 잘 나타내는 지표로서 사용될 수 있다.

한국은 지난 반세기동안의 압축성장 과정에서 경공업과 중화학공업, 중소기업과 대기업, 제조업과 서비스업, 내수와 수출 등 경제의 각 부문에서 다양한 양극화를 관찰할 수 있었다.[4] 이러한 양극화 현상은 노동시장에서 임금과 고용의 양극화, 최종수요시장에서의 내수와 수출의 양극화 등으로 표출되기도 하지만, 궁극적으로는 소득의 양극화로 집약된다.

소득불평등 심화는 기술변화 그와 동반되는 경제구조 변화에 대한 반감과 저항을 초래함으로써 변화에 대처하기 위해 필요한 조정과정을 저해하게 된다. 기술변화에서 시작되는 경제사회 구조의 전환이 일련의 긴 과정이라면, 그 일부 단계가 교착에 빠져 더 이상의 변화와 조정이 진행되지 않게 되는 것은 전체 경제의 미래에 부정적으로 작동할 가능성이 높다. 따라서 격차와 갈등을 완화하는 것은 성공인 구조변화를 위해서도 필수적이라 하겠다.

제2절 한국의 소득불평등 및 양극화 추이[5]

1. 정의와 측정방식

1980년대 초에 미국에서 중산층이 점차 줄어드는 현상이 나타나자 기존의 소득불평등지수만으로는 이를 표현하기에 부족하였다. 소득불평등도를 계측하기 위한 지니계수는 당시의 사회 현상이었던 중산층의 쇠퇴 내지 몰락을 반영하지 못한다는 단점이 있었다. 이런 문제점을 보완하기 위하여 양극화에 초점을 맞춘 새로운 지표들이 1990년을 전후하여 개발되기 시작하였다.

---

4) 제조업 내에서 경공업 비중은 1970년 60.2%에서 2010년에 13.7%, 2018년 14.8%로 크게 줄어들었고, 중화학공업은 1970년에 39.8%에서 2010년에는 86.3%, 2018년 85.2%로 크게 증가하였다(통계청, 2019.11.27).

5) 이 절을 작성하면서 백운기(2012)를 많이 참고했음을 밝힌다.

(1) 소득불평등의 측정

소득불평등이란 한 사회의 소득분포에서 계층별 격차 정도를 나타내는 개념으로 로렌츠곡선, 지니계수, 10분위 배율, 5분위 배율 등을 활용하여 측정한다.[6)]

로렌츠곡선은 사회구성원을 소득이 가장 낮은 사람부터 높은 순으로 배열하였을 경우 최하위 X%가 전체 소득에서 차지하는 비율 Y%를 나타낸다. 횡축은 누적인구비율, 수직축은 소득자의 소득이 전체소득에서 차지하는 누적비율을 아래에서 위로 증가하도록 나타내고 있다. 로렌츠곡선은 소득자의 누적비율에 따라 이들이 차지하는 소득이 전체 소득에서 차지하는 비율을 나타낸 곡선이다. 만약 모든 사람의 소득이 동일하다면 로렌츠곡선은 좌측 하단과 우측 상단을 연결하는 대각선이 되며, 소득이 완전균등하게 분배된 경우를 나타낸다.

로렌츠곡선은 국가들 간의 소득불평등이나 다른 시점의 소득불평등 정도를 비교하는 데 유용하고 편리한 지표이다. 그러나 이러한 비교는 두 개의 로렌츠곡선이 서로 교차하지 않는 경우에는 명확하지만, 만약 서로 교차하는 경우에는 비교하기 어려운 경우도 발생한다. 〈그림 11-1〉에서 보이는 바와 같이 로렌츠곡선 A와 B가 서로 교차한다면, 저소득층인 A의 경우에는 B의 경우보다 불평등하다. 그러나 고소득층의 경우에는 A가 B보다 평등하다. 따라서 소득불평등의 정도를 저소득층의 관점에서 보느냐 아니면 고소득층의 관점에서 보느냐에 따라 달라질 수 있다. 저소득층의 분배개선이 우선인지 고소득층의 분배개선이 중요한지에 대한 주관적인 가치 판단이 따르게 되는 것이다.

---

6) 통계청은 소득분배지표의 정확성과 비교성을 확보하기 위해서 OECD 기준에 따라 지표들을 작성한다. 지표는 세 단계로 작성된다. (1) 월소득을 가구별 연간소득으로 재집계하는 소득연간화, (2) 가구원수가 다르면 동일한 후생수준 유지에 필요한 소득이 다른 점을 반영하여 가구원수에 따라 표준화하기 위해 소득을 조정하는 소득균등화, (3) 소득분배지표 산출을 위해 가구 가중치에 가구원수를 곱하여 개인(인구)단위 지표로 전환하는 소득 개인화 단계이다. 기본통계인 가계동향조사는 1963년에 통계청으로 업무가 이관된 후 2002년까지는 2인 이상 도시가구를 대상으로 하다가, 2003년 조사부터는 조사대상 범위를 동지역 비농어가에서 읍·면지역의 비농어가까지 확대하였으며, 2006년부터는 1인 및 농어가까지 확대하였다.
KOSIS는 1990년 이후의 지표를 제공하고 있다. 소득기준에는 시장소득과 가처분소득의 두 가지가 있는데, 각 소득에 대한 소득분배지표를 비교함으로써 소득재분배 효과를 파악할 수 있다.

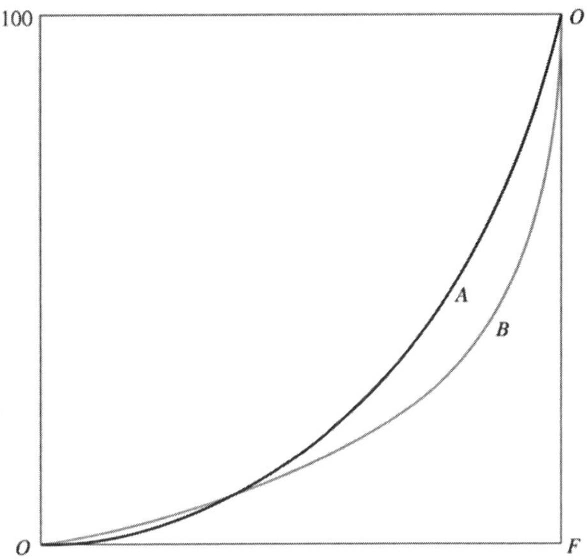

▌그림 11-1▐ 교차하는 로렌츠 곡선

한편, 완전하지는 못하지만 위의 문제에서 벗어날 수 있는 방법은 지니계수(Gini coefficient)를 이용하는 것이다. 지니계수는 로렌츠곡선을 이용하여 소득불평등을 숫자로 표시한 지표로서 완전 평등한 소득분배를 의미하는 대각선 아래의 면적(△OFO')에 대비한 대각선과 로렌츠곡선 사이의 면적의 비율이다. 소득불평등이 심화되면 대각선과 로렌츠곡선 사이의 면적은 커지므로 지니계수는 커진다. 극단적으로 우리 사회의 소득을 한 사람이 다 차지하면 지니계수는 1이 된다. 이론적으로 지니계수는 0과 1 사이의 값이고, 소득불평등이 심화될수록 지니계수의 값은 커진다.

지니계수를 추산하는 수학적인 공식은 다음과 같다.

$$G = \frac{2}{2n^2\mu}\sum_{i=1}^{n}\sum_{j=1}^{n}|Y_i - Y_j|$$

위 식에서 n은 사람 수, μ는 평균소득, Y_i는 개인 i의 소득이다. 만약 부자 i에서 빈자 j에게로 소득이 이전되면 $|Y_i - Y_j|$의 값이 감소하여 지니계수는 낮아진다.

지니계수는 계층별 소득분배 상태를 하나의 숫자로 표시하는 편리한 점이 있으나, 첫째 동일한 지니계수일지라도 로렌츠곡선의 형태에 따라 의미가 날라질 수 있으며[7], 둘째, 지니계수의 이론적 범위는 $0 \leq G \leq 1$이나 실제 측정치는 대체적으로 0.30과 0.55

사이의 값을 가지며 실제 변화의 폭은 0.30 이하이다. 만약 지니계수의 값이 0.02 변했다면 0.30에서 0.32로 변한 경우와 0.45에서 0.47로 변한 경우의 차이가 무엇인지 구별하기 어렵다는 것이다.

한편, 로렌츠곡선과 대각선 사이의 소득불평등을 나타내는 다른 지표인 10분위 배율과 5분위 배율의 정의는 소득분포를 10개의 분위로 나누느냐 아니면 5개의 분위로 나누느냐에 따라 달라진다. 10분위 배율은 도시 근로자가구를 월평균소득이 작은 가구부터 큰 가구 순으로 일렬로 세운 뒤 10개 소그룹으로 나누었을 때 최상위 10%에 해당하는 가구소득을 최하위 10%에 해당하는 가구소득으로 나눈 값이다. 5분위 배율은 소득이 작은 가구에서 소득이 높은 가구를 일렬로 배열하여 5개 소그룹으로 나눈 후, 최상위 20% 소득을 최하위 20% 소득으로 나눈 값이다.

빈부격차가 커져서 소득불평등이 심화되면 10분위 배율과 5분위 배율이 커지게 된다. 이러한 소득배율지표는 경제전반의 소득분배 현황이 얼마나 개선되었는지 판단하는 데는 부족하지만 계층별 소득분배상황을 살펴보는 데는 유용하다.

(2) 소득양극화

소득양극화란 중산층이 줄어들면서 소득분포가 양쪽으로 쏠리는 현상을 말한다. 소득양극화는 중산층의 인구비중을 기준으로 추계하거나 중산층과 다른 계층 간의 소득격차를 추정함으로써 지수화 할 수 있다. 중산층을 정의하는 기준으로 자산, 소득, 교육수준, 직업 등을 활용할 수 있지만, 여기서는 OECD기준인 중위소득(median income)의 50~150%에 해당하는 소득계층을 중산층으로 정의한다.

(가) ER지수

에스테벤과 레이〔(Esteban and Ray(1994), Esteban and Ray(2004)〕는 동질성과 이질성 접근법(identification and alienation approach)에 기초하여 양극화지수를 개발하였다.[8] 확률변수인 소득 y는 소득구간 [a, b]에서 밀도함수 f로 표시된다고 하고, 소득 y는 평균 u가 1이 되도록 정규화한 데이터라고 하면, 이 밀도함수 f는 다음과 같은 N개의 극점으로 구성된 집합 ρ로 표기할 수 있다.[9]

---

7) 지니계수는 소득의 분포가 어느 계층에서 더 불평등한지를 보여주지 못하는 단점이 내포되어 있다.
8) 에스테벤과 레이(Esteban and Ray)의 양극화지수 작성에 관해서는 신동균(2006) 참조.
9) p는 명시되지 않은 모수이며 양극화란 N=2인 경우를 말한다.

$$\rho = (y_0, y_1, \cdots, y_N; \pi_1, \cdots, \pi_N; \mu_1, \cdots, \mu_N), a = y_0 < \ldots < y_N = b \quad \cdots \ (1)$$

여기서 π_i는 확률변수의 값이 y_{i-1}과 y_i 소득구간에 놓일 확률이며 μ_i는 각 구간 내에서 조건부 평균값이다. 에스테벤과 레이(Esteban and Ray, 1994)의 소득양극화지수인 ER지수의 정의는 다음과 같다.

$$ER(\alpha, \rho) = \sum_i \sum_j \pi_i^{1+\alpha} \pi_j |\mu_i - \mu_j| \quad \cdots \ (2)$$

ER지수는 동질성 함수(identification function, 파이)와 이질성 함수(alienation function) $|\mu_i - \mu_j|$라는 두 행태함수에 의존한다. 동질성 함수란 특정 개인과 같은 집단에 속한 개인의 수가 많을수록 특정 개인이 느끼는 동질감은 커진다. 반면에 이질성 함수는 집단 간 소득격차가 유발하는 반감을 나타낸다. 특정 개인은 자신이 속한 집단과 다른 집단과의 소득격차가 클수록 이질감 혹은 반감을 더 크게 느낀다.

양극화지수는 동질성과 이질성 모두의 증가함수로 볼 수 있기 때문에 지수화하기 위해서는 양자를 모두 곱한 후 모든 그룹에 대해 가중평균함으로써 얻을 수 있다. 직관적으로는 소득집단 간의 괴리가 커질 때 집단 간의 갈등은 커지는데 그 정도는 집단 내 구성원들의 동질성이 강화될수록 응집력에 의해 증폭된다는 의미로 받아들일 수 있다.

α는 다극화지수의 민감도를 나타내는 모수로서 다극화지수를 불평등지수와 구별하게 하는 모수이다. 이 값이 크면 클수록 ER지수는 표준적인 지니계수와 달라진다. 만일 α가 0이라면 동질성에 대한 비중이 없기 때문에 ER지수와 지니계수는 구별되지 않는다. 이런 의미에서 지니계수는 ER지수의 특수한 경우라고 할 수 있다. 그리고 에스테벤과 레이는 양극화지수에 관한 공리들을 만족하기 위해서는 α의 값이 $0 \le \alpha \le 1.6$가 되어야 함을 보였다.

(나) W지수

포스터와 월프슨(Foster and Wolfson)[10]은 중산층 소멸(disappearing middle class)과 양극화를 동의어로 간주하여 양극화에 대한 계량지수를 제시하였다. 즉, 중위소득을 가진 계층을 중산층으로 규정하고 중위소득으로부터 소득격차가 커질수록 양극화가 커진다고 정의하였다.[11] 따라서 월프슨지수(W지수)[12]는 중산층에서 상위층과 하

10) 포스터와 월프슨(Foster and Wolfson, 2010)의 원본은 1992년에 미발간물로 발표되었으며 양극화 문헌에서 갖아 많이 인용되는 논문 중 하나라고 할 수 있다. The Journal of Economic Inequality는 이미 이 분야의 고전으로 인정받은 포스터와 월프슨의 논문을 출판하였으며 월프슨(1994)은 포스터와 월프슨(2010)의 핵심 아이디어를 정리하였다.

위층으로의 소득분산 정도를 측정하는 척도라고 할 수 있다. W지수는 소득불평등도를 측정하기 위한 로렌츠곡선을 이용하면 쉽게 이해할 수 있다. 〈그림 12-2〉에서 보듯이 횡축에는 저소득자에서 고소득자 순으로 누적인구를 비율에 따라 정렬하고 종축에는 중위소득(m)으로 정규화한 소득의 누적비율을 횡축의 누적인구비율에 맞추어 변형된 로렌츠곡선을 그린다. 그리고 횡축의 인구 50%에서 그린 수직선과 로렌츠곡선이 만나는 곳에서 중위소득접선을 긋는다. 여기에서 종축과 대각선 그리고 중위소득접선으로 이루어진 사다리꼴 면적(A1+A2+B1+B2+B3)에서 (A1+A2)를 빼고 중위소득의 평균소득(u)에 대한 비율인 $(\frac{m}{\mu})$[13]로 재조정한 후 4를 곱하면 0과 1 사이의 W지수를 얻을 수 있다. 이렇게 얻은 W지수는 식 (3)과 같다.

$$W = 4 \times (B1 + B2 + B3) / (\frac{m}{\mu}) \quad \cdots \quad (3)$$

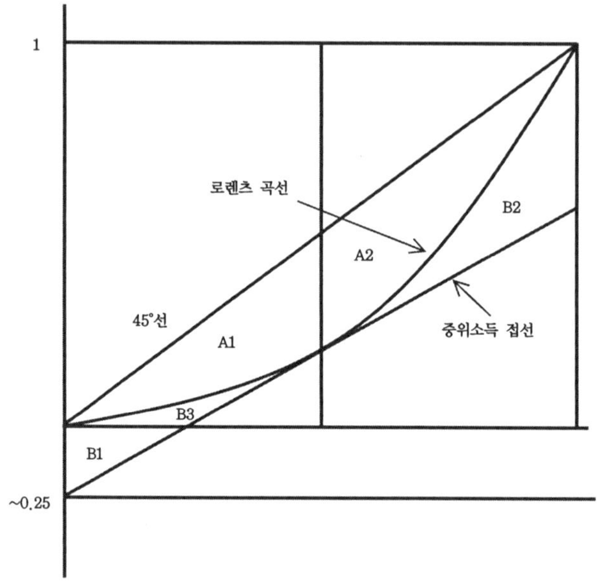

❙그림 11-2❙ **로렌츠곡선을 활용한 W지수**

---

11) 월프슨(Wolfson)의 양극화지수에 관해서는 민승규 외(2006), 남상호, 임병인(2008) 참조.

12) 지수의 기본 아이디어는 포스터와 월프슨(2010)에서 나왔으므로 Foster-Wolfson지수(FW지수)라고 해야 하지만, 여기서는 월프슨(W지수)라고 명명하였다.

13) $\frac{m}{\mu}$는 중위소득접선의 기울기이다.

W지수는 중위소득 범위의 인구비중을 기준으로 중산층 소멸을 측정하는 지수이다. 즉, 중산층의 비중이 커져서 접선이 높아질수록 (B1+B2+B3)의 면적은 줄어들고 소득양극화지수는 작아지지만, 중산층 비중이 줄어들수록 접선은 낮아지고 (B1+B2+B3)의 면적은 증가하며 소득양극화지수는 커진다.

2. 소득불평등과 양극화 추이

(1) 소득불평등도

소득불평등 추이를 알기 위해서는 지니계수, 5분위 배율, 상대적 빈곤율, 고소득층과 저소득층의 상대적 비교(P90/P10) 등 몇 가지 지표를 검토해야 한다. 소득불평등도를 나타내는 지니계수는 〈그림 11-3〉에서 볼 수 있는 바와 같이 처분가능소득 기준 2011년 0.388에서 횡보를 보이면서도 추세적으로 낮아져 2018년에는 0.345를 기록하고 있다. 그리고 소득분포의 양극화를 측정하는 5분위배율도 2011년 8·32를 기록한 이후 여전히 횡보를 보이면서 추세적으로 낮아져 2018년에는 6.54를 기록하고 있다. 그런데 최근에는 경제성장의 결과로 특정 분포의 범위가 넓어지면서 발생하는 상대적·절대적

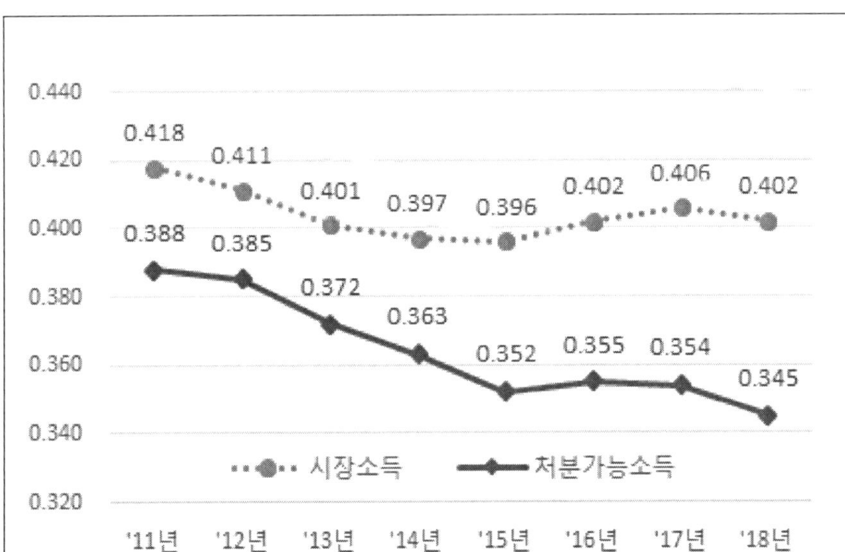

자료: 통계청.

❙그림 11-3❙ 한국의 지니계수 추이

격차(불평등도) 확대까지도 양극화로 간주되는 문제가 발생하고 있다. 예컨대, 경제가 발전한 결과 사회 모든 구성원들의 소득이 과거에 비해 전부 2배가 되었더라도 상위집단과 하위집단의 소득격차가 커져 양극화가 심화되었다고 인식하는 것이 현실이다. 특히 소득 분위별 교육성과, 기업규모별 경영성과, 대중소 유통업의 실적, 사무직·생산직 근로자의 임금 격차 등에서 양극화가 진행되고 있다고 확대하여 해석하는 경우도 있다.

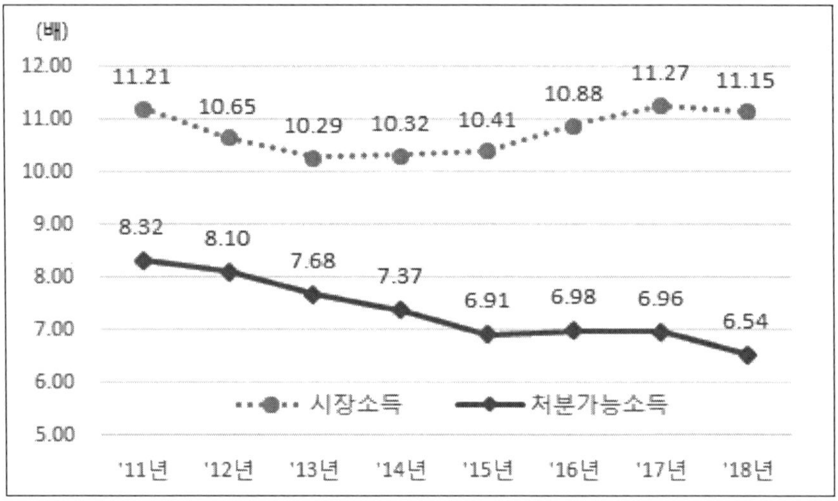

자료: 통계청.

▌그림 11-4▌ 한국의 소득 5분위배율 추이

(2) 양극화

아래의 〈그림 11-5〉는 1990년 이후의 가구 시장소득과 가처분소득 불평등(지니계수)의 변화 추이를 보여준다. 1990년부터 시계열이 이어지는 곡선은 도시에 거주하는 2인 이상 가구의 소득불평등 변화 추이이고, 2006년부터 시작되는 곡선은 전국 비농어가 가구의 소득불평등 변화 추이이다. 2006년 이전의 경우 1인 가구 포함 전국가구의 소득조사는 부정기적으로 이루어졌고, 그렇기 때문에 1996년의 〈가구소비실태조사〉를 이용한 1인 가구 포함 가구소득 불평등은 점으로 표시되어 있다.

소득 불평등이 우리나라에서 사회적 문제로 주목받기 시작한 게 IMF사태를 거치면서였다는 게 전문가들의 공통된 의견이다. 〈그림 11-5〉로부터 알 수 있는 바와 같이 1996~2006년 기간에 두드러지게 변동이 심했다. 그리고 2006~2016년은 인구·가족구조 변화가 복잡하게 동반되면서 소득 불평등 문제가 심화했다는 것이다.

이 같은 추이에는 저소득층 소득에 민감하게 변화하는 지표들이 더 빠른 속도로 악화된 것을 보이고 있다(〈그림 11-5〉). 즉, 빈곤율, 소득격차비율, 10분위 배율, 대수편차평균(MLD) 등의 변화에서 잘 나타나고 있다. 적어도 저소득층의 소득정체가 상대적으로 심했음을 의미하는 것이다.

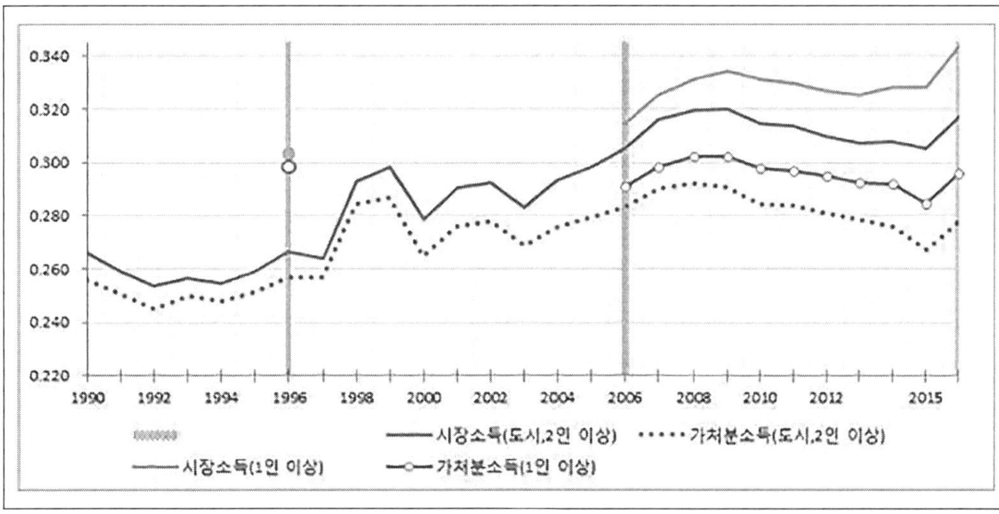

자료: 통계청, 〈가구소비실태조사(1996)〉 및 〈가계동향조사〉 각 년도 원자료, 강신욱(2019), p.5에서 재인용.

▌그림 11-5▐ 우리나라의 지니계수 변화 추이(1990~2016)

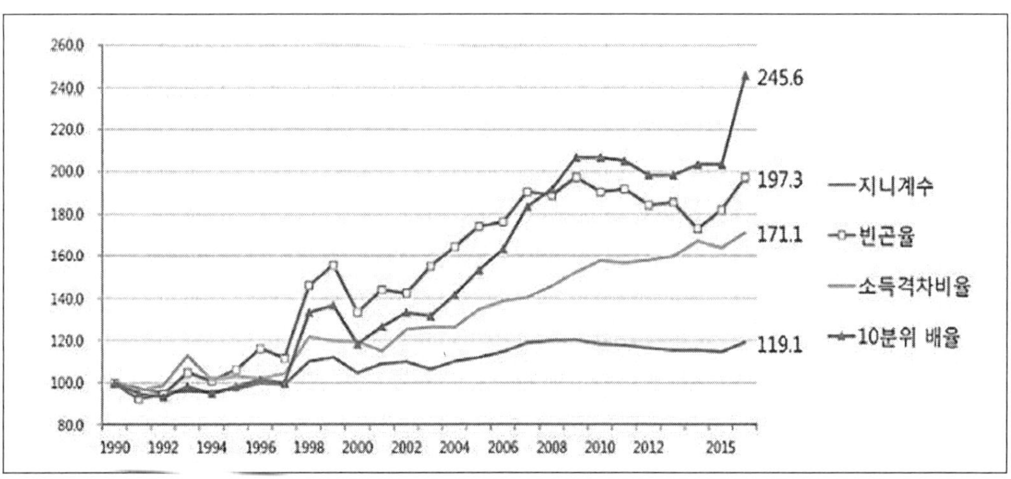

자료: 통계청, 보건사회연구원 2018.06.08 보도자료.

▌그림 11-6▐ 주요 분배지표의 변화(1990=100)

제3절 소득불평등·양극화가 가져온 문제점

1. 불평등의 심화

한국은 지난 60여 년 동안 다른 나라들에 비해 높은 성장률을 시현해왔으나, 외환위기 이후 다른 나라들보다 소득분배, 살인율, 자살률 등 삶의 질과 관련된 사회지표는 매우 빠르게 악화되고 있다. 특히 우리사회의 취약계층인 영세자영업자와 노인층의 빈곤이 심화되고 있다. 그렇지만 재정의 복지기능은 OECD 국가들 중에서 여전히 가장 취약한 수준에 머물러 있다. 소득격차가 교육격차로, 이는 다시 고용격차로 이어지면서, 소득불균등이 높아지는 악순환을 낳고 있다. 이러한 소득불평등을 완화시키기 위해서는 소득불평등의 정도를 파악해야 한다. 소득불평등도를 시각적으로 가장 잘 나타내는 것은 로렌츠곡선이고, 지수로 널리 사용되는 것은 지니계수[14)]와 5분위 배율이다.

현재 소득분배를 파악하는 공식 근간으로 사용되는 가계동향조사는 가구소비실태조사와 도시가계조사를 합쳐 승계한 조사이다. 가구소비실태조사는 전국 가구를 대상으로 하여 소득지출 그리고 생활지표들을 5년 단위로 조사한 자료로서 1991, 1996, 2001년에만 이루어졌고, 도시가계조사는 1963년 이후 통계청이 수행하고 있는데, 2인 이상 도시근로자 가구를 대상으로 하기 때문에 1인가구, 비근로자 가구가 제외되었다. 가계동향조사는 두 조사를 승계하면서 전국가계로 확대개편된 것이 2003년, 1인가구를 포함한 것이 2006년이다. 따라서 장기적인 추세변화를 가늠하기 위해서는 2인 이상 도시근로자 가구를 대상으로 한 도시가계조사에 기반한 지니계수와 2006년 이후의 지니계수를 함께 제시하는 것이 통상인 관행이다

최근 2010년 이후의 한국의 소득불균등 지표를 보면 〈표 11-1〉에서 볼 수 있듯이 거의 횡보를 보이고 있다. 실제 소득불균등 정도는 지니계수로 나타난 불균등 정도보다

---

14) 지니계수는 빈부격차와 계층 간 소득분포의 불균형 정도를 나타내는 수치로, 소득이 균등하게 분배되어 있는지를 평가하는 데 주로 이용된다. 계산 방법은 먼저 가로축에 저소득층부터 고소득층 순서로 인원 분포도를 그리고, 세로축에는 저소득층부터 소득액 누적 백분율(소득누적비율)을 그린다. 그러면 소득분배곡선인 로렌츠곡선이 나오는데, 여기에 가상 소득분배균등선(45° 선)을 긋고, 소득분배균등선과 가로·세로축이 이루는 삼각형의 면적, 그리고 소득분배균등선과 로렌츠곡선 사이의 면적 비율을 구한다. 이 면적 비율인 지니계수로서 0과 1 사이의 값을 가지면, 값이 0에 가까울수록 소득분배의 불평등 정도가 낮다.

더 나쁜 것으로 추정된다.

▌표 11-1▐ 한국의 지니계수 추이

구 분	2010	2012	2013	2014	2015	2016	2017
가계동향조사* (농가경제조사포함)	0.310	0.307	0.302	0.302	0.295	0.304	–
가계금융복지조사**	–	–	–	–	0.352	0.355	0.355

주: *가계동향조사와 농가경제조사를 결합하여 OECD작성기준(Wave6)대로 작성.
**행정자료로 보완한 가계금융복지조사 결과를 이용하여 최근 OECD작성기준(Wave7)대로 작성.
자료: 통계청, 「가계동향조사」, 「농가경제조사」, 「가계금융복지조사」.

한편, 소득 양극화를 나타내는 처분가능소득 5분위 분배율[15] 추이를 보면, 2014년 4.58배였으나 2015년에는 4.19배로 낮아졌다가 2019년에 5.30배로 급격히 높아졌다(〈그림 11-7〉). 이는 2015년 대비 2019년의 값이 거의 30% 이상 높아진 것을 보이고 있어 양극화 현상이 보다 심화되었음을 나타내고 있는 것이다.

(단위: 배, 매년 2분기 기준)

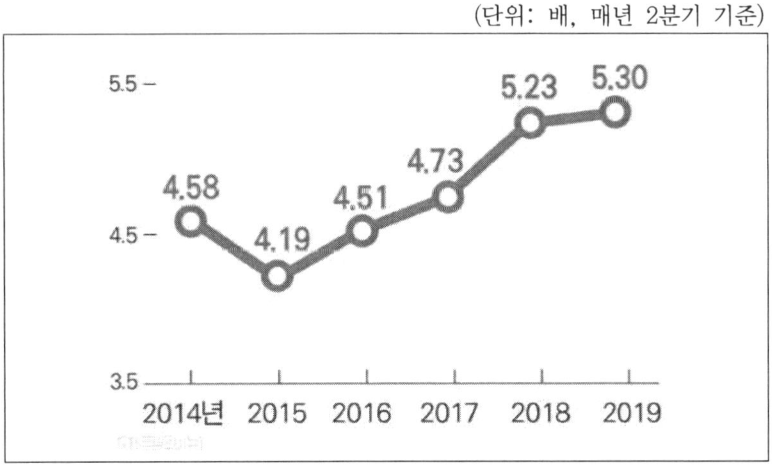

자료: 통계청.

▌그림 11-7▐ 처분가능소득 5분위 분배율 추이

15) 5분위 분배율은 통계청이 발표하는 가계동향조사 자료를 이용하여 소득 하위 20% 평균소득 대비 소득 상위 20%의 평균소득 배수로 나타내며 지니계수와 함께 계층 간 소득격차를 보여주는 대표적인 지표로 사용된다.

(단위: %, 2분기 기준)

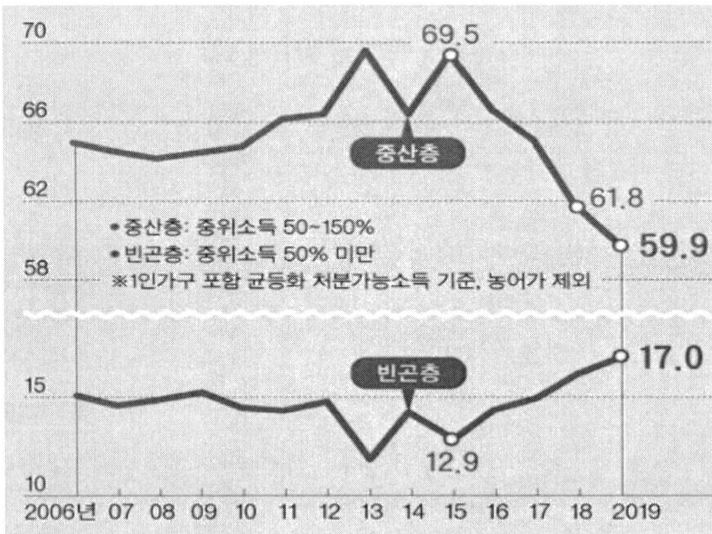

자료: 통계청, 추경호의원실, 중앙일보(2019.09.03.)에서 재인용.

▌그림 11-8▐ 우리나라 중산층과 빈곤층의 변화추이

〈그림 11-8〉 우리나라 중산층과 빈곤층의 변화추이를 보면, 소득계층 분포에서 '중위소득 50% 이상~150% 미만 비중[16]'은 오히려 계속 크게 하락하고 있는 것으로 나타났다. 이 비중은 '중간소득'에 가까운 가구가 얼마나 많이 분포하는지를 보여주는 지표다. 기획재정부의 보도참고자료(2019.09.02)에 따르면 올해 2분기 중위소득 50~150% 가구비중은 2018년 60.2%에서 1.9%포인트 떨어진 58·3%를 기록, 사상 최저 수준으로 떨어진 것으로 잠정 집계됐다. 이 비중은 2015년 67.9%, 2016년 66.2%, 2017년 63.8%, 2018년 60.2%, 2019년 58·3%으로 4년 연속 하락세다. 이는 중산층의 비중이 빠르게 줄어든 것을 나타내며 소득의 양극화가 상당히 진행되고 있다는 것을 나타내고 있다.

그렇다면 빈곤의 심각성은 어느 정도인가? OECD에서 발간한 '사회지표 2009'에 따르면, 한국의 상대적 빈곤율(중위소득 50% 기준)은 14.8%, 빈곤갭비율[17]은 36.0%이었

---

16) '중위소득'이란 모든 가구를 소득 순으로 순위를 매겼을 때 정확히 가운데에 해당하는 가구의 소득이다. 중산층의 절대적인 기준은 없지만, '중위소득 50% 이상~150% 미만 비중'(이하 중위소득 비중)은 경제협력개발기구(OECD) 등에서 사용하는 대표적인 '중산층 지표' 중 하나다.

17) 빈곤갭비율은 빈곤의 심각성을 나타내는 지표이다. 여기서 빈곤갭은 빈곤선 이하에 있는 개인(또는 가구)의 소득을 빈곤선 상태로 끌어올리는 데 필요한 액수를 의미한다. 빈곤갭 비율은 총빈곤

다. OECD 평균이 각각 10.6%, 28.6%임을 고려한다면 한국의 빈곤수준이 매우 높은 수준임을 알 수 있다. 특히, 빈곤의 심각성을 의미하는 빈곤갭비율이 OECD 국가들 중에서 상위에 랭크되어 있어 빈곤의 크기와 더불어 심각성도 매우 높다는 것을 알 수 있다. 다만, 대표적인 소득불평등 지수인 지니계수 변동추이를 주요 선진국들과 비교하면 1990년대 이후 프랑스를 제외하고는 대부분 높아진 것으로 나타나 소득불평등 심화가 한국만의 현상은 아닌 것으로 보인다.

(2000년대 중반 기준)

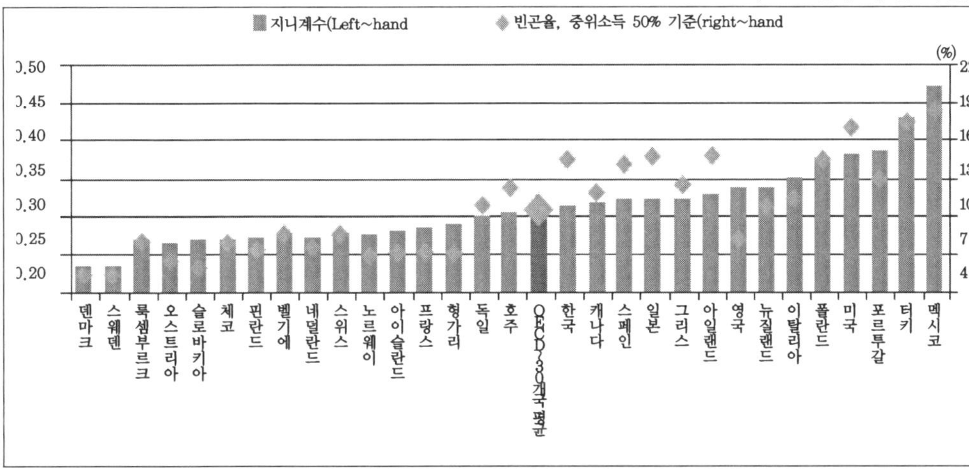

주: 국가들은 소득불평등도인 지니계수의 증가순으로 나열되었음. 데이터는 가구 가처분소득(현금 기준)의 분배를 나타내며 가구소득은 가구규모로 조정.
자료: 유경준(2012.4)에서 재인용.

┃그림 11-9┃ OECD 국가들의 상대적 빈곤율과 빈곤갭 비교

2. 노동소득분배율의 증대

노동소득분배율은 피용자보수를 국민소득(NI)으로 나누어 산출한다. 국민소득은 피용자보수와 영업잉여로 구성되어 있으므로 100%에서 노동소득분배율을 차감하면 자본소득분배율이 된다. 한국의 공식적인 노동소득분배율은 한국은행에서 국민소득 지표의 하나로서 발표하고 있다.

갭 ÷ (빈곤선 이하의 가구 또는 개인의 수 × 빈곤선 금액)이 된다. 이는 모든 비빈곤층이 빈곤선과 동일한 소득을 갖고 있다고 가정할 때, 빈곤층을 빈곤에서부터 벗어나게 하기 위해 모든 국민들이 부담해야 할 금액을 의미한다.

한국의 노동소득분배율 추세는 통계로 발표된 1970년 41.0%에서 꾸준히 상승했지만 1990년대 중반 이후는 정체되다가 최근에는 약간 상승하고 있다. 그런데 노동소득분배율은 자영업자의 근로소득이 노동소득에 포함되지 않고 자본소득(영업잉여)에 포함되어 있다는 문제점이 있다. 대개 자영업자의 경우 자본을 투자하고 스스로 근로를 제공한 대가로 소득을 얻으므로 피용자보수, 고정자본소모, 영업잉여 등이 모두 소득에 포함되어 있다. 각 항목별로 분리하기가 쉽지 않고 기초자료도 없기 때문에 국민계정 추계 국제 매뉴얼인 SNA에서 이를 혼합소득이라는 항목으로 일괄하여 영업잉여에 포함하고 있다. 그렇다면 한국의 자영업자는 대부분 농업, 영세 도소매업, 음식업 등에 종사하고 있으므로 선진국에 비해 근로소득의 비중이 더 높다고 봐야 할 것이다.

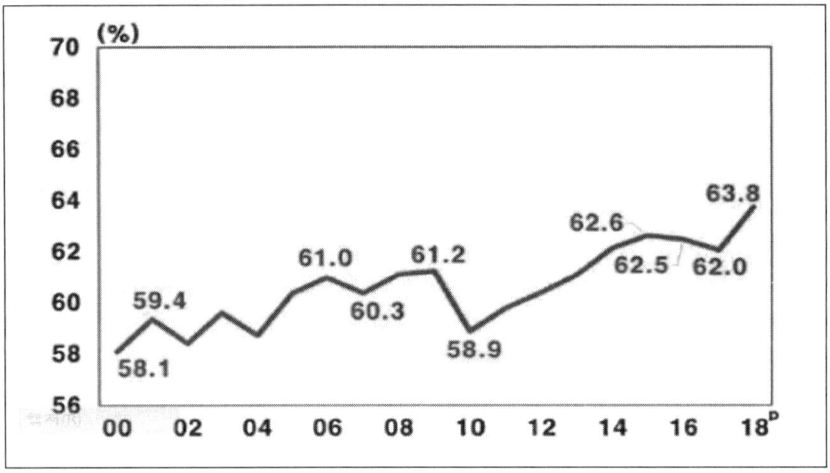

자료: 한국은행.

┃그림 11-10┃ 우리나라 노동소득분배율 추이

3. 높은 청년실업률과 임금 격차 확대

한국의 실업률[18]은 외환위기 이후 구조조정을 거치면서 상당히 높아졌다. 실업률이 다른 선진국에 비해 상대적으로 낮은 것으로 보이지만, 구직신청을 하지 않고 취업을 준비하는 사람은 실업자에서 제외되며, 높은 자영업자 비율이 잠재실업을 일부 포함하

18) 통계청은 ① 지난주 1시간 이상 일을 하지 않고 ② 지난 4주 동안 적극적인 구직활동을 하지 않았으며 ③ 지난주 일할 기회가 주어졌다면 할 수 있었을 것이라는 3가지 요건을 충족해야 한다. 그렇지 않으면 비경제활동인구로 분류돼 실업률 계산에서 제외된다.

고 있다고 본다면 체감 실업률은 이보다 훨씬 높을 수 있다.[19] 2018년 2분기에 이르러서는 한국의 실업률이 3.83%, 미국의 실업률이 3.9%로 거의 근접하고 있다. 한국은 2000년대 후반 금융위기 이후 실업률이 3% 초반을 유지했지만 조선·자동차 등 제조업의 구조조정이 시작된 2015년 이후에는 3%대 후반을 맴돌고 있다. 특히 최저임금 인상이 본격화한 2018년 들어서부터 고용 관련 지표가 점점 나빠지고 있다.

미국은 실업수당을 새로 신청한 사람 수가 49년래 최저로 줄고, 광산·건축·제조업 등 생산직 일자리가 34년래 가장 높은 증가치를 기록하는 등 고용시장에 훈풍이 불고 있다는 것이다.

OECD 국가와 비교해도 한국의 실업률은 '역주행'이 도드라진다. 2018년 2분기 OECD 회원국의 평균 실업률은 5.3%로 1년 전보다 0.52%포인트 떨어졌다. 이에 따라 한국과 OECD 간 실업률 격차는 1.47%포인트로, OECD 실업률 통계를 집계하기 시작한 2005년 이후 가장 가깝게 좁혀졌다(중앙일보, 2018.10.01).

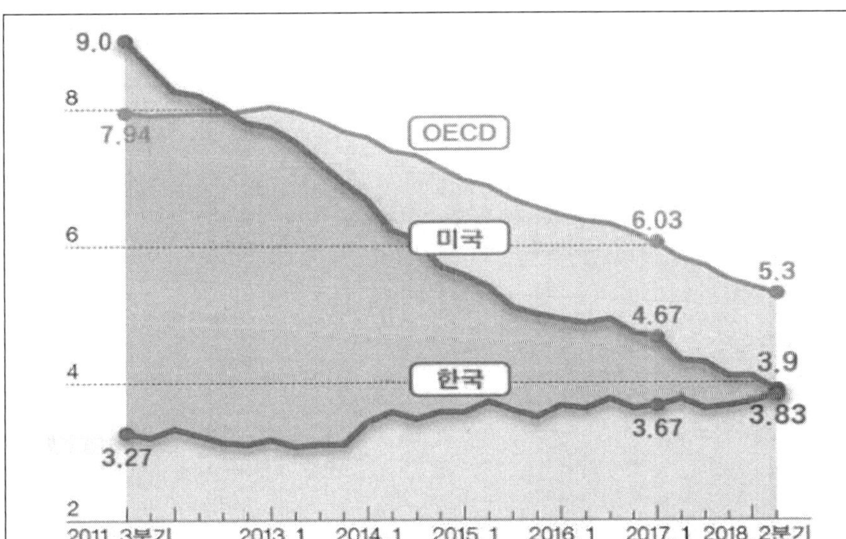

자료: OECD, 통계청, 중앙일보(2018.10.01.)에서 재인용.

| 그림 11-11 | 최근 한국·미국·OECD의 실업률 추이

19) 한국의 실업률이 낮게 나타나는 이유는 ① 한국에서는 청년층이 학생, 군인신분이어서 비경제활동 인구로 분류되고, ② 자영업자, 농어업 종사자가 일이 없어지면 비경제활동인구로 분류되며, ③ 고용통계조사의 표본에 고시원, 기숙사 등은 포함되지 않고, ④ 공무원이나 공기업 또는 전문직 시험을 준비하는 청년들도 실업자로 분류되지 않는 등에 기인한 것으로 보인다.

한편, 실업률을 연령대 별로 세분하여 보면 청년층의 실업률이 높다. 한국의 청년고용률은 2013년 이래 지속적 증가추세에 있으나, 증가폭은 둔화세를 보이고 있다. 2017년 15~29세 청년고용률은 42.1%를 기록한 바 있다. 2013년 19.8%p였던 전체 고용률과 청년고용률 간 격차는 2017년 18.7%p로 줄어들었다. 청년 연령대는 학령과도 연계되는 만큼, 청년고용률을 연령대별로 살펴보면 변화추이가 상이하게 구분된다. 고등학교 재학 연령대인 15~19세의 고용률은 2009년 이후 증가추세를 보이며 2017년 8.4%를 기록한 반면, 역시 증가 추세를 보이던 20대 고용률은 최근 감소추세로 전환했다. 2017년 20~24세 고용률은 전년대비 0.8%p 감소한 45.3%를 기록하였고, 25~29세 고용률은 전년대비 0.8%p 감소한 68.7%를 기록하였다. 이로부터 정부는 청년들을 위한 일자리 창출이 가장 중요한 과제가 되어야 한다는 것을 깊이 인식해야 할 것이다.

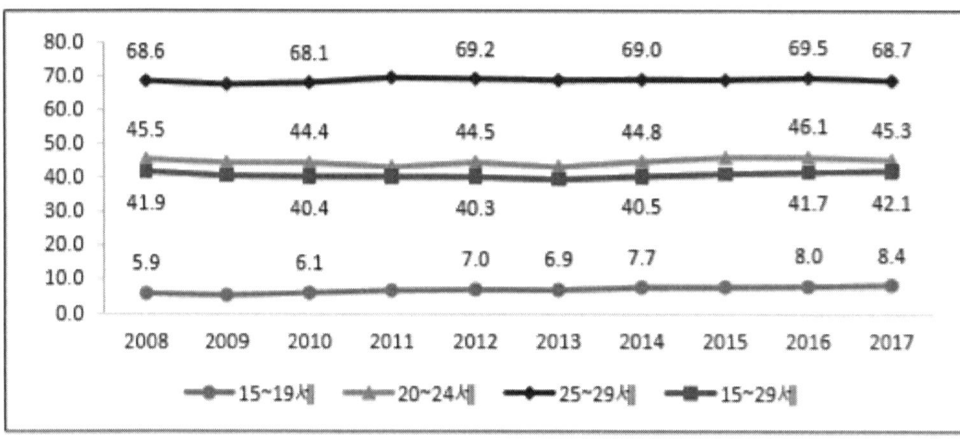

자료: 통계청, 「경제활동인구조사」, 각 연도.

▌그림 11-12▐ 최근 10년간 청년고용률 변화 추이

한편, 사회의 안정성 정도를 가늠해 볼 수 있는 근로의 안정성 정도를 보기로 하자. 임금근로자[20] 중에서 임시직과 일용직이 차지하는 비중은 외환위기 이후 급격히 높아졌으나 2000년 이후 하락세를 보였다. 이는 경제성장률 둔화와 2007년 비정규직 보호법 시행이 영향을 준 것으로 보인다. 2018년 우리나라 비정규직 근로자는 6,614천 명으로 임금근로자의 33.0%에 달한다. 임금근로자에서 비정규직이 차지하는 비중은 글로벌

20) 상용근로자는 1년 이상, 임시근로자는 1개월 이상~1년 미만, 일용근로자는 1개월 미만 근로자를 지칭한다.

금융위기 전후로 등락을 반복했지만 2014년을 저점(32.2%)으로 완만하게 상승하고 있다(김복순, 2019.01).

글로벌 금융위기 이후 비정규직 근로자는 2010년, 2012년 두 차례 감소한 경험은 있으나 2012년 이후 매년 증가하고 있다. 그러나 증가속도는 등락을 반복하다가 2015년 이후 계속 낮아져 2018년에는 0.6%를 기록하였다.

(단위: 천명, %)

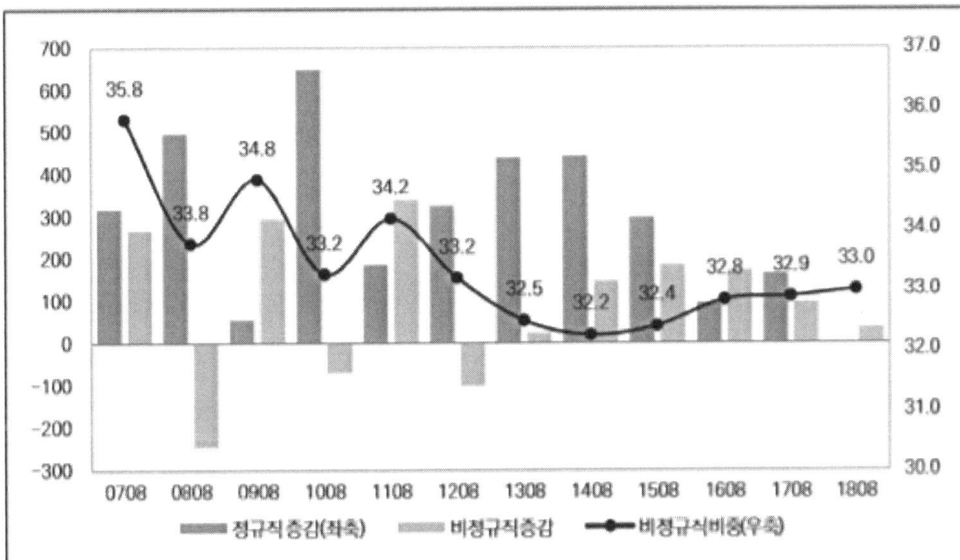

자료: 통계청, 「경제활동인구조사 근로형태별 부가조사」, 각 연도 8월.

▌그림 11-13▐ 정규·비정규직 증감 및 비정규직 비중 추이

사회적으로 자주 이슈화되고 있는 임금격차 문제는 어떤가. 정규직과 비정규직 및 대기업과 중소기업 간 임금 격차도 지난 10여 년 간 확대되어 왔다. 그리고 이것이 근로계층 내에서의 소득격차 확대의 한 요인이 된 것으로 보인다. 비정규직의 시간당 정액급여 평균은 정규직의 65% 수준에 머물렀다. 정규직의 근로시간이 비정규직에 비해 15% 가량 많아 월평균 급여수준으로는 비정규직은 정규직 임금의 절반을 조금 넘는 수준에 그쳤다. 정규직 월평균임금/비정규직 월평균임금 비율은 2004년 1.54배에서 2010년에는 1.82배로 더욱 확대된 것으로 나타났다.

그리고 한국의 제조업 종업원 수 300인 이상 대기업과 300인 미만 중소기업 간의 임금격차도 꾸준히 확대되어 온 것으로 보인다. 이러한 현상은 산업 전체에서도 확인할 수 있다. 전체 사업체의 종업원 수 300인 이상 대기업과 300인 미만 중소기업 간의 임금격차를 보면 외환위기 이후 꾸준히 확대되어 왔다.

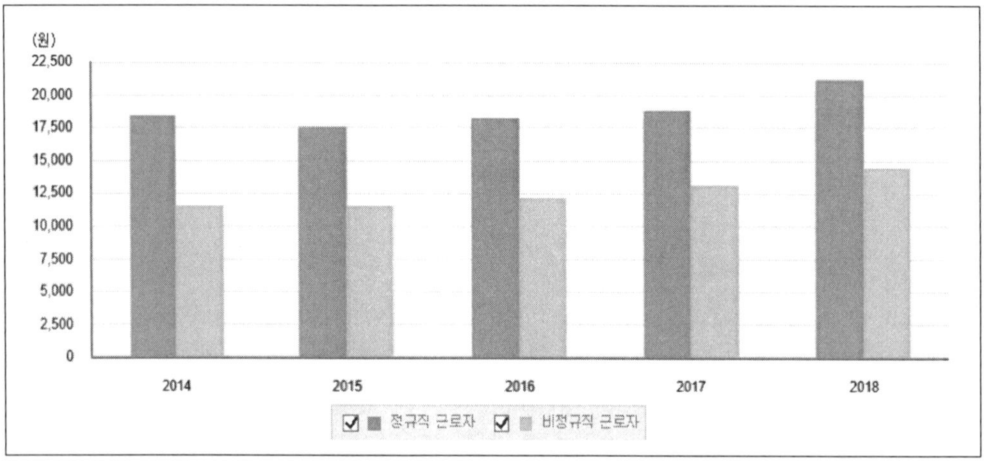

자료: 고용노동부 고용형태별 근로실태조사(매년 6월, 연 1회 실시)

❙그림 11-14❙ 정규직과 비정규직의 시간당 임금총액

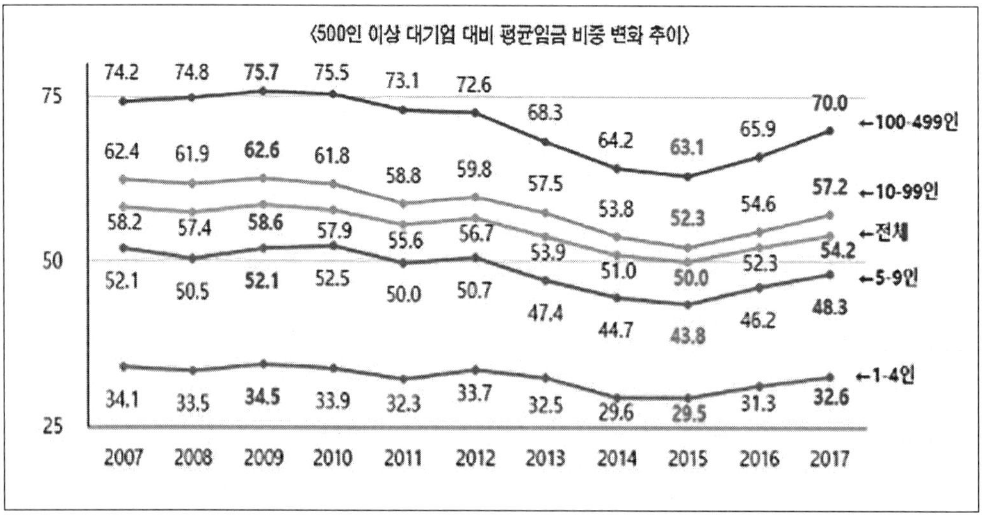

자료: 노민선(2018.12.30)

❙그림 11-15❙ 기업 규모별 평균임금 변화 추이

4. 정체되고 있는 자영업자 비중

한국의 개발연대 기간 이후 자영업자의 비중은 농림어업의 비중 저하에 따라 하락 추세를 보였다. 그러나 1997년 말 외환위기를 겪으면서 자영업자 비중은 하락하지 않고 2005년까지 27% 내외에 머물다가 2010년에 23.5%로 낮아졌다. 이는 외환위기 이후 40~50대 이후의 근로자들이 대량 해고당함으로써 이들의 재취업의 기회가 제한되자 자영업으로 대거 진출한 것이 주요 요인이었다고 보인다. 또한 기업이 필요로 하는 맞춤 교육이 여의치 못하면서 노동의 미스매치가 확대됨에 따라 기술과 지식이 별로 필요하지 않는 자영업으로 노동력이 이동했을 수도 있다. 이들 자영업자 가구는 근로자 가구에 비해 소득수준이 낮은 실정이다.

5. 재정의 소득재분배 기능 확대

한국의 GDP 대비 조세 비중을 나타내는 조세부담률은 꾸준히 상승하여 왔다. OECD 자료를 보면 한국의 조세부담률은 1972년 12.5%에서 2009년 25.6%로 꾸준히 상승하였다. 이는 부가가치세 등 새로운 조세항목의 도입과 세정의 강화 등에 기인한 것이다. 그러나 한국의 GDP대비 일반정부수입(조세 + 세외수입) 비중은 아직도 선진국들에 비해 매우 낮은 수준인 것으로 나타났다.

이에 따라 GDP 대비 정부총지출(경상지출 + 자본지출) 비중도 낮은 것으로 나타나고 있다. 한국은 1993년 21.2%에서 2010년 30.9%로 증가하였으나 대부분의 선진국들과 10%포인트 이상의 격차를 보이며 낮은 수준을 유지하고 있다.

조세의 소득재분배 기능을 보기 위해 세전 지니계수와 세후 지니계수를 비교하면 한국은 재정을 통한 소득재분배 효과가 다른 나라에 비해 현저히 낮은 것으로 나타났다. 한국의 세전 및 세후 지니계수 간 차이는 0.01 수준에 머물다가 2005년에 0.02로 상승하였다. 그러나 여전히 일본 0.12, 미국 0.11, 독일 0.21, 프랑스 0.20 등에 비하면 크게 낮았다(조윤제 외, 2012). 이는 한국의 사회보장지출이 낮을 뿐만 아니라 조세구조에 있어 GDP대비 개인소득세의 비중이 낮은 데 기인한 것으로 보인다.[21)]

---

21) 2010년 현재 총 조세수입에서 개인소득세의 비중이 한국 17.9%, 중국 25.4%, 일본 25.7%), 미국 24.3%, 영국 31.5%, 독일 34.8%, 프랑스 34.7%, 이태리 42.6% 등으로 나타났다(파이낸셜 타임스 2011년 9월 6일자).

6. 교육격차 확대

소득불균등에 영향을 받아 교육격차가 확대되지만 교육격차는 다시 미래의 소득불균등을 확대시키는 요인으로도 작용한다. 가계의 교육비 부담이 증가하는 가운데 고소득층의 교육비 지출액은 크게 늘어나고 있는 반면, 저소득층의 교육비 지출액은 정체되고 있다. 한국의 가계 교육비 증가의 주된 요인 중 하나는 높은 대학진학률 때문이다. 한국의 대학진학률을 보면 2008년에만 해도 83.8%의 학생이 대학에 진학하여 사상 최대로 높은 수치였다. 그 이후 지난 10년간 꾸준히 떨어져왔다. 그러나 그 이후부터 감소세가 뚜렷해지더니 2016년에는 70% 밑으로 진학률이 떨어졌으며 2018년 대학진학률은 69.7%에 머무르지만(교육부, 2018 '간추린 교육통계'), 여전히 높은 대학진학률과 대학교육비가 교육비 지출 확대로 연결되고 있는 것이다.

7. 급속한 고령화

한국의 인구구조는 기대수명 연장과 출산율의 저하에 따라 고령화가 매우 빠르게 진행되고 있다. 특히 급속한 고령화는 노인빈곤 문제를 야기하고 있다. 2000년대 들어 급격히 진행되고 있는 고령화 문제는 재정부담을 증가시키며 한국사회의 큰 이슈로 등장하고 있다. 한국은 〈표 11-2〉에서 보이는 대로 2000년에 고령화사회에 진입했으며, 2017년에는 고령사회 그리고 2026년에는 초고령사회에 들어갈 것으로 예측되고 있다.

┃표 11-2┃ 연령계층별 구성비 추이

(%)

구 분	1970	1990	2000	2010	2013	2020	2026	2030	2050
0~14세	42.5	25.6	21.1	16.2	14.7	13.2	12.9	12.6	9.9
15~64세	54.4	69.3	71.7	72.8	73.1	71.1	66.3	63.1	52.7
65세 이상	3.1	5.1	7.2	11.0	12.2	15.7	20.8	24.3	37.4

자료: 통계청(2011), 「장래인구추계」(KOSIS).

한국의 인구구조는 65세 이상 노인인구가 급격히 증가하는 반면, 생산가능인구가 총인구에서 차지하는 비중은 2000년 71.7%에서 2012~2014년 73.1%를 정점으로 점차 낮아져 2030년 63.1%, 2050년 52.7% 수준으로 하락할 전망이다.

통계청 자료에 따르면 전체 인구에서 차지하는 노인인구의 비중이 1970년 3.1%에 머물렀으나, 2010년에는 11.0%, 2050년에는 37.4%까지 높아질 것으로 전망된다. 이에 따라 1970년에는 생산가능인구 17.7명이 노인 1명을 부양했으나, 2010년에는 6.6명이, 2050년에는 1.4명이 부양해야 할 것으로 전망된다.

이처럼 고령화 사회로 급격히 이행하고 있는 것은 기대수명은 늘었지만 출산율이 낮아진 데 주로 기인한다. 한국의 기대수명은 그동안 의료기술 수준과 국민보건이 향상되면서 1990년 71.4세에서 2008년 79.9세로 크게 증가하였다.[22)]

그러나 한국의 출산율은 줄곧 하락하고 있다. 출산율이 급감하게 된 것은 여성의 사회진출 확대와 더불어 보육시설의 미흡, 자녀 교육비와 같은 육아비의 증가 등에 기인한 것으로 보인다. 또한 집값의 상승으로 내집 마련까지의 기간이 길어져 결혼과 자녀 출산을 미루는 것도 출산율을 저하시키는 주요한 요인이 되고 있으며, 이혼율 급증에서도 한 요인을 찾을 수 있다고 보인다.

제4절 소득불평등·양극화 완화를 위한 정책과제

위에서 살펴본 바와 같이 소득불평등·양극화는 먼저 소득의 상향 이동성을 하락시키고, 정상근로로부터 얻는 기대소득을 낮추어 범죄와 같은 비정상근로의 한계비용을 낮추는 방향으로 작용한다. 그 결과 소득불평등·양극화가 진전될수록 범죄발생확률은 증가하게 된다. 또한 개인은 경제위기의 와중에 고용과 소득의 심각한 불안상태로 내몰리게 된다. 이는 개인의 삶을 안정적으로 영위되지 못하게 하여 사회전체의 통합과 안정성을 위협하는 요인으로 작용한다. 따라서 소득불평등·양극화를 완화하기 위한 적절한 정책이 추진되어야 한다.

1. 적극적인 거시경제정책의 추진

거시정책인 재정정책과 통화정책은 미시정책과 달리 정책효과가 경제 전반에 미친다. 감세나 재정지출 확대와 같은 확장적 재정정책이나 기준금리 인하를 통한 확장적 통화

22) 통계청이 발표한 자료에 따르면 한국의 1970년 기대수명은 61.9세, 2010년의 기대수명은 80.6세, 2018년은 82.7세로 나타났다.

정책은 민간소비와 투자를 확장시켜 내수 확장에 도움이 될 수 있다. 또한 예산을 통한 서비스업과 중소기업에 대한 지원이라든지, 극단적이기는 하지만 개인소득세 조정을 통한 노동소득 분배율의 개선도 가능하다. 이런 관점에서 거시경제정책은 다양한 경로를 통해 양극화를 완화할 수 있다.

백운기(2012)가 연구한 재정정책과 통화정책의 기조, 양극화와 소득불평등의 추이, 경제성장률 등을 정리하면 〈표 11-3〉, 〈표 11-4〉와 같다. 〈표 11-4〉에 의하면 재정확장기에 양극화는 71%의 빈도로 악화된 반면에, 재정긴축기에는 양극화가 50% 빈도로 악화되었음을 나타냈다. 즉, 양극화 악화는 재정긴축기가 아니라 오히려 재정확장기에 더 자주 관찰되었다. 다만 위의 분석으로는 재정확장이 양극화를 촉진했는지 아니면 양극화 악화 때문에 정부가 확장적 재정정책을 시행한 결과로 나타났는지는 분명하지 않다.

한편, 소득불평등의 변화가 거시경제정책 기조 사이에 존재하는 관계는 양극화와 다소 차이를 보인다. 재정확장기에는 소득불평등이 악화된 사례가 71%의 빈도로 나타났으며, 재정긴축기에는 이보다 높은 80% 빈도로 소득불평등이 악화되었다. 이로부터 재정긴축기에 소득불평등이 더 악화되었다는 점이 주목된다.

▎표 11-3▎ 거시경제정책의 기조와 양극화 및 소득불평등의 변화 (1)

	재정정책				통화정책			양극화	소득 불평등	경제 성장률(%)
	FI_1	FI_2	FI_3	FI_4	call	lf	m2			
1990	확장					긴축	긴축	완화	완화	9.3
1991	확장				긴축	확장	확장	완화	완화	9.7
1992	긴축				확장	확장	확장	완화	완화	5.8
1993	긴축				확장	확장	확장	완화	완화	6.3
1994	확장			긴축	확장	긴축	확장	악화	완화	8.8
1995	확장			긴축	긴축	긴축	긴축	악화	악화	8.9
1996	확장			확장	긴축	긴축	긴축	완화	악화	7.2
1997	확장			확장	긴축	긴축	긴축	완화	완화	5.8
1998	확장			긴축	확장	확장	긴축	악화	악화	−5.7
1999	긴축			긴축	확장	확장	긴축	악화	악화	10.7
2000	긴축			긴축	확장	확장	확장	완화	완화	8.8

	재정정책				통화정책			양극화	소득불평등	경제성장률(%)
	FI_1	FI_2	FI_3	FI_4	call	lf	m2			
2001	긴축	확장	확장	확장	확장	확장	확장	악화	악화	4.0
2002	긴축	건축	긴축	긴축	확장	긴축	긴축	완화	악화	7.2
2003	확장	확장	확장	확장	확장	확장	확장	악화	완화	2.8
2004	확장	확장	확장	확장	확장	확장	확장	악화	악화	4.6
2005	긴축	확장	긴축	긴축	확장	확장	확장	완화	악화	4.0
2006	긴축	긴축	긴축	긴축	긴축	확장	확장	악화	악화	5.2
2007	긴축	긴축	긴축	긴축	긴축	긴축	긴축	완화	악화	5.1
2008	확장	확장	확장	확장	긴축	긴축	긴축	악화	악화	2.3
2009	확장	확장	확장	확장	확장	확장	긴축	완화	악화	0.3
2010	긴축	긴축	긴축	긴축	확장	확장	확장	완화	완화	6.2

주: 양극화는 ER지수를 사용.
자료: 백운기(2012)에서 재인용.

| 표 11-4 | 거시경제정책의 기조와 양극화 및 소득불평등의 변화 (2)

구 분	양극화 악화	양극화 완화	소득불평등 악화	소득불평등 완화
재정확장(7)	5(71%)	2(29%)	5(71%)	2(29%)
재정긴축(10)	5(50%)	5(50%)	7(70%)	3(30%)
통화확장(14)	7(50%)	7(50%)	8(57%)	6(43%)
통화긴축(7)	3(43%)	4(57%)	5(71%)	2(29%)

자료: 백운기(2012)에서 재인용.

2. 성장동력의 발굴을 통한 잠재성장률의 제고

양극화 및 소득불평등 심화는 경제성장률과 밀접한 관련이 있다. 〈표 11-5〉는 양극화가 악화된 시기와 완화된 시기의 평균성장률과 소득불평등이 악화된 시기와 완화된 시기의 평균성장률을 비교하고 있다. 두 지표 공히 완화된 시기의 평균성장률이 악화된 시기의 평균성장률에 비해서 각각 1.3%p 및 2.6%p씩 높다. 이로부터 경제성장률이 양극화와 소득불평등에 큰 영향을 미쳤을 가능성을 시사하고 있다.

최근 한국은행의 추정결과 우리경제의 잠재성장률은 지속적으로 하락 추세인 것으로 나타났다. 2001~2005년 중 5.0~5.2% 수준이던 잠재성장률이 2011~2015년 중 3.0~3.4% 수준으로 하락한데 이어 2016~2020년 중에는 2.7~2.8% 수준까지 하락하였다. 특히 전망시계를 포함하는 2019~2020년의 잠재성장률은 2.5~2.6%로 추정되었다. 2019~2020년 잠재성장률이 2016~2020년 평균인 2.7~2.8%보다 0.2%p 가량 낮은 것은 성장률의 추세하락이 최근에도 지속되고 있음을 시사한다(〈표 11-6〉). 그렇다면 정부의 정책은 지속적인 경제성장의 동력을 찾고 경제의 활성화를 이룩하여 잠재성장률을 높이는데 진력해야 할 것이다.

❙표 11-5❙ 양극화 및 소득불평등의 변화와 경제성장률

(%)

구 분	양극화 악화	양극화 완화	소득불평등 악화	소득불평등 완화
경제성장률	4.9	6.2	4.6	7.2

자료: 백운기(2012)에서 재인용.

❙표 11-6❙ 한국은행의 잠재성장률 추정결과1)

(연평균, 범위, %)

구 분	2001~05	2006~10	2011~15	2016~20	2019~20
기존 추정치	4.8~5.2	3.7~3.9	3.0~3.4	2.8~2.9	-
재추정 결과	5.0~5.2	4.1~4.2	3.0~3.4	2.7~2.8	2.5~2.6
실제 성장률	5.0	4.3	3.1	2.7	2.4

주: 1) 2019.7월 전망기준.
자료: 김도완, 이은경, 한진현(2017.09), p.27.

3. 내수 활성화

경제가 지속적으로 성장되어야만 양극화나 소득불평등을 해소하는 데 유리하다. 수십 년간 거의 성장하지 않았거나 마이너스 성장률을 기록한 나라에서는 거의 예외 없이 양극화가 심화되고 지니계수도 높다. 그렇지만 경제가 성장하더라도 지나치게 수출 의존적이면 수출과 내수 간 균형이 깨지고 양극화가 발생할 우려가 커진다. 수출과 내수 간에 양극화가 발생하면 주요 수출품을 생산하는 기업 및 해당 산업은 그렇지 않은 기업 및 산업 간에 성과측면에서 차별화된다. 이런 현상은 궁극적으로 소득양극화를 초래하기 때문에 소득양극화를 완화하기 위해서는 수출과 내수 간 양극화의 구조적 원인을 찾아 해결해야 할 것이다.

4. 중산층을 배려한 소득재분배 정책과 적극적인 경제활성화 추진

오늘날 대부분의 국가들은 공적소득이전과 조세정책 등의 소득재분배 정책은 단순히 고소득자로부터 세금을 징수하여 저소득자들의 소득을 보충해주는 방식을 취하고 있다. 이 때문에 소득재분배 정책이 소득불평등도는 줄일 수 있지만 양극화 해소에는 제한적이라고 주장한다. 양극화는 고소득 집단과 저소득 집단 사이의 소득격차 외에도 각 소득 집단 내의 소득 집략화에 의해서도 영향을 받기 때문이다. 따라서 양극화 완화정책은 소극적인 소득불평등 완화나 빈곤구제에 효과적인 재분배정책 보다는 경제활성화를 추진하는 적극적인 시각에서 접근해야 할 것이다.

5. 서비스업의 역할 제고

한국경제가 높은 실업률과 내수 부진이 장기화하면서 새로운 탈출구로서 서비스업에 대한 관심이 높아지고 있다. 이는 한국의 국내총생산이나 고용에서 차지하는 서비스업의 비중이 계속 증가하고 있기 때문이다. 서비스업의 비중이 커지는 만큼 서비스업이 제조업 위주로 성장해 온 한국경제의 구원투수의 역할을 해야 한다는 기대가 커지고 있다.

서비스업은 부문별 특성에 따른 규제개혁과 시장개방을 통한 경쟁시스템 도입으로 서비스 산업의 맞춤형 성장전략을 구사해야 한다. 특히 의료산업과 분야에서는 제한적 지역의 의료특구 지정과 특구 내 외국인을 대상으로 한 의료산업 활성화를 위해 규제를 완화해야 한다. 교육, 법률 등의 전문적 서비스부문에서도 시장의 개방 확대, 자격제도의 개편으로 경쟁을 촉진함으로써 서비스 질을 향상시켜야 한다.

사회서비스는 전문 인력을 육성하고 진입규제를 완화함으로써 서비스의 질을 개선하고 독립된 전문영역으로서의 인증제도 도입을 통하여 자생력을 제고해야 한다. 방송·통신 서비스업은 사업자 간 공정거래, 유통구조 개방 등 콘텐츠 제작을 활성화해야 한다. 다만 금융서비스와 같이 경기변동에 따라 경제안정성을 훼손할 우려가 있거나,

SSM(super supermarket)[23] 제한과 같이 영세자영업자 등 취약계층을 지원해야 하는 경우에는 제한적으로 규제를 강화할 필요가 있다.

6. 대기업과 중소기업의 동반성장

양극화를 완화하기 위해서는 고용의 안정이 무엇보다 중요하다. 특히 전체고용의 87% 이상을 차지하고 있는 중소기업이 핵심적인 역할을 감당해야 한다. 그런데 이처럼 많은 근로자를 고용하고 있는 중소기업의 생산이나 부가가치는 전체의 절반에 머무르고 있기 때문에 대기업과의 협력관계가 중소기업의 안정적인 성장과 발전을 위해서는 필수적이다.

대기업과 중소기업 간의 관계는 동반성장을 위한 네트워크를 구성하는 기업생태계[24]로서 인식할 필요가 있다. 대기업과 중소기업의 윈-윈 전략은 중소기업이 높은 기술력에 기초한 양질의 소재와 부품을 대기업에 납품하고, 대기업은 해당 기업 제품의 품질을 인정하며 동반성장할 수 있어야 한다.

대기업과 중소기업이 동반성장하도록 하기 위해서는 정부의 역할이 중요하다. 특히 기술력을 갖춘 중소기업이 대기업과의 협력을 통해서 성장할 수 있도록 제도적 장치를 마련해야 한다. 나아가 정부는 고용을 정책의 중요한 목표로 설정해야 한다. 고용 없는 성장의 결과는 극단적 양극화를 초래함으로써 장기적으로는 경제성장의 제약할 가능성이 크다고 하겠다.

---

23) 기업형의 대형 수퍼마켓을 일컫는데, 대기업 본사가 정점에 있고 각 지역에 소재하는 점포들은 체인점으로 운영된다. 이 SSM(super supermarket)은 대기업의 잘 형성된 유통망, 자금력 등을 이용하여 다양한 상품을 저가에 판매할 수 있어 보통 개인이 독립적으로 운영하는 동네 수퍼마켓보다 경쟁력이 훨씬 높다.

24) 기업생태계란 넓은 의미의 네트워크로 제품 혹은 부품 공급자와 판매조직, 아웃소싱 기업, 기업공급자 등을 포함한다.

참고자료

강신욱(2018.05.25), "소득불평등의 변화와 재분배정책의 과제", 한국보건사회연구원의 국제컨퍼런스 '내 삶을 바꾸는 포용적 혁신국가-Inclusive Korea 2018'의 발표자료.

김도완, 이은경, 한진현(2017.09), "우리경제의 잠재성장률 추정", 『조사통계월보』 제71권 제8호, 한국은행.

교육부, 『2018 간추린 교육통계』.

김기범(2005.05.04), "서비스산업 고도화, 싹이 보인다", 『LG주간경제』, LG경제연구원.

김범석·이광열·이효정(2015.06), "글로벌 식품 신시장 할랄", 『Issue Monitor』, 제34호, 한국 KPMG 경제연구원.

김복순(2019.01), "최근 비정규직 고용과 근로조건 변화 : 2018년 8월 「경제활동인구조사 부가조사」를 중심으로", 『월간 노동리뷰』, 한국노동연구원.

김용기 외(2010), 『한국 중산층의 변화와 경제사회적 결과』, 삼성경제연구소.

노민선(2018.12.30), "대-중소기업 간 임금격차 국제 비교 및 시사점", 『임금정보 브리프』 2018년 제9호(통권 제35호) No.3, 한국노동연구원.

박소현·안영민·정규승(2014.05), 『중산층 측정 및 추이 분석 - 소득 중심으로 -』, 통계개발연구원.

백웅기(2012.03), 『경제양극화 완화를 위한 경제정책 방향』, 한국금융연구원 제684회 주례세미나 발표자료.

설 윤(2011), "최근 양극화 추이와 시사점", 『KERI Brief 11-10』, 한국경제연구원.

설 윤(2011.11.18), "양극화와 불평등도의 최근 추이와 시사점 : 소득, 소비, 교육비 지출을 중심으로", 『KERI Zoom-In 11-01』, 한국경제연구원.

유경준(2007), 『소득불평등도와 양극화』, 한국개발연구원.

유경준(2012.04), "소득양극화 해소를 위하여", 『KDI FOCUS』, 한국개발연구원.

이정우(2010), 『불평등의 경제학』, 후마니타스.

유병규(2015.05.08), "한국경제 문제점과 지속 발전 전략", 한은 금요강좌, 한국은행.

조윤제·박창귀·강종구(2012.01.10), "한국의 經濟成長과 社會指標의 변화", 『금융경제연구』, 한국은행.

통계청(2019.11.27), 2018년 기준 광업·제조업조사 잠정결과, 통계청 보도자료.

http://navercast.naver.com/list.nhn?category_id=104&category_type=series

미국 연방준비제도의 탄생

19세기 미국의 금융제도는 다른 선진공업국들에 비하여 독특했다. 우선 은행이 고객과 장기적 관계를 형성하지 못하도록 규제한다. 은행지주회사의 비금융기업 주식소유 지분을 5% 이내로, 신탁회사의 이 지분은 10% 이내로 제한했다. 지점 설립도 금지했기 때문에 소규모 단점은행이 아주 많다(1990년의 은행 수: 영국 209개, 독일 273개, 일본 154개, 미국은 1만 2,500개). 그 결과 은행 간 경쟁이 심화될 뿐 아니라 지방에서 독점력을 가진 은행이 포트폴리오 다각화에 뒤져 안정성이 떨어지는 경향이 있다.

미국에서는 1914년에 중앙은행이 설립되었다. 그 이전은 '자유은행시기'와 '국법은행시기'로 나뉜다. 자유은행체제란 중앙은행 없이 상업은행들이 경쟁적으로 은행권을 발행하고, 은행 설립에 관한 법적 요건이 느슨하며, 지불준비에 대한 통제도 없는 금융구조를 말한다. 미국에서 자유은행시기는 2차합중국은행 인가갱신안에 대한 잭슨 대통령의 거부권행사 이후, 1837년부터 1863년 국법은행시기가 도래할 때까지다.

이때 은행과 은행권이 난무했다. 남북전쟁 직전 1,600개 은행이 귀금속이나 주정부에 예치한 유가증권을 근거로 9,000종의 은행권을 발행해 유통시켰다. 각종 결제제도(예를 들어 서포크시스템 등의 청산소)와 예금보험도 발달했다. 이 무렵 부분적으로 규제경쟁의 불합리성에 기인한 은행 위기가 두드러졌다. 은행의 안정성에 관한 한 자유은행시기가 국법은행시기보다 우월했다. 대기업, 거대금융을 의심하는 지방자치적 미국식 민주주의 정서에서 비롯된 단점은행제도(지점설립 금지)는 미국 금융제도의 주요 특징으로서 결국 톡톡한 대가를 치른다.

이 때문에 금융중심지(뉴욕)가 아닌 지역들과 모든 농업부문의 자본비용이 높아졌다. 은행도산도 이어졌다. 은행위기가 발생할 때 청산소대부증서가 최종 대부자 역할을 시도했으나 대규모 은행 공황은 감당하기 어려웠다.

남북전쟁을 겪으면서 일시적으로 중단되었던 금본위제가 1879년에 부활되면서 세계경제는 이른바 고전적 금본위제의 시대를 맞이했다. 그러나 중앙은행이 없었던 미국으로서는 20세기에 들어서면서 금융상의 문제점들이 야기되었다. 당시 미국은 전국은행법을 근거로 금융업이 통제 내지 운영되고 있었다. 이 법에 따라 은행들은 대체로 맨 아래 층에 농촌은행들이, 그리고 그 위에 도시은행들과 전국 규모의 도시은행들이 중층적으로 금융업을 영위했다. 문제는 이런 구조 하에서 은행들이 수익을 위해 경쟁을 하다 보면, 규모가 큰 은행일수록 수익구조가 열악해진다는 것이었다. 따라서 대규모 은행들은 주식과 같은 고수익의 위험자산에 투자하는 경우가 생겼고, 이것이 결국 1907년 금융위기로 현실화되었다. 1907년의 미국 금융위기는 1906년 유럽의 금융위기가 미국으로 확산되면서 나타난 결과이기도 하였다.

이러한 상황에서 미국의회는 금융체제의 변화가 필요하다는 판단 하에 1913년 마침내 중앙은행의 설립을 내용으로 하는 연방준비법(the Federal Reserve Act)을 통과시켰다. 이로써 미국의 중앙은행인 연방준비제도(Federal Reserve System)가 탄생했다. 연방준비제도는 12개의 지역 연방준비은행과 이를 총괄하는 연방준비제도이사회(Federal Reseve Board, 약칭 FRB)로 구성되어 있고, FRB가 통화정책을 총괄하는 사실상 중앙은행의 역할을 수행한다. FRB는 초기에 대통령이 임명하는 5명의 이사와 당연직으로 재무장관, 전직 통화감독관 등 7명으로 구성되었다.

법에 명시된 중앙은행으로서 연방준비제도의 목적은 "연방준비은행을 설립하고, 탄력적으로 통화를 공급하며, 상업어음의 재할인 수단을 제공하고, 은행들에 대한 보다 효과적인 통제를 하는 것"으로 되어 있다. 그러나 탄력적인 통화공급과 은행에 대한 보다 효과적인 통제와 같은 중요한 목표가 제대로 수행되었는지에 대해서는 많은 학자들이 의문을 제기하고 있다.

노벨상을 수상한 밀튼 프리드먼(Milton Freedman, 1912~2006) 같은 학자는 FRB가 이러한 중요한 두 가지 역할을 제대로 수행하지 못했기 때문에 1929년에 대공황이 발생했다고 주장하고 있다. 통화론자들은 경기침체기에 FRB가 통화공급을 늘렸어야 함에도 불구하고 긴축정책을 써서 물가가 하락하고 생산이 감소하는 대공황이 일어났다고 주장한다.

어쨌든 대공황을 거치면서 1935년 FRB는 독립성을 강화하기 위해 재무장관과 전직 통화감독관을 이사에서 제외시키고, 산하에 연방공개시장위원회(Federal Open Market Committee, FOMC)를 설립하여 통화정책을 수립·시행하도록 함으로써 오늘날의 모습을 갖추게 되었다. 미국경제가 세계경제에 미치는 영향을 고려한다면, 미국 중앙은행인 FRB의 행보는 모든 사람의 관심의 대상이 아닐 수 없고, FOMC의 정책결정이 한국의 뉴스에도 늘 비중 있게 등장할 수밖에 없다.

화폐주조권(seigniorage)과 달러화

돈은 인류 스스로 만들어 낸 가장 위대한 발명품이라 할 수 있다. 돈은 화폐 또는 통화라고도 한다. 필요에 따라 돈이 만들어졌고, 그 형태는 끊임없이 진화되어 왔다. 흔히 화폐를 인체에 있어서 혈액의 역할로 비유한다. 경제의 핏줄인 돈을 제대로 관리하지 못하면 경제는 파탄에 이르게 된다. 과거 독일이나 남미의 일부국가들이 겪은 초

인플레이션이나, 최근에 빈번하게 발생하는 금융위기는 돈을 제대로 관리하지 못해 발생한 결과인 것이다.

돈은 경제활동에서 중요한 기능을 수행한다. 실물경제의 규모에 비해 돈이 너무 많이 풀려 있으면 돈의 가치는 떨어진다. 물가가 지속적으로 오르는 인플레이션 현상이 발생하는 것이다. 반대로 시중에 돈 가뭄이 들면 이자는 상승하고 생산자금이 부족해져 생산이 위축되고 실업자가 양산된다. 물가를 안정시키고 경제활동이 원활하게 이루어지도록 시중의 돈을 적정한 수준으로 유지해야 한다. 이는 중앙은행의 책임인 것이다.

현재 대부분의 국가에서 통용되는 돈은 동전과 지폐이다. 이들 동전과 지폐는 국가의 법이나 규제에 의해서 강제적으로 통용되는 법정화폐(fiat money)이다. 사실 지폐의 생산원가는 매우 낮다. 한국의 5만원권의 생산비용은 아마도 1,000원에 미치지 못할 것이다. 미국의 100달러 지폐의 경우에도 발권비용은 1달러도 안 될 것이다. 국가의 권한으로 발행하는 화폐에는 막대한 발권차익이 발생하며, 이것은 국가에 귀속된다. 이 같은 발권차익을 화폐주조권(seigniorage)이라 한다.

아마도 지구상의 국가들 가운데 주조차익을 가장 많이 가지는 국가는 달러를 발행하는 미국일 것이다. 미국의 경상수지적자는 1980년대 중반부터 지속되고 있다. 지난 1970년대 이후 경상수지적자의 누적액이 2011년 현재 8.1조 달러에 이르는 천문학적 금액이다. 한국은 경상수지적자가 200억 달러를 넘어선 1997년 말에는 외환위기라는 국가부도위기를 겪었다. 그러나 미국은 천문학적인 경상수지의 적자를 달러화의 발행으로 충당하고 있다. 미국정부가 발행하는 달러화는 세계통화인 기축통화로서 세계 어디에서나 통용되기 때문에 가능한 일이다. 미국이 가지고 있는 엄청난 특권이라 할 수 있다. 기축통화란 국제 간의 결제나 금융거래의 기본이 되는 통화를 말하며, 미국의 트리핀(Robert Triffin, 1911~1993) 예일대 교수가 처음 주장한 용어이다.

국가에 의해 주도되는 화폐발행 권한이 오용되거나 남용되면 발생하는 피해는 심각하다. 과도한 통화증발은 인플레이션 조세로 귀착된다. 재정적자를 통화증발로 해결하려는 시도는 불행한 결과를 초래한다. 과거 혁명으로 집권한 레닌이나 선거로 집권한 히틀러는 중앙은행법을 개정하여 원하는 대로 돈을 찍어냈다. 최근에는 북한에서도 화폐개혁을 시도했으나 실패했다. 돈을 지배하려는 무모한 야심으로 결국 국가경제는 파탄에 이르렀다.

그렇다면 한 나라의 화폐가치를 지킬 수 있는 가장 좋은 방법은 무엇일까? 많은 학자들은 정부로부터 독립된 중앙은행이 제 역할을 할 수 있을 때에 가능하다고 주장한다. 최고통치권자가 임명한 중앙은행 총재라 하더라도 최고통치권자로부터 독립된 위상을 지키려는 의지와 능력을 겸비해야 하는 이유이기도 하다.

PART Ⅲ

한국경제의 글로벌화와 선진화 과제

Chapter 12 북한의 비핵화와 남북 경제협력

제1절 북핵문제와 북·미/남북 정상회담

1. 대북정책의 전환과 북핵문제에 대한 새로운 접근[1)]

역대 한국 정부의 대북정책은 억제와 유화를 반복했고, 정부가 바뀔 때마다 대북정책을 둘러싼 남남갈등도 심화되곤 했다. 북한은 오랜 경제난과 외교적 고립상태에서도 '핵·경제 병신' 노선을 고수해왔다. 그리고 지난 기간 남북경협도 순수 경제적 요인보다는 정부의 대북정책기조와 남북관계 상황 등과 같은 경제외적인 요인에 더 많은 영향을 받아왔다.

과거 국민의 정부 및 참여정부 10년 동안 추진해 온 대북 포용정책은 '민족'이라는 특수성에서 남북관계를 지탱하며 양적 성장기를 거쳤다. 그러나 이명박 정부의 대북정책은 이러한 틀에서 벗어나 실용과 생산성이라는 경제논리에 근거한 보편성에서 출발했다. 특히 이명박 정부의 대북정책은 '비핵·개방·3000 정책'과 전략적 인내, 그리고 5·24 경제제재 실시 등으로 압축된다.[2)] 이것의 핵심은 북한이 비핵화와 개방정책을 추진한다면 북한을 위한 경제적 지원과 국제사회의 협력을 통해 1인당 국민소득 수준을 3천 달러에

---

1) 김연철(2017년 4월 11일)을 참조했음을 밝힌다.
2) 비핵·개방·3000 구상이란 북한이 비핵화와 개방정책을 추진한다면 북한을 위한 경제적 지원과 국제사회의 협력을 통해 1인당 국민소득이 3천 달러에 도달할 수 있도록 지원하겠다는 것이다.

도달할 수 있도록 지원하겠다는 것이다. 그러나 이명박 정부 내내 남북관계는 경색국면을 벗어나지 못했다.

박근혜 정부는 출범 이후 한반도 신뢰프로세스를 대북정책의 기조로 표방하며 남북관계의 발전과 한반도 평화 정착 및 통일기반 구축이라는 3가지 목표를 제시했지만, 김정은 정권은 잇따른 핵실험과 미사일 도발로 응수했다. 이에 우리 정부는 개성공단 사업 전면 중단, 사드배치 결정, 대북제재를 위한 국제공조, 그리고 북한인권문제에 대한 압박 등으로 대응함으로써 남북관계는 '강 대 강' 대결 국면을 지속했다. 여기에는 남북한 상호불신, 북한의 지속적인 핵·미사일 도발, 남북한 정치·안보문제의 경제문제에 대한 부정적 영향, 미·중 전략경쟁과 같은 국제환경의 변화, 우리사회 내부의 대북정책을 둘러싼 남남갈등 등이 상호작용하여 남북관계의 발전을 제약하거나 영향을 미쳤다.

북한의 핵 능력에 대한 정확한 정보평가는 쉽지 않지만, 미국 내에서 "북한 핵능력을 과소평가했다."는 판단과 그러한 연구결과[3)]가 공감을 얻고 있다. 이 연구결과에 의하면 북한 6차 핵실험의 위력이 크게 향상되었다고 한다. 다섯 번의 핵실험이 진행된 10년 동안 비슷한 수준에 머물렀던 북한의 핵 역량이 마지막 여섯 번째 실험에서 비약적인 증가세를 보였다고 분석했다. 북한은 우라늄 농축으로 지속적으로 핵물질을 생산하고, 여러 차례의 핵실험으로 핵탄두를 소형화, 경량화, 표준화 했으며 운반수단도 달라졌다. 다양한 종류의 이동식 미사일을 개발하고, 잠수함 발사 탄도미사일 발사에 성공하고 장거리 미사일의 사거리를 늘렸다. 북한의 핵능력이 달라졌기 때문에 협상에서 북한의 요구수준은 더욱 높아질 것이다. 핵동결 혹은 핵 포기의 상응조치는 과거와 달라질 수밖에 없다고 보인다. 달라진 핵 능력에 대응하여 새로운 협상틀이 만들어져야 한다.

문제는 북한의 요구가 높아졌는데, 그런 요구를 들어줄 협상의 국내 환경이 나빠졌다는 점이다. 우선적으로 대북인식이 비교할 수 없을 정도로 악화되었다. 미국 역시 마찬가지다. 협상으로 이익을 볼 수 있는 이해관계자가 제한된 상황에서 북한에 대한 부정적 인식이 높다는 점은 협상태도에 부정적 영향을 미칠 것이다.

이에 2017년에 출범한 문재인 정부는 적극적으로 외교적 해결을 모색하고 있다. 근래에 들어 미·중 양국의 북핵 해법도 변화하고 있다. 트럼프 정부는 오바마 정부의 '전략적 인내' 정책이 실패했다고 결론을 내렸다. 남은 것은 군사적 해결과 외교적 해결이지만, 한반도에서 군사적 선택은 가능한 대안이 아니다. 트럼프 정부가 북핵문제를 반드

3) 미국의소리(VOA), 2019.6.7) 참조.

시 해결하겠다는 의지를 갖고 실용적으로 해법을 찾는다면, 한국의 문재인 정부와 얼마든지 공동대응을 할 수 있다고 판단된다. 중국의 북핵문제에 대한 피로감 역시 적극적인 중재외교의 가능성을 높일 것이다.

문재인 정부는 불안정한 한반도 안보상황을 안정시키고 북핵문제의 해결방안을 이끌어내기 위해 '핵무기 없는 평화로운 한반도'를 최우선적인 대북정책 목표로 삼고 있다. 이러한 목표를 실현하기 위해 대북정책 패러다임을 '조기통일'에서 '적극평화'로 전환하고 정책기조도 '전략적 인내'에서 벗어나 '전략적 견인'으로 변경한다고 밝혔다.

현재와 같이 남북한 사이에 신뢰가 결여된 상황에서는 핵문제에 대한 북한의 태도 변화를 기대하기 어렵다는 판단 아래, 문재인 정부의 대북정책은 남북관계를 단절하는 입구론의 입장에서 벗어나 조건 없는 남북대화의 재개에서 출발해 북핵문제의 해결 가능성을 모색해나가는 출구론의 입장을 취했다고 보인다.

2. 하노이 2차 북·미정상회담의 '노 딜'과 비핵화[4)]

북한은 2005년 6자회담을 거쳐 나온 공동성명에서 모든 핵계획 포기와 핵확산금지조약(NPT) 및 국제원자력기구(IAEA) 복귀를 약속했다. 사실상 국제원자력기구의 핵사찰을 수용한 것이다. 하지만 북한은 2006년 7월 4일 장거리 미사일 '대포동 2호'를 발사하며 9·19공동성명을 공식적으로 파기했다. 이어 2006년 10월 9일엔 1차 핵실험을 단행했다.

문재인 대통령과 김정은 북한 국무위원장은 2018년 9월 19일 '9월 평양공동선언'에 서명했다. 북한 비핵화와 관련해 "한반도를 핵무기와 핵위협이 없는 평화의 디전으로 만들어 나가자"는 취지의 문구가 선언에 담겼다. 이번에 체결한 평양선언에는 비핵화와 관련해 △동창리 엔진시험장과 미사일발사대 유관국 참관 하 폐기, △상응조치에 따른 영변 핵시설의 영구적 폐기 추진 의사 확인 등과 같은 구체적 합의가 들어 있다. 여기에 비핵화 추진 과정에서의 남북협력 조항이 포함되어 있다(조선일보, 2018.09.20).

그러나 베트남 하노이에서 열린 2차 북·미 정상회담이 노 딜로 끝나면서 영변 핵시설 해체와 제재 완화의 교환은 이뤄지지 않았고, 오히려 북·미 대화와 남북관계가 중단되는 최악의 결과를 낳았다. 양측의 입장에 따르면 북한은 영변 핵단지 폐기를 대가로 대북제재 해제를 제안했으며, 미국은 '영변+α'를 요구함으로써 합의가 결렬된 것으로 요

4) 이 논의는 전성훈(2018.03.30)을 전적으로 참고하였음을 밝힌다.

약할 수 있다. 특히 미국은 영변 이외의 핵 물질 생산시설, 생화학 무기, 탄도미사일 등 대량살상무기(WMD) 전체를 언급함으로써 영변 핵단지 폐기만을 고집한 북한의 입장과 충돌한 것으로 보인다.

북한은 영변 핵시설을 내주고 경제제재 완화를 비롯한 상응조치를 얻어내 싱가포르 합의를 행동으로 옮기는 구체적인 진전이 이뤄질 것으로 생각했다. 북한은 영변 핵시설 폐기가 미국을 만족시키는 데 충분한 카드일 것으로 확신했다. 그러나 미국은 영변 핵시설 폐기보다 북한의 비핵화 의지를 확인하고 최종 목표를 설정하는 것이 필요했다. 2차 정상회담을 한 달 남겨놓은 2019년 1월 31일 스티븐 비건 국무부 대북정책특별대표는 스탠포드 대학 강연에서 비핵화 협상 최종목표에 대한 북·미 공통의 인식과 협상 로드맵이 필요하다는 점을 지적했다. 미국이 가장 필요로 하는 것은 영변 핵시설 해체가 아니라는 점을 분명히 했다. 결국 일주일 뒤 열린 2차 북·미 정상회담은 실패로 끝났다.

하노이 회담 실패는 영변 핵시설 폐기를 카드로 북·미 협상을 되돌릴 수 없는 단계로 진입시키려던 남북 공동의 구상은 무너졌다. 북한은 하노이 회담 실패 이후 노골적으로 문재인 정부에 대한 불신을 드러냈다. 하노이 회담 실패는 북·미 대화를 원점으로 되돌렸을 뿐 아니라 남북관계까지 전면 중단시키는 결과를 낳았다.

남북 및 북·미 정상회담을 개최하면서 남북관계 발전과 한반도 비핵화에 대한 희망이 높아지기도 했다. 북한의 핵과 미사일 개발이 야기한 위기상황이 역사적인 정상회담의 기회를 만든 만큼 정상회담에서 가장 중요하고 핵심적인 의제는 비핵화였다. 그런데 북한이 주장하는 '비핵화'와 한·미가 추구하는 '비핵화'의 내용은 판이하다는 것이다. 북한의 '비핵화'는 주한 미군의 한반도 축출과 한·미동맹 와해가 핵심인 반면, 한·미의 '비핵화'는 남북한의 핵개발 포기가 핵심이다. 북한과 한·미가 같은 용어를 사용하면서도 다른 목표를 내세우고 있는 것이다(전성훈, 2018.03.30).

북한은 '비핵화'를 전면에 내세운 채, 핵을 포기할 수 있다는 연막을 치고 혼란을 야기하면서 핵개발에 매진해왔다. 제네바 기본합의, 9·19 공동성명, 2·13 합의 등 주요 합의마다 '비핵화'란 간판으로 핵포기 가능성을 시사하면서 핵심 목표인 주한·미군 축출과 한·미동맹 와해를 포기한 적이 없다. 결국 북한과 한·미는 '비핵화'라는 한 배를 탔지만 전혀 다른 꿈을 꿔왔던 것이다.

북한은 지금까지 '비핵화' 용어를 악용해서 북한이 핵을 포기할 것으로 오판하도록 한·미와 국제사회를 기만하고 혼란에 빠뜨렸다. 국제사회의 압박으로 위기에 봉착할 때마다 '비핵화'를 명시한 국면전환용 합의로 위기를 모면하고 경제적 실리를 챙겼으나 핵개발은 일관되게 진행했다. 1991년 비핵화 공동선언에서부터 1994년 제네바 기본합의, 2005년 9·19 공동성명, 2007년 2·13 합의, 2012년 2·29 합의 등이 모두 북핵폐기에 실패한 표면상의 원인은 북한의 합의 위반이지만, 보다 근본적인 원인은 북한이 애당초 '비핵화'에는 관심이 없고, '비핵지대화'를 관철하겠다는 일념으로 움직였기 때문이다. 지난 30여 년 동안 북한은 '비핵화'로 포장한 '비핵지대화' 목표를 철회한 적이 없고, 모든 협상에서 그 목표를 실현하겠다는 외길을 걸어왔다.

미국도 한국과 마찬가지로 비핵화는 북한의 핵포기를 의미하는 것으로 이해하고 있다. 북한에 핵무기는 물론 핵개발 프로그램이 없어야 한다는 것이 미국의 입장이다. '비핵화'를 둘러싼 북한과 한·미의 입장차이가 해소되지 않으면 향후 북·미 정상회담 등에서 큰 문제가 발생할 수 있다. 북한의 핵포기 의사가 없는 사태에서 이루어진 북·미 하노이 회담이 노 딜로 끝났는지도 모른다.

한·미 양국은 남북한의 핵개발 포기를 위해 고안한 '비핵화' 용어가 북한의 기만전술에 악용되었다는 사실을 인식하고 이 용어를 폐기하고, '핵폐기'(Nuclear Dismantlement)로 용어를 통일해야 한다. 미국의 역대 행정부는 지금까지 한국의 핵개발 포기라는 비핵화의 반쪽을 잃지 않고 한반도를 핵 비확산 정책의 모델로 삼으려고 비핵화 용어에 집착했다. 하지만 비핵화 정책은 트럼프 대통령이 여러 차례 지적했듯이 실패했다. 북한이 핵무력 완성을 선언했는데도 이 용어를 고집한다면 관료주의의 타성과 책임회피로 비판받을 수밖에 없다고 판단된다. 앞으로 양국은 북핵 관련 모든 공식, 비공식 무대에서 '핵폐기'로 용어를 통일해야 할 것이다.

3. 정상회담의 결과 시나리오 건토[5]

정상회담은 최고 의사결정권자들 간의 회담이기 때문에 난국돌파의 기회가 될 수 있다는 기대감을 갖게 한다. 한국이나 미국도 그런 희망을 갖고 '톱 다운'(Top Down) 방식의 '원 샷' 회담을 준비해왔다. 특히 정상회담을 정당화하는 논리로 김정은이 최고 결정권자이기 때문에 빅딜이 가능할 것이라는 점에 기대를 걸기도 했다. 반면에, 정상회담은 외교협상의 마지막 단계이기 때문에 정상회담에서 실패하면 더 이상 외교적 해법을 추구할 길이 없다는 점도 염두에 두어야 한다.

하노이 회담은 노 딜로 끝났지만, 향후의 한반도 상황은 있을 지도 모를 북·미 정상

5) 이 논의는 전성훈(2018.03.30)을 전적으로 참고하였음을 밝힌다.

회담의 성패에 크게 좌우될 것이다. 북·미 정상회담 이후 북핵문제를 둘러싸고 다음과 같은 세 가지 시나리오를 생각할 수 있다. 어떤 경우에도 북한이 완전히 핵을 포기하지는 않을 것이므로 한국은 북핵 위협에 대응한 핵억지력을 구축해야 할 것이다.

첫째, 북·미 정상회담 성공 → 합의동결: 핵과 미사일 시험 모라토리엄, 영변 핵시설 활동 중단, 미 본토를 겨냥한 ICBM 동결 및 폐기, 검증 등 단계적 해법에 합의하고 북핵 완전 폐기를 궁극적인 목표로 선언하는 수준에서 합의한다. 북한은 일정한 핵무력을 보유하게 되고 미국은 본토에 대한 핵위협을 해소함으로써 양측이 명분과 실리를 모두 챙길 수 있는 방안이다. 대북제재가 상당부분 완화되고 북·미 관계 정상화도 가능할 것이다. 다만 북핵폐기가 언제 가능할지 기약이 없는 상태에서 한국은 북핵 위협에 상시 노출되는 처지가 된다.

둘째, 북·미 정상회담 실패 → 무력충돌 → 합의동결: 정상회담이 실패해서 트럼프 행정부가 대북 군사옵션을 사용하고 이에 북한이 대응해서 국지적 무력충돌이 발생한다. 이후 중국, 러시아, 유엔 등의 중재노력에 힘입어 양측이 정상회담 성공 때와 비슷한 수준의 합의동결을 이룬다. 역시 북핵폐기가 물 건너간 상태에서 한국은 북핵 위협에 상시 노출될 것이다.

셋째, 북·미 정상회담 실패 → 무력충돌 → 자연동결: 정상회담이 실패해서 트럼프 행정부가 대북 군사옵션을 사용하고 이에 북한이 대응해서 국지적 무력충돌이 발생한 후 대결국면이 지속된다. 이런 가운데 북한은 미 본토 타격이 가능한 ICBM을 포함하여 필요하다고 판단하는 만큼의 핵전력을 갖춘 후 핵개발을 중단하고 유지 및 관리 단계에 들어간다. 역시 북핵폐기가 요원한 상태에서 한국은 북핵 위협에 상시로 노출될 것이다.

물론 북·미 정상회담이 열리지 못할 수도 있다. 정상회담이 성사되지 않는 경우 북핵문제는 다음과 같은 네 가지 시나리오가 가능하다. 이 경우에도 한국은 북한의 핵위협에 상시 노출되는 처지가 된다. 그렇다면 북핵 위협에 대응한 새로운 핵억지 태세를 시급히 구축할 수밖에 없다.

첫째, 북핵협상 성공 → 합의동결: 정상회담은 성사되지 못했지만 북·미 고위급회담, 4자회담, 6자회담 등을 통해 앞서 소개한 정상회담 성공 시에 가능한 수준의 동결에 합의하는 경우로 기대할 수는 없다.

둘째, 무력충돌 → 합의동결: 트럼프 행정부가 제한적인 군사옵션을 사용하고 이에 북한이 대응해서 무력충돌이 발생한 후 국제사회의 중재로 합의동결이 이뤄진다.

셋째, 무력충돌 → 자연동결: 트럼프 행정부가 제한적인 군사옵션을 사용하고 이에 북한이 대응해서 무력충돌이 발생한 후 대결국면이 지속된다. 북한이 ICBM을 포함한 다양한 핵무력을 갖춘 후 스스로의 판단에 따라 유지 및 관리 단계에 들어간다.

넷째, 자연동결: 북핵 해결에 대한 외교적, 군사적 해법이 모두 가동되지 않고 대결국면이 지속되는 가운데 북한이 ICBM을 포함한 다양한 핵무력을 갖춘 후 스스로의 판단에 따라 유지 및 관리 단계에 들어가는 것이다.

제2절 북·중 경제협력의 한계와 남북 경제협력

1. 북·중 경제협력의 확대

계획경제의 침체로 경제난이 지속되면서 권력 핵심세력에 대한 배려가 북한체제 안정의 큰 변수로 작용하고 있다. 북한권부는 김정은의 측근과 충성 세력의 안위를 위해 내부에서 착취할 수 있는 방법 외에 위폐 발행 및 위조품의 제작과 판매와 같은 불법적인 대외 상거래로 외화를 조달해왔다. 이러한 북한의 불법적인 경제행위는 핵개발과 맞물려 국제사회의 제재를 받고 있다. 특히 천안함 폭침 사건과 연평도 포격사건 등에 기인한 5·24조치와 개성공단의 잠정중단으로 남북경협이 거의 중단되면서 북한의 경제난은 더욱 어려워지고 있다.

이러한 시기에 북·중 간 경제협력이 관심의 초점이 되고 있다. 중국의 對북 경제협력의 주체가 과거 민간중심에서 국가중심으로 변화하고 있는 사실이 이를 잘 드러내고 있다. 중국은 광물(무산광산 등), 항만(나진·청진항 등) 개발, 산업단지(나진·선봉 특구), 도로, 철도 등 북한의 천연자원과 SOC 전반에 활발히 투자하고 있다. 최근 북·중 간에는 무역규모의 증가보다는 창지투 개발[6] 등과 관련하여 북한의 사회간접자본에 중국의 투자가 증가하고 있다. 특히 중국은 동북 3성 개발과 연계하며 북한과의 경제개발을 도모하고 있다.

2003년부터 급증하기 시작한 양국의 경제협력교류는 북한의 중국의존도를 심화시키고 무역적자 규모를 확대시켰다. 또한 천안함 폭침사건, 연평도 포격 사건 등 남북관계

6) 창지투 개발 계획이란 중국의 창춘, 지린, 투먼의 사체적 지역 개발 정책을 일컫는다. 연변 자치구와 함께 국가가 시행하는 개발 계획으로서, 중국 내의 지역 산업 및 인프라 개발을 목표로 하고 있다. 창지투 지역 개발은 두만강 유역으로서 모든 연변 지역을 포괄하고 있다.

경색으로 남북 경제협력이 위축되고 있는 상황에서 중국경제에 대한 예속이 강화될 우려의 시각도 있다. 중국은 북한의 대외무역에서 약 91.8%의 비중(UN Comtrade, 2018)을 차지하는 북한의 최대 무역상대국으로 대북제재 이후에도 동맹국이자 접경국으로서 지속적인 교역을 이어오고 있다.

북한의 對중 무역구조는 수입의 비중이 절대적이다. 미국을 비롯한 국제사회의 지속된 대북제재로 이러한 적자구조는 심화되고 있다(2018년 △20.0억 달러, 2019년 6월 누계 △10.4억 달러). 하지만 하노이 2차 북·미 회담 결렬이후 북·중 간 무역은 非제재품목(식량, 시계, 가발 등)을 중심으로 오히려 증가(2019년 6월 누계 전년대비 15.3% 증가)하고 있는 양상이다(조세일보, 2019.09.11).

이렇듯 오래 지속된 북한의 對중 무역수지 적자는 중국에 파견된 노동자들의 임금 송금으로 상당 부분 보전되는 것으로 추정된다. 중국에 파견된 북한노동자는 약 7~8만 명으로 추정되며 이들의 대북송금은 북한의 무역수지 적자(Δ20억$, 2018년)를 완화시키고 있다.

북한은 경제-핵 병진노선에서 경제우선주의노선으로 전환하는 과정에 있다. 김정은 위원장의 모든 정책의 초점은 지속적인 경제발전을 통한 주민생활개선으로 연결시키고자 노력하고 있다.

따라서 향후 한반도 비핵화 프로세스가 진전될 경우 북·중, 남북, 남·북·중 3자, 남·북·중·러 4자 간 경제협력이 본격화될 것으로 예상된다. 더욱이 현재 한국 정부가 구상하고 있는 동아시아철도공동체 사업이 중국횡단철도(TCR)와 연계될 경우 한반도뿐만 아니라 동북아에서 평화분위기 조성을 통한 경제적 공동번영 시너지 효과도 충분히 기대할 수 있다고 판단된다.

2. 북한 핵·경제병진 체제의 한계성

70여 년 가까이 추진된 중첩적, 누적적 대북제재에도 불구하고 북한은 별다른 변화를 보이지 않아 대북제재의 실효성에 대한 의구심이 제기되고 있다. 실제로 국제사회의 對북한 경제제재는 1950년 미국의 대북 금수조치부터 2016년 5차 핵실험에 따른 유엔안보리제재결의안(USCR: UN Security Council Resolution) 2321호에 이르기까지 오랜 연원을 가지고 있다. 이런 대북제재에도 불구하고 북한이 여전히 핵을 포기하지 않고 독자적 경제를 꾸려갈 수 있는 원인 중의 하나는 중국과 북한 간의 경제협력과 밀수

무역이 바탕이 되고 있다. 여기서 밀수무역이라 함은 중국도 대북제재에 참여하기는 하지만 양국의 국경에서 벌어지는 허가되지 않은 품목에 대한 양국 세관의 묵인에 의한 무역이다.

중국은 공개적으로 국제사회의 대북제재를 인정하지만 접경국가로서 북한의 붕괴를 두려워하면서 미국에 대한 견제심리로 여전히 대북무역을 지속하고 있다. 그러나 중국 역시 미국의 제재대상이 될 수 있음을 껄끄러워 하므로 수위를 조절하고 있다. 적어도 북·중 무역은 늘 중국과 미국 간의 관계에도 크게 영향을 받는다. 따라서 북·중 무역은 북한이 핵을 포기하기 전까지는 규모나 품목의 고부가가치화에서 절대적인 한계를 보일 수밖에 없다.

3. 남북 경제협력과 북핵문제

1) 남북경협 문제

2015년 남북 간 교역액은 27억 1천349만 달러로 역대 최고치를 경신했다. 교착상태에 빠진 북한 핵 문제와 북한의 잇단 도발에도 개성공단 가동과 민간 차원의 교류가 꾸준히 이어졌기 때문이다. 또 2015년 8월에 발생한 북한의 비무장지대 목함지뢰 도발 이후 타결된 '8·25 남북 합의'를 통해 오히려 남북 민간교류 활성화가 이뤄진 결과였다.

이와 같이 남북경협은 정치 군사적 경색으로 인한 공식적인 대화통로의 단절 속에서도 꾸준히 지속되어 오며, 민간 차원의 경제적 사업 차원을 넘어, 남북관계에 있어서 정치·군사·사회·문화적으로 매우 중요한 의미와 역할을 해왔다고 평가된다. 물론 남부경협의 효과에 대하여는 논란이 있었지만, 남북경협의 확대는 단기적으로는 남북관계의 안정을 확보할 수 있다는 점에서 국민들의 심리적인 불안을 약화시킬 수 있었다. 그리고 장기적으로는 북한의 대남 경제적 의존도를 강화시키고, 한반도의 안보비용을 감소시켜 주며, 통일을 대비한 투자확대를 가능하게 하는 기제가 된다고 할 수 있다.

남북경협은 북한에 대한 일방적 지원이 아니라, 남북한 모두에게 경제적 이익이 되는 상생의 협력사업이 될 수 있다. 남북경협은 고임금, 인력난, 물류난, 그리고 부지난 등을 겪고 있는 남한의 중소기업들에게 생산비용을 절감시켜 가격경쟁력을 높여주는 동시에, 북한에게도 자본과 기술, 생산관리 노하우 등을 전수함으로써 자본주의 시장경제에 대한 학습효과와 경제난을 완화시킬 수 있다. 특히 개성공단은 한국의 자본과 기술, 북한 노동력과 토지 등이 결합한 남북 상생의 경제공동체 실험장이면서 화해·협력의 상징이었다(홍순직, 2016.03).

그러나 북한의 4차 핵실험(2016.01.06.)은 '8·25 남북 합의'와 지금까지의 교류협력 활성화 분위기를 다시 원점으로 돌려놓았다. 이어 제5차 핵실험(2016.09.09.)이 있었고, 특히 제6차 핵실험(2017.09.03)에서 북한은 김정은이 새로 제작한 대륙간탄도로켓(ICBM) 탄두부에 장착할 수소탄 시험을 참관했으며 ICBM 장착용 수소탄 시험을 완전 성공했다고 발표하며 도발을 이어갔다.

그러자 장마당 활성화를 통해 조금씩 활기를 띠어 가던 북한경제가 대규모 노력동원으로 인해 다시 침체의 늪으로 빠져든 것으로 추측된다. 게다가 UN제재까지 추가된다면 주민들의 생활은 더 어려워질 것이 확실하다.

2) 남북한 교역 규모와 북한의 무역규모

남북 간 경제협력은「7·7 선언」이후 1988년 대우가 홍콩 중개상을 통해 북한도자기 519점에 대한 정부의 반입 승인을 받으면서 시작되었다. 남북 교역이 걸음마를 떼기 시작한 1989년의 남북 교역액은 2,000만 달러에 그쳤다. 그러나 불과 3년의 기간이 경과한 1991년에는 1억 달러를 넘어섰고, 이후 증가추세를 보여 2008년에는 교역 총액이 18억 2,036만 달러에 이르렀다. 이러한 남북교역의 성장에 따라 북한의 대외무역에서 남북교역이 차지하는 비중도 꾸준히 증가하여 2008년의 경우 북한 전체 대외무역의 32%를 차지하게 되었다(김병대, 2009).

우선 교역을 살펴보면, 〈표 12-1〉에서 볼 수 있듯이 남북 간 교역규모는 2016년까지 2011년도를 제외하면 꾸준히 증가하는 추세를 보였다. 남북교역액은 2011년 17억 1,000만 달러, 2016년 33억 2,600만 달러를 기록하였다. 남북교역에 있어서는 ① 불확실성,

┃표 12-1┃ 남북교역의 연도별 추이

(단위: 백만 달러)

구분	89~02	03	04	05	06	07	08	09	10	11	12	13	14	15	16	17	계
반입	2,066	289	258	340	520	765	932	934	1,044	914	1,074	615	1,206	1,452	186	0	12,596
반출	1,505	435	439	715	830	1,033	888	745	868	800	897	521	1,136	1,262	147	1	12,223
계	3,571	724	697	1,056	1,350	1,798	1,820	1,679	1,912	1,714	1,971	1,136	2,343	2,714	333	1	24,819

*반올림에 의해 연도별 반입/반출의 합계와 전체금액의 합계가 다를 수 있음.
자료 : 통일부(내부행정자료).

② 4대 경협합의 미 이행, ③ 물류체계 미흡, ④ 금융결제시스템 부족, ⑤ 남북 기술표준화 미흡 등의 문제점이 있어 제한적이었다. 남북교역규모는 남한 전체 무역규모의 0.2%에 지나지 않지만, 북한경제의 입장에서는 남북경협은 매우 중요한 비중을 차지하고 있었다고 여겨진다.

북한의 무역규모는 1990년에는 42억 2,000만 달러를 기록했지만 1990년대 초 사회주의권의 붕괴로 인해 구 동구권 국가들과의 무역이 급감함으로써 1991년 이후 2000년까지 20억 달러대 수준에 머물렀다. 2000년대 들어 북한의 무역규모는 중국 및 한국과의 무역 확대로 가파른 증가세를 보여 2005년에는 46억 8,400만 달러를 기록하였다. 글로벌 금융위기의 여파로 북한의 무역은 2009년에 일시적으로 감소하였다가 2011년에는 다시 증가하여 80억 3,000만 달러에 달하였다(〈그림 12-1〉).

한편, 천안함 폭침 및 연평도 포격 사건에 따른 5·24 대북제재조치로 인해 개성공단 교역을 제외한 실질적인 남북교역은 2011년부터 사실상 중단되었으므로 2011년 이후 북한의 대외무역의 대부분은 對중국 무역이다.

코트라가 발표한 2018년도 북한 대외무역 동향 보고서에 따르면 북한의 무역 규모는 2년 연속 줄었고, 무역적자는 23억 6,000만 달러를 기록했다. 북한 교역량 급감의 원인으로는 국제사회의 제재이며, 유엔의 제재 품목인 석탄과 철광석, 수산물을 비롯해 직물과 의류 완제품 수출이 전면 금지되면서 총 교역 규모가 반으로 줄어들었다. 20018년 북한산 물품을 사들인 상위 10개 나라를 대상으로 한 북한의 수출 총액도 크게 줄었다.

북한의 10대 교역국으로 이름을 올린 나라들도 북한과의 무역을 크게 줄이거나 중단했다. 제재가 본격화되기 이전인 2016년 북한의 수출국 상위 10개 나라는 중국과 인도, 필리핀, 파키스탄 등의 순이었다. 2017년 들어 2위와 3위였던 인도와 파키스탄이 무역량을 줄이면서 5위권 밖으로 밀려났고, 3위였던 필리핀은 2017년부터 북한산 물품에 대한 수입을 전면 중단했다. 북한의 수입 총액도 급감해 2018년 수입액은 23억 1,011만 달러로, 2017년의 34억 4,000만 달러보다 약 32% 줄었다.

북한의 최대 교역국인 중국과의 무역총액도 큰 폭으로 줄었다. 2018년 북-중 무역총액은 24억 3,079만 달러로 전년 대비 51.9% 줄었으며, 그 중 북한의 對중 수출액은 2억 1,314만 달러로 전년 대비 약 88%, 수입 또한 전년 대비 33% 이상 줄었다. 또한 러시아와의 교역도 전체적으로 크게 줄었다. 러시아 관세청 자료에 따르면 2018년 북-러 양국의 총 교역규모는 약 3,400만 달러로, 전년 대비 56% 이상 줄었다.

이처럼 대북 제재로 인해 북한의 교역 상대국과 규모가 크게 줄어든 반면 중국과 러시아에 대한 무역의존도는 갈수록 심해지고 있는 것으로 나타났다(VOA, 2019.08.09).

남북한 사이의 위탁가공교역과 개성공단 교역이 의류 등 경공업 제품 중심이었으나 2011년부터 남북한 간 일반교역 및 위탁가공교역이 사실상 중단되었으므로 북한 무역의 對중국 및 對러시아의 비중이 더욱 높아질 것으로 보인다.

따라서 북한이 무역을 확대하여 경제활성화를 이룩하기 위해서는 근본적으로 핵문제를 해결하고 경제적 개혁·개방을 추진해야 한다. 동시에 외자유치를 통한 수출산업 육성, 그리고 수출시장 확대가 이루어져야 한다. 적어도 핵문제 등의 실마리가 풀려야 도움을 받아 수출 판로를 확충하고 해외자금을 유치할 수 있는 길이 열릴 수 있을 것이다.

(단위: 억 달러)

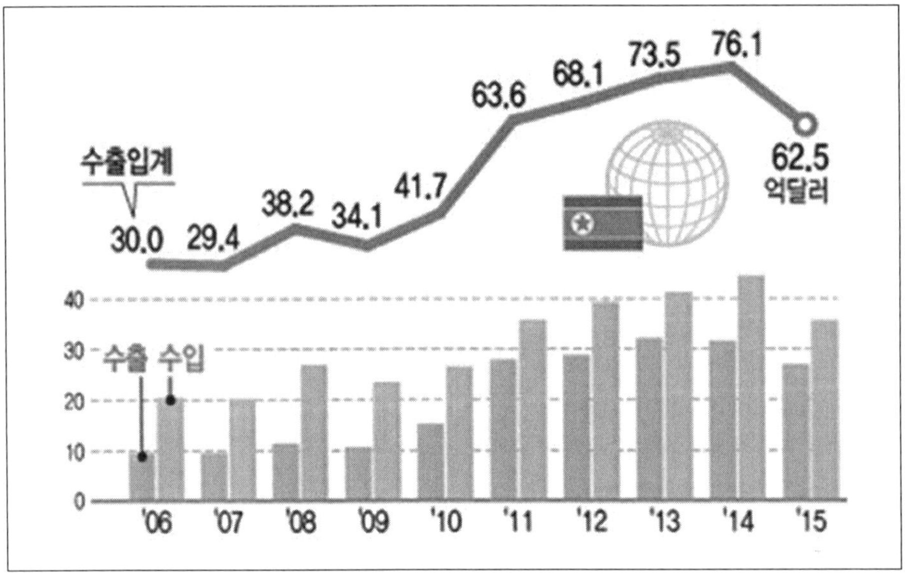

자료; 코트라.

Ⅰ그림 12-1Ⅰ 북한의 무역 규모

3) 남북경협 재개를 위한 고려 사항

북한의 잇따른 도발과 북핵 문제 고도화에 따른 문제에도 불구하고, 남북관계 정상화와 남북경협 재개를 위한 논의는 필요하다. 남북경협의 재개 및 확대는 한반도 평화정착은 물론, 한반도 경제권 확대에 따른 '한반도 신 경제지도 구상 실현 및 '신북방정책'

의 성공적 추진으로 이어져 막대한 경제적 기회를 제공할 수 있기 때문이다.

여기서는 현대경제연구원(2017.11.01)이 제시한 남북경협 재개를 위한 5가지 고려 사항을 살펴보고자 한다. 동 연구에서는 남북경제협력의 정상화 과제로서 첫째, 최고 정책결정자의 정책적 결단(Adequate political decision)을 들고 있다. 북한의 도발이 지속되고 있으며, 국제사회의 대북 제재가 확대되고 있는 현 국면에서 남북경협 재개는 고도의 정책적 결정사항이다. 북핵문제 진전 시, '한반도 신경제지도 구상' 실현을 위한 남북경협 재개가 한반도의 평화 정착에 기여한다는 장기적 관점에서 정책적 판단이 필요하다. 일방적인 퍼주기에 의해서가 아니라 남북경협을 활용한 남북관계 개선이 국익에 도움이 된다는 최고 정책결정자의 정책적 판단과 이에 대한 국민적 공감대가 형성되어야 재개가 가능한 것이다. 그러면서 남북경협 재개와 관련하여 발생할 수 있는 남남갈등 해소를 위해 국민적 공감대 형성이 필수적이다. 또한 국제사회와의 공감대 형성 노력도 병행해야 할 것이다.

둘째는 근본적 변화(Genuine changes)를 이끌어야 한다. 북한의 잇따른 군사 도발과 남한의 정책 추진 일관성 결여로 남북경협은 부침을 겪어왔다. 남북관계의 근본적 변화를 모색하기 위해서는, 북핵문제 해결 진전 시「남북기본협정」체결 및 남북관계 제도화를 추진하여 정책 추진의 일관성을 도모할 필요가 있다. 문제는 서로 불신의 문제가 큰 장벽이지만, 그 불신을 넘어 현재와 같은 경직된 관계의 근본적인 변화를 이끌어 내기 위해서는 정치권에서 국민석 합의를 이뤄 북핵문제 해결 진전 시「남북기본협정」체결 및 남북관계 제도화를 추진해야 할 것이다.

셋째, 남북 긴 합의(Agreement)의 실천이 담보되어야 힌디. 남북경협 재개 및 정상화를 위해서는 남북한 공동 경제발전을 위한 합의와 실천이 담보되어야 한다. 여기서도 상호 불신의 해소가 중요할 수밖에 없다.

넷째, 국제사회의 제재(International sanctions regimes)가 일관되게 견지되어야 한다. 현재 북한 핵개발에 따른 국제사회의 대북제재가 강화 중에 있다. 향후 북핵문제 해결에 진전이 있을 경우, 남북 간 민생협력분야인 남북경협 재개가 추진될 수 있도록 국제사회의 이해를 구할 필요가 있다. 나아가 남북경협 재개가 한반도의 긴장 해소 및 정세 안정을 견인하며 동북아 평화에 기여할 수 있다는 것을 국제사회에 주장하여 국제사회의 지지와 이해를 구해야 할 것이다.

다섯째, 국민적 합의(National consensus)를 이뤄야 한다. 사실 남남갈등이 남한에서 남북문제를 더욱 경직상태로 이끌었다고 할 수 있다. 그러므로 남북경협 재개가 한

반도 평화 정착에 도움이 된다는 국민적 공감대 형성 노력이 중요하다. 충분한 논의를 통해 형성된 통일 공감대에 바탕하여 경협 재개를 점진적 단계적으로 추진해야 한다. 무엇보다 우선해야 할 것은 남북경협이 평화에 기여한다는 장기적 관점에서 경협의 필요성에 대한 인식 공유가 필요하다고 하겠다. 그렇게 되기 위해서는 남남갈등 해소 및 통일 공감대 확대를 위한 다양한 토론과 소통의 장이 마련되어야 할 것이다.

4) 북핵문제가 해결된다면?

현실성이 거의 없지만, 만약 북핵문제가 해결의 방향으로 간다면 남북 모두 기회의 창이 열릴 수 있다. 남북관계의 발전수준이 달라질 수 있고, 경제협력 분야에서 공동이익을 추구할 수 있다. 더욱 중요한 것은 북방경제의 실현이 가능해질 수 있다. 대륙 철도와 가스관 연결 사업은 이미 노태우 정부의 북방정책부터 현안이었다. 그동안 남북관계가 뒷받침 되지 못했기 때문에, 현실화될 수 없었다. 북핵문제가 진전되어 진다면 북한통과의 불안정성을 해소할 수 있는 것이다. 북한을 통과하는 가스파이프 라인의 건설은 러시아의 오랜 숙원사업이다. 수요자가 늘어나면 그만큼 가스가격 협상에서 유리하다. 우크라이나 사태로 서방이 막히면서 동방으로의 출구가 더 중요해졌다. 한국의 경제적 이익도 적지 않고, 북한 역시 통과료로 가스를 받을 수 있다. 가스관 연결 사업은 철도·도로와 동시에 추진하기 때문에, 다자간 북방경제의 기회가 될 수 있다.

물론 위협적 요소도 있다. 북핵문제의 외교적 해결은 상당한 시간이 요구되고, 신뢰가 없기 때문에 가다 서다 현상을 되풀이 할 수밖에 없을 것이다. 협상이 중단되면 얼마든지 과거의 대립으로 돌아갈 수 있다. 사드도입 문제처럼 군비경쟁이 재연된다면, 남북관계의 악화뿐만 아니라 동북아의 긴장도 재발하게 될 것이다. 동북아에서 대북정책을 둘러싼 갈등이 재연된다면, 북한은 더욱 억지력을 강화할 것이며, 도발과 제재의 악순환이 반복되고, 결정적으로 북핵문제 해결의 시기는 더욱 늦어질 수밖에 없을 것이다.

참고자료

김병대(2009.12), "남북 경제협력 현황과 추진방향", 『북한경제리뷰』, 한국개발연구원.
김상기(2013), "2012년 북·중무역 평가와 전망", 『KDI 북한경제리뷰』, 2013년 1월호, 한국개발연구원.
김연철(2017년 4월 11일), "한국의 진로를 탐색하다: 차기 정부를 위한 정책논쟁(남북관계)", 『동아시아재단 정책논쟁』, 제70호, 동아시아재단.
이해정·이용화(2017.11.01), "남북경제협력의 정상화 과제 - AGAIN, 남북경협", 『현안과 과제』 17-27호, 현대경제연구원.
전홍택·이영섭(2013.06.13), "동북아 경제협력과 남북한 경협의 연계", KDI정책포럼 제257호(2013-06), KDI.
조선일보, 2018년 09월 20일자.
조세일보, 2019년 09월 11일자.
전성훈(2018.03.30.), "북한의 '비핵화'와 韓美의 '비핵화'는 다르다", 한국군사문제연구원 제3차 KIMA FORUM에서 발표한 글.
한국일보, 2011년 11월 23일자 및 2013년 4월 26일자.
홍순직(2016.03), "對北 봉쇄의 득실과 효과", 『신동아』, 2016년 3월호, 동아일보사.
VOA, 2019.08.09.

Chapter 13

지역무역주의의 부상과 한국의 정책적 과제[1)]

제1절 자국 이기주의 등장과 지역무역주의의 확산 추세

미국의 서브프라임 모기지 사태로 촉발된 글로벌 금융위기의 여파는 미국에 머무르지 않고 전 세계로 빠르게 확산되었다. 미국에서는 리먼브러더스가 파산했고, 그 충격으로 미국 다우지수는 하루 만에 500포인트 넘게 추락했다. 특히 그리스에선 청년 실업률이 60%에 이르면서 긴축 반대 시위가 폭력 사태로까지 이어졌다. 미국과 유럽에선 곤경에 빠진 금융기관을 구제하기 위해 공적자금을 투입했다. 주요 20개국(G20) 회의에서 각 나라는 글로벌 경제 지원책의 필요성에 동의했고, 성장을 촉진하기 위한 일련의 정책 노선에 합의했다.

그 이후 10년이 경과한 오늘날 자국 이기주의가 두드러지게 나타나고 있다. 글로벌 금융위기에 따른 경제난이 닥치자 일반 대중은 기성 정치권을 향해 분노했고, 이 틈에 '우리나라부터 잘살자'는 자국 이기주의가 전면에 등장했다. 금융위기의 출발지였던 미국도 마찬가지였다. 기업인 출신으로 미국 정치권 '아웃사이더'로 분류되는 도널드 트럼프가 2016년 미국우선주의(America First)를 내세워 대통령에 당선되고, 이후 기존 국제질서를 재편하고자 분주하다. 또한 국제무역의 주류를 형성했던 세계무역기구(WTO)

---

1) 이 장을 작성하면서 이효영(2019.3.8) 및 오수현, 한형민, 연원호, 이보람, 김지현(2019.11.19)의 자료를 주로 참고했음을 밝힌다.

등도 다자주의보다는 미국 중심의 일방주의를 강조하고 있다.

미국 트럼프 행정부는 출범 후 캐나다, 멕시코와의 북·미 자유무역협정(NAFTA) 재협상, 한-미 FTA 개정협상, 미-중 무역협상, 일본 및 EU와의 양자무역협상 등을 추진하며 미국의 통상 이익을 최대한 관철하고자 노력하고 있다. 미국의 무역적자 문제를 해소하기 위한 일환으로 한-미 FTA 개정, 對중국 관세전쟁, 현재 일본 및 EU와도 양자무역협상을 일방적으로 추진하고 있다. NAFTA 재협상 및 미국-멕시코-캐나다 협정(USMCA)의 타결은 미국의 제조업 산업을 보호하고 북미 지역의 생산공급망(production network)으로부터 중국을 배제하기 위한 목적도 있다.

트럼프 행정부의 '미국 우선주의' 통상정책은 보호무역주의의 확산을 초래하고 있다. 이로 인한 글로벌 통상환경의 급격한 변화 속에서 세계 각국은 대응책 마련에 부심하고 있다. 미국은 전 세계 교역상대국을 대상으로 반덤핑·상계관세 조치를 부과하고 있으며 특히 통상과 안보를 연계하여 철강, 자동차 등에 대한 수입규제를 강화하며 자국의 무역적자 해소 및 시장 보호를 위한 통상정책을 추진하고 있다.

중국과의 통상전쟁, 주요 교역국에 대한 통상압박 등은 전 세계 무역과 투자를 위축시키고 있다. 이에 따라 세계 주요 교역국도 수입규제를 강화하는 등 보호무역주의 기조가 확산되고 있다. 이외에도 미국은 트럼프 행정부 출범 직후 환태평양동반자협정(TPP)으로부터 탈퇴하고 WTO 중심 다자무역체제의 존속을 위협하며 과거 권력기반인 양자협상을 통한 무역질서의 재편을 추구하고 있다.

한편, 세계 주요국들은 미국이 참여하지 않는 지역무역협정을 체결하며 미국의 통상압박에 대응할 레버리지(levcrage)를 확보하기 위해 노력하고 있다. 미국은 TPP로부터 탈퇴하였으나, 일본의 주도로 미국을 제외한 TPP-11 국가 간 포괄적·점진적 환태평양동반자협정(CPTPP)이 타결되었으며, 일본과 EU 간에도 경제동반자협정(EPA) 협상이 가속화되며 타결되었다. 이 외에도 신규 국가들의 CPTPP 추가 가입 가능성, 역내포괄적경제동반자(RCEP) 협상의 최종타결을 위한 노력 등 아시아 지역에서도 지역무역주의 확산 추세가 더욱 심화되고 있다.

이 장에서는 지역무역주의에 대한 기존의 논의를 바탕으로 최근 부상하고 있는 지역무역협정의 동향을 살펴보고, 최근 보호무역주의의 확산에 대응하기 위한 방안으로서 메가 지역주의(mega-regionalism)의 부상에 대한 의미를 분석한다. 그리고 이로부터 한국에 주는 시사점과 정책적 과제를 살펴보고자 한다.

제2절 지역무역주의의 경과와 현행 지역무역주의의 특징

1. 초기 자유무역주의 시대(1947~2000)의 지역무역주의

GATT의 출범과 함께 시작된 초기의 자유무역주의는 관세의 인하 및 철폐를 통한 세계 무역의 증대를 목적으로 하였으며 다자무역체제와 함께 지역무역협정(RTA)이 무역자유화의 확대에 상호 보완적으로 작용하였다. 1951년 발족한 유럽경제공동체(EEC)의 관세동맹에 영국이 1961년에 가입하기로 한 결정이 미국으로 하여금 관세 특혜대우의 효과를 상쇄하기 위하여 다자무역협상(딜런 라운드, 케네디 라운드)의 개시를 주도하게 되었다.

케네디 다자무역협상의 출범과 함께 미국은 첫 지역무역협정인 미-캐나다 자동차 협정 체결(1965년)을 위한 협상을 개시하였으며, 같은 시기에 호주와 뉴질랜드 간 지역무역협정도 체결하였다. 동경 라운드(1973년 협상 개시)와 함께 EU 회원국 수가 증가(영국, 아일랜드, 덴마크 가입)하였을 뿐 아니라 EEC는 다수의 양자 지역무역협정(RTA)을 체결하는 등 다자무역체제를 적극 지지하는 대부분의 주요국도 지역무역협정을 체결하고자 노력하였다.

다자무역협상을 통해 상호주의적인 무역자유화가 이루어졌으며 이와 동시에 주요 교역국 간 지역무역협정의 확산을 통해 상품교역에 대한 관세철폐가 더욱 확대되면서 자유무역주의의 기조는 보다 심화되었다. 특히 일부 국가 간 지역무역협정의 체결은 무역전환(trade diversion) 효과를 방지하기 위한 제3국의 RTA 체결을 유도하여 지역무역협정의 도미노 현상으로 이어졌다.

이와 같은 초기 자유무역주의 시기의 지역무역협정은 관세인하를 주된 목적으로 했기 때문에 무역자유화 수준이 상대적으로 낮은 'shallow RTA'로 구분된다. 여기에는 양자간 RTA를 통한 특혜적이고 차별적인 관세철폐 효과뿐 아니라 다자무역협상을 통한 비차별적 관세인하 효과도 있었다. 따라서 'shallow RTA'의 체결로 인한 무역창출(trade creation) 효과는 그리 크지 않은 것으로 분석된다. 일례로, NAFTA 체결로 인하여 협정 참여국 간 무역창출 효과도 있지만, 비참여국의 미국, 캐나다 및 멕시코로의 수출도 더욱 확대된 것으로 나타나 당시 특혜 무역협정의 효과는 크지 않은 것으로 보인다.

2. 21세기형 지역무역주의의 등장 및 특징

여러 차례의 다자무역협상을 통해 관세가 더욱 인하되고 미국 등 선진경제국의 일방주의적 통상정책을 통해 관세장벽이 지속해서 완화되면서 2000년대 이후 자유무역주의 기조는 단순한 상품 교역이 아닌 글로벌 생산망(global value chain)의 확산 형태로 나타나고 있다. 통신 및 교통 기술의 발전으로 인하여 상품, 서비스, 아이디어, 자본 및 인력의 국경 간 이동이 더욱 원활해졌으며 이로 인해 생산시설의 해외이전이 가능해졌다. 그리고 높은 수준의 기술력을 지닌 선진경제국의 기업들은 인건비가 낮은 개도국으로 생산시설을 이전하게 되면서 21세기의 무역자유화를 위해 해외에서의 투자 및 생산이 용이하도록 기술, 노동, 자본의 자유로운 이동을 보장하는 국제규범이 필요하게 되었다.

세계 주요 교역국은 글로벌 생산망의 형성 및 활동을 원활히 하고자 GVC에 참여하는 국가 간 FTA를 경쟁적으로 체결하며 새로운 형태의 'deep RTA'가 등장하였다. 원활한 GVC 활동을 위해서는 생산시설을 유치하는 국가에 의해 외국기업에 대한 투자 보호, 지적 재산권 보호, 공정경쟁 등이 보장되고, 해외 생산시설의 연계를 위한 통신, 화물운송 등 인프라 서비스의 국경 간 이동을 가능하게 하는 조치 등이 마련되어야 한다. 나아가 이를 뒷받침할 국내제도의 근본적인 개혁이 필요하다.

GVC에 참여하는 개도국들은 국내제도의 개혁 과제에도 불구하고 글로벌 생산망의 참여를 통해 국내경제의 산업화와 성장 속도가 가속화 되므로 무역과 국내규제 장벽의 완화를 요구하는 지역무역협정 체결에 동참하고 있다. 자유화 수준이 높은 'deep RTA'는 생산시설의 해외이전이 가능한 선진경제국과 외국인직접투자(FDI)를 통한 기술이전을 통해 경제발전을 도모하는 개도국 간에 형성되는 GVC의 구축과 밀접한 관련이 있다.

이에 따라 GVC를 형성하고 있는 국가 간에는 'deep RTA' 체결의 가능성이 더 높다고 할 수 있다. 동시에 'deep RTA'를 체결하고 있는 국가 간에 새로운 GVC가 형성될 가능성이 높아지게 된다. GVC의 형성은 섬유·의류 등 노동집약적 산업보다는 자동차, 정보통신, 전자, 기계 등 기술집약적 산업 부문에 더 적합한 것으로 나타났다. 또한 제도적 보호장치가 취약한 아시아 지역의 개도국들도 GVC 참여를 위해 'deep RTA'에 동참하고 있는 것으로 나타났다. GVC와 연계된 'deep RTA'는 협정 참여국뿐 아니라 비참여국에게도 무역창출 효과가 나타나는 것으로 평가되고 있어, 향후 지역무역협정의 다자화(multilateralization) 작업에도 긍정적으로 기여하게 될 것으로 전망된다.

그리고 'Deep RTA'의 규정들은 관세장벽 외에도 각종 국내규제 등 비관세장벽의 완화를 목적으로 하고 있기 때문에 전반적인 시장개방의 효과를 가지며 무역협정의 혜택이 비차별적으로 제공될 것으로 전망된다.

제3절 최근 주요 지역무역협정 현황 및 특징

1. 미국–멕시코–캐나다 협정(USMCA)

2018년 9월 30일 최종 타결된 USMCA는 1992년 체결된 NAFTA 협정의 내용을 미국의 무역적자 문제 해소, 미국 제조업의 활력 제고, 중국 중심의 GVC 확대 제한 등과 같은 통상환경의 변화에 따른 문제를 해소하는 게 목적이라 할 수 있다. NAFTA는 1990년대 당시의 무역협정으로서는 매우 앞서 있는 노동 및 환경 규정 등을 포함하고 있지만, 기본적으로 북·미지역 내 교역과 투자를 원활하게 하기 위한 관세장벽의 철폐에 중점을 둔 초기 형태의 지역무역협정에 해당한다.

USMCA는 미국 트럼프 행정부의 출범 후 '미국 우선주의' 통상정책이 반영된 첫 무역협상 사례로서 재협상 과정에서 미국의 공격적인 제안으로 캐나다와 멕시코의 반발이 컸으나, 결국 미국시장에 대한 높은 의존도와 북·미 지역의 생산·공급망에서 배제되지 않기 위해 미국의 요구사항을 수용하게 되면서 협정이 타결되었다. USMCA는 근본적으로 북·미 지역의 경제블록을 더욱 강화하여 미국의 제조업과 고용을 되살리는 것을 목적으로 한다. 또한 USMCA는 자동차 원산지 규정을 개정하여 미국산 부품의 사용 비중을 높이고 노동임금과 연계하여 역내 생산기준을 대폭 상향 조정하였다.

또한 노동 규정도 강화하는 방향으로 개정되어 기존 NAFTA의 부속협정 형태에서 별도 장의 형태로 발전되었으며, 이민노동자, 직장 내 성차별 관련 규정이 신규 도입되고 강제노동으로 생산된 제품의 수입 금지를 의무화하는 규정이 포함되었다. 또한 무역수지 개선을 위해 처음으로 무역협정에 환율 관련 규정이 도입되어 협정 참가국의 경쟁적 평가절하와 환율조작을 지양하도록 하고, 외환시장 개입 내역의 공개 및 개입 시 통보를 의무화하는 규정이 포함되었다. 그리고 USMCA의 협상 목표에 명시적으로 드러나지는 않았지만 역내 진입장벽을 높여 기존의 중국 중심의 글로벌 생산망의 영향으로부터 벗어나고자 하는 의도도 있는 것으로 평가된다. 자동차 원산지 규정의 역내 부가가치비율 및 노동가치비율 규정을 새로 도입하여 중국산 수출품의 미국시장 진입을 원천적으로 차단하고 있기 때문이다. 또한 협정 참여국에 대하여 비시장경제국(non-market economy)과의 FTA 체결을 제한하는 규정을 포함하여 향후 캐나다, 멕시코를 통해 미국시장으로 중국의 우회 수출이 불가능하도록 하였다.

USMCA는 NAFTA의 무역자유화 수준과 비교하여 전반적으로 개선된 측면도 있으나 기본적으로 트럼프 행정부의 통상정책을 반영하고 있으므로 보호무역주의적인 측면이 강한 것으로 평가된다. 특히 지나치게 엄격한 원산지 규정은 역내산 생산품의 사용을 증대하는 효과가 작은 것으로 분석되고 있으며, 공공조달 시장의 보호는 소비자에게 비용을 전가하는 등 경제적 논리와도 맞지 않는 측면도 있다. 사실 USMCA는 미국 정부가 주창하는 무역적자 해소의 명분을 내세우고 있지만 결국은 미국시장의 보호와 특정국의 자국시장 진출을 차단하기 위한 목적이 내포된 것으로 평가된다.

2. 포괄적·점진적 환태평양동반자협정(CPTPP)

미국의 TPP 탈퇴(2017년 1월) 후 일본의 주도로 미국을 제외한 나머지 11개 회원국이 참여하고 있는 가운데 CPTPP가 2018년 12월 30일 정식 발효되었다. 6개국(멕시코, 일본, 싱가포르, 호주, 뉴질랜드, 캐나다) 이상이 자국 의회의 비준을 받은 후 60일 이후에 협정이 발효되었으며, 베트남 등의 나머지 국가들도 비준 완료 후 각각 협정이 발효하게 된다.

2019년 1월 21일 CPTPP 신규가입 절차가 공개되어 가입 희망국은 CPTPP 가입을 공식적으로 요청하기 전에 모든 기존 회원국과 비공식협의를 진행하도록 권고되며, 현재 태국, 대만, 콜롬비아, 영국 등이 신규 가입을 희망하고 있다.

TPP와 비교하여 CPTPP는 대부분 기존 협정문의 내용과 유사하지만, 지적재산권, 투자, 서비스, 정부조달, 환경 등 분야에서 총 22개 사항이 유예되었으며, 협정의 발효요건 완화 및 신규 회원국의 가입조항 완화 등으로 변경되었다. 유예된 조항들은 주로 미국의 요구로 협정문에 포함된 내용이었으며, 향후 미국의 재가입 가능성을 고려하여 삭제되지는 않았으나 미국이 복귀할 경우 유예된 사항이 자동으로 복귀되는 'snap back' 조항은 마련되지 않았다. 유예된 사항은 저작권 보호 기간의 연장, 신약 관련 데이터 및 시장보호, 특허 신청 절차 지연에 대한 특허 기간 연장 등 지재권 분야가 가장 많으며, 투자 분야에서는 투자자-국가 간 분쟁 해결(ISDS) 조항이 유예된다.

상품 분야에서의 자유화 수준은 모든 회원국이 95~100%의 높은 수준의 자유화를 약속하여 CPTPP 회원국 모두에게 협정에 참여하지 않는 것보다 CPTPP 협정에 참여하는 것이 GDP성장에 긍정적으로 기여하는 효과가 있는 것으로 분석된다. 특히 환태평양 지역의 주요국들이 참여하고 있으며 디지털무역 등 가장 최신의 무역규범을 반영한 'mega-RTA'라는 점에서 의미가 있다.

이외에도 서비스 무역·투자 분야에서 시장개방 효과가 큰 네거티브 리스트(negative list)방식 도입, 국영기업 분야에서 비상업적 보조금 규제 조항 도입, 정부조달 분야에서 정부조달협정(GPA) 비가입국에 대한 부분적 정부조달 시장개방 및 가입국은 GPA 이상의 시장개방 합의, 상표권 침해 시 처벌 및 구제조치 조항 도입 등 규범 분야에서도 이미 체결된 RTA 중 가장 높은 수준의 자유화를 달성하고 있다.

한국의 CPTPP 가입 여부와 관련하여 2019년 2월 14일 CPTPP 가입은 전제하지 않고 CPTPP 주요 회원국들과 비공식 예비협의를 진행하고 있다. 최근 미-중 통상전쟁, 미국의 232조 자동차 관세 부과 조치, 영국의 브렉시트 등 불확실한 통상환경에 적극적으로 대응하기 위하여 가입을 검토하고 있는 단계이다.

CPTPP 규정 중 한국에게 민감한 분야 중 하나인 수산보조금 관련, 해양수산부는 최근 '수산혁신 2030'계획을 통해 총어획량 제한 및 제한적 면세유 지원 등의 방침을 마련하여 WTO 차원에서의 다자협상에 대비하고 있으며 이는 향후 CPTPP 가입을 위한 준비 작업에도 도움이 될 것으로 보인다.

3. 일본-EU 경제동반자협정(EPA)

2013년 협상 개시 이후 5년간의 협상 끝에 EU와 일본은 2017년 7월 일-EU EPA 기본합의를 발표하고 12월 협상 최종 타결 후 2019년 2월 1일 협정을 발효시켰다. 그동안 FTA에 소극적인 입장이던 일본이 EU와의 EPA 협상 추진을 결정한 배경에는 한국의 적극적인 FTA 정책 및 한-EU FTA 체결로 인해 한국의 EU 시장 선점을 우려하여 일본이 적극적으로 FTA를 추진하게 된 것이다.

미국 트럼프 행정부 출범 후 미국의 통상압박에 어려움을 겪고 있던 일본과 EU는 G20 정상회의 개최를 앞두고 서둘러 기본합의를 발표하였으며, 미국의 232조 자동차 관세 조사에 대한 협상 레버리지 확보를 위해 국내 비준 절차를 조속히 완료하고 협정을 발효시킨 측면도 있다.

일-EU EPA의 체결로 세계 교역액의 40%, 세계 GDP의 1/3, 인구 6억 4천만의 세계 최대의 지역무역협정이 출범하게 되었다. 일-EU EPA를 통해 일본과 EU는 각각 86% 및 96%의 품목에 대하여 관세 즉시 철폐, 15년 내 각각 97% 및 99%의 품목에 대한 관세를 양허하고 주요 산업 부문(자동차, 전자, 의약, 섬유, 화학 등)에서 동일한 국제표준 및 규제를 준수하는 등 비관세장벽도 철폐하기로 합의했다. 양국은 서비스 시장을 높은 수준으로 자유화(negative list 방식)하기로 합의하였으며, 일본은 정보통신, 금융, 교통 분야를 EU에 개방하기로 했다. 특히 일-EU 양자는 기준·규격의 조화, 상호승인 등 기술규제 분야에서 양자 간 협력을 강화하기로 합의하였다. 이는 국제표준화 작업에서 영향력이 큰 EU와 협력하여 일본이 글로벌 표준 확립 과정에서 유리한 입지를 차지할 수 있을 것으로 보인다.

일-EU EPA의 발효로 인하여 한국의 對일 수출에 미칠 영향은 크지 않을 것으로 전망되지만, EU시장 내에서는 일본과의 수출 경합도가 높은 승용차, 자동차 부품, 전자 집적회로 등 부문에서 수출이 타격을 받을 것으로 전망된다.

4. 역내포괄적경제동반자협정(RCEP)

RCEP(Regional Comprehensive Economic Partnership)은 아세안(ASEAN) 10개국 및 한국, 중국, 일본, 호주, 뉴질랜드, 인도 등 총 16개국이 참여하는 아·태지역 메가 FTA이다. 2019년 11월 4일 개최된 제3차 RCEP 정상회의에서 인도를 제외한 RCEP 협상 참여 15개국은 RCEP 협정문 타결(Concluded text-based negotiations)을 선언했다.[2)]

RCEP가 추진된 배경을 보면 아시아 외환위기로 거슬러 올라간다. 아시아 외환위기를 겪으며 동아시아 지역에서는 동아시아 경제통합 논의가 아시아 외환위기 직후 ASEAN+3 체제가 형성되면서 본격적으로 논의되기 시작했다. 당시 아시아 지역을 휩쓸었던 경제적 위기는 역내 국가들의 긴밀한 협력과 단결의 필요성을 인식시키는 계기

---

2) RCEP 발효 시 한국경제는 0.41~0.62%의 성장효과가 있을 것으로 예측되며, RCEP 역내 가치사슬 연계가 증가하여 우리 정부가 추진하는 신남방정책이 본격화되는 계기가 될 것으로 기대된다. RCEP 발효에 따라 상품관세 감축 시 우리나라 경제는 0.41~0.62%의 성장효과가 있을 것으로 예측되며, 소비자 후생은 42억~68억 달러 증가할 것으로 추정된다. RCEP 협정을 통해 역내 생산 네트워크의 효율적인 활용이 가능해지면, RCEP 역내 가치사슬 참여도가 높아 질 것으로 예상되며, RCEP 개별국간의 역내 가치사슬 연계도 증가할 것이다(오수현, 한형민, 연원호, 이보람, 김지현, 2019.11.19)

가 되었다. 다만 동아시아 경제통합에 대한 논의는 참여국들 간의 입장차이로 인해 제한적인 합의에 그쳤다. 그러나 다양한 형태의 동아시아 경제통합 논의 속에 2011년 ASEAN이 다자간 무역협정으로 RCEP을 제안하였다.[3] 이어 중국과 일본이 동아시아 경제통합을 통한 경제적 이익을 극대화하고자 ASEAN+3 및 ASEAN+6 형태의 무역협정을 제안하였다. 2011년 아세안이 역내 경제통합을 선도하고자 ASEAN+6 체제인 RCEP을 제안하였으며, 중국은 TPP에 대응할 만한 동아시아 경제통합의 필요성을 느껴 RCEP 출범에 협력하면서 협정 타결이 가속화되었다.

RCEP은 2012년 11월 동아시아 정상회의에서 협상 개시가 공식 선언된 이후, ① WTO 협정과의 정합성 확보, ② 기존의 ASEAN+1 FTA으로부터 대폭 개선, ③ 무역투자 투명성 실현과 원활화 확보, ④ 참가 개발도상국에 대한 배려, ⑤ 참가국 간 기존의 FTA 존속, ⑥ 신규 참가조항 도입, ⑦ 참가 개발도상국에의 기술지원과 능력구축의 실현, ⑧ 상품무역·서비스무역·투자 및 기타 분야 교섭 등의 8대 원칙 아래 협상이 진행되었다. 그리고 2013년 5월 제1차 RCEP 협상 이후 6년 이상의 기간 동안 총 28차례 협상, 16차례 장관회의, 7차례의 회기간(回期間) 장관회의가 개최되었다.[4]

최초 협상 타결 목표시한은 2015년이었으나 중국과 인도의 의견 차이로 2017년부터 협상 타결이 지연되었다. 그러나 2018년 이후 미국의 보호주의 기조 및 세계경제의 불확실성이 고조되면서 RCEP 협상이 빠르게 추진되었다. 한편, 2019년 11월 인도는 RCEP 정상간 협상문 합의 선언에 앞서 무역적자 심화 우려를 이유로 이견을 노정하였다. 인도는 국내산업 보호를 위해 자국 시장의 개방에 소극적이며, 특히 관세 인하에 따라 중국의 공업제품 및 농산물이 자국으로 대량 유입되는 것을 우려하고 있다. 2019년 10월 인도는 수입품 급증을 막을 세이프가드 도입과 관세인하를 맞바꾸겠다는, 이전보다 유연한 자세를 보였으나 중국을 비롯한 ASEAN 국가들과 합의에 이르지 못한 것으로 보인다.

---

3) 아세안은 1990년대 후반 외환위기를 극복하는 과정에서 경쟁력 제고의 필요성을 인식하고 경제통합을 위해 노력해왔다. 아세안 회원국은 1993년 아세안자유무역지대(AFTA) 창설 후 동남아시아의 지역 협력을 주요 목표로 하는 ASEAN Vision 2020을 1997년에 발표하고, 1998년 첫 중기계획으로 하노이행동계획(1998)을 채택하였다. 2014년 11월 제25회 아세안정상회의에서 2015년 이후의 아세안 공동체 비전에 관한 주요 합의를 네피도 선언을 통해 아세안경제공동체를 출범하기로 공개하였다(이근화·박지은, 2015.12.31). 그리고 2015년 11월 22일 제27차 아세안정상회의(쿠알라룸푸르)에서 아세안공동체(ASEAN Community)의 공식 출범을 2015년 12월 31일로 선언하였다.

4) 호주정부 보도자료, https://dfat.gov.au/trade/agreements/negotiations/rcep/news/Pages/rcep-news.aspx (검색일: 2019. 11. 10).

선도적인 메가 FTA로서 지속가능성 확보 및 영향력 확대를 위하여 인도의 RCEP 참여가 중요하며, 이러한 과정에서 서비스 투자 부분을 포함한 전체적인 RCEP 협상의 개방수준이 높아질 수 있도록 중국의 역할이 중요해지고 있다. 인도는 중국과의 무역적자, 침체된 농촌 경기, 국내 낮은 제조업 국제경쟁력, 불확실한 서비스시장 개방 등의 이슈를 제기하며 RCEP 협상 타결 합의를 유보했다.

2019년 11월 RCEP 정상회의에서 인도를 제외한 15개국은 20장에 이르는 모든 협정문에 합의하였음을 선언하였다. 15개국은 협정문 법률검토를 개시하는 등 2020년 최종 서명을 하겠다는 의지를 표명하는 한편, 인도가 RCEP에 동참할 수 있도록 인도와 관련된 잔여 이슈 해소를 위해 참여국 모두 노력하기로 합의했다.[5] 현재 RCEP 협상의 상품, 서비스, 투자 시장 개방 협상도 막바지 단계로, 일부 국간 합의만 남겨두고 있다.

제4절 메가지역주의의 부상과 한국의 대응

1. 지역무역주의 부상의 원인

약 70여 년간 지속되어 온 무역자유화의 기조는 GATT/WTO 체제 중심의 다자무역주의와 이를 보완해 온 지역무역주의가 두 개의 축을 이루며 주도해왔다. 1995년 이후 WTO 체제의 출범과 동시에 전 세계적으로 지역무역협정(RTA)의 체결 건수가 급속하게 증가해 온 다소 모순적인 현상은 지역무역협정이 다자무역체제의 '디딤돌(building block)'역할을 해 왔음을 반증하고 있다. 그리고 2001년 출범 이후 DDA(Doha Development Agenda) 다자무역협상이 오랫동안 정체되면서 무역자유화의 기조는 지난 20년간 다자주의가 아닌 지역무역주의를 통해 유지되어 왔다.

입법 기능(신규 규범 제정)의 마비로 위기를 맞고 있는 WTO 체제는 트럼프 행정부의 출범 이후 사법 기능(분쟁 해결제도)에 대해서도 위협을 받는 상황이 되었다. 이에 따라 다자주의를 통한 자유무역의 확산은 한동안 기대하기 어려울 것으로 보인다. 트럼프 행정부는 WTO 체제의 효과성에 대한 의문을 제기하며 과거 GATT 체제와 같은 새로운 다자체제로의 개편을 추구하고 있다.

---

5) 산업통상자원부(2019.11.04), 「역내포괄적경제동반자협정(RCEP) 15개국 간 "협정문 타결" 선언」.

규범 기반(rules-based)의 WTO 체제 하에서는 미국의 국익이 충분히 보호받지 못할 뿐 아니라, 중국 등 비시장경제국의 불공정 무역행위가 충분히 규제되지 않는다고 인식하고 있다. 이에 따라 과거 권력 기반(power-based)의 GATT 체제로 돌아가 미국의 국익이 침해받지 않는 세계무역질서로의 재편을 추구하고 있다. 또한 WTO 다자무역협상 및 각료회의의 잇따른 성과 도출 실패로 다자주의가 오히려 세계무역질서의 안정을 위협하고 있다는 인식도 존재한다.

이와 같이 자유무역주의의 기조를 뒷받침해온 두 축인 다자무역주의와 지역무역주의 중 다자무역주의의 축이 무너지게 되면서 상대적으로 지역무역주의가 부상하고 있다. 양자 및 복수국 간의 자유무역협정(FTA)을 모두 포괄하는 지역무역협정(RTA)은 초반에는 다자무역체제의 발전을 저해하는 '걸림돌(stumbling block)'이라는 부정적 측면이 강조되었다. 그러나 그 이후 다자무역협상을 통한 신규 무역규범의 제정 노력이 큰 성과를 거두지 못하고 지역무역협정이 자유무역을 증진하는 신규 규범을 마련(new rules-making)하면서, 오히려 다자무역체제에 대한 '디딤돌(building block)' 역할을 하고 있는 것으로 평가된다.

2. 세계무역질서의 향방과 한국의 대응

아시아 지역에서의 '메가 지역주의(megaregionalism)' 확산 현상은 무역자유화를 증진하기 위한 새로운 무역규범이 아시아 지역에서 형성되는(rule-making) 것을 의미한다. 이는 아시아 지역의 역내 국가들에 향후 매우 유리한 입지를 제공하여 미래 세계무역질서의 형성 과정에서 협상 레버리지를 확보할 수 있게 할 것이다. 과거의 세계질서가 일부 강대국이 주도하는 일극체제를 중심으로 진행되어 왔다면, 오늘날의 세계질서는 보다 다극화된 양상을 띠고 있다. 즉, 미국 중심의 일극체제가 무너지면서 미국뿐 아니라 EU, 중국, 러시아 등이 경쟁적으로 새로운 세계질서를 주도하게 될 것이다.

또한 권력을 확보하는 방안으로서 주요국들은 지역경제통합을 구축하여 전략적 목적에 이용하기도 한다. 미국의 USMCA 및 인도-태평양 구상, 중국의 일대일로(一帶一路) 및 AIIB 프로젝트,[6] 러시아의 유라시아경제연합(EAEU)[7] 모두 '경쟁적 지역주의'의 양

6) 중국은 2016년 일대일로 프로젝트의 자금을 대고자 미국 등 서방이 주도하는 국제통화기금(IMF)과 세계은행에 대항할 AIIB를 출범시켰다. 중국경제의 성장에 따라 중국이 주도하는 금융기구인 AIIB도 점점 인정받고 있으며 국제적인 기대도 점차 높아지고 있다. AIIB 회원국이 세계 인구의 78%, 글로벌 GDP의 63%를 차지하고 있다고 한다.

상을 나타내고 있다. 경쟁적 지역주의는 '규범의 파편화(rules fragmentation)' 문제를 야기할 것이다. 즉, 서로 다른 지역무역협정이 일관되지 않은 다른 수준의 규범을 가진 경우 향후 이를 조화(harmonization)시키기 쉽지 않다는 것이다.

이 같은 문제에 대응하기 위한 방안으로 mega-RTA의 '다자화(multilateralization)'를 추진할 필요가 있다. 앞으로 세계무역질서는 더 이상 다자무역체제 중심으로는 작동하기 어려울 것이며, 그 자리를 한동안 '메가 지역주의'가 차지하게 될 것으로 전망된다. 이에 따라 mega-RTA를 통해 형성되는 새로운 무역규범이 새로운 규범의 역할을 하게 될 것이다. 그리고 WTO 체제가 입법기능을 회복하여 새로운 규범을 제공하는 역할을 다시 하게 되지 않는 이상 '메가 지역주의'의 추세는 지속될 것으로 예상된다.

'메가 지역주의' 이후의 과제는 mega-RTA의 '다자화' 작업을 통해 mega-RTA의 새로운 통상규범이 새로운 무역질서의 기반이 될 수 있도록 비참여국 모두에게 확산시킬 필요가 있다. 신규 규범의 다자화가 이루어지지 않는다면 글로벌 무역자유화는 지역무역주의에 의존하는 형태로 더디게 진행될 것이므로 궁극적으로는 다자무역체제를 회복시키는 것이 세계무역의 확대 및 세계 경제의 지속적 성장에 기여하는 방안이 될 것이다. 이 작업을 원활하게 하기 위해서는 mega-RTA의 신규 규범이 상호 일관성을 갖추도록 mega-RTA의 모니터링 및 규범 수립 지침 등을 마련해 가야 할 것이다.

제5절 한국의 정책적 과제

1. 정치·안보적 요소를 고려한 CPTPP 가입 결정 필요

무역협정은 단순한 경제적 요인보다는 정치적 요인의 영향을 더 많이 받게 된다. 특히 양자 간 무역협정이 아닌 지역 차원의 mega-RTA의 경우에는 정치·안보적 요인을 고려해야 한다. NAFTA, EU 등의 지역경제통합 사례에서도 정치적 안정(political security) 요인이 지역무역협정의 체결에 중요한 역할을 했다. 동아시아 지역에서의 정치·안보 상황의 변화는 역내국뿐 아니라 서방의 역외국에도 상당한 파급효과를 가졌음

7) 舊소련 공화국들의 연합체로서 결성된 국제기구로서 러시아, 벨라루스, 카자흐스탄, 기르기스스탄, 타지키스탄, 아르메니아 및 다른 舊소련 공화국들 사이에 경제, 군사 공동체를 이루려는 국가연합이다.

에도 불구하고 그동안 경제적 요소만 중요하게 다루어진 측면이 있었다.

FTA 협상 상대국 선정 및 FTA 체결 여부에 대한 정책적 결정은 주로 FTA 체결의 후생효과 등 경제적 측면만을 강조해온 측면이 있었다. 그러나 오늘날 세계 경제질서가 급변하는 상황 속에서 보다 광범위한 정치·안보적 요인과 외교 전략적 함의도 적극적으로 고려할 필요가 있다.

동아시아 지역의 주요국들이 참가하고 있는 CPTPP는 궁극적으로 미국, 중국 간의 새로운 형태의 지정학적 권력 쟁탈전(geopolitical power game)을 상징하고 있다. 미국이 비록 탈퇴하였지만, CPTPP의 내용은 미국, 일본, 호주, 캐나다 등 세계 무역규범을 주도하는 국가들이 추구하는 무역 규범화의 방향과 일치하고 미국이 주도하고 있는 USMCA의 근간을 이루고 있다.

중국은 AIIB, RCEP 등 점진적 접근방식을 통하여 아시아 지역 내 영향력을 확대하고 있으며, 중국식 체제 유지에 보다 적합한 규범을 역내에 확산시키고자 노력하고 있다. 동아시아 지역의 역내국으로서 한국이 지정학적으로 중요한 지역경제협력체의 형성과정에서 배제되는 것은 전략적 실책으로 평가될 수 있다. 따라서 한국이 CPTPP 가입을 통하여 아시아 국가들이 선도하고 있는 국제 무역규범의 수립에 적극적으로 동참할 필요가 있다.

2. 지역무역주의의 지속적 확대 필요

최근 미국과 영국 등 주요 자유민주주의 국가에서 급격한 정책 변화로 인해 기존의 세계질서가 후퇴하거나 세력균형이 변화하면서 새로운 패러다임이 등장하고 있다. 2008년 글로벌 금융위기 이후 표면화된 신자유주의 패러다임의 한계(소득 양극화 및 독점자본주의, 기득권 중심의 민주주의 등)는 기존의 일극 체제에서 다극 체제로의 변환을 초래하고 있다. 이러한 세력균형의 변화는 기존 규범 질서에 변화를 가져올 것이다. 이 외에도 미국 트럼프 행정부의 '미국 우선주의' 정책에 따라 기존의 규범 기반(rules-based) 다자무역체제가 위협을 받고 있고, 이로 인해 글로벌 차원의 무역자유화 속도가 더욱 늦어지고 있다.

그동안 무역자유화의 확산·진전을 가능하게 한 다자무역체제와 이를 보완해온 지역무역협정은 다자주의의 축이 무너지면서 지역무역주의가 무역자유화를 이끄는 유일한 축 역할을 하고 있다. 다자주의를 통한 세계질서의 유지가 가장 바람직하지만, 다자주의의 축이 무너진 상황에서 가장 현실적인 대안은 지역무역주의이다. 따라서 지역무역주의를 통한 무역자유화의 기조를 유지할 필요가 있다.

글로벌 무역자유화의 기조를 유지할 수 있는 지역무역주의는 추후 다자화(multi-lateralization)를 용이하게 하는 형태로 보다 높은 수준의 규범의 조화가 가능한 'mega-FTA'가 될 것으로 판단된다. 현재 아시아 지역의 지역무역협정인 RCEP와 CPTPP 모두 mega-FTA에 해당하지만, 다자화에 용이한 복수국의 회원국(wide membership)과 높은 수준의 규범(deep integration) 요건을 모두 갖춘 것은 CPTPP인 것으로 평가된다. 따라서 CPTPP의 확대를 통해 무역자유화의 기조를 지속해서 유지할 필요가 있다. 그리고 CPTPP가 '개방적 지역주의(open regionalism)'의 모범 형태를 갖추게 된다면 향후 세계무역질서를 형성하는데 기여할 신규 무역규범 수립 기능을 주도할 것으로 전망된다.

더욱이 한국과 같은 중견국의 입장에서는 아시아 지역의 무역규범을 주도해 나갈 CPTPP에 참여하여 규범에 기반한 무역질서의 형성과 이행에 동참해야 할 것이다. 나아가 이를 바탕으로 국가 경제 이익의 극대화에 집중하는 대응 전략을 수립하는 것이 바람직한 것으로 판단된다.

3. RCEP 협상의 전략적 활용

무역자유화 수준이 높은 CPTPP와 비교하여 RCEP은 무역자유화 수준이 다소 낮은 형태로 타결되었다. 그렇지만 아시아 지역의 주요 공급망(supply chain) 국가들인 한국, 중국, 일본이 모두 참여하고 있는 유일한 무역협정이다. 다만 인도 등 전통적으로 시장개방과 무역자유화에 매우 회의적인 국가들이 RCEP 협상에 참여하고 있어 협상이 타결된다고 하더라도 높은 수준의 자유화는 기대하기는 어려울 것이다. 비록 자유화 수준이 낮은 형태로 타결되더라도 현재 한국이 유일하게 다수의 아시아 지역 국가들과 참여하고 있는 무역협상으로서 RCEP 참여는 그 의의가 크다고 판단된다.

또한 RCEP은 사실상 한국, 중국, 일본이 모두 참여하고 있는 유일한 무역협정이다. 따라서 향후 3국 간 무역 의제 및 지역경제통합에 대한 대화를 지속해 나갈 수 있는 협상 프레임워크로서 기능할 수 있도록 지속적으로 노력할 필요가 있다.

4. 중견 국가로서 다변화 외교 전략의 추진 필요

메가 지역무역주의의 경쟁적 확산에 대응하여 수출 경합도가 높은 지역에서 벗어나 새로운 교역 상대국을 적극적으로 찾아야 할 것이다. 또한 일본-EU EPA의 발효로 인하여 EU 시장에서의 일본 제품과의 치열한 경쟁이 예상됨에 따라 우리 수출 주력품목의 수출 다변화 전략을 재정비할 필요가 있다.

USMCA의 타결과 더불어 미국의 철강 및 자동차 수입규제 조치, 對중국 고율 관세 부과에 따라 미국 시장으로의 수출 통로가 더욱 좁아진 상황에서 다변화 전략은 필수적이다. 그렇다면 아시아 지역의 경제통합 가속화를 통해 역내 교역 확대를 통한 수출 돌파구를 마련하는 방안을 강구해야 한다. 또한 중앙아시아, 중동 지역 국가 중 중국 및 일본 제품에 비하여 한국 제품에 대한 우호적 인식을 갖고 있는 국가를 대상으로 적극적인 수출 확대 전략을 마련해야 할 것이다.

참고자료

김한성(2011.12.20), “국제통상환경의 변화와 동아시아 지역통합”, 『글로벌 금융위기이후 국제경제환경의 변화와 한국의 대외경제정책 방향(제2권)』, 대외경제정책연구원.

산업통상자원부(2019.11.04), 「역내포괄적경제동반자협정(RCEP) 15개국 간 "협정문 타결" 선언」.

오수현·한형민·연원호·이보람·김지현(2019-11-19), “역내포괄적경제동반자협정(RCEP) 잠정 타결: 의미와 시사점”, 『오늘의 세계경제』 19-24, 대외경제정책연구원.

이근화·박지은(2015.12.31.), “아세안경제공동체(AEC)의 출범과 시사점”, 『IIT Trade Brief』 No.67, 한국무역협회 국제무역연구원.

이효영(2019.3.8), “최근 지역무역주의의 부상과 한국 통상외교의 과제”, 『주요 국제문제의 분석』 2019-14, 국립외교원 외교안보연구소.

호주정부 보도자료, https://dfat.gov.au/trade/agreements/negotiations/rcep/news/Pages/rcep-news.aspx(검색일: 2019. 11. 10).

브레튼우즈 체제와 트리핀의 딜레마

제2차 세계대전이 끝나기 직전, 미국 뉴햄프셔 주에 있는 브레튼우즈라는 작은 도시에서 연합국 45개국 대표가 모여 통화·금융 회의가 열렸다. 브레튼우즈에서의 회의 이후, 국제통화기금(IMF: International Monetary Fund)과 경제부흥개발은행(IBRD: International Bank for Reconstruction and Development)이 창설되고, 미국의 달러를 기축통화로 하며, 미 35달러와 금 1온스의 가치를 동등한 가치로 평가하는(무제한으로 교환하는 금환본위제) 고정환율제도가 실시되게 된다.

미국의 달러화를 기축통화로 한 금환본위제는 국제통화기금(IMF) 회원국 모두의 통화가 태환을 재개한 1958년에 가서야 완성됐다. 금환본위제는 무역의 자유화와 더불어 국제결제에 있어서의 장벽을 제거함으로써 국가 간의 자본이동을 촉진하였다. 각국의 중앙은행들은 IMF나 국제결제은행(BIS)과 같은 국제기구와 긴밀한 협의 아래 외환시장에 적극적으로 개입하여 환율을 브레튼우즈 체제의 출범 당시 설정했던 상하 1% 범위 내에서 안정시켰다.

달러화의 가치에 자국 통화의 가치를 고정시키는 체제에서는 세계 각국들은 미국의 물가변동에 맞추어 통화정책을 시행하면 되었다. 그러나 금환본위제가 좋기만 한 것은 아니었다. 금환본위제의 성공은 근본적으로 미국의 우위에 기반하고 있었다. 1950년대 각국의 경제회복과 성장은 금환본위제가 성립한 초기 미국의 이러한 지위에 변화를 가하였다. 유럽국가들 중 독일의 경제적 회복, 일본의 급부상, 그리고 개발도상국의 경제적 지위 강화 등은 미국의 경제적 위상 저하를 가져왔다.

미국의 지위가 상대적으로 약화되었음에도 불구하고 달러화는 기축통화였기 때문에 환율을 조정할 수 없었다. 금 1온스당 35달러의 환율이 유지되었으므로 1940년대와 1950년대 저평가되었던 달러화는 이제는 과대평가(overvaluation)된 상태가 되었다. 미국의 경제적 지위가 약해지면 달러화의 가치도 그만큼 하락되어야 했지만, 그렇게 하지 못했으므로 과대평가된 것이다. 한 나라의 통화가 과대평가되면 그 나라의 경제는 곤란에 처해진다. 실업은 늘어나고, 성장은 둔화되며, 자본의 유출이 일어나고, 국제수지의 불균형이 심화된다. 바로 미국에서 이러한 일들이 벌어졌다. 급기야 미국은 1971년 달러에 대한 금태환 정지를 선언했다.

금환본위제는 이 같은 달러화의 환율을 조정할 수 없어 발생하는 문제뿐만 아니라, 트리핀의 딜레마(Triffin's dilemma)[8]로 알려진 달러화의 신뢰와 국제유동성 공급 간에 충돌하는 문제를 야기한다. 기축통화가 되기 위해서는 최소한 ① 그 통화에 대한 국제적인 신뢰가 있어야 하고, ② 세계경제의 성장과 더불어 통화의 공급이 증가되어야 한다는 조건이 충족되어야 한다. 그러나 이 두 조건이 동시에 충족되기는 어렵다는 것이다.

국제유동성(미국 달러)의 공급이 증가되기 위해서는 미국으로부터 달러화가 더 많이 흘러나와야 한다. 달러화가 흘러나온다는 것은 미국의 무역수지가 적자가 되는 것을 의미한다. 이는 결국 미국 달러화의 신뢰를 떨어뜨리는 문제를 야기한다.

트리핀은 이러한 문제를 해결하기 위해 각국의 중앙은행들을 관장하는 국제중앙은행을 설립하자는 제안을 했다. 새롭게 설립된 중앙은행은 자신의 통화를 발행함으로써 국제유동성을 공급한다면 기축통화인 달러화가 가지고 있는 문제를 해결할 수 있을 것으로 보았다. 그는 IMF가 이러한 은행으로 전환하는 것도 가능할 것으로 생각했으나, 트리핀의 제안은 정치적으로 받아들여지지 않았다.

한편, 또 다른 해결책으로 1965년에 프랑스는 금환본위제를 폐기하고 순수한 금본위제를 부활시킬 것을 제안했다. 이렇게 하기 위해서는 금 보유의 규모를 늘리고 금에 대한 각국의 통화가치를 동시에 낮추면 가능하다는 것이었다. 미국은 프랑스의 이러한 제안 역시 거부했다.

1965년 당시 미국의 금 보유 규모가 상당했기 때문에 금의 가치를 높이는 것이 미국에도 도움이 되었지만, 남아공화국이나 옛 소련과 같은 주요 금 생산 국가들이 이러한 조치의 혜택을 보는 것에 대해 미국은 못마땅하게 생각했던 것이다. 그러나 보다 근본적인 문제는 이렇게 금본위제를 부활하려면 미국이 세계경제의 헤게모니를 놓을 수밖에 없다는 현실이 자리하고 있었다.

---

8) 1950년대 미국에서 수년간 경상수지 적자가 이어지자 이 상태가 얼마나 지속될지, 또 미국이 경상흑자로 돌아서면 누가 국제유동성을 공급할지에 대한 문제가 대두됐다. 당시 미 예일대 교수였던 로버트 트리핀(Robert Triffin, 1911~1993)은 미 의회 연설에서 "미국이 경상적자를 허용하지 않고 국제유동성 공급을 중단하면 세계경제는 크게 위축될 것"이라면서도 "그러나 적자 상태가 지속돼 미 달러화가 과잉 공급되면 달러화 가치가 하락해 준비자산으로서 신뢰도가 저하되고 고정환율제도 붕괴될 것"이라고 증언했다. 압축하면 이래도 문제요, 저래도 문제여서 해결이 어렵다는 의미에서 트리핀의 딜레마라는 용어로 사용되게 되었다.

Chapter 14

한국경제를 둘러싼 주요 이슈 분석과 선진화 과제[1)]

제1절 세계적인 정치 포퓰리즘의 득세와 중산층의 붕괴

오늘날 세계경제 상황은 새로운 저성장 시대로 접어들었다. 특히 글로벌 금융위기 이후 세계적으로 불황이 지속되고 있는 중에 소득분배의 양극화는 심화되고 있다. 우리나라에서도 정치적 리더십의 혼란을 겪다가 새 정부가 들어섰지만 여전히 침체에서 벗어나지 못하고 있다. 한국경제는 지난 IMF관리체제 이후 소득분배의 양극화는 확대되고, 인구구조는 고령화로 빠르게 진행되며, 청년층의 실업률은 높아지고 있어 경제에 대한 심리적 요인이 크게 위축되고 있다.

우리나라는 1962년 제1차 경제개발계획에 시동을 걸고 대외지향형 공업화로 산업화를 달성했으며 1987년 6·29선언을 거치며 민주화를 이룩했다. 이에 따라 우리나라는 20세기 후반에 산업화와 민주화를 가장 압축적으로 성취한 국가라는 평가를 받고 있다. 그렇지만 소규모 개방경제인 한국의 압축적 산업화를 성취한 이면에는 경제력 집중, 부와 소득격차의 확대가 확대되었다. 또한 민주화가 진전되면서 사회적 양극화는 오히려 심화되었다.

21세기의 보편적 정치체제는 민주주의이다. 이 민주주의와 민주주의 평등 이념은 사

---

1) 이 장은 2017년 1월 창원대학교 G-BIZ사업단에 제출된 「대내외 주요 이슈분석」을 수정한 것임을 밝힌다.

치재와 같아 경제성장의 바탕 위에서 자란다고 할 수 있다. 그래서 선진국일수록 경제적 평등에 집착하고 경제민주화에 집중한다. 그 결과 세계 정치가 사회주의 평등 이념을 추구하는 사회민주주의로 귀착한다. 우리나라에서도 30여 년 전에 도입된 경제민주화란 이념이 1인당 GDP 3만 달러에 이르며 위세를 떨치고 있다. 이제 사회주의 경제적 평등 이념이 전 세계를 쓰나미처럼 덮치고 있다. 이러한 환경에서 민주주의 정치는 포퓰리즘의 함정을 벗어나기 어려운 속성을 가질 수밖에 없다.

글로벌 금융위기 이전의 세계경제는 세계화가 가속화되는 가운데 고도성장을 구가했다. 이 같은 경제의 글로벌화는 많은 사람들에게 미국이 설정한 '글로벌 기준(global standards)에 따라 영원히 고도성장을 지속할 것'이라는 믿음을 줬다. 그러나 세계경제는 오늘날 뉴노멀 하의 저성장 시대로 접어들면서 세계 대부분의 나라에서 저물가, 저금리, 저임금, 저소비, 기업의 저수익, 저투자, 분배의 양극화 등과 같은 현상이 일률적으로 나타나고 있다. 또한 각국 공사부문(公私部門)에서 부채가 급증하고 있다. 이러한 현상이 세계경제의 성장잠재력을 더욱 약화시키고 있다.

더욱이 세계 각국의 인구구조는 다문화국이 되어가고 있다. 다문화국인 이상 경제와 정치가 여러 문화를 포용할 수 있어야 하지만 현실은 그렇지 못하다. 최근 들어 유럽의 모든 나라에서 反이슬람, 反이민, 反유럽연합 등을 표방하는 흐름이 강화되며 브렉시트(Brexit)와 같은 형태로 표출되기에 이르렀다. 이러한 흐름은 미국에서도 나타났다. 미국은 지난 1950~1960년 기간 수정자본주의와 복지국가 이념 하에 소위 진보적 평등 이념이 주류 정치 이념으로 자리 잡고 기성 정치권을 평등주의로 편향시켰다. 그 결과 저성장과 양극화, 미국 경제의 하향평준화와 백인 중산층의 몰락으로 이어졌고 급기야 트럼프 정부를 출범시켰다.

이 장에서는 글로벌한 시각에서 국내외의 주요한 경제이슈를 살펴본다. 먼저 국내이슈로서 중장기적인 구조적 변화를 야기할 수 있는 인구 문제와 잠재성장률 저하로 침체되고 있는 가운데 급격히 다가오는 4차 산업혁명의 흐름, 그리고 우리가 숙명적으로 짊어질 수밖에 없는 북한 리스크 등을 분석한다. 소규모 개방경제인 한국경제에게는 대내적 요인 못지않게 대외적 요인도 아주 중요하다. 대외적 경제 이슈로서 브렉시트 문제, 글로벌 경제에서 막중한 비중을 점하고 있는 미국과 중국의 경제적 상황의 변화, 글로벌 경제에서 나타나고 있는 주요 추세를 분석한 후, 한국사회가 선진화로 나아가기 위한 과제를 제시하고자 한다.

제2절 국내의 주요 경제적 이슈 검토

1. 한국의 인구구조 변화: 인구절벽 현실화

1) 한국의 급속한 고령화와 저출산[2)]

경제예측가로서 세계적 명성을 얻은 해리 덴트(Harry Dent, 2015)는 최근 많은 선진국에서 나타나고 있는 저성장의 주요 요인으로 '인구'를 지목했다. 그는 우리나라 인구구조 변화와 그 영향에 대해 "한국은 2018년 이후 인구절벽 아래로 떨어지는 마지막 선진국이 될 것이며, 출산율 제고에 획기적 전환이 없는 한 일본의 전철을 밟을 것"이라고 경고했다.[3)] 경제협력개발기구(OECD, 2016)도 한국경제가 직면한 핵심 구조개혁 과제로 급속한 고령화와 서비스산업의 저생산성에 주목한 바 있다. 또한 국제통화기금(IMF, 2016)도 노동인구의 급격한 감소가 경제성장에 부정적 영향을 줄 수 있다고 지적하였다.[4)]

현재 우리나라는 세계 최하위 수준의 출산율과 최고 수준의 고령화 진행속도로 인해 향후 경제성장잠재력 저하에 대한 우려가 목소리가 높다(허문구 외, 2013). 특히 우리나라는 OECD 국가 중 가장 빠른 속도로 출산율이 감소하는 국가에 속한다. 〈그림 14-1〉에서 보이고 있는 바와 같이 1970년과 비교해 1990년 출산율은 1970년에 비해 약 30% 수준에 불과하며 이마저도 2005년 이후부터는 20%대로 급격하게 저하하고 있다.[5)]

---

2) 허문구·이상호·김낙현(2016.12), "경남지역의 인구구조 변화가 지역경제에 미치는 영향", 한국은행 경남본부 중간발표논문, pp.1-3.

3) 인구절벽은 Harry Dent(2015)가 제시한 개념으로, 생산가능인구(15~64세)의 비중이 급속도로 줄어드는 현상을 말한다. 즉, 소비 행태가 가장 활발한 40대 중후반(45~49세) 인구의 감소에 따라 저성장의 늪에 빠지고 이로 인해 다시 소비가 위축되는 현상을 비유한 것이다. Harry Dent는 세계지식포럼(2015년 10월)에서 한국이 2018년 인구절벽에 직면하여 경제 불황을 겪을 가능성이 높다고 예측하면서 인구절벽 해결 방안으로 이민 촉진과 출산·육아 장려책을 제시하였다.

4) IMF는 저성장과 고령화에 대한 방안으로 사회간접자본 투자와 같은 정책 개혁이나 여성 및 고령층 근로자의 노동시장 참여율을 높일 수 있는 정책을 추진해야 한다고 주장하였다.

5) 이 같은 저출산의 요인으로는 남녀 평균 초혼 연령의 상승(남자: 1990년, 27.8세 → 2015년, 32.6세, 여자 : 24.8세 →30.0세), 실업 및 주택가격 상승에 따른 만혼, 비혼 등이 지적되고 있다(헤럴드경제, 2016.05.18).

(단위 : 지수)

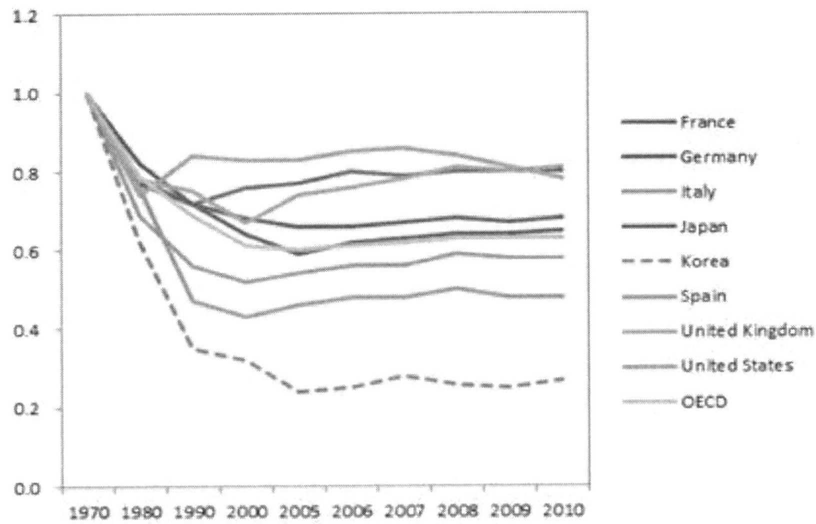

주: 1) 1970년을 1로 설정했을 때의 지수
자료: OECD, OECD's Statistical Data Warehouse, 허문구·이상호·김낙현(2016.12)
에서 재인용.

▌그림 14-1▌ OECD 주요국 출산율 추이(1970~2010)

이러한 저출산의 영향으로 2013년 현재 우리나라의 고령인구 비중은 〈그림 14-2〉에서 확인할 수 있듯이 1970년에 비해 무려 4배가 증가하여 대표적 고령화 국가인 일본을 크게 앞지르고 있다. 우리나라는 이미 2000년에 고령화사회(고령화율 7~14% 미만)에 진입하였으며, 2018년 고령사회(14~20% 미만), 2026년에는 초고령사회(20% 이상)로의 진입이 예상된다.

이처럼 우리나라는 인구구조의 조로현상이 두드러지고 있을 뿐만 아니라 세계에서 가장 빠르게 늙어가는 국가로 변해가고 있다. 이 같은 현상은 우리나라의 잠재성장률을 저하시킬 것으로 보인다.

인구구조를 연령별로 구분하면 유소년인구(0~14세), 생산가능인구(15~64세), 고령인구(65세 이상) 등으로 대별된다. 통계청의 추계에 의하면 25세부터 49세까지의 주요 경제활동인구가 50년 뒤 지금의 절반 수준으로 낮아질 것으로 예측됐다(〈그림 14-3〉). 이에 따라 한국경제는 해가 갈수록 급격히 활력을 잃을 것이라는 전망이 현실화되고 있다. 세계적인 미래학자 해리 덴트가 경고한 '인구절벽'이 현실로 다가오고 있는 셈이다. 2016년 12월 8일 통계청이 발표한 '장래인구추계: 2015~2065년'에 따르면 생산가능인구는 2020년대 연평균 34만 명, 2030년대 44만 명씩 줄어드는 것으로 예측됐다(매일경제신문, 2016.12.08.).

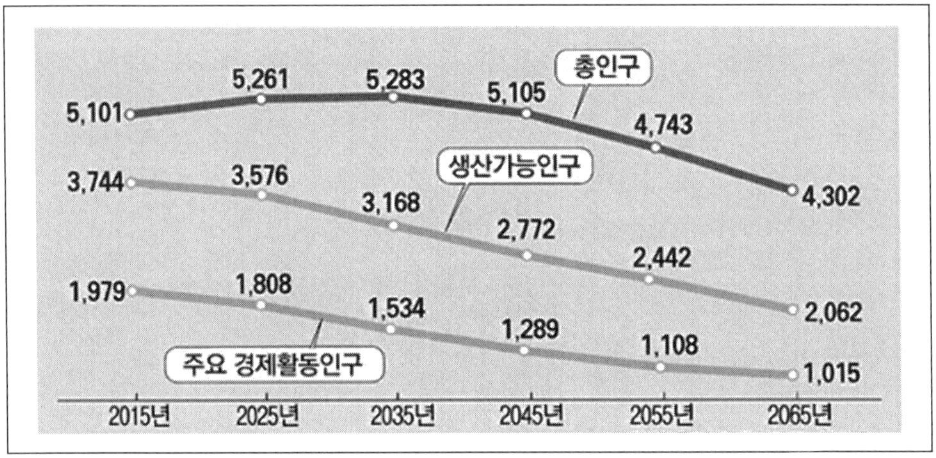

* 중위 추계 기준.
자료: 통계청.

| 그림 14-2 | 장래 인구변화 전망

또한 저출산 경향이 지속되면서 유소년에서 생산가능인구로 유입되는 인구도 줄어든다. 15~24세 인구는 2015년 673만 명(인구 비중 18.0%)에서 2065년에는 305만 명(14.8%) 수준으로 절반 이상 감소한다. 대신 50~64세 인구 비중이 2015년 29.2%(1,092만 명)에서 2065년 36.0%(742만 명)로 증가한다.

한편, 고령인구 증가세는 폭발적이다. 2015년 654만 명에서 2030년 1,296만 명으로 2배 증가하고, 2050년이 되면 1,881만 명까지 늘어난다. 전체 인구 대비 고령인구 비중도 2015년 12.8%에서 급격히 증가해 2026년 20%를 돌파하여, 2037년에 30%, 2058년 40%를 넘을 전망이다. 2065년에는 42.5%(1,827만 명)까지 올라 OECD 국가 중 최고 수준에 이르게 된다. 반면 유소년인구(0~14세)는 2015년 703만 명에서 계속 떨어져 2035년 598만 명으로 감소하고, 2050년부터 400만 명대로 다시 떨어져, 2065년에는 413만 명으로 2015년 대비 59% 수준인 것으로 예측된다.

이 같은 인구 고령화의 근본적인 원인은 출산율의 저하에 기인한다. 현재와 같은 저출산이 지속되면 고령화를 야기할 뿐만 아니라 사망자 수에 의해 실질적인 인구감소시대를 맞이하게 된다. 사망자 수가 출생아 수를 상회하는 데드크로스(dead cross)현상은 인구고령화를 앞당기는 역할을 하게 될 것이다.

2) 인구 고령화와 성장잠재력 저하[6)]

일반적으로 인구구조의 고령화는 성장잠재력을 저하시킴으로써 국가경제에 부정적 영향을 미친다, 이는 솔로우(R.M Solow) 생산함수를 통해서도 설명된다. 솔로우 생산함수에서 총생산(Y)은 노동(L)과 자본(K), 그리고 기술진보(A)에 의해서 결정되는 구조이다. 즉, $Y = A \cdot f(L, K)$에서 기술진보 및 자본이 일정하다고 가정할 경우 고령화로 인해 노동력이 저하된 만큼 총생산이 감소한다. 그러나 〈그림 14-4〉에서 보이는 바와 같이 고령화로의 인구구조 변화로 나타나는 노동력의 감소분 이상으로 자본과 기술진보가 증가한다면 그만큼 총생산은 증가할 수 있다.[7)]

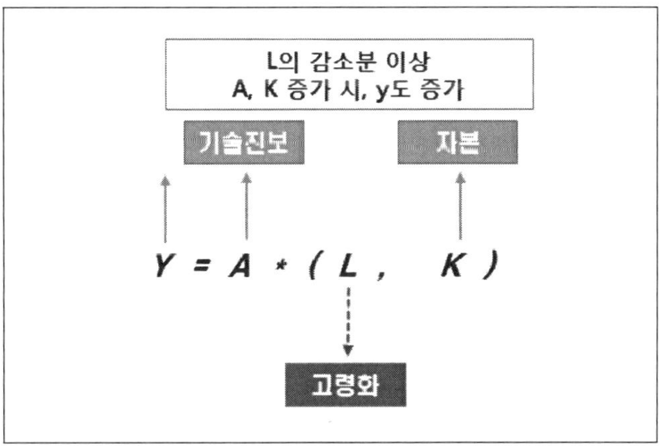

▌그림 14-3▐ **인구구조 변화와 생산성**

6) 허문구·이상호·김낙현(2016.12), pp.26-27을 많이 참고하였다.
7) 많은 국가나 지역에서 기존과는 차원이 다른 혁신에 초점을 두고 있는 것은 고령화로 인한 저성장 기조를 상쇄 또는 최소화하기 위해서다, 특히 기업 측면에서는 구글이나 애플로 대표되는 새로운 기술을 바탕으로 새로운 시장 창조 및 새로운 편의성 제공, 값싼 제품을 세시하는 '파괴적 혁신(Disruptive Innovation)'과 중국 샤오미로 대표되는 기술혁신의 융복합을 통해 생산비용을 줄이는 '검약적 혁신(Frugal Innovation)' 등이 강조되는 추세이다.

$$Y = A \cdot f(L, K)$$

반면에 생산가능인구와 경제성장 간에는 양(+)의 관계를 보여준다. 즉, 빠르게 생산가능인구가 증가하는 국가가 빠른 경제성장을 구현한다는 점이다.

(단위 : %)

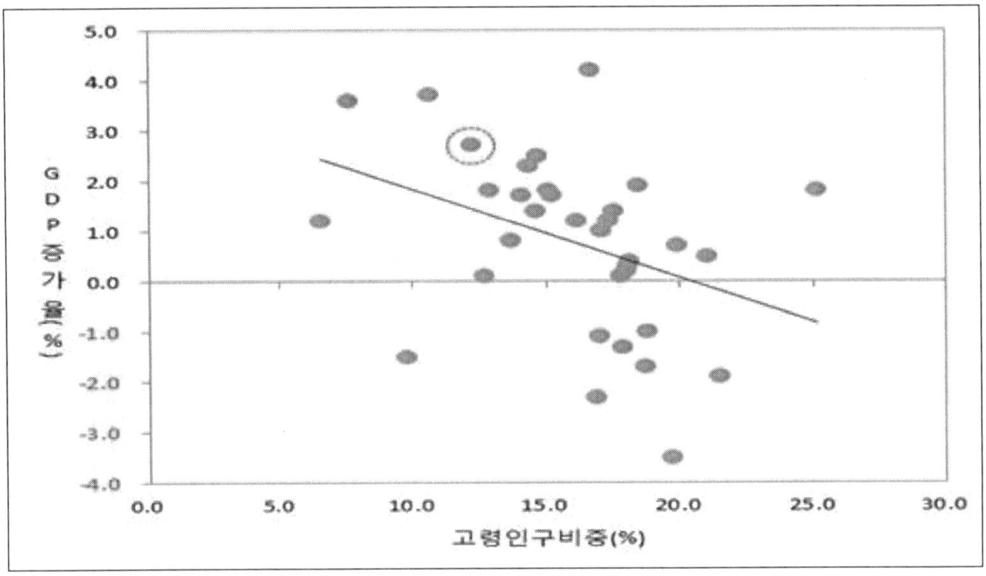

자료: OECD, Stat Extracts, 허문구 외(2016.12)에서 재인용.

┃그림 14-4┃ 고령화와 국가경제성장

3) 인구 구성과 경제성장 메커니즘 간 관계[8)]

주지하는 바와 같이, 한 나라의 경제성장에 있어 인구는 중요한 역할을 수행한다. 수요와 기술, 자본 축적요인 등에 대한 경제의 성장의존도가 높아진 가운데 인구 역시 생산요소 중 하나로서 성장의 매개체나 확대요인으로 작용한다. 경제성장에 대한 기제로서 인구는 이미 많은 관련 연구에서 다양한 측면에서 제기된 바 있으며, 인구의 경제적 역할은 단지 긍정적인 측면뿐만 아니라 부정적인 측면까지도 상당부분 제시되었다.[9)]

---

8) 허문구·이상호·김낙현(2016.12), pp.26-27을 참고하였다.

9) 대표적으로 맬더스(1798)가 제기한 인구론(Essay on the Principles Population)이 있다. 맬더스(Thomas Robert Malthus, 1766~1834)는 역사 속의 모든 인구증가가 결국 빈곤으로 이어졌으며, 이는 인구의 증가가 식량과 같은 자원의 증가보다 급격하게 이루어지기 때문에 일어난다고 주장하였다. 그는 인구의 자연 증가는 기하급수적인 반면, 식량의 생산은 산술급수적이므로 인간의

신고전학파 성장모형에서 인구와 경제성장률 간의 관계를 살펴보면, 인구증가율은 경제성장률을 결정하는 요인으로 설명된다. 특히 저축률과 자본축적률이 같아지는 균제상태에서의 경제성장률은 전적으로 인구증가율에 의해 결정되는 구조이다.

내생적 성장모형에서는 인구의 경제성장에 대한 역할이 보다 간접적으로 나타나지만, 지속적으로 영향을 미치는 요인으로 제시되고 있다. 특히, 연구개발에 의한 내생적 성장 가능성을 제시함에 있어 물리적 자본보다는 지적자본에 대한 역할을 강조함으로써 인구가 성장요인으로 작용할 수 있는 경로를 제시하였다. 즉, 인구에 의해 공급되는 노동을 일반노동과 인적자본(human capital)으로 구분하고, 이 가운데 연구개발에 투입되는 인적자본이 커질수록 지식의 축적이 확대되면서 균제상태에서의 경제성장률을 제고시킬 수 있다고 확인했다. 이는 인적자본이 큰 경제일수록 장기 경제성장률이 확대된다는 기제를 제시한 것으로 특정 경제 내에서의 인구의 역할을 강조한 것이라 할 수 있다.

2. 한국경제의 저성장 고착화[10]와 고성장 경제시스템의 미작동

1) 저성장의 고착화

근래에 이르러 우리나라에서는 저성장이 지속되는 가운데 국가리더십의 위기까지 겹쳐 경제적 침체 상황이 이어지고 있다. 많은 경제주체들은 지속되는 경기침체에다 각종 불미스런 정치적 이슈를 대하며 각박한 분위기에 젖어있다. 더욱이 객관적인 불법적인 사실도 진영별로 갈라져 있다. 이 같은 분위기를 벗어나기 위해서는 무엇이 어떻게 달라져야 할 것인가? 적어도 무엇은 하지 말아야 하는지, 그리고 생존을 넘어 한국사회가 추구해야 할 가치는 무엇인지를 깊이 고민하지 않으면 안 될 시점에 도달했다.

향후 한국경제는 3% 미만의 저성장이 고착화할 것으로 전망된다. 이러한 구조적 저성장은 1960년대 이후 한국이 경험하지 못한 새로운 상황이다. 1980년, 1998년, 2008년에 '1년짜리' 마이너스 성장을 경험한 적은 있지만, 바로 다음 해에 예상을 뛰어넘는 높은 성장률을 기록해 어려움을 극복했다.

한국경제는 구조적 저성장이 초래할 심각한 도전에 직면할지도 모른다. 그렇게 되면 지난 개발연대 이후 50년 이상 성장을 위해 순기능으로 작동해온 한국 자본주의 시스템이 혼란에 빠질 것으로 보인다. 가장 우려되는 것은 청년실업이다.

빈곤은 자연법칙의 결과라고 지적하였다.
10) 김용기(2016), pp.262-269을 많이 참고하였다.

저성장이란 무엇을 의미하는가? 각 분야에 걸쳐 성공의 기회가 그만큼 줄어든다는 의미이다. 혁신의 가능성, 기업가정신의 활발한 분출도 기대하기 어렵다. 새로운 기업의 등장이 정체되면서 기존 기업과 새로운 기업 간 경쟁도 줄어들 것이다. 사회가 역동성을 잃으면서 가장 안전한 미래 보장책은 '부(富)의 대물림'이 정착되게 된다. 또한 상대적으로 안정된 일자리를 찾는 학력 경쟁, 공무원시험 준비, 그리고 자리를 지키려는 직장인들의 무사안일은 더욱 심화될 것이다.

한국경제는 1960년부터 1990년대 이전까지 매년 10% 이상의 고도성장을 거듭해왔다. 1990년대 들어서도 매년 평균 8% 수준의 높은 성장을 지속했다. 그러나 한국경제의 성장엔진은 IMF관리체제를 거치며 급속하게 식어갔다. 2000년대 들어 5%를 밑돌던 경제성장률은 2008년 글로벌 금융위기를 넘으면서 세계경제 성장률을 밑도는 수준으로 낮아졌다(〈그림 14-6〉).

그러나 근래에 이르러 저성장이 구조화하면서 기존의 성장 중심의 경제정책은 더 이상 작동하지 않고 있다. 정부는 일자리 나누기, 청년수당, 생활임금 등 이미 유럽 선진국에서 그 효용성을 인정받은 새로운 경제정책을 도입하고 운영해야 할 것이다. 그것이 가져오는 부의 재분배 효과 때문에 선거 때마다 각 정당이 유권자의 표심을 얻으려 이들 정책을 놓고 대논쟁을 벌일 것이고 결국 선거 결과를 통한 사회 내 타협이 이뤄지게 될 것이기 때문이다.

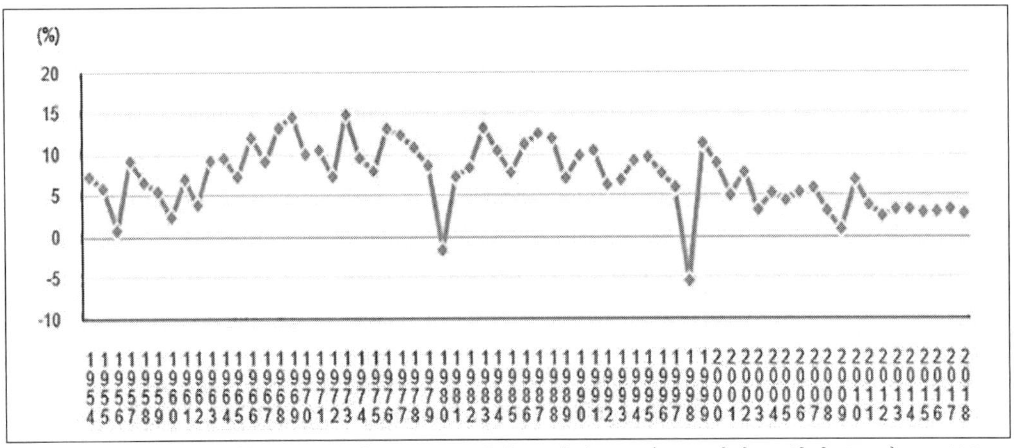

주: 1) 경제성장률 = {(금년도 실질 GDP - 전년도 실질 GDP) ÷ 전년도 실질 GDP} × 100.
2) 실질 GDP는 2015년 기준임. 3) 2018년은 잠정치임.
출처: 한국은행, 「국민계정」.

▌그림 14-5▐ 한국의 실질경제성장률 추이

뉴노멀시대의 저성장 현상은 우리나라만 겪는 현상은 아니다. 대부분의 선진국에서도 저성장이 추세적으로 나타나고 있다. 20여 년 후인 2035~2040년이 되면 선진국들은 전체적으로 마이너스 성장에 돌입할 것으로 예상된다. 안타까운 것은 한국이 다른 OECD 선진국만큼 1인당 GDP가 높은 수준에 도달하지 못한 채, 청년실업·소득 양극화·노인 빈곤 등에 대처하는 사회보장과 노동시장의 유연함을 잃고 저성장 추세로 접어들었다는 점이다.[11)]

그런데 긴 인류 역사를 살펴보면, 경제가 성장한 시기는 특수한 기간이었다. 영국의 경제사학자 앵거스 메디슨(Angus Medison, 1926~2010)에 따르면 인류 역사상 경제가 유의미하게 성장하기 시작한 때는 산업혁명이 시작된 지 한참 뒤인 1820년 이후다. 그전에는 세계경제가 거의 성장하지 않았다. 1820년대 이후의 성장도 서유럽과 미국에만 국한되었다. 중국은 20세기 초반까지 900여 년간 거의 성장하지 못했다.

그렇다면 최근 250년간의 경제성장은 어떻게 가능했을까? 정치경제학자 어네스트 만델(Ernest Ezra Mandel, 1923~1995)은 1978년 저서 『자본주의 발전의 긴 파동(Long Waves of Capitalist Development)』에서 지난 250년간 세계경제는 대략 45~60년짜리 장기파동을 겪어왔다고 분석했다. 만델은 산업혁명 이래 5차례의 커다란 경기변동 사이클이 있었고, 각 사이클의 시작은 기술의 진보에서 비롯됐다고 주장했다.

만델에 의하면, 첫째 1770년 전후 산업혁명이 일어났고, 둘째 1830년 전후에는 증기와 철도가 발명됐으며, 셋째 1875년을 전후해 철강과 전기가 사용되기 시작했고, 넷째 1910년 전후 석유 사용과 자동차의 대량생산이 있었으며, 마지막으로 1970년을 전후해 정보기술 발전에 기반을 둔 장기 경제성장 사이클이 형성됐다는 것이다.

만델에 따르면 경제성장에 영향을 미친 요인은 다양하다고 했다. 기술혁신뿐만 아니라 투자 결정이나 생산성 향상, 교육과 통신, 그리고 사회적·정치적·환경적 요인이 경제성장에 영향을 미쳤다고 했다. 그러면서 기술혁신이란 단지 기술에 국한된 혁신이 아니

---

11) 세계 각국은 저성장을 벗어나고자 기업의 법인세율을 인하하고 있다. 2008년 대비 2016년 법인세율(지방세분 포함)을 인하한 OECD 국가들은 총 18개국이고, 인상한 국가들은 6개국이다. 2008년 이후 법인세율을 가장 크게 인하한 나라는 일본이다. 일본은 국세분 5.4%p, 지방세분 4.2%p를 인하해 총 9.6%p 인하했다. 일본의 경우 2013년, 2015년, 2016년에 단계적으로 이뤄졌다. 영국, 스웨덴, 스페인, 슬로베니아, 노르웨이, 핀란드, 덴마크, 캐나다 등이 3%p 이상 큰 폭의 법인세 최고세율(지방세분 포함)을 인하했다(세정일보, 2016.08.25). 미국은 세계 최대 경제국이고 기업 경쟁력도 최고 수준인데 법인세율을 지난 2017년 11월에 법인세 최고세율을 35%에서 20%로 낮추는 세제개편 법안을 통과시켰다. 세계에서 규모가 가장 큰 경제가 법인세율을 내렸고, 그것도 낮출 수 있는 최저 수준까지 내렸다. 그런데 한국은 반대로 가고 있다. 한국 국회는 2017년 12월 6일 22%인 법인세 최고세율을 25%로 높이는 세제개편안을 통과시켰다.

라 그것과 조응하는 사회제도적 혁신이 반드시 결합되어야 한다고 했다. 이는 기술·경제·사회 및 조직의 혁신 간에 존재하는 상호의존성 때문일 것이다. 바야흐로 새로운 4차 산업혁명이라는 변화의 시대에 새로운 혁신이 요구되고 있다.

4차 산업혁명이란 화두가 2016년 1월 세계경제포럼(World Economic Forum: WEF) 이후 미래사회 변화의 주요 이슈로 등장하고 있다. 4차 산업혁명은 '모바일 인터넷', '빅데이터', '인공지능'과 같은 과학기술의 발전과 '업무환경 변화', '기후변화'와 같은 사회 · 경제적 변화 동인으로 인해 나타날 것으로 예측되고 있다. 특히 '초연결성'과 '초지능화'라는 4차 산업혁명의 특징은 기술과 기술, 산업과 산업을 융합시키며 전 세계의 산업구조를 변화시킴과 동시에 일자리 지형에도 큰 영향을 미칠 것으로 전망된다. 특히 다수의 보고서들은 자동화 기술 및 컴퓨터 연산능력 향상과 같은 기술적 진보로 인해 단순·반복적 업무나 저숙련 업무 관련 일자리가 감소할 것으로 전망하고 있다. 그렇다면 미래변화를 이끌 4차 산업혁명에 제대로 대처하기 위하여는 범정부 차원의 과학기술혁신에 대한 철저한 대응이 요청된다고 하겠다.

2) 고성장 경제시스템의 미 작동

경제성장의 척도로 사용되는 GDP는 1930년대 대공황 당시 미국 상무성이 만든 개념이다. 경제 회복 정도를 측정하고 2차 세계대전 기간 중 전시 생산능력을 가늠하기 위해 고안됐던 것이다. 영국 경제학자 케인즈(John Maynard Keynes, 1883~1946)는 생산과 국민소득, 그리고 실업률 간의 관계에 관한 이론을 발전시켰다. 1950년대에 들어서면서 미국뿐만 아니라 유럽을 포함한 대부분의 국가에서 GDP로 표시되는 경제성장은 정부의 공식 목표 중 하나로 자리 잡았다. 이후 GDP 증가는 경제의 건강성을 나타내고 사회주의 경제와 비교되는 경쟁지표라는 점에서 중요하게 다뤄졌다.

20세기 후반 들어 한국 등 동아시아 국가들의 경제성장이 가속화되기 시작됐다. 한국경제는 최근 60여 년간 1인당 GDP가 1960년 83달러에서 2018년 1인당 국민소득(GNI)이 3만 1,349달러를 기록해 처음 3만 달러 고지에 올라서며 경제성장은 우리 삶에 당연한 것으로 인식하게 되었다. 그렇지만 근래에 들어 한국경제의 경제성장률이 아주 낮은 2%대의 저율로 성장하는 경제상황이 도래하게 되었다.

이러한 저성장 시대에 가장 문제가 되는 것이 실업률이다. 생산성이 향상되면 동일한 생산을 하는 데 필요한 노동력은 감소한다. 경제가 성장해 경제규모가 커지면 생산성 증가로 잉여가 된 노동력을 재고용할 수 있고, 한발 더 나아가 추가 고용할 여력까지 생긴다. 그런데 성장이 정체되면 생산성 증가로 잉여가 된 노동력을 재고용할 기회가 줄어든다.

투자도 비슷한 문제에 봉착할 수밖에 없다. 투자란 생산설비를 늘려 성장을 촉진하자는 것이라 할 수 있다. 만약 성장이 일어나지 않는다면 기존 설비의 노후 부분을 교체하는 수준 이상의 투자를 기대하기 어렵다. 새로운 일자리가 생겨나지 않으면서 청년실업 문제는 지금의 심각한 수준을 훨씬 넘어서게 될 것이다.

이와 같은 저성장으로 인해 한국의 자본주의 경제시스템 자체가 크게 흔들리며 제대로 작동되지 못할 우려가 생겼다. 적어도 5%대 이상의 높은 성장을 전제로 하여 설계된 많은 제도들이 작동하기 어렵게 되었다. 연금 시스템은 이미 '더 내고 덜 받는 방향'으로 개혁이 이루어졌다. 나아가 부동산·주식·채권 등 투자자산의 수익률이 크게 낮아지면 가계는 이들 자산에 투자하기 어렵게 된다. 또한 은행, 증권사 등 금융기관들도 가계로부터 예금이나 투자를 유치하기 어려워져 국내에서 수익성 기반을 잃게 될 것이다.

무엇보다 저성장은 한국사회 전반에 걸쳐 성공 가능성을 떨어뜨릴 것이다. 사회가 빠르게 성장해야 많은 기회가 창출된다. 그런데 성공할 기회가 봉쇄된다면 사회의 역동성이 크게 떨어질 수밖에 없다. 그 결과는 소득증가와 소비수준 향상 등과 같은 그동안 당연하게 여겨왔던 기대가 사라지는 것이다.

뿐만 아니라 계층 간 이동에 대한 기대가 점차 사라지고 있다는 것이다. 소위 '개천에서 용 나기 어렵다'는 것이다. 통계청이 2016년 12월 12일 발표한 '한국의 사회동향'을 요약한 〈그림 14-7〉에 따르면 2015년 기준으로 소득, 직업, 교육, 재산 등을 고려한 사회경제적 지위에 대해 자신이 '중간층'이라고 답한 국민은 전체의 53.0%로 집계됐다. 1994년(60.8%)에 비해 7.8%포인트 떨어졌다. 같은 기간 '하층'이라고 답한 비율은 37.9%에서 44.6%로 높아지며 사라진 중간층의 대부분을 흡수했다. 이러한 중간층 감소는 계층 사다리에 대한 부정적 인식으로 이어졌다. 계층 간 이동가능성을 묻는 질문에 '높다'고 응답한 비율은 같은 기간 60.1%에서 21.8%로 급락했고, '가능성이 낮다'는 비율은 5.2%에서 62.2%로 크게 올라 10명 중 6명이 '계층 사다리'가 거의 끊어졌다고 보고 있다(한국경제신문, 2016.12.12).

청년들 사이에서 회자되는 흙수저와 금수저, 기울어진 운동장 등의 표현은 계층이동이 어떠한 형태로 진행되고 있는지 잘 말해주는 것이다. 그리고 전문가들의 의견 크게 다르지 않다. 최근 한 연구는 한국사회의 구성원들이 계층 대물림 문제를 어떻게 인식하고 있는지 잘 보여주고 있다. 그에 따르면, 부모와 자신의 주관적 계층지위가 낮을수록, 차별이나 불이익을 경험했을수록, 연령이 젊을수록, 대학이상의 고학력자일수록 우리사회의 불평등이 심각하다고 인식하고 있다는 것이다. 고학력 인구집단이 자신의 힘만으로는 부모세대의 계층지위를 유지하거나 그보다 상위 계층으로 오르기 힘들다는 인식이 확산되고 있다(이병훈, 2017: 175). 이와 같은 인식의 결과는 저성장 국면에서 사회 통합을 위한 동력을 약화시킬 수 있다는 것이다.

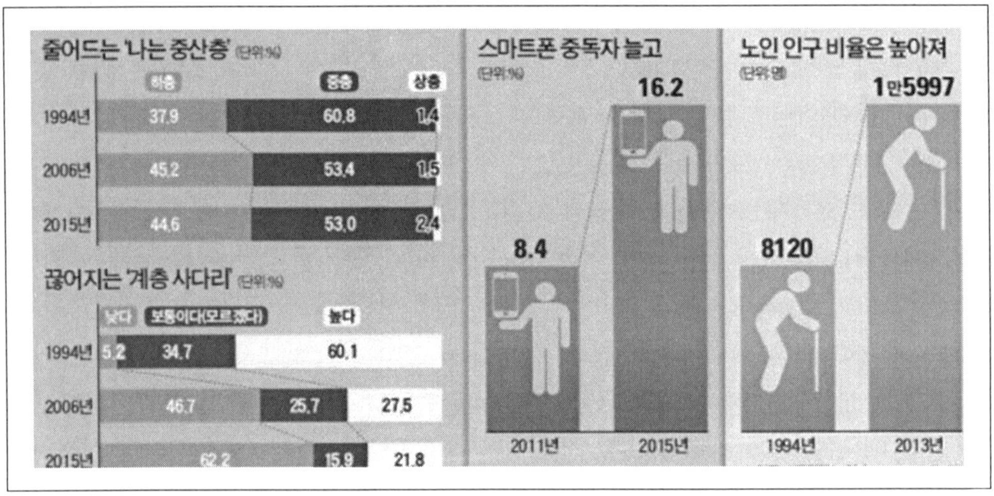

주: 인구 10만 명당 노인수
자료: 통계청.

┃그림 14-6┃ 한국의 사회동향

거기다가 우리 사회가 떠안은 문제들을 해결할 수 있는 재원도 마련하기 어려워진다. 빈곤층 복지, 저소득층 의료비 부담 경감, 환경문제 해결 등과 같은 사회문제 해결을 위한 정부의 재정 투입도 어려워질 수밖에 없다. 양극화 문제도 이전보다 심화된다. 이제까지는 소득격차가 커져도 사회가 어느 정도 수용할 수 있었던 것은, 고성장 시대엔 저소득층들의 소득이 절대적인 규모에선 이전보다 증대되었기 때문이다. 그러나 저성장이 고착화되는 시대에 사회적 갈등이 증폭되면 많은 사회구성원들이 공감하는 경제·사회정책을 수립하기는 더욱 어려워지게 된다.

또한 사회 각 부문에 걸쳐 발생하던 경쟁도 상당 부분 사라지게 될 것이다. 자본은 성장하고 역동적인 비즈니스를 찾아간다. 그러나 자본은 경쟁적이지 않고 소극적인 개인이나 기업을 찾아가지 않는다. 어느 국가든지 성장할 수 있는 거리가 존재하지 않는다면 당해 국가의 자본 소유자들은 당연히 해외에서 기회를 찾을 것이므로 자본이 해외로 이전할 것이다. 이러한 현상은 자국 통화가치의 하락으로 이어지면서 교역조건을 악화시켜 자국민의 구매력을 저하시키게 될 것이다. 이러한 정체상태에 빠진 경제상황에서는 경쟁이 일어나기 어렵다.

3. 4차 산업혁명의 도래

최근 4차 산업혁명을 둘러싸고 논란이 분분하다. 그러나 선진 각국의 현실에서는 혁신이 진행되고 있으며, 혁신의 실체는 데이터 주도 혁신, 데이터 혁명으로 실현되고 있다. 데이터 주도혁신은 빅데이터와 인공지능에 의해 추동되고 있으며, 예측대응 효과, 개별 맞춤형 효과, 유휴자원 활용 효과, 새로운 영역 개척효과 등의 4대 경제적 효과를 동반한다.

4차 산업혁명이 가져올 산업에 대한 영향은 위와 같은 4대 경제적 효과를 토대로 생산성 향상, 서비스화, 플랫폼화를 촉진하면서 경쟁을 심화시키고, 승자독식의 현상을 유발하며, 제조업체의 하청기업화를 초래하게 된다. 이에 현실에 안주하는 기업들은 도태되거나 하청기업으로 전락할 위기에 처하게 될 것이다.

▌표 14-1▐ 4차 산업혁명에 따른 변화

분 야	내 용
경제	• 혁신기술 확산에 따른 잠재성장률 상승 • 저직능 및 고직능 일자리 양극화 • 파괴적 혁신을 추구하는 기업 출현
사회	• 디지털미디어 기술을 통한 사회구성원 간 의사소통 기회 확대 • 정부는 개인별 맞춤 서비스를 전달하는 공공서비스 센터로 변모

자료: 고양중(2016.10.20), p.14.

4차 산업혁명의 속성은 기술의 혁신, 제조업의 혁신, 플랫폼기반 서비스의 혁신이라는 관점에서 살펴볼 수 있다. ICT기술을 기반으로 유전학과 생명공학기술과 같이 이전에는 서로 단절되어 있던 분야들이 경계를 넘어 분야 간 융복합을 통해 공진화하며 다양한 사회, 경제, 구조적 측면의 혁신적인 변화를 야기할 것이다. 제조업 분야에는 3D 프린팅, 클라우드컴퓨팅, IoT, 빅데이터 등 ICT기술이 제조공정에 적용되며 온디맨드 환경에 대응하는 디지털 제조공정의 여건이 마련되고, 주문에서 제조, 소비자에게 전달 및 사후관리에 이르는 제조 가치사슬 전반을 지능적으로 관리할 수 있는 스마트공장이 고도화되고 있다. 또한 제조업의 부가가치가 제품이 아닌 서비스가 이동하는 패러다임의 변화도 나타날 것이다.

나아가 제조와 서비스를 하나의 가치사슬 내에서 파악하는 융합적 사고로의 전환이 필요하다. 기존의 방식대로 제품을 판매하며 서비스가 덧붙는 경우에서부터 제품이 플랫폼화 되어 서비스가 주력 비즈니스가 되는 모델까지, 산업구조는 매우 유연하게 변화하게 될 것이다.

이와 같이 4차 산업혁명은 〈표 14-1〉에서 보이고 있는 바와 같이 새로운 시대로의 전환을 의미하는 경제·사회적인 보편적 현상임에도 불구하고, 미국, 독일, 일본, 중국 등 제조 강국들은 대응에 상당한 차이를 보이고 있다. 이처럼 각국의 대응이 일률적이지 않고 국가마다 다르다는 것은 4차 산업혁명에 대한 대응에서 국가별 차이가 반영된다는 것을 의미한다. 이 같은 대응방식 차이는 우리나라의 대응책 수립에 중요한 시사점을 제공한다.

따라서 우리나라는 급격히 다가오고 있는 4차 산업혁명에 상응한 제도적 대응이 시급히 이루어져야 할 것이다. 근래 적폐청산에서 볼 수 있듯이 과거에 매달리다가 미래의 대응을 놓치는 경우 어떻게 되겠는가? 향후 다가오는 4차 산업혁명에 대응하는 규제, 제도적 대응이 보다 적극적으로 이루어져야 할 것이다. 어쩌면 과거에 매달리다 보면 1860년대 영국의 붉은 깃발 법[12]처럼 산업혁명의 선두에 섰다가 뒤처지는 과오를 범하게 될 것이다.

4. 북한 리스크의 상존

2017년은 북한의 끊임없는 도발과 트럼프 대통령의 돌발발언으로 인해 긴장이 고조되었으나 2018년에 들어서서 남북정상회담이 판문점과 평양에서 세 차례나 이루어지며

---

12) 기관차량 조례(Locomotive Act)로 흔히 붉은 깃발 법, 적기조례 또는 적기법(赤旗條例, 赤旗法, Red Flag Act)라고도 알려져 있으며, 19세기 말 영국에서 시행된 법률이다. 영국의 공도에서의 자동차의 운용 방법에 대한 것을 규정한 법률이며, 영국의 자동차산업의 발달을 방해하고, 영국의 자동차 산업이 독일이나 프랑스보다 뒤쳐지게 하였다.

한반도는 비핵화와 평화 모드에 진입하는 듯 보였다. 이 세 차례 남북정상회담과 사상 첫 북·미 정상회담이 성과를 낼 것이라는 기대감이 컸다. 하지만 2월 말 하노이 북·미 정상회담이 노 딜로 끝나면서 평화 분위기는 일거에 금이 갔고, 6월 30일 남북·미 판문점 정상회동에서도 성과는 없었으며 한반도에는 다시 긴장감이 돌고 있다. 결국 많은 움직임은 있었던 같았으나 한반도에는 별다른 변화는 없었다. 2019년 들어 다시 북한발 변수[13]가 돌출하며 한국경제에 위기감이 감돌고 있다.

여기에는 비핵화라는 큰 문제를 둘러싼 북한과 미국의 셈법이 다르기 때문이다. 북한이 추구하는 단기 목표는 제재의 부분 해제이지만, 미국은 비핵화가 상당히 진행된 후 접근한다는 전략이다. 이런 상황에서 북한은 최근 '새로운 길'을 선언하며 우선 외부적으로는 중국과 러시아를 통해 제재 국면을 해소하겠다는 길을 가고 있다. 중국과 러시아는 12월 16일 유엔 안전보장이사회에 대북제재 완화 요구 결의안 초안을 제출해 이를 실행에 옮기고 있다. 내부적으로는 자력갱생을 더 강화하겠다며 '자력부흥'과 '자력번영'을 외치고 있다.

지표로 봤을 때 우리나라의 대외건전성은 양호한 편이지만 근래에 나타난 북한 리스크는 한국경제에 파급 효과를 여전히 크게 미치고 있다. 북핵을 둘러싸고 국제사회가 이견을 조율하고 있지만 북한 지도부에 대하여는 여전히 예측하기 어렵다.

국제신용평가사 무디스가 2019년 7월 8일 한국의 국가신용등급을 'Aa2'로 유지했다. 등급 전망은 '안정적'으로 평가했다. 무디스는 "한국의 매우 견고한 경제·재정 펀더멘탈이 불확실한 대외무역 진망에 대한 완충력을 제공하고 있다"며 "한국 경제는 대외수요 감소에 따른 단기 부진에도 유사한 신용등급을 받은 국가들과 비교할 때 매우 다각화돼 있고 경쟁력이 높다"고 등급 유지 배경을 밝혔다. 무디스는 "한국의 매우 강력한 제도적 틀이 잠재적인 경제·금융 위험에 대한 복원력을 강화하며 건전한 재정이 경기대응적 정책 여력을 제공한다"고 설명했다. 다만 북한과 빠른 고령화를 신용등급을 낮출 수 있는 도전 요소라고 덧붙였다(연합뉴스, 2019.07.08). 또 다른 국제신용평가사인 피치는 한국 신용등급을 'AA-'로, 스탠더드 앤드 푸어스(S&P)는 'AA'로 유지 중이다.

그렇다고 마냥 안심할 수 있는 상황은 아니다. 북한 리스크에 대한 우려가 여전히 도전적이다. 외교전문가들은 북핵 리스크에 따른 영향이 일회성으로 끝날 사안이 아니라

13) 북한의 1984년 이후 현재까지의 주요 무기 프로그램을 일목요연하게 정리한 자료로 NIKKEI Asian Review(2017.10.29), "North Korea's nuclear weapons program since 1984)"을 참조하기 바란다.

고 우려를 나타내고 있다. 북한 6차 핵실험에 대해 미국을 중심으로 한 국제 사회가 초강력 제재를 들고 나오면서 위험 요인이 커지고 있다.

최근 북한 6차 핵실험의 폭발력이 기존 추정치를 크게 웃돈다는 연구결과가 발표되었다. 앞선 다섯 차례의 핵실험에 비해 폭발력이 12배 이상이나 증가했다는 분석이다.[14] 북한의 핵실험이 고고도 미사일 방어체계(THAAD, 사드) 배치 문제와 맞물리면서 對중 갈등을 심화시키고 있는 점도 우리나라에게는 큰 부담이다. 북한 핵실험 직후 사드배치 발사대 4기가 전격 추가 배치되면서 중국의 보복이 한층 심화되기도 했다. 어쨌든 북한 리스크가 여전히 상존하고 있는 사실에서 경제주체 모두는 차분히 대응해야 할 것이다.

제3절 글로벌 경제의 특징과 주요 경제적 이슈 분석

한국경제는 대외지향적 성장전략으로 고도성장을 달성하며 선진국 문턱에 도달했지만, 다른 한편으로는 소규모 개방경제라는 한계를 지니게 되었다. 즉, 대외적 환경변화에 아주 민감할 수밖에 없는 구조를 갖게 되었다는 것이다. 그렇다면 한국경제의 현상을 정확히 파악하고 향후 대응책을 찾으려면 대외적 요인을 보다 면밀하게 분석해야만 한다. 이 절에서는 한국경제를 둘러싼 주요한 대외적 환경을 살펴보고자 한다.

1. 글로벌 경제의 주요 특징과 시사점[15]

1) 천천히 회복되는 글로벌 경제

2008년 글로벌 금융위기 이후 세계경제가 정상궤도로 좀처럼 회복되지 못하면서 세계경제 상황에 대한 다양한 진단이 제기되고 있다. 글로벌 경제는 불확실성 등으로 인해 생산량이 감소하는 등 경제가 악화되는 과정에서 다시 불확실성이 증폭되면서 경제가 어려워지는 악순환이 지속되고 있다. 그러자 일부에서는 최근 글로벌 경기둔화를 잠

14) 미 캘리포니아주립 산타크루즈대학의 손 레이 박사 연구진은 북한 6차 핵실험의 위력이 미 정보당국이 분석한 140킬로톤보다 80% 가량 더 큰 250 킬로톤에 달했다고 밝혔다. 연구진은 최근 미국 과학 학술지 '지구물리학 연구저널'에 발표한 보고서에서, 처음 다섯 번의 핵실험이 진행된 10년 동안 비슷한 수준에 머물러 있던 북한의 핵 역량이 마지막 여섯 번째 실험에서 비약적인 증가세를 보였다고 분석했다〔미국의소리(VOA), 2019.6.7)〕

15) 고양종(2016. 10. 20), pp.1-15의 내용을 많이 참조하였다.

재성장률 하락, 만성적 수요부진 등이 초래한 구조적 장기침체로 인식하고 있다. 반면에 다른 한편에서는 글로벌 과잉저축에 따른 투자 및 소비위축 등 금융위기 이후의 일시적·순환적 측면에 따른 침체로 보는 견해도 존재한다. 어쨌든 정상궤도에 오르지 못하고 있는 글로벌 경제상황을 명확히 인식할 필요가 있다.

2) 최근 글로벌 경제의 중요한 특징

(1) 글로벌 3고(高)

최근 글로벌 경제에서 나타나고 있는 주요 특징은 중동의 화약고 사태와 같은 불확실성(Unpredictable, Unstable & Unnerving)의 만연, 글로벌 공급과잉, 과다 부채 등의 글로벌 3고(高)와 저성장, 저물가, 저금리 등의 3저(低)로 특징지을 수 있다.

① 불확실성의 만연

먼저 날로 커지고 있는 글로벌 불확실성은 예측하기 어렵고(Unpredictable), 불안정을 초래하며(Unstable), 갈등과 긴장을 야기(Unnerving)하는 특성을 지니고 있다. 또한 세계화가 심화되면서 특정국가 또는 특정지역의 불확실성 요인이 글로벌 경제와 금융시장 전반에 부정적인 영향을 미치고 있다.

거기다가 세계 곳곳에서는 갈등과 긴장이 시속되고 있다. 이데올로기, 지정학적 이해관계 등을 두고 글로벌 차원에서 갈등과 긴장감이 높아지면서 기업 등 경제주체들의 경제활동에 상당한 부담이 되고 있다. 이데올로기적 긴장 확대는 제2차 세계대전 이후 세계경제의 이념적 토대였던 자유무역과 세계화에 대한 반발에 크게 기인한다.

또한 최근 중동지역 등의 유럽 이민이 확대되면서 EU의 4대 부문(상품, 서비스, 인력, 자본) 자유화에 대한 EU내 정치적 거부감이 크게 증가하고 있다. 특히 지정학적 갈등이 곳곳에서 발생하고 있다. 즉, 중동(시리아내전·IS), 동유럽(우크라이나 사태), 동남아(남중국해 분쟁) 등 세계 각지에서 긴장과 갈등이 지속되고 있다. 남중국해에서는 중요한 해상 교역로이며 풍부한 자원이 매장된 지정학적 요충지를 둘러싸고 중국과 동남아 국가, 일본 및 미국 간 갈등이 지속되고 있다.

② 글로벌 공급과잉

2008년 이후 불확실성 증가 등으로 실물부문의 소비 및 투자가 둔화되면서 글로벌 수요가 부진하고 실물부문의 과잉공급 상태가 지속되고 있다. 철강, 조선 등 주요 기간

산업은 경기회복을 위한 투자확대과정에서 생산능력이 증가하면서 공급과잉이 발생하고 있다.

또한 2000년 이후 대체로 저축률이 높은(낮은) 국가를 중심으로 경상수지 흑자(적자)가 장기간 지속되며 글로벌 불균형이 지속되고 있다. 독일이 글로벌 금융위기 이후 유로화 약세 등으로 경상흑자폭이 더욱 확대된 가운데 일본 등도 흑자추세를 이어가고 있다.

③ 과잉 부채

전 세계적으로 보면 시기에 따라 정도의 차이는 있으나 2000년대 이후 대체로 부채 증가율은 GDP 증가율을 상회했다. 2018년 3분기를 기준으로 전 세계 부채는 GDP의 231.2%다(박성우, 2019.05.20). 과잉 부채는 결국 장기간의 저금리와 높은 유동성 환경, 금융 안정 시스템 보완 등으로 글로벌 경제는 과거 대비 높은 수준의 부채를 감내할 수 있게 되었을지 모르나 적절히 통제되지 못할 경우 저성장 고착화라는 결과를 맞을 수 있다. 경기침체, 확장적 통화·재정 정책 등으로 부채가 급증하면서 글로벌 전반의 성장을 제약한다는 점이다.

(2) 글로벌 3저(低)

① 저성장

글로벌 금융위기와 뒤이은 남유럽 재정위기 이후 글로벌 경제는 성장이 지속적으로 둔화되고 있다. 중국 등 신흥국의 성장이 뒷받침해오던 세계경제가 신흥국들의 성장은 둔화되고 선진국들은 다소 회복하면서 저성장국면으로 수렴하는 모습을 나타내고 있다. 글로벌 금융위기 이후 투자 부진 등이 지속되고, 고령화 등이 심화되면서 신흥국을 중심으로 잠재성장률도 하락세를 보이고 있다. 향후 세계경제가 다소 회복세를 보이겠으나 저성장세는 당분간 지속될 것으로 예상된다.

② 저물가

주요국들의 완화적 통화정책에도 불구하고 유휴 생산능력, 국제원자재가격 약세 등으로 물가상승률이 낮은 수준을 지속하고 있다. 글로벌 추세 인플레이션이 글로벌 금융위기 이후 더 낮아진 가운데 주요국 인플레이션에 대한 영향력은 더 확대되면서 세계적 인플레이션의 하향 동조화 현상이 지속되고 있다. 2001~2008년 글로벌 추세 인플레이션은 평균 2.0%에서 2011~2018년 1.4%로 떨어졌다. 이는 인구 고령화, 온라인거래 확산 등 사회 경제의 구조적인 변화와 함께 글로벌공급망(GVC) 확충을 수반한 글로벌화 등이 주요 국가 인플레이션의 장기간 하향 동조화 현상의 주요 요인으로 주목받고 있다고 했다(김병국·노현주, 2019.09).

향후에는 유가가 다소 상승하면서 물가도 상승할 것으로 예상되나 세계경제 회복이 더디게 진행되면서 저물가 기조를 벗어나기는 쉽지 않을 것으로 전망된다. 국제통화금융위원회(IMFC)는 공동선언문에서 세계 경제가 2019년은 3% 성장할 것이며 2020년에 성장 회복이 예상되지만 전망이 매우 불확실하다고 밝혔다. 이어 제한된 정책 여력, 높은 부채 수준, 금융 취약성이 높아진 상황에서의 무역갈등과 정책 불확실성, 지정학적 긴장 등 하방리스크 요인에 영향을 받을 가능성이 크다고 했다.

③ 저금리

주요 선진국을 중심으로 한 완화적 통화정책과 경기 부진 등으로 금리가 사상 최저수준을 유지하고 있다. 일본은 1982년 이래 0% 또는 마이너스 금리 시대를 열었고 저금리와 저성장 속에서 경기부양책으로 2001년 양적 완화(Quantitative Easing)를 처음으로 시작했다. 유럽은 2019년 9월 일본처럼 마이너스 금리 시대를 시작했다. 이러한 마이너스 금리 시대는 점차로 확대되는 양상이다. 독일은 이미 2014년부터 마이너스 1%의 장기채권 상품을 도입했고 2019년에 호주도 10년 수익률이 마이너스 1%인 저금리 시대에 이미 들어왔다.

미국 통화정책의 정상화로 인해 글로벌 금리가 완만하게 상승할 가능성이 있으나 여타 국가의 완화기조 지속 등으로 저금리는 상당기간 지속될 전망이다. 유로지역과 일본 등은 상당한 기간 저금리 기조가 유지될 수 있다.

이상과 같이 세계경제는 경기회복을 위한 노력에도 불구하고 글로벌 3고 및 3저 현상들이 복잡하게 얽힌 뉴노멀 현상이 상당기간 지속될 가능성이 높다고 보인다.

2. 끝나지 않은 브렉시트 논란과 새 브렉시트 합의안

영국은 중세까지도 다른 유럽 국가에 비해 낙후됐지만 문명사의 대전환을 가져온 세계 최초의 산업혁명을 이뤄내고 전 세계를 제패하며 해가지지 않는 나라로 흔히 대영제국이라 불렀다. 영국은 역사적으로 위기였을 때 혁신과 발상의 전환 그리고 과감한 결정으로 항상 위기를 기회로 바꿔왔다. 문명사의 큰 전환을 가져온 산업혁명도 그러하였고 저성장과 인플레이션에 고통 받는 영국을 구해낸 영국 전 총리인 마가렛 대처의 과감한 대처리즘 정책 또한 그러했다. 그리고 30년이 지난 2016년, 영국은 2008년 세계경제위기와 2011년 유럽재정위기를 겪으며 위기에 대한 돌파구로 브렉시트라는 초강수를 내놓았다. 브렉시트(Brexit)란 영국의 유럽연합 탈퇴를 뜻하는 단어로 영국(Britain)과 탈출(Exit)이 결합한 합성어이다. 브렉시트의 근본적인 이유는 일자리 등 경제 이슈에 있다고 한다. 브렉시트가 무엇이기에 오랫동안 영국의 뜨거운 이슈로 등장하며 전 세계와 유럽연합 국가들에게 큰 충격을 주고 있는가?

1) 브렉시트 진행 경과

영국의 EU 탈퇴 여부는 높은 EU 분담금, 영국 내 이민자에 대한 부정적 인식 등으로 인해 오랫동안 논쟁이 지속되어온 분야이다. 이에 2015년 캐머론 전 영국총리는 선거공약으로 브렉시트 찬·반 국민투표를 제시하고 이를 통해 영국의 EU 참여에 대한 사회적 합의를 이루고자 하였다. EU 잔류파인 당시 정부는 영국의 EU 입지를 강화하는 방향으로 EU와의 합의를 이끌어내는 등 노력을 펼쳤으나, 2016년 6월 23일 국민투표 결과는 예상과 달리 찬성 51.9%로 가결되었다.[16]

영국이 유럽연합으로부터 탈퇴하기 위해서는 국경 및 통관절차, 해외 거주민의 지위, 금융시장 접근성 등 수많은 이슈에 대한 EU와의 새로운 합의를 필요로 한다. 이에 영국정부와 EU는 2018년 11월 브렉시트에 따른 경제·사회적 충격을 완화하는 방향으로의 질서정연한 브렉시트를 이루기 위한 합의안을 도출하였다. 합의안에 따르면 브렉시트는 발효 이후 21개월의 전환기간(최대 2년 연장 가능)을 두고 진행되며, 거주권 등 주요 이슈에 대한 기본적인 합의를 이루었다. 또한 합의안은 영국령인 북아일랜드와 EU 회원국인 아일랜드 간 국경문제 타결이 제시한 기간 내 이루어지지 못할 경우 한시적으로 영국 전체가 EU 관세동맹에 잔류한다는 내용을 포함하였다. 아일랜드·북아일랜드 간 특수관계를 고려한 일종의 안전조항(backstop)이다.

---

16) 유럽대륙과 영국 간에는 정서적 거리감이 존재해왔다. 그런 가운데 영국 국민들의 실제 반응은 EU 탈퇴 지지층이 두텁게 형성되고 있지는 않았다. 당시 영국의 여론은 ① 경제적 논리에 기초한 EU 잔류와 ② 영국의 자주권 훼손과 이주민 문제를 앞세운 탈퇴로 팽팽하게 나뉘어졌다. 영국 내에서 개인에 따른 차이는 있지만 대체적으로 보수층일수록, 노년층일수록, 그리고 자산이 많을수록 브렉시트를 지지하는 경향이 있다고 한다.

| 표 14-2 | 브렉시트 주요 진행 경과

일시	내용	비고
2016.6.23	영국 브렉시트 찬·반 국민투표 실시	투표율 72.2%, 찬성 51.9%
2016.6.30	캐머런 총리 사퇴	
2017.3.29	영국 정부 EU 행정부에 브렉시트 통보	리스본조약 제50조 2항 발동
2018.11.14	브렉시트 관련 EU·영국 협상안 합의 타결	아일랜드·북아일랜드 국경문제 관련 안전장치(backstop) 도입, 분담금 조율, 전환기간 21개월 도입 등 합의
2018.11.25	탈퇴 합의안 및 영·EU 미래관계에 대한 정치 적 선언 채택	27개국 EU 회원국 정상 승인
2019.1.15	영국 하원 영·EU 브렉시트 합의안 1차 부결	찬성 202표, 반대 432표
2019.3.11	영국 정부 브렉시트 수정안 EU와 합의 타결	아일랜드·북아일랜드 국경 안전장치의 대안 마련 및 양측 간 법적 책무 강화 등 내용 포함
2019.3.12	영국 하원 영·EU 브렉시트 수정 합의안 2차 부결	찬성 242표, 반대 391표
2019.3.13	영국 하원 노 딜 브렉시트 반대 안건 가결	찬성 321표, 반대 308표
2019.3.14	영국 하원 브렉시트 연기 관련 정부안(3차 합의안 승인투표 결과에 따라 연기 기한 결정) 가결	찬성 412표, 반대 202표
2019.3.21	EU 브렉시트 기한 연장 승인	4월 12일(합의안 부결 시) 또는 5월 22일(합의안 통과 시)

자료: 김한수(2019.03).

영국과 EU의 브렉시트 합의안은 현재 최종 의회 승인만을 남겨두고 있으나 2019년 연말까지 영국 하원을 통과하지 못했다. 영국 정부의 브렉시트 합의안은 이미 하원에서 3차례 부결되었다. 합의안 승인이 지연됨에 따라 영국 정부는 브렉시트 기한 단기 연장을 신청하였으며, EU는 3월 21일 정상회의를 통해 오는 3월 29일로 예정된 브렉시트 기한 연장을 승인하였다.[17] EU는 영국 하원의 브렉시트 합의안 승인 시에는 5월 22일까지 연장을 허용하였으나, 부결 시에는 4월 12일로 브렉시트 기한을 한정하였다. 따라서 합의안의 최종 부결 시 디폴트 옵션인 노딜 브렉시트를 피하기 위해서는 영국 의회가 4월 12일 이전까지 향후 브렉시트 진행에 대한 새로운 방향을 의결하고 이를 토대로 EU 행정부에 장기간 기간 연장을 신청해야 한다.

영국·EU 간 브렉시트 합의안은 소프트 브렉시트로 분류된다. 브렉시트에 따른 경제·사회적 부정적 파급효과를 최소화하는 방향으로 안전장치를 부여하고 있으며, EU와 유사한 수준의 규제체제를 지향하고 있기 때문이다.

2) 새 브렉시트 합의안[18]과 2019년 12월 총선 결과

브렉시트(Brexit)의 명운을 걸고 2019년 12월 12일(현지시간) 실시된 영국 총선에서 보리스 존슨 총리가 이끄는 집권 보수당이 압승했다. 총선 개표가 모두 마무리된 결과 보수당은 총 650석의 하원 의석 중 과반(326석)을 훌쩍 넘는 365석을 차지했다. 보수당이 안정적인 의석을 확보하면서 브렉시트 법안은 신속히 처리될 것으로 보인다. 이에 따라 EU가 연기 시한으로 정한 2020년 1월 31일 전에 브렉시트는 최종 결정된다(중앙일보, 2019.12.14).

영국과 유럽연합(EU)이 2019년 10월 17일(현지시간) 체결한 새 브렉시트 합의안을 살펴본다. 여기 새 합의안에서는 전환(이행) 기간, 분담금 정산, 상대국 국민의 거주 권리 등 기존 합의안의 핵심 골격은 그대로 유지했다. 대신 브렉시트가 될 경우 EU 회원국인 아일랜드와 비(非)EU 회원국인 영국에 속한 북아일랜드 간 '하드 보더'(hard border)를 피하기 위한 방안에서 다른 접근법을 찾았다.

'하드 보더'란 사람이나 상품이 국경을 통과할 때 통행·통관 절차를 엄격히 적용하는 것을 말한다. 하나의 유럽을 표방한 EU는 사람과 자본, 상품, 서비스의 자유로운 이동을 기본정신으로 삼고 있다. 하지만 영국이 EU를 떠나게 되면 EU의 '4대 자유로운 이동의 원칙'은 영국에 더 이상 적용되지 않게 된다. 2018년 11월 서명된 기존 합의안에서 EU와 영국은 브렉시트 이후 아일랜드섬에서 하드 보더를 피하기 위한 '안전장치'(backstop)로 양측 간 별도 합의가 있을 때까지 영국 전체를 EU 관세동맹에 잔류시키기로 했다. 하지

17) 회원국의 탈퇴 관련 절차를 규정하고 있는 리스본조약 5조 2항에 따라 브렉시트는 탈퇴 통보 2년 후인 2019년 3월 29일 오후 11 시(영국 시간) 공식적인 효력이 발생하나, 해당 기간은 27개국 EU 회원국 정상들의 합의에 따라 연장될 수 있다.

18) 매일경제신문, 2019.10.18.

만 이 같은 방안이 영국 의회의 반대에 부딪혀 세 차례나 부결되자 이번에 새로운 방안으로 돌파구를 찾은 것이다.

(1) 새 브렉시트 합의안에서 변화된 내용

① 북아일랜드 문제

새 브렉시트 합의안은 북아일랜드를 포함한 영국 전체가 EU 관세동맹에서 탈퇴하도록 했다. 이로써 영국은 EU로부터 독립해 독자적인 관세체계를 가질 수 있는 길을 열게 됐다. 영국은 제3국과 자유롭게 무역협정을 체결할 수 있는 주권을 회복한 셈이다. 하지만 이렇게 되면 아일랜드섬에서는 EU 회원국인 아일랜드와 비EU 지역인 북아일랜드 간에 서로 다른 관세 제도가 적용되게 돼 법적인 관세 국경이 생기게 된다. 이는 아일랜드와 북아일랜드 간 자유로운 인적·물적 왕래를 보장함으로써 아일랜드의 경제적·문화적 통일성을 유지한다는 '성금요일 협정'의 정신과 배치된다.

결국 브렉시트 실현과 성금요일 협정 준수라는 두 마리 토끼를 잡기 위해 영국 정부는 아일랜드와 북아일랜드 간 법적인 관세국경을 '무력화'하는 대신 영국 본토와 아일랜드섬 사이에 실질적인 '관세국경'을 세우기로 했다. 두 개의 관세 국경이 생기는 것이다. 이에 따라 영국 본토에서 아일랜드섬으로 들어오는 모든 상품은 북아일랜드에 진입하는 시점에 관세를 물게 된다. 다만 최종 목적지가 북아일랜드인 상품의 경우 관세를 환급받게 돼 관세를 내지 않게 되며, 아일랜드로 넘어가는 상품만 환급을 받지 못한다.

② EU와의 규제 일치

아울러 북아일랜드에 대해 EU의 상품 규제를 적용하기로 해 아일랜드와 북아일랜드 간 자유로운 상품 이동을 가능하도록 했다. 대신 영국 본토에서 북아일랜드로 건너가는 상품은 EU와의 규제 일치 여부를 확인받게 된다. 이는 영국 당국이 통상 수행하지만, EU가 별도 인력을 통해 수행할 수도 있다. EU 측에서 개별 케이스와 관련해 타당한 이유에 따라 규제 확인 절차 수행을 요구하면 영국은 이를 따라야 한다.

③ 북아일랜드 의회에 결정권 부여

관세 및 규제체계와 관련해 북아일랜드는 사실상 영국 본토와 별개가 되는 만큼 새 브렉시트 합의안은 북아일랜드 의회에 이에 대한 동의 여부를 묻도록 했다. 기존 합의안의 경우 별도의 합의가 있을 때까지 영국 전체를 EU의 관세동맹에 잔류하도록 규정했다. 이 때문에 영국이 EU 관세동맹 탈퇴시기를 결정하지 못해 EU에 종속된다는 비판을 받았고, 결국 기존 합의안은 3차례나 영국 의회 문턱을 넘지 못했다.

새 합의안은 오는 2020년 말 브렉시트 전환기 종료 시점으로부터 4년 후 EU의 관세 및 규제체계를 계속 적용할지 여부를 결정할 권한을 북아일랜드 의회에 부여했다. 북아일랜드 의회 투표에서 절반 이상의 찬성으로 EU의 관세 및 규제체계 적용을 유지하기로 하면 찬성 득표율에 따라 4년 또는 8년간 이를 연장 적용하도록 했다.

만약 EU의 관세 및 규제체계 적용 중단 결정이 내려지면 2년간의 유예기간을 거쳐 실행되고, 유예 기간에 공동위원회가 영국과 EU 양측에 필요한 조처를 하도록 권고하게 된다.

④ 부가가치세(VAT)

새 브렉시트 합의안은 북아일랜드에 EU의 부가가치세 관련 법률을 적용하기로 했다. 다만 이는 상품에만 해당하며, 서비스는 제외된다.

(2) 기존 브렉시트 합의안에서 변하지 않은 내용

① 전환(이행)기간

브렉시트의 원활한 이행을 위해 오는 2020년 말까지로 설정한 브렉시트 전환(이행) 기간은 그대로 유지된다. 전환 기간에 영국은 현재처럼 EU 단일시장과 관세동맹 잔류에 따른 혜택을 계속 누릴 수 있다. 주민 이동도 현재처럼 자유롭게 유지된다. 영국은 EU 규정을 따라야 하며, 분담금 역시 내야 한다. 전환 기간은 한 차례에 한해, 1~2년 연장할 수 있다. 다만, 이를 위해서는 영국과 EU 모두가 동의해야 한다.

② 상대국 주민의 권리

영국에 거주하는 EU 회원국 주민, EU에 사는 영국 주민은 모두 전환 기간에는 현재와 같이 상대국에 거주하는 것은 물론 사회안전망 혜택을 누릴 수 있다. 이동의 자유 역시 유지된다. 즉 영국 국민은 전환 기간 동안 EU 회원국에 자유롭게 건너가 일자리를 구할 수 있다.

③ 분담금

영국과 EU는 2018년 11월 타결한 브렉시트 합의안에서 영국의 EU 분담금 정산, 이른바 '이혼합의금'에 관한 내용을 담았다. 영국은 EU 직원들의 연금을 부담하며, EU 회원국 시절 약속에 따라 2020년까지 EU 프로그램에 대한 재정 기여를 해야 한다. 이 같은 이혼합의금은 이전에 390억 파운드(약 59조 원)로 추산됐다. 그러나 브렉시트 시점이 당초 2019년 3월 29일에서 10월 31일로 연기되면서 영국은 이미 EU 회원국으로서 이 기간 분담금을 지급했다. 이에 따라 영국 예산책임처(OBR)는 영국이 EU에 내야 할 분담금 규모가 330억 파운드(약 50조 원)로 감소한 것으로 추정했다. OBR은 이런 분담금의 4분의 3가량은 2022년까지 지급되지만, 나머지 금액은 2060년까지 분할 지급될 것으로 전망했다.

(3) '미래관계 정치선언'

① 공정경쟁의 장 추가

브렉시트 합의안은 크게 법적 구속력이 있는 EU 탈퇴 협정과 미래관계 협상의 기본 틀을 담은 '미래관계 정치선언'으로 나뉜다. 양측은 이번 브렉시트 재협상에서 '미래관계 정치선언'에도 일부 수정을 가했다. 이에 따르면 양측은 자유무역협정(FTA) 체결을 위해 협력하며, 2020년 6월 고위급 회동을 통해 그동안의 진행 상황을 점검하도록 했다.

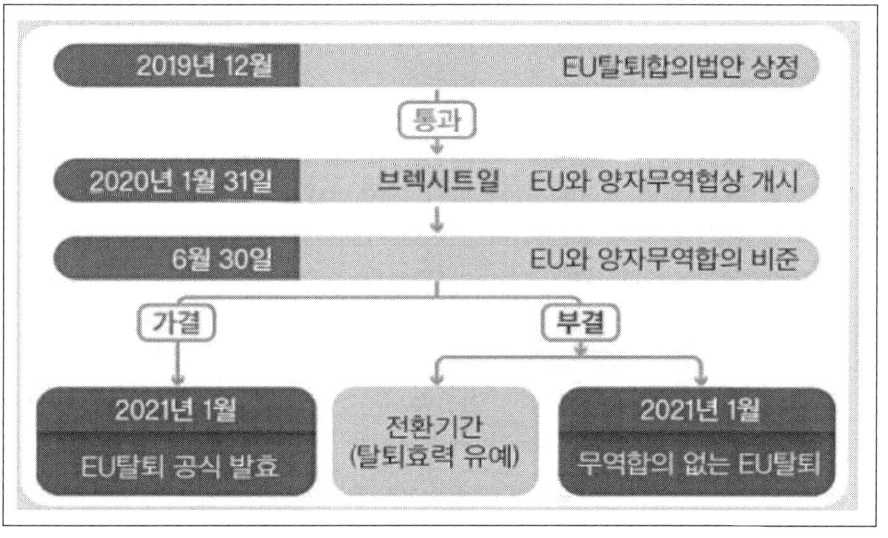

자료: BBC뉴스, 중앙일보(2019.12.14)에서 재인용.

❙그림 14-7❙ 브렉시트의 향후 일정

새 '미래관계 정치선언'은 또 이른바 '공정경쟁의 장'(level playing field)과 관련해 새 단락을 추가했다. 여기에서 영국과 EU는 국가보조금, 경쟁, 사회 및 고용 관련 기준, 환경, 기후변화, 관련 조세 문제 등에서 공동의 높은 기준을 유지해야 한다고 규정했다.

3. 미국 트럼프 정부의 경제정책 특징과 시사점[19)]

1) 미국 트럼프 행정부의 경제정책 방향

미국 트럼프 행정부는 주요 경제정책 방향에 있어 전임 오바마 행정부와는 다른 모습을 나타내고 있다. 트럼프 대통령은 미국 우선주의(America First)를 내세워 백인 중장년층 등의 적극적인 지지를 통해 45대 미국 대통령에 당선되었다. 이는 집권 정당이 교체(민주당→공화당)된 데다 정치 경험이 없는 비즈니스맨 출신이 대통령으로 당선되었기 때문에 재정·통상·이민 등 주요 정책들에서도 오바마 정부와 상당한 차이를 보이고 있다

〈표 14-3〉에서 보이고 있는 트럼프의 경제정책을 요약하면 미국의 재건이다. 이를 위해 미국 우선주의를 내걸고 있다. 경제성장을 위해 대규모 인프라 투자, 일자리 창출, 감세정책, 보호무역주의, 이민정책의 강화 등을 핵심내용으로 하고 있다.

┃표 14-3┃ 트럼프 경제정책 요약

정책 분야	정책 내용
경제정책	〈경제성장 촉진 및 일자리 창출〉 - 향후 10년간 2,500만 개 일자리 창출 - 연평균 3.5% 성장 촉진 및 잠재성장률 4% 달성 - 일자리 창출을 위해 대규모 인프라 투자 - 불법체류자 추방을 통한 일자리 회수 - 무역 개혁, 기업법인세 인하, 해외이전 제한 등으로 본국일자리 창출 〈인프라 투자〉 - 미국의 인프라 제일(America's Infrastructure First)정책으로 교통, 상수도, 에너지인프라 현대화 등에 대규모 투자 - 미국경제성장 촉진 및 생산성 향상

19) 최기산(2016.11.10) 및 최기산(2017.01)을 많이 참고하였다.

정책 분야	정책 내용
	- 유통시간 단축을 위한 물류시스템 개혁 - 인프라 건설을 통한 미국 철강산업 살리기 - 에너지인프라 투자로 화석연료 수출 촉진
무역정책	- TPP 철회 - NAFTA, 한·미FTA 등 재협상 - 중국 등 무역적자국을 환율조작국으로 지정 - 중국의 불공무역 WTO 제소 - 중국 45%, 멕시코 35% 보복관세 부과
세제정책	- 소득세율 적용 간소화 및 감세: 소득세율 현행 7구간에서 3구간(12%, 25%, 33%)로 축소, 최고세율 39.6%에서 33%로 인하 - 법인세율 35%에서 15%로 인하
금융통화 정책	- 옐런 연준 의장 교체(2018년 2월까지 임기), 차기 의장에 제롬 파월 현 연준 이사 지명 - 연준의 통화정책 내용 등에 대한 감사권한 강화 - 도드·프랭크 법(Dodd-Frank Act, 2010: 대형금융회사들에 대한 감독·규제 법) 폐지로 규제완화

자료: 현대경제연구원, "트럼프 당선이 한국경제에 미치는 영향(2016.11)"에서 발췌하고 필자가 약간 보충.

트럼프 행정부의 출범은 ① 강한 리더십의 부상, ② 자국 우선주의의 전 세계적 확산, ③ 글로벌 불확실성의 확대 등을 의미한다. 특히 미국의 정책기조 변화와 트럼프 대통령의 비전통적인 리더십 스타일은 세계 정치 및 경제상황에 대한 불확실성을 확대시킬 가능성이 크다.

2) 트럼프 행정부 경제정책의 3대 특징

(1) 미국 내 일자리 우선(US Job Priority)

트럼프 행정부는 자국기업 생산기지의 해외이전, 가격경쟁력 약화 등으로 제조업이 위축된 가운데 이민유입 증가로 미국인을 위한 일자리가 줄었다고 인식하고 있다. 미국 내 제조업 취업자 수(2014년)는 1997년에 비해 520만 명 감소(-30%)한 반면 동 기간 중 미국기반 다국적기업의 해외법인 취업자 수는 150만 명 증가(+40%)했다. 또한 미국 내

불법이민자수(2014년)는 1990년에 비해 3배 이상 증가한 것으로 추정(PEW Research Center, 2016년)된다. 이에 따라 일자리 확충을 위해 재정확대를 통한 경기부양, 제조시설의 해외이전 방지 및 국내 회귀(리쇼어링), 불법이민자 퇴출 등을 적극 추진하고 있다.

또한 소득세 및 법인세 감세와 대규모 인프라 투자 등 재정확대를 통해 경기를 부양하여 일자리를 창출하고자 의도하고 있다. 인프라 투자는 정부재정 부담을 줄이고 투자가 효율적으로 진행되도록 민·관 합작 형태로 시행하며 세제혜택[20]을 통해 민간자본의 참여를 유도한다는 것이다. 법인세 인하 및 해외수익 감세혜택,[21] 해외생산품에 대한 국경세[22] 부과 등으로 기업의 해외이전 유인을 축소하고 국내 회귀를 유도하는 리쇼어링을 적극적으로 실시하고 있다. 그러면서 불법이민자를 퇴출시키고 이민유입을 제한하여 이민자들이 주로 점유하고 있던 저학력·저임금 일자리를 미국인들에게 제공하겠다고 했다.

(2) 기업활동 촉진(Business-Friendly)

트럼프는 사업가 출신으로 기업에 대한 각종 규제가 경영활동의 효율성을 저해하고 성장기회를 제한한다고 인식하고 있다. 그는 취임 후 100일 계획으로 새로운 규제 한 건 추가 시 기존 규제 두 건을 철폐하겠다고 언급했다. 특히 에너지, 금융산업 등에 대한 규제완화, 감세 등 기업 친화적인(BusinessFriendly) 정책을 통해 경제 활력을 제고시키겠다고 했다.

그리고 도드-랭크법(Dodd-Frank)[23] 등 글로벌 금융위기 이후 강화된 금융 규제가 축소될 것으로 예상된다. 또한 법인세 인하[24] 등 세제개편을 통해 기업활동 및 투자유인을 제고시키겠다고 공약했다.

(3) 미국의 이익 우선(America First)

트럼프는 일관되게 미국이 무역협정 체결, 국제협약 참여 등으로 실익을 거두지 못하

---

20) 민간 투자금액의 82%에 상응하는 세액공제(tax credit)를 시행했다.

21) 해외 조세회피처의 보유자본을 미국으로 들여오기 위해 해외수익에 대한 송금세를 인하(35%→10%, 1회에 한함).

22) 트럼프가 SNS 등에서 해외이전 기업에 대한 불이익(penalty)으로 언급한 용어로 명확하게 정의되지 않았으나 관세, 수입세 등을 포함하는 개념으로 추정된다.

23) 2010년에 제정되었으며 주요 금융회사에 대한 규제 및 감독 강화, 금융기관의 위험자산 투자 규제 (볼커룰), 금융감독기구 개편 등이 주요 내용이다.

24) 트럼프는 OECD 회원국 중 가장 높은 수준인 미국의 법인세율을 대폭 인하(35%→15%) 하는 공약을 제시했다.

였으며 그로 인해 미국민의 삶의 질이 악화되었다는 입장이었다. 미국은 2000년대 이후 칠레(2004년), 호주(2005년), 한국(2012년) 등과 FTA를 체결하는 등 무역협정에 적극적으로 참여하였으며 최근에도 TPP(환태평양 경제동반자협정), TTIP(범대서양무역투자 동반자협정) 등을 주도적으로 추진했다. 그러나 미국 내 소득불평등이 심화되고 무역적자가 늘어나면서 자유무역의 혜택이 일부 고소득층과 이민자, 외국 등에만 돌아간다는 인식이 확산되었다. 특히 對중국 무역적자의 큰 폭 증가로 중국에 대한 무역제재 요구가 높아지고 있다.

대외정책 측면에서 미국의 이익을 최우선으로 하면서 자국에 불리하다고 판단되는 무역협정의 개정 등 보호무역 정책을 추진할 것으로 보인다. TPP, NAFTA, 한·미 FTA 등과 같은 공약 등을 통해 불공정 협정 사례로 수차례 언급한 자유무역협정에 대한 개정을 요구할 것으로 예상된다. 이에 따라 중국, 멕시코 등 미국의 주요 무역적자국에 대한 관세(중국 45%, 멕시코 35% 제시) 및 비관세 장벽이 더욱 강화될 것으로 예상된다. 특히 중국에 대해서는 환율조작국 선포, 지적재산권 침해인정 요구, 수출보조금 및 열악한 근로조건 중단 요구 등 강경한 입장을 견지할 것으로 판단된다.

3) 글로벌 경제에 미치는 영향

이상에서 트럼프 정부 경제정책의 큰 흐름을 개관하였다. 기업가 출신 트럼프의 돌출적인 행동으로부터 국제금융시장 불안 및 성세심리 악화, 글로벌 교역 둔화 등으로 글로벌 경제 전반에 불확실성이 높아지고 있는 게 사실이다. 트럼프의 경제정책은 기존의 정책에 대한 일대 변화를 가져와 그 결과에 대한 예측이 어렵다. 미국 우선주의, 보호무역주의 강화 등 트럼프 성책의 실현여부, 지속가능성 등이 불투명하여 투자자들의 불안을 가중시키는 요인으로 작용하고 있다. 이는 세계경제의 성장의 둔화를 더욱더 증폭시키는 요인으로 작용할 것이다. 세계경제는 이미 저속성장의 시대에 들어가 있다(〈그림 14-9〉 참조).

또한 트럼프의 보호무역주의는 새로운 국제무역질서를 구축하고 있다. 특히 미·중 간에 오랫동안 지속되고 있는 무역분쟁은 한국과 같은 수출 위주 국가들에게는 큰 부담이 되고 있다. 중국, 멕시코 등에 대한 관세인상, NAFTA, 한·미FTA 등에 대한 재협상 또는 폐기, TPP철회 등은 다자주의(multilateralism)시대에서 양자주의(bilateralism) 시대로의 회귀를 의미한다. 전자는 과거 GATT의 전통을 이어 받은 WTO의 다자간협상, 무차별주의, 자유무역을 지향하는 것을 말하며 후자는 양국 간 자유무역, 양국 간 경제협정 등 차별적 무역을 지향한다. 트럼프의 정책은 다자주의가 후퇴하고 양자주의가 크게 강화되는 것을 의미하는 것으로 이는 마치 과거 18세기 중상주의와 2차대전전의 근린궁핍화정책(자국이익을 위해 상대국의 희생을 강요하는 정책)을 연상케 한다. 이러한 정책은 세계경제의 통합을 저해하고 국가 간 분리를 촉진하는 것으로 세계화가 급격히 진전된 오늘날의 글로벌 시대와는 맞지 않다. 또한 트럼프의 불공정무역 주장도 무리가 많다. 공정성의 문제는 주관적 요소가 필연적으로 내재된다. 한 나라 입장에서 보면 공정하다고 보더라도 상대국입장에서는 그렇지 않을 수 있다. 그러므로 트럼프의 공정무역정책은 국가 간 갈등의 소지가 적지 않다고 판단된다.

(단위: %)

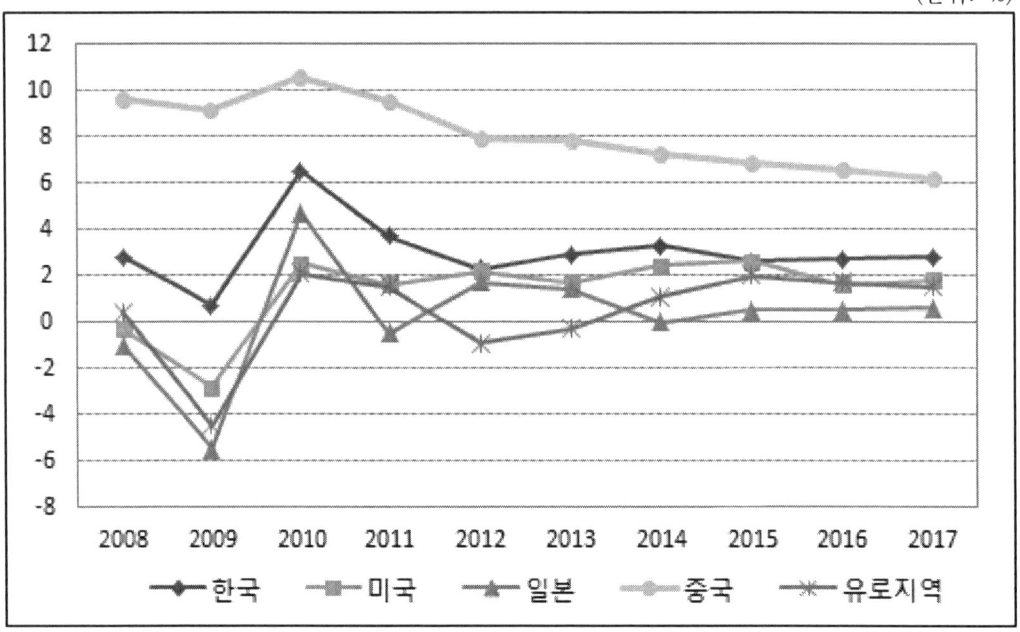

자료: 한국은행, 경제통계분석.

▌그림 14-8▐ 주요국 경제성장률 추이

4. 중국의 감속성장과 중국의 국가자본주의

1) 중국의 고성장이 글로벌 경제에 미친 영향[25)]

(1) 중국의 고도성장과 글로벌 생산능력의 중국 집중

1990년대 이후 중국의 성장이 본격화되면서 세계경제는 양적 및 질적으로 중요한 변화를 맞았다. 교역이 빠르게 확대되면서 세계경제의 호황을 이끌었고 국가 간의 분업이 확대되었으며 중국을 중심으로 세계경제의 생산능력이 높아졌다. 중국의 공급이 늘어나는 제조업 부문에서는 가격이 하락하고 중국의 수요가 늘어나는 원자재의 가격은 높아지면서 상대가격 체계도 크게 바뀌었다.

중국은 1978년 덩샤오핑의 개혁·개방을 시작으로 본격적인 성장의 시동을 걸었다. 시장경제 체제로의 전환과 함께 농업 등 1차산업에서 제조업으로 생산요소들이 이동하면서 노동생산성이 높아졌고 개방을 통한 해외기업 유치로 선진기술을 빠르게 습득했다. 개혁·개방 초기에는 주로 투자와 소비 등 내수부문이 중국경제의 성장을 주도했으나 이 과정에서 중국의 산업경쟁력이 확대되었고 점차 수출비중이 높아지면서 1990년대 이후 수출주도형 경제로 변모했다.

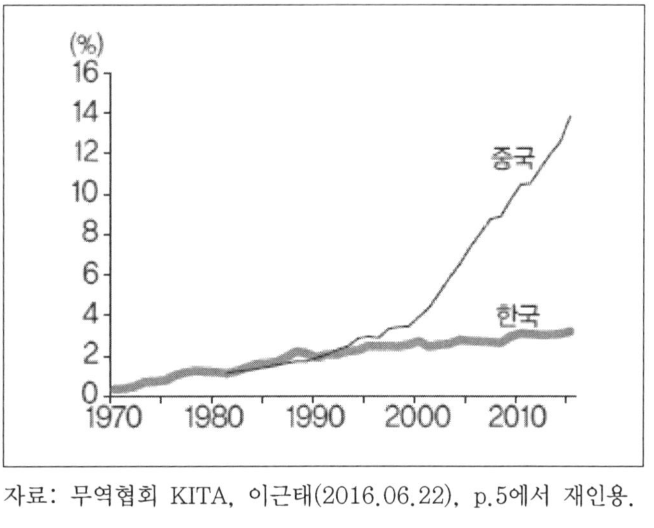

자료: 무역협회 KITA, 이근태(2016.06.22), p.5에서 재인용.

| 그림 14-9 | 2000년대 중국의 세계수출시장 점유율

---

25) 이근태(2016.06.22.), "중국의 감속성장이 우리경제에 주는 의미", 『LG Business Insight』, LG 경제연구원, pp.1-17에서 많이 참고하였다.

저렴한 노동력과 대규모 자본을 이용한 저가격 제품의 공급을 빠르게 늘리면서 중국의 세계 수출시장 점유율은 1980년대 초 1% 내외에서 꾸준히 높아져서 1991년에는 한국을 따라잡았다. 특히 2000년대 WTO 가입으로 생산쿼터가 제거되면서 세계시장 점유율이 가속적으로 높아져 〈그림 14-9〉에서 볼 수 있는 바 2010년에는 10%를 넘어섰으며 2015년 현재 13.8%에 이르고 있다. 중국경제 성장에서 수출의 기여도는 2000년대 호황기중 소비와 투자의 기여도를 넘어설 정도로 성장의 수출의존도가 높았다.

2000년대 중국의 비중이 빠르게 높아지면서 세계경제는 양적, 질적으로 중요한 변화를 맞게 되었다. 중국은 저렴하고 풍부한 노동력을 이용해 저가의 소비재를 제공 하면서 선진국 소비자들의 실질소득을 높였고 이에 따라 개도국에서 선진국으로의 교역흐름이 확대되었다. 중국의 고성장에 대한 기대로 투자가 집중되면서 중국은 소비재에서 자본재 및 중간재로 수출구성을 바꾸어갔다. 중국의 노동력이 대규모 자본 및 선진국 기술과 결합하면서 생산성이 높아졌고 중국으로부터 수입하는 국가들도 생산코스트를 낮출 수 있게 되었다. 이에 따라 〈그림 14-10〉에서 뚜렷이 나타나고 있듯이 전 세계적으로 생산성 상승흐름이 확산된 것이 세계경제가 고성장할 수 있었던 주된 요인이었다.

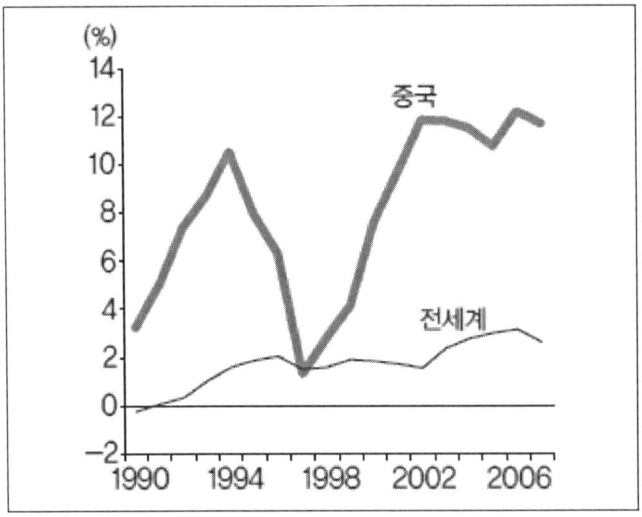

주 : 노동생산성 증가율, 3개년 이동평균
자료 : Conference Board, 이근태(2016.06.22), p.5에서 재인용.

❙그림 14-10❙ 중국 및 세계의 노동 생산성

중국의 등장으로 세계무역과 GDP가 양적으로 크게 확대되었을 뿐 아니라 글로벌 생산방식, 산업구조 및 가격구조도 역시 변화했다. 글로벌 분업이 확대되어 수요를 해외생산에 의존하는 비중이 높아졌다. 세계GDP 대비 교역비중이 1990년대까지만 해도 15% 수준을 유지하다가 2000년대 24% 수준까지 급등한 바 있다. 세계경제 성장에서 수출증가에 의한 기여율은 1990년대부터 급등해 2000년대 글로벌 금융위기 이전까지는 50%를 넘었다.

제조업 교역이 생산을 주도하면서 글로벌 생산능력 역시 빠르게 확충되었다. 전 세계 투자증가율은 1980년대만 하더라도 2.2% 수준으로 경제성장률에 미치지 못했으나 1990년대 3.1%로 높아졌고 2000년대에는 금융위기 이전까지 연평균 4.3%로 빠르게 성장했다. 특히 생산지 및 미래 소비시장으로서 중국에 대한 기대가 커지면서 해외직접투자가 집중되었고 중국은 세계경제의 공장역할을 하게 되었다.

한편, 제조업 제품 가격의 약세, 원자재 가격의 강세로 인해 세계적으로 교역조건 변화가 뚜렷했다. 중국과 경쟁하는 제조업 부문의 수출비중이 높은 나라들은 교역조건이 크게 악화된 반면 이들 제품을 수입하는 선진국 들은 수입가격 하락으로 실질적인 소득의 증대효과를 누렸다. 홍콩, 한국, 태국이 교역조건 충격을 가장 크게 받은 것으로 나타났으며 미국이나 영국 등 선진국들은 원자재가격의 상승에도 불구하고 교역조건이 안정적인 모습을 유지한 바 있다. 2000년대 중반 이후에는 중동이나 중남미, 아프리카 등 원자재 수출국가들의 교역조건이 크게 개선되었다.

(2) 중국의 감속성장에로의 전환

중국이 다시 수출주도의 고도성장을 재개하기는 쉽지 않을 것 같다. 2010년대 들어 중국의 의류, 완구, 신발 등 주력 경공업 제품과 TV, 가전 등 조립소비재 등의 세계시장 점유율 확대 속도가 크게 떨어졌다. 중국의 점유율이 이미 많이 높아져 있어서 추가적인 확대가 쉽지 않았던 데다 임금, 지가 등 생산비 상승으로 과거처럼 저렴한 가격에 수출을 하기 어려워졌기 때문이다. 경공업 부문에서는 중남미 국가들이, 소비가전 부문에서는 아시아 개도국들이 생산기지로서 중국의 지위를 위협하고 있다.

중국의 수출증가율은 2012년 이후 한자리 수 증가세로 낮아지고 있다. 고도성장을 이끌었던 원동력인 수출이 둔화 되는 가운데 세계경제의 공장 역할도 점점 어려워지면서 해외수요에 기반한 투사확대도 여의치 않다. 반면 2010년대 들어 중국의 민간소비의 성장기여도는 〈그림 14-12〉에서 보이고 있는 바와 같이 3.3%p 수준에 머물고 있다. 소비주도 성장으로의 전환이 기대만큼 이루어지지 못하면서 현재는 정부 주도의 인프라 투자 및 부동산 관련 투자가 성장을 이끌고 있다. 최종수요인 수출이나 소비가 증대되지 않는 상황에서 투자확대를 통해 생산능력만 빠르게 늘어난다는 점이 중국경제에 대한 우려를 확대시키는 중요한 요인이다. 수출부진이 지속되는 가운데 소비가 확대되지 않을 경우 투자에 의한 기대수익이 창출되지 못할 수 있기 때문이다.

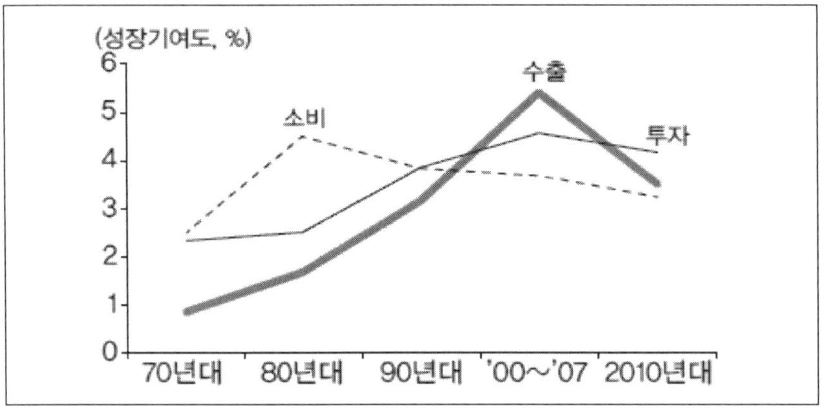

주 : 수출은 재화와 서비스 수출 기준
자료 : UN 국민계정, 이근태(2016.06.22), p.5에서 재인용.

| 그림 14-11 | 중국의 수출 주도 성장 본격화

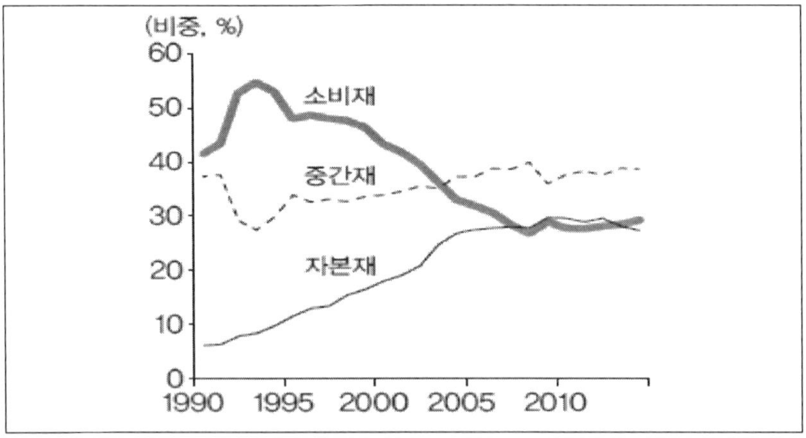

주 : 전체 수출에서 각 수출이 차지하는 비중
자료 : UN comtrade, 이근태(2016.06.22), p.8에서 재인용.

| 그림 14-12 | 중국의 수출품 구성 변화

중국의 감속성장은 이제 돌이킬 수 없는 흐름이 되었다. 세계경제에서 차지하는 비중이 크게 높아진 중국의 수출이 예전처럼 빠르게 높아질 여지가 적기 때문이다. 제조업과 교역이 주도하는 세계경제 고성장기가 당분간 다시 도래하기 어려워졌다. 이는 동시에 중국의 경쟁력 확대속도가 떨어지면서 한국이 중국의 추격을 뿌리칠 여지가 생겼다는 의미이기도 하다. 이에 따라 우리 기업들은 보다 적극적으로 효율성 제고와 기술개발 등을 통해 근본적인 경쟁력을 제고해야 할 것이다.

또한 중국을 생산기지보다는 시장으로서 활용하는 비중을 계속 높여야 할 것이다. 인도, 베트남 등 비용이 저렴한 지역으로 생산기지를 다변화하고 규제완화 및 투자인프라 확충 등 국내 투자여건을 개선하여 투자가 국내로 회귀하도록 하는 세계적인 리쇼어링 흐름에 동참할 필요가 있다. 중국과 인접해 있다는 지리적 이점과 한류 등 문화적 컨텐츠를 적극 활용하여 중국 소비재시장을 공략해야 할 것이다.

2) 중국의 국가자본주의와 미·중 무역분쟁[26)]

(1) 중국 국유기업의 개혁 경과

개혁·개방이 시작된 1978년부터 세계경제 위기가 발발한 2008년까지 30여 년의 기간 동안 중국은 시장경제체제를 꾸준히 확대해 왔다. 중국의 개혁·개방과 더불어 외자기업과 민영기업들이 중국경제에 활력을 불어 넣었다. 이에 따라 국영기업들의 축소와 새로운 외자·민영기업들의 확대가 중국의 성공적인 시장화 개혁으로 받아들여졌다.

사실 국영기업 체제 하에서는 완벽한 복지가 주어지는 완전 정규직 양식으로 구성되므로 제한된 일자리만이 만들어진다. 이러한 도시의 고용압력 아래 중국은 국영기업의 개혁을 시도하였다. 중국의 국영기업 개혁은 "기업 자율권의 증대"와 성과급을 자극하는 "보유 이윤의 증대"에서 출발했다. 그런데 개혁·개방 이후 중국의 놀라운 경제적 성과는 성공적인 국영기업 개혁보다는 새롭게 등장한 향진기업(鄕鎭企業), 사영기업(私營企業), 외자기업(外資企業)과 같은 체제 외(體制 外) 기업들로부터 왔다. 이들 기업들은 시장점유율을 급속히 증대시키며 성장하였다.

당시 중국의 국영기업 개혁은 국영기업의 크기에 따라 진행되는 소위 '조대방소(抓大放小)' 방식으로 진행되었다. 대형 국영기업의 경우 국가의 소유권을 명확히 하고자 회사법 아래의 유한책임 혹은 주식회사의 양식으로 전환되었다. 이렇게 전환된 대형 국영

26) 최진백(2018.10)을 많이 참고했음을 밝힌다.

기업 지배구조는 대부분의 경우 완전히 국가소유의 회사가 되었으며, 경영과 관련된 주요 정책은 국가에 의해 승인된 기구가 수행하였다. 이에 반해 수많은 중소형 국영기업들의 경우는 심화된 시장경쟁의 와중에서 산업생산에서의 점유율이 크게 낮아졌다. 그렇게 되자 많은 지방정부들은 이들을 소유권 개혁을 통해 민영화시켰다.

2002년 권력을 계승한 후진타오는 '조화로운 사회(和谐社会 : 화해사회)'를 내세우고 심각한 지역 간 격차를 줄이고자 서부대개발 사업을 추진하였다. 이들 사업은 주로 고속철도와 고속도로, 공항 등과 같은 거대한 인프라 건설이었다. 후진타오시기에는 또한 금융억압(financial repression)의 방식을 통해 의도적으로 마이너스 이자율을 유지하면서 사회기반시설 건설에 자금이 집중되도록 하였다.

'조대방소'개혁을 통해 국유소유권을 확립한 거대 규모의 중앙 국유기업들을 체계적으로 관리하기 위해 2003년에 설립된 국무원 아래 국유자산관리감독위원회(The State-Owned Assets Supervision and Administration Commission, 이후 SASAC)가 국가관리를 강화하였다. 결국 후진타오 시기에는 국영기업의 민영화로의 전환보다는 국가의 소유권을 강화한 대규모의 국유기업들을 지원하고 강화하는 정책들이 시행되었다. 그래서 국유경제의 견지 및 우위와 민영경제에의 개방과 관련된 대립은 그대로 남아 있다.

(2) 국진민퇴(國進民退)와 중국의 국가자본주의(state capitalism)

금융억압 아래 중국 인민들이 낮은 이자율을 감수해야 하는 상황에서 세계금융위기 이후 중국은 그림자 금융을 기반으로 지방정부 주도의 대규모 도시화개발 사업을 추진해 왔다. 그런데 이러한 그림자 금융은 금융당국의 규제에서 벗어나 금융억압이 작동하지 않는 영역에서 보다 높은 수익을 기대하는 투자자들의 자금을 흡수하면서 중국에 자리 잡게 했다고 할 수 있다. 즉, 중국에서 그동안 국유은행을 중심으로 한 중국의 금융체제에 접근이 제한되었던 민영기업들이 그림자 금융을 이용할 수 있게 되었다.

사실 당시 경기부양 조치가 주로 진행된 철도 도로 공항 등 대형 인프라 건설 분야는 국영기업에 의해 거의 독점되었다. 그래서 중국의 엄청난 규모의 경기부양 효과는 대규모 도시화 개발 사업에 참여할 수 있었던 국유기업들의 강화로 귀결되었다. 그 결과 국유기업의 전체 숫자는 감소했지만, 그 총자산규모는 오히려 팽창하여 2000년에서 2015년 기간 동안 6배가 되었다(Magnus: 65).

무엇보다 2008년 세계 금융위기 이후 4조 위안의 경기 부양책과 함께 지방정부 중심의 대규모 도시화 건설이 계속 추진되었다. 그러자 과잉투자 문제가 계속 악화되었다.[27] 여기에 중국은 전략적으로 주요한 산업분야의 경우 경쟁을 배제하고 역량 있는 대규모 국유기업을 육성하려고 하였다. 이를 위해 '우월한 것을 지원하고 강한 것을 장려한다(扶优扶强 : 부우부강)'는 원칙에 따라 이들 분야의 거대 국영기업들에게 많은 혜택이 제공되었다. 중국정부는 자동차, 항공, 은행, 석유, 화학, 보험과 통신 분야의 몇몇 중앙의 거대 국영기업들이 지배적 위치를 차지할 수 있도록 확보해 해주었다. 그 결과 중앙정부 소속의 거대 국유기업들에게 주요한 경제 정책들이 집중되면서 국유경제가 전체 중국경제에서 보다 중심적인 지위를 차지하게 되었다.

이에 따라 중국에서는 '국진민퇴(國進民退)' 논의가 분분했다. 적어도 2008년 세계경제 위기 이후 중국의 경제 부양책이 국영기업을 중심으로 활발히 이루어졌다. 기존의 국유은행 중심의 금융체제가 여전히 남아있는 상태에서 새로운 그림자 금융이 더해지며 '국진민퇴'논란이 나타난 것이다. 이러한 '국진민퇴'에 관한 논란은 중국의 금융부분의 미숙성한 조건 아래 민영기업 보다 국유기업에게 그 금융의 혜택들이 집중되는 구조적인 상황을 반영하는 것을 의미한다.

중국경제는 1978년 개혁·개방 이후 2012년까지 연평균 9.7%라는 놀라운 성장을 보였으나, 2012~2014년 중 7.3~7.7% 성장에 그치게 되었다. 이러한 상황에서 분위기를 시진핑 총서기는 2014년 5월 뉴노멀을 공식적으로 언급하였다. 급기야 2015년에는 중국의 경제성장율이 7.0% 이하로 떨어졌다. 이와 같은 상황에서 중국 공산당은 제18기 3중전회(2013)를 통하여 "전면적 개혁심화를 위한 몇 가지 중대 문제에 대한 결정"을 통과시키고 "시장이 자원배분에서 결정적인 역할을 하게 하며, 시장이 가격을 결정하게 하고, 정부가 가격결정에 관여하지 않도록 할 것"이라는 새로운 시장화 개혁의 의지를 분명히 하였다.

중국 지도부는 이후 성장을 위한 시장화 개혁보다는 금융 리스크의 안정적 관리에 정책의 초점을 모아왔다. 결국 금융개혁이 진척되지 못하고 중국의 그림자 금융에 대한 규제 제도가 마련되지 않은 상황에서 그림자 금융에 기반한 지방정부들의 도시화 개발은 계속 이어졌다. 그리고 시장화 개혁의 동력을 잃은 중국은 기존의 대규모 도시화 개발을 통한 경기 부양과정에서 나타난 '국진민퇴'의 흐름이 매우 깊게 자리 잡았다.

사실 중국 지부도가 새롭게 제시한 '공급측 구조개혁'은 시장화를 지향하는 적극적 구

---

27) 중국 과잉생산의 대표 부문인 철강, 시멘트, 평판유리, 알루미늄 등 산업은 중국의 도시화 과정과 접한 관련이 있는데 시멘트의 70%, 평판유리의 80%, 그리고 알루미늄의 60%가 주택건설과 사회기반시설 건설에 사용된 것으로 추정되고 있다(김기수: 82).

조조정을 추진하기 보다는 다른 국유기업들과 합병을 통한 경제상황에 대한 보다 안정적인 관리를 하자는 것이었다. 그 결과 그동안 쌓여온 과잉투자로 인한 과잉생산에도 불구하고 이들 부문에 대한 본격적인 구조조정은 이루어지지 못했다. 이같이 국유기업에게 유리한 '국진민퇴' 상황이 공고화되는 상황은 결국 시장보다는 국가의 역할이 보다 강화되는 국가자본주의적 경제체제가 중국에서 구축되었음을 나타낸다.

이 같은 국가자본주의 방식은 경쟁력 있는 민간 대기업들에게 금융자원이 보다 많이 배분되도록 했던 동아시아 발전모델과 달리 국유기업들을 더욱 강화시키는 경제운영의 방식이었다. 문제는 이러한 상황에서도 중국경제는 상당한 성장을 지속하면서 내적 개혁의 필요성을 느끼지 못했던 것이다. 그 결과 이러한 국가자본주의의 내용들이 점차 중국경제의 구조적 틀로서 자리 잡게 되었다.

(3) 미·중 무역갈등과 중국경제

2017년 8월 트럼프 대통령은 통상법 301조에 의거해 중국의 부당한 무역관행에 관한 조사를 지시하였고, 2018년 3월 22일 미국 무역대표부(USTR)는 이에 관한 조사 결과를 발표하였다. 이어 미국은 500억 달러에 이르는 중국산 수입품에 대한 25% 관세부과 방침을 발표하였고 중국도 500억 달러에 해당하는 미국산 수입품에 대한 관세부과 방침을 발표하였다. 이러한 상황에서 미·중 양국은 협상을 진행하여 5월 19일에 잠정 합의에 이르며, 중국은 미국의 상품을 더욱 많이 구매하여 미국의 무역수지 적자를 줄여가겠다고 약속하였다. 그런데 미국은 이를 번복하고 6월 15일에 2018년 4월에 발표한 500억 달러에 이르는 중국산 수입품에 대한 관세부과를 강행하기로 결정하였고, 중국 역시 다음날 500억 달러에 이르는 보복관세를 부과하겠다고 발표하였다.

미·중 쌍방의 이러한 강경한 입장은 양국 사이의 전략적 경쟁관계가 확실해지면서 서로 합의를 통해 윈-윈 할 수 있는 정치적 여건이 잠식되어간 결과로 볼 수 있다. 사실 미국은 2017년 국가안보전략보고서(National Security Strategy)를 통해 중국은 수정주의국가이며 미국의 전략적 경쟁자로 규정하였다. 이러한 맥락에서 엄청난 규모의 미국의 對중국 무역수지 적자 (2017년 3,752억 달러)와 함께 논쟁의 초점이 되고 있는 중국의 첨단산업 발전 전략인 '중국제조 2025'를 미국의 경쟁자로 부상하려는 전략으로 파악하고 있다. 통상법 301조에 따른 미국의 관세부과 대상품목은 70%가 '중국제조 2025[28]'와 관련된 신기술 산업에 속한 제품들이다. 따라서 관세부과 이외에 도 미국은

28) 중국의 제조업 기반 육성과 기술혁신, 녹색 성장 등을 통해 중국의 경제 모델을 '양적 성장'에서

기술이전의 위험이 있는 경우 중국기업의 미국기업 인수 합병을 제한하고자 했다. 결국 미·중 갈등은 양국 사이의 단순한 무역불균형의 시정으로 끝날 문제가 아니고 오히려 상당히 오랜 기간 동안 진행될 수 있다고 보인다.

중국은 개혁·개방 이후 30년간 중국경제는 분명히 투자를 중심으로 운영되어 왔다. 기간산업, 수출용 제품을 생산하는 공장, 사회기반시설, 그리고 주택 건설 등에 자본을 지출하여 경제 성장을 견인하였다.[29] GDP구성에 있어 투자의 비중이 꾸준히 증가한 반면, 소비의 비중은 감소하였다. 투자가 소비보다 빨리 증가하는 불균형적 성장이 이어져 왔다.

한편, 중국은 특히 2008년 세계 금융위기 이후 거대한 도시화 개발투자를 통한 경기부양을 통해서 성장을 지속해 왔으나 그 한계에 이르게 되었다. 무엇보다 이러한 과정이 중국 금융제도의 미성숙 조건 아래에서 그림자 금융과 더불어 진행되면서 중국의 부채문제가 심각한 수준에 이르렀다. 이러한 상황에서 중국이 과연 현재의 심각한 경기하방 압력을 감내하면서도 경제의 성격을 바꾸어서 기존의 대규모 개발 투자 중심의 방식을 탈피하여 중장기적 성장의 기반을 키워갈 수 있을지가 관건이라 하겠다.

이와 관련해서 2018년에 본격적으로 진행된 미·중 간 무역 갈등에서 미국은 궁극적으로 중국의 국가자본주의 방식에 대한 개혁을 요구하고 있다. 그리고 양국 사이의 예민한 전략적 경쟁관계에서 중국은 미국의 요구를 정치적인 굴복으로 간주하여 더욱 완강하게 거부하는 상황으로 나타났다. 특히 권위주의 체제가 강화된 정치체제 아래에서 미국의 요구를 수용하면 지도부의 대내적 권위에 영향을 미칠 수 있기 때문이다. 이것은 국가자본주의 방식에 입각한 중국의 발전방식이 미국과의 무역 갈등이란 환경 속에서 시장화 개혁을 추진하기 더욱 어려워진다는 것을 의미한다. 그리고 중국의 강화된 권위주의 정치체제는 국가자본주의와 친화력을 갖고 있다. 따라서 미국과의 갈등은 상당기간 지속될 수밖에 없을 것으로 보인다.

'질적 성장'으로 바꾸겠다는 중국정부의 산업전략이다. 핵심 부품과 자재의 국산화율을 2020년까지 40%로 끌어올리고, 2025년에는 70%까지 달성하면서 10대 핵심산업을 세계 최고 수준으로 끌어올린다는 목표다. 차세대 정보기술, 로봇, 항공 우주, 해양 공학, 고속철도, 고효율·신에너지 차량, 친환경 전력, 농업 기기, 신소재, 바이오 등이 중국의 미래를 이끌 10대 핵심산업이다. 섬유, 조립 전자제품 등 저기술 노동집약 제품 위주의 경제를 고기술·고부가가치 중심 경제로 바꾸기 위해 정부가 각종 보조금과 혜택 등을 지원하며 관련 산업을 키우고자 한다.

29) GDP에서 투자가 차지하는 비중이 2002년 이전 10년 동안엔 32~36%에 머물렀지만 이후 중국 정부에서 제조업, 주택, 사회기반시설에 엄청난 투자를 하게 되면서 급증하여 2008년 GDP에서 투자가 차지하는 비중은 41%를 기록하였다.

이것은 중국이 미국과의 경제적 관계를 통해서 누릴 수 있었던 높은 경제성장의 기회가 점차 사라지는 것을 의미한다. 이는 중국을 중심으로 긴밀하게 구축된 국제적 분업질서 하에서의 가치사슬이 변화할 수밖에 없음을 나타낸다. 그렇다면 향후 한국경제가 중국경제에서 어떻게 잘 내려올지에 대해서도 고민해야 할 것이다.

5. 글로벌 보호무역주의 강화[30)]

WTO 출범 후 세계교역을 이끌어 왔던 자유무역이 글로벌 금융위기 이후 세계경제의 저성장이 지속되면서 점차 둔화되고 보호무역이 부각되고 있다. 특히 완만하나마 지속적으로 증가하던 글로벌 상품교역량이 최근 들어 증가세를 멈추고 정체된 모습에서 잘 드러나고 있다. 최근 세계교역 부진의 주요 요인으로 글로벌 공급체인의 약화, 디지털 무역 확대 등과 함께 보호무역주의 강화를 지적하고 있다(WTO, "Report on G20 Trade Measures", 2016.06.21, Financial Times, 2016.07.07).

영국의 브렉시트 투표와 미국의 대선 등에서 나타난 바와 같이 정치적으로도 보호무역주의가 주요 이슈가 되었다. 자유무역의 발원지라고 할 수 있는 영국의 브렉시트 투표에서 자국 우선의 보호무역성향 찬성표가 다수였다. 그리고 제2차 세계대전이후 자유무역을 이끌고 있는 미국에서도 공화·민주 양당의 대선후보들이 모두 보호무역성향을 강하게 피력했던 데서도 여실히 나타났다. 이에 따라 최근에 강화되고 있는 글로벌 보호무역주의 특징을 분석하고 우리경제에 대한 함의를 모색할 필요가 있다고 하겠다.

보호무역조치는 일반적으로 수입품 가격에 영향을 미치는 관세 조치와 수량 등을 제한하는 비관세 조치로 크게 구분할 수 있다. 관세 조치는 수입품 통관 시 통상적으로 부과하는 일반 관세(Tariff)와 특별한 목적으로 관세를 부과하는 무역구제조치(Trade remedies)로 구성된다. 여기 무역구제조치는 수입으로부터 국내 산업을 일시적으로 보호한다는 목적 하에 도입 조건에 따라 반덤핑관세, 상계관세, 세이프가드로 분류된다.[31)]

한편, 비관세 조치란 관세이외에 교역을 제한하는 각종 조치들을 의미하며 위생검역

---

30) 조인우(2016.09.30), "최근 글로벌 보호무역 흐름과 시사점", 『국제경제리뷰』 제2016-29호, 한국은행, pp.1-15를 주로 참고하였다.

31) 반덤핑관세(AD: Anti-Dumping Duty)란 외국상품이 정상가격의 범위 이하로 수입되었을 때 수입국의 정부가 정상가액과 덤핑가격의 차액만큼을 관세로 부과하는 것이고, 상계관세(CVD: Countervailing Duty)는 생산 및 수출 과정에서 직간접적으로 부당한 보조금을 받은 외국상품이 수입되었을 때 해당품목의 보조금만큼 추가 관세로 부과하는 것이며, 세이프가드(SG: Safeguard)란 수입품목이 정상적으로 수입되었으나 국내산업이 심각한 피해를 입을 우려가 있을 이를 방지할 수 있을 만큼 관세를 부과하는 것을 일컫는다.

조치와 기술 장벽 등으로 구성된다.[32] 위생 검역조치와 기술 장벽이 직접적인 보호무역주의 조치를 목적으로 하는 것은 아니나,[33] 실제 운영과정에서 보호무역조치 일환으로 활용되는 경향이 뚜렷하다.

| 표 14-4 | 보호무역조치의 분류

관세/비관세 구분	대분류	소분류
관세 조치	관세 (Tariff)	
	무역구제조치 (Trade remedies)	반덤핑관세 (AD: Anti~dumping Duty)
		상계관세 (CVD: Countervailing Duty)
		세이프가드 (SG: Safeguard)
비관세 조치	위생·검역조치 (SPS: Sanitary & Phytosanitary Measures)	
	기술장벽 (TBT: Technical Barriers to Trade)	

출처: 조인우(2016.09.30), 『국제경제리뷰』 제2016-29호, "최근 글로벌 보호무역 흐름과 시사점", 한국은행.

각국이 보호무역조치가 크게 증가하는 가운데 유형·국가별 특성 등에 따라 보호무역의 형태는 다양하게 나타나고 있다. 그리고 글로벌 보호무역조치가 크게 증가하는 가운데 유형·국가별 특성에 따라 활용되는 보호무역의 형태는 다음과 같은 특징을 가진다. ① 보호무역의 확대: 무역제한조치 건수가 지속적으로 증가하는 가운데 제한조치의 폐지 비율은 낮아 유효한 무역제한조치가 지속적으로 확대되고, ② 유형별 특징: 보이는 장벽이라 할 수 있는 관세는 낮은 수준이나 보이지 않는 장벽인 무역구제조치와 비관세조치 등을 중심으로 보호무역조치가 시행되고 있으며, ③ 국가별 특징: 대부분의 국가들이 반덤핑관세를 적극적으로 활용하는 가운데 선진국은 상계관세, 신흥국은 세이프가드를 주로 활용하는 등 다양하게 나타나고 있다. 이에 따라 보호무역조치가 증가하

32) 위생 검역조치(SPS: Sanitary & Phytosanitary Measures)란 국민의 생명과 건강을 보호하기 위해 농식품의 수입을 제한하는 조치를 말하고, 기술장벽(TBT: Technical Barriers to Trade)은 독자적인 표준, 기술규정, 인증과정, 검사절차 등을 채택함으로써 재화 및 서비스의 자유로운 이동을 저해하는 각종 장애요소를 의미한다.

33) WTO 회원국들은 SPS 및 TBT와 관련하여 기술규정 및 인증절차를 제정 및 수정할 때 WTO에 공지해야 할 의무가 있다.

면서 세계 교역이 뚜렷하게 정체되는 모습을 보이고 있다.

또한 시장영향력이 큰 선진국과 BRICS 등을 중심으로 반덤핑관세를 적극 활용할 것으로 보인다. 선진국 중에서는 미국이 가장 많은 무역구제조치 및 비관세장벽을 보유하고 있어 미국 대선결과와 무관하게 미국의 보호무역 흐름을 대변하고 있다. 개발도상국은 자국 산업을 보호하기 위해 세이프가드를 주로 활용하고 있다. 그동안 선진국 중심으로 시행되었던 위생 검역조치, 기술 장벽 등 비관세 조치가 최근에는 신흥국을 중심으로 큰 폭으로 증가세에 있다.

이러한 보호무역주의 흐름이 강화되고 구체적인 보호무역조치가 증가하면서 세계 교역이 뚜렷하게 정체될 것으로 보인다. 더욱이 이 같은 보호무역주의 경향은 상당기간 지속될 가능성이 높다.

미국의 보호무역 수단 및 조치 현황

1. 무역구제 수단

미국 행정부는 의회로부터 위임[34]받은 다양한 무역구제 수단을 보유하고 있다. 또한 반덤핑 및 상계 관세 등 일반적인 조치 이외에 국제수지 위기 대응 및 국가안보를 근거로 한 수입 규제 등 강도 높은 수단도 보유하고 있다.

▌표 14-5▌ 미국 행정부의 주요 무역구제 수단

수단	근거법	내용
반덤핑 및 상계관세	관세법	관세 부과
세이프가드	무역법 제201조	관세 부과, 수입량 제한 등
불공정 무역행위 대응	관세법 제337조	수입 금지 및 중지 명령
301조	무역법 제301조, 종합무역법 제1302조, 1303조	양자협상, 관세 부과, 수입 제한, 무역협정에 따른 관세 및 비관세 혜택 유예 등
국제수지 위기 대응	무역법 제122조	최대 15% 관세인상 등(최장 150일)

수단	근거법	내용
국가안보 수입규제	무역확대법 제232조	관세 부과, 수입량 제한 등
환율조작국 대응	무역촉진법 제701조	대외원조 자금지원 금지, 미 정부와 조달계약 체결 제한, 무역협정 가입 요건과 연계 등
	종합무역법	환율조작국과 양자협의, 협의사항 미이행시 적절한 제재조치 시행

자료: 코트라

2. 조치 현황

최근 수년 동안 미국의 무역구제조치 및 비관세조치 등 보호무역조치가 크게 증가하고 있다. 2015년 반덤핑 및 상계관세 등 무역구제 조사개시건수(64건)는 2001년 이후 최대이며 2016년에도 상반기 중 36건을 기록했다. 2015년 중 국가별 조사개시건수는 중국(11), 인도(8), 한국(7), 브라질(5) 순이다. 한편 무역구제조치 시행요건을 완화한 '무역집행 효율화법[35]'(2015.6월), 환율조작국 제재조치를 명시한 '무역촉진법[36]'(2016.2월) 등 보호무역 관련 법 제정도 활발하게 이루어졌다.

미국 트럼프 행정부는 기 체결한 모든 자유무역협정을 재검토할 것을 언급한 데다 영국의 EU 탈퇴 관련 협상과정에서 영국의 EU시장 접근권 약화, EU 근로자의 영국 이민 제한 등 보호주의형태가 강화될 가능성이 매우 높다고 하겠다.

이상과 같은 글로벌 보호무역 흐름으로부터 어떤 시사점을 도출할 수 있는가? 글로벌 보호무역 흐름 장기화에 대응하여 우리나라는 정부·기업·전문가 등의 전방위적인 공동대응노력이 필요하다고 하겠다. 특히 대부분의 보호무역조치가 각 정부주도로 이루어지는 만큼 정부의 적극적인 대응노력이 중요하다. 기업들도 개별 기업입장에서 대응하는데 한계가 있는 만큼 현지 진출 기업들이 협업하여 정보공유, 정부와의 소통 등을 강화

34) 미국의 무역 관련 권한은 의회에 있으나, 법 제정을 통해 무역구제 권한을 행정부에 상당부분 위임되어 있다.

35) 조사대상의 자료제출 미비 시 상무부가 '불리한 이용 가능 정보(AFA: Adverse facts available)'를 활용하여 임의로 상계관세부과 등 최종판정을 내릴 수 있다.

36) 심층분석대상국(환율조작국) 지정요건과 해당국에 대한 제재를 명시한 'BHC 수정조항' 등을 포함하며, 현재 중국, 독일, 일본, 한국 등이 3개요건 중 2개를 만족하여 '관찰대상국'으로 지정했다.

할 필요가 있다.

6. 글로벌 투자의 부진[37)]

1) 글로벌 투자의 부진 추세

세계경제는 글로벌 금융위기 및 유로지역 재정위기의 충격에서 벗어난 후 완만한 회복세를 이어오고 있으나 최근 들어 그 속도가 둔화되고 있다. 이는 글로벌 투자가 위기 직후 다소 반등한 후 2012년 이후 지속적으로 둔화되면서 최근의 글로벌 경제 회복세 지연은 글로벌 투자의 부진에 크게 기인한다. 글로벌 투자는 글로벌 금융위기 이후 둔화추세 현상이 두드러지고 있다.

향후 세계경제의 본격적인 회복을 위해서는 투자 증가 → 고용 증가 →소득 증가 → 소비 증가 → 투자 증가의 선순환이 긴요하다. 그러나 당분간 경기 회복이 완만한 속도에 그칠 것으로 예상되는 가운데 기업 심리도 위축되어 있어 글로벌 투자의 가시적인 회복 시기는 불투명하다고 하겠다.

2) 글로벌 투자 부진의 주요 요인

이상에서 살펴본 글로벌 투자 부진의 주요 요인은 어디에 그 원인이 있는가? 이에는 첫째, 최근의 글로벌 경제 회복세 지연은 글로벌 투자의 부진에 크게 기인한다고 할 수 있다. 글로벌 투자는 글로벌 금융위기 이후 둔화추세인 가운데, 특히 2016년 들어 주요국의 투자 부진이 심화되는 모습을 보이고 있다. 예상보다 더딘 글로벌 경기 및 수출 회복세가 수요측면에서 기업의 투자 확대를 제약하는 요인이 되고 있다. 특히 글로벌 경기를 나타내고 있는 세계경제성장률은 금융위기 이후 2010년을 정점으로 지속적인 하락세를 나타내고 있다. 또한 글로벌 교역에 있어서도 글로벌 공급체인 약화 등으로 수입 수요가 둔화되면서 각국의 수출이 크게 부진한 점도 투자부진에 영향을 크게 미치고 있다. 세계 주요국들의 더딘 경기회복세, 중국의 수입 둔화 및 원자재가격 하락에 따른 자원수출국의 수요 위축 등으로 2015년 미국과 중국의 수출이 상당 폭으로 감소하였다.

둘째, 경제적·정치적 불확실성이 확대된 것도 글로벌 투자부진의 주요 요인이 되고 있다. 브렉시트 투표 등과 같은 글로벌 정치·경제 상황의 불확실성이 지속되고 금융시

37) 이재호(2016.10.13), "글로벌 투자의 부진 배경과 향후 전망", 『국제경제리뷰』 제2016-31호, 한국은행, pp.1-17.을 주로 참고하였다.

장 변동성이 높아 기업들이 투자하기에 큰 부담이 되고 있다. 이는 IMF 등 주요국제기관들의 경제전망이 지속적으로 하향 조정되면서 미래 수요회복에 대한 기대감이 약화되고 있는 것을 반영한다고 하겠다. 또한 유로지역의 재정위기 지속, 그리스의 유로존 탈퇴 논쟁, 브렉시트, 미국 연준의 금리정상화 이슈 등이 이어지면서 정책 불확실성이 증대하고 있는 것도 글로벌 투자를 유인하는데 장애요인이 되고 있다.

셋째는 저유가, 선진국들의 고령화, 그리고 각국의 과잉설비 등도 주요국 투자에 부담되고 있다. 국제유가가 크게 하락하면서 산유국들의 채산성이 저하되어 주요국의 글로벌 에너지기업 및 신흥국 투자가 대폭 축소되고 있다. 특히 미국의 에너지 투자가 셰일오일을 중심으로 크게 감소한 가운데 자원수출비중이 높은 신흥국의 투자도 2013년 이후 빠르게 위축되고 있다.

선진국을 중심으로 고령화가 지속됨에 따라 노동공급 감소, 소비둔화 및 노인부양률 상승 등으로 경기활력이 저하되고 이것이 기업투자를 제약시키고 있다. 특히 급속한 고령화가 진행되고 있는 일본의 경우 고령화에 따른 신규주택투자 부진 현상이 뚜렷이 나타나고 있다.

금융위기 이후 경기둔화에 따른 수요 감소 등으로 조선, 철강 등 과잉설비 문제가 심화되면서 신규투자가 제약되고 있다. 전 세계 조선업은 수요가 감소하면서 과잉설비 부담이 지속되는 가운데 철강업의 경우 위기 이후 수요가 생산능력을 크게 하회하고 있다. 특히 글로벌 조선소들의 가동률이 크게 하락한 가운데 주요국의 제조업 가동률이 금융위기 지전 수준을 여전히 하회하고 있는 상황이 지속되고 있다.

이상과 같이 글로벌 투자 부진을 야기하는 불확실성, 글로벌 경기 및 교역 등의 여건이 당분간 뚜렷하게 개선되기는 어려울 것으로 전망된다. 특히 영국 메이 전 총리가 2017년 3월 말까지 EU 탈퇴의사 전달 계획을 발표함에 따라 브렉시트 관련 불확실성이 확대될 가능성이 있어 유로지역의 투자심리 위축을 초래할 가능성은 높다고 하겠다.

제4절 선진화를 위한 우리경제의 과제

이 장에서 국내의 구조적인 수요 경제적 이슈와 북한 리스크를 논의한 후, 글로벌 경제에서 제기되고 있는 주요 글로벌 이슈들을 분석하였다. 위의 분석에서 알 수 있듯이 세계 각국은 자국만 잘 살겠다는 각자도생의 길로 가고 있다. 이러한 환경에서 한국사회는 어떻게 나아가야 할 것인가? 근래 빚어지고 있듯이 소위 광화문 집회, 서초동 집회 등과 같이 진영논리에 빠져 미래의 기반을 놓치고 말 것인가? 나아가 국민들 모두가 국익을 저버리고 자기만 살겠다고 포퓰리즘에 기대면서 각자도생(各自圖生)할 것인가?

오늘날의 세계는 18세기 산업혁명에 버금가는 대(大)전환의 시대에 들어섰다. '졸면 죽는다'는 역동의 시기다. 신기술·신산업 경쟁은 대항해시대의 해상패권 전쟁을 방불케 하고 있다. 과거 바다를 지배하는 자가 세계를 지배했다면, 이제는 신기술·신산업을 선점하는 자가 미래를 지배할 것이다. 이 때문에 선진국마다 법인세 인하 등 기업환경 개선에 혈안이고, 정부와 기업이 2인3각처럼 자율차, 수소차, AI 등 신기술 개발에 박차를 가하고 있다. 미국 실리콘밸리의 혁신 합종연횡과 중국 선전의 상전벽해(桑田碧海)가 이를 웅변한다. 이러한 중차대한 시기에 한국경제의 선진화를 위해 다음을 제언하고자 한다.

1. 실사구시 정책의 구현

소규모 개방경제로 대외의존도가 높은 한국경제가 세계경제 평균성장률보다 낮은 수치를 나타낸다는 것은 그만큼 내수가 부진함을 의미한다. 저성장 추세를 극복하기는커녕 선진국보다 오히려 낮은 성장세로 추락했다는 점은 충격적이다. 최저임금제와 주 52시간 근로제와 같은 문재인 정부의 경제정책에 대한 실망감이 높아지고 있다. 한국 정부의 거버넌스 역량, 한국 주요 기업들의 능력은 한계를 드러냈다고 봐야 한다. 이미 2%대로 추락한 한국경제를 어떻게 새롭게 올릴 수 있을지 숙고해야 할 시점이다.

경제성장은 특정 기간 중 그 나라의 총생산이 증가한 것을 일컫는다. 일반적으로 연간 국내총생산(GDP, 상품과 서비스의 연간 생산량)의 절대적 증가로 이해된다. GDP는 '인구×1인당 GDP'이다. 그간 한국에선 노동가능인구가 지속적으로 증가되어 왔으며, 1인당 GDP도 증가해왔다. 하지만 이제 생산가능인구는 줄어들기 시작했고, 생산성의 증가는 제로에 가까워졌다.

인구 정체는 여성이 자녀를 출산하기보다 자신의 커리어를 선택할 때 나타날 수밖에 없다. 인구가 안정적으로 늘어나려면 가임여성 1인당 2.1명의 생애 출산율이 충족되어야 한다. 현재 경제협력개발기구(OECD) 국가들의 평균 출산율은 1.7명에 불과한데, 한국은 그에 훨씬 못 미치는 1.24명에 머물고 있다. 1.3명 미만의 출산율을 초저출산율이라 하는데, 한국은 지난 15년간 초저출산율 상태에 머물렀던 것이다.

1인당 생산성이 정체되는 것은 산업 부문에서 자동화 및 기계화가 거의 완성됐기 때문이다. 제조업 부문에서 생산성은 대량생산을 통한 규모의 경제, 그리고 자본·자원·에너지 투입으로 쉽게 높아질 수 있었으나 이제는 한계에 도달했다. 이른바 캐치업(catch up, 선진국 따라잡기)을 통한 생산성 증가는 한계에 봉착했고, 새로운 혁신이 더 이상 일어나지 않고 있다는 것을 나타낸다.

그렇다면 향후의 경제성장은 자동화나 기계화를 통한 대량생산이 물리적, 도덕적으로 불가능한 분야의 발전에 의해 좌우될 것이다. 의료 서비스, 사회 서비스 등 로봇이 인간을 대체하는 데 한계가 있는 분야에서 일자리가 만들어지고 생산성이 증가해야 하는 것이다.

거기다 북한 리스크가 사라지지 않고 있는 가운데 미·중 간 무역분쟁이 불확실성을 키워 우리경제의 잠재력을 떨어뜨리고 있다.

그런 가운데 우리를 둘러싼 경제적 환경은 더욱 어려워지고 있다. 그동안 신자유주의를 바탕으로 한 글로벌화가 세계 자본주의 체제를 이끌었다. 1989년 베를린장벽 붕괴로 세상은 이데올로기 대립이 사라지며 열린사회로 나아갔고(open), 흩어졌던 유럽이 유럽연합(EU)으로 뭉쳤으며, 세계 전역에서 무역과 이민은 자유로운 이동이 가능했었다. 그러나 유럽은 브렉시트로 갈라지기 시작했으며, 미국의 도널드 트럼프는 열려있던 것을 자기들 잘 살겠다고 문을 닫고자 하고(protectionism), 뭉쳐있던 것을 흩어지게 하며(트럼프의 NAFTA 해체, TPP 탈퇴 선언 등), 얄팍한 포퓰리즘으로 정권을 잡았다. 더욱이 트럼프의 공약인 법인세율 대폭 인하를 비롯한 최대 감세안을 담은 세제 개편안이 2017년 12월 19일 미국 의회를 통과했다. 미국의 법인세율이 현행 최고 35%에서 21%로 대폭 인하된 것이다.

반면에 우리나라에서는 법인세 최고세율이 현행 22%에서 25%로 인상되었다.[38] 미국, 영국, 프랑스, 일본 등 주요 국가들은 경제활성화와 기업 유치를 위해 법인세 인하 경쟁에 나사는 상황에서 우리나라는 이 같은 세계적인 인하 흐름과 역행하고 있다. 이러한 세율인상분은 주로 복지부문의 증대로 쓴다고 한다. 소위 포퓰리즘이 아닐 수 없다. 국익을 위한다는 우리 정치권의 말을 믿을 수 없다. 2016년의 광장으로 향했던 민

38) 한국경제연구원은 우리나라가 법인세율을 3%포인트 올린 상황에서 미국이 법인세율을 인하함에 따라 향후 10년간 국내투자는 14.3%, GDP는 5.4% 감소할 것으로 예상하고 있다(조선일보, 2017년 12월 21일자).

심을 돌려 경제 회생에 집중해도 모자랄 판인데 정치권은 리더십을 발휘하기는커녕 진영논리에 빠져 있다.

한국의 브랜드가 세계시장에서 안 팔리면 투자도 못 하고 청년실업의 고통은 배가될 수밖에 없다. 한 민족이 매달려야 하는 최후의 보루는 국익(國益)이라는 게 1648년 베스트팔렌 체제 이후 인류 성찰의 결론이다. 정치권과 매스컴은 이제 국익을 챙겨야 할 절실한 시점에 처했다. 저성장과 양극화에 직면하고 있는 한국사회를 더 이상 포퓰리즘에 휩쓸리게 해서는 안 된다. 국민에게도 경제현실을 올바르게 바라보는 시각과 안정된 경제생활을 영위할 수 있는 시스템을 마련해주는 것이 시급하다. 경제가 어려울 때일수록 기본과 원칙을 지키면서 정치권은 기업과 국민의 협조를 구해야 한다. 이제부터 정치권은 리더십을 발휘하여 실사구시의 자세로 국민들의 삶을 살피고 국가의 품격과 국익을 높이는데 진력해야 할 것이다. 그리고 우리 사회구성원들은 저성장 시대라는 뉴노멀 시대에 우리에게 좋은 삶이란 무엇인지 새롭게 성찰할 수 있는 기회가 되었으면 좋겠다.

2. 소비자 편익에서 출발하는 혁신성장

최근 정부는 우리경제의 체질을 근본적으로 바꾸는 '혁신성장'이 시급하다고 강조한다. 민간주도로 기술·자본·인력을 연결해 경제 전반의 생산성을 높이고, 효율적으로 자원을 배분하고자 의도한다. 어떤 분야에 신규 사업자가 진출하면 기존 유사 사업과의 경쟁 과정에서 필연적으로 기존 사업자의 반발을 불러온다. 따라서 현실에서는 이러한 경쟁에 대해 어떻게 정부가 대응하고 제도를 변화시키는지가 혁신성장의 가능성을 결정하게 된다. 혁신성장을 위해서는 새로운 변화가 가능하도록 경쟁을 활성화는 것이 기본 방향이 되어야 한다. 이 기준의 중심에는 소비자가 있어야 한다. 즉 새로운 사업으로의 진출이 경쟁을 촉진시켜 소비자에게 유리한지가 판단의 핵심이어야 진정한 혁신성장이 가능하다는 뜻이다. 나아가 개념에 머무르는 경제성장 전략이 아니라 '눈에 보이는 성과'창출을 목표로 한 성장전략이어야 하기 때문이다.

3. 성장과 분배의 선순환 메커니즘 구축

한국경제는 개발연대 기간에 높은 성장세와 상대적으로 양호한 분배가 이뤄지면서 경제성장의 모범국가로 일컬어졌다. 그러나 최근 들어 성장세 약화는 물론 분배 수준도 악화되면서 모범적인 경제성장 모델이 무색해지고 있다. 뿐만 아니라 최근에는 총요소 생산성(TFP) 성장률의 하락세가 이어지고 있고, 소득불평등 수준이 추세적으로 악화되는 등 지속성장 기반이 위협받고 있어 이에 대한 정책적 방안 마련이 절실한 상황이다.

한국경제는 분배가 경제성장의 주된 요소는 아니나 경제성장 과정에서 나타난 폐해를 수정·개선하고 이를 기반으로 경제성장이 촉진되는 선순환 메커니즘을 조성할 수 있는 정책 대안 마련이 필요하다. 첫째, 국내 거시경제정책은 경제성장의 과실이 경제·사회 전반에 공평하게 분배될 수 있도록 운용되어야 할 필요가 있다. 둘째, 합리적이고 현실적인 분배 전략을 모색함으로써 분배가 오히려 성장을 저해하는 역효과를 방지해야 한다. 셋째, 우리 경제가 고령화·저출산 심화 등으로 인한 복지 수요의 증대 및 사회적 지출의 확대가 불가피한 상황이라는 점을 고려하여, 합리적인 중장기 재원조달방안 마련이 시급하다. 넷째, 향후 분배를 통한 경제·사회적 형평성 제고와 생산성 증대 및 이를 통한 성장기반 확충 과정에서 많은 사회적 갈등이 야기될 것으로 우려된다. 따라서 사회적 합의를 기반으로 한 분배정책의 합리성과 정당성, 지속성을 확보해야 할 것이다.

오늘날과 같은 지속적인 경기침체 상황에서 하루빨리 벗어나기 위해서는 단기적인 확장적 재정정책(조세정책 포함)이 필요하다고 판단된다. 정부는 가계부채대책과 특정지역 맞춤형 주거대책을 쏟아내고 있지만 효과는 미지수이다. 가계부채 종합대책에는 신총부채상환비율(DTI)과 총부채원리금상환비율(DSR) 가이드라인이 담겨있지만, 우리 경제를 그나마 견인했던 부동산 경기를 혼란스럽게 하고 있다.

특히 대내외적 불확실성이 겹쳐있는 상황임에도 문재인 정부는 법인세 인상, 최저임금 인상, 대기업 규세 강화 등 기업의 투사 의욕과 경쟁력을 감퇴시킬 수 있는 정책들을 쏟아내고 있다. 당장 우리나라에 필요한 것은 소득주도 성장론과 같은 이념적 노선이 아니라 국민경제가 근본적으로 활력을 되찾을 수 있도록 하는 실용적이면서도 혁신적인 정책들의 추진이다. 성장의 기관차라고 할 수 있는 대기업이 중소기업과 동반 성장하고, 노사가 대립하는 것이 아닌 함께 나아갈 수 있도록 경제 사회적 환경을 조성하는 것이 지금 정부가 해야 할 일이다. 문재인 정부가 출범한 이후 국가리더십이 강력하게 발휘되는 기간에 경기부양을 하겠다는 강력한 시그널을 시장에 주어 성장과 분배의 선순환 메커니즘을 구축해야 할 것이다.

4. 사회지도층들이 새로운 도약을 위한 혁신에 나설 시기

우리나라는 부존자원의 부족에도 불구하고 대외지향적 공업화로 소위 한강의 기적이라는 산업화를 달성했다. 그뿐만 아니라 국민의 직선으로 대통령을 선출하는 민주화를 이룩했다. 정말 자랑스러운 성취였으므로 그 자부심이 대단했다. 그런데 오늘날 그 자부심은 어디로 갔는가? 나라의 경제 상황은 정체되고 있어 사회는 활력을 잃고 있는 데다, 대중들은 걸핏하면 포퓰리즘에 호소하고 있고, 청년들은 헬조선이라 하며 힘들어하고 있다. 이러한 상황에서 정치권의 리더십은 실종되었고, 언론은 대안을 제시하지 못하고 진영논리에 매몰되어 문제점만 들춰내기에 급급하다.

경제학자들도 제 역할을 못하고 자인하고 있다.[39] 지난 경제위기에서 경제학자들의 경제상황을 진단하는 관점의 혼미, 이론 분석과 부실한 대안 제시 등이 경제위기를 더욱 악화시키는 데 일조했다고 판단된다. 이렇게 반성하고 있다면 뜻있는 오피니언 리더들이 나라의 새판을 짜는 「나라 다시 만들기」사업에 적극 나서야 한다. 오늘날 우리 국민들은 부유해졌지만, 국민정신은 나약해졌으며, 사회의 기풍은 무너져 내리고 있다. 문재인 정부는 첫째, 새로운 발상으로 사회의 분위기를 일신하여 국민의 사기를 올려야 하고, 둘째, 경제의 동력을 회복하고, 정치의 수준을 높이고, 교육을 쇄신해야 하며, 셋째, 나라의 기풍을 진작하여 좋은 전통을 세워 후세에 길이 전수해야 한다(조순, 2015:265-266).

더욱이 북한의 6차 핵실험으로 야기된 외교·안보 위기가 상존하는 상황에서 정치·경제·사회·언론 등 각 분야에 걸친 사회지도층들이 애국하는 심정으로 우리사회를 한 단계 업그레이드 시키는 데에 나서야 할 시기라는 점을 특별히 강조하고자 한다.

5. 경제주체들의 경제하려는 의지 고취

자본주의체제는 경제주체들의 경제하려는 의지에 의해 발전되어 왔다. 자본주의 아래 시장과 기업의 본질은 구성원들 간의 성과에 따른 경제적 보상의 차별화라는 동기부여에 의해 경제성장이 이루어지면서 일자리와 중산층이 창출되었다. 만일 민주정치가 보상의 차별화를 포기하고 사회주의적인 나눠먹기식 평등 보상 제도를 구축한다면 필연적으로 노예의 길로 들어선다. 그 단계에서는 더 이상 시장과 기업이 활력을 잃고 작동하

---

39) 한국경제신문에서 국내 경제학자 50명을 대상으로 한 설문조사에서 경제학자의 78%는 "국내 경제학계에 논쟁이 사라졌다"고 했고, 76%는 "한국의 경제학 연구가 국내 현실을 못 따라가고 있다"고 했으며, 86%는 '현실 문제에 적극적으로 목소리를 내야 한다'고 했지만, 행동은 정반대였다는 것이다(한국경제신문, 2017.12.04).

지 않으며 성장과 일자리 창출도 멈추게 될 것이다. 그 결과 중산층은 사라지고 경제의 하향평준화를 가져와 사회의 양극화는 심화될 것이다.

남유럽에서 지난 반세기 이상 국민 모두를 중산층으로 만든다는 사회주의 평등 이념하에 추진된 소득재분배, 노조활동 강화, 반기업적 정책 등에 기초한 복지국가 제도가 오히려 중산층을 감소시키고 양극화를 초래하게 된 까닭이라고 하겠다. 노력과 성과에 관계없이 정치적 힘에 의해 평등한 결과를 보장하겠다는 사회에는 중산층도 동반성장도 없고 저성장과 양극화만 만연하게 될 것이란 사실을 경제주체들이 깊이 인식했으면 한다.

참고자료

강선구·이지선(2016.06.15.), “브렉시트 리스크 진단, 국내외 경제 불확실성 커졌다”, 『LG Business Insight』, LG경제연구원, pp.1-17.

강현주(2016), “브렉시트가 세계 및 국내 경제에 미치는 영향”, 『자본시장 Weekly』, 2016-24, p.2.

고동환(2018.08.22), 『미·중 무역 분쟁의 배경과 그 영향』, premium repoort KISDI 18-16, 통신정책연구원.

고양종(2016.10.20.), “최근 글로벌 경제의 주요 특징과 시사점”, 『국제경제리뷰』 제 2016-32호, 한국은행, pp.1-15.

김기수(2018), 『중국경제의 추락』, 세종연구소.

김병국·노현주(2019.09), “글로벌 요인의 인플레이션에 대한 영향 - 추세 인플레이션 분석을 중심으로”, 『조사통계월보』 2019년 09월호, 한국은행.

김용기(2016), “저성장 시대 살아가기 경제성장은 특수현상 ‘GDP 신앙’ 벗어나자”, 『신동아』 2016년 6월호, 동아일보, pp.262-269.

김한수(2019.03), “브렉시트 진행 현황 및 시사점”, 『자본시장포커스』 2019-07호, 자본시장연구원.

동아일보, 2017년 9월 22일자, 2017년 10월 8일자, 2017년 12월 4일자.

매일경제신문, 2016년 12월 8일자 및 2019년 10월 18일자.

머니투데이, 2017년 9월 23일자.

미주 중앙일보, 2016년 6월 29일자.

박성우(2019.05.20.), “고질적인 부채 위기론, 그에 대한 현실적인 시각”, 『DB Financial Investment DB-Economy』, DB 금융투자.

세정일보, 2016년 8월 25일자.

아주경제, 2017년 10월 12일자, 2017년 9월 22일자.

연합뉴스, 2019-07-08.

유병규(2016.12.08), “우려보다 기대 더 큰 트럼프 경제정책”, 한국경제신문.

이병훈(2017), “기회 불평등에 대한 국민 인식태도의 인과 분석”, 『한국사회정책』, 제24권 2호 .

이재호(2016.10.13), “글로벌 투자의 부진 배경과 향후 전망”, 『국제경제리뷰』 제2016-31호, 한국은행, pp.1-17.

이투데이, 2017년 9월 23일자.

장윤종(2017.09), “4차 산업혁명의 쟁점과 한국형 대응전략의 방향”, 『KIET 산업경제』, 산업연구원.

정민(2017), “미국 통화정책 정상화에 따른 파급 영향과 시사점”, 『경제주평』 17-37(통권 762호), 2017.09.15.

조순(2015), “자본주의 경제의 지속적 발전을 위한 경제운영의 원리”, 『학술원논문집(인문·사회과학편) 제54집 1호, 대한민국 학술원, pp.265-266.

조선일보, 2017년 12월 21일자.

조인우(2016.9.30), “최근 글로벌 보호무역 흐름과 시사점”, 『국제경제리뷰』 제2016-29호, 한국은행, pp.1-15.

주경철(2008), 『대항해시대』, 서울대학교 출판문화원, p.32.

중앙일보, 2019년 12월 14일자.

최기산(2016.11.10), “미국 대선 결과 및 새 행정부의 경제정책 방향과 영향”, 『국제경제리뷰』 제2016-34호, 한국은행, pp.1-19.

최기산(2017.01.12), “미국 트럼프 행정부 경제정책의 3대 특징과 시사”, 『국제경제리뷰』 제2017-2호, 한국은행, pp.1-22.

최순영(2016), “브렉시트의 배경과 향후 전망”, 『자본시장 Weekly』, 2016-24, pp.1-5.

최진백(2018.12), “중국의 경제 구조와 미·중 무역 갈등의 의미”, 『정책연구시리즈』 2018-24, 국립외교원 외교안보연구소.

파이낸셜뉴스, 2017년 12월 16일자.

한국무역연구원(2017.02.27), “미국 공공인프라 투자확대에 따른 우리 수출의 영향.” 『Trade Bricf』, No.3.

허문구·이상호·김낙현(2016), “경남지역의 인구구조 변화가 지역경제에 미치는 영향”, 한국은행 경남본부 중간발표논문, pp.1-3.

허문구·이상호·김낙현(2016.12),“경남지역의 인구구조 변화가 지역경제에 미치는 영향”, 한국은행 경남본부 중간발표논문, pp.26-27.

허문구·이상호·최윤기·김동수·박형진(2013), 『고령화가 지역경제에 미치는 경제효과 분석』, 산업연구원.

현대경제연구원(2017.01.20), “트럼프 보호무역주의 확산에 따른 한국경제에 미치는 영향”, 『경제주평』, 2017년 1월 20일.

현대경제연구원(2017.02), “한국경제 불확실 함정(uncertainty trap)에 빠지다”, 『경제주평』, 2017년 2월.

한국경제신문, 2016년 12월 16일자 및 2017년 12월 4일자.

헤럴드경제신문, 2016년 5월 18일자.

Bloom, D. E., Canning, D., & Malaney, P. N.(1998), "Demographic Change and Economic Growth in Asia", CID Working Paper No.15.

Bloom, D. E., Canning, D., & Fink, G. E.(2001), "Implications of Population Aging for Economic Growth", PGDA Working Paper No.64.

Financial Times, 2016.07.7.

Financial Times, 2019.2.28, "Does Corbyn's referendum move matter?"

Harry Dent(2015, 권성희 옮김), 『2018 인구절벽이 온다-소비, 노동, 투자하는 사람들이 사라진 세상(원서명 : The Demographic Cliff)』.

George Magnus, Red Flags : Why Xi's Chinaisin Jeopardy (Yale University Press, 2018).

NIKKEI Asian Review(2017.10.29), "North Korea's nuclear program since 1984", *NIKKEI Asian Review*, 2017.10.29.

WTO, "Report on G20 Trade Measures", 2016.06.21.

기축통화의 조건과 글로벌 기축통화 논의

2008년 말 미국에서 비롯된 글로벌 금융위기가 전 세계적으로 확산되면서 기축통화로서 미 달러화의 위상에 도전하는 움직임이 일어나고 있다. 이러한 가운데 2009년 중국 인민은행 총재가 SDR(Special Drawing Rights)을 초국가적 준비통화로 채택할 것을 제안하였다. 그러나 이 제안이 현실화되려면 민간부문의 무역 및 자본거래에 SDR이 폭넓게 활용되어야 하는 등 선결과제가 많아 SDR이 기축통화로 이용될 가능성은 낮은 것으로 평가된다.

기축통화(key currency)란 국제 상거래나 금융거래에서 주로 통용되는 통화를 일컫는다. 고전적인 기축통화는 금본위제도 하에서의 금이며, 관리통화제도로 이행한 이후에는 세계경제를 선도하는 국가의 통화가 그 역할을 담당한다. 금본위제도가 붕괴되고 제2차대전 이후 미국이 초강대국으로 부상하면서 미 달러화가 현재까지 기축통화의 지위를 유지하고 있다.

일국의 통화가 기축통화가 되기 위해서는 대체로 다음 4가지의 조건을 충족해야 하는 것으로 인식되고 있다. ① 경제력 : 해당국은 세계경제를 선도할 수 있는 경제력을 갖추어야 하고, ② 환율의 안정성 : 통화가치의 급속한 하락 위험성이 없어야 하며, ③ 교환성 : 모든 국제거래에서 폭 넓게 사용되어야 하고, ④ 발전된 금융시장 : 선진화된 금융시장을 갖추어야 하고 금융의 국제화도 폭넓게 진전되어 있어야 한다.

제2차대전 종전 이후 미 달러화는 이러한 조건을 모두 충족함으로써 기축통화로서 독보적 지위를 누려 왔으나, 1980년대 이후 재정적자와 국제수지 적자라는 쌍둥이 적자(twin deficit)의 확대로 달러화 가치의 안정성(조건 ②)에 대한 의구심이 불거지면서 기축통회로서 달러하의 위상에 대한 논란이 점화되었다. 이에 따라 1980년대에는 일본경제의 급성장에 따른 엔화가, 2000년대에는 유럽통합에 따른 유로화가 국제결세통화 기능을 수행하면서 자연스럽게 기축통화 역할을 부분적으로 담당하였다.

한편, 중국 위안화는 아직 국제금융시장에서 거래 비중이 미미하지만, 최근 높아진 경제적 위상, 일부 국가와 통화스와프 계약 체결[40] 등으로 기축통화로서 부상 가능성에 대해 주목받고 있다.

이에 따라 국제금융시스템은 미 달러화만의 단일 기축통화체제(unipolar system)에서 여러 통화로 구성된 다극화된 기축통화체제(multipolar system)로 전환되었으나, 미 달러화는 여전히 가장 중심적인 역할을 하고 있다.

미국경제의 대외불균형이 장기적으로 지속가능한가에 대한 논란이 계속되는 가운데, 최근 미국에서 비롯된 금융위기가 전 세계적으로 확산되면서, 기축통화로서 달러화의 위상에 대한 도전 움직임이 나타나고 있다. 특히 기축통화 논란을 다시 점화시킨 저우샤오찬(周小川) 중국 인민은행 총재는 어느 특정국가의 통화가 아닌 SDR(Special Drawing Rights)을 초국가적 준비통화(super-sovereign reserve currency)로 채택하자고 제안(2009.3.23)한 바 있다. 세계경제가 특정 국가의 통화에 지나치게 의존할 경우, 그 국가는 발권력에 의한 시뇨리지(seigniorage) 이익을 얻기 때문에 대외불균형이 누적될 수밖에 없는 구조적 문제[41]를 가질 수 있다는 인식에서 출발하고 있다.

┃표 1┃ 전 세계 외환보유고 통화구성 비율

(기말 기준, %)

구 분	2010	2011	2012	2013	2014	2019
미 달러화	61.8	62.1	61.3	61.0	62.9	61.63
유로화	26.0	24.9	24.2	24.4	22.2	20.35
일본 엔화	3.7	3.6	4.1	3.8	4.0	5.41
영국 파운드화	3.9	3.8	4.0	4.0	3.8	4.43
기타 통화	4.6	5.6	6.4	6.8	7.1	1.97* 6.21
합 계	100.0	100.0	100.0	100.0	100.0	100.0

주: 2019년은 3분기임. *은 위안화 비율.
자료: IMF, 한국은행.

일부 전문가들은 초국가적 통화단위를 기축통화로 채택하자는 주장에는 어느 정도 타당성이 있는 것으로 평가[42]하기도 한다. 그러나 SDR을 기축통화로 하자는 제안이 실현되려면 많은 선결과제가 해결되어야 할 것으로 보인다. 현재 SDR은 회원국 간 공적거래에서만 사용되는데 기축통화가 되려면 이보다 거래규모가 훨씬 큰 민간부문의 무역 및 자본 거래에서 폭넓게 활용될 수 있어야 한다. 이를 위해서는 SDR 표시 금융상품시장의 유동성이 풍부하여 시장참가자들이 동 금융상품을 자유롭게 거래할 수 있는 등 SDR 관련 시장이 발전해야 한다. 그러나 새로운 시장을 창설하고 발전시키는 것은 오랜 시간이 소요될 뿐 아니라 관련국 간 이해관계도 첨예하게 대립할 수 있는 사안이다. 특히 미 달러화가 기축통화로서의 지위를 상실할 경우 대외불균형을 쉽게 보전할 수 없을 것이므로 미국이 반대할 가능성이 높다.[43]

미 달러화의 거래비중은 2001년 세계시장의 89.9%로 정점을 찍은 후, 2004년 88.0%, 2007년 85.6%, 2010년 84.9%로 점차 하향 곡선을 그리다가(조선비즈, 2010.09.01). 2019년 3월에는 39.9%로 추락하고 있다(Bank of America Merrill

Lynch, 2019.03.19.). 이는 세계 중앙은행들이 미국달러의 지위가 흔들리면서, 그 대안으로 금(gold) 보유 비중을 늘려가기 때문이다. 그러나 세계 각국들이 보유하고 있는 외환보유고의 구성은 달러가 압도적으로 높다(〈표-1〉).

이와 같이 초국가단위의 통화를 기축통화로 도입하자는 제안의 현실성이 높지 않음에도 불구하고 중국이 이를 주장하고 나선 것은, 글로벌 금융위기에 대한 미국의 책임론이 커지고 있는 상황에서, 기축통화로서 미 달러에 대한 회의론을 제기함으로써 국제금융계에서 중국의 영향력과 발언권을 확대하려는 의도에서 비롯된 것으로 평가된다.

사실 많은 논의와 복잡한 절차를 거쳐야만 이루어지는 국제적 합의에 의해 초국가적 기축통화를 만든다는 구상은 글로벌 금융위기를 겪으며 주목을 받았지만, 가까운 시일 내에 실현될 가능성은 거의 없다고 하겠다. 그렇다면 앞으로도 상당기간 기축통화로서 미 달러화의 지위가 지속되는 가운데, 유로화 및 위안화의 국제화 추진, 지역공동통화 창설 움직임 등이 활발히 전개될 것으로 보여, 달러화의 지위도 장기간에 걸쳐 서서히 낮아질 것으로 예상된다.

---

40) 2008년 12월~2009년 4월까지 한국, 홍콩, 말레이시아, 인도네시아, 벨라루스, 아르헨티나 등 6개국과 6,500억 위안의 통화스왑 계약을 체결하였다.

41) 미국의 경상수지 적자는 연준의 발권력에 의해 보전되고 있다고도 할 수 있다. 즉 미국은 달러라는 fiat money로 다른 나라의 생산품을 구매할 수 있는 우월적 지위를 가지고 있다고 할 수 있다.

42) 버클리대 아이헨그린(Barry Eichengreen) 교수는 새 기축통화 주장은 검토해 볼만하다고 했다. UN 전문가위원회도 달러화 표시 외환보유액의 과도한 축적을 억제하고, 현 국제금융시스템의 불안정성을 해소하기 위해 SDR을 중심으로 한 글로벌 준비제도의 창설을 제안하였다. 노벨상 수상자인 스티글리츠(J. Stiglitz) 컬럼비아대 교수가 위원장을 맡고 있으며, 국제통화 및 금융제도의 개혁에 관한 보고서를 작성하여, 2009년 10월 64차 UN 총회에 제출하였다. 이 위원회에서는 세계 외환보유액 수준에 맞추어 SDR을 확대 공급하게 되면 안정적 기반 하에서 경제성장을 달성할 수 있을 것으로 기대했다. 또한 이 위원회는 기축통화 역할을 하는 통화가 미 달러 이외에 1~2개(예: 유로화, 위안화 등) 더 늘어난다 해도 국제금융시스템의 근본적인 불안정성을 해소하지는 못할 것이라고 판단하고 있다.

43) IMF에서 미국의 지분은 16.77%로서 최대주주이며, 거부권(15%)까지 보유하고 있다. 또한 SDR 기축통화 체제 하에서는 IMF가 SDR의 공급 역할을 담당해야 하는데, 이 경우 IMF는 세계의 중앙은행이 될 것이므로, 각국의 중앙은행들도 반대할 가능성이 크다.

Chapter 15 새로운 도약을 위한 경제주체들의 혁신

제1절 새로운 도약이 절실한 시기

중국의 전설적인 태평성세를 구가하던 시기를 '요순(堯舜)시대'라 한다. 이 요순시대에는 선정(善政)이 베풀어져 백성들의 생활은 풍요롭고 여유로와 격양가를 부르는 세상이었다고 한다. 요순시대와 같은 선정은 어디서 왔을까? 백성들의 먹고사는 문제가 해결되지 않았겠는가. 즉, 경제발전이 원만히 이루어져 백성들의 삶이 여유로웠을 것이다.

가까운 미래에 실현될 가능성이 높은 일이나 현상을 설명할 때 예상 범위를 넘어선다는 의미로 '초'(超)라는 접두사를 붙인다. 초연결이나 초격차와 같이 급속한 시대 변화나 과학기술의 진보가 파생할 사회·경제·문화적 트렌드를 일컫는다. 요순시대나 오늘날 초연결·초격차의 시대에도 여전히 경제발전이 가장 중요한 관심사다.

오늘날 경제발전은 어떻게 이루어지며 그 주체는 누구인가? 자본주의 체제에서 경제발전은 기업에 의해 주도되니 단연 기업이 주체이다. 그러면 기업을 창업하고 이끄는 기업가는 어떤 사람인가?

우리가 채택하고 있는 자본주의는 변모하면서 발전하고 있다. 18세기 중·후반 영국에서 시발한 산업혁명의 흐름은 전 세계로 파급되는 현상으로 나타났다. 19세기 후반에 이르러 유럽대륙에는 대규모 독과점기업들이 중심을 이루는 자본주의체제가 형성되었다. 19세기 말에는 경기침체와 경기호황의 사이클이 나타나 자본주의 시스템의 문제점으로 나타나기 시작했다. 이 시기에 태어나 연구한 원대한 통찰력과 실천력을 겸비했던 위대한 사회과학자 슘페터(Joseph Alois Schumpeter, 1883~1950)의 사상을 살펴볼 필요가 있다. 슘페터는 일생동안 자본주의 체제의 발전을 연구하며 탁월한 통찰력으로 자본주의의 발전을 위해서는 "기업가에 의한 혁신"(innovation by entrepreneur)과 이에 의한 "창조적 파괴"(creative destruction)를 제시하였다.

한국경제가 발전하는 과정에서 막중한 역할을 해온 기업을 둘러싼 환경을 돌아보면, 성장 기반, 제조업 경쟁력, 고용 환경 등 여러 분야에서 침체되고 있는데 4차 산업혁명의 새로운 흐름이 밀어 닥치고 있다. 여기에다 미국과 중국 간 무역전쟁 등으로 표출되는 기술패권 경쟁, 보호무역주의가 결합되면서 우리나라 산업이 위기에 내몰리고 있다. 초격차시대에 한국만의 새로운 동력원을 창출하지 않으면 안 되게 되었다.

한국경제는 저성장·저물가가 장기간 지속하는 가운데 잠재성장률 하락세가 이어지고 있다. 잠재성장률이란 추가적 인플레이션을 유발하지 않으면서 한 국가의 자본과 노동 등 생산요소를 최대로 활용해 달성할 수 있는 성장률로 정의된다. 잠재성장률 하락 원인은 저출산·고령화에 따른 노동 투입 감소, 투자 부진과 자본축적 저하가 직접적 원인이다. 특히 15~64세 생산가능인구가 2019년부터 감소하고, 고령화는 생산성 악화와 저축률 하락의 원인이 되고 있다.

이제 한국경제의 잠재성장률 향상을 위해 우리 경제주체들이 슘페터의 모험적 혁신으로 무장한 정신혁명이 절실한 시기임을 깨달아야 하겠다.

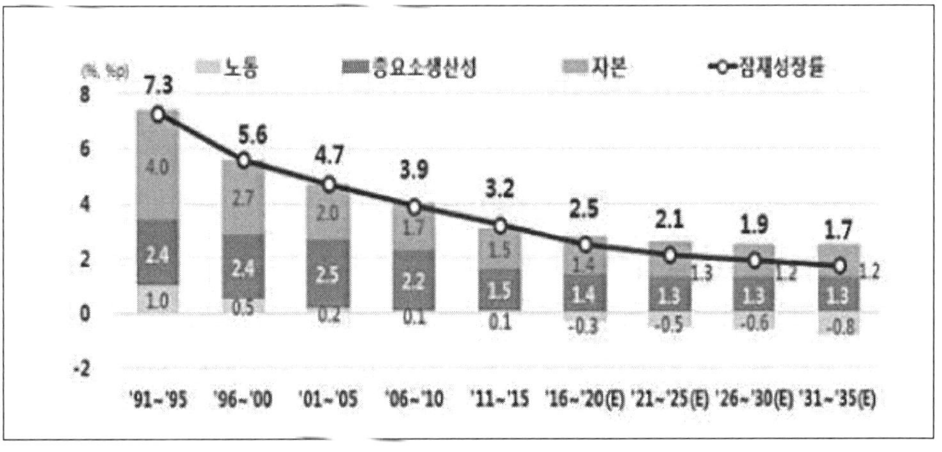

자료: 현대경제연구원.

▌그림 15-1▌ 한국의 잠재성장률과 요인별 분해

우리경제의 잠재성장률 추정

한국은행은 우리경제의 구조변화, 대내외 여건 등을 종합적으로 고려하는 한편 개선된 추정기법을 이용하여 잠재성장률을 새로이 추정하였다. 추정 결과 2000년 대 초반 5% 내외에 달하였던 우리경제의 잠재성장률은 2010년대 들어 3% 초·중반으로 하락하였으며 2016~2020년 중에는 2.8~2.9%일 것으로 나타났다(김도완·이은경·한진현, 2017.09). 이처럼 잠재성장률이 하락 추세를 지속한 것은 총요소생산성 약화와 자본축적 둔화에 기인한 것으로 평가된다.

우리경제의 잠재성장률은 2000년대 들어 총요소생산성 하락, 자본축적의 기조적 둔화 등으로 하락추세를 지속하고 있는 것으로 추정되었다. 향후에는 인구고령화의 급격한 진행과 더불어 생산가능인구의 감소가 예상됨에 따라 노동 측 요인의 잠재성장률 하방압력이 커질 것으로 보인다. 통계청의 2016년 인구추계에 따르면 우리나라는 2018년 고령사회에 진입하며 잠재노동과 밀접한 관련을 갖는 생산가능인구(15~64세) 및 15세 이상 인구가 각각 2016년 및 2033년 이후 감소로 전환될 것으로 전망된다.

총요소생산성 약화는 서비스업 발전 미흡, 높은 규제수준 등으로 우리 경제의 생산성이 약화된 것과 밀접한 관련을 갖는 것으로 보인다. 경제 성숙화, 불확실성 증대 등에 따른 투자 부진은 자본축적 둔화의 주요 요인으로 작용한 것으로 판단된다. 향후에는 인구고령화의 급격한 진행과 생산가능 인구의 감소로 노동 측 요인의 잠재성장률 하방압력이 더욱 커질 전망이다. 노동, 자본 등 투입요소에 의한 성장세가 제한된 상황에서 성장잠재력을 확충하기 위해서는 경기모멘텀 확보를 위한 거시경제정책과 함께 사회·경제적 구조개혁을 통해 경제체질을 강화하는 것이 무엇보다 중요하다.

투입요소에 의한 성장세가 제약적인 상황에서 성장잠재력을 확충하기 위해서는 경기모멘텀 확보를 위한 거시경제정책과 더불어 사회·경제적 구조개혁을 통해 우리 경제의 체질을 강화하는 노력을 병행하는 것이 바람직하다. 무엇보다 산업구조 조정, 노동 및 재화·서비스시장 개혁, 기술혁신 등을 통해 우리경제의 생산성을 높여나가는 것이 중요하다. 또한 중장기적인 시계에서는 저출산·고령화 등 인구구조 변화에 대한 포괄적인 대책을 보다 적극적으로 수립하여 시행해야 할 것이다. 아울러 경제부문별 불균형이 누적되면 자원배분의 효율성을 제약하게 되므로 이를 완화시키는 제도적 장치도 마련해야 할 것이다.

제2절 경제발전은 창조적 파괴에서 나온다

1. 국민을 단결시켜 신성장동력을 찾자

'앞으로의 시대를 초시대로 불러달라'는 한 통신기업의 광고 카피가 눈길을 끌고 있다. 이런 초(超)시대를 지탱하는 핵심은 독보적인 가치를 현실로 구현해내는 힘으로 차별화되어야 한다. 국가든 기업이든 개인이든 남보다 앞서지 못하면 도태되는 게 현실이다. 결국 살아남기 위한 몸부림은 초시대의 본질이자 생태계라 하겠다.

한국경제는 과거 성장을 견인했던 주력 산업들이 성장 정체기에 진입한 데다 문재인 정부의 탈원전과 최저임금제와 같은 정책의 급격한 변화로 위기를 맞고 있다. 또한 종래의 주력산업에서는 국가 전체적으로 보더라도 새로운 성장동력이 크게 미흡한 상황이다. 한국의 주력산업의 부가가치와 자본 투자증가율이 크게 하락한 데다 미래 경제성장을 견인할 혁신 경쟁력 역시 정체되고 있다. 이러한 시기에 한국의 정치권은 통합을 이루지 못하고 광화문 집회와 서초동 집회를 열면서 국가의 여론이 갈라지고 있다. 이렇게 정치지도층이 화합을 이루지 못하고 각자도생하는 가운데 새로운 성장동력원을 어디서 어떻게 찾는단 말인가?

이 시점에서 역사적 부침(浮沈)을 겪으며 아시아대평양경제권의 구조변화에 잘 적응하며 세계시장의 관문으로서 기능을 담당해온 홍콩으로부터 시사점을 얻었으면 한다. 홍콩은 세계경제와 아시아경제의 일체화 속에서도 지역에 내재된 경제관문으로 역할하며 성장해왔다. 그렇지만 오늘날 홍콩의 시위사태로 인해 홍콩은 지금까지 18세기 중엽 개항 이래 숱한 굴곡을 겪으며 쌓았던 세계적 도시국가의 이점을 상당 부분 잃을 지도 모른다.

오늘날 세계적 도시국가에 오른 홍콩을 보면, 19세기 제국주의 시대 舊중국[1]의 작은 바위산에 불과했던 곳이 영국 식민지, 일본 식민지, 중국에로의 반환에 따른 일국양제(一國兩制)[2] 등과 같은 굴곡이 심한 소용돌이 속에서도 홍콩은 확장·발전해왔다. 특히 식민지 영유권이 교체되는 위기와 좌절이 덮쳤을 때에도 잘 극복해왔다. 홍콩의 지도자

1) 여기 舊중국이란 중화인민공화국 이전의 중국을 일컫는다.
2) 일국양제란 중화인민공화국이라는 하나의 국가 안에 사회주의와 자본주의라는 서로 다른 두 체제를 공존시키는 것을 의미한다. 홍콩은 영국식민지가 된 지 155년 만인 1997년 7월 1일을 기해 중화인민공화국으로 반환되었다.

들은 과거 위기 때마다 기존의 벽을 무너뜨리는 과감한 혁신적 결단을 해왔다. 적어도 홍콩의 여론 주도층은 끊임없는 혁신의 신진대사(新陳代謝)를 실행하며 힘을 모을 수 있었다(久末 亮一, 2011).

그러나 2019년 3월 홍콩 정부의 「범죄인 인도 법안」 추진을 계기로 시작된 홍콩 시위사태는 반(反)중국 및 민주주의 자유를 요구하는 시위로 확대되었다. 거기에는 홍콩의 행정장관 선출 방식에 대한 내부의 불만, 경제적인 빈부격차 및 對중국 경제의존도 확대에 대한 우려, 그리고 사회·문화적인 요인도 복합적으로 작용한 것으로 보인다.

이 같은 홍콩 시위사태는 유사시 국제적 위상 변화에 따른 홍콩의 경제적 기능 약화, 홍콩의 대외신뢰 하락에 따른 중국의 경제적 피해 등을 야기할 것으로 보인다. 특히 이번 시위사태로 인해 홍콩의 자율성 및 독립성이 훼손되면서 홍콩이 보유한 제도적 경쟁력을 점차 떨어뜨릴 것이다. 이에 따라 홍콩의 신용 위험 및 자금조달 비용 상승으로 국제금융시장에서의 입지가 약화될 것이다. 또한 중국의 자금조달 창구이자 중계무역항으로서 홍콩을 경유한 외국인투자 위축 및 교역량 감소로 이어져 경제적 입지 약화로 귀결될 것이다.

요컨대, 홍콩의 시위사태가 가져온 큰 문제점은 그동안 홍콩이 보유했던 가장 훌륭한 제도적 경쟁력이었던 자율성 및 독립성이 크게 훼손되며 지도력이 추락하고 있다는 점이다. 특히 중화인민공화국의 사회주의 정치체제 안에서 사회주의와 자본주의 경제체제가 조건부로 공존하는 일국양제 하에서 시장경제가 상당히 위축될 수 있다는 것이다. 무엇보다도 오랫동안 단합하여 혁신적 노력으로 구축했던 도시국가 홍콩의 거버넌스가 무너지며 멈칫하는 순간 경제적으로 추락할 수 있음을 보이고 있어 우리에게 시사하는 바가 적지 않다.

2. 슘페터의 혁신론[3)]

오스트리아 출신의 미국 경제학자 슘페터(Joseph Alois Schumpeter, 1883~1950)는 평생 '자본주의 발전의 원동력이 어디에서 나오는가'라는 거대담론을 연구했다. 경제발전의 원동력은 경제 밖으로부터 오는 게 아니라 경제 내부에 있다는 게 슘페터의 통찰이었다. 자본주의 자체에 변화의 에너지가 내재되어 있다는 것이다. 그는 자본주의에서 기업가(企業家, entrepreneur)[4)]를 발견하고 이 기업가가 바로 발전의 원동력이라는

---

3) 이 절은 小沼 宗一(2016)의 논문을 많이 참고했음을 밝힌다.

것을 간파했다. 기업가란 신상품, 신기술 등 혁신을 능동적으로 수행하는 주체라는 것이다. 슘페터는 자본주의 발전을 제시한 경제발전론에서 기업가의 혁신이 주도한다고 했다. 여기서는 슘페터가 창안한 혁신(革新, innovation) 사상을 정리하고, 이로부터 한국의 지도층에 주는 의미를 찾고자 한다.

20세기에서 가장 큰 영향을 미친 경제학자로 영국의 케인스(John Maynard Keynes, 1883~1946)와 동시대를 살았던 슘페터는 당대 유럽 경제학의 중심인 오스트리아 빈 대학(Universität Wien)에서 공부했다. 슘페터는 약관 25세에 『理論経済学의 本質과 主要内容』(1908)을 저술하였다. 그리고 여기에 새로 아이디어를 부가하여 1912년에 간행했다가 1926년에 개정한 『経済発展의 理論(Theorie der wirtschaftlichen Entwicklung)』이 불후의 명작이다. 그는 이 책의 제2장 경제발전의 근본 현상에서 경제성장을 기동하는 것은 기업가(엔트러프러너)의 새로운 결합이라고 했다. 슘페터는 新結合으로서 새로운 생산물 또는 생산물의 새로운 품질의 창출과 실현, 새로운 생산방법의 도입, 산업의 새로운 조직의 창출 즉, 생산의 현대적인 방법의 구현, 새로운 판매시장의 창출, 새로운 매입선의 개척 등의 5가지를 들고 역동적인 경제발전론을 주창했다.

슘페터는 역저 『경제발전의 이론』에서 첫째 경제 내의 자발적이고 비연속적인 변화를 강조했다. 그의 책 제1장에서는 정상적인 순환의 상태에 있는 정태적(静態的) 경제를 논의하고 있다. 「정태적 경제는 정지되어 있지는 않고, 경제생활의 순환은 이루어지고 있으나, 기업가에 의한 발전이 없어 기업가 이윤이 존재하지 않는다」고 하면서 정태적 경제를 비판하고 있다. 제2장에서는 경제발전이란 정태적 경제와는 확연히 다른 동태적(動態的) 경제라 하면서 자발적인 비연속성을 강조하고 있나. 경제발전이란, 경제가 스스로 안에서 생산하는 경제생활 순환의 변화이며, 외부의 충격에 의한 것이 아니라 자발적인 경제의 변화로 이해해야 한다는 것이다. 슘페터는 경제 내에서 자발적으로 일어나는 비연속적인 변화를 '마차(馬車)를 아무리 많이 연결하더라도 철도가 되지 않는다'고 표현했다. 슘페터가 강조했던 경제발전이란 마차를 만들던 사회가 기차, 자동차, 비행기, 우주선을 만들면서 보다 높은 차원의 경제로 창발하는 비선형적 변화과정으로 해

4) 기업가란 사업체를 설립, 조직, 관리하고 내포된 위험을 감수하는 개인으로 주로 제1세대 경영자를 칭하며, 변화를 탐구하고, 변화에 대응하며, 변화를 기회로 이용하는 사람을 의미한다. 나아가 창조적인 기업가는 현실에 대한 문제의식과 혁신 의지를 기반으로 새로운 가치를 창출하고 실패의 두려움을 극복해내는 도전 정신을 가진 사람이다. 그렇게 본다면 기업가란 기존에 없던 가치와 일자리를 만드는 사람이다. 반면에 사업가(事業家, businessman)는 영리를 목적으로 기업에 자본을 대고 그 기업의 경영을 담당하거나 사업을 계획하여 회사를 설립하는 일을 직업으로 하는 사람을 일컫는다. 그러나 우리나라에서는 기업가와 사업가라는 용어가 혼용되기도 한다.

석했다고 판단된다.

슘페터는 마샬(Alfred Marshall, 1842~1924)의 외부경제론(外部経済論)도 비판하며 신결합(新結合)이란 개념을 제시했다. 신결합이란 내부경제를 외부경제로 전환하는 것이며, 산업의 일반적 발전에 의해서 일어나는 그 산업 특유의 외부경제는 경제발전의 본질이 아니라고 했다.[5] 슘페터는 어느 소수의 천재적인 기업가에 의해 일어난 신결합이 처음에는 내부경제로 수행되지만, 후에 모방자들이 대거 출현하여 신결합의 성과가 사회 전체로 확산된다고 했다. 이것이 경제발전이라는 것이다.

둘째 새로운 혁신을 주창했다. 슘페터의 새로운 혁신, 곧 신결합이란 ① 새로운 상품의 생산, ② 새로운 생산방법의 도입, ③ 새로운 시장의 개척, ④ 원료나 반제품의 새로운 공급원 획득, ⑤ 새로운 조직의 실현 등을 들고 있다. 신결합이 바로 혁신이다. 이 같은 신결합의 수행은 동일한 경제주체에 의해 이루어지는 것이 아니다. 과거 철도를 건설한 것은 역마차의 지주가 아니었다는 것이다. 경쟁적 경제체제에서는 구결합(舊結合)이 파괴되고 신결합이 이루어진다. 신결합이 이루어져 성공한 생산자는 사회적 지위가 상승되지만, 구결합의 파괴에 의해 사회적 지위가 하락하는 생산자도 발생한다. 또한 신결합은 필요로 하는 생산수단을 얼마간은 구결합에서 빼앗아 와야 하므로 결국은 국민경제에서 생산수단스톡의 전용(轉用)을 가져온다. 그러므로 신결합의 수행을 위해서는 구결합의 파괴가 수반되고 실업자들이 발생할 수밖에 없다. 이러한 실업에 의한 불황은 자본주의 발전에 있어서 불가결한 것이며, 경기순환의 한 국면에 지나지 않는다고 생각했다.

셋째 혁신의 수행자는 기업가라고 했다. 슘페터는 혁신의 담당자로서 기업가를 들고 있다. 그는 「기업이란 신결합의 수행 및 그것을 경영체 등으로 구체화하는 조직이며, 기업가란 신결합의 수행을 스스로의 기능으로 하고, 그 수행에 걸맞는 능력을 행사하는 경제주체다」라고 했다. 기업가는 단지 직책상의 업무 사항을 처리하는 것이 아니라 전략상의 결단과 그에 따른 업무를 수행하는 사람을 일컬으며, 군대에서 최상위계층의 계급을 가진 장교로서의 '장군'이 바로 그런 기능을 수행하는 사람이라고 표현했다.

기업가 기능이란 경영전략상의 결단을 실행하는 기능으로, 일상적인 경영관리 기능과 혼동해서는 안 된다고 했다. 누구든지 '신결합을 수행하는' 경우에만 기본적으로 기업가

---

5) 외부경제란 산업의 일반적인 발전에 의해 그 산업 내에서 개별 기업의 생산비용이 삭감되는 것이고, 내부경제란 개별 기업이 가진 자원·조직·경영의 능률로부터 일어나는 생산비용의 삭감을 일컫는다.

이다. 그러므로 한번 신결합에 의해 창조된 기업을 단순히 순환적으로 꾸려나간다면 기업가로서의 성격을 상실한다고 했다. 슘페터가 말하는 기업가는 단순한 경영관리자가 아니다. 단순한 경영관리자는 일상의 경영활동을 관습에 따라 처리하고, 일상의 일을 별다른 의식 없이 관행에 따라 처리함으로써 관행의 궤도 밖으로 나가지 못한다고 했다.[6)]

슘페터는 '지도자란 일 자체로서가 아니라, 자신의 행위를 통해서 타인에게 영향을 미치는 사람'이라고 말했다. 지도자는 혼자서도 대중을 선도하고, 불확실한 것이나 저항하는 사람들도 포용하는 카리스마를 가지고 타인에게 영향력을 미친다는 것이다.

단순한 경영관리자는 관행이라는 궤도를 벗어나지 못하지만, 기업가는 관행이란 궤도를 벗어나 신결합을 결단하고 실행한다고 했다. 슘페터는 기업가 활동의 동기로서 첫째는, 자신의 제국 내지 왕조를 건설하려는 몽상(夢想)과 의지가 있고, 둘째는 투쟁에서 이겨 성공하고자 하는 승자의 의지를 가지고 있다는 것이다. 이윤량(利潤量)은 승리의 대가로 간주되며, 경제행위는 이윤량 획득 경쟁과 같다고 했다. 셋째는 일에 대한 기쁨, 새로운 창조에 대한 기쁨이 있다는 것이다. 기업가는 변화와 모험과 곤란을 기쁨으로 대하고, 새로운 가능성만을 발견하는 것이 아니라 현존하는 가능성도 새롭게 변형시킨다는 것이다.

넷째 슘페터는 은행의 신용창조를 역설했다. 혁신을 실행하기 위해선 많은 자금이 필요한데, 이러한 자금조달 기능을 은행이 담당해야 한다고 했다. 은행은 단순히 구매력이라는 상품의 중개상이 아니라 그 상품의 생산사이고, 유일한 자본가이며, 교환경제의 감독자라고 했다. 이 같은 슘페터의 사고에는 신용창조의 위험성을 간과했다는 지적을 받기도 한다.

요컨대, 슘페터는 기업가, 혁신, 은행의 신용창조가 자본주의가 발전하기 위해 불가결한 세 구성요소라 했다. 슘페터의 혁신 사상은 주창한지 100년이 지났지만, 오늘날의 초연결시대에 더욱 절실해지고 있으니 위대한 통찰이 아닐 수 없다.

---

6) 슘페터는 단순한 경영관리자가 관행에서 벗어나기 어려운 이유를 3가지 들고 있다. 첫째는 경제주체의 의사결정에 관한 것으로, 관행의 궤도 밖으로 나오는 순간부터 새로 계획을 짜야 하고, 새로운 수칙을 만들어 행동해야 하므로 신결합을 실행하기 어렵다. 둘째는 경제주체의 태도에 관한 것으로, 새로운 것을 시도한다는 것은 관행적이거나 시험적으로 행하는 것보다 실행하기는 무척 어렵다는 것. 사람들의 생각은 관행의 궤도를 걷는 습관이 잠재의식으로 배어 있어 결론은 관행적으로 도출되므로 새로운 계획은 번번이 반대에 부딪친다. 셋째는 경제적 측면에서 새로운 시도를 하기 어려운 사회적 환경을 들고 있다. 경제문제의 경우 먼저 새로운 것에서 위협받는 집단으로부터 저항을 받게 되고, 다음은 세상의 일반사람들로부터 협력을 얻기 곤란하며, 마지막으로 소비자를 사로잡는 어려움에서 나타난다고 했다.

제3절 혁신을 넘어 경영혁신으로

1. 정부는 기업의 혁신을 이끌어야 한다

미국 최대 금융회사인 JP모간 체이스(J.P. Morgan Chase & Co)의 제이미 다이먼(Jamie Dimon) 회장은 우리 사회에 큰 화두를 던졌다. 그는 '주주에게 보내는 연례서한'에서 JP모간 체이스는 "사회에 일자리 제공과 임금 상승을 가져온 것에 자부심을 가진다"고 하고, "성공한 대기업 없이 부강해진 나라는 없으며, 성공한 대기업이 없는 나라는 일자리도 없고, 일한 기회도 충분하지 않은 성공하지 못한 나라일 것"이라고 지적했다.[7] 나아가 정부의 '기업 길들이기'에 대한 부작용을 경고하며, "정부의 기업 통제는 기업과 시장의 비효율·특혜·부패로 이어진다"고 비판했다. 청와대 경제수석을 지낸 정통 경제관료로서 그리고 우리금융지주 회장, 전국은행연합회장 등을 거쳐 경총 회장으로 일했던 박병원 한국경영자총협회 명예회장은 안민정책포럼에서 일자리 해법에 대한 진지한 담론을 제시했다. 그는 "세금을 쓰는 일자리가 아니라, 세금을 내는 일자리를 만들어야 지속성장이 가능하다."고 하며[8] 정부와 기업에 큰 울림을 주고 있다.

우리를 둘러싼 사회적 환경은 곧 5G(5Generation, 5세대)시대로 이행해가고 있다고 한다. 5G시대에는 자율주행차, 로봇, 스마트팩토리 등 다양한 분야가 서로 연결되어 새로운 서비스를 창출한다. 예를 들어 자율주행차는 아직은 한계가 적지 않다. 도로의 변화 등을 데이터로 주고받을 때, 혹시라도 연결이 지연되면 바로 눈앞에서 사고가 날 수 있다. 그렇지만 5G 통신인프라가 깔리면 빠른 속도로 데이터를 주고받을 수 있어 원만한 자율주행차 운행이 가능해진다. 이제 곧 그러한 시대가 도래한다고 한다.

최근 국제통화기금(IMF)과 세계은행(World Bank)을 이끄는 주요국들은 세계경제의 하방 위험에 대해 우려를 표명하고, 국제사회의 적극적인 공동대응을 촉구했다. 특히 세계은행의 25개 이사국 대표로 구성된 WB개발위원회는 '국제무역의 성장이 약화되고, 투자 전망치는 하향 조정된 가운데 부채 취약성이 지속되고 있으며, 주요국들의 정책 불확실성으로 인해 경제적 신뢰가 압박을 받고 있다'고 진단하고 있다(한국경제신문, 2019.04.14).

---

7) JPMorgan Chase's Annual Report.
8) 한국경제신문 2019년 12월 9일자.

이렇게 사회적 환경은 급변하고 경제의 하방위험이 있는 상황에서 일자리와 국부(國富)의 원천인 기업이 어떤 존재인가? 진지하게 돌아볼 시점이라 하겠다. 진정한 인권과 국민행복의 원천으로서 일자리는 어떤 것이어야 하고, 정부는 기업에 대하여 어떤 역할을 해야 하는가? 제대로 된 일자리와 떳떳한 소득을 제공하는 주역인 기업을 어떻게 인식해야 할 것인가? 우리 모두는 이 시점에서 진지하게 생각해야 할 것이다.

2. 창조적 파괴를 이끄는 기업가정신으로 다시 무장해야 한다

역사적으로 위대한 기업가는 자신의 기업은 물론, 국가 경제적 차원에서 새로운 변화를 몰고 왔다. 대표적으로 카네기(Andrew Carnegie, 1835~1919)는 서구 자본주의 체제를 정립하였으며, 포드(Henry Ford, 1863~1947)는 생산 혁명과 함께 자동차의 대중화를 실현시켰고, 빌 게이츠(William Henry "Bill" Gates III, 1955~)는 IT산업의 선도자, 스티브 잡스(Steven Paul "Steve" Jobs, 1955~2011)는 IT생태계 완성의 역할을 담당하였다. 한국 역시 정주영(鄭周永, 1915~2001), 이병철(李秉喆, 1910~1987)을 비롯한 기업가들이 국가 경제의 발전에 지대한 영향을 끼쳤다. 4차 산업혁명의 시대에 한국경제의 미래를 위한 관건(關鍵)으로 기업가정신이 절실히 요구된다. 변화의 속도가 빨라질수록 기업 경영 환경의 불확실성이 커질 수밖에 없다. 특히 변화무쌍한 환경에서 살아남기 위한 가장 확실한 방법은 '변화를 주도'하는 것이다. 그렇게 하려면 기업가정신으로 무장하고 도전을 두려워하지 않는 야심만만한 기업가들이 마음껏 활약할 수 있도록 해야 한다.

기업가정신(entrepreneurship)이라는 용어는 '시도하다', '보험하다'라는 뜻을 가진 프랑스어 '앙트러프랑(entreprendre)'에서 유래했다. 흔히 '기업을 운영하는 사람'이라는 의미로 쓰이는 사업가(businessman)와는 대비된다. 18세기 초 아일랜드 출신의 프랑스 경제학자 리샤르 캉티옹(Richard Cantillon, 1680~1734)을 비롯한 프랑스 정치·경제학자들 사이에서 처음으로 '기업가정신'이란 용어를 사용하며 일반 상인이나 제조업자와 구분했다.

기업가정신을 설명할 때 필연적으로 파괴와 혁신이 수반될 수밖에 없다. 2007년 애플(Apple)의 아이폰(iPhone) 출시 이후 기존의 강자였던 노키아(Nokia Corporation)와 블랙베리(BlackBerry)는 빠르게 몰락했다. 2009년 탄생한 차량 공유 플랫폼인 '우버(Uber)'는 전 세계 택시산업을 위기로 몰아넣고 있다. 4차 산업혁명 시대를 맞는 오늘날 100년 전에 주창했던 슘페터의 창조적 파괴라는 의미가 새롭게 재조명되고 있다.

슘페터는 기업가정신에 대해 최초로 체계적으로 접근한 학자로 평가 받는다. 슘페터는 기업가정신의 핵심은 '혁신'이라고 했다. 기업가는 시장에 숨어 있는 이윤을 찾아내기 위해 끊임없이 새로운 상품과 서비스를 개발해야 하며, 그 바탕이 되는 것이 '기술혁신'이라는 것이다.

혁신, 기업가정신, 경영전략, 창조적 파괴 등 슘페터가 주창한 개념들이 초연결시대를 헤쳐 나가는 데 필요한 지혜를 제공하고 있다. 슘페터가 제시한 신결합, 즉 신제품의 발명이나 개발, 새로운 생산 방법의 도입, 신기술의 발명, 새로운 시장의 개척, 새로운 원료나 부품을 찾아내어 사용하고 공급하는 것, 조직을 새롭게 형성해 생산성을 올리는 것이 모두 기술혁신의 방법이라고 했다. 이와 같은 '변화'가 기존의 시장을 흔들어 창조적 파괴를 가져오고, 그 창조적 파괴가 자본주의를 발전시키는 원동력이라 했다.

슘페터가 제시한 과감한 혁신과 창조적 파괴를 통해 기업가가 얻어낸 이윤은 도덕적이고 정당하다. 기업가가 기업가정신을 발휘하여 위험을 무릅쓰고 성공적으로 모험을 수행한 결과로 획득한 정당한 대가이기 때문이다. 무엇보다 기업가의 혁신은 문명의 발전을 이끌어 낸다. 지식 시장을 타고 빠르게 확산된 혁신은 공급자와 소비자를 한 단계 올려놓는다. 상품과 서비스는 향상되지만 가격은 떨어진다. 창조적 파괴가 사회 전체에 긍정적인 영향을 미친다. 이를 수행한 기업가는 혁신을 통해 막대한 이윤을 얻고 그의 사회적 지위는 상승한다. 이를 본 다른 기업가들도 바로 이 혁신적인 기업가의 창조적 파괴 행위를 곧바로 모방한다. 그 결과 사회 전체의 이윤은 점차 소멸하게 된다. 만약 창조적 파괴가 주기적으로 나타나고 사라지는 과정에서 기업가정신이 쇠퇴하면 경제는 더 이상 성장하지 못하고 쇠락한다는 것이다.

21세기 들어 한국경제가 심상치 않다. 한국경제를 새롭게 이끌 새로운 모멘트를 잡지 못하고 있다. 신성장 동력원을 발굴하거나 기존 산업의 획기적인 변신을 가져와 성장동력으로 이끌기 위해서는 우선 전 경제주체들의 정신혁명이 일어나야 한다. 경제주체들이 경제하려는 의지로 충만하여 새로운 돌파구를 찾고자 지혜를 모아야 한다. 기업의 혁신으로부터 시작하여 정부·지방정부와 금융, 교육이 연계된 사회적 혁신 운동이 일어나야 한다. 적어도 여론 지도층들의 새로운 사고로 전환하는 혁신기능이 범국가적으로 요구된다 하겠다.

3. 경영혁신으로 나가야 한다

현대 경영학의 창시자로 불리는 피터 드러커(Peter Ferdinand Drucker, 1909~2005)는 기업가정신을 이야기할 때 가장 많이 언급되는 대표적인 경영학자다. 같은 오스트리아 출신의 학자로 오랜 시간 교류해 온 슘페터로부터 많은 영향을 받았다고 한다. 드러커가 당시의 주류 경제학자들과 달리 기업가의 활동에 집중하고 이를 경영학으로 발전시킬 수 있었던 밑바탕에는 슘페터의 영향이 컸다고 한다. 그런 만큼 드러커가 정의하는 기업가정신 또한 슘페터와 크게 다르지 않다. 드러커는 기업가정신을 '위험을 무릅쓰고 포착한 기회를 사업화하려는 모험과 도전의 정신이다'고 정의했다.

위 정의에서 나타나듯 기업가정신과 혁신은 별개로 떼어놓을 수 없다. 슘페터와 차별화되는 점이 있다면, 과거에는 기술혁신이 뒷받침된다면 창업을 통해 기업을 일궈 성공할 수 있는 가능성이 상대적으로 높았지만, 지금은 기업의 규모가 거대해지고 사회가 복잡해진 만큼 기술혁신만으로는 부족하다는 것이다. 드러커는 혁신으로 성공한 기업이라 하더라도 기업의 규모가 커지면서 기업가정신이 점차 약해지는 현상에 주목했다. 기업이 미래에도 지속적으로 성장하기 위해서는 내부적으로 혁신을 두려워하지 않는 기업가정신을 유지하는 것이 필수불가결하고 이를 위해서는 경영관리에서의 혁신이 뒷받침돼야 한다고 했다. 드러커는 기업가정신이 경영활동의 본질적이고 핵심적인 요소라고 접근한다. 단지 혁신적인 아이디어를 바탕으로 창업에 성공한 기업은 물론 역사가 오래된 기업에서도 기업가정신은 지속적인 성장을 위해 가장 중요한 요소다. 대기업과 중소기업뿐만 아니라 공공기관에도 기업가정신이 필요하다는 것이다.

드러커는 여기에서 더 나아가 기업 단위에 머무르지 않고 사회의 모든 구성원들에게도 본질적으로 가지고 있어야 할 자기 혁신의 바탕으로서 기업가정신을 강조했다. 단지 기업을 경영하는 최고경영자(CEO)를 넘어 조직에 속한 직장인이라면 기업가정신을 발휘해야 한다는 것이다. 개인이 기업가정신을 바탕으로 끊임없이 혁신을 추구할 때 우리 사회는 다음 단계로 진화해 나갈 수 있다는 것이다.

제4절 혁신수행자로서 국가지도층의 자세 정립

이 장에서는 위대한 지성 슘페터와 드러커로부터 한국의 경제주체들에게 주는 통찰력을 찾고자 했다. 슘페터 이전의 대부분 경제학자들은 경제 내에는 항상 안정적인 균형상태를 유지하려는 힘이 있다는 이론을 주장하였다. 슘페터는 종래의 이론들을 가지고서는 왜 각국의 경제가 단기적으로는 호황과 불황을 반복하면서도 장기적으로는 이전보다 더 나은 상태로 이행해가는 지를 설명할 수 없다고 보았다. 이러한 문제점을 인식한 슘페터는 경제가 변동하면서 발전하는 현상을 설명할 수 있는 요인으로 “기업가에 의한 혁신”(innovation by entrepreneur)과 이에 의한 “창조적 파괴”(creative destruction)를 제시했다. 그리고 기업가의 혁신은 독점적 이윤을 추구하고자 하는 기업가의 강력한 욕망에 기인한다고 주장하였다. 슘페터에 따르면 기업가의 창조적 파괴가 경기변동을 일으키며 이로 인해 경제는 장기적으로 발전하게 된다는 것이다.

결국 슘페터는 자본주의 발전의 원동력은 기업가에 의한 혁신, 즉 기업가정신이라고 분석하였다. 특히 그는 자본주의 발전과 더불어 기업이 대규모 조직화되면서 창의적인 기업가정신이 점차 소멸하게 된다면 사회주의가 지배적인 위치를 점하게 될 것이라고 예상했다. 슘페터는 또한 혁신적인 기업가와 경영관리자를 구분했다. 이 같은 슘페터의 사상은 오늘날 한국의 경제주체들에게 어떤 시사점을 주고 있는가? 혁신적인 리더인가 아니면 단순한 관리에만 머무르는 관리자인가? 슘페터는 우편마차를 아무리 여러 대 연결하더라도 거기서는 결코 기차를 넘어 자동차, 비행기, 우주선으로 고차원의 경제로 나아갈 수 없음을 시사했다.

1세기 전에 발상했던 슘페터의 혁신이론은 오늘날 기업이나 관가에도 절대적인 영향을 미치고 있다. 이노베이션을 수행하는 기업가 활동이야말로 기업의 성장에 중요한 요소라는 것이다. 즉, 영웅적인 기업가가 경제성장의 엔진이라고 했다. 이 같은 혁신이론은 경영학의 큰 주제이기도 하다. 나아가 영웅적인 기업가의 이노베이션이 국가 전략의 핵심이어야 한다고 부각되고 있다.

오늘날 주요 선진국들의 관청이나 기업에서도 이노베이션 추진실 같은 조직이 설치되어 있고, 여기서 비즈니스의 신기축(新機軸)을 창출하는 방법론을 연구하고 있다. 이처럼 슘페터의 혁신론은 오늘날에도 폭넓게 영향을 미치고 있다.

잠재성장률이 2%대에 머물며 선진국 문턱에 다다른 한국경제가 선진화 하려면 새롭게 슘페터의 혁신론으로 재무장하지 않으면 안 될 것이다. 20세기 초 곧 붕괴될 오스트리아-헝가리 제국에서 20대의 청년 슘페터가 발상했던 이노베이션의 중요성이 오늘날 한국에서 특별히 강조되어야 할 시기이다.

오늘날의 상황은 생존을 위해 투쟁하는 격변하는 시대로 접어들었다. 뿐만 아니라 국가나 지역 나아가 개인이 각자도생하는 시대이다. 더욱이 갖가지 시급을 요하는 경제적 사안들이 정치적 색채가 입혀져 정치화되고 있는 시대가 되었다. 그렇지만 사회적 환경은 초연결·초격차 시대로 이행하고 있어 머뭇거릴 시간이 별로 없다. 타이밍이 결정적으로 중요해졌다.

현재의 자리에서 국가 지도층은 혁신을 수행하는 기업가인가? 아니면 단순한 관리자인가? 나아가 혁신적인 리더십을 발휘하고자 변신하고 있는가?를 심각하게 되뇌어야 할 시기라 하겠다. 이는 조직의 장뿐만 아니라 조직의 모든 구성원 그리고 개인의 삶을 영위하는 개인에게도 똑같이 적용될 수 있다. 우리 모두는 어떻게 하면 한국경제의 잠재성장률을 높이고 국가를 한 단계 도약시킬 것인가? 나아가 한국을 넘어 세계의 리더로서 한국이 어떻게 혁신해야 할 것인가를 숙고해야 한다. 무엇보다도 정책을 결정하는 위치에 있는 지도층들의 정신혁명이 더욱 절실히 요구되는 시기이다.

참고자료

김도완·이은경·한진현(2017.09), “우리경제의 잠재성장률 추정”, 『조사통계월보』 제71권 제8호, 한국은행.

매일경제신문, 2019년 04월 05일 및 2019년 04월 08일자.

이천우(2017.08), 『경제학의 역사와 사상』, 율곡출판사.

주원·홍준표·민지원(2019.08), “잠재성장률 하락의 원인과 제고방안”, 『경제주평』 19-28 (통권 851호), 2019.08.09.

한경 비즈니스, 제1217호 (2019년 03월 27일).

한국경제신문, 2019년 04월 05일, 2019년 04월 14일, 2019년 12월 9일자.

현대경제연구원, “지금, 기업가 정주영이 필요하다”, 『VIP 리포트』, 14-11(통권 562호), 2014. 03. 19

小沼宗一, “シュンペーターの経済思想”, 『東北学院大学経済学論集』 第187号, 東北学院大学学術研究会, 2016年 12月.

久末　亮一, “エコノミック·ゲートウエーとしての香港—「つながり」と「流れ」のなかの都市—”, 『RIETI Discussion Paper Series』 11-J-004, 2011年 1月.

JP Morgan, Chase's Annual Report.

찾 아 보 기

ㄱ

▌기타 ▌

▌A ▌

▌B ▌

▌C ▌

▌D ▌

▌E ▌

U

V

W

저자 약력

■ 이 천 우

[학력]

1972.3 ~ 1976.2 국립부산대학교 상과대학 경제학과 졸업
1976.3 ~ 1978.2 국립부산대학교 대학원 경제학과 석사과정 졸업(경제학 석사)
1983.3 ~ 1988.2 국립부산대학교 대학원 경제학과 박사과정 졸업(경제학 박사)
2008.4 ~ 2008.12 일본 동북대학교 객원교수
2009.1 ~ 2009.7 중국 청도농업대학교 객원교수

[경력]

1978.8 ~ 1982.6 해군대위(해군대학 교관)
1982.9 ~ 2018.8 국립창원대학교 경영대학 경제학과 교수
1994 ~ 2017 경상남도 소비자정책심의위원회 위원(부위원장)
1995 ~ 2015 경상남도 분쟁조정위원회 위원(위원장)
1999.9 ~ 2001.8 국립창원대학교 교수회 의장(제11대)
2005.5 ~ 2007.6 국립창원대학교 기획협력처장
2010.1 ~ 2013.12 경남은행 은행장 경영자문교수
2005.4 ~ 2016 한국은행 경남본부 자문교수
2016.3 ~ 2018.12 경상남도 도정자문위원(경제활성화분과 위원장)
2018.9 ~ 현재 국립창원대학교 명예교수

[수상 실적]

금융결제원 창립 10주년 전국논문현상공모 우수상 수상(금융결제원 1996-6-01)
국립창원대학교 2013년도 교육 및 연구 분야 우수교수 창원대학교 총장 표창(창원대 10895호)
국민훈장 황조근정훈장(제33969호) 수여

■ 저서

『창원지역 노동시장과 인력수급 정책』, 1998.9, 창원대학교 출판부
『한국경제론』(공저), 2001.2, 법문사.
『신아시아경제론』(2010년 문화관광부 우수학술도서 신정), 2010.2, 도서출판 두남.
『현대 한국경제의 이해』, 2013.2, 도서출판 두남.
『현대 아시아경제론』, 2014.8, 도서출판 두남.
『이론과 실제 해외투자론』, 2016.2, 도서출판 두남.
『경제학의 역사와 사상』(2018년 정부 우수학술도서 세종도서 선정), 2017.8, 율곡출판사.
『사랑이 머물렀던 여행길』, 2018.6, 창원대학교 출판부

선진화를 위한 한국경제론

초　판 1쇄 발행 —— 2020년 2월 20일
초　판 2쇄 발행 —— 2021년 2월 1일
지은이 —— 이 천 우
펴낸이 —— 전 두 표
펴낸곳 —— 도서출판 **두남**
서울시 강동구 성내로6길 34-16 두남빌딩
신 고 : 제25100-1988-9호
TEL : 02) 478-2065~7, 2311
FAX : 02) 478-2068
E-mail : dunam1@unitel.co.kr
http://www.dunam.co.kr

정가 27,000원

ISBN 978-89-6414-873-0　　93320